Kroatien

Dietrich Höllhuber

Inhalt

Wissenswertes über Kroatien

Wissenswertes für die Reise

Unterwegs in Kroatien

Kapitel 1   Zagreb und Umland

Kapitel 2 Binnenkroatien

Inhalt

Kapitel 3   Istrien

Inhalt

Kapitel 7   Split und die mittel-dalmatinische Küste

Kapitel 8   Die Inseln Mitteldalmatiens

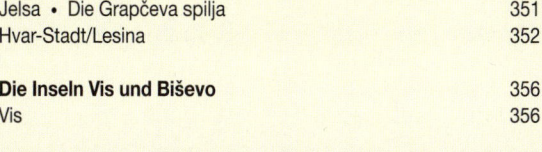

Inhalt

Themen

Alle Karten auf einen Blick

Die Kathedrale in Zadar wurde nach dem Vorbild oberitalienischer Kirchen errichtet

Wissenswertes über Kroatien

Berge, Meer und 1000 Inseln

Ferien in Kroatien können so abwechslungsreich sein wie das Land selbst. Vor der zerklüfteten Adriaküste liegt eine unüberschaubare Zahl von Inseln. Überraschend hoch ragen die Berge in unmittelbarer Küstennähe auf. Die alten Städte an der Küste und im Landesinneren liegen landschaftlich attraktiv und bieten viele Kunst- und Kulturdenkmäler.

Auf der Suche nach Sonne, Meer und blauem Himmel zieht es uns zuerst an die Adriaküste. Standort könnte eine der alten Hafenstädte sein, Split vielleicht, das aus dem Palast des römischen Kaisers Diokletian hervorging, oder Dubrovnik, das jahrhundertelang eine unabhängige Adelsrepublik war und wie durch ein Wunder Kriege und Naturkatastrophen überlebt hat. Oder einer der Ferienorte Istriens wie Poreč mit seiner spätantiken Basilika.

Fähren oder klassische Motorsegler bringen den Reisenden zu den Inseln und an einsame Stellen der Festlandsküste, zu Fischerorten, in Weinbaugebiete und zu Badeorten, die auf die österreichisch-ungarische Zeit zurückgehen wie Opatija. Sowohl auf den Außeninseln wie Lastovo und Vis als auch auf den kleinen Inselchen wie Unije, Molat oder Šipan scheint die Zeit stehen geblieben zu sein. Verlassene Dörfer mit Zisternen, in denen noch Wasser steht, und Maulbeerbäumen voller reifer Früchte sind melancholisches Zeugnis einer Zeit, in der die Inseln dichter besiedelt waren. Winzige Hafennester wie Valun auf Cres, Ex-Kurorte aus k. u. k.-Zeiten wie Veli und Mali Lošinj sowie alte Orte wie Krk, Rab und Pag laden zum Besuch ein oder verlocken gar, dort den Urlaub zu verbringen. Manche Anblicke können einem geradezu den Atem rauben, z. B. die Bucht von Baška, ein Amphitheater aus Mondbergen hinter der Prachtküste. In Dalmatien ist das nach Lavendel duftende Hvar zu entdecken und Brač, mit einem der schönsten Sandstrände des Landes. Ganz im Süden bietet der Nationalpark Mljet ungestörte Natur, in der sich Land und Meer attraktiv verzahnen.

Für Aktivferien ist Kroatien ideal geeignet: Segeln, Tauchen, Surfen, Radfahren, Mountainbiking, Höhlenerkundungen, Wandern, Bergsteigen und Klettern in den Karstbergen könnten auf dem Programm stehen. Unvergesslich sind Raftingtouren oder Kanufahrten auf einem der Flüsse im Gorski Kotar zwischen Rijeka und Karlovac oder auf der Cetina im dalmatinischen Hinterland bei Omiš. Abseits dieser Täler kann es sehr einsam sein. In diesem kleinen Land findet man tatsächlich noch Naturlandschaften, in denen außer Wolf, Luchs und Bär kaum jemand wohnt.

Wir empfehlen, nun die küstennahen Gebirge zu überschreiten und in Richtung des Donau- und Drauflusses zu reisen. Statt venezianischer Loggien besichtigt man in Zagreb und Slawonien barocke Zwiebelturmkirchen und zum Abendessen gibt es statt gegrillter Riesengarnelen geschmorten Paprikakarpfen. Für den Besuch von Zagreb sollte man sich einen Frühlingstermin im Kalender anstreichen, denn dann ist das Kulturleben noch ganz winterlich dicht, während es vor den Toren schon grünt und die Weinlandschaften des Zagorje und Slawoniens zum Wandern einladen. In Slawonien ist das Tempo gemäßigter als anderswo in Kroatien, die Bauerndörfer, lang gezogen an den Straßen, sind behäbiger, die Obstgärten üppiger und die Weine – etwa in Kutjevo, Ilok oder Erdut – ›mitteleuropäischer‹. Österreich hat hier länger geherrscht als an der Küste, die von Venedig beeinflusst wurde, die Festungen in Osijek und Slavonski Brod sowie das Jagdhäuschen des Prinzen Eugen von Savoyen in Bilje erzählen davon.

So haben die einzelnen Regionen des Landes ganz unterschiedliche Schicksale durchlebt – und das sieht man ihnen an. Dalmatinische Küste und Inseln, Westistrien und die Inseln des Kvarner wurden durch Venedigs Einfluss geprägt, das zeigt sich in ganz venezianisch anmutenden Orten wie Hvar und Cres, Rab und Rovinj, Zadar und Poreč. Sogar in der Sprache hat sich Venedig verewigt, viele italienische Ausdrücke wurden in der Küstenregion in die kroatische Umgangssprache übernommen. Der Osten hat dagegen unter ungarischer und türkischer, dann unter österreichischer Herrschaft gestanden. Doch das türkische Erbe wurde nach der Vertreibung der Türken getilgt, sieht man von ein paar kleinen Resten ab, wie der in eine Kirche verwandelten Moschee in Đakovo. Stattdessen entstanden unter österreichischem Einfluss barocke Kirchen und Schlösser, ja ganze Städte wie Nova Gradiška, Osijek und Slavonski Brod.

Den inneren Zusammenhalt der kulturell und geografisch so unterschiedlichen Landesteile ermöglichte trotz territorialer Teilung und fast 900 Jahre andauernder Fremdherrschaft (1102 bis 1991!) nur das eiserne Festhalten an der eigenen Sprache und an der katholischen Religion. Sprache und Religion sind heute noch die Hauptquellen, aus denen sich das Nationalbewusstsein der Kroaten speist, auch wenn sich viele Traditionen gebildet haben, die mittlerweile unabhängig davon existieren wie Volksmusik, Volkstanz und Trachten. Nach der Unabhängigkeit 1991 hat man die kroatischen nationalen Charakteristika überbetont und sie zum Kult erhoben. Mitterweile ist man etwas ruhiger im Umgang mit dem eigenen nationalen Charakter und nicht überall fliegen mehr die rot-weiß-blauen Fahnen mit dem rot-weißen Karomuster.

Traumhaft: der winzige Hafen Valun auf der Insel Cres

Steckbrief Kroatien

Daten und Fakten

Name: Republika Hrvatska (Republik Kroatien)

Fläche: 56 594 km²

Hauptstadt: Zagreb
Sprache: Kroatisch (Amtssprache); Serbisch
(1 %), Italienisch (0,5 %), Ungarisch (0,3 %)
Einwohner: 4 437 500
Bevölkerungsdichte: 78 Ew./km²
Bevölkerung: 89,6 % Kroaten,
4,5 % Serben, 5,9 % Minderheiten
Religion: 87,8 % Katholiken,
4,4 % Orthodoxe, 1,3 % Muslime u. a.
Regierungsform: Parlamentarische
Demokratie

Währung: 1 Kuna (Kn) = 100 Lipa,
1 € = 7,36 Kn
Zeitzone: Mitteleuropäische Zeit
Landesvorwahl: +385
Internetkennung: hr

Autokennzeichen: HR
Netzspannung: 220 Volt, 50 Hertz
Beste Reisezeit: An der Küste April bis Oktober, im Binnenland Mai bis Oktober
Landesflagge: Drei waagrechte Streifen, von oben Rot, Weiß und Blau, eingesetztes Wappenschild mit rot-weißem Karomuster, bekrönt von den Wappen der fünf historischen Regionen.

Geografie

Kroatien liegt im Nordwesten der Balkanhalbinsel und grenzt an Slowenien, Ungarn, Serbien, Montenegro und Bosnien-Herzegowina, in der Adriamitte an italienische Gewässer. Wegen der unregelmäßigen, an ein Hufeisen erinnernden Form des Landes sind die Staatsgrenzen zu Lande sehr ausgedehnt, sie betragen 2197 km, die Küstenlinie des Festlandes ist 1777 km, jene der Inseln 4058 km lang. Die große Halbinsel Istrien, die Adriaküste und die Inseln werden durch ein Kettengebirge gebildet, das im Velebitgebirge 1758 m Höhe erreicht. Klima und Vegetation der adriatischen Küstenzone sind mediterran. Der Osten des Landes umfasst Flussebenen und Hügelland zwischen Mur, Save und Donau. Klima und Vegetation dieser Zone sind mitteleuropäisch-kontinental. Die größten Städte des Landes sind die Hauptstadt Zagreb (800 000 Ew.) und die Städte Split (190 000 Ew.), Rijeka (144 000 Ew.) und Osijek (115 000 Ew.).

Geschichte

Kroatien hat nur in zwei kurzen Phasen seiner Geschichte einen Nationalstaat gebildet. Die erste Phase war das frühkroatische Königtum, das von 925 bis 1102 währte, als der letzte nationalkroatische König kinderlos starb und der ungarische König den kroatischen Königstitel erbte. Die zweite Phase begann

1991, als Kroatien die Unabhängigkeit ausrief und sie in einem bis 1995 andauernden Krieg gegen Jugoslawien-Serbien verteidigte.

In den 900 Jahren dazwischen war Kroatien von Budapest und – seit der Übernahme der ungarischen Königskrone durch die Habsburger 1527 – von Wien abhängig, während die Küste von Venedig beherrscht wurde. Die heutige kroatisch-bosnische Grenze entstand als Waffenstillstandslinie nach den türkischen Eroberungen des 15./16. Jh. Im Süden Dalmatiens konnte die Republik von Ragusa (Dubrovnik) bis 1808 ihre Autonomie erhalten. 1919 war das kurzfristig unabhängige Kroatien einer der Gründerstaaten Jugoslawiens.

Das neue Kroatien war in den 1990er-Jahren mit Jugoslawien-Serbien und Bosnien-Herzegowina in einen blutigen Krieg verstrickt und konnte erst nach 1998 mit dem Wiederaufbau des Landes und dem systematischen Aufbau des Staatswesens beginnen.

Staat und Politik

Kroatien ist eine parlamentarische Demokratie. Das Land ist in 20 Regierungsbezirke (*županija* = Gespanschaft, wörtlich Grafschaft) und die gesondert verwaltete Hauptstadt eingeteilt. Das Repräsentantenhaus (Parlament) wird vom Volk gewählt. Bei den Wahlen zum Repräsentantenhaus im Dezember 2007 erreichte die Kroatische Demokratische Gemeinschaft HDZ nur die relative Mehrheit, konnte aber mit Bauernpartei, Sozialliberalen und Vertretern der Minderheiten im Januar 2008 eine Koalitionsregierung bilden. Premierminister ist seit 2003 Ivo Sanader. Erstmals ist ein Serbe im Kabinett: Der Zagreber Universitätsprofessor Slobodan Uzelac wurde Minister für Wiederaufbau- und Vertriebene und gleichzeitig stellvertretender Ministerpräsident. Bei den Präsidentschaftswahlen in den Jahren 2000 und 2005 wurde Stipe (Stjepan) Mesić jeweils für eine Amtszeit von fünf Jahren gewählt.

Seit Herbst 2005 laufen die Beitrittsverhandlungen Kroatiens mit der EU. Damit ist Kroatien nach Slowenien, das inzwischen Mitglied ist, der zweite Staat Ex-Jugoslawiens, mit dem offiziell über den Beitritt verhandelt wird. Ein Beitrittstermin 2010 oder 2011 ist wahrscheinlich.

Wirtschaft und Tourismus

Kroatiens Regierung arbeitet u. a. mit radikalen Privatisierungsmaßnahmen auf einen freien Markt hin. Die Schäden aus den letzten Kriegen, das Problem der Wiedereingliederung von nahezu 300 000 Flüchtlingen, die Kosten der Minenentfernung, die hohe Arbeitslosenquote, der schwache Kapitalmarkt und der bisher nur zögerliche Investitionswille von außerhalb lassen eine Verbesserung der wirtschaftlichen Situation noch kaum erkennen. Der Tourismus ist nach einem Tief in den 1990er-Jahren wieder zur Hauptwachstumssparte geworden.

Bevölkerung und Religion

Der katholische Glaube ist eng mit der kroatischen Staatsidee verbunden, und die Kirche hat einen besonderen Platz im öffentlichen Leben. Neben den überwiegend katholischen Kroaten hat das Land eine serbische Minderheit (2001: 4,54 %, 1991: 12,2 %) meist serbisch-orthodoxen Glaubens. Diese Bevölkerungsgruppe wurde in den Kriegsjahren 1991–95 z. T. vertrieben oder flüchtete, umgekehrt kamen kroatische Flüchtlinge aus anderen Teilen Ex-Jugoslawiens ins Land. Angaben des Kroatischen Statistischen Zentralamtes zur Rückwanderung 2002–06 unter www.dzs.hr/Eng/Publication/2007/7-1-2_1e2007.htm.

Natur und Umwelt

Kroatiens Naturraum besteht aus drei Großregionen: dem mediterranen Küsten- und Inselgebiet, dem Gebirge, das sich wie ein Wall die Festlandsküste entlangzieht, und den kontinental mitteleuropäischen Ebenen und Hügelzonen im Osten. Karg sind der verkarstete Küstenstreifen zwischen Istrien und Dalmatien und das Gebirge, fruchtbar und dicht besiedelt ist der Osten.

Karstberge und Flussebenen

Aus der Vogelperspektive erkennt man eine Reihe steil aus dem Meer aufsteigender Gebirgsketten an der kroatischen Adriaküste. Östlich davon erstreckt sich ein allmählich niedriger werdendes System von Horsten und Ketten, das in eine wellige Hügellandschaft übergeht. Im Nordosten schicken drei große Flüsse, Mur, Drau und Save, breite Flusstäler in die große Pannonische Tiefebene hinunter, durch die der Donaustrom zieht, in den sie an der Ostgrenze des Landes münden. Zwischen diesen Flüssen erstreckt sich die Hügellandschaft Slawoniens mit ein paar höheren Berggipfeln. Ein Stückchen Ungarischer Tiefebene begrenzt das Land ganz im Nordosten auf der linken Seite der Drau.

Küstenkroatien: Die Gebirgsketten der Dinariden

An der Makarska-Riviera südlich von Split reichen die zerklüfteten Felsmassive des Biokovogebirges bis dicht an die Küste und bilden eine majestätische Kulisse für Badeferien. An der Ostgrenze Istriens und von Rijeka bis zur Maslenica-Brücke und von Split bis zur äußersten südöstlichen Spitze Kroatiens zieht sich eine kaum unterbrochene steile Kalkgebirgskette hinter der Küste entlang und lässt nur einen schmalen Streifen am Meer für die Besiedlung frei – oder gar nichts.

Steigt man auf diese Berge hinauf, stellt man fest, dass sie keineswegs in Graten und Gipfeln münden, sondern in einem welligen Plateau. Im Landesinnern schließen sich weitere Gebirge an, man sieht sie von den Aussichtspunkten der Küstenkette. Aber dazwischen schieben sich tiefe, von Flüssen ausgeräumte Zonen, in denen früher mal Flysch lagerte, das sind mächtige Ablagerungen aus kalkigen, mergeligen oder sandigen Gesteinen, die zu Rutschungen neigen. Flyschzonen sind grasbewachsene Berge mit weichen Formen oder weich geformte Täler zwischen Kalkbergen. Für die Menschen sind diese Gebiete ein Segen: Hier fließen Flüsse, die sich, sowie sie in den Kalk eintreten, wieder ins Unterirdische zurückziehen, hier gibt es fruchtbaren Boden, Wiesen, Felder, saftige Weiden.

Wenn man von Rijeka oder Senj ins Landesinnere fährt, merkt man bald, dass man sich mit wachsender Entfernung von der Küste in ein immer unübersichtlicheres Gebirge begibt: die verkarstete Dinarische Gebirgsregion. Überall gibt es Höhlen, ganze unterirdische Welten haben kroatische Speläologen erforscht, nur wenige sind publikumsfreundlich eingerichtet worden, wer soll das auch bezahlen?

Bei Karlovac haben Kupa, Dobra und Korana ganze Arbeit geleistet und in der Kupčinsko Polje ein riesiges Flyschbecken von 1000 km^2 ausgeräumt, das teilweise versumpft und oft überschwemmt ist. Die Kupa kommt mit dem Abfluss kaum nach, ihr Weg durch die letzten Ketten des Dinarischen Gebirges ist ziemlich mühsam und bis sie in Sisak endlich die Save erreicht, muss sie sich durch einige Schlingen zwängen.

Binnenkroatien: Pannonische Ebenen und Hügelländer

Die großen Flusstäler der Drava (Drau) mit ihrem Nebenfluss Mura (Mur) und Sava (Save), die beide in den Dunav-Strom (Donau) münden, bilden eine ganz eigene Welt. Die breiten Flussterrassen über den eigentlichen Flusstälern sind bretteben und fruchtbar, an den Hügeln im Hintergrund hat sich während der Eiszeiten eine mächtige Lößdecke angesammelt, auf der ein hervorragender Wein wächst. Ein Bauerndorf neben dem anderen liegt am Rand der Ebene. Nur ein schmaler Streifen zwischen Donau und Save in Syrmien und nördlich der Drau in der Baranja vermittelt in die eigentliche Pannonische Tiefebene, deren Ausmaß man erahnen kann, wenn man am Hochufer bei Ilok steht und über die (serbische) Wojwodina hinweg weit in die Ferne blickt. Generationen haben die-

ses Land bebaut, den Wald gerodet, kaum ein Fleckchen Naturrraum übrig gelassen, Ausnahmen sind nur die Überschwemmungsgebiete der großen Flüsse, in denen heute Naturparks eingerichtet sind.

Vielfältige Inselwelten

Mit den amtlich gezählten 1185 Inseln Kroatiens ist das so eine Sache: Sind die Riffe südöstlich von Kornat alle dabei? Leichter zu beantworten ist da die Frage, warum an der Ostadria so viele Inseln und ungezählte lange und gewundene Buchten die enorme Küstenlänge von offiziell 5835 km bewirken.

Antworten findet man in der Geologie und der Hydrologie. Die parallelen Ketten des Dinarischen Gebirges, dessen Flyschsenken schon lange ausgeräumt waren, sodass lang gestreckte Täler entstanden, sind nach der Eiszeit durch den steigenden Meeresspiegel und das Absenken der Küste unter Wasser geraten. Dabei wurden auch die tieferen Flusstäler überflutet, der Limski kanal in Istrien ist so ein ertrunkener Fluss und die

Dugi Otok: nicht nur Badeparadies, sondern auch Vegetationswunder

Ombla (Rijeka Dubrovačka) bei Dubrovnik. Die Berggipfel steigen noch über den Meeresspiegel auf, das sind die Inseln, manche erreichen gerade eben die Meeresoberfläche, das sind die Schollen und Klippen. An den Küsten eines Meeres, das an die Flanken eines Kalkgebirges brandet, sind Sandstrände auf die Nähe einiger Flussmündungen (Neretva) und die südlichsten Inseln beschränkt.

Die lang gestreckten, schmalen und oft steil ins Meer stürzenden Inseln der östlichen Adria sind höchst romantisch, aber für dauernde Besiedlung nicht sonderlich geeignet. Dabei waren alle Inseln, auch die kleineren, bis auf die der Bora ausgesetzten Flanken früher bewaldet, aber nachdem der Mensch sie abgeholzt hat, wurde die Erde abgespült und neue kann sich nicht entwickeln (die frühere Bewaldung stammt aus anderen, feuchteren Vorklimaten). Das gesamte Kornaten-Archipel ist so eine Karstwildnis – einsam, atemberaubend und völlig nutzlos. Auf den größeren Inseln wächst Wald wieder natürlich nach, wenn man nur die Ziegen fern hält, wie man auf Cres beobachten kann, dort kann auch Wald neu angepflanzt werden, wie die schon in österreichischer Zeit entstandenen Schwarzkiefernhaine zeigen. Dort, wo vernünftige Menschen den Wald geschützt haben wie in der Republik Ragusa, ist er aber am schönsten, das ist auch der Hauptanziehungsfaktor für die Inseln Korčula und Mljet.

Die großen Inseln Cres, Krk, Brač, Hvar und Korčula sind selbstgenügsam, weil in den Karstpoljen Wein und Weizen reifen und die Berge hoch genug sind, um ein wenig Wasser aufzuhalten. Aber auf den kleineren Inseln ist gerade das Trinkwasser ein ganz großes Problem – es regnet zwar reichlich, aber der Karst lässt das Wasser in dem Moment versickern, in dem es auf die Oberfläche trifft. Zisternen, in denen man früher Regenwasser sammelte, können ein Haus, ein Dorf versorgen, aber heutzutage nicht mehr eine ganze Stadt, vor allem dann nicht, wenn sie vom Tourismus leben will. Also wird Wasser vom Festland durch untermeerische Rohre auf die Inseln gebracht, damit sich die Touristen dreimal am Tag duschen können.

Klima: Bora und Steppenwind

Eines der bekanntesten Naturphänomene Kroatiens ist wenig beliebt: der kalte Fallwind Bora (kroat. *bura*), der dem Mittelmeerklima der Küste auch im Sommer ab und an zusetzt. Normalerweise sind die Küsten und Inseln Kroatiens, aber auch die große Halbinsel Istrien von typischem Mittelmeerklima gekennzeichnet: milde und an den Gebirgsflanken feuchte und kurze Winter (Dezember bis Februar), in denen die Temperatur selten unter 0 °C sinkt, lange Frühlingsmonate und trockene und heiße Sommer mit Temperaturen um die 35 °C.

Dem Winter schenkt die Bora Perioden tiefster Temperaturen, aber schönsten klaren Wetters. Die Bora entsteht immer dann, wenn sich auf dem Kontinent ein Kältehoch gebildet hat. Die kalte Luft sammelt sich im Lika-Becken und stürzt über die Küstengebirge in ein Mittelmeertief hinunter. Dabei können beim ersten Erscheinen der Bora Temperaturstürze bis zu 20 °C auftreten und Windgeschwindigkeiten bis 120 km/h erreicht werden. Ein eisiger Orkan fegt dann über die Flanken der Berge hinunter, rast vor allem durch die Öffnungen zwischen den Bergketten hinunter zum Meer und prallt auf die ersten Inseln, die jenseits der Küsten im Meer liegen, wobei er sämtlicher Vegetation, die er dort vorfindet, den Lebensfaden abschneidet. Die winterliche Bora kann bis zu zwei Wochen andauern. Da wackeln selbst die Brücken – so sehr, dass sie manchmal gesperrt werden müssen. An Schifffahrt ist, mal von den großen Fähren mit ihren Stabilisatoren abgesehen, nicht zu denken, denn das Meer wird von der Bora zu bis zu 2,5 m hohen Wellen aufgetürmt.

Auch andere Winde machen sich an der Küste bemerkbar. Angenehm ist der Maestral, ein Lokalwind vom Meer zum Land, der sich am Nachmittag hebt und die allmählich von der Sonne überhitzten Strände kühlt. Und wenn man sich nach Sonnenuntergang an den Tisch im Restaurant am Hafen setzt,

Karst   Thema

Viele der inneren Gebirgszüge Kroatiens sind fast zu Scherbenkarst zerfallen: hier ein Bergklotz mit bewaldetem Hochplateau, dann wieder kuppiges Waldland, immer wieder plötzliche Vertiefungen, unzählige Dolinen und viele große Poljen, durch die Flüsse ziehen, die so abrupt aus dem Gestein treten, wie sie wieder verschwinden.

Der Dinarische Karst zieht sich vom Fuß des Triglav in Slowenien bis nach Makedonien über 1100 km hin und ist zwischen 100 und 200 km breit – der größte Karst in Europa.

Karst entsteht auf Kalk und das Wasser ist schuld daran: Wasser löst nämlich die Bestandteile des Kalkgesteins auf und bildet dadurch Hohlräume. Regenwasser fließt nicht ab, sondern bildet bald feine Rillen im Gestein, so genannte Karren. Sind die Karren tief genug, zerlegen sie das Gestein regelrecht, es entsteht Scherbenkarst. Dann fließt das Wasser durch immer breitere Spalten in den Untergrund. Dort bildet es Höhlensysteme und tritt erst wieder an die Oberfläche, wo unzerstörbares Gestein auftaucht, dann aber oft in großen Mengen. Vaucluse-Quellen nennt man dieses Phänomen nach einer südfranzösischen Quelle.

Ein Wasserlauf, der aus einem nicht auflösbaren Gestein auf Kalk trifft, wird bald verschluckt sein. Solche Schlucklöcher oder Ponore sind weit verbreitet in den Dinarischen Gebirgen. Oft sackt das oberflächliche Gestein über kleineren und größeren unterirdischen Räumen nach, dann entstehen Dolinen und Poljen. Die Dolinen sind für das Weidevieh sehr gefährlich, deshalb sind sie immer wieder umzäunt. Poljen, die großen Pfannen wie die Ličko Polje, werden oft von Flüssen durchströmt, die genauso plötzlich enden, wie sie beginnen.

Nur in diesen Poljen gibt es guten Boden, und *polje* bedeutet nichts anderes als Feld.

Nach starken Regenfällen spucken überall an den Poljenrändern die Felsen plötzlich Wasser und die tiefsten Teile der Polje stehen unter Wasser, manchmal die ganze Polje, was den Ackerbau verhindert oder erschwert.

Die Höhlensysteme sind direkt verbunden mit den Sinterablagerungen, die oft ganze Täler ausfüllen und Wasserfälle bilden. Denn der Kalksinter etwa an der Krka kommt natürlich aus den großen und weitgehend nicht erschließbaren Höhlensystemen, die der Fluss vor seinem Austritt ans Licht durchfließt. In den Samarske und Bijele Stijene im Gorski Kotar stehen spitze, von Rillenkarren zerfurchte Felsnadeln im Wald, vom Wasser zerfressene Reste einer früher höheren, zusammenhängenden Schicht aus Kalkgestein.

Weil der an einigen Stellen immer noch waldreiche Karst im Landesinneren für die wirtschaftenden Menschen bisher kaum von Interesse war, konnten dort Tiere überleben, die anderswo nicht mehr zu finden sind: Bär, Wolf, Luchs und Wildkatze begegnen einem z. B. im Gorski Kotar und den Bergketten Velika (Große) und Mala (Kleine) Kapela. Aber auch Wachtelkönig, Braunkehlchen, Geier, Steinadler und Schlangenadler bietet der Karst eine Heimat. Kroatien besitzt im Nationalpark Risnjak ein ausgedehntes Waldgebiet. Aber auch das an der mediterranen Seite waldarme Velebitgebirge und das Biokovogebirge sind Schutzgebiete im Karst.

Lesetipp: Wieser, Lojze (Hg.): ›Europa erlesen – Karst‹ (Klagenfurt 1997).

19

Natur und Umwelt

ist er wieder eingeschlafen. Der Jugo andererseits ist mit Sonnenanbetern nicht zimperlich, er ist ein warmer und feuchter Wind, der im Sommer meist eine längere Schönwetterperiode abschließt. Im Gegensatz zur Bora, die ganz plötzlich erscheint und deshalb für Boote extrem gefährlich ist, baut sich der Jugo langsam auf, das dauert meist zwei Tage, bis er endlich Regen bringt.

Flora und Fauna

Den gegensätzlichen Klimaten und Oberflächenformen entspricht eine ähnlich gegensätzliche Vegetation. Die Küste präsentiert sich, wo nicht gerade ständig die Bora durchpfeift, als mediterraner Steingarten. Das Nebeneinander pittoresker Kalk- und Dolomitfelsen, kupfergold-dunkelgrüner Steineichen, spitzer, schwarzer Zypressen, silbrig schimmernder Ölbäume wirkt in seiner Schönheit oft wie künstlich angelegt. Wo Menschen Mäuerchen aus Lockergestein errichtet haben, um Felder für Weizen, Wein und Ölbäume zu gewinnen, da sieht man die rötliche Farbe des Erdreichs, das in den Dolinen und Poljen Istriens den intensivsten Ackerbau zulässt. Im Spätwinter und im Frühjahr blühen zwischen den Terrassen und im Ödland, das von Ziegen- und Schafherden beweidet wird, zahllose Orchideen und Zwiebelpflanzen wie der Affodil, Iris, Milch- und Blaustern, Traubenhyazinthe und Lauch. Im Sommer wagen sich hier dagegen nur noch Disteln und allenfalls Graslilien aus dem ausgedörrten Boden hervor. Im späteren Frühjahr dominieren dann die duftenden Kleinsträucher, aus deren ätherischen Ölen man Parfums gewinnt, auf Hvar vor allem aus dem Lavendel, dessen zarter Duft und blaulila Farbe den Mittelteil der Insel überziehen. Im Mai und Juni blühen und duften auch Thymian und Salbei, Oregano und (selten) Rosmarin, in der Mittagshitze riecht man die Wacholderbäume, den Lorbeer und den Ginster. Viele immergrüne Pflanzen sind dabei, wie überall im Mittelmeergebiet versuchen sie sich mit ihren Lederblättern über den trockenen Sommer zu retten.

An den Küsten spenden vor allem die Strandkiefern Schatten, manchmal auch angepflanzte Schwarzkiefern und Pinien. Die Menschen haben in den gründerzeitlichen Winterkurorten zahlreiche attraktive Pflanzen eingeführt, um die Parks und Kurpromenaden zu schmücken: Palmen, Agaven und alle möglichen hübschen Blüher und Dufter wie das an Orangenblüten erinnernde Pittosporum aus Ostasien. Aber viel wichtiger für das Land und seine Bevölkerung sind ältere Importe, die noch allenthalben in der Landschaft zu sehen sind, obwohl sie meist keinen wirtschaftlichen Wert mehr haben: Orangen und Zitronen, Maulbeerbaum und Karube (Johannisbrotbaum).

Vom früheren dichten Wald sind einzig auf den südlichen Inseln Mljet und Korčula noch Teilstücke erhalten geblieben. Griechen, Römer, Venezianer haben die Bäume vernichtet – Holz wurde vor allem für die Flotte gebraucht. Nur die Republik Ragusa (Dubrovnik) machte mit ihren Schutzgesetzen eine Ausnahme und hinterließ Waldinseln. Was sich seither entwickelt hat, sind artenreiche Macchien, in denen nur wenige Kiefern und immergrüne Eichen das undurchdringliche Gestrüpp aus Baumheide, Pistazie, Mastix, wildem Ölbaum, Myrte, Wacholder, Erdbeerbaum, Steinlinde und der sich über alles windenden kletternden Stechwinde überragen.

Kaum steigt man in die Berge, ändert sich das Bild. Im Süden (z. B. im Nationalpark Paklenica) ziehen sich mediterrane Pflanzen noch bis in die höchsten Höhen hinauf, aber windgepeitschte Schwarzkiefern und Wacholder zeigen an, dass das Klima kühler wird. Weiter im Inneren (z. B. im Nationalpark Risnjak) verlieren sich bald alle mediterranen Pflanzen. Nun dominieren an den Hängen unterhalb der Schneegrenze sommergrüne Eichen, Rotbuchen und Tannen, auf den höchsten Höhen stehen typisch alpine Pflanzen, Edelweiß wächst zwischen den Legföhren. Während in den Wäldern Rehe nicht selten sind, Birkhahn und Uhu leben, bewohnen Gämsen die höchsten Zonen. In den einsamen Wäldern der Dinarischen Gebirgskette leben noch Braunbären, Wölfe und Luchse.

Wieder anders ist das hügelige und ebene Binnenkroatien, denn dort kommt ein Gutteil der Pflanzen aus einer ganz anderen botanischen Region: dem Pannonischen Becken. Zwar wirkt die Landschaft des Hrvatsko Zagorje und des Hügellandes Slawoniens auf uns vertraut, die Eichen, die Fichten, Buchen und Hainbuchen, die in und um die Orte gepflanzten Linden und Rosskastanien erinnern uns an andere mitteleuropäische Gegenden. Aber im Detail und vor allem in den Flussebenen sieht's anders aus: Da blüht im Vorfrühling die Zwergiris und später das silbern glänzende Federgras, und im Spätherbst rollen »Steppenhexen« über die Ebene, schotentragende kugelige Stauden, die sich im Herbst von den Wurzeln lösen und über weite Strecken vom Wind befördert werden, etwa das Salzkraut oder der Ungarische Salbei.

Bären in Kroatien

Der scheue Braunbär ist Einzelgänger und vermeidet jeden Kontakt mit seinem ärgsten Feind, dem Menschen. Auch in Kroatien engt der Mensch den Lebensraum des Braunbären immer weiter ein. Neue Straßen werden gebaut, die Autobahn Zagreb–Rijeka verläuft quer durch den Gorski Kotar und damit den Hauptlebensraum des Bären. Fünf Bären fallen im Schnitt pro Jahr Verkehrsunfällen zum Opfer. Für die Autobahn wurde mit der Grünen Brücke eine Lösung gefunden: Netze leiten Braunbären und andere Tiere entlang der Autobahn zu dieser Brücke, auf der sie zur anderen Seite wechseln können. Auch die Unfallrate an der Autobahn nach Split (im Velebit leben etwa 400 Bären) konnte dank fünf Grünbrücken eingedämmt werden.

Die Volksmeinung ist noch keineswegs auf der Seite des Bären. Als im Frühjahr 2000 in Istrien eine Eselin von einem Bären geschlagen wurde, waren die Zeitungen voll von der Angst der Dörfler, dass auch sie angegriffen werden könnten. Ähnliche Reaktionen gab es 2005 auf Krk. Die Angst ist unbegründet. Selbst Bärinnen mit Jungen gehen dem Menschen unter allen Umständen aus dem Weg und greifen nur an, wenn der Eindringling ihnen in ihrer Sphäre zu nahe kommt.

Umweltbewusstsein und Naturschutz

Ein breites öffentliches Umweltbewusstsein existiert in Kroatien noch nicht, eine öffentliche Diskussion zu diesem Thema hat im wachstumsorientierten Kroatien bisher keinen hohen Stellenwert. Viele alte Autos mit sehr hohen Abgaswerten fahren immer noch im Land herum. Der Hausmüll wird in der Mehrzahl der Gemeinden (ungetrennt) in Plastiktüten vor die Haustür gestellt. An moderne Anlagen zur Abwasseraufbereitung ist derzeit nicht zu denken, selbst bedeutende Touristenorte leiten alle Abwässer ohne Umwege ins Meer. Die Schließung vieler Betriebe der Groß- und Schwerindustrie nach dem Zusammenbruch Jugoslawiens hat immerhin die Luftemissionen und die Ableitungen giftiger Abwässer in Meer und Flüsse verringert.

In Kroatien gibt es acht Nationalparks (Nacionalni park): Brijuni, Risnjak, Nordvelebit, Paklenica, Plitvicer Seen, Krka, Kornaten und Mljet. Sie verfügen jeweils über eine Informationsstelle sowie Hotels oder Berghütten, markierte Wege und Informationsschilder. Nach dem kroatischen Gesetz ist in ihnen jede Aktivität oder Maßnahme verboten, welche die natürlichen Bedingungen verändert – was unterschiedlich leicht umzusetzen ist und unterschiedlich rigoros eingehalten wird.

Vier Zonen sind Vogelschutzgebiete nach dem Ramsar-Protokoll der Unesco: die Fischteiche der Crna Mlka südlich von Zagreb, der Kopački Rit, Lonjsko Polje und das Neretva-Delta. Kopački Rit und Lonjsko Polje sind zusätzlich als Naturpark (Park prirode) geschützt.

Weitere Naturparks sind das Massiv der Medvednica bei Zagreb, der Papuk in Binnenkroatien, das Biokovogebirge, das Velebitgebirge und der Bereich um die Telašćica-Bucht. Der Schutz dieser Gebiete ist sehr unterschiedlich. Naturschutzgebiete im engeren Sinne sind die Bijele und Samarske Stijene, die Hajdučki und Rožanski kukovi im Velebitgebirge, alle Höhlen im gesamten Staat und mehr als 300 kleinere Gebiete.

Die östliche Adria –
Überfluss und Überfischung

Das inselreiche Meer vor der Festlandsküste Kroatiens ist ein artenreiches Ökosystem, was auch ein flüchtiger Blick in die Fischmärkte der Hafenstädte bestätigen wird. In den normalerweise geschützten, bei Bora aber immer wieder aufgewühlten und damit durchlüfteten Gewässern dieses Flachmeeres leben viele Spezies. Und bevor man sie durch Überfischung nahezu ausgerottet hat, durchzogen einzelne Arten wie Sardine, Sardelle und Sprotte in riesigen Schwärmen das Meer.

Das Meer, in dem diese Fische schwimmen, ist das Nebenmeer eines Nebenmeeres – die Adria ist ja nur ein flacher Arm des Mittelmeeres. Solche Nebenmeere mit ihren geringen Strömungen haben häufig das Problem geringer Durchlüftung und daraus resultierender Nährstoffarmut. Bei der Adria ist das anders: Die Bora wirbelt im Winter das Wasser bis in große Tiefen auf, da wird kräftig Sauerstoff hineingesprudelt. Und immer wieder gibt es ein Eindringen kalten mediterranen Tiefenwassers, das über die niedrige Schwelle von Otranto ins Adriabecken einfließt und das Wasser ebenfalls durchmischt und auch die sonst träge Oberflächenströmung ankurbelt. Zwei, drei Jahre nach so einem Ereignis nehmen die Bestände von Sardine, Sardelle etc. stark zu, wie man im Ozeanografischen Institut in Split beobachtet hat.

Doch die Adria ist beinahe leer gefischt und die Fischschwärme bleiben oftmals aus. Scampi, Tintenfische, Krabben, Barsche, Meeräschen, Barben und Brassen, Drachenfische und Petersfische, Meeraal, die großen Seehechte und die noch größeren Schwertfische, Makrele, roter und weißer Thun und der kleinere Bonito sind seltener geworden. Obwohl die Marktpreise für Fisch nicht niedrig sind, kann man deshalb vom Fischfang nicht mehr leben. Die lange touristenlose Zeit von 1991 bis 1999 hat allerdings für die

Fischbestände große Verbesserungen gebracht. Fische, die seit langem so gut wie ausgestorben waren, wurden plötzlich wieder gesehen und sogar gefangen. Ein Trend, der sich Dank verschärfter Fischereibestimmungen bis dato gehalten hat.

Die zum Laichen in die flachen Buchten zurückkehrenden Thunfische schwammen früher so dicht an dicht, dass man bei engen Buchteinfahrten wie der von Bakar meinte, über ihre Rücken zum gegenüberliegenden Ufer spazieren zu können. Obwohl es den Roten Thunfisch und den kleineren Weißen Thunfisch noch gibt, lohnt es sich heute nicht mehr, ihn zu fangen, die Schwärme sind zu klein geworden. Bis zu 20 km lange Treibnetze haben den Bestand an die Grenzen der Auslöschung gebracht. In Gefahr auszusterben waren auch die Bestände des Schwertfisches, der Sardinen und der Sprotten. Während 1983 in kroatischen Gewässern noch 42 000 Tonnen Sardinen gefangen wurden, waren es 1996 nur noch 7000 Tonnen, dabei war der Fang seit 1945 bis 1983 regelmäßig gestiegen. Inzwischen hat sich die Sardine wieder etwas erholt: Von Kroatiens ca. 46 000 Tonnen Hochseefischfang macht ihr Fang etwa ein Viertel aus.

Auch andere Faktoren haben neben der Überfischung zum Niedergang der Fischpopulationen beigetragen: Vor allem die Ge-

Thema

wässerverschmutzung entlang von Groß-schifffahrtslinien. Industrie- und städtische Abwässer haben traditionelle Laichgewässer wie die an der Kaštela-Bucht verunreinigt und damit zerstört.

Was tun? Die Antwort für viele Fischerei-fachleute liegt in der Aquakultur, wie das mit dem Atlantischen Lachs, mit Muscheln und Austern schon lange gemacht wird. Während sich der Lachs den Bedingungen künstlicher Besamung und Käfighaltung anzupassen wusste, war das aber bei den reinen Mee-resfischen nicht immer der Fall. Aber seit 1996 betreibt Kroatien Thunfischfarmen im großen Stil. Der nahezu komplett für den Ex-port nach Japan bestimmte Thunfisch machte 2003 wertmäßig fast 50 % aller Fischexporte aus. Versuche mit anderen Arten haben ge-zeigt, dass sich auch der Seebarsch *(brancin, lubin)* und die noch schmackhaftere Zahn-brasse *(zubatac, zubac)* mit den Bedingungen künstlicher Aufzucht zufrieden geben. Neben dem Thunfisch stellen sie heute den Haupt-anteil der ca. 15 000 Tonnen Zuchtmeeres-fisch, die Kroatien jährlich produziert (dazu kommen ca. 4000 Tonnen Schalentiere).

Das Problem bei diesen in Buchten und an geschützten Küsten schwimmenden Zucht-inseln (z. B. Malo More bei Ston) ist die Ge-fahr der raschen Übertragung von Erregern, der Überdüngung des für die Fischzucht not-wendigen klaren Meeres durch die Abwässer, das zufällige Entkommen von Zuchtfischen in die Freiheit und die Beeinträchtigung der Wildfische durch diese. Die Tendenz wird trotzdem sein, immer mehr Fischfarmen zu bauen, immer mehr Zuchtfisch zu essen. Das ist in einem gewissen Sinne gut für das Meer, weil sich viele Arten erholen können.

Die von den Nachbarstaaten Slowenien und Italien angefochtene nationale Fischerei-zone, eine 40-Meilen-›Öko-Zone‹, die im Ja-nuar 2008 erklärt wurde, soll die Gewässer der kroatischen Adria vor Überfischung schüt-zen. Tatsächlich haben vor allem italienische Trawler in kroatischen Gewässern mit ihren Fängen das Zehnfache dessen erwirtschaf-tet, was die kroatische Flotte auf den Markt brachte. Dass die Fischereizone wegen des massiven Einspruchs der EU (lies: Italiens und Sloweniens) bereits zwei Monate später auf Eis gelegt wurde, ist äußerst bedauerlich.

Fischer auf der Insel Pag

Aktuelle Politik, Wirtschaft und Soziales

In die Medien kommt Kroatien entweder als Shootingstar der Tourismusszene oder als Ex-Balkanland, das zwischen Europaträumen und unbewältigter Vergangenheit schwankt. Die Kroaten interessiert mehr, ob sie sich endlich ein Auto kaufen können und welcher Sportler wieder Medaillen abgeräumt hat.

Aktuelle Politik nach außen und innen

Als die Bürger im November 2003 an die Urnen gingen, waren sie die vielen Versprechungen der sozialliberalen Koalition leid und wählten konservativ. Die siegreiche HDZ (Kroatische Demokratische Gemeinschaft) hatte schon mal regiert, von der Unabhängigkeit 1991 bis kurz nach dem Tod ihres Parteichefs und De-Facto-Diktators Franjo Tuđman Ende 1999. Ihr Vorsitzender Ivor Sanader hatte die Partei in den folgenden Jahren von Rechtsextremen befreit, sich öffentlich zu Demokratie, Minderheitenrechten, Verfolgung von Kriegsverbrechern, NATO und Europa bekannt und in einem TV-Spot Hilfe von den Freunden Angela Merkel, Edmund Stoiber und Wolfgang Schüssel bekommen. Seit 2003 hat sich allerdings wenig von dem verändert, was zur Abwahl der vorherigen Regierung geführt hatte: Die Arbeitslosigkeit blieb bei fast 20 %, zudem werden weitere Arbeitsplätze im Zuge von Liberalisierung und Globalisierung abgebaut. Die Preise sind keineswegs niedriger geworden und die Spannungen zwischen einer verarmenden Arbeiter- und Bauernschaft und einer neuen, rasch reich gewordenen Einkommenselite nehmen weiterhin zu. Bei den Neuwahlen im Dezember 2007 büßte deshalb Sanaders HDZ einige Sitze ein, konnte aber dank verbündeter Parteien im Januar 2008, wieder unter Ivo Sanader, ein neues Kabinett bilden.

Parlament und Regierung

Die neue Regierung ist eine Mitte-Rechts-Koalition aus der HDZ, der HSS (Kroatische Bauernpartei), der HSLS (Kroatische Sozialliberale Partei und der SDSS (Unabhängige Serbische Demokratische Partei). Erstmals wurde ein Serbe Minister und stellvertretender Ministerpräsident: der Zagreber Universitätsprofessor Slobodan Uzelac. Die stärkste Partei der intern stark zerrissenen Opposition ist die HNS (Kroatische Volkspartei) des populären Präsidenten Stipe Mesić, der seit 2000 amtiert, seit 2005 in zweiter Amtszeit (der Präsident wird von Volk direkt gewählt). Der Premier Sanader und einige seiner Minister waren bereits unter Franjo Tuđman in Regierungsgeschäften tätig, Sanader etwa 1995/96 als Kabinettschef von Tuđmans Gnaden.

Außenpolitik und unbewältigte Vergangenheit

Der Traum vieler Kroaten, ihr Land bald als Mitgliedsstaat der EU zu sehen, ist seit Oktober 2005 im Begriff Wirklichkeit zu werden. Die Gespräche über die Aufnahme Kroatiens hätten eigentlich schon im Frühjahr 2005 beginnen sollen, wurden aber zunächst auf unbestimmte Zeit verschoben. Der Grund war die vom Internationalen Gerichtshof in Den Haag monierte »mangelnde Zusammenarbeit« mit dem Kriegsverbrechertribunal. Konkret ging es um die Auslieferung des Ex-Generals Ante Gotovina, dem vorgeworfen wird, als Oberbefehlshaber der »Operation Sturm« 1995 bei der Rückeroberung der von serbischen Rebellen besetzten Krajina den Mord an mehr als 500 Menschen und die Vertreibung von 100 000 Serben zu verantworten. Unter Tuđman war Ante Gotovina ein Volksheld, schließlich hatte er die serbischen Rebellen bezwungen. Das hat sich bis heute nicht geändert, von vielen Kroaten wird die Vertreibung der Bevölkerung aus der Krajina als ein Nebeneffekt der rechtmäßigen Repatriierung der Region abgetan. Dass die Regierung nicht alles tut, um des geflüchteten oder versteckten Gotovina habhaft zu werden, klingt wahrscheinlich. Dennoch beschloss die EU im Oktober 2005 die Beitrittsverhandlungen mit Kroatien aufzunehmen. Ein Termin 2010 oder 2011 wird als Beitrittsjahr angepeilt, wobei die EU den Fehler, der bei Rumänien und Bulgarien gemacht wurde, nicht wiederholen will: Zuerst müssen die Bedingungen – v. a. Korruptionsbekämpfung, Reformstau bei der nicht als unabhängig eingeschätzten Justiz und kompletter Rückzug des Staates aus der Wirtschaft – erfüllt sein, erst dann wird ein Beitrittstermin festgesetzt.

Auch mit dem Nachbarn Slowenien gibt es immer wieder Reibereien. Schon dass der kleine Staat im Norden seit Mai 2004 in der EU ist und Kroatien noch nicht, erscheint unverzeihlich. Dass die Slowenen mehr Geld haben und schon in der jugoslawischen Zeit die besten Grundstücke an der kroatischen Adria besaßen, wird nur ungern akzeptiert. Aber dass die Slowenen auch am Grenzflüsschen Dragonja und an der Bucht von Piran in Istrien andere Vorstellungen von der exakten Grenzziehung haben als die Kroaten, das kann man nicht so einfach hinnehmen. Schließlich geht es um Fischgründe in internationalen oder nationalen Gewässern, vermutete Erdöllager im Golf, um Schengen oder nicht Schengen, Arbeitsplätze und Geld. Und um Nationalstolz: Können sich die Kroaten von den Slowenen etwas sagen lassen? Seit 2008 gibt es einen neuen Konflikt, der nicht nur Slowenien, sondern auch den marinen Nachbar Italien betrifft: Kroatien hat einseitig eine nationale Fischereischutzzone ausgerufen, die sich weit in bisherige internationale Gewässer erstreckt. Sie soll vor allem die Überfischung der kroatischen Adria durch italienische Trawler verhindern. Die EU hat Kroatien aufgefordert, die Fischereizone wieder aufzuheben, aber diese ist auch ein innenpolitisches Pfand: Sie ist eines von Ivo Sanaders Wahlversprechen.

Mit den Nachbarn im Süden geht es allmählich besser, mit Serbien-Montenegro kam es im Herbst 2003 zu einer (offiziellen) Aussöhnung, als die beiden Präsidenten einander in Belgrad trafen und formell für die Taten ihrer jeweiligen Staaten um Verzeihung baten; die Beziehungen zum seit 2007 selbstständigen Montenegro sind sogar recht freundschaftlich. Das geteilte Bosnien-Herzegowina ist im südwestlichen, kroatisch-bosnisch verwalteten Teil ein freundlicher Nachbarstaat, was alle Probleme bei der Durchquerung des Korridors von Neum an der südlichen Adria aus dem Wege schafft (als Ausgleich hat Kroatien dem Staat Bosnien-Herzegowina exterritoriale Rechte für den Frachtverkehr auf der Bahnlinie zum Hafen Ploče eingeräumt). Die Ungarn sind willkommen, wenn sie Geld im Land lassen – v. a. das Inland hat einen hohen Anteil ungarischer Touristen.

Das Flüchtlingsproblem

Von größter Bedeutung ist und bleibt die Umsetzung der Wahlversprechen der letzten drei Regierungen, der geflohenen serbischen Minderheit die Rückkehr in ihre Heimatorte zu erleichtern. Geltende Gesetze garantieren offiziell die Heimkehr von Flüchtlingen. Zudem wurde 2004 ein Asylgesetz verabschiedet, das mit moderner internationaler Rechtsprechung konform geht und die Realisierung der Rückkehr erleichtern soll. Allerdings stellte Amnesty International im International Report 2007 fest, dass serbische Rückkehrer nach Kroatien noch lange nicht gleich behandelte Bürger sind (»Minorities suffered discrimination«), während der im Februar 2008 veröffentlichte Annual Report Balkans der UN-Flüchtlingskommission (www.unhcr.org) die ungelösten Probleme in der Rechtsprechung anspricht – was auch alle anderen Staaten des Balkan betrifft, EU-Mitglied Slowenien eingeschlossen. Bisher sind rund 125 000

Flüchtlinge der Kriegsjahre 1991–95 zurückgekehrt.

Woran liegt das? Zum einen daran, dass sich viele Flüchtlinge in ihrer neuen Heimat in einer ihnen wohlgesinnten Umwelt ein neues Leben geschaffen haben und sich dort nicht mehr als Flüchtlinge fühlen. Zum zweiten daran, dass viele Flüchtlinge Kroatiens Bemühungen um Rückführung misstrauisch ansehen und Kroatien als das betrachten, was es lange Zeit zu sein versuchte: ein Staat der Kroaten, in dem Serben ein Fremdkörper sind. Viele Kroaten – die Mehrheit ? – sehen Kroatien nach wie vor als einen katholischen Staat ethnischer Kroaten, wie ihnen das unter Tuđman (und in der Ustascha-Zeit) eingetrichtert wurde. Zum dritten sind gerade die Ursprungsgebiete der meisten Flüchtlinge, nämlich die Krajina um Knin und Ostslawonien, noch immer zerschossen, zerstört und ohne Infrastruktur. Wohin sollen sie zurückkehren? In die Ruinen ihrer Häuser, die von Minenfeldern umgeben sind? Zu welchen Freunden, Verwandten, Nachbarn? Zuerst müssen diese Gebiete wieder lebenswert sein, erst dann können die Flüchtlinge heimkehren. Aber dafür gibt es keine Gelder. Serbischstämmige Flüchtlinge haben es weiterhin nicht leicht auf kroatischen Ämtern. Arbeitsplätze, ohnehin Mangelware (die Arbeitslosenquote liegt bei bis zu 90 %), werden ihnen kaum angeboten.

Wirtschaft, Markt und Preise

Kroatien gilt offiziell als preiswertes Reiseland. Angesichts der Hotelpreise, die auf mitteleuropäischem Niveau angelangt sind – in Opatija und Dubrovnik auch höher –, fragt man sich allerdings, wie solche Statistiken zustande kommen. Für die eigene Bevölkerung ist Kroatien mit Sicherheit nicht billig. Auch der 2001 unterzeichnete Assoziationsvertrag mit der EU sowie der Wegfall verschiedener Zölle wirkten sich auf den Markt nicht preismindernd aus. Denn ausländische Produkte, die bis 1999 durch hohe Schutzzölle aus dem Lande gehalten wurden, boten und bieten nun oft bessere Qualität zum gleichen Preis. Das Durchschnittseinkommen blieb niedrig und die meisten Kroaten können nur davon träumen, sich mehr als das absolut Lebensnotwendige zu kaufen, ohne Schulden zu machen.

Die Inflation betrug Ende 2007 zwar ›nur‹ 5,8 %, aber zwischen 1990 und 2001 lag sie bei über 70 %. Die Arbeitslosenquote lag 2007 unter 15 %, das Brutto-Inlandsprodukt 2006 bei nur 9661 € je Einwohner. Kroatien importierte 2007 für 21 Mrd. US$, exportierte aber nur für 10 Mrd. US$. Das nötige Geld wurde durch Auslandskredite beschafft.

Liberalisierung und Arbeitsplatzabbau

Die Wirtschaftssituation nach dem Ende Jugoslawiens war traurig. Viele Betriebe mussten schließen, vor allem die großen, weil ihre Abnahmemärkte wegfielen. Die Liberalisierung des Marktes, in den letzten Jahren verstärkt praktiziert und mit dem Verkauf ehemaliger Staatsbetriebe teilfinanziert, trug zum Abbau weiterer Arbeitsplätze bei. Viele Kroaten kauften nach der Liberalisierung vor allem auch deshalb importierte Produkte, weil sie das Angebot aus mehr als einem halben Jahrhundert Staatssozialismus leid waren. Die Umstellung auf den Weltmarkt kam viel zu spät. Was viele Staaten der Europäischen Union nur mit Mühe schafften, konnte der Nachzügler Kroatien nicht mehr leisten. Nur wenige Sparten begannen zu florieren, vor allem der Tourismus, der bald wieder seinen Vorkriegsstand erreicht haben wird. Auch die Produktion von Hochpreisnahrungsmitteln (z. B. Olivenöl, Prädikatswein, Qualitätskäse und -schinken), die in der Tito-Zeit rückläufig war, ist mittlerweile erfolgreich.

Landwirtschaft und Tourismusindustrie

Kroatien hat noch immer einen starken Agrarsektor, mehr als 15 % der Bevölkerung sind in der Landwirtschaft beschäftigt (2,3 % in Deutschland). Bis auf die wenigen Privatbe-

Weinbau bei Motovun

triebe, die im Bereich der Luxus-Konsumgüter produzieren, wird diese Bevölkerungsgruppe jedoch in den nächsten Jahren mehr und mehr ihre Lebensgrundlage verlieren. Auch protektionistische Maßnahmen wie Stützung des Milch- und Getreidepreises werden diesen Arbeitsplatzabbau nicht verhindern können.

Die Tourismusindustrie dagegen hat einen enormen Aufschwung erlebt. Zwischen 2000 und 2007 stiegen die Einnahmen Dubrovniks aus dem Tourismus nahezu auf das Doppelte an, im ganzen Land brachte der Tourismus 2007 geschätzte 7 Mrd. Euro. Aber der Boom hat nur einer kleinen Bevölkerungsgruppe wirkliche Vorteile gebracht. Es ist vorwiegend die Küstenregion, die profitiert. Nur in Istrien ist – in geringerem Maße – auch das Binnenland beteiligt. Die Prosperität der Tourismuszentren kontrastiert immer krasser mit der Zurückgebliebenheit der Randregionen und der landwirtschaftlichen Gebiete im Osten.

Die Gelder bleiben jedoch nicht unbedingt im Inland, u. a. aufgrund zahlreicher ausländischer Beteiligungen. Seit einigen Jahren sind auch Immobilienkäufe durch Ausländer erlaubt. So hat etwa das stark expandierende österreichische Unternehmen Falkensteiner ganze Hotelkolonien in Kroatien aufgekauft. Zwar gibt es derzeit noch Restriktionen, aber auch frühere illegale Käufe über Strohmänner wurden legalisiert. Konflikte wie der mit Italien (das vollen Zugriff für seine Bürger fordert und sich auf einen Vertrag von 1998 stützt) werden spätestens gelöst sein, wenn Kroatien der EU beitritt.

Wer die Küsten Kroatiens vor dem Krieg nicht kannte, wird sich darüber freuen, dass sie bis auf einige Zonen (z. B. istrische Küste nordwestlich Fažana) noch nicht so verbaut sind wie etwa jene Spaniens. Wer sie früher schon kannte, wird im Gegenteil bedauern, wie stark in den letzten Jahren der Siedlungsdruck auf die Küsten war. In Istrien kann man auf lange Strecken nicht mehr ans Meer. Aber auch südlich von Split und an anderen Küstenabschnitten Dalmatiens ist das Ausmaß der Zersiedelung bedenklich geworden. Zu den traurigsten Folgen gehört, dass die alten Wege und Verbindungssträßchen zwischen den Küstenorten bedroht sind. Da viele Grundstücke bis ans Meer reichen und über diese alten Wege hinweg ins Binnenland, sind ihre Besitzer dazu berechtigt, sie abzusperren. Ein Recht, Privatland zu betreten, wenn es eine bestimmte Größe überschreitet, so wie in Mitteleuropa, gibt es nicht. Nach Öffnung der Grenzen mit der EU wird sich wohl eine noch größere Flut von Bauinteressenten auf die Küsten stürzen.

Ausländische Investoren

Ausländische Firmen sind nicht nur im Immobiliensektor stark beteiligt. Einen 37 km langen Abschnitt der neuen Autobahn von Zagreb nach Split und Dubrovnik konnte sich z. B. der US-Baugigant Bechtel sichern – ohne Ausschreibung, aber, so wird von der Opposition behauptet, mit reichlich Schmiergeldern für höchste Stellen. Auch der Name des Außenministers wurde genannt, er hatte vor seinem Amtsantritt als Lobbyist für Bechtel gearbeitet.

Es gibt kaum einen Wirtschaftssektor, in dem nicht österreichische, deutsche oder italienische Unternehmen mitmischen. Besonders betroffen sind das Bankenwesen und das Versicherungsgeschäft, was jedem auffällt, der durch irgendeine kroatische Stadt schlendert. Ob Erste Österreichische (Bank) oder Wiener Städtische (Versicherung) , ausländische Banken und Versicherungen sind überall präsent. Während alteingesessene Unternehmen wie die Zagrebačka banka von Allianz (D) und UniCredito (I) übernommen wurden, konnten sich andere kaum vor dem Konkurs schützen, wie die Riječka banka, nachdem sie von der Bayerischen Landesbank (D) auf dem Trockenen sitzen gelassen worden war. Dass im ersten Übernahmerausch Geschäfte mit bald zahlungsunfähigen Klienten gemacht wurden, sollte einige Investoren teuer zu stehen kommen. Am bekanntesten wurde der Fall der Hypo Steiermark. In riskanten Leasing-Geschäften verlor die österreichische Bank in Kroatien 2006 und 2007 etwa 150 Mio. Euro – die Kunden zahlten nicht und verschwanden.

Soziale Probleme

Kroatiens Bevölkerung hat sich allzu lange mit autoritären Regimes abplagen müssen: bis 1990 mit dem Staatssozialismus von Titos Gnaden, dann bis 1999 mit dem nationalen Diktat Franjo Tuđmans. Vom faschistischen Ustascha-Regime, das vor der Machtübernahme der kommunistischen Widerstandskämpfer in den 1940er-Jahren herrschte, ganz zu schweigen. Nach nur fünf Jahren echter Freiheit hat jede Nation noch das Recht, über die Stränge zu schlagen, was die Kroaten mit großer Selbstverständlichkeit tun. Jeder obrigkeitliche Eingriff wird als Repressalie gesehen, jede Verordnung als staatliche Willkür, jede Einschränkung der persönlichen Freiheit, auch wenn sie auf Kosten anderer und der Umwelt geht, als faschistische Unterdrückung. Besonders junge Leute, deren Verhalten eigentlich nicht als Reaktion auf eine früher erlebte Unterdrückung interpretiert werden kann, sehen den Staat nur als eine Zwangsjacke.

In den letzten Jahren entwickelte sich im Land eine enorme Polarisierung zwischen rasch reich gewordenen Unternehmern und Managern auf der einen und einer mit der real abnehmenden Kaufkraft konfrontierten breiten Bevölkerungsschicht. Die im Sinne der Marktöffnung und wirtschaftlichen Liberalisierung unerlässliche Schließung der meisten Großbetriebe der Petrochemischen und Textilindustrie und der daraus resultierende Arbeitsmarktabbau trugen zur Desillusionierung der Bevölkerung kräftig bei.

Korruption

Wo Gesetze umgangen werden, fließen oft Schmiergelder. Dazu gibt es natürlich keine Zahlen, doch dem Vernehmen nach ist dies üblich. Ausländische Investoren kommen nicht anders zum Zuge. Wer nicht schmiert, bekommt Probleme, keine Baugenehmigung oder einen Abrissbefehl. Das Lokal wird geschlossen, weil es keine moderne Abwasserbeseitigung hat (die Lokale nebenan haben sie auch nicht, aber sie sind unter kroatischer Leitung, deshalb gibt es keine Schließung). Das Hotel bekommt weniger Sterne

zugesprochen als der Nachbar, obwohl der weniger bietet, aber er ist Kroate. Besonders heftig wogt der Kampf und besonders üppig fallen die Schmiergelder auf dem Immobilienmarkt aus. Wer in der richtigen Position ist, braucht nicht zu zahlen. Er hat andere Mittel, sich so zu arrangieren, dass es passt: Im Frühjahr 2005 berichtete die Presse über das Haus der Bürgermeisterin von Dubrovnik, das ohne Baugenehmigung errichtet worden war. Entrüstet wies sie jede Schuld von sich. Anderswo wurden zur gleichen Zeit ungenehmigte Bauten an der Küste abgerissen. Die Regierung hatte schließlich versprochen, gegen Korruption, abusives Bauen und Kriminalität vorzugehen.

Medienlobby

Die schweigende Mehrheit hat deshalb nichts zu sagen, weil ihr niemand zuhört. Die Bauern, die Arbeitslosen, die Arbeiter in den oft hoffnungslos veralteten Industriebetrieben und die Jugend in den Problemregionen Slawonien, Baranja, Banova oder Krajina haben kein Sprachrohr, genau wie die schlecht und zögerlich bezahlten Beamten oder die vielen gläubigen Katholiken, die an keinem Marienbild vorbeigehen, ohne kurz stehen zu bleiben und ein Gebet zu sprechen.

Die Presse schreibt viel mehr darüber, was die oberen Zehntausend so treiben. Die neue, an Westeuropa orientierte Elite, ahmt dabei ihre Vorbilder bis hin zur Karikatur nach. Bei vielen Neureichen kommt protziges Gehabe dazu, damit jeder im Umkreis merkt, dass man nicht geizen muss. Wer wen in einem Luxusresort getroffen hat, wer im Golf & Country-Club Zagreb Mitglied ist, wird berichtet. Ob der Tenniscrack Goran Ivanišević seine Millionen wirklich in den Sand gesetzt hat (er hat) und ob Dynamo Zagreb oder Hajduk Split – die Fußball-Spitzenklubs – die besseren Chancen hat, interessiert. Die führende Wochenzeitschrift Globus ist sehr gut auf diesem Sektor und die Tageszeitung Jutarnji List steht ihr kaum nach. Das kroatische Fernsehen HRT bringt entweder brave Dokumentationen zu Orten, altem Handwerk, Kunst und Folklore oder Popmusik und Sport.

Wohin Kroatien auch blickte, sah es nur stärkere oder wirtschaftlich mächtigere Nachbarn: Deutsches Reich und Österreich, das Osmanische Reich und die Republik Venedig, im letzten Jahrhundert das expansionsbegierige Italien und noch vor ein paar Jahren ein übermächtiges Rest-Jugoslawien. Diese Schwäche haben die Kroaten zur Stärke gemacht, Bedrohung schafft Zusammenhalt.

Kroatien vor den Kroaten

Ab der späten Bronzezeit (12./11.Jh. v. Chr.) besiedelten illyrische Stämme den Raum zwischen Istrien und Dalmatien. Wirtschaftliche Kontakte mit den Griechen führten ab ca. 400 v. Chr. zu griechischen Handelskolonien und Siedlungsgründungen. Römische Truppen besetzten bis 33 v. Chr. das ganze Land, das als Provinz Dalmatia von Salona (heute Solin) aus verwaltet wurde. Um 400 war das ganze Land christianisiert, aber Konstantinopel, war zu weit entfernt: Vor der Tür standen die germanischen Stämme, die in schneller Folge den Balkan und das heutige Kroatien durchziehen und verwüsten sollten.

Kroatien wird kroatisch

Die Kroaten kamen erst zu Beginn des 7. Jh. Zwischen Donau und Adria fanden sie ein kaum besiedeltes Land vor, dessen wenige Städte in Trümmern lagen. Was die Slawen mitbrachten, war eine lockere Organisation von Sippenverbänden, eine gemeinsame Sprache, eine Tradition von Ackerbau, Viehzucht, Jagd, Fischerei und verschiedener Handwerkskünste. Karantanen, Slowenen, Kroaten, Serben gab es noch nicht, erst die allmähliche Entwicklung der Sippenführer zu einer Aristokratenschicht und Eingriffe von außen führten zum Zusammenschluss in Stämmen.

Rein formell blieb Kroatien bis ins Hochmittelalter Teil des Oströmischen Reiches. Die byzantinischen Herrscher wollten einerseits Dalmatien-Kroatien weiter im Reich behalten, andererseits versicherten sie sich der Serenissima, der Republik Venedig, als eines Bundesgenossen, obwohl diese im Gegensatz zu Kroatiens Interessen an der Adria stand.

Ein anderer Interessent am nordwestlichen Balkan war das Bulgarische Reich, das im 10. Jh. mehrmals seine Grenzen bis in den Bereich des heutigen Bosnien vorantrieb. Bosnien und Serbien, erst jüngst unter einer Aristokratie geeinigte Territorien, konnten diesem Ansturm nicht widerstehen. Der kroatische König Tomislav gab dem geflüchteten serbischen Herrscher Simeon Asyl, denn nichts einigt mehr als ein gemeinsamer Feind.

Staatsbildung zwischen starken Nachbarn

925 wurde Fürst Tomislav zum König von Kroatien gekrönt. König Tomislav verband erstmals pannonische, dalmatinische und dinarische Siedlungsgebiete (auch große Bereiche des heutigen Bosnien) zu einem einzigen Reich und schuf mit der Krönung ein Identifizierungssymbol für seine Untertanen, die sich nun ›Kroaten‹ nennen sollten. Die militärische Kapazität des kleinen Königreichs war ziemlich gering, deshalb waren gute Beziehungen zum Frankenreich und zu Ostrom, zu Ungarn und Venedig lebensnotwendig.

Von größter Bedeutung für Kroatien wurden Tomislavs diplomatische Kontakte zum Papst in Rom, die zur Anerkennung der Königskrönung durch Johannes X. führte.

Unter König Dmitar Zvonimir (1075–1089) schloss sich das kroatische Königtum enger an Europa an. Das Land hatte sich zu diesem Zeitpunkt in Grafschaften *(županija)* formiert, deren Grafen *(župan)* auf damals neue Art dem König durch Lehenseid verbunden waren, eine Neuerung, die man von den Franken übernahm. 1102 ging die kroatische Krone als dynastisches Erbgut an die ungarische, wodurch Kroatien bis ins 15. Jh. zum Anhängsel Ungarns wurde.

Dalmatien, offenes Land

Die Anjou waren ungarische Könige und in Personalunion Könige von Kroatien. Unter ihrer Herrschaft konnte sich der kroatische Adel ungestört zum eigentlichen Machthaber im Lande aufschwingen. Der vom venezianischen Dogen nach Byzanz abgelenkte vierte Kreuzzug (1203/1204) endete mit der Eroberung Konstantinopels und der Installation Venedigs als neuer Großmacht im östlichen Mittelmeerraum. Die Serenissima nutzte diese weltgeschichtlich umwälzende Phase, um das kroatische Territorium auf Dauer zu beschneiden. Obwohl Venedig Dalmatien erst 1409 offiziell erwarb und dann bis 1420 vollständig eroberte, war bereits im 1212 die ganze Ostadria unter venezianischem Einfluss.

Natürlich waren im *mare nostrum* der Venezianer keine fremden Handelsschiffe zugelassen und als fremd galten auch die Städte der dalmatinischen Küste, selbst wenn sie unter venezianischer Herrschaft standen. Das bedeutete, dass sich eine bürgerliche Händlerschicht nicht entwickeln konnte – im Gegensatz zu Binnenkroatien, wo die Mittelschicht der Handwerker und Händler in den Städten wie in Zagreb immer stärkeres Gewicht bekam und sich nach mitteleuropäischem Vorbild in Zünften zu organisieren begann.

Doch ab dem späten 14. Jh. machten die Eroberung des Balkans und des Ostmittelmeerraums durch das Osmanische Reich Venedigs Vorherrschaft ein Ende. Damals musste

sogar Ragusa (Dubrovnik) unter die tributpflichtige Hoheit der Türken entlassen werden. Dalmatien blieb venezianisch, bis sich die Republik 1797 den Truppen Napoleons ergab.

Bosnien und die Herzegowina wurden Ende des 15. Jh. türkische Provinzen und türkische Truppen standen erstmals vor dalmatinischen Städten. 1527 übernahmen die Habsburger den ungarisch-kroatischen Thron und stimmten 1533 im Waffenstillstand der Teilung Ungarns und Kroatiens zu. Die Demarkationslinie zwischen Habsburgern und Osmanischem Reich verlief nun für länger als eineinhalb Jahrhunderte quer durch Kroatien: Ganz Slawonien wurde türkisch.

Türkenkriege zwischen Wien und Belgrad

An der Befreiung Kroatiens von den Türken hatten Kroaten wenig Anteil. Im Frieden von Karlowitz, der 1699 ausgehandelt wurde, bekam Ungarn bis auf den Banat seine Grenzen von vor den Türkenkriegen zurück. Aber Kroatien musste sich damit abfinden, dass keiner der Verhandlungspartner – Österreich, Ungarn, Venedig und Osmanisches Reich – kroatische Interessen wirklich vertrat. Für die kroatische Öffentlichkeit stand damit fest, dass von Habsburg wieder einmal kroatische Interessen verraten worden waren. Anstatt die Türken aus dem Lande zu jagen, hatte man das Land aufgeteilt. Die Grenze, wie sie sich nach der Korrektur des Friedens von Passarowitz (1718) darstellte, entspricht der heutigen Grenze zwischen den Staaten Kroatien und Bosnien-Herzegowina.

Kroatischer Aufbruch

Für Kroatien begann nun eine Zeit der Prosperität, für die Kroaten jenseits der bosnisch-türkischen Grenze kann man das nicht behaupten – eine ganze Reihe von ›Balkan-Problemen‹ rühren aus dieser Zeit völlig unterschiedlicher Entwicklung links und rechts von Save und Una. Dass der größte Teil des habsburgisch-kroatischen Territoriums als »Militärgrenze« direkt von Wien aus verwaltet wurde, der Sabor,

Geschichte

der kroatische Landtag, dort also keinen Einfluss hatte und das historische Kroatien nach wie vor zu einem guten Teil in türkischer Hand war, konnte den Optimismus und den Aufbauwillen der Mehrheit nicht beeinträchtigen.

Gründerzeit unter dem Doppeladler

Zwischen 1818 und 1914 erlebte das Land über lange Phasen einen regelrechten Boom, moderne Straßen und Bahnlinien wurden gebaut, erstmals war es möglich, das Land einigermaßen bequem zu durchqueren. In allen größeren Städten entstanden neue Stadtviertel mit komfortablen Häusern und repräsentativen öffentlichen Bauten.

Nationale Bewegungen

Unter der Schokoladenglasur aber schwelte der Konflikt zwischen rechten, linken, nationalistischen und südslawischen, kroatischen, ungarischen, österreichischen und serbischen Interessen hinsichtlich der Zukunft des Landes. Seit der Mitte des 18. Jh. hatten die Ungarn immer wieder versucht, das Kroatische zugunsten des Ungarischen zurückzudrängen. Kroatische Patrioten setzen im Gegenzug eine ›Illyrische Bewegung‹ genannte nationale Wiedergeburt in Gang. Bereits 1830 waren die Ziele dieser Bewegung klar: kroatische Eigenständigkeit innerhalb Ungarn-Kroatiens, Kroatisch als Sprache für alle inneren Angelegenheiten des Landes, Erhebung des štokavischen Dialekts zur kroatischen Nationalsprache sowie Einrichtung einer Reihe kultureller Institutionen.

Im ›Ausgleich‹ von 1867 räumte die österreichische Regierung der ungarischen Krone gleiche Rechte wie der österreichischen Kaiserkrone ein. Ungarn einigte sich mit Kroatien zwar auf eine weitgehende Autonomie des Landes mit kroatischer Landessprache (in kroatischen Angelegenheiten auch innerhalb des Königreiches Ungarn), aber den Nationalisten ging das nicht weit genug. Als das ungarische Parlament 1861 nach zehn Jahren erstmals wieder tagte, nahmen die Kroaten

nicht teil und führten ihre Parlamentswahl getrennt durch.

Territoriale und religiöse Abgrenzungen

Bei der 1860 erfolgten Teilung der mehrheitlich serbisch besiedelten Vojvodina in einen ungarischen und einen kroatischen Teil fühlten sich die Serben übergangen. Sie plädierten für einen autonomen serbischen Bereich in Ostkroatien, der Vojvodina und Südungarn. Doch das wollten die Kroaten keinesfalls hören, ganz im Gegenteil. Als gar 1862 aus dem Königreich Serbien verlautete, dass Dalmatien als Teil Serbiens anzusehen sei und an Serbien angeschlossen werden sollte, konnten sich die Nationalkroaten damit nur sehr emotional auseinander setzen.

Innerhalb Kroatiens sah sich die starke serbisch-orthodoxe Minderheit in mancher Hinsicht ausgegrenzt. Während der katholische kroatische Klerus vom Staat gefördert wurde, war der serbisch-orthodoxe Klerus auf Spenden angewiesen. Viele Mitglieder des niederen Klerus hatten gar keine Ausbildung. Zusammen mit dem Image der serbischen Bevölkerung als bäuerlich und rückständig führte das in kroatischen Kreisen zur Abwertung der serbischen Mitbürger als eine Art balkanischem Klotz am Bein der nach Mitteleuropa ausgerichteten fortschrittlichen Kroaten.

Ein gleichermaßen ungelöstes Problem blieb der Verbleib von Bosnien-Herzegowina, das von Wien 1878 militärisch okkupiert und 1904 annektiert worden war. Diese heikle Frage, die nach 1904 in eine hitzige Diskussion einmündete, hat dann mit der Ermordung des habsburgischen Thronfolgers in Sarajewo den Ersten Weltkrieg ausgelöst.

Von 1918 bis 1999

1918 wurde Kroatien nach der Auflösung der Donaumonarchie ein eigener Staat, trat aber praktisch sofort in das neu gegründete Königreich der Slowenen, Kroaten und Serben ein. Die serbische Königsdynastie stellte das Staatsoberhaupt und machte bald die Hoffnungen der Kroaten auf Selbstbestimmung in einem südslawischen Staat durch Serbisierungsbestrebungen zunichte. König Alexander, der 1929 die Verfassung aussetzte und als Diktator regierte, wurde 1934 von kroatischen Separatisten ermordet.

Als deutsche Truppen 1941 in Jugoslawien einmarschierten, sahen viele Kroaten die Chance auf einen Neubeginn, es entstand ein unabhängiger kroatischer Staat von deutschen und italienischen Gnaden (ein Teil Kroatiens wurde an Italien angeschlossen). Staatsoberhaupt wurde Ante Pavelić, der Leiter der national-radikalen Ustascha-Bewegung und *Poglavnik* (Führer). Zwischen der Ustascha und den kommunistischen Partisanen unter dem Kroaten Josip Broz, genannt Tito, entwickelte sich ein blutiger Kampf.

Von der Volksrepublik Jugoslawien zur Republik Kroatien

1945 gründete Tito als unangefochtener Oberbefehlshaber der Partisanen in Split das neue Jugoslawien unter Führung der Kommunisten. Noch im selben Jahr wurde die Monarchie auch formal abgeschafft und die Volksrepublik Jugoslawien ausgerufen. Im Vertrag von Paris erhielt das Land Zadar, Rijeka, Istrien und Teile des Umlandes von Triest und Görz zugesprochen. Tito lenkte sein Land aus der gefürchteten Umklammerung durch die Sowjetunion in die Neutralität. Vorsichtige Öffnungen des jugoslawischen Weges zum Sozialismus betrafen vor allem den Tourismus, der Dalmatien wirtschaftlich aufblühen ließ, wurden aber auf dem politischen Sektor 1971 im ›Kroatischen Frühling‹ abgewürgt. Tito starb im Jahr 1980 im Alter von 88 Jahren.

Die nationale Frage brach im Vielvölkerstaat Jugoslawien nach Jahren erzwungenen Schweigens vehement hervor. Der Fall der Berliner Mauer wurde wie anderswo auf der Welt als Symbol für den Zusammenbruch der verkrusteten Strukturen des Sozialismus gesehen. Im Mai 1990 konstituierte sich nach einem Erdrutschsieg der kroatischen nationalistischen Partei HDZ eine Bewegung für den eigenen Weg unabhängig von Belgrad. Im Mai 1991 entschieden sich 93,24 % der

Wähler für ein unabhängiges Kroatien, worauf am 25. Juni 1991 die freie und unabhängige Republik Kroatien ausgerufen wurde.

Kroatien, das von Franjo Tuđman, dem Vorsitzenden der HDZ, regiert wurde, sah sich zwei Gegnern gegenüber: den in einem geschlossenen Siedlungsgebiet im eigenen Lande wohnenden Serben, die einen eigenen Staat gründeten, die Republik Krajina, und den Serben unter Slobodan Milošević, die Kroatien als das Völkerrecht verletzende Ausbrecher aus dem jugoslawischen Staat sahen. Der ausbrechende Krieg vertrieb Hunderttausende aus ihrer Heimat und forderte etwa 12 000 Tote, zerstörte ganze Regionen wie die Krajina und Ostslawonien und endete erst im Januar 1998 mit der durch die UNO vermittelten Rückgabe Ostslawoniens an Kroatien.

Kroatien heute

Der Tod Franjo Tuđmans am 10. Dezember 1999 setzte einer Epoche ein Ende. Seine Partei, die HDZ, die das Land zur Unabhängigkeit und durch zwei Kriege geführt hatte, wurde in den folgenden Wahlen am 3. Januar 2000 mit deutlicher Mehrheit abgewählt. Statt des nationalistischen Regimes wurde eine linksliberale Parteienliste (SDP Sozialdemokratische Partei und HSLS Sozialliberale Partei) gewählt.

Bei den Parlamentswahlen 2003 verlor sie jedoch wieder die Mehrheit an die HDZ, Ministerpräsident wurde Ivo Sanader. Die HDZ hatte sich unter seiner Führung in der Opposition zumindest nach außen hin zu einer Zentrumspartei mitteleuropäischen Zuschnitts entwickelt, in der Wahl war sie – nicht anders als die SDP – mit einem Bekenntnis zu Europa gegangen.

Auch bei den Wahlen 2007 konnte sich die HDZ durchsetzen. 2008 begann die zweite Regierungszeit von Sanader. Die seit 2005 laufenden Verhandlungen mit der EU will man 2010/11 mit dem Beitritt zum Abschluss bringen, die Chancen stehen gut. Kroatien will ein Teil dieses europäischen Superstaates werden, muss aber noch viel zu Hause aufräumen, bevor dieser Traum wahr wird.

Zeittafel

ab 1200 v. Chr.	Illyrer, Dalmater und Liburnier besiedeln das heutige Kroatien.
um 385 v. Chr	Griechische Siedler gründen Pharos (Starigrad auf Hvar), Issa (Vis) und andere Kolonien. Keltische Zuwanderer in Binnenkroatien.
186 v. Chr.	Rom gründet nach erfolgreichen Feldzügen die Provinz Illyricum.
ab 9/10 n. Chr.	Tiberius macht Pannonien und Binnenillyrien zu römischen Provinzen. Die Orte Pula, Solin, Vid und Sisak wachsen zu Städten heran.
284–305	Regierungszeit Kaiser Diokletians, der nahe Salona einen Palast errichten lässt, die Keimzelle des heutigen Split.
533	Unter Kaiser Justinian wird Dalmatien byzantinisch.
um 620	Ankunft der Kroaten.
845–864	Mit Fürst Trpimir beginnt die bis heute andauernde Bindung Kroatiens an die römische Kirche. Gründung des Bistums Nin.
910–928	Fürst Tomislav aus der Familie des Trpimir wird 925 zum ersten kroatischen König gekrönt. Der Papst stimmt der Krönung zu.
um 1000	Doge Pietro II. Orseolo erobert u. a. Zadar, Split und Dubrovnik.
1075–1089	König Dmitar Zvonimir wird 1075 vom päpstlichen Legaten gekrönt.
1102	Ungarns König Koloman wird in Personalunion König von Kroatien.
1389	Das Türkenreich wird nach der Unterwerfung Serbiens in der Schlacht auf dem Amselfeld bis an die Donau ausgedehnt.
1409	Weite Teile Dalmatiens fallen an Venedig.
1533	Der Habsburger Ferdinand wird zum kroatischen König ausgerufen. Waffenstillstand mit der Türkei: Slawonien wird türkisch besetzt.
16. Jh.	Dalmatien entwickelt eine italienisch geprägte Renaissancekultur.
1578	Die habsburgische Militärverwaltung beginnt mit der Einrichtung der Militärgrenze in den Grenzgebieten mit dem Osmanischen Reich.

Offensive der Österreicher nach der zweiten Türkenbelagerung Wiens. Der Friede bestätigt die neue Grenze an Save und Donau.	**1683–1699**
Im Wiener Kongress erhält Österreich Dalmatien zugesprochen.	**1815**
Ban Josip Jelačić rettet die Habsburger Monarchie.	**1848**
Kriegsende, Kroatien tritt in den Staat der Slowenen, Kroaten und Serben ein. Staatsoberhaupt ist die serbische Königsdynastie.	**1918**
Im Vertrag von Rapallo kommen Istrien, Zadar, Cres und Lošinj, Lastovo und Palagruža an Italien, 1924 folgt Rijeka.	**1920**
König Alexander setzt die Verfassung außer Kraft und regiert als Diktator. Der Staat wird in ›Königreich Jugoslawien‹ umbenannt.	**1929**
Deutsche Truppen überrennen Jugoslawien. Ante Pavelić, Führer der national-radikalen Ustascha, ruft einen kroatischen Staat aus.	**1941**
Es konstituiert sich die Föderalistische Republik Jugoslawien.	**1945**
Tito wird Staatspräsident auf Lebenszeit.	**1953**
Tod Titos. Ein Gremium übernimmt die Regierungsgeschäfte.	**1980**
Tuđman wird Präsident der Teilrepublik Kroatien.	**1990**
Slowenien und Kroatien lösen sich von Jugoslawien. Kriegszustand mit Rest-Jugoslawien. Dubrovnik wird bombardiert.	**1991**
Dayton-Abkommen zur Rückgabe von Ostslawonien, Baranja und Krajina an Kroatien, Kriegsende. 200 000 Serben flüchten.	**1995**
Nach dem Tod Tuđmans (1999) siegt das Wahlbündnis aus Kroatischer Sozialliberaler Partei (HSLS) und Sozialdemokraten (SDP).	**2000**
Bei Neuwahlen siegt die HDZ, Ministerpräsident wird Ivo Sanader.	**2003**
Die EU nimmt Beitrittsverhandlungen mit Kroatien auf.	**2005**
Die HDZ und Ivo Sanader gewinnen erneut die Wahlen.	**2008**

Gesellschaft und Alltagskultur

Kroatiens Alltagskultur ist trotz wachsender Zugeständnisse an den internationalen Standardgeschmack sehr traditionsbewusst. Doch nicht nur Volkstanz und Tracht, Mandoline und Tamburizza sind prägende Elemente. Auch Küchenbräuche und kulinarische Vorlieben, Sprache, Religion, historisches Bewusstsein und gemeinsame Feindbilder verbinden.

Nationalitätenstaat

Wie definiert sich eine Nation? Über die gemeinsame exklusive Sprache, die gemeinsame Kultur, die Religion, die historische Schicksalsgemeinschaft, das Zusammengehörigkeitsgefühl? Die Kroaten haben es mit ihrer kroatischen Nation recht schwer.

Kroatische Sprache

Einer der bedeutendsten Dichter serbischer Sprache war der montenegrinische Fürstbischof Petar II. Njegoš (er regierte 1831–51). In einem seiner Werke schreibt er leicht ironisch »lipo, ljepo, lepo, lijepo – listici so jednoga cvijeta«, auf Deutsch etwa »schön, schee, scheen – sind doch Blätter derselben Blume«. Miroslav Krleža, einer der einflussreichsten Intellektuellen und Schriftsteller Kroatiens (und Jugoslawiens) im 20. Jh., sprach von einer gemeinsamen serbo-kroatischen Sprache, die »von den Kroaten kroatisch und von den Serben serbisch genannt wird«.

Mit dem Zerfall Jugoslawiens ist der Kampf um die Sprache wieder voll entbrannt und wird von Nationalisten (und Regierungen) mit viel Energie geführt – nicht zuletzt um von anderen Fragen abzulenken. Die Berufung eines Serben zum Vertriebenenminister (2008) soll auch im Bereich der Sprachabgrenzung einen Positionswechsel Kroatiens einläuten. Eine eigene kroatische Sprache ist aus der Sicht von Slawisten in aller Welt mehr Wunsch als Wirklichkeit, denn auch in Serbien, Bosnien, Herzegowina und Montenegro wird dieselbe Sprache gesprochen, auch wenn sie anders bezeichnet wird. Noch Mitte des 19. Jh. gab es im südslawischen Raum keine Sprachgrenzen, sondern eine fließende Dialektabfolge von Slowenien bis Serbien. Drei Dialekte wurden – und werden noch heute – gesprochen: das Štokavische, das Čakavische und das Kajkavische. Erst bewusste Sprachpolitik hat die Grenzen geschaffen – zugunsten politischer Grenzen, wie man sich denken kann. Zuerst ging es um gemeinsame südslawische Positionen gegen österreichisch-ungarische Dominanz, dabei wurden die in der Steiermark und Krain gesprochenen Dialekte ausgenommen, das spätere Slowenische. Während der gemeinsamen Geschichte der Serben, Kroaten und Bosnien in Jugoslawien wurde deren Dialekt sogar zu einer gemeinsamen Nationalsprache standardisiert: Serbokroatisch. Gleichzeitig brandmarkten kroatische Nationalisten alle Standardisierungsversuche als Eingriff in die ureigene kroatische Sprache. Was die Luther'sche Bibelübersetzung für die deutsche Sprache schon im 16. Jh. tat, versuchten südslawische Philologen im 19. und 20. Jh. – mit gemischten Ergebnissen. Während der Zeit des faschistischen Ustascha-Regimes versuchten kroatische Nationalisten wieder das Gegenteil: das Kroatische mit Gewalt vom Serbischen zu lösen, nicht anders nach der Unabhängigkeitserklärung 1991.

Kroaten – Serben – Bosnier

Die Abgrenzung der Kroaten von der serbischen Minderheit und anderen südslawischen Nationen muss also über andere Kategorien geschehen. Im Bereich der österreichischen Militärgrenze lebten (nach der Volkszählung von 1857) 657 817 Menschen, davon waren 45 % »Serben«. Das eigentliche und einzige Unterscheidungsmerkmal war die Religionszugehörigkeit: Serbe war, wer sich als serbisch-orthodox bezeichnete, andere Kriterien waren weder gefragt, noch existierten sie. Sprache, Kultur, Alltag der Kroaten und der Serben in der Krajina waren identisch, dasselbe trifft in wesentlichen Zügen auf die muslimischen Bosnier zu.

Nicht einmal mit der Schicksalsgemeinschaft kann Kroatien seine Nation begründen, dazu haben die binnenkroatischen und die mediterranen Regionen des Landes eine zu unterschiedliche Entwicklung genommen. Wahrscheinlich ist es ein historisch-kulturelles Paket von Affinitäten, das eine Nation schafft. So geht es den Kroaten: Mit den Serben mögen sie die Sprache gemeinsam haben, aber mit den politischen und kulturellen Entwicklungen Serbiens hat Kroatien weniger gemeinsam. Die zwischen Venedig, Österreich, Ungarn und der Türkischen Grenze herumgeschubste südslawische katholische Bevölkerung eines Königtums, das kaum erschaffen auch schon von fremden Herrschern regiert wurde, diese Erfahrungen bestimmen die kroatische Nation: Gemeinsamkeiten, die stärker nach Westen, Südwesten und Norden reichen als nach Osten und Südosten, gegen die man sich immer wieder wehren, abschotten, abgrenzen musste. Wer sich diesem Bündel historisch-kultureller Anziehungskräfte zugehörig fühlt, der ist Kroate. Sprache, Religion, Herkunft allein genügen nicht.

Katholische Kirche

Im Alltag ist die Zugehörigkeit zur katholischen Kirche ein bestimmender Faktor. Man sehe sich die kroatisch-katholischen Dörfer Slawoniens an: Was nach dem Krieg sofort herausgeputzt wurde, war die Kirche. Der Papst in Rom wird als der große Mentor der katholischen Nation Kroatien angesehen, als

die eigentliche Macht, hinter der auch die Zagreber Regierung zurückstehen muss. Die Kirche und die Gläubigen in Kroatien sind in der Regel konservativ. Vor dem kleinen Gnadenbild in Zagrebs Steinernem Tor (in Gradec) wartet immer eine Schlange von Gläubigen geduldig darauf, ganz nahe ans Bild herangelassen zu werden: Junge, Alte, Arme, Wohlhabende, Hausfrauen und Rentner. An kirchlichen Feiertagen können die Kirchen die Massen nicht fassen. Die Klöster, nach 1991 wieder geöffnet, sind von jungen Mönchen und Nonnen belegt.

Kulturlandschaften und Traditionen

Wie die Naturlandschaft ist auch die Kulturlandschaft Kroatiens dreigeteilt. Das Küstenland zwischen der slowenischen und der montenegrinischen Grenze war immer mit dem Nachbarn Italien in Kontakt. Die jahrhundertelange Präsenz Venedigs in Dalmatien, Istrien und dem Kvarner hat eine eigene dalmatinisch-mediterrane Kultur geschaffen, was sich in vielen Bereichen äußert: Musik, Sprache, Küche und Kleidung. Auch die Landesnatur verbindet die Regionen diesseits und jenseits der italienischen Grenze.

Binnenkroatien blickt auf eine zuerst von Ungarn, dann von Österreich aus gelenkte Vergangenheit. Kulturelle Einflüsse kamen aus Wien, Graz und Budapest nach Varaždin, Karlovac, Osijek und Slavonski Brod, wo sich österreichische Militärkommandos befanden, und nach Zagreb, wo der Sitz des Landtags war. Gerade in der Gründerzeit des 19. Jh., als das kroatische Nationalbewusstsein sich wieder regte, war Binnenkroatien den stärksten Einflüssen aus Österreich-Ungarn ausgesetzt. Man sehe sich nur das gründerzeitliche Zagreb an, wie es bis in Details den mitteleuropäischen Vorbildern entspricht.

Der dinarische Raum ist durch seine historischen und kulturellen Beziehungen dem Balkan, Bosnien, Serbien und dem Osmanischen Reich verbunden. Dieses Erbe wird jedoch zuweilen verleugnet oder negativ eingefärbt. Das moderne Kroatien möchte ein wirtschaftlich erfolgreicher (mittel-)europäischer Staat werden. Österreich und vor allem Deutschland, in geringerem Maße auch Italien sind die Vorbilder. So ist z. B. dinarische Tracht im Ethnografischen Museum in Zagreb unterrepräsentiert – ein Hinweis darauf, dass die Kroaten den balkanisch-bosnischen Teil ihres Kulturerbes gerne unter den Tisch kehren möchten?

Volkstrachten

Im oben erwähnten Museum beeindrucken die große Vielfalt und Schönheit der weiblichen Trachten. Man bewundert z. B. die hohen Spitzenhauben der Frauen von Pag und die rot, schwarz und goldfarben bestickten Schürzen von der Insel Olib oder aus der Kaštela-Bucht. Man staunt über die berühmte Tracht von Čilipi bei Cavtat mit dem goldgestickten Mieder auf schwarzem Untergrund und dem hübschen rot-goldenen Käppchen. Dann gibt es die besonders bunte Tracht aus Žumbarak nahe Zagreb, deren Schürze und die Bordüren des weißen Kleides in Rot, Gold und dem für diese Region typischen Blau bestickt sind. Oder, schon deutlich ungarisch beeinflusst, die fein plissierten naturweißen, mit Goldpailletten besetzten Kleider aus der Baranja.

Ganz anders ist die Tracht aus dem Dinarischen Gebirge. Das weiße naturfarbene Kleid ist im Gegensatz zu allen anderen Kleidern nicht gegürtet, die Ärmel sind mit einer roten Randborte verziert. Dazu trägt die Frau ein Kopftuch mit rotem Käppi wie in Čilipi, mit Goldmünzen verziert. Faszinierend ist die doppelte Schürze: Über der Unterschürze aus Leinen wird eine gefranste Schürze in Rot, Gelb und Weiß getragen, die man fast nicht sieht, weil sie über und über mit Münzen bestickt ist. Die jungen Frauen nahmen so ihre Mitgift an jedem Sonntag mit in die Kirche – da mussten die Freier ja anbeißen. Früher war diese Tracht im dinarischen, an Bosnien angrenzenden Kroatien die einzige. Auch in Bosnien und der Herzegowina wurde sie getragen, und zwar von kroatisch-katholischen genauso wie von serbisch-orthodo-

xen Mädchen. Sie stellt ein typisches Zeichen für die balkanischen Beziehungen und Wurzeln Kroatiens dar. Dagegen sind die Trachten der Küstenlandschaften am ehesten mit den italienischen der Gegenküste zu vergleichen, und die Trachten der großen Flusstäler, des Zagreber Raums und Sloweniens sind mit denen von Krain, der Steiermark und Ungarn verwandt.

Wohnkultur

Der auffälligste Gegensatz zwischen den drei Regionen ist im Hausbau zu beobachten. Am Mittelmeer stehen reine Steinbauten, selbst die Dächer sind bisweilen aus Stein, sonst aus Ziegeln. Die Räume sind klein, man lebt ja den größten Teil des Jahres draußen, wo auch oft gekocht wird.

Im pannonischen Gebiet sind die Gebäude aus Holz. Schöne große Holzhäuser haben sich im Turopolje erhalten, aber auch im Hrvatsko Zagorje und in Slawonien sieht man sie noch, diese Ensembles aus Wohnhaus, Wirtschaftshaus und Nebenbauten, die Dächer aus Reet. Im Museumsdorf Kumrovec sind ein paar schöne Häuser zu besichtigen, die mit nur wenigen Nebenbauten auskommen, da sie die meisten Funktionen des bäuerlichen Lebens auf die beiden geräumigen Stockwerke des Hauses konzentrieren.

Im dinarischen Gebiet, das im Bürgerkrieg stark zerstört wurde, haben sich kaum alte Bauten erhalten, einige wenige nur in der Benovina westlich Sisak. Man muss nach Bosnien gehen, um die dinarischen Dörfer zu bewundern: Holzbauten auf Steinfundament, vor allem aber auch grobe Fachwerkbauten gedeckt mit Schindeln sind üblich.

Musik

Es gibt in Kroatien drei große musikalische Traditionen, von denen zwei enger miteinander verwandt sind, die mediterrane und die pannonische (binnenkroatische), wogegen die dritte, die dinarische, einen ganz anderen Charakter hat. Während in der mediterranen und der pannonischen Musik die Mitteleuropäern vertrauten Tonarten und Halbtonschritte verwendet werden, ist die dinarische Mu-

Das Heimatmuseum in Mošćenice zeigt, wie ein Bauernhaus ausgestattet war

sik durch untemperierte horizontale und vertikale Intervalle gekennzeichnet, was auf türkisch-arabische Vorbilder zurückgeht. Während die Stimme im mediterranen und pannonischen Musikgut moduliert und ein möglichst weicher Stimmklang angestrebt wird, ist dinarische Musik durch das Fehlen der Modulation, sehr lautes und hartes, bei Frauen oft bewusst schrilles Singen gekennzeichnet.

Die Volksmusik ist sowohl in Binnenkroatien als auch an der Küste ein lebendiger Träger kultureller Traditionen und hat sich noch nicht, wie jenseits der Alpen, bis zum Abgewöhnen in Folklore aufgelöst. Beliebt sind insbesondere die Tamburizza-Gruppen aus dem Binnenland und die Klapa-Chorensembles der Küste wie z. B. Ragusa, die auch italienische Lieder ins Repertoire aufnehmen. Ebenso berühmt ist die Gruppe Linđo. Die alten Flöten, die Oboen, wie die Sopela auf Krk mit ihrer chromatischen Tonfolge, der Dudelsack und die Schäferhörner der bosnischen Kroaten, deren Musik, wie es heißt, vortürkische Traditionen bewahrt hat, werden dagegen als altmodisch empfunden.

Leider hat sich in der Pop-Szene eine versüßte und verflachte Version kroatischer Volksmusik breit gemacht. Beide Varianten, die mediterrane wie die pannonische, die aus allen Lautsprechern plärren, können nur als absolut geist- und fantasieloser Kroato-Pop verstanden werden, der aber die Charts beherrscht. In Verbindung mit nationalistischem Pathos und schlicht fremdenfeindlicher Einstellung, wie in den Texten des Sängers Marko Perković »Thompson«, zieht diese Musik Fans vor allem aus dem extrem rechten Lager an.

Sport

Echte Breitenwirkung haben die vielen Sportveranstaltungen und kaum jemand ist so populär wie die großen Sportstars der letzten Dekade. Die Zagreberin Janica Kostelić, die bei den 19. Olympischen Winterspielen 2002 die Medaillen für den Alpinen Damenskilauf abräumte, ihr Bruder Ivan (als Slalomspezialist zuletzt auf der Heimstrecke Sleijme überraschend geschlagen) und Goran Ivanišević, Ex-Tennis-Superstar, sind umjubelte Volkshelden. Die Fußballteams Dinamo Zagreb und Hajduk Split, beide mehrfach kroatische Meister, aber auch alle anderen Teams ziehen die Massen in die Stadien. 2007 kam Kroatien nach einem Sieg über England in die Austragungsrunde der Europameisterschaft 2008. Insgesamt hat das Niveau jedoch nachgelassen. Weltklasse hat hingegen das Handball-Nationalteam: 2004 war es Olympiasieger und 2007 wurde es nur knapp von den Dänen geschlagen. Auch Basketball hat viele Fans, v. a. die Teams von Zadar, Zagreb und Split. Das kroatische Team gewann bei der Olympiade in Moskau 1980 die Goldmedaille und 1989 sowie 1991 die Europäischen Meisterschaften.

Feste und Veranstaltungen

Alte Trachten und Musikinstrumente sind auf vielen Festen zu bewundern, von denen die bedeutenderen, soweit sie regelmäßig stattfinden, bei den Ortsbeschreibungen aufgeführt sind. An vielen Orten des Landes finden im Sommer und Frühherbst weitere Feste statt – Fischer- und Weinfeste, Jägertreffen, Volkstanz- und Volksmusikveranstaltungen – deren Termine bei den örtlichen Informationen erfragt werden können. Teilzunehmen ist kein Problem, außerhalb der touristischen Zentren und Jahreszeiten wird man sogar immer wieder eingeladen mitzumachen.

Feiertage

1. Januar:	Neujahr
6. Januar:	Hl. Drei Könige
März/April:	Ostersonntag und Ostermontag
1. Mai:	Maifeiertag
Juni:	Fronleichnam
22. Juni:	Tag des Antifaschismus
25. Juni:	Staatsfeiertag
5. August:	Siegestag und Tag der Heimat
15. August:	Mariä Himmelfahrt
8. Oktober:	Unabhängigkeitstag
1. November:	Allerheiligen
25./26. Dezember:	Weihnachten

Die größeren Hotels an der Küste und auf den Inseln garnieren ihr Unterhaltungsprogramm gerne mit den Auftritten von Volkstanzgruppen, deren Darbietungen aber nicht unbedingt authentische Volkskultur darstellen. Am ehesten hat man bei Hochzeiten auf dem Lande die Chance, lebendige Volkskultur zu sehen und zu hören.

Festekalender

Die alten Feste Kroatiens sind, wie anderswo auch, vor allem kirchlichen Ursprungs. Mit ihrem unterschiedlichen orthodoxen Kalender setzten sich die kroatischen Serben immer von den Katholiken ab, ebenso mit ihrem schwächer ausgeprägten Wallfahrtswesen.

Karneval und Fasching *(Karnevo, Karneval, Fašnik)* werden in Rijeka, Samobor und Velika Gorica bei Zagreb, den Bergdörfern oberhalb Opatija, wo sich einige uralte Bräuche erhalten haben, und auf der Insel Lastovo besonders farbig gefeiert. An den drei letzten Karnevalstagen finden überall im Land Veranstaltungen statt. Das Fernsehen ist in Rijeka von der ersten bis zur letzten Minute dabei, während der Übertragung der großen Paraden kommt im ganzen Land der Verkehr zum Stehen.

Zu **Ostern** *(Uskrs)* sind es vor allem die mit Pomp und Bischof zelebrierten Karfreitagsprozessionen in den ganz großen Städten und in den Dörfern, bei denen viele Frauen in Trachten kommen, die für den Betrachter von größtem Interesse sind.

Der Tag **Mariä Himmelfahrt** *(Velika Gospa)*, der 15. August, ist in einem so bewusst katholischen Land wie Kroatien einer der höchsten Feiertage. Jede Marienkirche hat an diesem Tag ihre festliche Messe und vielerorts finden Prozessionen statt, zu denen man sich in schöne Trachten kleidet. Die spektakulärsten Prozessionen haben an diesem Tag die großen Marienwallfahrtsorte, allen voran Trsat oberhalb Rijeka, Sinj und Marija Bistrica nördlich von Zagreb. Letzterer gilt spätestens seit 1998 als bedeutendster Wallfahrtsort des Landes, seit dort die Seligsprechung von Kardinal Stepinac durch den Papst erfolgte. Maria Schnee wird schon am 5. August gefeiert,

dann werden nur die diesem Ereignis gewidmeten Kirchen durch Prozssionen besucht –
jene in Kukljica auf der Insel Ugljan sogar mit
Booten, was dieser Prozession eine besondere Attraktion verleiht. Mariä Geburt *(Mala
Gospa)* am 8. September wird wieder durch
aufwändige Messen in allen Kirchen und Prozessionen in Marienkirchen gefeiert.

Allerheiligen *(Svi sveti)* verwandelt die
Friedhöfe des Landes in ein Lichtermeer.
Nicht zum Friedhof zu gehen, um der Toten
zu gedenken, ist unvorstellbar. Viele Gedenk-
messen für Verstorbene werden gehalten.

Ende August finden in Dalmatien, von September bis in den November hinein (v. a. am
Martinstag, dem 11. November) rund um Zagreb und in Slawonien **Weinfeste** statt. Sie
bieten eine gute Gelegenheit, Einblicke in die
lokale Küche zu erhalten. Die Martinsgans auf
dem Tisch ist besonders in Binnenkroatien
und in bäuerlichen Haushalten ein Muss.

Zum **Nikolausfest** *(Sveti Nikola)* am 5. und
6. Dezember kommen Nikolaus und (wie in
Österreich) Krampus – mit Geschenken für die
Kinder der eine, mit der Rute der andere.

Weihnachten *(Bolić)* ist wie überall auf der
Welt ein Familienfest. An Heiligabend wird
Fisch serviert (der 24.12. ist ein Fastentag)
und das Essen für den Weihnachtstag vor-
bereitet, v. a. das traditionelle Weihnachts-
brot, anschließend geht es zur Mitternachts-
messe, gefolgt von einem Imbiss. Der 25.12.
ist dann der eigentliche Festtag.

Wichtige Veranstaltungen

Der Besuch eines der vielen Festspiele gehören zu den Höhepunkten eines Kroatienur-
laubs. Jeden Sommer findet eine kaum über-
schaubare Anzahl von Kultursommern, Folk-
lorefesten und thematischen Festivals statt.
Gästefeste hat jeder Touristenort. Sommer-
fasching macht die Runde, etwa in Senj (zum
eigentlichen Karneval sind ja keine Touristen
im Lande). Und Theater-, Film-, Tanz-, Pop-,
Rock-, Jazz-, Techno- und sonstige Kultur-
festivals sind aufs ganze Land und vor allem
auf die Sommermonate verteilt, in Zagreb,
Split und Rijeka auch auf den Winter. Hier
eine kleine Auswahl:

Binnenkroatien

Đakovo: Im Juli heißt es »Đakovaćki vezovi«,
die Stickereien von Đakovo. Das Folklorefestival Slawoniens und der Baranja ist das
größte Kroatiens.

Varaždin: Ende September, Anfang Oktober
bietet die Stadt Barockmusik in Kirchen und
Sälen. Ende August, Anfang September findet das Špancirfest statt: eine ganze Woche
Straßentheater, -künstler, -musik.

Zagreb: Alle zwei Jahre (ungerade Zahlen) findet im April die Biennale Neuer Musik statt,
im Juni gibt es eine Tanzwoche mit zeitge-
nössischem Ballett. Mitte Juli bis Mitte August wird der Theatersommer begangen. Ein
besonderes Fest für ganz Kroatien ist das
Folklorefestival Ende Juli.

Istrien

Im Juli und August beherrscht der Istrische
Musiksommer mit Theater, Konzerten und
Folklore mehrere Städte Istriens.

Kvarnor

Krk: Sommerfestwochen mit Konzerten und
Folklore in Krk, Punat und Košljun finden im
Juli und August statt.

Osor: Im Juli und August sommerliche Musikabende mit Konzerten auf dem Kirchplatz.

Dalmatien

Omiš: Größte kroatische Veranstaltung der
Klapa-Musik.

Sinj: Im August bieten die Alka-Ritterspiele,
die auf ein Ereignis der Türkenkriege zurückgehen, Reiterspiele, Folklore und Pferderennen unter freiem Himmel.

Split: Der Spliter Sommer, das sind Festwo-
chen mit Musik, Theater und Folkloreveran-
staltungen.

Dubrovnik: Die Festspiele von Dubrovnik mit
Konzerten, Theater, Folklore und Kleinkunst
sind die größten und international bedeutendsten Festspiele Kroatiens.

Korčula: Kein Besucher der Insel sollte abrei-
sen, ohne eine Aufführung der alten Schwert-
tänze Moreška, Kumpanija oder Moštra gesehen zu haben. Sie finden in mehreren Orten
der Insel und zu mehreren Terminen statt.

Kunst und Kultur

In Kroatien lebt die Kunst. Man trifft auf sie in Museen und Galerien, aber auch mitten im Alltag – in den alten Stadtzentren, in den Kirchen und Villen des Landes. Gerade für die Pop-Kultur und für Massenveranstaltungen ist das Architekturerbe oft nicht nur Hintergrund, sondern Teil des Erlebnisses, wie die Arena in Pula beim Auftritt eines internationalen Stars.

Kunst aus 1200 Jahren

In den meisten Phasen seiner Geschichte hatte das kleine Kroatien nicht die Kraft, einen eigenen Stil zu kreieren. Das konnten sich reiche Handelsnationen wie Venedig leisten oder politische Zentren wie Wien und Rom. Umso erstaunlicher wirkt die Fülle bedeutender architektonischer Monumente im Land: zahlreiche Bauten aus frühkroatischer Zeit, aber auch unzählige Denkmäler aus der Renaissance (vor allem im dalmatinisch-istrischen Kroatien) und dem Barock (vor allem in Binnenkroatien). Noch mehr verwundert ist der Besucher, wenn er sich die Sammlung von Gold und Silber in Zadar oder die Schatzkammer des Doms von Zagreb ansieht – in beiden zählen die Reliquiare aus Edelmetallen nach Dutzenden.

Die venezianischen Renaissancebauten und jene der Republik Ragusa (Dubrovnik) wurden aus Gewinnen bezahlt, die man im Handel mit dem gesamten Ostmittelmeerraum erwirtschaftet hatte. Noch heute zeigt uns die breite Verteilung dieser Bauten an, dass es einen recht allgemeinen Wohlstand gab, von dem auch die Masse der Bevölkerung profitierte. Für die Ausstattung der neuen Villen wurde besonders gutes Mobiliar verwendet und die Freskierung hatte im neuesten Stil zu sein. Da kam schon Geld auch unter die Handwerker. Einige von ihnen schafften damit in der neuen Renaissance-Manier den Sprung vom Handwerker zum als Bürger anerkannten Künstler und bauten sich eigene Stadthäuser.

Frühkroatische Kunst und kroatische Romanik

Die Fülle frühkroatischer, zwischen 800 und 1100 entstandener Denkmäler zeugt von einer großen künstlerischen Kraftanstrengung des sich entwickelnden Königreiches. Die kroatischen künstlerischen Traditionen aus der Völkerwanderungszeit, vor allem die Verwendung des dekorativen Flechtwerks auf Schmuckstücken, wurden während dieser Phase zur Ausschmückung von Kirchen auf Steinplatten übertragen, vor allem für die Chorschranken, die den gesamten Chor vom Schiff trennten.

Dass Kroatien von Mitteleuropa und von Byzanz sehr unterschiedliche Impulse bekam, sollte in der weiteren (Kunst-)Geschichte ein Grundmuster werden. Aus Byzanz stammt der kreuzförmige Kirchenbau mit zentraler Kuppel über der Vierung. Es ist, als ob die kroatischen Baumeister, etwa der kleeblattförmigen Nikolauskirche bei Nin, mit dem ihnen nur indirekt bekannten byzantinischen Formenkanon gespielt hätten, um immer wieder neue Raumlösungen zu erfinden. Der einzige Bau, der mit großer Wahrscheinlichkeit auf einen byzantinischen Baumeister zurückgeht, ist die im frühen 9. Jh. errichtete Rundkirche Sveti Donat in Zadar.

Byzantinische Baukultur: Nur die Kapelle blieb von Santa Maria Formosa im istrischen Pula erhalten

In der gleichzeitigen Dekorationskunst versuchten sich kroatische Bildhauer erstmals an der Darstellung von Figuren. Das berühmteste Werk dieser Phase ist ein Chorschrankenrelief aus der Taufkirche im Diokletianspalast in Split. Dort sieht man einen thronenden Herrscher mit einem Höfling und Untertanen oder Unterworfenen in byzantinischem Fußfall, es stellt einen kroatischen König des 11. Jh. dar.

Die Romanik hat vor allem den mediterranen Teil Kroatiens erreicht, wo die Hafenorte der venezianischen Besitzungen und die nach Autonomie strebenden Handelsstädte der Küste genügend Geldmittel hatten, um öffentliche wie private Bauten errichten zu können. Neben den Domen entstanden in vielen Städten zahlreiche neue Stadthäuser wie in Split, Dubrovnik, Trogir, Poreč. In Dubrovnik wurden sie durch das große Erdbeben von 1667 zerstört, in Split und Trogir, auch in Zadar haben sich einige dieser romanischen Stadthäuser erhalten. In den ungarisch verwalteten Regionen des Landes gab es ebenfalls einen, wenn auch schwächeren Wachstumsschub, aber an Drau und Save baute man vor allem in Holz – auch die Kirchen, von ihnen ist nach Bränden und Abrissen nichts mehr erhalten. Was in Stein errichtet war, wie der dreischiffige romanische Dom von Zagreb, fiel dem Mongolensturm zum Opfer.

Mit der kroatischen Romanik, deren Formen vor allem aus Italien übernommen wurden, verbindet sich insbesondere ein Name: Meister Radovan von Trogir. Dieser dalmatinische Baumeister und Steinmetz gab dem Dom von Trogir das 1240 vollendete Hauptportal – eines der großen Kunstwerke Kroatiens. Die Plastik des Portals ist von einem Leben und einer unmittelbaren Beobachtung erfüllt, die über gleichzeitige Werke weit hinausweist.

Andere große romanische Kirchenbauten entstanden in Pula (Dom), Zadar (Dom), Split (Glockenturm des Domes), Rab (Glockenturm des Domes), Krk (St. Quirin) und in vielen kleineren Orten. Ein Meisterwerk der Holzschnitzkunst darf in diesem Zusammenhang nicht unerwähnt bleiben: die Domtüren von Split, ein Werk des Andrija Buvina von 1214.

Die dalmatinische Gotik

Im Mittelalter stand ganz Dalmatien unter dem Einfluss Venedigs, der durch venezianische Baumeister, Steinmetze und Kunsthandwerker ins Land gelangte. Wie in Venedig entstanden auch in den Städten Istriens, des Kvarner und Dalmatiens während der Gotik zahlreiche Paläste. Es waren prächtige Wohnhäuser mit Reihen spitzer Fenster, mit einem Nobelstock im ersten Obergeschoss, einem kleinen Vor- oder Innenhof mit darunter liegender Zisterne und Ziehbrunnen und einer dekorativen Außenstiege wie im Papalić-Palast in Split.

Außerdem errichteten die Städte erstmals große Befestigungsanlagen, wie sie sich etwa in Dubrovnik erhalten haben. Nur wenige Kirchen wurden damals gebaut, eine Menge Geld floss aber in ihre Ausstattung, wie man in der Gold- und Silbersammlung in Zadar oder in der Schatzkammer des Doms von Split nachvollziehen kann. Die bedeutendste Goldschmiedearbeit wurde von Meister Francesco aus Mailand geschaffen: der Sarkophag des hl. Simeon in dessen Kirche in Zadar, die Auftraggeberin war (1380) die ungarisch-kroatische Königin Elisabeth.

Die Architektur der Renaissance in Dalmatien

Die Kathedrale von Šibenik ist eines der großen Kunstwerke Kroatiens. An der Westfassade kann man den Stilwandel von der Gotik zur Renaissance gut ablesen. Das untere Geschoss hat noch die spitzen gotischen Formen und Dekors, der abschließende Fries und die seitlichen Pilaster sind schon Renaissance und darüber erhebt sich ein zweites und drittes Stockwerk im Stil der Renaissance, allerdings von Radfenstern durchbrochen, die noch den Geist der Gotik atmen. Das Dach ist aus steinernen Platten ohne Mörtel zusammengesetzt! Vom selben genialen Architekten und Steinmetzen, Juraj Dalmatinac, stammen die 71 Porträtköpfe im Fries, der sich um die Apsiden zieht. Ihr Schöpfer ist einer der bedeutendsten Künstler, die Kroatien hervorbrachte.

Nie wurde in Dalmatien mehr gebaut als während der Renaissance, als das ganze Land doch ständig unter türkischer Bedrohung stand. Diese erklärt zwar die mächtigen Verteidigungsbauten, die von der Republik Ragusa (Dubrovnik) errichtet wurden, aber sie erklärt nicht die große Zahl von Sommervillen, die sich reiche Bürger der Stadt damals errichten ließen. Keine Handelsfamilie, die nicht damals in Lapad, am Hafen Gruž, an der Ombla oder auf einer der Elaphitischen Inseln ein Sommerhaus besessen hätte, mit Loggia, Bibliothek und Garten. Im Gegensatz zu den venezianischen Villen, die zumindest seit Palladio stärker auf Symmetrie und Erscheinungsbild ausgerichtet waren als auf praktische Bewohnbarkeit, wurden die Villen der Ragusaner konsequent auf die Bedürfnisse ihrer Bewohner zugeschnitten. In diesem Sinne sind sie eine eigenständige Kulturleistung der dalmatinischen Renaissance. Zumindest in Ragusa wurde also gut verdient, das wachsende Osmanische Reich war eine wahre Goldgrube für die unternehmungslustigen Familien aus der Stadt.

Den Reichtum wollte Dubrovnik auch in den öffentlichen Bauten zeigen, im Rektorenpalast mit seinen skulptierten Kapitellen in der Loggia nach venezianischem Vorbild (von Michelozzo Michelozzi), und natürlich in den Kirchen (die dann 1667 großenteils zerstört wurden). Das venezianische Beispiel war übermächtig. In Istrien, in Dalmatien, auf den griechischen Inseln, auf Zypern, im ganzen Ostmittelmeerraum bestimmte Venedig das Erscheinungsbild der nicht osmanisch regierten Städte. Venezianische Baumuster wie die Stadtloggia wurden immer wieder ausgeführt. In Venedig durch Sansovino und Palladio entwickelte Formen und Dekortypen wurden entlang der Küste weitergereicht und bestimmten die Fassadengestaltung von Palazzi und Kirchen bis in die letzte Hafenstadt.

Barock zwischen Drau und Save

Man muss nur durch die Zagreber Oberstadt, durch die Altstadt von Osijek oder Varaždin gehen, um das Ausmaß der Barockisierung zu begreifen, die Binnenkroatien nach den Türkenkriegen umformte. Ob Fassaden von Bürgerhäusern, Stadtpalästen oder Klosterkirchen, das äußere Erscheinungsbild dieser Städte und praktisch aller anderen zwischen Baranja und Syrmien, Međimurje und Gorski Kotar ist bis ins Detail vom süddeutschösterreichischen Barock geprägt. Die geschwungenen Linien des Barock scheinen eine neue Lebensfreude, eine freiere Luft zu signalisieren, ein Aufatmen und eine Welle von Aufbruchstimmung nach dem Abzug der Türken. Bis in die kleinen Städte und die Dörfer reichte die Barockisierung, einige der größten Kunstwerke der damaligen Zeit stammen aus winzigen Orten, aus Wallfahrtskirchen auf dem flachen Land.

Träger der tonangebenden Bauten war in vielen Fällen die österreichische, von Wien aus gelenkte Militärverwaltung, wie in Osijek oder Slawonski Brod, aber auch die gut verdienende Bürgerschaft wie in Zagreb, Varaždin, Požega oder in Vukovar. Wien jedenfalls gab den Ton an. Anderswo waren geistliche Herren die Auftraggeber wie in Kaptol (Zagreb) und bei den vielen Pfarrkirchen auf dem Lande. Oder Adelige wie die Grafen Eltz in Vukovar, deren wunderbares Barockschloss heute großteils zerstört ist. In Našice, Virovitica, Miljana, Ilok und an vielen anderen Orten wurden von den Adelsfamilien, die sich nach der Befreiung von den Türken neu in Kroatien niederließen, barocke Schlösser in

Auftrag gegeben. Es sind so viele, dass Kroatien es sich nicht leisten kann, sie alle zu erhalten. Die geistlichen Orden waren ebenfalls baubegeistert, allen voran die Jesuiten mit ihren Kirchen, Klöstern und Gymnasien wie in Zagreb, aber auch die Pauliner, die aus ihrem Kloster Lepoglava und der Umgebung des Hrvatsko Zagorje ein wahres Schatzkästchen des Barock machten. Ivan Ranger war einer ihrer Brüder, als Maler gehört er zu den Großen der kroatischen Kunst im Übergang vom Barock zum Rokoko, das kann man beispielsweise in der Kirche Maria Schnee in Belec nachvollziehen.

Die Kulturszene heute

Die Kulturszene Kroatiens hat sich nach dem Zusammenbruch Jugoslawiens auf dessen Traditionen stützen können, hatte das alte Regime doch klassische Musik, Oper und Ballet, in Grenzen auch Folklore (aber nicht kirchliche), dazu den Kurzfilm (soweit er systemkonform war), das Puppentheater (aber kein satirisches) und Naive Kunst (Arbeiter- und Bauernkunst) gefördert. Eine echte Auseinandersetzung mit der Wirklichkeit des Staates war zu Titos Zeiten aber nicht erwünscht und muss im neuen, unabhängigen Kroatien nachgeholt werden. Das ist nicht ganz leicht.

Die Oper und generell die klassische Musik haben einen hohen kulturellen Stellenwert, aber wie anderswo auch wenig Breitenwirkung. Der Opernspielplan in Zagreb, Split und Rijeka ist eher konservativ. Stehende Orchester, eine teure Angelegenheit, haben ihr Repertoire kaum erneuert, es ist nach wie vor eher auf das 19. als das 20. oder gar 21. Jahrhundert abgestellt. Die Neue Musik, in Zagreb mit einer Festwoche vertreten, wird eher durch kleinere Kammermusikensembles vertreten. Das Theaterleben, für viele Touristen leider aus Sprachgründen meist *off limits,* hat einige neuere Autoren ins Repertoire aufgenommen. Die Filmproduktion, in Jugoslawien eine bedeutende Industrie, ist fast zum Erliegen gekommen.

Kroatische Naive Malerei

Kein Besucher Kroatiens kann die Bilder übersehen, die ihm in Galerien, in Museen, aber auch auf Wochenmärkten angeboten werden: auf das Wesentliche reduzierte, unnatürlich bunte Darstellungen von Bauern in längst vergessenen Trachten, Dörfer mit Häusern, deren Vorbilder schon vor Jahrzehnten abgerissen wurden, bukolische Szenen an Flüssen und Seen, mit Haus- und Nutztieren, dazu Marktszenen, Kirchgänge, Tänze.

Diese oft nur scheinbar ›naive‹ Malerei ist zu einem Markenzeichen Kroatiens geworden, eine weltweit erkannte Chiffre. Das Spektrum der Maler dieser Naiven Kunst reicht von international anerkannten Künstlern zu Gelegenheitsmalern und schlichten Kopierern.

Die kroatische Naive Kunst geht auf die 1930er-Jahre zurück, als im Dorf Hlebine östlich Koprivnica (in Binnenkroatien) zwei Bauernmaler begannen, ihre Sujets auf ihre Umgebung auszudehnen, auf ihr Dorf, auf die Landschaft der Podravina.

Im Sommer 1930 kam der in Paris lebende kroatische Maler Krsto Hegedušić (1901–1973) in den Ort Hlebine, sein Vater stammte von dort. Hegedušić war auf der Suche nach einer ursprünglich ›kroatischen Kunst‹, nach einer sozialkritischen, an Kroatiens Wirklichkeit angelehnten Kunst. Außerdem suchte er nach Beweisen dafür, dass Kunst nicht Funktion akademischer Bildung und erlernter Technik ist, sondern im spontanen Willen zur Selbstäußerung wurzelt, unabhängig von der sozialen Schicht der Person, unabhängig auch von kulturellen Einflüssen. ›Naiv‹ bedeutete in diesem Sinne den Gegensatz zu akademisch, ›primitiv‹ bedeutete ursprünglich, unverdorben, im Gegensatz zu hochgezüchtet, zivilisatorisch.

Er fand die beiden Bauernmaler Ivan Generalić (1914–1992) und Franjo Mraz (1910–1981), die als Autodidakten und ohne Kontakte zu anderen Künstlern begonnen hatten, Postkarten und Heiligenbilder zu kopieren. Nun gingen sie auf Hegedušićs Hinweise und Vorschläge ein, ihre bäuerliche Wirklichkeit zu malen. Bereits im September 1931 veranstaltete der Künstlerverein Zemlja im Zagreber Kunstpavillon eine Ausstellung mit Arbeiten der beiden Bauern.

Es war ein unglaubliches Glück, dass einer der beiden, Ivan Generalić, ein großer Künstler war und dass der bald zur so genannten Ersten Generation der Schule von Hlebine stoßende Mirko Virius (1889–1943) ebenfalls unter die großen Künstler des 20. Jh. einzuordnen ist.

Die Idee brachte binnen kurzer Zeit einen ganzen Schwarm von Malern hervor, viele von ihnen Laien, aber in späterer Zeit immer mehr ausgebildete Maler, die in dieser Kunstrichtung nur einen Stil suchten. Die Schule wurde zu einem Sammelgebiet bedeutender Museen: So zeigen das Kroatische Museum für Naive Kunst in Zagreb und das Museum Charlotte Zander in Bönnigheim beachtliche Sammlungen. Viele Gemälde befinden sich in Privatsammlungen, so etwa in Hlebine und im dortigen Museum Josip Generalić.

Was Krsto Hegedušić nicht fand, war ›naive‹, unverfälschte, von akademischen Vorbildern unverdorbene Malerei. Von Anfang an kannten und verwendeten die Maler der Schule von Hlebine die Perspektive, wenn sie

Thema

sie auch manchmal bewusst aussetzten, von Anfang an waren sie mit der Positionierung von Figuren in einer Fläche vertraut, wie schon Generalićs »Markt in Novigrad in der Posavina« von 1931 zeigt, im selben Jahr ausgestellt, heute Privatbesitz: Die Größenverhältnisse sind auf die Perspektive bezogen, Figuren sind bewusst in den Vordergrund gestellt, um dem Bild Tiefe zu geben – das ist nicht ›naiv‹, das ist alte europäische akademische Tradition seit der Renaissance.

Bald schlossen sich der Bewegung der ›Naiven‹ weitere Künstler an, die eine persönliche, unverwechselbare Handschrift entwickelten, eine eigene künstlerische Ausdrucksweise: Mijo Kovačić (*1935), dessen Wasserlandschaften aus der Posavina an flämische Primitive und an Hieronymus Bosch denken lassen (»Die Überschwemmung«, 1974), aber auch an Bilder der Romantik, Ivan

Lacković Croata (*1931), ein hervorragender Zeichner, der mit feinsten kurzen Strichen arbeitet und dessen Gemälde in der Technik Öl auf Glas an Breughel denken lassen (»Die vier Jahreszeiten«), und Josip Generalić (*1936), Sohn des großen Ivan, der im Rückgriff auf Rousseau (samt Zitaten) das Meisterwerk »Guiana« (1978) schuf.

Das Kroatische Museum für Naive Kunst in Zagreb stellt ihre Werke (u. a. die genannten Gemälde) vor. Auch in der Modernen Galerie werden kroatische Naive gezeigt. Von Josip Generalić sieht man z. B. ein wunderbares Porträt eines älteren Mannes in einer Winterlandschaft, von Ivan Lacković Croata den »Langen Winter" (1966) und den vielleicht noch großartigeren »Großen Herbst« (1983), von Mijo Kovačić die »Schweineherde mit Hirt« und vom Altmeister Ivan Generalić das eindrucksvolle »Selbstporträt« von 1975.

Ivan Generalić: Die Holzfäller, 1959

Essen und Trinken

Kroatische Küche? Čevapčići und Pleskavica sagen die einen, Škampi Buzzara, gegrillte Zahnbrasse mit Mangoldkartoffeln nennen die anderen. Truthahn mit Mlinzi, süße Štrukli mit Topfenfülle kennt kaum jemand. In Istrien oder Dalmatien triumphiert die mediterrane Küche, von Zagreb nach Osijek Mitteleuropa – Wien und Budapest! –, Balkanisches ist out.

Kulinarische Landschaften

Während die mediterrane Küche als autochthone Antwort auf Meeresfrüchte, Fisch, Olivenöl und Getreide erwuchs, bereichert durch italienische Einflüsse wie die Risotti, entwickelte sich die Küche im Binnenland im Kontakt mit den slowenisch-südsteirischen und den ungarischen Nachbarn, die vom Fischgulasch (fiš paprikaš) bis zum Schmarren so einiges zur Küche beitrugen. Beide Küchen, die mediterrane und die pannonische, kamen während der österreichisch-ungarischen Monarchie unter den Einfluss der Wiener Küche. Den mediterranen Regionen hat er vor allem Nachspeisen beschert. Bei der italienischen Minderheit in Fiume (Rijeka) beliebt waren zum Beispiel strudel salati oder strudel dolci (salzige und süß gefüllte Strudel), Liptauer, ravioli dolci detti, Tatschkerli (süße Teigtaschen), faschiertes Schnitzel, Krapfen und schmarn. In Zagrebs oder Dubrovniks Konditoreien werden selbstverständlich neben der kremšnite auch ischler (›Ischler Krapferl‹), Doboštorte und Esterhazytorte angeboten, aber auch Mohnstrudel und Nussbeugerl. Selbst die überall beliebten Palatschinken sind aus Österreich und nicht aus Ungarn übernommen worden.

Die mediterrane Küche

An der Adriaküste stehen natürlich Fische, Schalen- und Krustentiere im Vordergrund der Ernährung, die mit Brot, Polenta (pura, palenta) oder Reis gegessen werden. Beliebt ist besonders der brudet (von italienischen Brodetto), eine sehr inhaltsreiche Fischsuppe, die der südfranzösischen Bouillabaisse ähnelt. Man isst das Gericht traditionell mit Polenta oder nach italienischem Vorbild mit Weißbrot. Was in den Topf kommt, bestimmt der Tagesfang. Olivenöl, Karotten, Sellerie und Knoblauch geben die Würze. Manche Fische werden traditionell gegrillt, andere gekocht, vor allem die crnija, der Braune Zackenbarsch. Man isst zuerst den Sud als Suppe, dann den Fisch mit Beilage, beliebt ist eine Mischung aus Kartoffeln und Mangold (blitva). Eingesalzener Fisch (usoljena riba) kommt heute allenfalls auf den Vorspeisenteller in Form gesalzener Sardinen neben Oliven, eingelegten Zwiebeln (kapulica), einem Stückchen paški sir (hervorragender Schafskäse von der Insel Pag) und vor allem dem luftgetrockneten dalmatinischen und istrischen Schinken, dem pršut (vom italienischen Prosciutto). Beliebt ist auch ein Salat aus Tintenfisch und Seppie mit Kartoffeln. Als erster Gang oder als Hauptspeise (die Kroaten sind mit den Gängen weniger pingelig als die Italiener) gelten die Risotti wie der rižot od škampi und der schwarze Risotto auf venezianische Art, der seine Farbe aus der Tintenblase der Tintenfische bezieht. Die köstlichste Zubereitung für škampi, aber auch für Sardinen oder Miesmuscheln nennt sich buzzara. Das Wort kommt von einem früher an Dalmatiens Küsten verwendeten besonderen Topf, in dem das Gericht zubereitet wurde. Es ist ein Schmorgericht, die Riesengarnelen werden in Olivenöl mit Knoblauchscheibchen angebraten, dann wird mit etwas Wein abgelöscht und etwas weitergedünstet, reichlich gehackte Petersilie, Salz und Pfeffer vervollständigen das auf getoasteten Brotscheiben oder in der Schüssel servierte Gericht. Fleisch kommt eigentlich nur zu Feiertagen auf den Tisch, dann wird das geschlachtete Tier möglichst im Ganzen gegrillt. Dass das Lammfleisch hier so besonders gut schmeckt, kommt vom Salz, das die Tiere auf den äußeren Inseln mit dem Gras aufnehmen.

Die istrische Küche

Besonders in Istrien sind Nudelgerichte beliebt, *fuži* mit Wildsoße sollte man im Landesinneren probieren. Im Frühjahr findet man überall die langen dünnen Triebe des Wildspargels, der wird mit Eiern und etwas Butter oder Öl in der Pfanne zum köstlichen Spargelomelett. Trüffel sind der große Schrei, die verschiedenen Sorten erzielen unterschiedliche, aber jedes Jahr höhere Preise, besonders hochpreisig und geschätzt ist die weiße Herbsttrüffel. Aufs Omelett oder Nudelgericht eine Reise wert!

In Istrien kann man es sich leisten, an normalen Sonntagen Fleisch zu essen, vor den *konobe* (Gasthäusern) stehen Grills, auf denen sich ganze Spanferkel *(odojak na ražnju)* oder Lämmer *(jagnje na ražnju)* drehen. Es gibt natürlich überall Koteletts und *šnizl* und *biftek* auf der Karte. Für die Küste und für ganz Kroatien ist das aber nicht typisch. Zum Nachtisch gibt es Fettgebackenes, etwa *kroštule* und *fritule.*

Die pannonische Küche

In der pannonischen Region werden ebenfalls Fische zubereitet, aber sie stammen aus den Flüssen. Karpfen, Hecht, Zander, Schleie dünstet man nach ungarischem Vorbild mit Pepperoni, süßem und scharfem Paprika und Tomatenmark, bis ein köstliches *fiš gulaš* entstanden ist, das man vor allem im östlichen Slawonien und in der Baranja genießen kann.

Im Hrvatsko Zagorje ist eine der südösterreichischen ähnliche Küche heimisch, die auch Zagreb charakterisiert, wo man allerdings ambitioniert isst und gerne mediterranen Fisch im entsprechenden Ambiente speist (wenn man das Geld dazu hat). Braten mit Soßen und *mlinzi* stehen hoch im Kurs. Der Braten stammt besonders gerne vom Truthahn *(puriza)* oder von der Ente. *Mlinzi* sind aus Nudelteig, den man im Ofen bäckt und zerreißt. Bevor man sie unter die Soße mischt, werden Mlinzi ein paar Minuten im Wasser erhitzt. Der Genuss kann abhängig machen.

Im Međimurje isst man zur geschmorten Ente eher Buchweizenschmarren, südlich Zagreb im Turopolje gibt es sonntags Gänsebraten. Auch Sauerkraut wird in Nordkroatien zubereitet und gegessen, zusammen mit gekochtem, gesalzenem und geräuchertem Schweinefleisch ist es wie in der benachbarten slowenisch-steirischen Region eine beliebte Kombination.

Die Palatschinken mit Walnüssen zum Nachtisch sind hier besonders köstlich, denn die Walnüsse müssen nicht reisen. Auch für *štrukli,* süße Maultaschen mit einer Füllung aus Frischkäse (Topfen) und mit Zucker und brauner Butter übergossen, sollte man noch etwas Platz lassen.

Die dinarische Küche

Die Küche der Berge, etwa die Küche der Lika, hat noch größere Verbindungen zu den balkanischen Traditionen, wie sie bei den bosnischen Kroaten noch lebendig sind. Hier wird viel Käse gegessen, denn die Landwirtschaft stützt sich immer noch auf die Schaf- und Ziegenherden, aber auch Sauerkraut, denn Kraut wächst auch in wenig günstigen Lagen und bis in größere Höhen.

In der dinarischen Region hat sich das Kochen mit der *peka* erhalten, einem schweren Schmortopf mit stark gewölbtem Deckel. In der Peka schmoren Fleisch, Kartoffeln, Gemüse, aber auch Brot über der Glut, was ein besonderes, leicht rauchiges Aroma gibt. Anschließend gibt es *baklava,* extrem süßes, mit Nüssen oder Käse gefülltes und in Honig getauchtes klebriges Blätterteiggebäck – eine kulinarische Hinterlassenschaft des Osmanischen Reiches.

Getränke

Kroatiens Weinkarte ist vielfältig und umfasst einfache Tischweine, aber auch international beachtete Gewächse. Im mediterranen Bereich sind die Weine vor allem rot, in Istrien und auf den Inseln gibt es aber auch ein paar herausragende Weißweine. Die vielen nur hier vorkommenden Rebsorten zu probieren ist für Weinkenner eine wahre Freude. Zu den hervorragenden Roten von der Küste gehören der deftige istrische Teran, der kräftige Babić aus Primošten, der volle, dunkle Biševo, der harmonische Kaštelet, der Plavina aus der Gegend von Šibenik, der leichtere Faros von der Insel Hvar, der delikate Postup von der Halbinsel Pelješac und der berühmte, schwere und enorm aromatische Dingać aus derselben Zone.

An Weißweinen bietet die mediterrane Region vor allem den Malvazija aus Istrien. Dieser ebenso aromaintensive Verwandte des Ruländers wird immer trocken ausgebaut. Auf den Inseln faszinieren die aus der nur in der Umgebung von Vrbnik auf Krk angebauten Žlahtina-Rebe gekelterten subtilen und harmonischen Weißen, auf Korčula kultiviert man Grk und Pošip.

Eine Fülle höchst interessanter Weißweine wird in Innerkroatien produziert. In der Region mit eher mitteleuropäischen Zügen werden auch mitteleuropäische Reben angebaut, in letzter Zeit vermehrt solche mit internationaler Nachfrage wie Chardonnay und Sauvignon blanc. Weine aus diesen Rebsorten wie auch aus Rheinriesling oder Gewürztraminer findet man auch auf den Karten internationaler Restaurants. Auch hier gab und gibt es autochthone Reben, die aber keinen großen Anteil am Weinanbau haben. Die Graševina-Rebe, der Welschriesling, wird anderswo nicht so hoch geschätzt, aber in Slawonien zu allerbesten Weinen ausgebaut. Zum Dessert sollten Sie den süßen Prošek probieren. Übrigens waren es dalmatinische Winzer, die Neuseelands Weinbau aufbauten und heute noch maßgeblich bestimmen.

Sie trinken lieber Bier? Das Bier aus Karlovac, Zagreb, Buzet ist ausgezeichnet und fast überall zu haben.

Der Schnaps nach dem Essen ist je nachdem eine Grappa oder ein Slivovitz aus Pflau-

Ein Genuss: die Früchte des kroatischen Meeres

men. Gegen den etwas vollen Magen leistet der Istra-Bitter gute Dienste. Einen besonders köstlichen Abschluss des Essens bilden mit Kräutern versetzte Tresterschnäpse, besonders die Grappa mit Edelraute füllt den Mund mit ihrem vollen, delikaten Aroma.

Im Restaurant

Lange Erfahrung mit dem Tourismus hat in Istrien, dem Kvarner und Dalmatien das Angebot an die vermuteten Erwartungen der Gäste angepasst. Das Essen ist seit Titos Zeiten »international«, das Buffet groß und langweilig (»Nur nicht würzen! Nur kein Knoblauch! Kein Olivenöl! Die Gäste wünschen das nicht.«). Das ›Kroatische‹ beschränkt sich oft auf einen mit Paprikastückchen versetzten Reis, der sich als Đuvec-Reis bezeichnet, ansonsten herrscht kulinarische Hilflosigkeit. Seltene Ausnahmen, die eher auf die hochpreisigen und auch von kroatischen Businessleuten besuchten Hotels beschränkt sind, bestätigen die Regel.

In den Restaurants der Küstenstädte sind viel Fisch und Meeresfrüchte im Angebot, aber auch jede Menge Fleisch vom Grill. Wenn man das Essen aber genauer untersucht, ist es meist zu trocken gegrillter Fisch, übergrilltes und dadurch zähes Fleisch, zu fette Kartoffeln oder (beim Klassiker Kartoffeln mit Mangold) zerkochte Kartoffeln.

Überhaupt zu viel Fett, zu wenig Gemüse, die Salate sind oft ungenießbar. Leider steht in vielen Gaststätten Küstenkroatiens auch kein Olivenöl auf dem Tisch, der Ölbehälter enthält stattdessen Billigöl aus Slawonien. Jedoch erhält man auf Wunsch in vielen Restaurants Olivenöl (auch pikantes).

Die Gemüse-Grillplatte besteht schon mal aus fetttriefenden Auberginen und Zucchini mit Pommes. Der Schinken und der Käse zur Vorspeise und die oft guten, weil schlichten Nudelgerichte sind weniger bratfettgefährdet. Doch Vegetarier haben es schwer.

Die Speisekarte ist wie genormt, als ob eine einzige Speisekarte aus sozialistischen Zeiten überlebte und nun vieltausendfach kopiert würde. Am ehesten findet man noch ein gutes Restaurant in Istrien oder dem Kvarner und in Zagreb wie ganz Binnenkroatien, wo starke Tradition in der Küche herrscht und das typische bürgerliche Angebot nie für touristische Zwecke standardisiert wurde.

Da sitzt man nun – in Kroatien herrscht meist freie Tischwahl, nur in ganz feinen Lokalen wird man zum Tisch geleitet – und harret der Dinge. Der Kellner spricht Turi-Deutsch oder jedenfalls Englisch, die Zeit ist die richtige: an der Küste mittags 12.30–14 Uhr, abends ab ca. 19.30 Uhr, im Binnenland eine halbe Stunde früher. Kroaten, wenn sie schon essen gehen, verzichten selten auf eine Vorspeise. Nudeln und Risotti, wie sie an der Küste serviert werden, dürfen auch den Hauptgang stellen, man muss nicht Fleisch oder Fisch konsumieren. Ein Nachtisch ist besonders in Gesellschaft üblich, im Zweifelsfall bestellt man Palatschinken.

Zum Essen trinkt man eventuell als Einstand einen Slivovitz oder eine Grappa, dann Wein oder Bier – da gibt es keine Regel und keinen Zwang. Nach dem Essen – nicht zum Dessert – wird ein Espresso oder ein Macchiato (an der Küste) fällig, auch einem Digestiv, z. B. Bermet, ist man nicht abgeneigt. Zu viel zu trinken gilt nicht als fein.

Achtung: An Sonntagen sind die meisten Gaststätten geschlossen, das trifft insbesondere auf den Abend zu!

Für zwischendurch

In Bäckereien kann man sich besonders preiswert mit einem Imbiss versorgen, das machen viele Kroaten. Überall in Kroatien und auch bei Touristen beliebt ist das aus der türkischen Tradition stammende *burek,* ein mit Weißkäse oder Hackfleisch gefülltes Blätterteiggebäck. Der Burek wird meist mehrmals am Tag gebacken und noch warm (und fettig) aus der Hand gegessen. Es gibt auch die Möglichkeit, sich ein abgekühltes Stück in der Mikrowelle aufwärmen zu lassen. Burek wird im Ganzen oder in Vierteln verkauft, ein Tortenstück zu schneiden ist nicht üblich.

Zubereitungsarten

gekocht	na lešo
gegrillt	na žaru/na roštilju
gebraten	pečen
gesalzen	posoljen
gefüllt	punjen
geschmort (mit Knoblauch, Gewürzen, Olivenöl, Wein)	na buzaru

Vorspeisen und Suppen

Gemüsesuppe	maneštra/suha od povrća
Omelett	omlet
Aufstrich aus Griebenschmalz	pešt
Rohschinken	pršut
Fischsuppe	riblja juha
Käse	sir
Frischkäse	bijeli sir
Schafskäse	ovčji sir
eingesalzener Fisch	slane ribe
Kalte Platte	hladni pladanj
Perlzwiebeln	kapulica

Nudel- und Reisgerichte

Nudeln mit Trüffeln	rezanci/pašta s tartufima
Nockerl, Gnocchi	njoki
... mit Wildsugo	... sa divlji
Risotto mit Scampi	rižot od škampi
Risotto mit Meeresfrüchten	rižot s plodovima moru (marinara)
schwarzer Tintenfischrisotto	crni rižot

Fisch und Meeresfrüchte

Fisch	riba
Stockfisch in weißer Soße	bakalar na bijelo
Fischeintopf	brudet/brodet/fiš paprikaš
Languste	jastog
Forelle	pstrva
Karpfen	šaran
Zander	smuž
gegrillte Kalamari	pržene lignje
Hummer	rarog/hlap
Fisch in der Salzkruste	riba u soli
Krabbensalat	salata od rakovice
Scampo(-i), Kvarner Garnele	škamp
Zahnbrasse	zubatac/zubac
Goldbrasse	lavrata/podlanica
Bindenbrasse	šarag
Rotbrasse	arbun/rumenac
Gelbstrieme	bukva
Wolfsbarsch	lubin/brancin
Brauner Zackenbarsch	kirnja/finka/tenka
Brauner Drachenkopf	škpun/bodeć
Rotbarbe	barbun
Makrele	skuša/vrnut
Seezunge	list/šfoja
Lammzunge	patarača
Seeteufel	grdobina
Sardelle/Anchovis	inćun/sardon/minćon
Sardine	srdela
Sprotte	srdelica/papalinka
Meeraal	ugor/gruj
Flussaal	jegulja/anguja/bizat
Seehecht	oslić/tovar

Fleischgerichte

Fleisch	meso
Hackfleischröllchen	ćevapčići
Reisfleisch	đuveč
Lammfleisch	janjetina
Lamminnereien	vitalac
Cordon Bleu	zagrebački odrezak
unter der »Glocke« gegartes Fleisch	meso pod pekom
Grillteller	miješano meso na žaru
luftgetrocknetes, mariniertes Kotelett	ma ombolo
Rinderschmorbraten	pašticada
Hähnchen	pile
Hamburger	pljescavica
gefüllte Paprika	punjene paprika

Rindersteak	ramstek/biftek
Fleischspießchen	ražnjići
Krautwickel mit Hackfleisch	sarma
Schnitzel	šnicl/odrezak

Gemüse, Beilagen

Gemüse	povrće
Mangold	blitva
Sauerkraut	kiselo zelje
Essiggurke	kiseli krastavac
Tomate	rajčica
Gemüsemus (scharf)	ajvar
Nudeln (aus Istrien)	fuži
Nudeln (aus dem Hrvatsko Zagorje)	štrukli
Reis	riža
Salzkartoffeln	kuhani krumpir
Polenta	polenta/pura
Pommes frites	pomfritom
Schupfnudeln	šuljki
Fleischbeilage aus Palatschinkenteig	mlinzi
Brot	kruh

Dessert

Strudel mit Nussfüllung	baklava
in Öl ausgebackenes Hefegebäck	fritule
Kuchen	kolač
Mandelgebäck	kroštule
dünne Pfannkuchen-Hefekuchen	palačinke
	pinza
Apfelstrudel	pita/strudel od jabuke
Karamelpudding	rožata
Obst	voće
Speiseeis	sladoled

Getränke

Wasser	voda
Mineralwasser	mineralna voda
Kaffee	kava
Tee	čaj
Orangensaft	oranžada
Apfelsaft	sok od jabuke
Wein	vino
Bier	pivo

Lokale

Bife wörtl. Buffet, meint Imbissstube, Kneipe, Café (nur kein richtiges Restaurant)

Gostiona, Gostionica Gasthaus, Gaststätte, einfaches Restaurant, häufig mit eher traditioneller Küche, meist Familienbetrieb

Grill Einfache Gaststätte mit Grillgerichten, meist nur Fleisch

Kaffee-Bar Café, wie Kavana

Kavana Café, hier gibt es nur zu trinken, kein Essen, nicht einmal Brötchen oder Croissant

Konoba eigentlich Weinkeller, heute meist ein Gasthaus im Familienbetrieb mit Hausmannskost, besonders gerne wird dieser Ausdruck in Istrien verwendet

Pivnica Bierlokal, Gasthaus mit Bierausschank, Bierkeller

Pizzeria tatsächlich eine Pizzeria, häufig werden auch, besonders in Fremdenverkehrsgebieten, Nudelgerichte angeboten

Restoran/Restaurant/Restauracija Restaurant mit meist gegenüber der gostiona gehobenem Ambiente und ebensolchen Preisen

Riblji restoran Fischrestaurant

Samoposlužni restoran Selbstbedienungsrestaurant

Slastičarna Eisdiele, Konditorei und Café in einem

Taverna aus dem Italienischen übernommene Bezeichnung für einen einfachen Gasthof oder eine *konoba*, fast nur in Touristengebieten

Souvenirs aus Kroatien: Seeigel und Schwämme

Wissenswertes
für die Reise

Informationsquellen

Kroatien-Infos im Internet

Kroatische Sites im Internet nehmen rapide zu. Die Web-Sprache ist zunehmend das in Kroatien auch sonst an Bedeutung gewinnende Englisch.

www.croatia.hr: Detaillierte Infos der kroatischen Tourismuszentrale. Auch auf Deutsch.
www.hr: Kroatische Regierungsseite, viele Links. Auch auf Englisch.
www.zagreb.com, www.croatiapost.com: Nachrichtenseite des World News Network, aktuelle Infos und Links zu Zeitungsartikeln. Nur auf Englisch.
www.hina.hr: Seite der kroatischen Nachrichtenagentur. Auch auf Englisch.
www.aus-kroatien.de: Seite der Kroaten in Deutschland, Infos zum Land, einige News.
www.br-online.de/politik/ausland/ada: Artikel zur 3Sat-Sendung »Alpen-Donau-Adria« auf der Website des Bayerischen Rundfunks, auch das Stichwort ›Kroatien‹ bringt zahlreiche Berichte.
www.hrvatskicentar.at: Informationen über Kroatien sowie Kroaten in Österreich und der Diaspora, Pressearchiv. Auch auf Deutsch.
www.mvp.hr: Die Seite des kroatischen Außenministeriums verbindet mit allen Botschaften und Konsulaten.
www.hns-cff.hr/english/default.asp: Seite des kroatischen Fußballbundes.

Fremdenverkehrsamt

... in Deutschland
Kaiserstraße 23
60311 Frankfurt/Main
Tel. 069/238 53 50, Fax 069/238 35 20
info@visitkroatien.de, http://de.croatia.hr

Rumfordstraße 7
80469 München
Tel. 089/22 33 44, Fax 089/22 33 77
kroatien-tourismus@t-online.de

... in Österreich
Am Hof 13, 1010 Wien
Tel. 01/585 38 84, Fax 01/585 38 84 20
office@kroatien.at, http://at.croatia.hr

... in der Schweiz
Badenerstrasse 332, 8004 Zürich
Tel. 043/336 20 30, Fax 043/336 20 39
info@kroatien-tourismus.ch
http://ch.croatia.hr

... in Kroatien
Hrvatska Turistička Zajednica (Touristikzentrale)
Iblerov trg 10/IV, p.p. 251, 10000 Zagreb
Tel. 01 469 93 33, Fax 01 455 78 27
info@htz.hr, www.croatia.hr
Kostenloses **Touristen-Telefon** (›Roter Engel‹): 062 99 99 99.
Die für die einzelnen Orte zuständigen Tourismus-Informationsstellen sind unter den jeweiligen Ortsbeschreibungen angegeben. Dabei werden folgende **Abkürzungen** verwandt:
TZG = Turistička Zajednica Grada (Städtische Tourismusbehörde)
TZŽ = Turistička Zajednica Županije (Tourismusbehörde der Grafschaft/»Gespanschaft«)
TZO = Turistička Zajednica Opčine (Büro eines regionalen Tourismusverbandes)
TU = Turistički Ured (Tourismusbüro/Information, oft privat)

Diplomatische Vertretungen

... in Deutschland
Botschaft der Republik Kroatien
Ahornstr. 4, 10787 Berlin
Tel. 030/21 91 55 14, Fax 23 62 89 65
www.kroatischebotschaft.de
Weiters Generalkonsulate in Frankfurt/M., Hamburg, München, Stuttgart, Düsseldorf, Hannover und Mainz.

... in Österreich

Botschaft der Republik Kroatien
Heubergasse 10, 1170 Wien
Tel. 01/480 20 83, Fax 01/480 29 42

... in der Schweiz

Botschaft der Republik Kroatien
Thunstr. 45, 3005 Bern
Tel. 031/352 02 75, Fax 031/352 03 73

... in Kroatien

Botschaft der Bundesrepublik Deutschland
Vukovarska 64, 10000 Zagreb
Tel. 01 630 01 00, Fax 01 615 55 36

Deutsches Honorarkonsulat
Obala Hrvatskog Narodnog Preporoda 10
21000 Split
Tel. 021 36 21 14, Fax 021 36 21 15

Botschaft der Republik Österreich
Jabukovac 39, 10000 Zagreb
Tel. 01 488 10 52, Fax 01 483 44 61

Österreichisches Konsulat
Konzula Istranina 2, 51000 Rijeka
Tel./Fax 051 33 85 54
Klaiceva poljana 1, 21000 Split
Tel. 021 34 54 44, Fax 021 32 25 35
Put Republike 32, 20000 Dubrovnik
Tel. 020 35 76 97, Fax 020 35 72 22

Botschaft der Schweiz
Bogovićeva 3, 10000 Zagreb
Tel. 01 487 88 00, Fax 01 481 08 90

Karten

Passable Straßenkarten für das gesamte Kroatien werden im Maßstab 1:300 000 und 1:250 000 angeboten, die beiden doppelseitig bedruckten Karten 1:250 000 von Freytag & Berndt sind vom Detail her mit Abstand die besten. An der Küste sind die ebenfalls bei Freytag & Berndt erschienenen Detailkarten 1:100 000 unverzichtbar (6 Blätter: Istrien, Cres – Lošinj – Krk – Rab, Dalmatinische Küste 1–4). Alle Karten von F&B werden nicht nur im hiesigen Buchhandel, sondern auch in Kroatien angeboten.

Die von den Fremdenverkehrsbehörden kostenlos abgegebenen Karten sind nur teilweise brauchbar. Für Bergsteiger gibt es die – nicht immer sehr verlässlichen – Wanderkarten von Smand (42205 Vidovec, Cargovec 87), die relevanten Blattnummern und Namen werden im Routenteil bei den entsprechenden Wandervorschlägen aufgeführt. Diese Karten erhält man in gut sortierten Buchhandlungen der größeren Städte in Kroatien.

Lesetipps

Andrić, Ivo: Der bosnische Kroate gewann den Nobelpreis 1960, sein Meisterwerk ›Die Brücke über die Drina‹ (Frankfurt/M. 2003).

Djilas, Milovan: ›Tito‹ (Rastatt 1986): Von einem Mitkämpfer und späteren Gegner Titos geschrieben. Nur antiquarisch erhältlich.

Held, Kurt: ›Die Rote Zora und ihre Bande‹ (Frankfurt/M. 1999): Jugendbuchklassiker, der in und um Senj angesiedelt ist.

Jähnichen, Manfred (Hg.): ›Das Schlangenhemd des Windes‹ (Bliskastel 1999): Anthologie kroatischer Lyrik des 20. Jh.

Kaser, Karl u. a. (Hrsg.): ›Historische Anthropologie im südöstlichen Europa‹ (Wien 2003).

Letzner, Wolfram: ›Das römische Pula‹ (Mainz 2005): Schöner Bildband.

Strutz, Johann (Hg.): ›Europa erlesen – Istrien‹ (Klagenfurt 1997): Anthologie über Istrien.

Todorova, Maria: ›Die Erfindung des Balkans‹ (Darmstadt 1999): Gut lesbare Monografie über das Balkan-Bild des Westens.

West, Rebecca: ‹Schwarzes Lamm und grauer Falke‹ (Berlin 2002): Reisebericht einer Engländerin aus den 1930er-Jahren.

Reiseplanung

Kroatien als Reiseland

Mit seinen drei großen Natur- und Kulturlandschaften ist Kroatien ein besonders vielfältiges Reiseland. Die stärkste Anziehungskraft hat natürlich die Adriaküste mit ihren Inseln, Strandurlaub im mediterranen Klima heißt hier die Devise. Istriens Westküste, der Kvarner und einige Bereiche Dalmatiens wie die Zone zwischen Nin, Zadar und Biograd na moru, um Primošten, die Riviera von Makarska, Supetar auf Brač und Dubrovnik mit seiner Umgebung sind die touristischen Zentren. In den Bergen ist Aktivurlaub mit Wandern und Bergsteigen angesagt. Binnenkroatien lädt zu geruhsamen Ferien ein, z. B. im grünen Hrvatsko Zagorje oder in Slawonien. Aber auch für Städte-Weekends gibt es genügend Ziele: Zagreb, Split, Varaždin oder Pula.

Was ist sehenswert?

Die Hauptstadt Zagreb ist wie Wien, Budapest oder Prag von mitteleuropäischer Geschichte geprägt – ein erlebenswertes Ziel. Auch die Umgebung kann sich sehen lassen: das grüne Hrvatsko Zagorje mit seinen Burgen und Barockkirchen, Karlovac, die Festungsstadt der Österreicher, Samobor, die Hauptstadt der ›Kremšnite‹, in ein freundliches Mittelgebirge eingebettet.

Binnenkroatien besteht aus großen Flussebenen und idyllischen grünen Mittelgebirgen, die Region wurde im Barock aufgesiedelt und Barock ist ihr Baustil. Varaždin war damals wichtiger als Zagreb. In Slawonien sind Osijek und Slavonski Brod österreichische Festungsstädte, in Osijek hat sich eine ganze Festungsstadt neben der in der Gründerzeit und im Jugendstil erweiterten neuen Stadt erhalten. Der Naturpark Kopački Rit im Auengebiet an der Mündung der Drau in die Donau bietet ein einmaliges Naturschauspiel auf europäischem Niveau.

In Istrien sind die Städte Pula, Rovinj und Poreč von vorrangigem Interesse. Auch kleine Städte wie Umag und Novigrad oder im Landesinneren Motovun und Grožnjan zeigen immer noch ihr venezianisches Kleid.

Rijeka, die größte Stadt im Golf von Kvarner, wird jeder Besucher dieser Region passieren, ihr altes Zentrum und ihr schicker Corso verdienen aber mehr Aufmerksamkeit. Opatija, das als Abbazia schon vor mehr als 100 Jahren Tourismuskarriere machte, ist wieder in den höchsten Rang kroatischer Adriabäder aufgestiegen und prunkt wie das nahe Lovran mit Villen aus der k. u. k. Zeit. Auf den Inseln Cres, Lošinj, Krk und Rab liegen viele kleinere Badeorte, aber auch sehenswerte, alte Städte und landschaftlich attraktive Buchten.

Im verkarsteten, wasserlosen Gebirge, das sich längs der Küste als breiter Gürtel hinzieht, liegen vier der sieben Nationalparks des Landes: Risnjak, Plitvicer Seen, Nord-Velebit und Paklenica. Die Landschaft des Gorski Kotar im Norden und das Velebitgebirge im Süden sind Dorados für Wanderer, Bergsteiger, Mountainbiker und Freikletterer. Die Wasserfälle und Travertinterrassen der Plitvicer Seen stellen ein weltberühmtes Naturdenkmal dar. An der Küste dieses Gebirgszuges gibt es nur wenige kleine Orte und das alte Senj, ehemals ein Rückzugsort christlicher Flüchtlinge, die von hier aus im Piratenstil gegen die Türken kämpften.

Dalmatiens kleine Städte und pittoreske Fischerorte wirken alle wie stehen geblieben in ihrer Entwicklung, als ob immer noch Venedig oder Ragusa die Herrschaft über die dalmatinische Adria ausübten. Zadar ist Norddalmatiens zentraler Ort, römische Gründung, von Venedig überformt. Aus dem vorgelagerten Archipel stechen die Doppelinsel Ugljan-Pašman und das längliche Eiland Dugi Otok heraus.

In Šibenik ist der Dom ein spätmittelalterliches Wunderwerk, der nahe Krka-Nationalpark mit seinen Wasserfällen und Sinterterrassen steht jenem an den Plitvicer Seen nicht nach. Draußen in der Adria lädt der Nationalpark Kornaten mit seinen mehr als 100 Inseln zu Entdeckungen mit dem Boot ein.

Mitteldalmatien wird von der dalmatinischen Metropole Split dominiert. Von hier aus erreicht man Trogir mit seinem mittelalterlichen Zentrum, Sinj im Binnenland, Omiš und das bei Raftern beliebte Cetinatal. Die Riviera von Makarska mit dem abweisenden Biokovogebirge, vor allem aber die großen Dalmatinischen Inseln Brač, Hvar, das etwas kleinere Vis und das Inselchen Biševo mit seiner ›Blauen Grotte‹ bilden weitere attraktive Ziele in Mitteldalmatien. Der Sandstrand des Zlatni Rat nahe Bol auf der Insel Brač, das ganz venezianische Städtchen Hvar und der antike griechische Friedhof nahe dem Ort Vis bleiben in Erinnerung.

Süddalmatien ist identisch mit der Region um Dubrovnik. Die Stadt Dubrovnik selbst ist ein architektonisches Juwel. Die Inselchen der Elaphiten und Mljet mit seinem Nationalpark sind von hier aus leicht zu erreichen wie auch die weinreiche Halbinsel Pelješac und die Insel Korčula mit ihrer gleichnamigen, alten und perfekt erhaltenen Stadt.

Tipps für die Reiseorganisation

Eigener Pkw, Bus oder Mietwagen?

Nicht immer ist der eigene Pkw das günstigste Verkehrsmittel. In einem Land wie Kroatien, in dem ein dichtes Busnetz existiert und viele Ziele nur mit der Fähre oder gar mit dem keine Autos transportierenden Katamaran zu erreichen sind, sollte man sich überlegen, ob man das Auto wirklich braucht. Wer nicht von Ort zu Ort reist, sondern ein oder zwei Standorte plant, von denen aus er die Gegend erkunden will, kommt mit dem Bus genauso gut zurecht. Braucht man wirklich mal den fahrbaren Untersatz, kann man ihn sich für diesen Tag auch ausleihen (s. S. 89).

Da in Kroatien Mietwagen sehr teuer sind, empfiehlt es sich aber, nicht den ganzen Urlaub mit dem Leihauto zu bestreiten. In Istrien und auf den Inseln kann man viele Ausflüge mit dem Fahrrad machen, einen Fahrradverleih gibt es ebenfalls in jedem Touristenort.

Vorher buchen oder im Lande buchen?

Fast jedes Hotel und viele Privatpensionen haben mittlerweile eine eigene Internetseite. Auch auf den Webseiten der Gemeinden, Tourismusvereine und Fremdenverkehrsgemeinschaften findet man immer eine Seite mit Unterkunftsvorschlägen. Die großen deutschen Veranstalter haben Kroatien im Programm, wobei man wählen kann, ob man privat anreist oder einen Bus nimmt, der im Paketpreis dann bereits enthalten ist. Die Hotelpreise sind bei den deutschen Veranstaltern fast immer niedriger, als wenn man direkt bucht. Die Sache hat aber den Haken, dass man jeweils mindestens für eine Woche buchen muss.

An verlängerten Wochenenden und in der Hauptsaison (Juli–Mitte Aug.) sollte man es nicht darauf ankommen lassen, vor Ort eventuell kein Quartier zu finden. Auch in der Nebensaison kann ein Maiwochenende komplett ausgebucht sein – zehntausende Slowenen nutzen die Gelegenheit, um mal eben ins Nachbarland zu fahren. Vorausbuchen lohnt sich also auf jeden Fall, vor allem bei Apartments und Hotels der Mittelklasse. An einfachen Zimmern (sobe) hat es etwa in Istrien und im Kvarner auch an überfüllten Wochenenden keinen Mangel, man muss dann aber mit dem vorliebnehmen, was übrig ist.

Reiseveranstalter

Das derzeit wohl größte Kroatien-Angebot unter den Pauschalreiseveranstaltern hat die **Deutsche TUI** (www.tui.com).

Die Firma Riva Tours ist ein Spezial-Veranstalter für Kroatien, der konsequent die im Lande zu zahlenden Preise unterbietet. Das ausführliche Programm beinhaltet sowohl Pauschalreisen (inkl. Flug oder Busanreise) als auch Privatanreise. Zudem sind viele getestete Privatunterkünfte, Apartments und Ferienhäuser im Angebot. Weiter gibt es die äußerst beliebten Fahrten auf klassischen Motorseglern. Auch Mietwagen vermittelt Riva in großen Touristenorten:

Riva Tours
Neuhauser Str. 27, 80331 München
Tel. 089/231 10 00, Fax 089/23 11 00 22
www.kroatien-idriva.de

Wer bereits im Land ist, kann immer noch in fast jedem Ort in Kroatien in einem **Atlas-Reisebüro** aus dem Katalog von Atlas Airtours ›Hrvatska‹ (evtl. in Kombination mit anderen Ländern) buchen und gegenüber den privat veranschlagten Preisen sparen (www.atlasairtours.hr bzw. www.atlas-croatia.com). Das Personal in den Atlas-Büros berät gerne – nicht nur in Kroatisch.

Reisen nach Kroatien haben auch die großen Studienreiseveranstalter wie **Studiosus** und **Karawane** im Programm.

Reisen mit Handicap

Obwohl es wegen der vielen Kriegsversehrten in Kroatien eine Menge Behinderte gibt, sind Verkehrsmittel, Verkehrsknoten, Hotels und Restaurants nicht besonders auf sie eingestellt. Am ehesten sind noch die Großhotels an den Küsten behindertengerecht gebaut, während z. B. viele Schiffe der Jadrolinija für Behinderte praktisch nicht benutzbar sind. Auch sind wenige Strände für sie geeignet, eine Ausnahme ist etwa der Kostanj-Strand bei Rijeka, der behindertengerecht ausgestattet ist (Tel. 051 33 58 82). Informationen über das Reisen in Kroatien kann die kroatische Behinderten-Vereinigung geben:
Savez Organizacija Invalida Hrvatske
Savska cesta 3, 10000 Zagreb
Tel./Fax 01 482 93 94

Die Webseiten **www.myhandicap.de** bzw. **www.myhandicap.ch** bieten Tipps und Hilfestellungen für das Reisen von Behinderten, Reiseangebote sowie viele Links.

Reisen mit Kindern

Kroatien ist ein kinderfreundliches Land. Am besten eignen sich für Familien mit Kindern die großen Touristendörfer mit ihren vielen Sport- und Freizeitanlagen. Aber auch kleine Privatquartiere mit Garten, die den persönlichen Kontakt ermöglichen, sind empfehlenswert. Familien mit Kleinkindern sollten bedenken, dass es nur wenige feinsandige Strände gibt und dass sich die von Reiseveranstaltern genannten Sandstrände oft als Feinkiesstrände entpuppen. Dem Abwechslungswunsch der größeren Kinder tragen am stärksten felsige Küsten mit kleinen Buchten und Kiesstrand Rechnung, da man dort am schönsten auf Entdeckungstouren gehen kann. Das Hrvatsko Zagorje und Slawonien bieten Ferien in einer noch intakten bäuerlichen Kulturlandschaft.

Für Kleinkinder bieten die internationalen Drogerieketten in bekannter Qualität alles an, was man benötigt: von der Wegwerfwindel bis zum Baby-Sonnenschutz. Das Essen in Kroatien ist fett, Kinderessen entpuppt sich als kleine Portion des Essens für Erwachsene, das nicht jedes Kind verträgt – den speziellen Magentee oder das kindergerechte Medikament sollte man lieber von zu Hause mitnehmen, die Apotheke im nächsten Dorf könnte es möglicherweise nicht führen.

Viele Hotels bieten für Kinder bis zu einem Alter von 14 Jahren Ermäßigungen an, die in der Nebensaison bis zur völligen Kostenfreiheit reichen können. Der Standard bei zwei Erwachsenen mit Kindern ist eine Ermäßigung von 30 % für maximal drei Kinder bis 14 Jahre in zwei Doppelzimmern. Kinder unter zwei Jahren reisen normalerweise kostenfrei.

Einreise- und Zollbestimmungen

Bei einem Aufenthalt bis zu drei Monaten genügt für die Einreise der **Personalausweis.**

Bei der Einfuhr sind Gegenstände des persönlichen Gebrauchs **zollfrei,** darüber hinaus pro Erwachsenem 200 Zigaretten oder 50 Zigarren oder 250 g Tabak, 2 l Wein und 1 l Spirituosen. Größere elektronische Geräte (z. B. Videokamera) und Sportausrüstung müssen an der Grenze als Eigenbedarf deklariert werden. Fremdwährung kann bis zum Gegenwert von 3000 € eingeführt werden, kroatisches Geld bis 15 000 Kn (Infos: www.mps.hr).

Haustiere können mitgenommen werden, Hund und Katze allerdings nur mit einer in den internationalen Impfpass eingetragenen Tollwutimpfung (mind. 15 Tage und längstens sechs Monate alt). Man sollte sich am besten schon bei der Buchung bestätigen lassen, dass die Vierbeiner im Hotel willkommen sind.

Besucher können sich für in Kroatien erworbene Waren (mit Ausnahme von Treibstoffen) die **Mehrwertsteuer** (22 %) auf recht umständliche Weise rückerstatten lassen. Die Einzelrechnung muss mehr als 500 Kn betragen und für jeden Kauf muss vom Verkäufer ein PDV-P-Formular (Taxcheque) ausgefüllt und bestätigt werden. Die Formulare liegen in den Läden aus. Bei der Ausreise müssen die Rechnungen beim Zollamt beglaubigt werden und dann hat man die Möglichkeit, vom Verkäufer die Mehrwertsteuer innerhalb eines halben Jahres rückerstattet zu bekommen. Entweder begibt man sich dafür nach erneuter Einreise wieder persönlich zu ihm oder man bittet ihn per Post um die Erstattung.

Anreise

... mit dem Flugzeug

Nicht ganz billige Linien- und Charterflüge gibt es von mehreren deutschen, österreichischen und Schweizer Flughäfen aus. Zagreb, Split, Dubrovnik, im Sommer auch Zadar, Pula, Rijeka und Brač werden direkt angeflogen. Mit Umsteigen in Zagreb erreicht man alle kroatischen Flughäfen ganzjährig. Neben der nationalen Fluggesellschaft Croatia Airlines kommen Lufthansa (Codesharing mit Croatia Airlines für Linien zwischen Deutschland und Kroatien), Austrian Airlines, Alitalia, Swissair, KLM und Air France für Linienflüge in Frage. Die private kroatische Linie Air Adriatic ist 2007 eingestellt worden, der Nachfolger Adria Wings (nicht mit der slowenischen Air Adria verwechseln) wird wohl ab 2008 fliegen. Besonders die Liste der Billigflieger wächst rasch, so fliegen etwa Air Berlin und TUI von Mitteleuropa aus zu mehreren kroatischen Flughäfen.

Croatia Airlines hat in Kroatien die Reservierungs-Telefonnummer 062/77 77 77, aus dem Ausland 0 03 85/1/4 87 27 27, Niederlassungen u. a. in Frankfurt (Tel. 0 69/9 20 05 20, Fax 92 00 52 51), Zürich (Tel. 0 44/2 61 08 40, Fax 2 61 08 83) und Wien (Tel. 01/7 00 73 61 63, Fax 7 00 73 61 64), Buchungen auch über www.croatiaairlines.com.

... mit der Bahn

Eine bequeme Anreise für Reisende, die in Kroatien mit Bus, Bahn und Fähre unterwegs sein wollen, bietet die Bahn (www.bahn.de). Zwischen Wien und Zagreb verkehren täglich zwei durchgehende Züge (die ECs Croatia und Zagreb), desgleichen zwischen Salzburg und Zagreb (EC Agram und Lisinski) sowie zwischen Villach und Zagreb (IC Sava nach Belgrad, EC Mimara). Im Sommer gibt es eine Schlafwagenverbindung von München nach Rijeka und einen Autoreisezug von Wien nach Rijeka, dazu kommen (vor allem ab München) Kurswagenverbindungen. Zwischen Zürich und Zagreb gibt es ganzjährig eine günstige Schlafwagenverbindung.

Mit der deutschen Bahncard oder der Österreichischen Vorteilscard und Railplus fährt man in Anschlussländern, wenn man eine durchgehende Fahrkarte bucht, mit 25 % Ermäßigung, das gilt auch für Kroatien. Erwirbt man die Fahrkarte nach Hause am Bahnschalter in Kroatien, gibt es problemlos die gleichen Ermäßigungen. Infos über Bahnverbindungen in Kroatien auf www.hznet.hr.

... mit dem Bus

Europabusse verkehren von großen deutschen Städten nach Zagreb, Osijek, Vukovar, Rijeka, Split, Dubrovnik und zu anderen Orten, die Fahrt dauert z. B. von München nach Split ca. 15 Std. Für die Rückreise muss in Kroatien reserviert werden, die Telefonnummern der Büros stehen im kostenlosen Prospekt des Unternehmens, das man bei der Buchung erhält. Bucht man nur die Fahrt von Kroatien ins Ausland, kann man Mo–Do auch in der Hochsaison mit einem freien Sitzplatz rechnen, besonders an Freitagen und Sonntagen ist Reservierung ganzjährig angebracht.

Reservierungen für Europabus-Plätze über

Deutsche Touring
Am Römerhof 17, 60486 Frankfurt/M.
Tel. 069/79 03 50, Fax 069/790 32 19
(in Kroatien: Tel. 01 600 86 31)
www.touring.de

... mit dem Auto

Neben Führerschein und Wagenpapieren sollten Sie die Grüne Versicherungskarte mitführen! Interessanterweise muss man im Auto auch einen Satz Ersatzbirnen für die Lampen dabeihaben, sonst drohen Strafgelder.

Für die Autoanreise ohne Fähre (s. u.) kommen zwei Hauptstrecken in Betracht. Beide führen durch bzw. beginnen in Österreich, wo eine Vignette für die Autobahnbenutzung obligat ist. Für Schweizer bietet sich u. U. die Strecke über Mailand und Mestre an (Autobahngebühren). Die Autobahn München–Salzburg–Villach–Udine–Triest ist voll ausgebaut und führt zügig an die slowenische

Grenze, ab der sie erst in Teilen ausgebaut ist. Alternativ kann man von Villach aus den Karawankentunnel benutzen und Slowenien erreichen, wo man über Ljubljana und Postojna weiterreist. Besondere Gebühren für Tauern- und Karawankentunnel sowie slowenische Autobahnstücke, innerhalb Kroatiens auf der Fahrt nach Rijeka für den Učka-Tunnel, sind zu berücksichtigen.

Die andere Möglichkeit führt ab Wien oder Passau nach Graz und bei Maribor an die slowenische Grenze, es folgt ein noch nicht ausgebauter Abschnitt zur kroatischen Grenze, ab Krapina beginnt wieder die Autobahn, der man bis Zagreb folgt. Von Zagreb führt eine Autobahn durch ganz Slawonien bis zur serbischen Grenze. Die Autobahn Richtung Südwesten geht über Karlovac zur Adria nach Zadar und weiter nach Split. Die Weiterführung der Autobahn nach Dubrovnik ist im Bau. Wem die Anreise nach Villach zu anstrengend ist, der hat die Möglichkeit, ab Deutschland den Autoreisezug zu nehmen; Infos über das DB-Autozug-Servicetelefon: 018 05 24 12 24 oder unter www.dbautozug.de.

... mit dem Schiff

Autofähren verbinden die italienischen Häfen Ancona und Bari mit Zadar, Šibenik, Vis und Split bzw. Dubrovnik. Wer sein Reiseziel in Mittel- oder Süddalmatien bequem erreichen will, kann sich auf diese Weise die langwierige und nicht ungefährliche Fahrt auf der kroatischen Adriaküstenstraße sparen. Anbieter sind sowohl Jadrolinija als auch SNAV, SEM und Split Tours (alle Ancona–Split). In Deutschland Buchung in allen DER-Büros (Tel. 069/95 88 58 00, service-dertraffic@der tour.de), in Österreich beim Österreichischen Verkehrsbüro, in der Schweiz bei Cosulich AG, (Beckenhofstraße 10, 8035 Zürich, Tel. 0 44/3 63 52 55, Fax 3 62 67 82, cosulich@ active.ch).

Jadrolinija
Riva 16

51000 Rijeka/Kroatien
Tel. 051 66 61 11, Fax 051 21 31 16
www.jadrolinija.hr
SNAV
Box 7, Stazione Marittima
Ancona/Italien
Tel. 00 39/0 71/2 07 61 16, Fax 2 07 60 64
www.snav.it
SEM
Ag. Mauro
Via Loggia 6
Ancona/Italien
Tel. 00 39/0 71/20 40 90, Fax 20 26 18
www.smc-ferry.com
Split Tours
Tel. 021 35 25 23 (in Kroatien)
www.splittours.hr

Verkehrsmittel im Land

Auto

In Kroatien gelten im Prinzip dieselben **Verkehrsregeln** wie in der EU. Verstöße gegen die Verkehrsregeln können teuer kommen, Strafen sind sofort zu zahlen. Es herrscht Gurtpflicht; beim Blutalkohol-Pegel gilt Null-Toleranz: 0,0 Promille! Telefonieren mit einem Handy ohne Freisprechanlage ist verboten. Auch das Rauchen im Auto soll demnächst unter Strafe gestellt werden. Die Höchstgeschwindigkeit ist in Orten 50 km/h, außerhalb 90 km/h, auf Schnellstraßen 110 km/h und auf Autobahnen 130 km/h. Für Gespanne gelten außerhalb geschlossener Ortschaften generell 80 km/h. Auch tagsüber ist Standlicht Pflicht, Sicherheitsgurte sind jederzeit anzulegen, die Verwendung von Handys während der Fahrt ist nicht erlaubt (diese Regeln werden von kroatischen Fahrern – auch Buschauffeuren – meist nicht eingehalten).

Kroatische Fahrer gehen beim Überholen **Risiken** ein, die auf sehr kurvenreichen Straßen äußerst gefährlich sind, vor dem Imitieren sei gewarnt. Die Küstenstraße entlang der Adria, die *Jadranska magistrala,* ist nicht für schnelle Autos ausgebaut, bei Regen ist ihr Belag glitschig-schmierig und deshalb äußerst gefährlich. Gespanne sollten dann aufs Weiterfahren verzichten.

Auf der Adria-Küstenstraße und auf den anderen Hauptachsen gibt es genügend **Tankstellen,** auf anderen Strecken ist die Versorgung lückenhaft. Die Tankstellen an der neuen Autobahn von Zagreb nach Split sind zum Teil noch im Bau. Bleifrei Normal hat 91 Oktan, Bleifrei Super gibt es mit 98 und 95 Oktan, es gibt auch verbleites Super. Die Preise sind wesentlich niedriger als in Deutschland, Österreich und der Schweiz (das kann sich aber bei der Liberalisierungspolitik der Regierung ganz schnell ändern).

Alle **Unfälle** müssen der Polizei gemeldet werden, bei sichtbaren Schäden am Fahrzeug ist für die Ausreise ein Polizeiprotokoll, sehr hilfreich. Für die eigene Versicherung benötigt man den »Europäischen Unfallbericht«. Die Abwicklung in Kroatien übernimmt das Kroatische Versicherungsbüro **Hrvatski ured za osiguranja** (Martićeva 73, 10000 Zagreb, Tel. 01 41 06 28, Fax 01 44 14 77).

Die **Autobahngebühren** (fast alle Strecken sind gebührenpflichtig) können auf www.hak.hr oder www.arz.hr eingesehen werden.

Der kroatische Automobilklub **Hrvatski Autoklub** (HAK, Tel. 01 464 08 00, Notruf Pannendienst s. S. 75, info@hak.hr, www.hak.hr) ist Mitglied von FIA und AIT, die Servicechecks von Partnerklubs (z. B. ADAC, ARAG, ÖAMTC, SAC) sind gültig. Allerdings werden sie nur von HAK-Klubangestellten akzeptiert, nicht aber von den Reparaturdiensten, die der HAK evtl. vermittelt, weil kein HAK-Fahrzeug abkömmlich oder in der Nähe des Pannen- bzw. Unfallortes ist!

Bahn

Innerhalb Kroatiens ist nur das Binnenland recht gut erschlossen, für die Adria und Istrien ist das auf Zagreb bezogene, sehr dünne Bahnnetz ungeeignet. Außerdem ist Bahnfahren teurer als Busfahren.

Die sehr langsamen Züge führen erste und zweite Klasse. Das Kursbuch für ganz Kroatien ist an den größeren Bahnhöfen in den dortigen Informationen zu bekommen. Der kroatische Fahrplan ist im deutschen Internationalen Kursbuch enthalten und unter www.hznet.hr oder www.bahn.de nachzuschlagen.

Bus

Die Busverbindungen innerhalb Kroatiens sind bequem, rasch und sehr preisgünstig. Die Fernbusse sind meist neuerer Bauart (was man von den Stadtbussen nicht behaupten kann) und mit Klimaanlage und Video ausgestattet. Fahrkarten gibt es in den Busstationen oder im Bus selbst.

Gehalten wird, wenn der Fahrer Lust und die Busgesellschaft eine Haltestelle vorgesehen hat; ein Beispiel für die möglichen Probleme bieten die Plitvicer Seen – fragen Sie also auf jeden Fall, bevor Sie an einer einsamen Haltestelle aussteigen, ob Sie von dort auch wieder mitgenommen werden!

Das Busnetz ist dicht, wenn auch die Busse zu für Touristen oft ungewohnten Zeiten fahren – also sehr früh. Leider sind Auskünfte über Buslinien, die nicht am Auskunftsort beginnen oder enden, sehr schwer zu bekommen, eine nationale Übersicht gibt es nicht. Infos bietet die Internetadresse www.autotrans.hr, die es ermöglicht, spezifische innerkroatische Verbindungen nachzuschlagen.

Fähre

Die kroatische Fährgesellschaft **Jadrolinija** (s. S. 62) verbindet alle größeren Inseln durch Autofähren mit dem Festland und im Sommer auch untereinander. Reservierungen sind in der Regel nicht möglich. Im Sommer und an Feiertagen müssen Autofahrer trotz außerplanmäßiger Fähren mit stundenlangen War-

tezeiten rechnen; Linienbusse werden bis zum letzten möglichen Moment an der wartenden Autoschlange vorbei auf die Schiffe geladen.

Für die Schnellfähre von Rijeka über Split nach Dubrovnik muss hingegen, vor allem im Sommer, für mitgeführte Pkw und Kabinen reserviert werden.

Flugzeug

Croatia Airlines (s. S. 61) betreibt ein relativ dichtes innerkroatisches Flugnetz. Größere Flughäfen gibt es in Zagreb, Osijek, Pula, Rijeka (auf Krk), Brač, Zadar, Split und Dubrovnik. Die Preise sind niedriger als in Mitteleuropa. Die Strecke Zagreb–Dubrovnik kostet ca. 35 € one way inkl. aller Gebühren.

Mietwagen

Mietwagen bekommen Sie am Flughafen, in den größeren Städten sowie in jedem Ferienort. Alle großen Anbieter (z. B. AVIS, Budget, Sixt, Hertz) sind vertreten. Allerdings sind die Preise hoch und das Angebot ist nicht sehr groß. Am sinnvollsten – wenn auch vielleicht nicht am billigsten – bestellt man den Wagen bei einer internationalen Firma schon von zu Hause aus oder nimmt ein Fly-&-Drive-Angebot wahr. Tagespreis (bei unbegrenzter Kilometerzahl) ab 40 €, für Mittelklassewagen ab 100 €.

Der Fahrer muss mindestens 23 Jahre alt und seit mindestens drei Jahren im Besitz des Führerscheins sein (der nationale ist ausreichend).

Taxi

Taxen gibt es in allen größeren Städten, aber die Preise sind hoch. Achten Sie darauf, dass der **Taxameter** eingestellt ist. Über größere Strecken oder für einen bestimmten Zeitraum lohnt es sich, den Preis vorher auszuhandeln. Die Standgebühren betragen in einigen Städten 30 Kn, man startet also mit 4 € auf dem Zähler!

Kroatiens Angebot an Unterkünften ist groß und weit gefächert. Doch die Zahl der Besucher wächst stetig, deshalb sind **Vorausbuchungen** während der Hauptsaison für die Küstenorte dringend zu empfehlen.

Im Prinzip sind die von den Unternehmern angegebenen Preise für alle Typen von Unterkünften erst ab vier Nächten gültig. Wer kürzer bleibt, zahlt saftig drauf: Der Aufschlag beträgt normalerweise 30 %. In der Vor- und Nachsaison, in weniger geschäftigen Tourismusgebieten, bei vernünftig denkenden Hoteliers und in fast allen Hotels, die nicht auf Packagetour-Kunden spezialisiert sind, wird der Zuschlag jedoch nicht erhoben. Es lohnt sich, zum nächsten Anbieter zu gehen, falls das doch der Fall ist.

Die **Preise** für Privatreisende liegen generell weit über denjenigen, die Pauschalreisende bezahlen. Es empfiehlt sich also, schon von zu Hause und gleich für eine Woche zu buchen, wenn man nicht wirklich völlig unabhängig bleiben will und dann aber auch mehr zu bezahlen bereit ist.

Für ganz Kroatien gibt es ein **Unterkunftsverzeichnis,** das von der Kroatischen Zentrale für Tourismus herausgegeben wird (Adresse s. S. 56). Aber es ist weder vollständig noch weist es eine nachvollziehbare Kategorisierung auf, und vor allem nennt es gegen jeden internationalen Brauch keine Preise. Über Qualitätsstandards sagen die Informationen wenig aus, denn schicke, neuere Hotels und Betonkästen aus den 1960er-Jahren können exakt dieselben Einrichtungen aufweisen und doch völlig unterschiedliche Qualität besitzen.

Der **Zuwachs** bei den Unterkünften ist vor allem im gehobenen Preissegment zu beobachten, neue und modernisierte Hotels mit vier und fünf Sternen sind keine Seltenheit. In den letzten Jahren nehmen in altbekannten Urlaubsorten wie Opatija und Dubrovnik, aber z. B. auch in Zagreb die Luxushotels in besonderem Maße zu.

Hotels

Entlang der Küste ist die **Hoteldichte** wesentlich größer als im Hinterland mit der Ausnahme von Zagreb. Die meisten älteren Hotels, die schon im ersten Aufschwung der 1960er-Jahre errichtet wurden, sind heute vollständig **renoviert.** Andere werden gerade erst etagenweise erneuert. Der Gast sollte immer, wenn er die Wahl hat, auf einem renovierten Zimmer bestehen oder einen Abschlag verlangen, wenn er denn schon ein unrenoviertes Zimmer zu beziehen hat.

Die **Preise** können von den Hoteliers fast frei bestimmt werden und sind nur sehr bedingt von der Zahl der Sterne abhängig. Man bekommt in der Regel ein Doppelzimmer mit Frühstück (DZ/FR) in einem Drei-Sterne-Quartier für unter 60 €. Das Frühstück ist im Hotel übrigens fast immer eingeschlossen. In beliebten Ferienorten kann man aber in der Hochsaison auch mit bis zu 150 € zur Kasse gebeten werden. Bei Vier- und Fünf-Sterne-Hotels ist die Preisgestaltung nach oben offen und liegt mindestens auf mitteleuropäischem Niveau (kaum unter 100 € DZ/FR).

Die Zimmerpreise sind zwar offiziell in der Landeswährung ausgeschrieben, in Prospekten, für Touristen gedachten Anschlägen und im Internet jedoch generell in Euro angegeben, sodass wir uns für dieses Buch auf die Nennung der Euro-Preise beschränkt haben.

Ferienanlagen und Touristendörfer

Die in den 1960ern entstandenen Hotels wurden ein Jahrzehnt später durch locker angeordnete Apartmentanlagen ergänzt, in denen die Touristen alles finden, was sie für einen Badeurlaub benötigen – vom Restaurant über den Supermarkt bis zu den Tennisplätzen und natürlich zum Strandbad. So bequem diese Anlagen für einen Aufenthalt mit fester Basis sind, so wenig eignen sie sich für einen Urlaub, der mehr als nur die Umgebung eines Badeortes einbeziehen soll. Während der Übergangsjahreszeiten wird man gelegentlich in einer Apartmentanlage ein Zimmer für zwei Nächte – selten für eine Nacht – bekommen, von Mitte Juni bis Mitte September wird nur wochenweise vergeben. Auch diese Anlagen sind im Hotelverzeichnis der staatlichen Tourismusbehörde aufgeführt.

Ferienhäuser und Privatunterkünfte

Während in Istrien und dem Kvarner Privatunterkünfte besonders dicht gesät sind, haben sie in den anderen Gebieten nicht diesen hohen Stellenwert. Doch generell findet man Zimmer, *Sobe, Camere, Rooms* wie auch Apartments oder Ferienhäuser entlang der internationalen Zufahrtstraßen und in allen touristischen Zentren. Bei den Fremdenzimmern kann es sich um ein einzelne Räume in einem Privathaushalt handeln oder um eine Unterkunft in einer Privatpension. Das Frühstück ist in der Regel nicht inbegriffen. Dennoch ist dies die günstigste Möglichkeit, in Kroatien zu nächtigen. Dazu hat man den direkten Kontakt mit der kroatischen Bevölkerung.

Die örtlichen Fremdenverkehrsämter haben Listen der Privatunterkünfte, in einigen Orten gibt es sogar spezielle *Turistburos* für Privatunterkünfte. Ein **Prospekt** (»Private & Confidential«) der Kroatischen Fremdenverkehrswerbung listet Agenturen mit Privatzimmervermittlung auf und gibt einen Überblick über die Preise (in Euro) nach Tourismusregionen. Privatzimmer bekommt man (offiziell) ab 18 € für das DZ (ohne Frühstück). In der Hauptsaison und in einer Drei-Sterne-Unterkunft (die höchste der drei Kategorien) muss man in beliebten Ferienorten jedoch mit mindestens 45 € rechnen. Besonders teuer ist Dubrovnik.

Urlaub auf dem Bauernhof

Urlaub auf dem Bauernhof *(Ruralni turizam)* ist in Istrien der kommende Trend. Auch Mitteldalmatien und die Umgebung von Zagreb ziehen nach. Kostenlose Broschüren erhält man bei den Fremdenverkehrsämtern in Istrien (www.istra.hr, Stichwort ›Agrotourismus‹) und Mitteldalmatien (www.dalmatia.hr).

Camping

Die Kroatische Zentrale für Tourismus gibt eine recht selektive **Liste** der Campingplätze heraus: »Camping Caravaning«. Die kleineren, privaten Autocamps sind nicht einbezogen, einige von ihnen werden in der separaten Liste »Mini Camps« genannt. Größere wie kleinere Plätze liegen oft an besonders schönen Buchten und häufig sind zumindest Teile des Platzes durch Bäume beschattet. Mehr Informationen als die offizielle Liste bieten die Prospekte einzelner Provinzen, so gibt die Region Kvarner ein Heftchen »Camping« heraus.

Wildes Zelten ist in Kroatien ausnahmslos verboten!

Jugendherbergen

Ganzjährig geöffnete Jugendherbergen gibt es in Zagreb, Pula, Dubrovnik, Zadar, Rijeka und Krk (Stadt). Nur im Sommer (Juni bis Sept.) öffnen die Herbergen in Punat und Veli Lošinj. In der Saison sollten Schlafplätze mindestens zwei Wochen vorher reserviert werden. Informationen erteilt der kroatische Jugendherbergsverein:
Croatian Youth Hostel Association (CYHA)
Savska 5/1
10 000 Zagreb
Tel./Fax 01 4 82 92 97
www.hfhs.hr

Drachenfliegen und Paragliding

Diese in Kroatien noch neuen und – vielleicht wegen der Kosten – noch wenig bekannten Sportarten können z. B. im Učka-Massiv in Istrien ausgeübt werden. Hier steht an der Bergstraße ein Startplatz zur Verfügung. Steigender Beliebtheit erfreut sich der Startplatz auf der Vidova Gora auf der Insel Brač.

Golf und Tennis

Fast jedes Küstenhotel von der Mittelklasse aufwärts hat einen Tennisplatz, im Binnenland sind Hotelplätze noch eine Rarität. Öffentliche Tennisplätze und -schulen ergänzen das Angebot. Das derzeit größte Tenniszentrum ist **Maksimir** (Maksimirska cesta bb., 10000 Zagreb, Tel. 01 291 00 55).

Es gibt derzeit fünf Golfplätze, zwei in Zagreb und je einen auf Brijuni, bei Poreč und Split. Zehn weitere Plätze sind im Bau. Informationen gibt der Kroatische Golfverband **Hrvatski Golf Savez** (Mihanovićeva 1, 10000 Zagreb, Tel. 01 457 21 60, Fax 01 457 79 07).

Höhlenerkundung

In einem Karstland wie Kroatien gibt es zahlreiche Höhlensysteme, von denen aber nur die wenigsten öffentlich zugänglich sind. Auskünfte erteilt der Klub Kroatischer Höhlenforscher **Hrvatski Speleološki Savez** (HSS, Nova Ves 66, 10000 Zagreb, Tel./Fax 01/4 66 65 86).

Radfahren

In fast allen Touristenorten kann man Fahrräder ausleihen, meist Mountainbikes. Reine Fahrradwege sind in Kroatien aber noch recht wenig bekannt, sieht man von ein paar Strecken in Varaždin ab. Doch es gibt einige speziell für Trekkingbikes geeignete Wege, z. B. rund um Poreč, Rovinj und Vižinada in Istrien, im Vindodol ab Novi Vindolski, sowie in und um Varaždin, das sich als einzige kroatische Stadt stark aufs Rad eingestellt hat. Viele Bergstraßen im Velebitgebirge und im Gorski Kotar eignen sich für Mountainbiker, sind aber noch kaum entdeckt. Von Zagreb aus wird die gut ausgebaute Straße auf die Medvednica gerne als Bergrennstrecke gefahren.

Reiten

In Istrien, im Kvarner, in der Umgebung von Zagreb und in Slawonien gibt es Reitställe, die auf Touristen eingestellt sind. Informationen geben die örtlichen Fremdenverkehrsämter. Sehr detailliert sind die Angaben auf der Website der Kroatischen Fremdenverkehrswerbung (www.croatia.hr) unter dem Stichwort ›Reiten‹ in der Rubrik ›Travel plus‹.

Sportklettern

Kletterer zieht es vor allem in den Nationalpark Paklenica und nach Istrien, wo zahlreiche Wände aller Schwierigkeitsgrade warten. Auch auf einigen Inseln, an der unteren Cetina und in den Bergen zwischen Karlovac und Varaždin gibt es einzelne Freeclimber-Standorte (s. auch S. 254ff. und S. 267ff.). Auf www.croatia.hr finden sich unter dem Stichwort ›Klettern‹ Kurzbeschreibungen der Kletterreviere in allen kroatischen Regionen.

Wandern und Trekking

In Kroatien wird gerne und häufig gewandert, es gibt ein dichtes Netz von Wegen und zahlreiche Berghütten. Kritische Stellen entlang der Hauptwanderwege sind nicht gesichert, sondern nur gekennzeichnet. Nicht versierten Wanderern sei deshalb empfohlen, unbekannte Wanderwege im Hochgebirge (Velebit, Biokovo) nur mit örtlicher Begleitung zu gehen. Zahlreiche Wandervereine im ganzen Land betreuen das Wegesystem. Die außerhalb des weiteren Umkreises von Zagreb meist nicht bewirtschafteten Hütten werden von Freiwilligen betreut. In diesem Führer werden Wander- und Trekkingvorschläge im Gebiet von Samobor bei Zagreb (s. S. 116f.), im Kvarner (s. S. 224f. und 236f.), im Velebitgebirge (s. S. 262f.) sowie im Biokovogebirge (s. S. 336f.) beschrieben.

Infos und Listen der Vereine und der Hütten mit Beschreibungen der Gebirgszonen erhält man über die Kroatische Bergsteigervereinigung **Hrvatski Planinarski Savez** (HPS, Kozarčeva 22, 10000 Zagreb, Tel. 01 482 41 42, Fax 01 482 36 24, www.plsavez.hr).

Wassersport

Angeln
Für Angler, egal ob im Meer oder in den Flüssen, gilt die Regel: zuerst beim Hafenbüro, der Gemeinde oder dem Touristenbüro eine Lizenz erstehen. Weitere Infos erteilt der Kroatische Sportfischereiverband. Für Meeresfischerei ist zuständig **Hrvatski Savez za Ribolov na Moru** (M. Gupca 2, 51000 Rijeka, Tel. 051 21 16 03); für Binnengewässer **Hrvatski Savez Športskoribolovnih** (Trg Športova 11, 10000 Zagreb, Tel. 01 365 05 55).

Baden und Schwimmen
Die beliebteste Sportart der Besucher Kroatiens ist ohne Zweifel das Baden und Schwimmen. Auch für diese verbreitete Urlaubstätigkeit gelten ein paar einfache Regeln: Man badet und schwimmt nicht in Hafenbereichen, nicht außerhalb von Absperrungen und nicht weiter als 100 m vom Ufer entfernt. Man gehe nie ohne Badeschuhe ins Wasser, wenn man Kontakt mit Seeigelstacheln vermeiden will.

Kroatiens Strände sind meist stark gegliedert, Kies- und Felspartien wechseln in rascher Folge ab. Auf den flacheren Seiten der Inseln fällt der Meeresboden oft sanft und sehr allmählich ab, während man auf den steileren Seiten oft rasch große Wassertiefen erreicht. Die vielen Sandstrände, die in kroatischen Prospekten erwähnt werden, stellen sich bei näherem Hinsehen fast sämtlich als Feinkiesstrände heraus, es handelt sich hierbei wohl um einen Übersetzungsfehler.

Rafting, Kanus und Seekajaks
Immer mehr begeisterte Teilnehmer von Rafting- oder Kanutrips oder von Touren mit dem Seekajak durch die windgeschützten Wasserstraßen im Nationalpark Mljet machen diese Sportarten von Jahr zu Jahr beliebter. Als Flüsse eignen sich die Krupa oder die Zrmanja bei Zadar, die Cetina südlich von Split sowie Kupa, Dobra und Una (Grenzfluss!) im Gorski Kotar. Lokale Anbieter gibt es in einigen Küstenorten, in Deutschland hat **Riva Tours** (s. S. 59f.) ein großes Angebot.

Schnorcheln und Tauchen
Da Schnorcheln wie Schwimmen gewertet wird, sollte dies nicht in Hafenbereichen, außerhalb von Absperrungen und über 100 m vom Ufer entfernt geschehen. Die insel- und buchtenreiche Felsenküste Kroatiens ist unter normalen Wellenbedingungen ein ideales Tauchrevier und einer der ältesten Standorte dieses Sports in Europa. Die besten Reviere liegen um die steilen Außenflanken der dalmatinischen Inseln. Tauchgänge müssen bei der Behörde (Touristenamt, Polizei oder Hafenbüro) angemeldet werden, bei Tauchschulen übernimmt das natürlich die Schule. Zahlreiche Tauchschulen in allen Urlaubsorten Istriens, des Kvarner und Dalmatiens vermitteln die nötige Ausbildung und Erfahrung

nach CMAS-Richtlinien bis hin zum »Deutschen Tauchsportabzeichen« des VDST.

Dachverband ist der Kroatische Taucherverband **HRS** (Dalmatinska 12, Zagreb, Tel. 01 484 87 65, Fax 01 484 91 19, www.diving-hrs. hr). Eine komplette Liste der kroatischen Tauchschulen findet man unter **www.ssi.hr.** Empfehlenswert sind das Buch »Tauchen in Kroatien« von Ivana Ostoic (Zagreb 2000) sowie der kostenlose Prospekt »Tauchen« der kroatischen Fremdenverkehrswerbung mit einer Liste und Standortskizze der Tauchzentren.

Segeln und Motorboote

Die geschützten Wasserstraßen zwischen den Inseln des Kvarner und Dalmatiens sind ein ideales Segelrevier. Kroatien besitzt ein gut ausgebautes und dichtes Netz von zum Teil hervorragend ausgestatteten Anlegestellen und Marinas (z. B. Punat auf Krk!). Das Mitbringen von Booten ist unproblematisch, es werden eine Sicherheitsgebühr, Nutzungsabgabe für Schifffahrtseinrichtungen und eine Verwaltungsgebühr erhoben.

Mehrere Anbieter vermitteln Kreuzfahrten auf klassischen dalmatinischen Motorseglern, so z. B. **Riva Tours** (s. S. 59f.).

Wetterberichte der Hafenämter werden ohne Pause auf den folgenden Frequenzen des VHF-Kanals gesendet: Pula: 73, Rijeka: 69, Split: 67 und Dubrovnik: 73; im Internet informiert http://meteo.hr über das Wetter.

Segelregatten finden an mehreren Orten des Landes statt, z. B. der internationale Croatia Cup in der Klasse Kreuzer, die Segelregatta von Crikvenica im August und der Cres Cup in Cres im Oktober. Über Segeln in Kroatien stellt das Europäische Segel-Informationssystem (www.esys.org) wichtige Daten zusammen und bietet ein Podium für Erfahrungsaustausch.

Für Segler und Motorbootfahrer sind beim kroatischen Jachtklub **Adriatic Croatia International Club** Informationen über die geltenden Bestimmungen, die 22 Marinas des Clubs, Einfuhr von Booten usw. einzuholen (ACI, Maršala Tita 221, 51410 Opatija, Tel. 051 27 12 88, Fax 051 27 18 24, www.aci-club.hr). In vielen Marinas findet man auch Anbieter, die Boote verleihen, z. T. mit Crew. Bei den Fremdenverkehrsämtern und in den Marinas des ACI gibt es die kostenlosen, jährlich neu aufgelegten **Prospekte** »Kroatische Marinas« und »Marinas Preise« sowie eine Informationsbroschüre für Bootsbesitzer.

Die **Sportbootkarten** des Staatlichen Hydrografischen Instituts in Split in zwei Sätzen sind in den kroatischen Marinas zu erwerben oder auch in Deutschland, Österreich und der Schweiz im Buchhandel oder über Internet www.skippertipps.de zu beziehen.

Windsurfen

Windsurfen ist an fast allen istrischen und dalmatinischen Küsten sowie an den Küsten der Inseln möglich, doch besonders eignen sich für diesen Sport die schmalen Meeresstraßen mit Windventilfunktion und die Außenseiten der großen Inseln. Beliebt sind deshalb die Meeresstraße zwischen Korčula und Pelješac und das Goldene Horn bei Bol im südlichen Brač, das seine Existenz widerstreitenden Strömungen verdankt. Surfbrettverleih und Surfschulen gibt es in fast allen größeren Touristenzentren an der Küste.

Wintersport

Im Gorski Kotar gibt es einige Wintersportgebiete mit guten Schneebedingungen, vor allem das nur 26 km von Rijeka entfernte Platak (Tel. 0 51 23 09 20) und das kroatische Olympiadorf an der Bjelolasica (Tel. 0 51 83 32 25). Frühjahrsgästen an der Küste kann es durchaus möglich sein, wofür der Kvarner wirbt: morgens segeln und nachmittags Ski fahren. Zagreber fahren in die Medvednica auf das Sljeme, da dieses Skigebiet praktisch vor ihrer Tür liegt (Tel. 01 455 58 27).

Lebensmittel

Man geht in Kroatien auf den **Markt** einkaufen, der auch in kleinen Orten täglich stattfindet. Die Preise sind auch auf dem Markt angegeben. Man handelt nur dann, wenn kein Preis angegeben ist. Supermärkte sind zwar ganz stark im Kommen, aber Fleisch, Fisch, Gemüse, Obst und Käse kaufen die wenigsten kroatischen Hausfrauen im Laden.

Souvenirs

Neben Tischdecken und Tüchern aus dem Hrvatsko Zagorje und Spitzen von der Insel Pag, Schmuck aus Dalmatien und Bildern der Naiven Schule Kroatiens kommen vor allem ess-, trink- und riechbare Mitbringsel in Frage. Besonders schmackhaft sind die Trester- und Obstschnäpse, die wie der Pflaumenschnaps Slivovitz oder die unglaublich aromatische Grappa mit Kaffeebohnen pur getrunken werden. Weine werden fast im ganzen Land hergestellt, die besseren eignen sich zum Transport. Der berühmte Schafskäse aus Pag, Schinken aus Dalmatien oder Istrien, schwarz geräucherter Speck aus dem Binnenland, getrocknete Pfefferoni und (kalt gepresstes!) Olivenöl vor allem aus Istrien und dem Kvarner sind köstliche Mitbringsel.

Öffnungszeiten

Gesetzliche Ladenschlusszeiten gibt es in Kroatien nicht – und angeschlagene oder veröffentlichte Öffnungszeiten werden häufig nicht eingehalten. **Geschäfte** sind meist Mo–Sa 8–20 Uhr geöffnet, zuweilen wird eine Mittagspause (ca. 12/13–15/16 Uhr) eingehalten. In größeren Orten und in den Haupttourismusgebieten haben sie länger und oft auch am Sonntag geöffnet, manche sogar rund um die Uhr. Die täglichen **Grünmärkte** der Städte starten meistens um 6 Uhr und dauern bis zum frühen Nachmittag.

Die staatlichen **Touristeninformationen** haben nicht nur örtlich sondern auch jahreszeitlich sehr unterschiedlich geöffnet und die Zeiten werden dauernd geändert. In größeren Orten ist im Sommer mit Kernöffnungszeiten Mo–Fr ca. 8.30–12 und 16/17–19 Uhr zu rechnen. In den Übergangsjahreszeiten ist oft nur vormittags ca. 8.30–15 Uhr geöffnet. Die Infostellen der meisten kleineren Orte sind nur im Hochsommer geöffnet.

Restaurants sind häufig sonntags geschlossen, jedoch nicht in reinen Touristenorten während der Hochsaison. Die meisten Restaurants sind ca. 11–15 und 19–23 Uhr geöffnet. Bars, Cafés, Imbisse, Pizzerien haben meist durchgehend geöffnet und schließen erst wenn der letzte Kunde geht. Am längsten haben – in größeren Orten – **Bäckereien** und deren Verkaufsstellen geöffnet: meist 5–22/23 Uhr oder gar rund um die Uhr!

Postämter sind Mo–Fr von 7–19 Uhr, in einigen Orten auch bis 21 Uhr, und Sa 7–13 Uhr geöffnet. **Banken** Mo–Fr 8–19 Uhr, in kleineren Orten gibt es eine Mittagspause (12–15 Uhr).

Tankstellen sind tägl. 7–19/20 Uhr, im Sommer bis 22 Uhr geöffnet, in größeren Städten und entlang der großen Hauptachsen auch rund um die Uhr.

Museen sind nicht einheitlich geöffnet, sofern feste Öffnungszeiten vorgegeben sind, werden sie bei den Ortsbeschreibungen erwähnt. Die Zeiten ändern sich sehr oft und ohne Ankündigung. Angegebene Zeiten werden nicht unbedingt eingehalten. Besonders kleinere **Kirchen** sind meist verschlossen. Manchmal haben aber die Nachbarn den Schlüssel oder wissen, wo er zu bekommen ist. Am sinnvollsten ist es, sich vor der Besichtigung an die lokale Touristeninformation zu wenden.

Ausgehen

Ausgedehntes Nachtleben ist nicht unbedingt eine Spezialität Kroatiens, aber wer zu später Stunde noch Unterhaltung sucht, der findet an der Küste und in den großen Städten des Inneren, vor allem in Zagreb, auch nach Mitternacht noch Gleichgesinnte. Das Nachtleben spielt sich u. a. in Diskotheken (15 allein in Zagreb!), Klubs (vom Jazzkeller bis zum plüschigen Ambiente mit eher spärlich bekleidetem Personal) und Kasinos ab. Beliebt ist aber auch der späte Drink im Straßencafé, oft ein Espresso, dazu die letzten Zigaretten und ein nach-mitternächtlicher Plausch. Dies meist bei lauter Musikbeschallung: Disco, Techno oder Croato-Pop. Szene-Kneipen, die jeweils lediglich von einem bestimmten Publikum frequentiert werden, gibt es nur in Zagreb, Split und Rijeka.

In allen größeren Orten gibt es ein Hotel, das am Wochenende zum Tanz bittet, was bedeutet, dass zwei oder drei Musiker oder auch nur ein Pianist zu bekannten Weisen aufspielen. Von einem meist nicht sehr jungen Publikum wird hierbei bis lang nach Mitternacht begeistert das Tanzbein geschwungen – je später es wird, desto kroatischer wird das Musikprogramm.

FKK

In Kroatien wird der Freikörperkultur seit den 30er-Jahren des 20. Jh. an Nacktstränden gehuldigt. Sozialistisches Ordnungswesen hatte den FKK-Stränden (sie werden auch auf Kroatisch »effkaka« ausgesprochen) eher verschwiegene Ecken zugewiesen, etwa die letzte Bucht auf der Halbinsel von Punta Križa auf Cres. Mittlerweile hat man sich aber so an Nacktheit gewöhnt, dass auch gelegentliche Nacktbader an anderen Stränden akzeptiert werden – allerdings nicht an den Familienstränden der Urlaubshochburgen.

Kroatien ist ein klassisches FKK-Reiseland, es werden sogar FKK-Touren auf dem traditionellen Motorsegler angeboten. Große FKK-Campingplätze gibt es auf Krk (Baška-Bunculuka, Krk-Politin, Punat-Konobe) und Cres (Punta Križa-Baldarin) sowie in Funtana (Istra), Pirovac (Miran), Poreč (Naturist Centar Ulika), Rovinj (Monsena und Valalta), Umag (Kanegra), Vrsar (Koversada) und Hvar (Nudist). Auf vielen weiteren Campingplätzen wird Nudismus in einem bestimmten Bereich und Strandabschnitt geduldet.

Frauen allein unterwegs

Allein reisende Frauen werden in Kroatien nicht belästigt, viele Kroatinnen sind allein unterwegs und niemand findet das auch nur im Geringsten bemerkenswert. Die Rolle der Frau in der Gesellschaft wird aber immer noch recht traditionell mit Heim und Kindern assoziiert, eine feministische Bewegung ist erst in Ansätzen vorhanden.

Lärm

Da jedes Lokal im Sommer sein Publikum auch draußen beschallen möchte, werden bei benachbarten Unternehmen die Lautsprecher immer lauter gestellt, damit die eigene Musikuntermalung noch zu hören ist. Vor den Fenstern auch der besten und teuersten Hotels wird bis spät in die Nacht von vorgelagerten Restaurants und Bars Lärm gemacht, sodass an Schlaf nicht zu denken ist. Fragt man die Hoteliers, so zucken sie mit den Achseln und stellen fest, nichts machen zu können. Und bestellen für den nächsten Abend eine Band für den Innenhof des Hotels, die mit vier Hyperlautsprechern arbeitet und die Wände wackeln lässt. Wenn dann um ein oder zwei Uhr früh Schluss ist, beginnt der Lärm von den privaten Parties, besonders beliebt auf am Kai vertäuten Schiffen. Auch hier gilt: Man kann dagegen nichts machen! Es gäbe zwar Gesetze, wird man beschieden, aber die Party finde ja nicht hier, sondern dort statt, was solle man da machen: »Polizei? Meine Güte, wir rufen doch nicht wegen jedem Klacks die Polizei! Außerdem: Unsere Gäste wollen das so.«

Rauchen

In Kroatien wird im Vergleich zu Mitteleuropa sehr viel und in allen Situationen geraucht, Nichtraucherecken gibt es praktisch keine. Ausnahme und angenehme Oasen sind die Busse, in denen nicht geraucht werden darf (und auch nicht geraucht wird).

Schwule und Lesben

In einem stockkatholischen Land ist Homosexualität auch dann nicht normal, wenn sie – wie in Kroatien – nicht gesetzlich verfolgt wird. Auch in Jugoslawien war Homosexualität zwischen Erwachsenen bereits seit 1977 straffrei. Die Szene beschränkt sich auf die großen Städte und ist auch dort nirgendwo öffentlich. Mit wenigen Ausnahmen findet man sie in gemischten Lokalen. Die rechtsextreme Jugend, erkennbar wie überall in Europa am Skinhead-Outfit, kennt die informellen Treffs und macht sich einen Spaß am Schwulen-Bashing – Vorsicht ist angebracht, besonders in Parks.

An der Nicht-Öffentlichkeit haben auch die durchaus staatlich wahrgenommenen Gay-Pride-Demos nichts geändert. An jener von 2002 gab es Grußworte des Innenministers und des Präsidenten der Parlamentarischen Kommission der Menschenrechte. An eine gesetzliche Erlaubnis der Homo-Ehe ist in Kroatien vorläufig nicht zu denken – und mit der aktuellen Mitte-Rechts-Regierung so-

wieso nicht. Mehr Infos und viele gute Links auf der Webseite www.globalgayz.com.

Trinkgeld

Die Preise der Restaurants enthalten bereits ein Bedienungsgeld, man rundet die Rechnung aber normalerweise auf. Auch für besondere Dienstleistungen ist ein Trinkgeld angebracht, 15–20 Kn werden als adäquat angesehen. Taxifahrer erwarten wie ihre Kollegen in aller Welt einen Obulus von 10–15 % des Fahrpreises. In Touristengebieten werden Trinkgelder eher erwartet als in Binnenkroatien, wo man schon mal erklären muss, warum man mehr Geld auf den Tisch legt, als auf der Rechnung steht.

Trinkwasser

In ganz Kroatien kann man das Wasser aus dem Hahn trinken, es schmeckt nur nicht überall. Aber in Kroatien wird auch gutes Mineralwasser produziert, das in jedem Laden zu bekommen ist.

Verhalten

Kroatien ist ein für Besucher ausgesprochen angenehmes Land, in dem man mit sehr viel Freundlichkeit und Höflichkeit behandelt wird – genauso freundlich und höflich sollte man selbst sein. Kritik am Land und seinen Einrichtungen wird ungern gehört, andererseits wird der Tourist immer wieder zu Stellungnahmen aufgefordert. Diesem Konflikt kann man sich nicht entziehen, aber man kann ihn durch einen freundlichen Ton und strikte Neutralität entschärfen. Das Thema der nationalen Minderheiten ist zu heiß, um dazu als unbeteiligter Ausländer eine Meinung abgeben zu können.

Währung

Die Landeswährung ist die Kuna (›Marder‹), Mehrzahl Kune. 1 Kuna (Kn) besteht aus 100 Lipa. Neben Münzen zu 1, 2 und 5 Kune sowie 1, 2, 5, 10, 20 und 50 Lipa gibt es Banknoten zu 5, 10, 20, 50, 100, 200, 500 und 1000 Kune. Wechselkurs (April 2008): 1 € = 7,32 Kn bzw. 1 Kn = 0,137 €.

Geldwechsel

Barabhebungen mit EC/Maestro-Karte und Geheimnummer sind bis zu einem Höchstbetrag von 2000 Kn möglich. Auch in kleineren Orten gibt es EC-Automaten.

Die Verwendung von Kreditkarten ist nur im oberen Preisniveau von Gastronomie und Handel üblich. In der Pension, der Konoba oder dem Laden um die Ecke werden Sie mit den Plastikkärtchen keinen Erfolg haben. Es empfiehlt sich, Kreditkarten zweier verschiedener Unternehmen dabeizuhaben, da die Leitungen immer wieder gestört sind.

Reisebudget

Kroatien ist kein Billigland, die Preise der für Urlauber wichtigen Produkte und Dienstleistungen entsprechen mitteleuropäischem Standard. Die Umsatzsteuer (22 %) ist normalerweise bereits auf die angegebenen Preise aufgeschlagen. Die teilweise Aufhebung der Zollbarrieren für Importgüter und die Reduzierung gewisser Steuern auf Konsumgüter und Nahrungsmittel (seit 2000) wirkt sich aber preismindernd auf das gesamte Niveau aus.

Eintritte in Museen und andere Sehenswürdigkeiten kosten rund 7–10 Kn. Der Espresso in einer Bar schlägt mit 10–12 Kn, das Glas Bier mit 10–20 Kn zu Buche. Für ein Essen mit zwei Gängen zahlt man in einem Mittelklasserestaurant zwischen 90 und 150 Kn, je nachdem, ob man sich mit einem schlichten Fleischgericht begnügt oder teuren Weißfisch isst. Eine Fahrt mit dem Bus (z. B. Rijeka–Punat, ca. 65 km) kostet rund 40 Kn, eine längere Strecke (z. B. Rijeka–Split, ca. 460 km) rund 225 Kn.

Spartipps

Aufenthalte in Hotels und Apartments unter drei oder vier Nächten können bis zu 30 % mehr kosten. Es lohnt sich also, länger an einem Ort zu bleiben und von dort aus Ausflüge zu machen, als ständig die Basis zu wechseln. Geld sparen lässt sich auch, wenn man Halbpension bucht – die Aufschläge für das Abendessen betragen oft nur 2–3 €, aber im Restaurant muss man für ein Essen mit mindestens 12–15 € rechnen. Wer von Nord nach Süd unterwegs ist, sollte einen Blick auf die Fähren werfen, mit denen man fast durchgehend von Brestova nach Dubrovnik kommt: Sie sind Dank staatlicher Zuschüsse so billig (auch mit Pkw), dass die Benzinkosten für die gleiche Strecke fast höher liegen.

Sperrung von EC-und Kreditkarten bei Verlust oder Diebstahl*:

0049-116 116

oder 0049-30 4050 40509
(* Gilt nur, wenn das ausstellende Geldinstitut angeschlossen ist, Übersicht: www.116116.eu)
Weitere Sperrnummern:
– MasterCard: 0049-69-79 33 19 10
– VISA: 0049-69-79 33 19 10
– American Express: 0049-69-97 97 1000
– Diners Club: 0049-69-66 16 61 23
Bitte halten Sie Ihre Kreditkartennummer, Kontonummer und Bankleitzahl bereit!

Reisezeit und Klima

Ein angenehmes Reiseklima empfängt einen im Mai und Juni oder im September und Oktober. Im späten Frühjahr findet man entlang der Küste noch Grün, und die meisten Orte sind noch nicht überlaufen; im frühen Herbst ist es noch warm, das Wasser hat angenehme Badetemperaturen und die Winterregen haben noch nicht eingesetzt. Auch im Binnenland sind Mai und September am schönsten, im Sommer kann es sehr heiß werden. Wer vor allem zum Baden kommt, sollte zwischen Mitte Juni und Mitte September unterwegs sein. In den Bergen Dalmatiens kann man fast ganzjährig wandern, aber die höchsten Plateaus und die Berge Binnenkroatiens sind bis in den März und April hinein schneebedeckt.

Wettervorhersage

Tel. 0 60/52 05 20 oder im Internet: http://deutsch.wunderground.com/global/RH.htm. Wetterberichte der Hafenämter werden ohne Pause auf den folgenden Frequenzen

des VHF-Kanals gesendet: Pula: 73, Rijeka: 69, Split: 67 und Dubrovnik: 73.

Kleidung und Ausrüstung

Dem großen Spektrum der Regionen und Jahreszeiten müssen Kleidung und Ausrüstung entsprechen: von warmer Winterkleidung für einen Besuch des Faschings in Samobor bis zu leichter Leinenkleidung für den Augusturlaub an der Riviera von Makarska (in diesem Fall die Bergschuhe und die langen Hosen, die gegen Aufschürfungen an Felsen und stachlige Pflanzen schützen, und die Windjacke für die Wanderung ins Biokovogebirge nicht vergessen!).

In Kirchen wird angemessene Kleidung erwartet (keine Badekleidung, keine nackten Oberkörper). Bei Restaurantbesuchen wird ebenfalls ›angemessene Kleidung‹ erwartet. Kroaten kleiden sich gerne gut, wer abends auf dem Corso irgendeiner Stadt flaniert, wird bemerken, wie gut. Als Tourist sollte man nicht unbedingt in Sandalen und kurzen Hosen auf dem Corso erscheinen. Man wird zwar nicht gerade angestarrt, wird sich aber auch nicht wohl fühlen.

Es gibt in Kroatien alles zu kaufen, was man eventuell benötigt, man muss außer dem normalen Gepäck für einen Urlaub nichts mitschleppen.

Elektrizität

220 V, 50 Hz Wechselstrom; die Buchsen entsprechen denjenigen in Mitteleuropa.

Zeit

Wie in Deutschland gilt in Kroatien die Mitteleuropäische Zeit und im Sommer werden die Uhren auf Sommerzeit umgestellt.

Klimadaten Pula

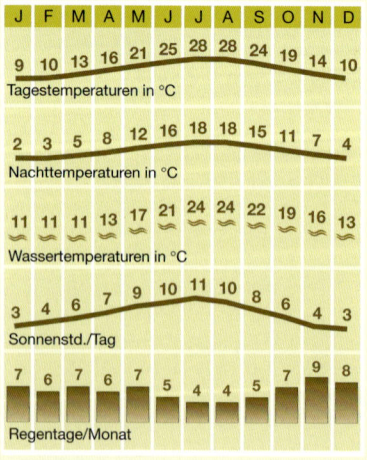

	J	F	M	A	M	J	J	A	S	O	N	D
Tagestemperaturen in °C	9	10	13	16	21	25	28	28	24	19	14	10
Nachttemperaturen in °C	2	3	5	8	12	16	18	18	15	11	7	4
Wassertemperaturen in °C	11	11	11	13	17	21	24	24	22	19	16	13
Sonnenstd./Tag	3	4	6	7	9	10	11	10	8	6	4	3
Regentage/Monat	7	6	7	6	7	5	4	4	5	7	9	8

Gesundheit und Sicherheit

Apotheken

Apotheken findet man auch in kleineren Städten, aber selten auf dem Lande. Das Angebot ist nicht so groß wie in Deutschland, Österreich oder der Schweiz. Es gibt jedoch alle wichtigen Präparate.

Ärztliche Versorgung

Das Land ist ärztlich ausreichend versorgt, auch die medizinische Versorgung in den Krankenhäusern entspricht europäischem Standard. Die European Health Card wird anerkannt. Wer sich Arzt und Krankenhaus aussuchen möchte, schließt eine Auslandskrankenversicherung ab. Beachten Sie, dass die meisten Versicherungen so genannte ›gefährliche Aktivitäten‹ wie Tauchen, Freiklettern und Drachenfliegen ausschließen. Studieren Sie also, wenn Sie so richtig aktiv werden wollen, das Kleingedruckte der Police.

Für Kroatien sind keine Schutzimpfungen vorgeschrieben und es muss keine über das Übliche hinausgehende Vorsorge getroffen werden.

Gesundheitsrisiken

Das Trinkwasser ist in Kroatien überall in Ordnung, in manchen Orten ist es jedoch stark gechlort. Magen- und Darmstörungen, die durch die Sommerhitze und das vielleicht ungewohnte Essen ausgelöst werden können, bekämpft man durch die üblichen Präparate, die man in der Reiseapotheke mitführen sollte.

Am Strand wie im Wasser sollte man Strandsandalen bzw. Schwimmschuhe tragen. Die Gefahr, dass man sich Seeigelstacheln eintritt, deren Entfernung schmerzhaft und oft langwierig ist, ist sonst groß. Für alle Fälle sollten Sie aber immer eine feine Pinzette dabeihaben. Beim Schwimmen an Felsküsten kann es vorkommen, dass man sich bei Unachtsamkeit an Klippen oder untermeerischen Felsen verletzt, ein Desinfizierungsmittel und ein Verband sollten also immer in der Reiseapotheke sein.

Schlangenbisse sind sehr selten, obwohl man die scheuen Tiere relativ häufig sieht, besonders am Morgen, wenn sie sich in der Kühle nur sehr langsam bewegen können. Bei Schlangenbissen muss das betroffene Glied abgebunden und sofort der Arzt geholt bzw. aufgesucht werden, Schlangenserum gibt es in allen Apotheken. Als Gegenmittel bei Bienen- oder Wespenstichen sollte man ein Anti-Histamin mitführen, die Folgen eines Wespenstiches können unangenehmer sein als die eines Schlangenbisses. Zecken sind sofort – durch Herausdrehen (mit Kopf) – zu entfernen, eine vorherige Schutzimpfung hilft nur gegen einen Teil der von Zecken übertragenen Krankheiten. Schlangenbisse, Stiche durch in der Vegetation fliegende Insekten und Zeckenbisse vermeidet man am besten, wenn man beim Gang durch Macchie und Gebüsch knöchelhohe Schuhe und lange Hosen trägt, was für Wanderungen und Bergtouren ohnehin selbstverständlich ist.

Polizei

Die kroatische Polizei hat sich in ihrem Umgang mit der Öffentlichkeit, auch mit Touristen, noch nicht ganz dem freieren Atem angepasst, der heute durch das Land weht. Der Überhang an Polizisten, der sich während der Ära Tuđman gebildet hat, wird wohl erst mit der Zeit abgebaut werden können. Die Höflichkeit der Uniformträger kann und sollte aber angemahnt werden, auch wenn es um die Zahlung von Strafmandaten wegen Fehlverhaltens im Straßenverkehr geht (die übrigens nicht billig sind).

Sicherheit

Kroatien ist für Touristen ein sicheres Land – Diebstähle sind selten, Überfälle praktisch nicht existent.

Gefährlich sind jedoch die zahllosen Landminen, die zum Teil noch in den Gebieten liegen, die während des Bürgerkriegs (1991–1995) von Aufständischen gehalten wurden: in dem südöstlichen Gorski Kotar, in der ›Krajina‹ und in Slawonien, aber auch im Umland von Zadar und Dubrovnik bzw. dem Konavle. Nähere Informationen zu Gebieten, in denen eine Gefährdung durch Minen besteht, sind auf der Homepage der kroatischen Minenräumanstalt Hrvatski centar za Razminiranje (www.hcr.hr) auch in englischer Sprache abrufbar.

In diesen Gebieten wird dringend davor gewarnt, Straßen und Wege zu verlassen. Achtung: Minen wurden oft dicht am Straßenrand verlegt. Die bekannten Minengebiete sind gewöhnlich durch gelbe Plastikstreifen abgesperrt oder durch Warnschilder oder Pfähle mit Plastikstreifen gekennzeichnet. Bisweilen fehlt jedoch jede Kennzeichnung.

Die in diesem Buch beschriebenen Wanderwege führen durch nicht verminte Zonen, aber auch dort sollte man die markierten Wanderwege nicht verlassen! Auch Trümmergrundstücke und leerstehende Gebäude sollten auf keinen Fall betreten werden.

Soldaten als Touristen – diese gehören zur UNO-Schutztruppe in Bosnien-Herzegowina

Internetcafés

In den zahlenmäßig ständig zunehmenden Internetcafés (Übersicht: www.worldofinternetcafes.de) kann man sich gegen eine Gebühr ins Internet einloggen. Mit einem E-Mail-Anschluss, der nicht an einen privaten PC gebunden ist, hat man so auch Zugriff auf die eigenen Mails. E-Mail- und Internetanschluss können auch über die Postämter für eine begrenzte Zeit angemeldet werden. Nicht alle Internetcafés sind für das Brennen von CDs (z.b. für Foto-CDs) ausgerüstet, da sie häufig vor allem auf Spiele eingerichtet sind und weder einen USB-Anschluss noch ein DVD/CD-Laufwerk besitzen.

Post

Briefmarken gibt es in Postämtern und am Kiosk. Briefe ins Ausland sollten in großen Druckbuchstaben den Namen des Ziellandes in Englisch oder Kroatisch tragen. Sie werden an allen Postämtern angenommen, desgleichen Pakete, deren Versand jedoch nicht billig ist. An einigen Paketschaltern gibt es einen kostenlosen Packservice. Von jedem Postamt kann auch gefaxt werden, die Preise sind wesentlich niedriger, als wenn man das Telefax vom Hotel aus senden lässt.

Radio/Fernsehen

Radionachrichten in englischer Sprache können Sie tägl. um 8.03 (sonntags 9.03), 10.03, 14.03 und 20.03 Uhr auf der Frequenz 92,1 MHz hören.

Die drei staatlichen Fernsehsender bringen alle Filme in Originalsprache mit Untertiteln. Da sehr viele amerikanische und auch deutsche Streifen dabei sind, lohnt sich auch für Deutschsprachige der Blick in die Programmzeitschrift. In den Touristenorten haben alle Hotels mittlerer und gehobener Ausstattung Satellitenfernsehen.

Telefonieren

Die internationale Ländervorwahl für Kroatien ist 00 385, dann folgt die Rufnummer ohne 0. Im Land ist immer die komplette Nummer inklusive Ortsnetzkennzahl (z. B. 01 für Zagreb) zu wählen. Von Kroatien aus erreichen Sie Deutschland mit der Vorwahl 00 49, Österreich mit 00 43, die Schweiz mit 00 41, dann jeweils die Vorwahl ohne 0 + Rufnummer.

Die Auskunft hat in Kroatien die 988, international 902. Das rasch wachsende Netz bedingt ständige Nummernänderungen. Auch in kleineren Orten gibt es Telefonzellen, von denen man direkt ins Ausland durchwählen kann. Telefonkarten gibt es am Kiosk und im Tabakladen. Die kroatische Telecom (I-Com) führt im Internet ein Telefonbuch: www.tportal.hr/imenik (auch auf Englisch).

Das Land ist sehr gut durch Mobilfunknetze erschlossen, sowohl das D1- als auch das D2-Netz können benutzt werden. In Gebirgstälern und auf küstenabgewandten Seiten kleinerer Inseln kann jedoch nicht mit Empfang gerechnet werden. Es gibt derzeit zwei Anbieter: T-Com (098+) und Vipnet (091+). Die Stromanschlüsse in Hotels und Privathäusern sind normalerweise für Handy-Ladegeräte geeignet.

Zeitungen

Von den kroatischen Zeitungen hat wohl »Vesnik« das höchste Ansehen. Deutschsprachige Zeitungen sind in den Touristenorten im Sommer überall zu bekommen – meist am Tag nach dem Erscheinen. Im Landesinneren bietet nur Zagreb eine größere Auswahl (auch in Bezug auf Bücher), besonders im Algoritam neben dem Hotel Dubrovnik.

Sprachführer

Amts- und Verkehrssprache ist das Kroatische. In Istrien und im Kvarner beherrschen die meisten Bewohner auch die italienische Sprache. An der Küste ist Deutsch weit verbreitet, ansonsten wendet man sich am besten in englischer Sprache an die jüngere Generation. Für eine Kroatienreise müssen Sie also nicht unbedingt die Landessprache beherrschen, die ersten Lektionen eines Sprachkurses und die Mitnahme eines Sprachführers (evtl. mit Kassette für die Aussprache) können jedoch gute Dienste leisten.

Aussprache

Das Kroatische kennt nur wenige Laute, die sich vom Deutschen unterscheiden; sie sind nachstehend aufgeführt

č	wie tsch in deutsch
ć	wie tch in Brötchen
đ	zwischen dj und dsch
š	wie sch in rasch
ž	wie g in Genie
dž	wie dsch in Dschungel
c	wie ein deutsches z
z	wie ein deutsches s

Im kroatischen Alphabet sind die Sonderzeichen nach den Grundzeichen angeordnet, d. h. đ folgt auf d, č und ć folgen auf c, š auf s und ž auf z.

Allgemeines

guten Tag	dobar dan
guten Abend	dobar večer
auf Wiedersehen	do viženja
hallo/tschüss	bog
bitte	molim
danke	hvala
keine Ursache	nema na čemu
Verzeihung	oprostite
ja	da
nein	ne
nein danke	ne, hvala
guten Appetit	dobar tek
Prost	na zdravlje

Wie geht's?	Kako je?
Herr	gospodin
Frau	gospođa
Deutschland	Njemačka
Österreich	Austrija
Schweiz	Švicarska

Unterwegs

rechts	desno
links	lijevo
geradeaus	ravno
zurück	natrag
Straße	ulica, cesta
Auto	auto
Reifen	guma
Öl	ulje
Autowerkstatt	radionica
Tankstelle	benzinska stanica
Fahrrad	bicikl
Bahn/Bus	vlak/autobus
verkehrt …	vozi …
Schiff/Fähre	brod/trajekt
verkehrt …	plovi …
… verkehrt nicht	… ne vozi/… ne plovi
… verkehrt nur …	… vozi/plovi samo
täglich	svaki dan
werktags	radni dan
außer …	osim …

Zeit

wann	kada
gestern	jučer
heute	danas
morgen	sutra
Sonntag	nedjelja
Montag	ponedjeljak
Dienstag	utorak
Mittwoch	srijeda
Donnerstag	četvrtak
Freitag	petak
Samstag	subota
am Morgen	ujutro
am Nachmittag	popodne
am Abend	večer
bei Nacht	noću

langsam	lagano
schnell	brzo

Einkaufen

gut	dobro
schön	lijepo
wie viel	koliko
viel	mnogo
zu teuer	preskupo
wenig	malo
genug	dosta
Geld	novac
Kreditkarte	kreditna kartica
Markt	tržnica

Essen und Trinken

Speisekarte	jelovnik
Frühstück	doručak
Mittagessen	ručak
Abendessen	večera
Löffel	žlica
Gabel	viljuška
Messer	nož
Salz	sol
Zucker	šećer

In der Stadt

Museum	muzej
Kirche	crkva

Zimmer	soba
Hotel	hotel
Stadtplan	plan grada
Touristen-information	turistička informacija
geöffnet	otvoreno
geschlossen	zatvoreno
Bank	banka
Postamt	pošta
Briefmarke	poštanska marka

Zahlen

0	nula	17	sedamnaest
1	jedan	18	osamnaest
2	dva	19	devetnaest
3	tri	20	dvadeset
4	četiri	21	dvadesetjedan
5	pet	30	trideset
6	šest	40	četrdeset
7	sedam	50	pedeset
8	osam	60	šezdeset
9	devet	70	sedamdeset
10	deset	80	osamdeset
11	jedanaest	90	devedeset
12	dvanaest	100	sto
13	trinaest	200	dvjesto
14	četrnaest	1000	tisuća
15	petnaest	2000	dvije tisuće
16	šesnaest	1 000 000	milijun

Die wichtigsten Sätze

Ich verstehe nicht.	Ne razumijem.	… Flughafen	… aerodrom
Ich habe einen Unfall/Panne.	Imam nesreću/kvar.	Ist das die Straße … nach …?	Je li ovo cesta prema …?
Wo ist … nächste …?	Gdje je najbliži … ?	Wo ist das Hotel ...?	Gdje je hotel …?
… Arzt	… liječnik	Haben Sie …	Imate li …
… Krankenhaus	… bolnica	ein freies Zimmer?	slobodnu sobu?
… Apotheke	… ljekara	ein Doppelzimmer?	dvokrevetnu sobu?
… Polizei	… policija?	... mit Toilette?	… s zahodom?
Wo ist der … ?	Gdje je … ?	... mit Badezimmer?	… s kupatilom?
… Bahnhof	… kolodvor	Wie viel kostet das Zimmer?	Koliko stoji soba?
… Busbahnhof	… autobusni kolodvor	Bezahlen bitte!	Platiti, molim!
… Hafen	… luka		

Ein Urlaubstraum: Mit dem Segelboot im
Hafenbecken von Hvar-Stadt vor Anker zu gehen

Unterwegs
in Kroatien

Teil der gründerzeitlichen Park- und Platzkette zwischen Bahnhof und Altstadt: der Starčević-Platz in Zagreb

Zagreb
und Umland

Krapina

Zagreb

Karlovac

Zagreb – europäische Hauptstadt vor grünen Hügeln

Jeder fünfte kroatische Bürger wohnt in der Hauptstadt. Die Hauptstadtrolle hat Zagreb gut getan, das mausgraue Kleid der jugoslawischen Ära ist zwar noch keineswegs komplett abgestreift, aber in den alten Vierteln Gornji Grad und Kaptol wie im gründerzeitlichen Donji Grad und in den Villenvierteln der Medvednica nördlich der Stadt sparte man nicht an Verputz und Farbe. Ungezählte Kaffeehäuser haben eröffnet und mehr als ein Dutzend neuer – und teurer – Hotels zieht betuchte Gäste vor allem des gehobenen Managements in die zunehmend kosmopolitische Stadt.

Zagreb ist Kroatiens Kulturzentrum: international bedeutende Museen wie das Museum der Naiven Kunst und spannend aufbereitete wie das Museum der Stadt Zagreb, Opernhaus, Konzertsäle, Theater auf der einen Seite, Klubs, Kleinbühnen, Jazzkeller, das Stadion (wo der legendäre Hauptstadt-Klub ›Dinamo Zagreb‹ spielt), ein vorbildliches Sportzentrum (Jarun) und eine lebhafte Kaffeehausszene auf der anderen.

In Zagreb kann man wunderbar spazieren gehen, Parks und Grünanlagen brechen die regelmäßig angelegte gründerzeitliche Stadtstruktur auf. Zweifellos ist der Frühling die schönste Jahreszeit, wenn die Luft noch mild ist, die Blumen vor dem Kunstpavillon am Tomislavplatz blühen und die ganze Stadt die Tische der Straßencafés bevölkert. Die Save umschlingt im Süden eine Kette von Grünzonen entlang ihrer Altarme.

Um ihre grüne Umgebung ist die Hauptstadt zu beneiden. Im Norden, als Schutz gegen die kalten winterlichen Nordwinde, steigt das Bergmassiv der Medvednica auf. Hinter der Medvednica erstreckt sich das hügelige Hrvatsko Zagorje mit Wein, hübschen Dörfern und barocken Kirchen. Im Westen liegen Samobor, ein romantisch liebenswürdiges Städtchen, und die Žumberačko gorje, ein dicht bewaldetes Mittelgebirge und damit beliebtestes Wanderziel der Zagreber am Wochenende.

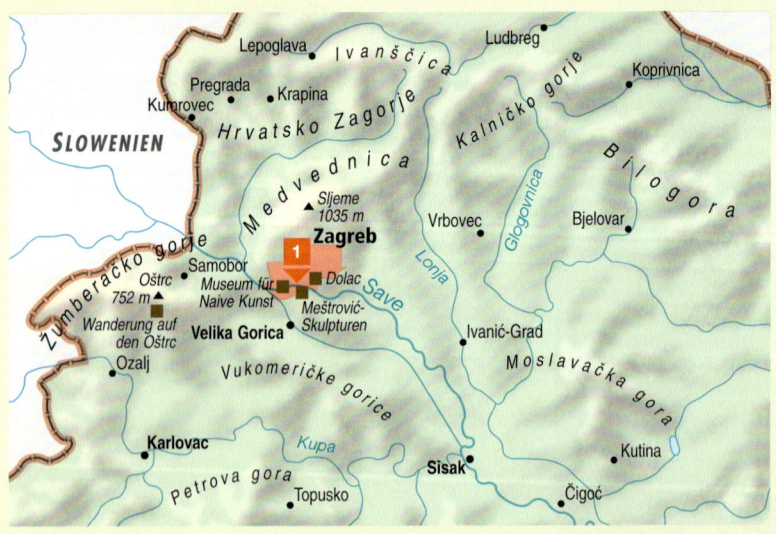

Highlight

1 ▼ **Zagreb:** Kroatiens Hauptstadt bildet den kulturellen Mittelpunkt des Landes und begeistert Besucher mit zahlreichen Sehenswürdigkeiten, allen voran die ›Neustadt‹ Donji Grad. Diese wurde nach einem großzügigen Plan mit einem hufeisenförmig angelegten Grüngürtel und repräsentativen Gebäuden nach Wiener und Budapester Muster errichtet und ist ein städtebauliches Denkmal der Gründerzeit, das in seiner Geschlossenheit sogar noch die Wiener Bauten übertrifft (s. S. 86ff.).

Reise- und Zeitplanung

Um Zagrebs kulturelle Sehenswürdigkeiten einigermaßen gut kennen zu lernen, benötigt man mindestens drei Tage; will man dem Alltag der Stadt ein wenig auf die Spur kommen und die Umgebung erkunden, ist eine Woche nicht zu lang. Wer sich auf die wichtigsten Museen und einen Bummel durch Kaptol, Gornji Grad und Donji Grad beschränkt, kommt vielleicht mit einem langen Wochenende aus.

Wie alle Metropolen hat Zagreb ganzjährig großen Reiz, im Winter dank regerem Kulturprogramm vielleicht noch mehr als im trockenen, oft sehr heißen Sommer. Der Winter ist jedoch in der Regel kontinental kalt und der Wind in den von West nach Ost verlaufenden Straßen von Donji Grad oft ziemlich unangenehm.

Zagreb hat ein effizientes Transportsystem aus Straßenbahnen (größtenteils modernisiert) und Bussen (häufig älteren Datums). Bis auf wenige Ausnahmen wie zum Beispiel der Friedhof Mirogoj ist jedoch vom Zentrum aus fast jede Sehenswürdigkeit bequem zu Fuß erreichbar. Radfahren ist in der Stadt nicht zu empfehlen (keine Radwege, zugeparkte Randstreifen), aber für Ausflüge beispielsweise auf die Medvednica eine gute Fortbewegungsart. Taxis sind wie überall in Kroatien teuer.

Auch die Umgebung ist fahrtechnisch gut erschlossen: Samobor im Halbstundenrhythmus mit Bussen, das Hrvatsko Zagorje mehrmals täglich ebenfalls mit Bussen, Sisak mit der Bahn. Wer allerdings die Umgebung in aller Ruhe und ohne von jedem Zielort wieder nach Zagreb zurückkehren zu müssen, erkunden will, benötigt einen privaten fahrbaren Untersatz.

Richtig Reisen-Tipps

Einkaufen auf dem Dolac, dem Grünmarkt: In Kroatien gibt es noch echte Grünmärkte, auf denen sich die Bevölkerung täglich versorgt. Der von Zagreb gilt als einer der größten und traditionellsten – geräucherter Käse aus dem Hrvatsko Zagorjeist, wilder Spargel und istrischer Schinken sind nur einige der hier angebotenen Delikatessen (s. S. 91).

Spaziergang zu den Meštrović-Skulpturen: Auf den Spuren des bedeutendsten kroatischen Bildhauers des 20. Jh., dessen Werke an zahlreichen Stellen in Zagreb zu bewundern sind (s. S. 97).

Kroatisches Museum für Naive Kunst: Kroatiens Schule naiver Malerei hat auf dem internationalen Kunstmarkt einen hohen Stellenwert. In diesem Museum sind einige der wichtigsten Werke dieser bedeutenden Schule moderner Malerei ausgestellt – ein unbedingtes ›Muss‹ jedes Zagreb-Besuchs und die wohl herausragendste Sehenswürdigkeit der Stadt überhaupt (s. S. 99).

Auf historischen Pfaden von Samobor auf den Oštrc: Klassische Wanderung auf diesen Gipfel des Mittelgebirges Žumberačko gorje nahe Samobor – unterwegs Winzerwein und Buchenwald, am Ziel Hüttenzauber und tolle Aussicht (s. S. 116f.)!

1 Zagreb

Cityplan
S. 88/89

Die größte Stadt Kroatiens hat knapp 800 000 Einwohner. Als Hauptstadt bildet sie sowohl den kulturellen Mittelpunkt des Landes, gilt aber auch als bedeutender Industrie-, Handels- und Bankenstandort. Reizvoll am Fuß eines grünen Mittelgebirges gelegen, ist die Stadt ein attraktives Reiseziel voller Sehenswürdigkeiten, wie sie einer europäischen Metropole gut zu Gesicht stehen.

Reiseatlas: S. 17, B/C 3/4

Die Hauptstadt Kroatiens liegt im Binnenland am Schnittpunkt der Einflusslinien des südlichen Balkans und nach Norden in Richtung Wien und Budapest. Wer eine Landkarte betrachtet, sieht, dass Zagreb auch im Schnittpunkt binnenkroatischer Verkehrslinien liegt, zwischen der Tiefebene im Osten und dem mediterranen Westen und Süden. Diese zentrale Lage nahe den Grenzen hat Zagrebs Entwicklung bestimmt und sie zur Hauptstadt gemacht: Sie ist gleichzeitig kultureller Mittelpunkt, weltoffen und europäisch ausgerichtet.

Im Vergleich mit anderen kroatischen Städten wie z. B. Trogir, die bis zu 2400 Jahre auf dem Buckel haben, ist Zagreb keine alte Stadt. Dafür bestimmten seit der Besiedlung im 7. Jh. urkroatische Einflüsse ihre Entwicklung. Das erste stadtgeschichtliche Dokument entstand 1094. Damals wurde ein bereits existierender Kirchensprengel auf dem Hügel, der heute Kaptol heißt, zur Diözese erhoben.

Von der mittelalterlichen und barocken Stadt auf dem Hügel Kaptol und auf dem benachbarten Hügel Gornji Grad sind genügend Gebäude erhalten, z. B. die gotische Kathedrale, um ihr einen attraktiven Ensemblecharakter zu geben, zumal kaum moderne Bauten das Bild stören und sowohl Museen und Galerien als auch zahlreiche Cafés und Restaurants den Bummel lohnen. Die gründerzeitliche Stadterweiterung Donji Grad unterhalb der beiden alten Stadtteile ist ein groß-

artiges Ensemble der Zeit vor 1918. Die Stararchitekten der k. u. k. Monarchie entwarfen und erbauten die Grünanlagen, die heute Cafés, Bars, Clubs und Gaststätten beleben.

Am 30. Mai 1990 fand in Zagreb die erste Tagung eines unabhängigen kroatischen Parlaments statt, ein Jahr später war die Stadt Hauptstadt eines freien und unabhängigen kroatischen Staates, eine Rolle, die sie kurz nach 1918 schon einmal gespielt hatte und der sie, wie viele meinten, nicht gewachsen sein würde. Die Stadt hat seither einen undefinierbaren Wechsel der Atmosphäre erlebt, nicht nur, weil sie sich neu gestrichene und renovierte Fassaden geleistet hat. Ihre Bewohner haben eine Selbstsicherheit, eine Lockerheit im Umgang mit Fremden erreicht, die hauptstadttypisch ist.

Viele Probleme sind ungelöst – das Schicksal der öden Neubauviertel der Tito-Zeit, die innere Zerrissenheit zwischen denen, die dem Tuđman-Regime (oder der Tito-Zeit) nachtrauern und den auf Europa setzenden Bürgern, den Kroaten und den Minderheiten, das Verkehrsproblem – die Straßen sind dem Kfz-Ansturm der letzten Jahre nicht gewachsen – und der Arbeitsplatzabbau. Aber Kroatiens Hauptstadt ist groß genug, um mit mehreren Stimmen zu sprechen, mehrere Ansichten zu vertreten, auf mehr als einer Bühne zu spielen. Sie kann es sich leisten, widersprüchlich zu sein – das macht Metropolen so spannend.

Zagrebs Altstadtviertel Kaptol und Gornji Grad

Cityplan: S. 88/89

Auf zwei Hügeln über der Save-Ebene liegen Kaptol und Gornji Grad (oder Gradec), die beiden Altstadtviertel, einst unabhängige und einander gar nicht wohlgesinnte Orte. Zu ihren Füßen liegt Donji Grad, die gründerzeitliche Neustadt, heute das eigentliche Zentrum Zagrebs mit den wichtigsten Einrichtungen.

Der Jelačić-Platz

Starten wir, wie so vieles und so viele in Zagreb, auf dem **Jelačić-Platz** **1**. Auf edlem Bronzepferd und hohem Sockel sitzt säbelschwingend Ban Jelačić, der kroatische Nationalheld von 1848/49, den die Ungarn als Unterdrücker der Bürgerlichen Revolution von 1848 ganz anders einschätzen. Das Denkmal wurde nach der Verbannung in die Rumpelkammer (1947) 1991 wieder auf seinen angestammten Platz gestellt.

Der belebte Platz ist Brennpunkt des Straßenbahn- und Busverkehrs, gehört aber auch zur Fußgängerzone wie einige der angrenzenden Straßen (Ilica, Gajeva, Jurišićeva). Das gibt ihm bei aller Geschäftigkeit die Ruhe für Terrassencafés, die einen nicht geringen Teil seines Reizes ausmachen. Man sitzt vor den aus zwei Jahrhunderten stammenden Fassaden der umgebenden Häuser und lässt den Trubel an sich vorüberziehen. Das Ban Café im und vor dem Gebäude des Kroatischen Schriftstellerverbands ist das wahrscheinlich beliebteste. Hier treffen sich Damen mittleren Alters aus bürgerlichen Kreisen, die ihren Tee aus seltsam klobigen Porzellankannen eingießen, und jede Menge Herren in dunklem Anzug oder Nadelstreifen.

Kaptol-Platz und Kathedrale

Über den **Grünmarkt Dolac** (s. S. 91) geht es hinauf zum **Kaptol-Platz** vor der Kathedrale, dem Zentrum der Ansiedlung Kaptol. Teile der Befestigungen um Domkapitel und Stadt Kaptol sind erhalten, vor allem die Südmauer mit den fünf halbrunden Befestigungstürmen.

Mit dem Autor unterwegs

Sehenswert

Jelačić-Platz: Städtisches Zentrum, Kaffeehausterrasse, Haupt-Umsteigestelle der Straßenbahnen, das ist der Jelačić-Platz (s. S. 87).

Kathedrale: Die gotische Kathedrale steckt voller Kostbarkeiten (s. S. 90ff.).

Museum der Stadt Zagreb: Modernes Museum, das auf unterhaltsame Weise den Gang durch Zagrebs (und Kroatiens) Geschichte ermöglicht (s. S. 96).

Markov Trg: Markuskirche, Regierungssitz und Parlament, hier ist das staatliche Zentrum Kroatiens (s. S. 96).

Donji Grad: Die Gründerzeit im Stil von Wien und Budapest umfasst in Zagreb ein ganzes Stadtviertel mit Nationaltheater, Museen, repräsentativen Stadtpalästen, Bürgerhäusern und großen Parks. Die Fahrt mit der Zahnradbahn von Donji Grad nach Gornji Grad dauert wenige Minuten – mit wunderbarem Ausblick – und ist eine Reise von der Gründerzeit ins Mittelalter (s. S. 99ff.).

Zagrebs reges Nachtleben

Auf der Tkalčićeva ist so ziemlich rund um die Uhr was los. Stürzen Sie sich ins Getümmel (s. S. 108)!

Kremšnite essen

Die Konditoreien der Stadt bieten die typische Kremšnite und die ganze Palette der k. u. k.-Konditorkunst (s. S. 108).

Ausflüge und Sport

Auf die Medvednica fahren oder wandern: Ob mit Pkw, Seilbahn, Mountainbike oder zu Fuß, die grüne Medvednica nördlich der Stadt ist ein wunderbares Ausflugsziel (s. S. 102f.). Im **Sommer** in Zagreb? Der Sport- und Freizeitpark um den Jarunsee bietet jedes Sportvergnügen (s. S. 109). Im **Winter** in Zagreb? Rodeln im Maksimir-Park, Skifahren auf der Medvednica (Trainingsareal von Janica Kostelič, s. S. 103).

Zagreb: Cityplan

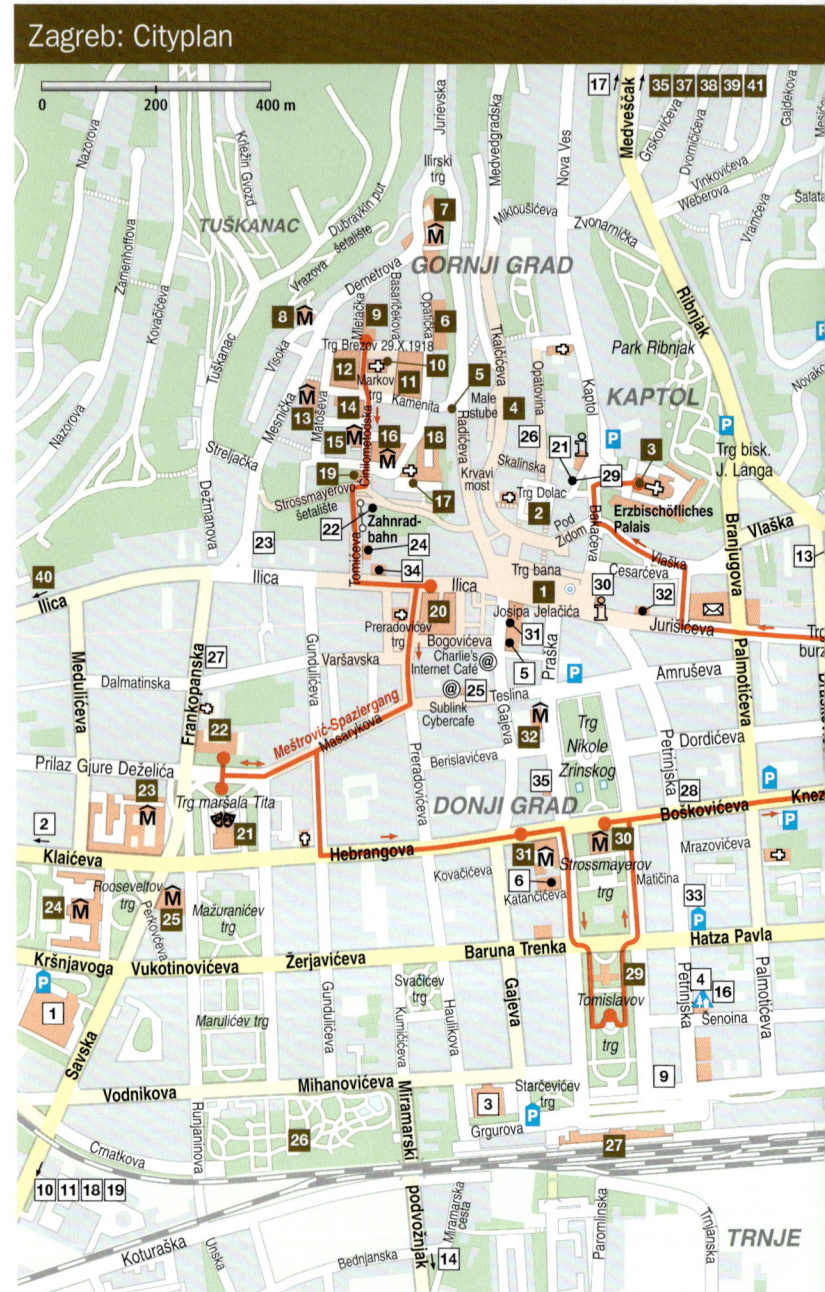

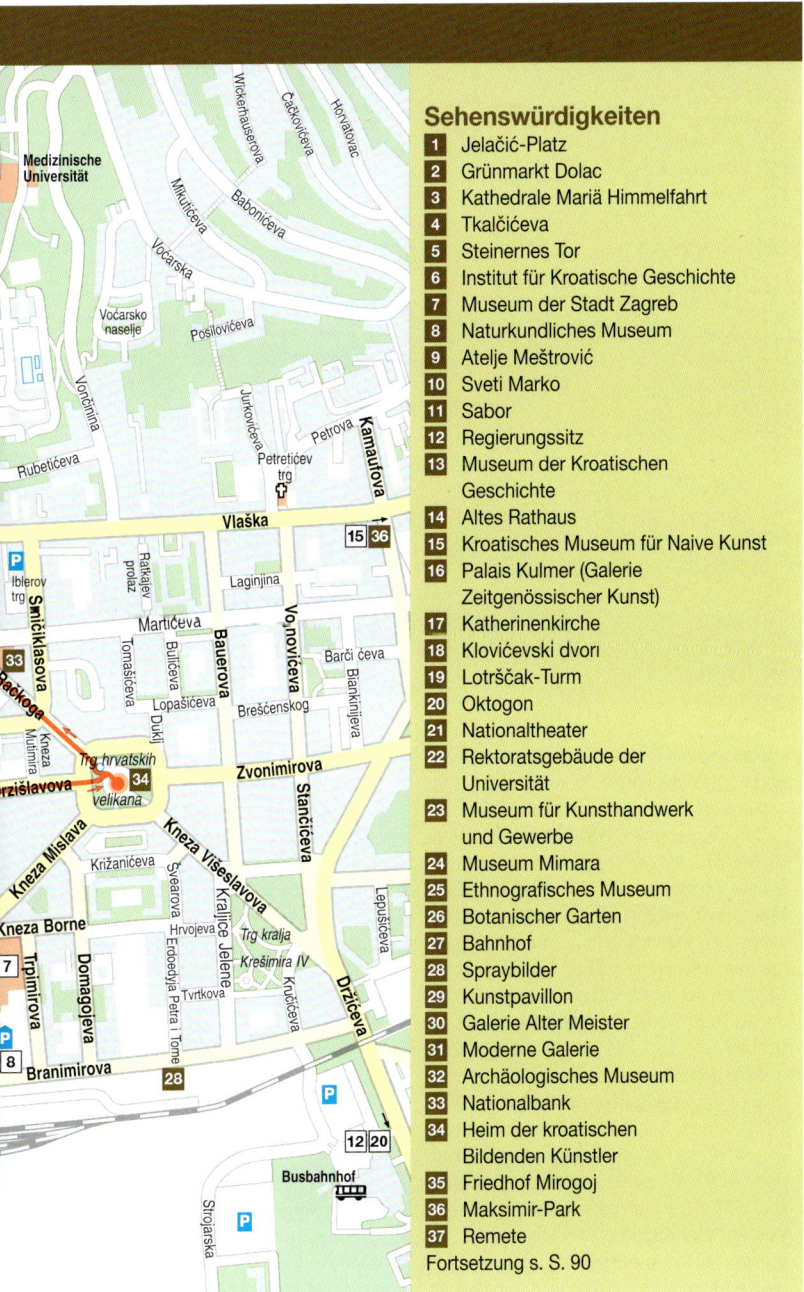

Sehenswürdigkeiten

1. Jelačić-Platz
2. Grünmarkt Dolac
3. Kathedrale Mariä Himmelfahrt
4. Tkalčićeva
5. Steinernes Tor
6. Institut für Kroatische Geschichte
7. Museum der Stadt Zagreb
8. Naturkundliches Museum
9. Atelje Meštrović
10. Sveti Marko
11. Sabor
12. Regierungssitz
13. Museum der Kroatischen Geschichte
14. Altes Rathaus
15. Kroatisches Museum für Naive Kunst
16. Palais Kulmer (Galerie Zeitgenössischer Kunst)
17. Katherinenkirche
18. Klovićevski dvori
19. Lotrščak-Turm
20. Oktogon
21. Nationaltheater
22. Rektoratsgebäude der Universität
23. Museum für Kunsthandwerk und Gewerbe
24. Museum Mimara
25. Ethnografisches Museum
26. Botanischer Garten
27. Bahnhof
28. Spraybilder
29. Kunstpavillon
30. Galerie Alter Meister
31. Moderne Galerie
32. Archäologisches Museum
33. Nationalbank
34. Heim der kroatischen Bildenden Künstler
35. Friedhof Mirogoj
36. Maksimir-Park
37. Remete

Fortsetzung s. S. 90

Zagreb: Cityplan

38	Sljeme	17	Tomislavov Dom
39	Medvedgrad	18	Motel Plitvice
40	Veternica-Karsthöhle	19	Camping
41	Zrinski Mine	20	Phoenix

Übernachten

1	The Westin
2	Four Points Sheraton Panorama
3	The Regent Esplanade
4	Astoria
5	Dubrovnik
6	Palace
7	Sheraton Zagreb
8	Arcotel Allegra
9	Central
10	Laguna
11	Vienna
12	Sliško
13	Jadran
14	Fala
15	Ravnice Youth Hostel
16	Jugendherberge

Essen und Trinken

21	Kaptolska Klet
22	Pod Gričkom Topom
23	Stari Fijaker
24	Pivnica Vallis Aurea
25	Vinodol
26	Bistro Maharadža
27	Zagorcu
28	Purger
29	Pivnica Pizzeria Kaptol
30	Gradska kavana
31	Kavana Dubrovnik
32	K & K
33	Kaffee-Konditorei Šime
34	Vinček
35	Lenuci Bar

Hinter und auf ihr steht der Erzbischöfliche Palast, geistiger und weltlicher Sitz der Herrschaft über die Siedlung Kaptol.

Von der schönen, neo-barocken Mariensäule (1873) auf dem Kaptol-Platz blickt man auf die Doppelturmfassade der **Kathedrale Mariä Himmelfahrt** 3 (Katedrala Marijinog uznesenja), früher dem ungarischen Nationalheiligen Stephan gewidmet. Der neugotische Charakter der Westfront mit den beiden 105 m hohen Türmen (die höchsten Kirchtürme der Balkanhalbinsel), das Portal, das gesamte Äußere des Baus zeigt die Handschrift des Wiener Architekten Hermann Bollé (1845–1926), einem Mitarbeiter des berühmteren Friedrich von Schmidt. Bollé hatte die Aufgabe, die Kathedrale nach dem Erdbeben von 1880 zu restaurieren und dabei zu ›regotisieren‹. Der Architekt trug wesentlich zum gründerzeitlichen Aussehen Zagrebs bei. Er entwarf eine ganze Reihe weiterer Bauten,

z. B. den Friedhof Mirogoj, und blieb bis zu seinem Lebensende in der Stadt.

Im Inneren verbinden sich gotische und neugotische Teile zu einem hohen Kirchenraum. Ausstattungsstücke von der Gotik bis zum Barock schmücken den durch bunte gründerzeitliche Fenster (einer Münchner Firma) beleuchteten Raum. Prunkstück ist eine barocke Kanzel von 1696, die von einem Engel getragen wird und von deren Schalldach ein kleinerer Engel die Posaune bläst. Die Bänke im Hauptschiff sind aus der Renaissance, es gleicht einem Wunder, dass sie die späteren Katastrophen und Wiederherstellungen überlebt haben. Ein Monument im Chor zieht Besucherscharen an: Vor dem Sarkophag des im Herbst 1998 selig gesprochenen Kardinals Aloizije Stepinac knien die Gläubigen nieder. Der mit silbernen Reliefs geschmückte Sarkophag ist ein bedeutendes Werk des kroatischen Künstlers Ivan Meš-

Richtig Reisen-Tipp:
Einkaufen auf dem Dolac, dem Grünmarkt

Ein Bummel über den Grünmarkt **Dolac** 2 gehört zu den Unternehmungen, auf die man in Zagreb ebenso wenig verzichten sollte wie auf den Besuch des Mirogoj-Friedhofs oder des Museums für Naive Kunst. Dieser tägliche Markt für Lebensmittel, auf dem aber auch Textilien, Schuhe, Kurzwaren, Lederartikel und vieles mehr angeboten werden, wird zentral zwischen dem Jelačić-Platz und dem Kaptol-Platz abgehalten. Auf zwei Ebenen spielt sich das Geschehen ab: Auf der unteren, weniger aufregenden, überdeckten Ebene sind Fleisch- und Fischstände untergebracht, Bäcker und ein paar Anbieter anderer Lebensmittel. Eine breite Treppe und ein Personenaufzug führen von hier auf die große Plattform oberhalb.

Dort oben wird unter freiem Himmel an langen betonierten Tischen feilgeboten, was in Kroatien gerade produziert wird, vor allem aber alles Essbare aus der näheren Umgebung. Nicht von weit her angekarrte oder eingeflogene Waren dominieren das Angebot. Dies ist kein Markt, wo die Hausfrauen bereits im März Spargel angeboten bekommen (und kaufen) und im Dezember Kirschen aus Chile oder Neuseeland. Hier herrscht Frische und Nähe: Kraut, Kohl, Rüben, die haltbaren Winterklassiker gibt es jahraus jahrein, Kartoffeln und Zwiebeln, von kleinen und großen Bauern, Erdbeeren wenn sie reif sind. Und wilden Spargel! Dafür kommen Sammler aus dem Küstenland angereist, um diese köstliche Delikatesse anbieten zu können.

Frauen hinter flachen geflochtenen Behältern bieten kleine Laibe geräucherten Käse aus dem Zagorje an, handgeschöpften Schichtkäse (anderswo heißt er *Zagrebački sir*, weil er so typisch für die Region Zagreb ist) und wunderbar trockenen Topfen für die Bureks und zarten Topfentorten. Honig aus kleinen Imkereien findet man in einem Sammelsurium von Gläsern, Wein aus dem eigenen Weinberg im Zagorje in Literflaschen, die aus dem Fass abgefüllt werden – so viel die Bauern halt erübrigen können, wenn der eigene Bedarf gedeckt ist. Hühner und Enten – im Winter Truthähne – stehen zum Verkauf, außerdem natürlich Eier, frische Milch und Saure Milch, fertige Krapfen sowie andere in Schmalz gebackene Süßspeisen.

Dazwischen stehen Bauern, die aus dem Kvarner zum Markt reisen und das eigene Olivenöl, die eigenen Kastanien, den eigenen istrischen Schinken anbieten. Fleisch gibt es hier in geselchter Form, große und kleine Würste, alle eher grob und alle gut gewürzt, aber auch eingelegte Gemüse und eingelegtes Obst. Frische Kirschen und Zwetschgen bekommt man zeit- und saisongemäß, und natürlich den selbst gebrannten Zwetschgenschnaps oder viele andere Geister und Brände. Manchmal kommt auch ein Fliegender Händler mit illegalem Angebot (Zigaretten beispielsweise) daher.

Wer müde ist vom Stehen und Schauen und den Kaufverhandlungen, besucht die rund um den Markt zur Verschnaufpause einladenden Cafés und Stehbars, Restaurants und Bierkneipen, Fast Food Joints oder den Inder samt Handlung für indische Lebensmittel. Geht man zum Jelačić-Platz hinunter, so passiert man die Phalanx der Anbieter von alten und neuen Kleidern und von gehäkelten Decken und Deckchen, von Stickereien und Wirkwaren, locker über die Arme drapiert, denn hier unten gibt es keine Tische. Die Straßenbahnen unten auf dem Platz sind gegen Mittag von Damen und Herren mit Einkaufstaschen und Tüten gefüllt – in Kroatien versorgt man sich eben noch vom Markt und nicht im Supermarkt! Jedenfalls noch nicht – in den Touristenorten der Küste wird häufig bereits mit dieser Tradition gebrochen.

91

Der Schriftsteller
Miroslav Krleža

Thema

»Es war früher Morgen, als Philip am Bahnhof Kaptol ankam. Die letzten 23 Jahre hatte er fern von diesem kleinen Nest gelebt, aber alles war ihm noch vertraut: die verfallenden, schmierigen Dächer, die Kugel auf der Spitze des Turms der Klosterkirche, das graue, windverblasene Haus am Ende der dunklen Allee ...«

– so beginnt der sicher bekannteste und meist gelesene Roman des Schriftstellers Miroslav Krleža, »Die Rückkehr des Philip Latinovicz«. Ein blasser, lungenkranker Flüchtling aus der Enge einer Provinzstadt, die Zagreb heißt, oder Agram, als er sie verließ, kehrt in seine Heimatstadt zurück. Dem Künstler mit den unbestechlichen Augen des Malers, der seine Umwelt passiv beobachtet, erscheint sie nach seinem Exil in den Hauptstädten des Nordwestens als ein »Nest«, lässt ihn aber nicht los, weil er sich nur in dieser Umgebung, die seine Kindheit und Jugend bestimmt hat, auf die Spur kommen kann. Auch daran scheitert er letztlich. Der Autor dieses Buches ließ in seinen ›modernistischen‹ Helden eine Menge von den eigenen Zweifeln und Problemen einfließen und lieferte mit dem sprachgewaltigen, philosophischen Roman ein literarisches Werk von Weltrang. Sein Name wird mit Robert Musil, Thomas Mann und Elias Canetti in einem Atemzug genannt.

Der 1893 in der Zagreber Radićeva (der Straße der ersten Romanzeilen, damals schlicht Duga Ulica genannt) geborene und 1981 hoch geehrt gestorbene Miroslav Krleža schrieb vier Romane und fünfzehn Theaterstücke, Novellen, Gedichte, eine zweibändige Autobiographie, Essays zu allen möglichen, vor allem aber zu politischen Tagesthemen. Er gab Zeitschriften heraus, doch vor allem hat er sich als einer der Mitarbeiter der Enzyklopädie Jugoslawiens (ab 1954) einen Namen gemacht, die er als Chefredakteur und Direktor des Lexikographischen Instituts bis zu seinem Tod mitbestimmte (auf dem Zagreber Friedhof Mirogoj liegt er begraben). Immer wieder abgedruckt wird ein Foto, das ihn bei der Vorstellung der Erstausgabe der Enzyklopädie Jugoslawiens mit dem Staatsoberhaupt Marschall Tito zeigt.

Bestimmend für sein künstlerisches Schaffen waren die Erfahrungen des Kadetten und Absolventen der Militärakademie in Budapest als in Galicien eingesetzter österreichisch-ungarischer Soldat im Ersten Weltkrieg. Die Novelle »Beisetzung in Theresienburg« (»Sprovod u Theresienburgu«) verarbeitet seine Ausbildungs- und Militärzeit in einer sarkastischen, fast grotesken Darstellung der Gesellschaft einer zweitklassigen ungarischen Garnisonsstadt. Dass dabei ein japanischer Generalleutnant (Graf Fuji-Hasegawa) eine nicht unbedeutende Rolle spielt (und gar kein Militär ist, sondern ein Hochstapler), erinnert an fast gleichzeitig entstandene Grotesken von Krležas Zeitgenossen Fritz von Herzmanovsky-Orlando.

Die deutsche Ausgabe von Miroslav Krleža »Die Rückkehr des Philip Latinovicz« (Bodenheim 1984) ist antiquarisch erhältlich. Die englische Ausgabe »The Return of Philip Latinowicz« findet man im Spezialbuchhandel (ISBN 0 7043 0103 2). Die Erzählung »Beisetzung in Theresienburg« erschien 1977 im Leipziger Inselverlag (Insel-Bücherei Nr. 1014), sie ist nur antiquarisch zu erhalten.

Gehört zum Pflichtprogramm in Zagreb: ein Bummel über den Grünmarkt

trović. Die Schatzkammer hinter der Sakristei enthält wertvolle Kunstwerke, u. a. ein byzantinisches Elfenbein-Diptychon des 10. Jh.

Die Tkalčićeva

Zwischen Kaptol und Gradec floss ein Bach, der heute durch eine Straße eingenommen wird, die **Tkalčićeva** 4 . Sie ist die Café- und Restaurantmeile der Stadt. Hier, wo sich jahrhundertelang Kämpfe zwischen den rivalisierenden Orten abgespielt haben, trifft sich heute nach Feierabend die vergnügungssüchtige Jugend aller Altersklassen von Zagreb.

Das Steinerne Tor

Das **Steinerne Tor** 5 (Kamenita vrata) ist das einzige erhaltene Stadttor von Gradec, das heute meist schlicht Gornji Grad genannt wird, Oberstadt. Zur Erinnerung an das Erdbeben und den schweren Brand im Jahr 1731, der das Tor, aber nicht ein Bild der Gottesmutter zerstörte, wurde im Inneren eine kleine Kapelle errichtet. Das Gnadenbild der Muttergottes mit Kind gilt als wundertätig, es gibt kaum einen Moment des Tages, an dem nicht Gläubige vor dem Bild andächtig beten und zahllose Kerzen brennen.

Institut für Kroatische Geschichte

Nach rechts führt die Opatička leicht aufwärts zwischen barocken und gründerzeitlichen Bauten zum **Institut für Kroatische Geschichte** 6 (Hrvatski institut za povijest). Der neobarocke Bau dieser Einrichtung, hinter einem schmalen Garten mit prachtvollem schmiedeeisernen Zaun, besitzt in der Beletage einen der aufwändigsten Innenräume des Landes, den Goldenen Saal. Dieser Prunksaal des von Anfang an für die heutige Funktion geschaffenen Gebäudes wurde in seiner Entstehungszeit mit Fresken zur Geschichte des Staates Kroatien ausgestattet, die – inzwischen aufgefrischt und restauriert – wieder zwischen den vergoldeten Stuckbordüren zu bewundern sind. (Besichtigung wird gestattet, offizielle Besuchszeiten sind geplant.)

93

Zur Geschichte von Zagreb

Zagreb bestand im Mittelalter aus zwei Siedlungen, der bischöflichen Siedlung auf dem Kaptol-Hügel (der Name kommt vom Dom-Kapitel, das dort herrschte) und einer Handwerkersiedlung auf dem benachbarten Hügel Gradec, der ›Stadt‹. Während sich der bischöfliche Hügel in den folgenden Jahrhunderten in Funktion und Aussehen kaum veränderte, entwickelte sich die Handwerkersiedlung zu einem wichtigen Zentrum.

1241 überrollten die Mongolen Ungarn und Binnenkroatien, zerstörten Zagreb samt dem Dom und zogen wieder ab. König Bela IV. brauchte nach dieser Katastrophe weniger dringend neue Kirchen als neuen Handel: Er gab der Siedlung Gradec 1242 die Unabhängigkeit von Bischof und Vizekönig, Gradec-Zagreb wurde freie königliche Stadt, der Dom samt Bischofsstadt Kaptol blieb außerhalb. 1256 fand die erste große Messe statt, Zagreb hat die Messe-Tradition bis heute bewahrt und ausgebaut.

Die Bischofsstadt begann alsbald mit dem Wiederaufbau des Doms, diesmal in gotischen Formen. Gradec wollte sich zwar keine großen Kirchen leisten, aber zumindest am Dekor nicht sparen: Das Südportal von Sveti Marko, skulptiert von böhmischen Meistern, ist das figurenreichste in Binnenkroatien. Gradec bekam 1607 ein Gymnasium, im Konvikt des hl. Joseph entstand 1669 eine Lehranstalt mit den Rechten und Privilegien einer Hochschule, eine erste Buchdruckerei wurde 1690 eingerichtet und nach dem Ende der Türkengefahr im frühen 18. Jh. konnte sich die Stadt ein spätbarockes Gewand leisten.

Kroatien wurde trotz des formellen Weiterbestehens der kroatischen Krone von Wien gelenkt, seit Habsburger auf diesem Thron saßen. Aus Wien kamen die Verordnungen, nach Wien gingen die Steuern, aus Wien kamen aber auch die kulturellen Einflüsse, die Architekten und Maler, die Bildungssprache, die unterschiedlichen Modestile. Zagreb besaß zwar offiziell ein kroatisches Parlament, den Sabor, aber es hatte keine Funktion. Der Banus, der Vizekönig, hatte weniger Vollmachten und Entscheidungsfreiheit als heute ein österreichischer Landeshauptmann.

1850 begann mit der Zusammenlegung der verschiedenen städtischen Kerne zur Stadt Zagreb ein enormer Bedeutungszuwachs. 1862 erreichte die Eisenbahn die Stadt, die nun erstmals relativ rasch mit der Küste und Rijeka verbunden war. Neue Stadtviertel dehnten sich südlich des Hangfußes von Kaptol und Gradec aus. Die Rückbesinnung auf das Kroatentum und die – zerschlagene – Hoffnung auf ein autonomes Kroatien im österreichisch-ungarischen Reichsverband brachten Zagreb eine ganze Reihe öffentlicher Bauten mit repräsentativem Charakter, wie z. B. das Nationaltheater.

Die Loslösung von Österreich-Ungarn brachte kurze Blütenträume, dann war Zagreb schon wieder Provinz, diesmal von Belgrad in die zweite Reihe gedrängt. Und auch das sozialistische Jugoslawien änderte nichts an dieser Position. Man erweiterte und verschönerte Zagreb, die neuen Achsen wurden übertrieben breit und für Fußgänger nahezu unüberwindbar angelegt, wie die Vukovara zeigt.

Thema

Erst 1990/91 ließen die Proklamation der Unabhängigkeit und die neue Hauptstadtfunktion Zagreb wieder aufwachen. Viel wurde restauriert, mehr ist noch zu tun, besonders in den Vierteln aus der Tito-Zeit. Die Zagreber haben ihren neuen Status als Bewohner einer europäischen Metropole locker verinnerlicht, die Kaffeehauskultur hat sich ungezählte Standorte geschaffen und auch Fastfood hat Einzug gehalten. Wenn jetzt auch noch die letzten lärmintensiven Busse und in Kurven grausig quietschenden Straßenbahnen ausgetauscht und durch neue ersetzt sind, wird Zagreb kaum wieder zu erkennen sein.

Lange Tradition: Der österreichische Kaiser und ungarisch-kroatische König Franz Joseph eröffnete Ende des 19. Jh. das Nationaltheater

Zagreb

Museum der Stadt Zagreb und Naturkundliches Museum

Das sehr interessante und didaktisch hervorragend aufgebaute **Museum der Stadt Zagreb** **7** (Muzej grada Zagreba) ist im ehemaligen Kloster der Klarissinnen untergebracht. Der Besucher wandert durch mehr als zweieinhalb Jahrtausende Stadtgeschichte. So kann man in einem der Räume in ein eisenzeitliches Dorf (8./7. Jh.) hinunterblicken, über dem nach mehreren siedlungsfreien Jahrhunderten durch die damals erstmals im Land lebenden Kroaten in der zweiten Hälfte des 7. Jh. wieder Bauten errichtet wurden. Die Funde aus einem eisenzeitlichen Hügelgrab in Žumbarak, Plastiken des gotischen Domes und die 13 Figuren des gotisierenden Barockportals, Barockaltäre aus der Kirche des hl. Markus und die Säle im ersten Stock, die Zagrebs Geschichte von 1609 bis heute mit wenigen, gut ausgewählten und eindrucksvollen Objekten illustrieren, sind die Höhepunkte dieses international stark beachteten Museums (Di/Mi/Fr 10–18, Do 10–20, Sa/So 10–14 Uhr).

Das **Naturkundliche Museum** **8** (Hrvatski prirodoslovni muzej) in der Demetrova-Straße (entlang der früheren westlichen Stadtmauer von Gradec) ist als Aufbewahrungsort der Neanderthalerreste von Krapina bekannt geworden, im Haus befindet sich auch das zugehörige paläontologische Forschungszentrum. Die Präsentation der Funde, vor allem von Tierskeletten und ausgestopften Tieren, ist recht veraltet, so interessant die einzelnen Objekte wie ein 8 m langer Hai aus der Oberen Adria auch sein mögen (Di–Fr 10–17, Sa/So 10–13 Uhr).

Atelje Meštrović

Das **Atelje Meštrović** **9** der Meštrović Foundation in der Mletačka 8 erinnert an den kroatischen Bildhauer Ivan Meštrović, der als Direktor der Akademie der Schönen Künste einige Jahre in Zagreb lebte. Die Sammlung in seinem ehemaligen Atelier ermöglicht einen umfassenden Einblick in sein Schaffen (www.mdc.hr/mestrovic/ateljer/opci-en.htm, Di–Fr 10–18, Sa/So 10–14 Uhr).

Markov Trg und Kirche Sveti Marko

Die Mletačka-Straße (mlečani sind Venezianer) mündet in den Hauptplatz von Gornji Grad, den **Markov Trg,** also Markusplatz, so genannt nach der dortigen Kirche **Sveti Marko** **10**. Die Pfarrkirche von Gradec wurde wahrscheinlich um 1240 begonnen, ab 1256 ist der Bau dokumentiert. Damals gab König Bela IV. in der Goldenen Bulle der Stadt auch das Recht, eine Messe zu Ehren und am Tage des Heiligen auszurichten. Man ist über die auffällige Gestaltung des Daches erstaunt, die seit dem späten 19. Jh. existiert: In das mit emaillierten Ziegeln in den kroatischen Farben Blau, Weiß und Rot gedeckte Dach sind zwei riesige Wappen eingelassen. Das linke ist aus den Wappen der Kronländer Kroatien, Dalmatien und Slawonien zusammengesetzt (sie sind Teile des heutigen Kroatien), das rechte mit der dreitürmigen Festung ist das Stadtwappen von Gradec und später Zagreb. Die Kirche hat ein figurenreiches spätgotisches Südportal, einige Teile der Ausstattung stammen aus der Zeit der Renovierung unter Hermann Bollé im 19. Jh., andere sind Werke des Leiters der Restaurierungen von 1936 bis 1938, Ivan Meštrović.

Sabor und Museum der Kroatischen Geschichte

In einem historischen Gebäude auf der Ostseite des Markov Trg tagt das Kroatische Parlament, der **Sabor** **11**. Der rechte spätbarocke Bau gegenüber ist der **Regierungssitz** **12** (Banski dvori).

Das **Museum der Kroatischen Geschichte** **13** (Hrvatski Povijesni muzej) findet im barocken Palais Oršić-Rauch seinen Platz, in einem der schönsten barocken Stadtpalais von Zagreb. Die Sammlung zur Geschichte des Staates ist wegen der zahlreichen Karten, Pläne und alten Stiche den Besuch wert, auch wenn es bedauerlicherweise keine Detailinformationen in einer Fremdsprache gibt (Museum der Kroatischen Geschichte: Matoševa 9, Mo–Fr 10–17, Sa/So 10–13 Uhr).

Richtig Reisen-Tipp:
Spaziergang zu den Meštrović-Skulpturen

Ivan Meštrović (1883–1962) war nicht nur der bedeutendste kroatische Bildhauer des 20. Jh., sondern sicher einer der bedeutendsten bildenden Künstler des Landes überhaupt und einer der wichtigsten Bildhauer der gesamten Epoche. Außerhalb Kroatiens ist er vor allem in den USA bekannt, wo er von 1947 bis zu seinem Tod lebte: Das Chicagoer Denkmal eines indianischen Bogenschützen stammt aus seiner Werkstatt, im Snite Museum of Art der University of Indiana gibt es einen Saal mit seinen Werken, auch das Art Institute of Chicago besitzt Arbeiten von ihm.

In Kroatien kommt man an Ivan Meštrović nicht vorbei. Zahlreiche seiner Skulpturen schmücken vor allem in Zagreb und Split öffentliche Plätze, darunter die bekannteste moderne Statue des Landes, das Denkmal für den Bischof Grgur von Nin. In Zagreb, Split, Trogir, Cavtat, Otavice (bei Knin) und Dubrovnik sind seine Bauten und Plastiken in von ihm geschaffenen Mausoleen, Ateliers und einem umgebauten Landhaus zu bewundern.

Meštrović studierte 1901–06 an der Wiener Akademie der Schönen Künste, wo er sich mit den Strömungen der Sezession und des Symbolismus auseinander setzte, die beide für seine Entwicklung entscheidend werden sollten. In Paris, wo er sich 1908 niederließ, dürfte Rodin sein großer Lehrmeister gewesen sein. Reduktion und Stilisierung kennzeichnen seither sein Werk. In Zagreb lebte er von 1921 bis 1924. Sein damaliges Atelier gestaltete man in ein bedeutendes Museum seiner Arbeiten um. Zwei Mausoleen entstanden zwischen 1920 und 1931, je-

nes für die Familie Račić in Cavtat und das für die eigene Familie in Otavice.

In den 1930er-Jahren band er sich stärker an Split, erwarb Kaštelet, einen Landsitz unter dem Marjanberg, baute ihn aus, während er in einem von ihm selbst entworfenen Haus mit großem Atelier wohnte (bis 1939). Atelier und Kaštelet sind wie das Atelier in Zagreb und das Mausoleum heute in Staatsbesitz, denn der Künstler vermachte Gebäude und Kunstwerke schon 1952 dem kroatischen Volk. Seit 1991 kümmert sich die Stiftung Meštrović um seine Hinterlassenschaft.

Stationen
(s. Cityplan, rote Route, S. 88/89)
Station 1: Atelier des Meisters mit Plastiken, Entwürfen, Lebensdokumentation; Nr. 36 beim Eingang links ist ein packendes Selbstporträt von 1930
Station 2: Skulptur Vestalin in der Schalterhalle der Bank im Oktogon
Station 3: Lebensbrunnen vor dem Nationaltheater
Station 4: Skulptur Geschichte der Kroaten vor dem Rektorat der Universität
Station 5: Skulpturen und Entwürfe in der Modernen Galerie bzw. im Museum für Moderne Kunst (z. T. im Fundus)
Station 6: Denkmal für den Renaissance-Maler Andrija Medulić auf dem Tomislavplatz
Station 7: Skulptur Bischof Strossmayers vor dem Aufgang zur Galerie Alter Meister
Station 8: Heim der kroatischen Bildenden Künstler (Rundpavillon)
Station 9: Kathedrale (Sarkophag Stepinac)

Ćirilometodska-Straße, Museum der Naiven Kunst und Palais Kulmer

Vom Markusplatz geht man die **Ćirilometodska** nach Süden, sie ist nach den Slawenaposteln Kyrill und Method benannt. Hier befindet sich auch die griechisch-katholische

Kirche von Zagreb. Gleich am Anfang der Straße ist in das Eckgebäude der linken Seite ein steinerner Kopf eingemauert, es soll sich der Volksmeinung nach um ein Abbild des Matija Gubec handeln. Er war der Anführer des Bauernaufstandes von 1573 (s. S. 114). Im zweiten Haus auf der rechten Seite, dem

97

Shoppen in Gründerzeitatmosphäre kann man auf der Ilica

Alten Rathaus 14, spielte zwischen 1834 und 1897 das erste kroatische Nationaltheater. Heute werden in der großen Halle (im Standesamt) Ehen geschlossen und Tagungen ausgerichtet. Von hier aus geht es weiter zum **Kroatischen Museum für Naive Kunst** (s. rechts). Im Gebäude an der Ecke zum anschließenden Katharinenplatz, dem **Palais Kulmer** 16, ist die **Galerie Zeitgenössischer Kunst** (Galerija Suvremene Umjetnosti) un-

tergebracht (Katarinin trg 2, Di–Fr 10–19, So 11–14 Uhr, Di freier Eintritt).

Katharinenplatz

Der Katharinenplatz an der südlichen Stadtmauer erhielt seinen Namen nach der **Katharinenkirche** 17 (Sveta Katarine), deren Fassade den Platz im Osten abschließt. Sie wurde 1632 nach dem Vorbild von Il Gesù in Rom als Kirche des Jesuitenklosters erbaut.

Richtig Reisen-Tipp: Kroatisches Museum für Naive Kunst

Das absolut sehenswerte **Kroatische Museum für Naive Kunst** 15 (Hrvatski muzej Naivne Umjetnosti) befindet sich, wie auch das Alte Rathaus (s. S. 98), an der Ćirilometodska-Straße. Es beherbergt eine der weltweit wichtigsten Sammlungen dieser mit Kroatien verbundenen Kunstrichtung der Naiven Malerei. Die nicht sehr große, aber alle bedeutenden Namen umfassende Sammlung erlaubt gerade wegen ihrer Begrenztheit den Vergleich zwischen den Künstlern und das Erkennen stilistischer Unterschiede, Moden und Konventionen. Lesen Sie dazu auch das entsprechende Thema auf S. 46/47 (Sv. Ćirila i Metoda 3, www.hmnu.org, Di–Fr 10–18, Sa/So 10–13 Uhr).

Der größte Teil ihrer Ausstattung ist allerdings später entstanden, vor allem im Spätbarock. Der Altar von 1762 füllt den ganzen Chor. Die illusionistischen Fresken stammen von 1726. Der an die Katharinenkirche anschließende Komplex des früheren, 1606 gegründeten Jesuitenklosters mit seiner Fassade zum Jesuitenplatz wird heute meist **Klovićevski dvori (Klović-Höfe)** 18 genannt. In dem Gebäude sowie in seinem Innenhof, der zum Freilufttheater umgebaut wurde, finden immer wieder Ausstellungen statt. Für Liebhaber von Kaffeehäusern mit besonderem Ambiente ist das Café im Eingangsbereich mit Blick auf den Innenhof ein Muss (Di–So 10–20 Uhr).

Lotrščak-Turm

Hinunter zur Unterstadt und zurück zum Jelačić-Platz gelangt man am **Lotrščak-Turm** 19 vorbei durch eine Öffnung in der Stadtmauer, an der einmal das Südtor stand. Um die Mittagszeit sollten Sie sich dessen bewusst sein, dass auf dem Turm pünktlich um 12 Uhr mittags eine Kanone abgefeuert wird, das hält den Schreck (der einen mit den Verhältnissen nicht vertrauten Besucher noch unten auf der Einkaufsstraße Ilica zusammenzucken lässt) in Grenzen. Zum Abstieg bietet sich nach ausgedehnter Bewunderung des wirklich prächtigen Panoramas die **Zahnradbahn** an, aber kaum anstrengender ist ein Bummel über die Treppengasse, die nach links hinunter direkt zum Jelačić-Platz führt, dafür hat man noch ein paar schöne Ausblicke auf die gründerzeitliche Stadt.

Donji Grad

Cityplan: S. 88/89

Ilica und Oktogon

Auch der zweite Stadtspaziergang beginnt auf dem Jelačić-Platz, diesmal führt er aber nach Westen auf die Haupteinkaufsstraße Ilica. Die lange Straße führt weit nach Westen bis in die Vororte, wir folgen ihr aber jetzt nur bis zum Haus Ilica 5 auf der Südseite. Das Haus wird gemeinhin als **Oktogon** 20 bezeichnet, denn durch dieses Haus führt eine gründerzeitliche Passage mit Jugendstilelementen, die sich in seiner Mitte zu einer achteckigen Buntglaskuppel öffnet. Dieses Oktogon ist ein prachtvolles, perfekt renoviertes, aber leider wenig bekanntes Beispiel für die Einkaufsgalerien vor dem Ersten Weltkrieg. Innerhalb des Oktogon befindet sich der Eingang zur Hauptstelle der Privredna Banka Zagreb, deren imposante, über zwei Stockwerke reichende Schalterhalle mit cremefarbenen Säulen und Pfeilern wohl in den 1920er-Jahren entstand. In der Halle der Bank ist eine Plastik des bekannten Künstlers Ivan Meštrović (s. S. 97) aufgestellt, die hockende bronzene Vestalin von 1917.

Über den Preradović-Platz mit seinen Blumenhändlern und der angrenzenden orthodoxen Kirche geht man weiter zu einer der großzügig durchgrünten Baugruppen, die sich Zagreb in der Gründerzeit leistete. Die Gesamtheit dieser Anlage des Architekten Milan Lenuci entstand nach 1874. Wenn man sich einen Plan von Zagreb ansieht, wirkt sie wie ein Grünes Hufeisen – unser zweiter Stadtspaziergang folgt im Wesentlichen dieser grünen Lunge der Stadt der Gründerzeit.

Nationaltheater

Auf und an vier großen Plätzen auf der westlichen Seite des Hufeisens stehen mehrere Museen, Gebäude der Universität, Nationaltheater, Staatsbibliothek und andere öffentliche Gebäude. Als Erstes stößt man auf das **Nationaltheater** `21` (Hrvatsko Narodno Kazalište) auf dem Marschall-Tito-Platz. Wie in so vielen anderen Zentren der Österreichisch-Ungarischen Monarchie haben die Wiener Architekten Helmer und Fellner auch hier die Entwürfe geliefert. Der 1894/95 ausgeführte Bau im Stil der Neorenaissance zeigt im Norden eine eindrucksvolle, breite Fassade mit Rustika im Erdgeschoss, einen hohen, mit vorgeblendeten Säulen dekorierten Nobelstock und seitliche Türmchen. In der Mittelachse steht der runde ›Lebensbrunnen‹ mit einer Bronzefigurengruppe von Ivan Meštrović (1912). Das Publikum ist heute nicht ganz so elegant gekleidet wie zur feierlichen Eröffnung in Anwesenheit des Kaisers und kroatischen Königs Franz Joseph, denn das Nationaltheater, das Theater- und Opernaufführungen bringt, hat sich einem breiteren Publikum geöffnet, und die Preise sind immer noch sozialistisch niedrig.

Museen an der Savska Ulica

Im **Rektoratsgebäude der Universität** `22` gegenüber dem Theater ist auch die Rechtsfakultät untergebracht, vor der Treppe ein weiteres Meisterwerk von Ivan Meštrović, eine hockende, streng blickende Frau mit Kopftuch, die ihre Hände über einem Buch mit glagolitischer Schrift gefaltet hat, die »Geschichte der Kroaten«. Der Neorenaissance-Palast von Hermann Bollé auf der Westseite des Platzes beheimatet das **Museum für Kunsthandwerk und Gewerbe** `23` (Muzej za Umjetnost i Obrt). Der begrünte Roosevelt-Platz bildet den Vordergrund für einen Gründerzeitbau, der seine Karriere als Gymnasium begann und heute das **Museum Mimara** `24`

beherbergt. Der Maler und Restaurator Ante Topić Mimara (1898–1987) hat in seinem langen Leben große Sammlungen zu mehreren Themen zusammengetragen, die in den 42 Sälen des Gebäudes nicht vollständig gezeigt werden können. Der Besucher ist mit einer überwältigenden Fülle von Exponaten konfrontiert, darunter einer hervorragenden Glaskollektion, gotischer Plastik und einer – heterogenen – Gemäldesammlung.

Das **Ethnografische Museum** `25` (Etnografski muzej) zeigt vor allem Kostüme, Stoffe, Haus- und Handwerksutensilien sowie Schmuck des 19. und 20. Jh. aus ganz Kroatien und ist insbesondere für den an Trachten interessierten Besucher ein unbedingtes Muss. Vorbei am Mažuranićev-Platz mit dem Universitätsgebäude und am Marulićev-Platz mit dem Kroatischen Staatsarchiv erreicht man nach Überquerung der stark befahrenen Mihanovićeva den **Botanischen Garten** `26` (Botanički vrt). 1889 bereits wurde dieses grüne Paradies angelegt, heute spaziert man hier – wie es heißt – zwischen mehr als 10 000 verschiedenen Pflanzen aus aller Welt (Museum Mimara: Rooseveltov trg 5, Di/Mi, Fr/Sa 10–17, Do 10–19, So 10–14 Uhr; Museum für Kunsthandwerk und Kunstgewerbe: Trg maršala Tita 10, Di–So 10–19 Uhr; Ethnografisches Museum: Mažuranićev trg 14, Di–Do 10–18, Fr–So 10–13 Uhr; Botanischer Garten: Mihanovićeva bb., von 9 Uhr bis Sonnenuntergang).

Bahnhof und Hotel Esplanade

Auf der Mihanovićeva Richtung Bahnhof passiert man das formidable **Hotel Esplanade** `3` von 1925 (heute The Regent Esplanade), trotz neuerer Konkurrenz weiterhin Zagrebs anerkannter und ohne Blick auf die Kosten auf Perlglanz renovierter Luxusschuppen. Es wendet der Straße seine Einfahrt unter der neoklassizistischen Fassade und die Terrasse des hauseigenen Restaurants zu. Unterhalb der Grünanlage mit großem Wasserbecken, die auf dem Westteil des Platzes angelegt wurde, befindet sich ein sehr beliebtes Einkaufszentrum und der immer belebte Durchgang zur Busabfahrt für die südlichen Stadt-

Luxus pur: Hotel Esplanade

teile. Der repräsentative **Bahnhof** von 1892 ist noch nicht komplett renoviert, aber zumindest die Außenfassade zum Tomislavplatz glänzt schon wieder wie neu. Übersehen Sie nicht eine Zagreber Sehenswürdigkeit entlang der in den Bahnhofsplatz (von Osten) mündenden Branimirova: Mehrere hundert Laufmeter der Betonwand entlang dieser Strecke zwischen Bahnhof und Busbahnhof wurden und werden von lokalen Künstlern und Sprayern mit **Spraybildern** bedeckt.

Der Starčević-Platz ist bereits ein Teil der zweiten gründerzeitlichen Platz- und Parkkette, die vom Bahnhof bis fast an den Rand der Altstadt reicht. Steht man vor dem Bahnhof von 1892, dominiert Kroatiens König Tomislav zu Pferd den nach ihm benannten Platz, der im Hintergrund vom Mittelturmprofil des Kunstpavillons abgeschlossen wird. Es gibt keine Jahreszeit, in der die Bänke auf der etwas eingetieften Grünanlage nicht besetzt sind, eine 24 Stunden lang geöffnete Bäckerei liefert die Verpflegung, ab fünf Uhr früh kommt der Würstelstand gleich gegenüber neben dem Bahnhof dazu. Der **Kunstpavil-**

lon , eine Stahlkonstruktion des Teams Helmer/Fellner, war 1896 kroatischer Pavillon auf der Budapester Weltausstellung. Das Denkmal des Renaissance-Dichters Andrija Medulić vor dem Pavillon ist wiederum ein Werk von Ivan Meštrović.

Galerien und Museen um Strossmayer- und Zrinski-Platz

Auf dem angrenzenden Strossmayer-Platz mit seinen Prachtfassaden der Gründerzeit steht das Gebäude der **Galerie Alter Meister** (Galerija Starih Majstora), oft Strossmayer-Galerie genannt. Die eindrucksvolle Gemäldesammlung beinhaltet Werke (einige Zuschreibungen) von Beato Angelico, Giovanni Bellini, Pieter Breughel, Albrecht Dürer, Anton van Dyck, Eugène Delacroix und El Greco. Das Denkmal Strossmayers, des bedeutenden und berühmten Bischofs von Đakovo vor dem Aufgang ist ein besonders eindrucksvolles Werk von Meštrović. Das Gebäude entstand als Sitz der Kroatischen Akademie der Wissenschaften, sein Plan geht auf einen Entwurf Friedrich von Schmidts zurück. Heute noch ist im Gebäude das Archiv der Akademie untergebracht, dessen Sammlungen eine reiche Fundgrube für Historiker darstellen.

Auf der Westseite des Parks ist in einem üppig dekorierten Eckhaus die **Moderne Galerie** `31` (Moderna Galerija) untergebracht, die in 26 Räumen Werke kroatischer Künstler zwischen 1850 und 1950 zeigt, darunter eine pompöse Hommage von Vlaho Bukovac aus dem Jahr 1894 an den Renaissancepoeten Gundulić.

Die Besichtigung des **Archäologischen Museums** `32` am Westrand des Zrinski-Platzes mag sich durch den Besuch eines der Cafés entlang der beiden Parkseiten verzögern. Das Café Lenuci trägt den Namen des Schöpfers dieser Park- und Platzanlagen. Die 400 000 Objekte des Archäologischen Museums, von denen nur ein Bruchteil ausgestellt werden kann, erlauben eine Zeitreise, die bis in das Paläolithikum führt, aber vielleicht dort am interessantesten ist, wo sie kroatisches Terrain und kroatische Geschichte berühren, wie in einer Inschrift des frühkroatischen Fürsten Branimir. (Moderne Galerie: Andrije Hebranga 1, Di–Fr 10–18, Sa/So 10–13 Uhr; Gemäldegalerie Alter Meister: Trg Zrinskog 11, Mi–So 10–13, Di auch 17–19 Uhr; Archäologisches Museum: Trg Zrinskog 19, Di/Mi/Fr 10–17, Do 10–20, Sa/So 10–13 Uhr.)

Nationalbank und Heim der kroatischen Bildenden Künstler

Am Börseplatz steht im spitzen Winkel zwischen zwei einmündenden Straßen die 1927 entstandene **Nationalbank** `33`. Das funktionalistische Gebäude, ehemals Sitz der Börse, ist ein Werk von Viktor Kovačić und Hugo Ehrlich. Parallelen zu Arbeiten von Adolf Loos sind nicht zufällig: Ehrlich war einer der Architekten im Kreis um Loos. Die eindrucksvolle Fassade wird von vier ionischen Säulen in Kolossalordnung geprägt, das Innere prunkt mit Marmorverkleidung.

Auf dem nächsten Platz, dem Platz der kroatischen Großen – bis 1990 hieß er Platz der Opfer des Faschismus – begegnet man einem weiteren markanten Gebäude der architektonischen Moderne, dem **Heim der kroatischen Bildenden Künstler** `34`. Der schlichte Rundbau mit umgebender, von Pfeilern getragener Wandelhalle, typisch für die funktionalistische, aber nach dekorativen Möglichkeiten suchende Architektur der Zwischenkriegszeit, ist ein Werk Ivan Meštrovićs von 1938. Er war ehemals als Kunstpavillon gedacht und wird gegenwärtig für Ausstellungen der Vereinigung Bildender Künstler Kroatiens verwendet und ist nur dann zugänglich (Heim der kroatischen Bildenden Künstler: Mo 14–19, Di–So 11–19 Uhr, jedoch nur bei laufenden Ausstellungen).

Mirogoj, Maksimir und Remete

Cityplan: S. 88/89

Historisch gesehen gehören der Friedhof Mirogoj und der Maksimir-Park, beide in einiger Entfernung östlich von Donji Grad gelegen, zur gründerzeitlichen Stadterweiterung.

Zagrebs **Friedhof Mirogoj** `35` liegt auf einem Hügel inmitten einer von Bäumen und kleinen Parks durchsetzten Vorortgegend am Fuß der Medvednica. Mirogoj wurde nach einem Entwurf Hermann Bollés angelegt, der von Strossmayer gerufen worden war, um die Kathedrale zu erneuern, und dann 50 Jahre in Zagreb blieb. Besonders eindrucksvoll in der riesigen Anlage sind die reizvoll mit Zentralräumen und Kuppeln kombinierten Arkaden entlang der westlichen und teils auch nördlichen Friedhofsmauer. Hier sind bedeutende kroatische Persönlichkeiten beigesetzt und es finden sich kunstvoll gestaltete Grabmäler.

Einer ähnlichen Lage wie Mirogoj erfreut sich **Maksimir** `36`, ein ausgedehnter Englischer Garten (18 ha), der wohl bedeutendste im südöstlichen Mitteleuropa. Der Zagreber Bischof Maksimilijan Vrhovac trug sich seit 1787 mit dem Gedanken, auf einem Grund östlich der Stadt einen großen Lustgarten anzulegen. Der eigentliche Schöpfer dieses Landschaftsparks war aber im 19. Jh. Bischof Juraj Haulik. Zwischen 1839 und 1843 wurden die Hauptarbeiten ausgeführt: Es entstanden ein Belvedere, ein Schweizerhaus, ein Echopavillon, zwei künstliche Seen, die durch einen Wasserfall miteinander verbunden sind, dekorative Baumgruppen, Hecken und Wege. Das Endergebnis ist heute öffentlich zugänglich und zu jeder Jahreszeit ein eindrucksvolles Erlebnis.

Das Paulinerkloster im Dorf **Remete** `37` am Fuß der Medvednica wurde zwar 1790 aufgelassen, aber die Klosterkirche der Gottesmutter (Crkva svete Marije) blieb erhalten. und mit ihr die Fresken des in Lepoglava lebenden und arbeitenden Rokokomalers und Mönchs Ivan Ranger, dessen illusionistische Technik den Höhepunkt der Malerei des 18. Jh. in Kroatien darstellt. Remete erreicht man mit Bus 226 von Kaptol aus.

Ausflug in die Medvednica

Cityplan: S. 88/89; **Reiseatlas:** S. 17, B/C 3
Die im Osten aus vulkanischen Gesteinen, im Westen vornehmlich aus Kalk und Dolomit bestehende Medvednica ist ein Landschaftsschutzgebiet. Hier wird sich im Gegensatz zum arg von Zagrebs städtischem Wachstum bedrängten südlichen Bergfuß – hoffentlich – so bald nicht viel ändern, sodass das dichte Buchenwaldkleid des Bergzugs erhalten bleibt. Eine Vielzahl von Wanderwegen mit einer Gesamtlänge von mehr als 500 km, heute auch viel von Mountainbikern benutzt, windet sich über den im **Sljeme** `38` bis zu 1033 m hohen Bergkamm. Die besonders an Wochenenden stark befahrene Straße von Zagreb nach Donja Stubica im Hrvatsko Zagorje quert den Kamm der Medvednica ganz in der Nähe des höchsten Punktes. In der Nähe steht das angenehme Berghotel Tomislavov Dom (s. S. 106). Die Kabinenseilbahn auf den Sljeme ist nicht nur im Sommer beliebt, im Winter eröffnet sie den schnellsten Weg zu den Pisten auf der Nordseite des Berges. Diese mögen zwar kurz sein, der Zagreber Weltcup- und Olympiasiegerin Janica Kostelić (Winterolympiade 2002 fünf Medaillen) haben sie aber fürs Training genügt.

15 Berghütten, die meisten nur am Wochenende und in den Wintermonaten geöffnet, sind im Gebirge verstreut, flankiert von drei Burgen: Susedgrad im Westen, Zelingrad (über Sveti Ivan Zelina s. S. 110f.) und **Medvedgrad** `39`, das man von der Straße Zagreb–Donja Stubica auf einem kurzen Abstecher erreicht. Die nicht sonderlich imposante Ruine wurde zu Zeiten Tuđmans zu einer Art nationalem Märtyrerdenkmal hochstilisiert, mit ›Heimataltar‹ (Altar domovine) auf dem Vorplatz, Ewiger Flamme und großer Kranzniederlegungszeremonie an staatlichen Feiertagen. Das Panorama von der Terrasse ist allein schon den Besuch wert.

Im Nordwesten Zagrebs liegt am Südhang der Medvednica der Eingang zur **Veternica-Karsthöhle** `40`, einem mehr als 7,1 km langen System von Höhlengängen, dem fünftlängsten Kroatiens. In der Höhle wurden zahlreiche Funde von Neanderthaler- und Höhlenbärenknochen gemacht. Erstere werden auf ein Alter von ca. 42 000 Jahren datiert, was sie wesentlich jünger als jene berühmteren aus Krapina macht (zu Krapina s. S. 112f.). Die Tropfsteinhöhle ist im vorderen Teil auch für Besucher geöffnet, die warme Kleidung mitbringen sollten, denn auch im Sommer liegt die Lufttemperatur bei 9 °C. Nahe dem Eingang öffnet sich die Höhle zu einem großen Höhlenraum, in dem immer wieder mal Veranstaltungen stattfinden, wie z. B. die klassischen Chorkonzerte in der Vorweihnachtszeit.

Mit dem Pkw erreicht man den Sljeme ab dem Stadtteil Kaptol über die Ribjak-Straße, in Bliznec Abzweigung nach links. Mit Straßenbahn 14 und 15 jeweils bis Endstation Gračani, dann kurzer (gut ausgeschilderter) Fußweg zur stündlich zur vollen Stunde fahrenden Seilbahn Žičara Sljeme und mit dieser bis knapp unter den Gipfel. Die Veternica erreicht man vom Zentrum über die Verlängerung der Ilica, in Susedgrad Abzweigung rechts, der Weg zur Höhle, ab Gornji Stenjevec zu Fuß, ist beschildert. Mit Straßenbahn 6 oder 11 bis Endhaltestelle, von dort bis Gornji Stenjevec und zu Fuß weiter zur Höhle.

Auf der Nordseite des Berges liegt das Silberbergwerk der Grafen Zrinski, die 1463 eröffnete **Zrinski Mine** `41`. Graf Petar Zrinski bekam von König Mathias ein Bergwerkspri-

Zagreb

vileg, das alle Minen der Medvednica umfasste. 1527 ging das Privileg an reiche Zagreber Bürger über, im 18. Jh. wurde das damals nur noch Blei produzierende Bergwerk
geschlossen. Seit kurzem ist das Bergwerk –
als einziges in Kroatien – öffentlich zugänglich. (Veternica-Karsthöhle: Sa/So/feiertags
10–15 Uhr; an anderen Tagen nach Anmeldung, Tel. 01 613 34 44. Lage und Öffnungszeiten der Zrinksi Mine: Man nimmt die
Straße auf den Sljeme bis zur Grafičar-Hütte
nahe der Bergstation der Seilbahn, von dort
führt Wanderweg 26 in Richtung Žensko
sedlo zum Bergwerk. Führungen Sa/So/fei-
ertags 10–16 Uhr jeweils zur vollen Stunde,
die Führung dauert 30 Min. Infos beim Naturpark Medvednica, www.pp-medvednica.hr.)

TZG Zagreba: Trg Jelačića 11, Tel. 01
481 40 52, 482 4051, Fax 01 481 40 56,
www.zagreb-touristinfo.hr. Kleines Infobüro,
zentral gelegen, aber wenig Infomaterial.
Internet: Liste aller Internetcafés unter www.
zagreb-touristinfo.hr, z. B. Charlie's Internet
Café, Gajeva 4a, Tel. 01 488 02 33, www.char
lie-net.hr (sehr gut ausgestattet, auch Getränke und Snacks); Sublink Cybercafe, Teslina 12 (im Hinterhaus), Tel. 01 481 13 29,
sublink@sublink.hr.

Hotelbetten in Zagreb sind knapp und
teuer, in der Mittelklasse gibt es praktisch kein Angebot, dafür aber viele Luxushotels. Abhilfe ist nicht in Sicht. Zu Messezeiten sind die genannten Preise nochmals
20 % höher – wenn man überhaupt ein Zimmer ergattert. Eine Liste der Unterkünfte findet sich auf der Webseite der städtischen
Touristeninformation (s. o.).
Im Zentrum:
The Westin 1 : Kršnjavoga 1, Tel. 01 489 20
00, Fax 01 489 20 01, www.westin.com/za
greb. Die 17-stöckige Zigarettenschachtel
aus Stahlbeton und Glas – ex Intercontinental
ex Opera – im Südwesten von Donji Grad bietet alles, was man mit diesem Namen – und
diesen Preisen – verbindet: Hallenbad, hervorragende Betten, Minibar, Bars, Café, Restaurant. DZ/FR ab 180 €.

Four Points Sheraton Panorama 2 : Trg
Športova 9, Tel. 01 363 73 33, Fax 01 309 26
57, www.starwoodhotels.com. Hübsch auf-
gefrischtes Hochhaushotel (450 Betten)
westlich vom Zentrum, neben der Sporthalle,
jede Menge Geschäftsreisende, komfortabel:
Klimaanlage, Internetanschluss, Sat-TV, Fön,
Minibar etc. DZ/FR ab ca.180 €, am Wochenende 105 € (ohne FR 20 € weniger).
The Regent Esplanade 3 : Mihanovićeva 1,
Tel. 01 456 66 66, Reservierungen Tel. 01 456
60 21, Fax 01 456 60 20, www.regenthotels.
com. Der neoklassizistische Prunkbau aus
den 1920er-Jahren wurde für betuchte Ori-
entexpress-Reisende gebaut und in den letzten Jahren umfassend und luxuriös renoviert
(sehenswert: der Emerald Ballroom). Großzü-

Prächtige Gründerzeitfassaden auf der Vlaška-Straße in Donji Grad

gige Abmessungen, auch in den Zimmern, aufmerksamer Service, genussvoller Aufenthalt, wenn man sich die Preise leisten kann. DZ/FR ab 155 €, Deluxe Suite (50 m²) 310 €.
Astoria 4 : Petrinjska 71, Tel. 01 480 89 00, Fax 01 480 89 08, www.bestwestern.com, Neues, komfortables Hotel der Best-Western-Kette in Laufdistanz zum Bahnhof, edel verarbeitetes Mobiliar, viele Bilder. Sehr gute Bäder, Kabel-TV, Internetzugang in den Zimmern. DZ/FR ab 154 €.
Dubrovnik 5 : Gajeva 1, Tel. 01 486 35 00, Fax 01 486 35 07, www.hotel-dubrovnik.hr. Zentraler geht es nicht, das glasverkleidete Hotel liegt direkt am Jelačić-Platz. Zwei Restaurants, Café, die übliche Ausstattung eines Hauses dieser Kategorie. DZ/FR ab 140 €.

Palace 6 : Štrossmayerov trg 10, Tel. 01 481 4611, Fax 01 481 1358, www.palace.hr. Der repräsentative spätgründerzeitliche Bau wurde von Grund auf renoviert, dabei stattete man die Unterkunft in einem Neo-Wiener-Kaffeehausstil aus. Gutes Restaurant und Café (ehemaliges Foyer) im Hause. DZ/FR ab 140 €.
Sheraton Zagreb 7 : Kneza Borne 2, Tel. 01 455 35 35, Fax 01 455 30 35, www.sheraton.com/zagreb. Das Sheraton liegt nicht unbedingt in einer noblen Gegend, aber zwischen der Bahn und dem Kaptol auf jeden Fall auch für Fußgänger und Tramfahrer verkehrsgünstig. 316 Zimmer mit allen Schikanen, wer einen Butler braucht, bekommt ihn selbstverständlich. Fr–Mo DZ/FR ab 135 €.

Zagreb

Arcotel Allegra 8 : Branimirova 29, Tel. 01 469 60 00, Fax 01 469 60 27, www.arcotel.at/ allegra. Äußerlich unansehliches Gebäude mit 151 Zimmern in hellem Design mit Wellnessbereich, Restaurant mit österreichischer Küche. Beliebt bei Businesspeople mit Wiener Akzent. DZ/FR Mo–Do ab 110 €, am Wochenende ab 90 €.

Central 9 : Branimirova 3, Tel. 01 484 11 22, Fax 01 484 13 04, www.hotel-central.hr. Renoviertes und mit Klimaanlage ausgestattetes Mittelklassehotel beim Bahnhof mit recht kleinen Zimmern und dafür recht happigen Preisen, die aber für Zagreb noch zum unteren Bereich zählen. DZ/FR ab 100, zu Messezeiten ab 120 €.

Laguna 10 : Kranjčevićeva 29, Tel. 01 382 02 22, Fax 01 382 00 35, www.hotel-laguna.hr. Großer Kasten beim Stadion, gesichtslose, aber von der Ausstattung her tadellose Zimmer mit TV. DZ/FR 100–110 €.

Vienna 11 : Zagrebačka 211, 01 386 27 77, 01 386 22 45, www.hotelvienna-zg.com. Kleines Hotel mit guten Zimmern (Sat-TV, Internetanschluss) am westlichen Stadtrand, Konditorei-Café und Restaurant im Haus. DZ/FR ab 80 €.

Sliško 12 : Bunićeva 7, Tel. 01 618 47 77, www.slisko.hr. Einfaches, sauberes Hotel in einer Nebenstraße unweit des Busbahnhofs, winzige Rezeption, im Haus Restaurant, die Zimmer klein, aber gut eingerichtet und mit Sat-TV sowie Klimanalage. DZ/FR ab 75 €.

Jadran 13 : Vlaška 50, Tel. 01 455 37 77, Fax 01 461 21 51, www.hup-zagreb.hr. Einfaches, aber akzeptables Hotel nur fünf Minuten vom Zentrum, zur Straße etwas laut. DZ/FR ab 70 €.

Fala 14 : II. Trnjanske ledine 18, Tel. 01 611 10 62, Fax 01 619 44 98, www.hotel-falazg.hr. So schlichtes wie freundliches privates Hotel mit nur 13 kleinen, aber sauberen Zimmern mit TV, Minibar, Klimaanlage und Dusche/ WC. 1 km südlich des Lisinski Konzerthauses in Neu-Zagreb. DZ/FR 70 €.

Ravnice Youth Hostel 15 : I. Ravnice 38d, Tel. 01 233 23 25, Fax 01 234 56 07, www. ravnice-youth-hostel.hr. Freundliches kleines Backpackerquartier im Osten der Stadt noch jenseits des Maksimir (Straßenbahnen 11 und 12 bis Ravnice). 30 Betten in Doppel- und Mehrbettzimmern, Küche, Waschküche und Internetzugang, Nächtigung ca. 15 €.

Jugendherberge 16 : Petrinjska 77, Tel. 01 484 12 61, Fax 01 484 12 69, www.hfhs.hr. Recht spartanische Unterkunft, kein Frühstück, keine Aufenthaltsräume.

Auf dem Sljeme (Medvednica-Berg):

Tomislavov Dom 17 : Sljemenska cesta 24, Tel. 01 456 04 00, Fax 01 456 04 01, www. hotel-tomislavovdom.com. Wer die Straße auf den Sljeme nicht scheut und Ruhe sucht, ist hier auf fast 1000 m Höhe gut aufgehoben, Hallenbad und moderne Zimmer mit Sat-TV, Fön und Minibar tragen zum angenehmen Aufenthalt bei. DZ/FR ab 100 €.

An der Autobahn (20 km westlich):

Motel Plitvice 18 : Lučko bb., Tel. 01 653 04 44, Fax 01 653 04 45 www.motelplitvice. hr. Motel im Stil italienischer Raststätten über der Autobahn westlich Zagreb, Zimmer mit Sat-TV und gutem Mobiliar, DZ/FR ab 65 €.

Camping 19 : beim Motel Plitvice (siehe oben), Tel. 01 653 04 44.

In Sesvete (10 km östlich):

Phoenix 20 : 10360 Sesvete, Sesvetska cesta 29, Tel./Fax 01 200 63 33, www.hotelphoenix.com.hr. Gut ausgestattetes modernes Mittelklassehotel, helle Zimmer in warmen Tönen mit Sat-TV, Internetanschluss, Aircondition, Fitnessraum und Restaurant, Bar und Weinkeller. DZ/FR ab 45 €.

Essen in Zagreb ist immer noch relativ preiswert, das herkömmliche Angebot deftiger binnenkroatischer Küche wird allerdings immer mehr von Fastfood und ›internationalem‹ Angebot (vor allem in den Hotels) zurückgedrängt. Die Auswahl an dieser Stelle bevorzugt die traditionellen Lokale.

Kaptolska Klet 21 : Kaptol 5, Tel. 01 48 14 38. Alt-Zagreber Küche in den gemütlichen Gasträumen und im begrünten Hof hinter dem schönsten Haus auf dem Kaptol-Platz, in dem sich die Zentrale der Zagreber Tourismuswerbung befindet. Vorspeisen 3–8 €, gute Fleischgerichte 8–15 €. Besonders gut: Kalbfleisch unter der Glocke *(teletina pod pekom,* 9 €).

Pod Gričkom Topom 22: Zakmardijeve stube 5 (nahe Zahnradbahn), Tel. 01 483 36 07. Das von Bäumen, die leider etwas die Aussicht beeinträchtigen, umstandene Lokal unter dem Lotršćak-Turm ist nicht unbedingt ein Geheimtipp (Karte in vier Sprachen). Eher durchschnittliches Angebot vom Adria-Weißfisch bis zum ortsansässigen Schnitzel, drei Gänge ab ca. 20 €.

Stari Fijaker 23: Mesnička 6. Traditionslokal in alten Mauern, adrett gedeckte Tische, dunkel durch das ebenso gebeizte Holz. Binnenkroatische Küche vom Schnitzel über Gulasch zur Pute mit *mlinzi* oder zu *štrukli* mit Käse aus dem Zagorje, drei Gänge ab 15 €.

Pivnica Vallis Aurea 24: Tomiševa 4, Tel. 01 483 13 05. Gutbürgerliches, sehr preiswertes Lokal mit Biergarten, Küche des Zagorje und Slawoniens: *štrukli* (mit Weißkäse gefüllte Teigtaschen), Strudel, Truthahn mit *mlinzi* (Nudelspezialität), Kotelett Kutjevo usw. – dazu ein Kutjevo Graševina ... köstlich! Tagesgericht 3–4 €, Menü (3 Gänge) 8–13 €.

Vinodol 25: Teslina 10, Tel. 01 481 14 27, www.vinodol-zg.hr. Gutbürgerliches Restaurant im Bräu-Stil z. T. mit Ziegeln kellerartig gewölbt, mit großem Gastgarten und großem Angebot eher deftiger kroatischer Küche, vor allem Fleischspeisen, am Freitag Stockfisch. Zwei Gänge ab 10 €.

Bistro Maharadža 26: Opatovina 19, Tel. 01 481 43 05. Das indische Restaurant mit benachbartem Laden für indische Lebensmittel ist eines der ersten seiner Art im Land. Große Karte mit Tandoori-Gerichten (7–8 €), Curries (8–10 €) und vegetarischen Speisen (4–9 €). Empfehlenswert das Lamm-Korma (9 €).

Zagorcu 27: Frankopanska 13, Tel. 01 483 05 38. Traditionelle Küche des Hrvatsko Zagorje (Ente mit *mlinzi*, *štrukli*) im bürgerlichen Ambiente, viele Stammgäste. Zwei Gänge ab 8 €.

Purger 28: Petrinjska 33, Tel. 01 487 33 94. Gutbürgerliche Küche in großzügigen Portionen; ›Purger‹ ist die kroatische Bezeichnung für die Bürgergarde; So geschl.

Pivnica Pizzeria Kaptol 29: Kaptol 3. Großer Bierkeller des benachbarten Restaurants Kaptolska Klet; die ganz schlichte Bohnensuppe mit Kolbaš-Wurst ist ein Gedicht. Tellergerichte oder Zwei-Gänge-Menü ab 5,50 €, die Mehrzahl der Gäste isst die eher durchschnittliche Pizza.

Trotz Fastfoodinvasion: In Zagreb kann man auch gemütlich essen

Zagreb

Gradska kavana 30: Trg bana Jelačića 9. Traditionscafé am zentralen Platz mit großem, hohem Saal, großzügiger Treppe ins Obergeschoss und dem Gefühl, sich in k&k-Zeiten zu befinden, was vom gehobenen Alter der Gäste herrührt und Details wie der Garderobe mit Personal.

Kavana Dubrovnik 31: im Hotel Dubrovnik, mit Eingang vom Trg Bana Jelačića. Hier sitzt man nicht nur wegen des Kaffees, sondern vor allem, um durch die riesige Glasfront zu sehen und gesehen zu werden.

K & K 32: Jurišićeva 5, Tel. 01 481 35 58. Ein ›angesagtes‹ Café mit entsprechendem Andrang; Bilder und Mementos der Gründerzeit geben dem im Wiener Kaffeehausstil auf zwei Ebenen eingerichteten kleinen Café den Pfiff.

Kaffee-Konditorei Šime 33: Petrinjska 61. Eine Konditorei der ersten Garnitur; die Kremschnitten sind ein Gedicht.

Vinček 34: zwei Konditorei-Cafés; die eine Ilica 18, Tel. 01 483 10 72, die andere Zvonimirova 7, beide zu jeder Tageszeit gut gefüllt mit Leckermäulern.

Lenuci Bar 35: Zrinjevac 15, Tel. 01 487 30 91. Schicke Bar auf zwei Ebenen und – im Hintergrund – Restaurant, viel Glas, trendy und für kroatische Verhältnisse teuer, das Publikum hier stört das nicht.

Täglicher (auch sonntags!), sehr belebter Markt in Dolac, unterhalb vom Kaptol; Marktstände im Freien und in Hallen, viele Bauern aus der Umgebung nehmen daran teil – ein echtes Erlebnis.

Galerija Deči: Radićeva 19, Tel. 01 483 09 44; gute Auswahl bekannter kroatischer Künstler Naiver Malerei und meist zeitgenössischer Kunst.

Bornstein: Kaptol 19 und Pantovčak 9. Weinkeller und -handlung, interessant vor allem die istrischen und slawonischen Weine, in der Handlung im Kaptol Info-Zentrum für istrische Produkte wie Wein, Olivenöl und Trüffel in Zusammenarbeit mit der istrischen Fremdenverkehrswerbung.

Zigante Tartufi: Jurišićeva 19. Der Trüffelpapst aus Istrien hat auch in Zagreb einen Shop.

Ivić: Vlaška 64. *Der* Zagreber Delikatessenladen (wo in Kroatien ›Delikatessen‹ draufsteht, sind noch lange nicht Delikatessen drin).

Algoritam: Gajeva 1. Einige deutsche und große Auswahl englischer Zeitungen und Zeitschriften sowie englischer Bücher und Medien im Gebäude des Hotels Dubrovnik.

Zagreb hat zahlreiche Diskotheken, Nachtklubs und ›Casinos‹ (derzeit 15, die einfacheren nur schlichte Automatenspielsalons) zu bieten. Abendcafés gibt es vor allem in der Tkalčićeva zwischen Kaptol und Gradec und in der von der Gajeva abzweigenden Bogovićeva.

Casino City: im Regent Esplanade, Mihanovićeva 1, Tel. 01 450 10 00.

Grand Casino: im Sheraton, Kneza Borne 2, Eingang Draškovićeva 43, Tel. 01 457 60 90, casinovega@post.htnet.hr.

Disco Aquarius: Matije Ljubeka bb., Jarun, Tel. 01 364 02 31, www.aquarius.hr, Mo geschl. Disco-Club mit lockerer Atmosphäre und den beliebtesten DJs von Zagreb und Kroatien (Sommer-Disco in Novalja, s. Insel Pag S. 288f.).

Jazzklub B. P. Club: Teslina 7, Tel. 01 481 44 44, www.bpclub.hr. Hier wurde Kroatiens Jazzszene geboren, Namensgeber Boško Petrovićs gründete seine erste Band bereits vor einem halben Jahrhundert, damals konnte er in ganz Jugoslawien kein Tenorsaxophon auftreiben.

Hard Rock Café: Gajeva 10, Tel. 01 487 25 48. Zagrebs lautestes Lokal und eines seiner trendigsten.

Sax!: Preradovićeva 22, Tel. 01 487 28 36, www.sax-zg.hr. Rock, Jazz und Soul in angesagtem Club.

Kinos: Programm in den Tageszeitungen.
Apolo: Ilica 90, Tel. 01 376 02 77.

Kinoteka, Kordunska 1, Filme werden im Kino Nove Ves, Nove Ves 18, gezeigt, Programm: www.zagrebfilm.hr. Gutes Programmkino.

Tuškanac Filmhalle: Tuškanac 1, Tel. 01 484 87 71, www.filmski-programi.hr. Klassiker und internationale Filme zeigt die Kroatische Filmunion.

Cineplex: im Branimir Centar, Branimirova 29 (nahe Arcotel Allegra), Tel. 01 468 66 02, www.blitz-cinestar.hr. Mainstream-Filme.

Kroatisches Nationaltheater: Trg maršala Tita 15, Tel. 01 488 84 15, www.hnk.hr. Drei-Sparten-Theater, im Sommer keine Aufführungen.

Konzertsaal Vratoslav Lisinski: Trg Stjepana Radića 4, Tel. 01 612 11 66, www.lisinski.hr. Moderne Kongress-, Konzert- und Veranstaltungshalle.

Zagreb Fair: Avenija Dubrovnik 15, Tel. 01 650 31 11, www.zv.hr. Kongress- und Veranstaltungszentrum auf dem Messegelände.

DHL – Zagreber Messe: Planinska bb , Tel. 01 239 41 11.

Mai: Internationale Wein- und Tourismusmesse.

Ende Mai: Internationale Gartenschau ›Floraart‹ (Zagreber Blumenschau).

Sommermonate: Zagreber Musiksommer, mit Veranstaltungen an diversen Standorten.

Juni: EUROKA (Festival der Avantgarde-Theater).

Juni: Weltfestival des Zeichentrickfilms.

Juli: Internationale Folkloreschau.

September: Internationales Puppentheaterfestival, u. a. Zagreber Puppentheater, Baruna Trenka 3, Tel. 01 487 84 45, www.zkv.hr.

Freizeit- und Sportzentrum Jarun: Jarun bb., Tel. 01 383 28 27. Sportstätte an z. T. künstlichen Seen der Save südlich der Stadt, enormes Sportangebot von Leichtathletik über Platzspiele bis zu Wassersport, Regatta-Rennstrecke, schönes Strandbad.

Sportpark Mladost: Jarunska cesta 5, Tel. 01 365 85 55. Wasser- und Hallensportanlagen.

Tenniszentrum Maksimir: Ravnice 1, Tel. 01 291 04 29. 26 Tennisplätze, 22 in der Halle.

Dom Sportova: Trg sportova 11, Tel. 01 365 03 33. Große Halle und Nebenanlagen, Eislauf, Hockey, Hallenballsport u. a.

Sporting Gym: Schlosserove stube 2, Tel. 01 455 80 08. Fitnesszentrum des Sportvereins ŠRC Šalata, auch für Nicht-Vereinsmitglieder.

Golf auf dem 9-Loch-Platz des Golf & Country Club Zagreb südwestlich der Stadt, Jadranska avenija 6, Tel. 01 780 04 81, www.gcczagreb.hr

Wandern, Mountainbiken und Wintersport auf der Medvednica, **Infos:** Park Prirode Medvednica, Lugarnica Bliznec, Bliznec bb., 10 000 Zagreb, Tel. 01 458 63 17, Fax 01 458 63 18, www.ppmedvednica.hr; oder im Info-Center des Naturparks in Donja Stubica, Golubovečka 42, Tel. 049 28 69 07. Hier gibt es auch eine vom Park veröffentlichte Wanderkarte. Eine SMAND-Wanderkarte 1:25 000 verkaufen die Zagreber Buchhandlungen.

Internationaler Flughafen Zagreb: Tel. 01 626 52 22, www.zagreb-airport.hr, 17 km außerhalb. Direktflüge (Flughafenbus ab Busbahnhof, eigenes Check-in rechts unten, außen im Erdgeschoss) zu mehreren europäischen Zielen, u. a. Wien, Zürich, München, Frankfurt und Berlin.

Croatia Airlines: Zrinjevac 17, Tel. 062 777 77, www.croatiaairlines.com.

Lufthansa: Zrinjevac 18, Tel. 01 487 31 21, www.lufthansa.com.

Regionale und überregionale Verbindungen:

Hauptbahnhof: Trg kralja Tomislava 12, Tel. 060 33 34 44, www.hznet.hr. Direkte Züge nach Wien, Budapest, Villach (Salzburg und München), Rijeka, Knin, Split und Belgrad.

Busbahnhof: Avenija Marina Držića bb., Tel. 01 600 86 00. Direktbusse in alle Landesteile.

Innerstädtisches Verkehrsnetz: Gute verbindungen mit Straßenbahnen und Bussen, zum Teil noch alte Garnituren, die nach und nach ersetzt werden. Tickets am Kiosk. Das Ticket muss in der Bahn/im Bus sofort entwertet werden. Übersichtsplan in der Infobroschüre der Zagreber Touristeninformation.

Taxi: z. B. am Hauptbahnhof oder Tel. 06 080 08 00.

Das Zagorje liegt jenseits des grünen Waldberges der Medvednica. Zagorje bedeutet denn auch sinngemäß ›jenseits des Berges‹. Hrvatsko Zagorje, Kroatisches Zagorje, wird die Landschaft genannt, um sie von anderen Landstrichen dieses Namens zu unterscheiden.

Das Zagorje besitzt die größte Konzentration von Ortsnamen, die mit ›Toplice‹, d. h. Thermalbad, verbunden sind. Dass hier so viele Thermen existieren, braucht uns nach einem Blick auf die Tektonik des Untergrundes nicht zu wundern. Medvednica und Kalničko gorje, die Karte verrät es, streichen Südwest-Nordost (›variskisch‹). Sie liegen also ziemlich quer zu der Streichrichtung der viel jüngeren alpinodinarischen Massive wie der Vukomeričke gorice südlich von Zagreb. Das gibt Konflikte, die keineswegs beigelegt sind: (erloschener) Vulkanismus, häufige Erdbeben und eben heiße Quellen.

Thermen allein machen die Anziehungskraft und den Charme dieser Landschaft nicht aus. Vielmehr sind es die weichen Hügel mit Weinbergen, die sich jeder Rundung anschmiegen, nicht wie sonst in Mitteleuropa flurbereinigt, sondern noch in kleinen Parzellen – mit Steinmäuerchen, Hecken und eingesprengten Waldstücken. Dazwischen immer wieder einzelne Bauernhäuser, viele noch in alter Bauweise. Aber schon drängen sich zunehmend rote Ziegeldächer ins Landschaftsbild. Die Dörfer glucken um spitze Kirchtürme mit barocken Zwiebelhelmen, Kirschbäume und Zwetschgenbäume umgeben sie und die kleinen Felder, auf denen Gemüse und Kartoffeln für die Eigenversorgung gezogen werden.

Die Rundfahrt (man braucht einen Wagen dazu) führt von Zagreb entlang dem Südfuß der Medvednica nach Sveti Ivan Zelina mit seinen attraktiven Weinbergen und dann nach Marija Bistrica, dem ersten Ort im Za-

gorje, einem für Kroatien sehr wichtigen Wallfahrtsort. In Zlatar lockt ein Barockschloss, im Dorf Belec eine wunderschöne barocke Kirche, in Lepoglava eine Klosterkirche und die typischen Klöppelarbeiten, in Trakošćan das romantische Schloss. Am zweiten Tag dann Krapina mit seiner Burgruine, die Wallfahrtskirche Trški Vrh, die eindrucksvolle Burg Veliki Tabor mit ihrem Blick hinein nach Slowenien, Schloss Miljana und das Tito-Geburtsdorf Kumrovec, das Thermalbad Stubičke Toplice und Stubica mit seinen Erinnerungen an den Bauernaufstand von 1573 und dem Barockschloss. Zuletzt noch viel Wald und die Medvednica, bevor man wieder Zagreb erreicht. Eine Rundtour mit Ausgangsort Zagreb und Übernachtung, ca. 250 km, dauert zwei Tage (Kilometerangaben beziehen sich immer auf den Ausgangspunkt Zagreb).

Über Sveti Ivan Zelina nach Trakošćan

Reiseatlas: S. 17, B/C 2/3

Sveti Ivan Zelina

Das Städtchen **Sveti Ivan Zelina** (32 km) lebt nicht nur vom Weinbau, aber der trägt doch ganz wesentlich zu seinem Wohlstand bei. Auf dem welligen sonnigen Gelände am Südfuß der Medvednica, Prigorje genannt, gedeihen vor allem fruchtige Weißweine, die man in mehreren Kellereien probieren kann. Der hübsche Ort ist ganz auf den Weinbau und die Produktion von Bermet-Likör (ein

Aperitif aus Wein und Gewürzen) eingestellt. 5 km außerhalb liegt auf einem Hügel die barocke Wallfahrts- und Wehrkirche von Komin mit illusionistischer Freskenausmalung und üppiger Ausstattung aus dem 18. Jh.

Marija Bistrica

Schon jenseits der Medvednica und damit im Hrvatsko Zagorje (mit dem Pkw nur auf dem Umweg über die N 3 und Hrastje zu erreichen!) liegt **Marija Bistrica** (51 km), einer der bedeutendsten Wallfahrtsorte Kroatiens, wo man seit den ersten Türkenkriegen des 16. Jh. eine schwarze Madonna verehrt. Nachdem man die Phalanx der Devotionalienläden mit ihrem bemerkenswert kitschigen Angebot durchschritten hat, erreicht man die Kirche selbst, die erst nach dem Brand von 1880 entstand und das Standbild der Gottesmutter enthält, eine Schwarze Madonna. Welche Wunder das Gnadenbild wirkt, illustrieren die Votivtafeln und die Fresken des Kreuzgangs.

Zlatar und Belec

Vorbei an der schönen neo-palladianischen Villa (Schloss) Hellenbach und Zlatar Bistrica im Tal der Krapina erreicht man **Zlatar** (63 km) mit der barocken Dreiflügelanlage von Schloss Zajezda, einem 1740 errichteten Besitz der Familie Patačić. Die beiden Stockwerke sind zum Innenhof mit Arkaden geöffnet, die dem Ganzen einen Renaissance-Charakter geben. Ein Abstecher führt nach **Belec** (71 km), einem Dorf am Hang des Ivanščica-Bergzuges. In der dortigen Kirche Sveta Marija Snježna (Maria Schnee) befindet sich eine der schönsten barocken Innenausstattungen Kroatiens, ein Werk des Ivan Ranger aus dem Jahr 1742. Kanzel, Altäre und Freskierung sind von diesem Paulinerfrater als Gesamtkunstwerk konzipiert und ausgeführt worden. Eindruck macht vor allem die Bewegtheit der in den Raum ausgreifenden Figuren an der Kanzel und auf den Altären.

Lepoglava

In **Lepoglava** (102 km), dem ersten Ort jenseits der Ivanščica, prosperierte bis zur

Mit dem Autor unterwegs

Sehenswert
Marija Bistrica: Die Wallfahrtskirche ist die bedeutendste Kroatiens (s. S. 111).
Belec und Lepoglava: Ivan Ranger malte die Kirche in Belec und das Paulinerkloster in Leopoglava aus. Er ist der bedeutendste Barockmaler Kroatiens (s. S. 111f.).
Trakošćan: Das Schloss aus der Romantik ist in einen englischen Landschaftspark eingebettet (s. S. 112).
Krapina: Der weltweit bedeutendste Neanderthaler-Fundort – heute ein hübsches Städtchen (s. S. 112).
Veliki Tabor: Die mächtige Burg ist gut erhalten, beherbergt zwei Museen und gewährt herrliche Ausblicke (s. S. 113).

Für Genießer
Das Hrvatsko Zagorje kulinarisch erkunden: Wer nicht Ente mit Mlinzi und Štrukli gegessen und dazu lokalen Wein getrunken hat, der hat das Hrvatsko Zagorje nicht gesehen (s. S. 114).

Marschall Titos Geburtsort
Verschämt ist man auch heute noch stolz auf (den Kroaten) Tito, so in Kumrovec (s. S. 113).

Einkaufen
Die **Klöppelspitzen** von Lepoglava sind besonders fein (s. S. 112).

Schließung während der josefinischen Reformen (1786) ein Kloster der Pauliner, in dem 1503 das erste Gymnasium auf kroatischem Boden eingerichtet wurde und ab 1671 eine Universität. Der nach der Säkularisierung verwaiste Bau wurde, wie das oft mit Klöstern der Fall war, im 19. Jh. als Zuchthaus verwendet. Die Liste der im 20. Jh. hier Inhaftierten liest sich wie ein Who-is-who der kroatischen Geschichte (u. a. Tuđman). In der ehemaligen Klosterkirche, deren spätgotischer Bau barock überformt wurde, dominieren die illusionistischen Fresken von Ivan Ranger, dessen

Werk wir schon aus Belec kennen. Ranger lebte von 1730 bis zu seinem Tod 1753 in Lepoglava, aber er schmückte auch die Kirchen vieler anderer Orte, etwa die Remete-Kirche bei Zagreb, wie auch die Franziskanerapotheke in Varaždin mit seinen Fresken. Auch die kleine Kirche auf dem Purga-Berg westlich Lepoglava (Lepoglavska Purga) wurde von Ivan Ranger ausgemalt, sie gehörte ebenfalls den Paulinern und wurde 1749 geweiht.

Andenkenjäger decken sich in Lepoglava mit **Spitzen** ein. Die Lepoglavska Čipka werden aber auch auf dem Markt in Zagreb von Frauen aus Lepoglava angeboten. Die Tradition des Spitzenklöppelns ist auf Lepoglava und einige Dörfer der Umgebung beschränkt, sie geht auf eine Initiative der Pauliner zurück.

Hinweis: Lepoglava gehört wie Trakošćan zur Grafschaft Varaždin, für allgemeine Auskünfte siehe Tourismusinformation Varaždin!

Trakošćan

Noch grüner wird es im Waldbergland der Ravna gora nördlich von Lepoglava, dessen Eintönigkeit plötzlich durch eine Burg unterbrochen wird, die auf einem Felsen über der Straße aufragt. Auf der anderen Seite blickt sie auf einen See hinunter: **Schloss Trakošćan** (113 km). Der größte Teil dieser im Mittelalter gegründeten Anlage stammt aus dem 19. Jh. Damals ließ Juraj Drašković die aufgegebene Festung in ein Schloss der Romantik verwandeln, gleichzeitig wurde das Waldland um das Schloss in einen Landschaftspark mit künstlichem See umgestaltet.

Die Grafen von Cilli (heute Celje in Slowenien), mächtige Territorialherren im Zagorje, in Varaždin, dem Međimurje und Teilen Sloweniens, hatten die Burg im 15. Jh. von einem unbekannten Adelsgeschlecht übernommen. Seit 1584 gehörte sie den Drašković, die sie vor dem Zweiten Weltkrieg an den Staat abtraten, der daraus ein Museum machte. Heute fordert die Familie das Schloss und die ausgedehnten Ländereien zurück, darunter ein riesiges Jagdrevier. (Die Burg liegt 8 km östlich des Grenzübergangs nach Ptuj, Slowenien, tgl. 9–18, im Winter 9–15 Uhr, Tel. 042 79 62 81, www.trakoscan.hr.)

Coning: 42254 Trakošćan, Tel. 042 79 62 34, Fax 042 79 62 05 , www.coning.hr. Komfort im nicht mehr ganz taufrischen Hotel unterhalb des Schlosses am See, Fitnessraum, Sauna und Tennisplätze, ringsum Wald. DZ/FR ab 65 €.

Von Krapina bis Stubica

Reiseatlas: S. 17, A/B, 2/3

Krapina

Das Kleinstädtchen **Krapina** (135 km), heute Verwaltungshauptort für das Zagorje, war im drastisch geschrumpften kroatischen Königreich der Türkenkriege mehrmals Tagungsort des Sabor, des kroatischen Parlaments. Sitz des Parlaments war dann die Burg über der Stadt, heute Ruine. 1899 wurde Krapina weltbekannt, als dort Knochen von 70 Menschen vom Neanderthaler-Typus gefunden wurden. Ein Teil ist im örtlichen Muzej Hušnjakovo (Evolutionsmuseum) unterhalb des Fundortes – mit lebensgroßen Neanderthaler-Skulpturen – ausgestellt, der größte Teil der Funde befindet sich jedoch im Naturkundlichen Museum von Zagreb. Was sie so berühmt macht ist weniger ihr Alter (ca. 130 000 Jahre) sondern vielmehr die Menge der Knochen: 900 Teile von 70–80 Individuen wurden gefunden. Ein vom amerikanischen National Geographic gesponsertes Kodierungs- und virtuell dreidimensionales Kopierprogramm soll Ordnung in die Fundfülle bringen.

Die durch eine viel zu nahe Straßenumfahrung und die Autobahn auf der anderen Talseite in Mitleidenschaft gezogene Stadt besitzt ganz in der Nähe auf dem **Trški Vrh** einen bedeutenden Wallfahrtsort, die **Kirche der Muttergottes von Jerusalem (Crkva Jeruzalemske Božje Majke).** Auch das dortige Gnadenbild, eine in Jerusalem erworbene Marienstatue, überlebte einen Brand. Ein Wunder, das noch heute Menschen in Scharen anzieht. Die wegen ihrer Geschlossenheit bemerkenswerte Anlage gehört zu den schönsten Barockbauten im Hrvatsko Zagorje. Der Innenraum der Kirche innerhalb

Altes Holzhaus bei Krapina

eines von Arkadengängen flankierten Mauer-
ringes ist mit den Altären eines lokalen Meisters ausgestattet. Die anrührend naiv gese-
henen Figuren der Seitenaltäre sind in einen
zweidimensionalen Rahmen hineingestellt.
(Öffnungszeiten des Muzej Hušnjakovo/Evo-
lutionsmuseum in Krapina: Mai–Sept. 8–18,
im Winter 8–15 Uhr.)

Veliki Tabor

Über **Bežanec**, wo ein repräsentatives Landhaus großzügig zum Hotel umgestaltet
wurde, führt die gewundene Straße durch
eine weich geschwungene Hügellandschaft
zur **Burg Veliki Tabor** (156 km) nahe dem Ort
Desinić. Von den massiven Türmen der Außenburg, errichtet im 15. und 16. Jh., genießt
man einen weiten Blick über das Land, vor allem nach Westen ins benachbarte Slowenien.
Der Renaissance-Arkadenhof zwischen dem
Palast des 12./13. Jh. und der Außenburg ist
nach einer zweijährigen Renovierung wieder
gut in Schuss. Ein Kroatisches Kriegsmu-
seum befindet sich im Erdgeschoss, das
reichhaltig bestückte Heimatmuseum in einigen Räumen des Obergeschosses (Lage und
Öffnungszeiten: Schloss Veliki Tabor, Taborgradska 1, Zufahrt von der Straße Desinić-

Miljana, 49216 Desinić, Tel. 01 34 30 52,
ganzjährig geöffnet, tgl. 10–18 Uhr).

Kumrovec

Auf dem Weg liegt auch das hervorragend
restaurierte **Barockschloss Miljana** (160
km), in dessen Arkadeninnenhof man von der
Straße aus einen Blick werfen kann. Das im
Langhaus (17. Jh.) wurde von Anton Lerchin-
ger mit Fresken ausgemalt: heitere Bilder mit
Schäferidyllen, Jahreszeiten und Szenen aus
dem Leben des Adels im Stil des Rokoko.

Noch einen weiteren Halt sollte man auf
dem Rückweg nach Zagreb machen – im
Museumsdorf Kumrovec (168 km). Die
Haustypen des Zagorje haben sich hier gehalten, weil in einem von ihnen im Jahr 1892
Josip Broz Tito geboren wurde, der Mann,
der ein halbes Jahrhundert Nachkriegsge-
schichte in Jugoslawien geprägt hat. Das
ganze Dorf wurde von den kommunistischen
Behörden pietätvoll unter Schutz gestellt. Da
der hier Geborene Kroate gewesen war, ließ
man die Unterschutzstellung nach der Unabhängigkeitserklärung bestehen. So kann man
heute nach wie vor die etwa 25 museal eingerichteten Häuser des Dorfes besichtigen,
darunter natürlich das Haus der Familie Broz.

›Hinter den Bergen‹ – das Hrvatsko Zagorje

Bei Kumrovec:
Aquae Vivae: 49217 Krapinske Toplice (Heilbad zwischen Kumrovec und Gubica), A. Mihanovi/a 2, Tel. 049 20 22 02, Fax 049 23 23 22, www.aquae-vivae.hr. Kurhotel im Thermalbad, modern, angenehm, wenn auch nicht gerade einfallsreich eingerichtet, Zimmer mit Sat-TV und Internetzugang, im Haus Sauna, Hallenbad, Fitnessraum und diverse Kurwanwendungen. DZ/FR ab ca. 40 €.

Bahn von Zagreb mit Umsteigen in Savski Marof, vom Bahnhof 20 Min. zu Fuß, tgl. im Sommer 9–19, im Winter 9–16 Uhr, www. mdc.hr/kumrovec)

Stubičke Toplice und Stubica

Stubičke Toplice (198 km) liegt am Nordfuß des Berges über einer tektonischen Störung. Die schon in römischer Zeit verwendeten bis 63 °C heißen Quellen werden ohne Unterbrechung seit 1776 genutzt, heute bei Gelenkkrankheiten und Schlaganfällen. Die ausgedehnten, zu den größten Kroatiens zählenden Bade- und Rehabilitationseinrichtungen sind weniger unter ästhetischen als medizinischen Gesichtspunkten bemerkenswert.

Der Ästhet flieht ins nahe **Stubica** (204 km) mit seinen Ortsteilen Donja (Unter-) und Gornja (Ober-)Stubica. Letzteres ist als Symbol für den Zagorje-Bauernaufstand von 1573 zu Berühmtheit gelangt. Nahe der Pfarrkirche des hl. Georg mit ihrem Zwiebelturm steht nämlich eine uralte, heute mit Stahlklammern und -ringen gestützte Linde, die von der Tradition mit den Führern der damaligen Aufständischen verbunden wird. Matija Gubec, Ivan Pasanac und zwei andere Bauernführer sollen hier zu der Entscheidung gekommen sein, die Befreiung der Bauern vom Joch der Leibeigenschaft mit Gewalt zu versuchen. Von hier, heißt es, brachen sie auf, um den ersten Überraschungsschlag zu führen, die Eroberung der Festung Cesargrad oberhalb Klanjec. Am 15. Februar 1573 wurden Gubec und Pasanac nach anfänglichen Erfolgen und späteren katastrophalen Niederlagen des Bauernheeres auf dem Marktplatz in Zagreb öffentlich gefoltert und hingerichtet.

Im barocken **Schloss Gornja Stubica** der adeligen Familie Oršić stellt das seit der Tito-Zeit bestehende Revolutionsmuseum detailliert die Bauernaufstände dar. Ihnen ist auch das Denkmal unterhalb gewidmet, vor allem aber Matija Gubec, den die lokale Überlieferung wie Barbarossa nicht sterben lassen will: Er sitzt mit seinen Kampfgefährten in einem Hügel des Zagorje und sein Bart wächst schon neun Mal um den Tisch herum, während sich immerfort die Gläser mit Wein füllen. Schließlich muss sich in einer Weinlandschaft auch ein in den Berg Gebannter mit Wein bei Kräften halten. Das 1756 begonnene Schloss ist nicht nur wegen des Museums von Interesse, vielmehr verdienen die mit Arkaden geschmückte Hofseite und die Kapelle mit ihrer illusionistischen Deckenmalerei den Besuch. (Muzej Seljačke Bune/Museum der Bauernaufstände: tgl. 9–17, im Sommer 9–19 Uhr.) Über die Medvednica kommt man zurück zum Ausgangspunkt der Rundreise, Zagreb (250 km).

In Stubičke Toplice:
Matija Gubec: Viktora šipeka 31, 49244 Stubičke Toplice, Tel. 049 28 25 01, Fax 049 28 24 03, www.hotel-mgubec.com. Großes Hotel, nicht nur für Kurgäste, mit Restaurant; DZ/FR 75 €. Alle Kuranwendungen; Infos und Buchungen über Centar za rehabilitaciju, Tel. 049 23 21 65, Fax 049 23 23 22.
In Pregrada:
Dvorac Bežanec: 49218 Pregrada, Valentinovo 55, Tel. 049 37 68 00, Fax 049 37 68 10, www.bezanec.hr. Luxusunterkunft im Jagdschloss auf dem Lande mit Kunstgalerie. Unschlagbar! Wiedereröffnung nach Renovierung 2008 (zuvor kontaktieren). DZ/FR ab 80 €.

Grešna Gorica, Taborgradska 3, 49216 Desinić, Tel. 049 34 30 01. Küche und Weine des Zagorje im Holzhaus zwischen Weinreben und Wald gegenüber der Burg Veliki Tabor. Köstliche kalte Vorspeisen, z. B. Frischkäse (sir svježi sa vrhnjem) und Speckaufstrich (zaseka), Truthahn und Ente mit *mlinci* (Teigwaren), gute Weine, persönlicher Service. Komplettes Menü ab 15 €.

Was wäre Zagreb ohne sein Hinterland und die beliebtesten Wochen-
endziele der Hauptstädter: das nahe, idyllische Samobor mit seinen von
Wanderwegen durchzogenen Kalkbergen und kulinarischen Versuchun-
gen, die von Kanuten geliebten Flüsse Kupa, Korana, Dobra und Mež-
niza oder die Orte Karlovac, Ozalj und weiter im Süden Slunj.

Samobor und die Žumberačko Gorje

Reiseatlas: S. 17, A 3/4

Samobor

Wenn die Zagreber am Sonntagabend wieder
fort sind, fällt Samobor zurück in seinen
Dornröschenschlaf. Nur nicht im Karneval,
der hier Fašnik heißt. Wenn ›Prinz Faš‹ zum
Samoborski Fašnik regiert, lebt sich die Stadt
so richtig aus, von Schlaf keine Spur. Drei
Wochen lang jagt dann in der ›Freien Fašnik
Republik Samobor‹ ein Höhepunkt den
nächsten. Bier und Wein fließen in Strömen,
Faschings-*krafl* und Schaumschnitten, schon
während des restlichen Jahres die große
Spezialität des Ortes, werden gleich tonnen-
weise produziert und verzehrt. Eher unangenehm ist der Fasching für die Schweine: Rosenmontag und Faschingsdienstag sind vor
Aschermittwoch die letzten Tage, an denen
man nicht fasten muss – da wird aus den
meisten Schweinen Schweinebraten.

Samobor ist eine selbstständige Gemeinde am Rand des Žumbarak-Berglandes,
etwas über 20 km westlich von Zagreb. Der
Ort liegt am Fuß grüner Waldberge zu beiden
Seiten eines klaren Baches, der flussaufwärts
ein Stück weit von einem Weg begleitet wird,
bis die Straße im engen Tal den gesamten
Platz fordert. Samobor hat ein hübsches barockes Ortsbild mit einer gotischen Pfarrkir-

che und – etwas talaufwärts – einer prächtigen Burgruine, in den Cafés auf dem Marktplatz wird die zweifelsfrei beste Kremšnite im
ganzen Land verkauft. Der regional beliebte
Aperitif Bermet wie der lokal hergestellte Senf
sind die Geschmacksprobe wert und als Mitbringsel geeignet. Weinspechte verlieren sich
in den Weinbergen um Samobor und am
Südabfall des Žumbarak: Dieser Wein ist
nicht in Flaschen zu kaufen – den meist als
Heurigen getrunkenen Graševina (Welschriesling) muss man schon direkt beim Winzer
trinken.

Das Städtchen Samobor ist jung, wie man
den Häusern des Stadtplatzes **Trg Kralja Tomislava** ansieht, die nicht älter als maximal
200 Jahre sind. Im Stadtmuseum entdeckt
man in einem großen Relief die Entwicklung
des Ortes zum Zeitpunkt 1793–98 – da war
Samobor noch ein Dorf. Aber das Städtchen
hat Atmosphäre, idyllische Winkel und im
ehemaligen Stadthaus der Pfleger, im Haus
Livadić, ein liebevoll angelegtes und interessantes **Stadtmuseum (Samoborski Muzej).**
Seinen Namen hat das Haus vom kroatischen
Komponisten Ferdinand Weisner (1799–
1879), der hier lebte, als glühender Patriot
seinen Namen kroatisierte und als Ferdo Livadić einer der Anführer der Illyrischen Bewegung war, die sich die Wiederauferstehung
des unabhängigen kroatischen Staates zum
Ziel gesteckt hatte. Neben den geologischen,
archäologischen und anderen Sammlungen
im Haupthaus gibt es im ›Kleinen Haus‹,

Richtig Reisen-Tipp:
Auf historischen Pfaden von Samobor auf den Oštrc

Kroatiens erste organisierte Gruppenwanderung ging von Samobor auf den Oštrc. Das war am Ende des 19. Jh. nicht ganz so leicht wie heute, denn die jahraus, jahrein am Wochenende geöffneten Berghütten gab es damals noch nicht. Die beschriebene Wanderung ist ganzjährig gehbar (im Hochwinter bei Schneelage anstrengend), hat Mittelgebirgscharakter mit einigen steilen Stellen (Gipfel des Oštrc) und dauert etwa 6 Std.

Man verlässt **Samobor** talaufwärts auf der Straße entlang dem durch den Ort führenden Bach. Nach etwa 10 Min. nimmt man die Straße nach Rude, die links abzweigt. Hinter der zweiten Brücke liegt rechts ein großer Parkplatz, eine rot-weiße Markierung

und der Hinweis ›Oštrc‹ weisen auf einen nach rechts und 30 m weiter nach links und aufwärts führenden Weg. Nun heißt es, der Markierung zu folgen. Man passiert einen Weinberg, durchquert einen sehr schönen Laubwald mit Rotbuchen und Eichen, gelangt auf die Hochfläche und an die Straße beim Ort **Palačnik**. Hinter dem Ort geht der Weg bei einem Bildstock wieder nach rechts von der Straße weg. Man passiert einen weiteren **Weinberg** mit Winzerhäuschen, wo am Wochenende junger Wein angeboten wird, kommt wieder an die Straße und geht 2 Min. später wiederum nach rechts auf einen Fußweg. Er führt zuerst steil, dann flach zu einer Gabelung, wo man rechts geht.

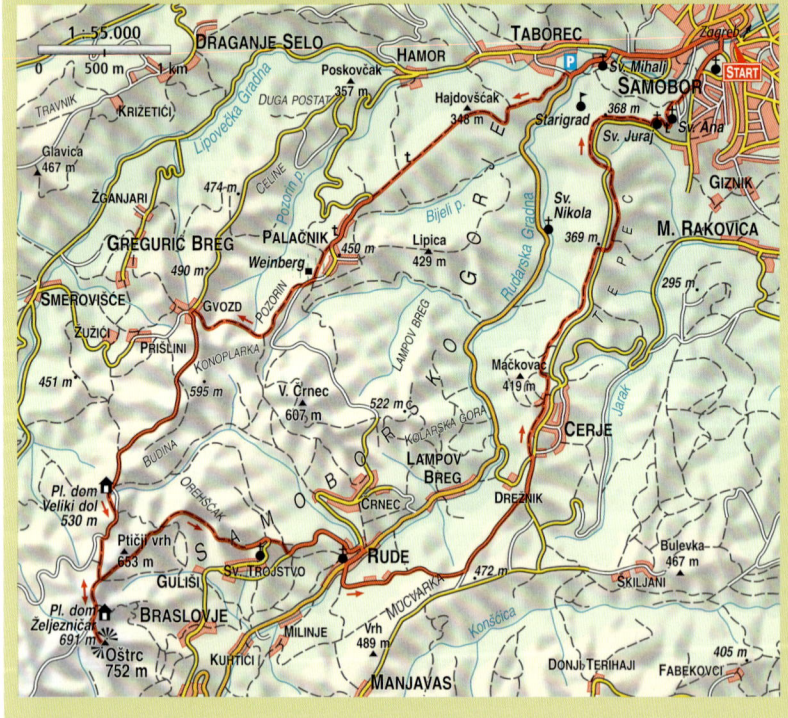

Beim Weiler **Gvozd,** den man ca. 10 Min. später erreicht, geht man scharf nach links aufwärts und kommt auf einen schlechten Fahrweg. Er fährt zunächst bergauf, dann geht er rechts am Hang weiter. Bald hinter der Einmündung eines markierten Wegs von rechts ist die **Schutzhütte Veliki Dol** erreicht. Hinter dem Haus geht der Wanderweg als Fußweg weiter und führt auf einen Rücken, wo man bei einer Wegkreuzung nach rechts abbiegt.

5 Min. später führt ein scharfer Linksknick auf einen Pfad, der recht steil auf einen Rücken hinaufleitet und zur **Oštrc-Schutzhütte** (offiziell **Planinarksi dom Željezničar**) auf einem Sattel. Den **Gipfel** erreicht man von der Hütte aus auf einem ausgewaschenen Weg in guten 5 Minuten. Es bietet sich ein herrlicher Blick von den verkarsteten Felsplatten unter dem Gipfelkreuz.

Der Rückweg führt wieder über die Hütte und auf dem Aufstiegsweg bis zu der Stelle, wo er den Rücken erreicht. Diesmal geht man jedoch nach rechts hinunter und folgt dem mäßig abfallenden Pfad über die Kirche Sveti Trstvo (etwas unterhalb) zum Dorf **Rude.**

In Rude nimmt man am besten den Bus zurück nach Samobor oder man quert das Tal und geht jenseits entlang des wenig befahrenen Sträßchens nach **Cerje Samoborske** und weiter auf der Straße in Richtung Samobor, wobei den größten Teil der Strecke in einiger Entfernung ein (mit Samobor gekennzeichneter) Wanderweg verläuft. Er mündet oberhalb der Stadt bei der Kapelle Sv. Juraj, auf dem aussichtsreichen Kreuzweg geht man hinunter nach **Samobor,** das man bei der Stadtpfarrkirche erreicht.

Die Hütten: **Dom na Oštrcu,** Gebirgsverein Željezničar in Zagreb, geöffnet Sa/So/feiertags, Tel. 01 337 91 17, die Hütte selbst hat kein Telefon; **Dom na Veliko dol,** Gebirgsverein Japetić in Samobor, Tel. 098 79 88 21 oder 098 906 00 56 (Hüttenwart).

70 m entfernt, eine ethnologische Sammlung, die auf zwei Stockwerken ein bäuerliches Haus der Gegend, wie es vielleicht im späten 19. Jh. existierte, rekonstruiert. Auf der Südseite des Flusses, links an der im Kern gotischen **Stadtpfarrkirche Sv. Anastazije** vorbei, führt die Straße Milana Langa zum **Franziskanerkloster** mit barocker Kirche (Öffnungszeiten des Stadtmuseums: Di–Sa 9–15, So/feiertags 9–13 Uhr).

Die Žumberačko Gorje

Das Bergland der **Žumberačko Gorje,** im Umland der Stadt auch **Samborsko Gorje** genannt, ist geologisch vielfältig. Man findet Kalk aus der Trias, paläozoischen Sandstein mit vielen Mineraleinschlüssen, später entstandene Erzgänge (Kupfer, Zink, Blei etc.) und Dolomit. Das wirkt sich auch auf die Landschaftsformen aus: aus weich gerundeten und bewaldeten Hügeln ragen steile Dolomitfelsen auf. Kontinentale, mitteleuropäische und mediterrane Pflanzen gedeihen trotz unterschiedlicher Ansprüche an den Untergrund nebeneinander.

Wie das gesamte Umland des wanderfreudigen Zagreb ist auch das Bergland der Žumberačko Gorje von einem dichten Wege- und Hüttennetz überzogen. Es gibt sogar einen (kurzen, ca. 50 m hohen) versicherten Klettersteig, den Žoharov Klinčani Put am Okić, wo sich auch (neben dem Terihaji) die meisten Freikletterrouten befinden. Der längste durchgehende Wanderweg, der **Put Kraljice Buke,** führt von Slani Dol, einem Dorf 7 km westlich von Samobor, nach Sošice. Er ist durchgehend mit der 1 im roten Ring gekennzeichnet und 35 km lang. Geübte Wanderer schaffen ihn an einem Tag.

An dieser Stelle ist nicht der Platz, Detailtipps zu geben (bis auf den ganz besonderen, der links im Kasten nachzulesen ist), deshalb nur der Hinweis auf zwei Wanderkarten: Im Handel (nur in Zagreb in den Buchhandlungen!) gibt es die SMAND-Karte Nr. 8 ›Samoborsko Gorje‹ im Maßstab 1:25 000, sie stellt im Wesentlichen den Ostteil des Mittelgebirges dar. In der Touristeninformation Samobor (s. S. 118) wird die Wander-

Von Samobor nach Karlovac

karte Park Prirode Žumberak–Samoborsko gorje im Maßstab 1 : 50 000 verkauft. Diese weniger detailreiche aber ziemlich verlässliche Karte stellt das gesamte Mittelgebirge dar. So gewinnt man einen guten Überblick!

Die Bauern der Gegend bauten ihre – wie im Museum in Samobor – meist zweistöckigen Häuser als Blockbauten auf einen Steinsockel, der in der Regel den Stall enthielt. Einige wenige dieser Häuser haben sich gut erhalten und das eine oder andere kann sogar besichtigt werden. Besonders schön, weil original ausgestattet, ist ein Haus in **Klake**, einem Dorf ca. 7 km südlich von Samobor. Die **Etno Kuća pod Okićem** zeigt besonders eindringlich, wie schlicht die Menschen bis vor kurzem lebten. Zwei weitere alte Bauernhäuser mit Besichtigungsmöglichkeit befinden sich in Krašić ganz im Westen des Gebirges in der Nähe von Ozalj (s. u.; Etno Kuća pod Okićem: Podokićka 40, Klake, Tel/Fax 01 338 23 35, www.etno-kuca.hr, So/Fei 10–17 Uhr).

Wer durch die Dörfer der Region spaziert, wird in einigen jeweils zwei Kirchen entdecken, teils nebeneinander wie in **Sošice,** teils an den entgegengesetzten Enden des Dorfes wie in **Budinjak.** Eine der beiden ist immer römisch-katholisch, die andere griechisch-orthodox – das hängt mit der Besiedlungsgeschichte zusammen: Flüchtlinge aus den von Türken besetzten Regionen Serbiens und Bosniens, die zumeist Orthodoxe waren, wurden von der österreichisch-ungarischen Monarchie u. a. hier angesiedelt. Dazukam ein nicht unbeträchtlicher Zufluss von Uskoken, die nach den verlorenen Kämpfen gegen Venedig und Österreich ebenfalls hier angesiedelt wurden (s. S. 260).

TZG Samobora: Trg kralja Tomislava 5, 10430 Samobor, Tel. 01 336 00 44, Fax 01 336 00 50, www.samobor.hr.

Livadić: Trg kralja Tomislava 1, Tel. 01 336 58 50, Fax 01 332 58 51, www. hotel-livadic.hr. Zentral am Marktplatz gelegenes Familienhotel mit überdurchschnittlich komfortablen, ruhigen Zimmern mit großen, luxuriös ausgestatteten Bädern, einige Zim-

mer ganz neu (wenn auch nicht stilsicher) eingerichtet; eigenes Restaurant und gute Café-Konditorei (*kremšnite* und *torta Livadić* probieren!). DZ/FR ab 65 €.

Ribarska kuča ›Samoborski slapovi‹: Hamor 16, Tel. 01 338 40 63, Fax 01 336 69 71. Modernes Hotel im Grünen außerhalb des Ortes; Zimmer mit Sat-TV, die unterm Dach könnten etwas heller sein, Restaurant. DZ/FR ab 50 €.

Lavica: Ferde Livadića 5, Tel./Fax 01 336 80 00, www.lavica-hotel.hr. Mittelklassehotel neben dem Stadtmuseum, unterschiedlich gut ausgestattete Zimmer, einige mit Sat- und Pay-TV und Internetanschluss. DZ/FR 35 €.

Pri staroj vuri: Giznik 2 (von Zagreb kommend vor der Pfarrkirche nach links), Tel. 01 336 05 48. Regionale Küche aus der Region in einer Villa am grünen Hang, wunderbare überbackene *štrukli* (mit Weißkäse gefüllte Teigtaschen). Sehr preiswert: drei Gänge ab 10 €.

Samoborska Pivnica: Šmidhenova 3, Tel. 01 336 16 23. Bürgerliches Kellerrestaurant mit der passenden Karte: *štrukli,* Zagreber Schnitzel, die Gemischte Platte für zwei Personen (20 €) müssen einfach dabei sein. Vor- und Hauptspeise um die 10 €.

U Prolazu: Trg kralja Tomislava 5, Tel. 01 33 65 64 20. *Die* Konditorei, drinnen verräucherte Enge, draußen laute Musik, aber dazu eine der besten *kremšnite* Kroatiens, die *kraljica svih slastica!*

 Fasching: V. a. Umzug am Faschingsdienstag, www.samoborski-fasnik.com.

Vom **Busbahnhof** in Zagreb fahren stündlich, zu Stoßzeiten häufiger, Busse nach Samobor. Information: Tel. 01 333 51 47. Die **Autobahn** zwischen Rijeka und Zagreb führt nahe am Ort vorbei.

Karlovac

Reiseatlas: S. 19, A 1/2
Karlovac wurde 1579 vom österreichischen Militär aus strategischen Erwägungen ge-

gründet, den Ausschlag für den Standort gab die Lage am kritischen Übergang der Hauptverkehrsachse zwischen Agram/Zagreb und Fiume/Rijeka ganz in der Nähe der türkischen Grenze. Die nach den damals neuesten Erkenntnissen der Venezianer sternförmig gebaute Festung wurde Sitz des Gouverneurs für die neue Militärprovinz Vojna Krajina, man benannte sie Carlstatt nach dem damaligen Erzherzog Karl.

Mehr als 400 Jahre später hatte Karlovac im kroatisch-serbischen Konflikt um die ethnisch serbische Ausbrecherprovinz Krajina (1992–95) seine strategische Bedeutung nicht verloren: Die einzige Straße und die einzige Eisenbahn zwischen Binnenkroatien und der Küste verliefen beide über Karlovac und waren Ziel zahlreicher Angriffe der serbischen Freischärler aus der Krajina. Karlovac hat sich von diesen Zerstörungen noch nicht erholt, in der Umgebung sind alle wichtigen Einrichtungen nach wie vor zerstört, Minenfelder, die erst jetzt geräumt werden können, lassen Abstecher von der Straße zum gefährlichen Abenteuer werden.

Stadtbummel

Der sechszackige Stern der Festungsstadt Karlovac hat sich gut erhalten, an die Garnisonsstadt im Innern erinnert jedoch kaum etwas. Ein Spaziergang führt durch die Grünanlagen rund um die Bastionen, nach 1884 angelegt. Nur eine der Sternzacken hat noch die alte Bebauung aufzuweisen. Es ist diejenige, die an den Strossmayer-Platz grenzt, auf dem sich die wahrscheinlich ältesten Gebäudereste der Stadt befinden, die Fundamente der Kirche St. Joseph aus dem 17. Jh.

Am gleichen Platz wurde neben dem Rathaus im ehemaligen Stadtpalais der Fürsten Zrinski das **Stadtmuseum** eingerichtet. Die Stadtgeschichte ist lebendig illustriert, zwei Modelle von Karlovac stehen mitten im Raum, Karten und Pläne erläutern die Entstehung der Festung Carlstatt und die Entwicklung zum wichtigen Industrieort des 19. Jh.: Leder- und Metallverarbeitung, Druckerei. Karlovac hat heute andere Arbeitgeber: Das Bier der 1854 gegründeten Großbraue-

rei Karlovac wird als Karlovačko in der gesamten Republik getrunken (Štrosmayerov trg 7, Tel. 047 61 59 80, Di–So 10–13 Uhr).

Starigrad Dubovac

Von der **Burg (Starigrad) Dubovac** westlich der Stadt hat man einen schönen Blick auf Karlovac und die Flusslandschaft der Kupa. Die Zrinski hatten während der türkischen Aggression des 15. und 16. Jh. an dieser Stelle eine kräftige Burg errichtet, die aber 1578 von der österreichischen Militärverwaltung beschlagnahmt und der Militärgrenze zugeschlagen wurde. Öffnungszeiten: Die Räume im Hauptturm können nach Vereinbarung mit dem Kurator des Stadtmuseums besichtigt werden: Tel. 047 61 59 80. Die Burgkapelle und der Ausblick von der Terrasse sind die Highlights.

TZG Karlovaca: Petra Zrinskog 3, 47000 Karlovac, Tel. 047 61 51 15, Fax 047 60 06 02, www.karlovac-touristinfo.hr.

Korana Srakovčić: Perivoj Josipa Vrbančića 8, Tel. 047 60 90 90, Fax 047 60 90 91, www.hotelkorana.hr. Die gediegen eingerichtete Gründerzeitvilla inmitten ihres Parks abseits der Stadt bietet auch Sauna, Solarium und Hallenbad, die Zimmer sind nicht umwerfend luxuriös, aber gut ausgestattet (Aircondition, Sat-TV, Internetanschluss) und vor allem geräumig. DZ/FR ab 115–135 €.
Carlstadt: Vranczanyeva 2, Tel./Fax 047 61 11 11, www.carlstadt.hr. Anständiges Stadthotel, Zimmer mit TV, Internetanschluss und Minibar. DZ/FR 75 €, Suite 110€.
Autokamp Slapić: Mrežnički Brig, 47250 Duga Resa, Tel./Fax 047 85 47 00, www.inet.hr/ ~autocamp, geöffnet April bis Oktober. Der private Platz liegt etwa 15 km südlich von Karlovac in Richtung Senj und Adriaküste, ist also für Reisende mit dem Ziel Kvarner oder Dalmatien günstig gelegen. 40 Plätze auf ca. 2 ha Grund am Fluss Mrežnica, der durch Sinterbänke in eine Reihe von Becken aufgestaut ist. Eigener Strand, Kanuverleih, Tennis, Kaffee-Bar.

Von Samobor nach Karlovac

 Pod starim krovovi: Radićeva 8, Tel. 047 61 54 20. Die Gastgewerbeschule Karlovac betreibt ein öffentliches Restaurant-Café, in dem die Studenten praktische Erfahrungen sammeln. Angeboten wird internationale Küche mit kroatischem Touch. Hauptgericht ab 5 €, sehr empfehlenswert!
Pivnica Carlstadt: gegenüber dem gleichnamigen Hotel (s. o.), Tel. 047 61 11 11. Ziegelwände, Holz und Ledereinrichtung, rustikale Küche, Schnitzel und Pizza.

 Faschingskorso Samstag und Dienstag vor Aschermittwoch, einer der bekanntesten in Kroatien.
Bierfest der ältesten (1854) Brauerei von Karlovac im Spätsommer (Ende Aug./Sept.).
Johannisfeuer am 13. Juni, in ganz Kroatien verbreitet, aber in Karlovac besonders aufwändig; spektakulär sind hierbei die Feuerwerke, die im Ortsteil Gaza, am rechten Ufer der Kupa, stattfinden. Sie steigern sich jedes Jahr und locken Zehntausende Besucher an.

 Baden: am **Stadtstrandbad Foginovo** und an vielen anderen Stellen am Fluss, an der **Dobra** z. B. sehr schön beim Restaurant Dobra.
Radfahren: Die hügelige Landschaft um Karlovac ist ein gutes Revier für Radler und Mountainbiker. Einen kostenlosen Folder mit Infos zu Routen gibt es bei der Touristeninformation.

Bahnstation an der Linie Zagreb–Rijeka bzw. Zagreb–Split, die jedoch in Richtung Westen und Süden nur wenig befahren wird (5 x tgl. nach Split, 7 x tgl. nach Rijeka).
Busbahnhof: Prilaz Vece Holjeva, vom Bahnhof aus am anderen Ende der Stadt.
Autobahnverbindung nach Zagreb, Rijeka und Split.

Slunj

Reiseatlas: S. 19, A 3
Die ruhige Kupa gilt als Kanutenparadies, die raschere Dobra wird ebenfalls von Kanuten und von Raftern aufgesucht. Die klaren Nebenflüsse Mrežnica und Korana sind bei Anglern für ihren Fischreichtum bekannt, die Korana auch für ihre Wasserfälle und die alten **Wassermühlen von Rastoke** in **Slunj,** 52 km südlich Karlovac. Dieser Ort an der Hauptstraßenverbindung zwischen Zagreb und Split ist erst allmählich im Begriff, sich von den Kriegszerstörungen zu erholen, das Entfernen der Minen in seiner Umgebung und in der gesamten südlichen Provinz Karlovac wird wohl noch bis 2010 dauern.

Rafting und Kanufahrten auf Kupa, Dobra und Korana: Infos beim Ruder- und Kanuklub Karlovac, Tel. 047 41 69 11.
Angeln: eine der beliebtesten Freizeitsportarten der Gegend; Infos Tel. 047 84 29 03.
ACHTUNG: Im südlichen Umland herrscht abseits der breiten Wege immer noch Minengefahr. Zwar sind die Minenfelder abgegrenzt und gekennzeichnet, dennoch ist u. U. auch außerhalb dieser Bereiche Gefahrenzone!

Alle **Busse** auf der Linie Zagreb–Split halten in Slunj.

Ozalj

Reiseatlas: S. 19, A 1
17 km nördlich Karlovac liegt die kleine Stadt **Ozalj,** überragt von einem Schloss der Zrinski und Frankopan, das so ausgesetzt auf einem Felsen über der Kupa schwebt, dass man ihm nicht mehr viele Jahre geben will. Andererseits steht hier mindestens seit 1244 eine Burg, und wie die Entdeckung der Reste einer vorromanischen Kirche unter dem Vorhof klargemacht hat, war hier auch schon in frühkroatischer Zeit eine Siedlung. Die heutige Anlage wurde 1556 unter dem Grafen Nikola Zrinski errichtet, besonders eindrucksvoll wirkt sie, wenn man sie vom jenseitigen Kupa-Ufer (beim städtischen Freibad) aus betrachtet.

 Mehrmals tgl. Busse von Karlovac nach Ozalj.

Die breite und auf großen Flächen versumpfte Flusslandschaft der Save südöstlich von Zagreb wird Posavina genannt. Turopolje heißt der Streifen zwischen Zagreb und Sisak südlich der Save. Trotz der Nähe zur Hauptstadt ist hier immer noch Bauernland.

Turopolje

Reiseatlas: S. 19, B/C 1

In einigen Dörfer der Turopolje haben sich Erinnerungen an eine Zeit erhalten, als man noch überall in den waldreichen Mittelgebirgen mit Holz baute: ein gutes Dutzend Kirchen, die älteste aus dem 15. Jh. Besonders in den Dörfern des Höhenzuges der **Vukomerske Gorica** liegen einige, deren Holzarchitektur den Besuch lohnt, die meisten von ihnen um das Dorf **Dubranec**. Dort steht im Weiler **Gustelnica** die Kapelle des hl. Antonius von Padua (Sveti Antuna Padovanskog) aus Holz, im nahen **Lučelnica** die Kapelle Sveti Duh. Auf der Fahrt von Zagreb nach Velika Gorica entlang der Kupa kommt man durch **Veliki Mlaka** mit der Kapelle der hl. Barbara (18. Jh.). Auf halbem Weg zwischen Zagreb und Sisak passiert man das Dorf **Lekenik** mit der isoliert außerhalb liegenden Kapelle Sveti Duh (15. Jh.). Von den schönen Bauernhäusern aus Holz haben sich ebenfalls einige erhalten. Diese großen massiven Häuser nannte man *korablja,* ›Schiffe‹, denn wie große, aus Balken gebaute Frachtschiffe waren sie mit allen Gütern versehen, die ihre Bewohner zum Leben und Arbeiten benötigten. Das Turopolje-Museum im Zagreber Vorort **Velika Gorica** nahe dem Flughafen zeigt ihre Ausstattung.

Nur 10 km nordöstlich nahe der Save liegen im und beim Dorf Šćitarjevo die Reste der römischen Siedlung **Andautonia**, die vom 2. bis 4. Jh. recht wohlhabend gewesen sein muss. Von den derzeit stattfindenden Ausgrabungen verspricht man sich viel. Interessant ist vor allem eine römische Thermenanlage. (Museum des Turopolje: www.muzej-turopolja.hr; Archäologischer Park Andautonia: www.andautonia.com.)

i **In Velika Gorica:**
TU Velika Gorica: M. Slatinskog 78, 10410 Velika Gorica, Tel. 01 622 16 66, Fax 01 622 23 78, www.tzvg.hr.

In Velika Gorica:
Garny: Mlkulčlćeva 7a, Tel. 01 625 36 00, Fax 01 625 36 01, www.hotel-garny.hr. Angenehmes kleines Hotel in Flughafennähe, Hallenbad, Sauna, Solarium. Bürgerlich-altmodische Möbel der 1930er-Jahre oder pseudo-skandinavischer Stil, Sat-TV, Minibar, ISDN-Internetzugang und Aircondition. DZ/FR 105 €.

Der **Fasching** in Velika Gorica lockt von Jahr zu Jahr mehr Gäste an, er gehört zu den populärsten Kroatiens.

Nach Velika Gorica häufig **Busse** von Zagreb, zum Flughafen nahe dem Ort Flughafenbus ab Zagreb Busbahnhof.

Sisak und Banovina

Reiseatlas: S. 19/20, C–E 2/3

Sisak, Bischofsstadt lange vor Zagreb, verdankt wie Karlovac seine Existenz der strategischen Lage an der Mündung der Kupa in die Save. Hier wurde im späten 16. Jh. eine Festung gegen die Türken errichtet. Bei der Ab-

Turopolje, Banovina und Posavina

Bauernhaus in der Flusslandschaft der Save

wehr des türkischen Vorstoßes von 1593 kam dieser Festung eine Schlüsselrolle zu, was die Stadt heute noch als ihren historischen Höhepunkt ansieht. Die im Vergleich mit Karlovac bescheidene Festung kann nicht besichtigt werden. Die alten Holzbauten im Ort sind denkmalgeschützt, aber unbewohnt.

In der **Banovina,** dem grünen Hügelland an der bosnischen Grenze westlich von Sisak, liegt eines der ehemals wichtigsten und wieder auf seinen Rang pochenden Heilbäder Kroatiens, **Topusko.** Der Ort hat durch seine Frontlage während des letzten Krieges sehr gelitten, die Einwohnerzahl ist von 6800 auf derzeit ca. 2800 Einwohner zurückgegan-

gen. Topusko besitzt drei natürliche warme Quellen mit einer Wassertemperatur von 49,5–60,5 °C. Dazu kommen mehrere erbohrte Thermalquellen. Das stark mineralische Wasser hilft vor allem bei Rheumaerkrankungen, postoperativen und posttraumatischen Zuständen sowie bei Frauenleiden.

TZG Sisak: Rimska bb., 44000 Sisak, Tel. 044 52 26 55, Fax 044 52 16 15, www.sisakturist.com.

In Sisak:
Panonija: Ivana Kukulijevića Sakcinskog 21, Tel. 044 51 56 00, Fax 044 51 56 01,

www.hotel-panonija.hr. Einfaches, aber korrektes Hotel. DZ/FR ab 50 €.

In Topusko:

Toplica: Trg Bana J. Jelačića 16, Tel. 044 88 60 01, Fax 044 88 64 15, www.ljeciliste-topusko.com. Kurhotel mit allen Einrichtungen inkl. Hallenbad, Außenschwimmbecken, Sauna, großem Garten. DZ/VP ab 60 €.

Bahn- und Busverbindung von Sisak nach Zagreb. Zwischen Topusko und Zagreb vier, am Wochende drei direkte Verbindungen, weitere fünf bzw. vier über Sisak.

Posavina und Naturpark Lonjsko polje

Reiseatlas: S. 20, D/E 2

Die **Posavina,** die Flusslandschaft der Save, ist bei Sisak zum Teil versumpft, denn die Lonja, die im breiten Tal südöstlich von Zagreb entspringt, schafft es nicht, in die stark mäandrierende Save zu münden, und fließt über weite Strecken parallel, dabei benutzt sie teilweise Altarme der Save. Auch aufwändige Entwässerungsarbeiten samt Kanal haben die Situation nicht wesentlich verändert. In der Landwirtschaft arbeitete man bis vor wenigen Jahren mit einer speziellen Pferderasse, den kleinen Posavina-Pferden *(hrvatski posavac).* Eine weitere Besonderheit ist die ganzjährig wild lebende Schweinerasse der Posavina; die Tiere sind an ihren dunklen Farbflecken sofort zu erkennen (sehr dunkle Exemplare sind Mischlinge mit Wildschweinen).

In dieser dünn besiedelten Flusslandschaft, der Lonjsko polje, wurde östlich und südöstlich von Sisak ein ausgedehnter Naturpark unter Schutz gestellt, der **Park prirode Lonjsko polje,** wohl der größte Europas (ca. 500 km²). In den fischreichen Flüssen, Altarmen, Tümpeln und Sümpfen, in den mehrere Monate im Jahr überfluteten Überschwemmungsflächen finden Fische, Frösche, Flusskrebse und alle, die von ihnen leben, ihr Auskommen – Fischadler, Weiß- und Schwarzstorch, Löffler, mehrere Reiherarten und andere Vögel. Auf den häufig noch traditionell mit Schiefer gedeckten Hausdächern nisten Weißstörche. Eines der Dörfer, **Čigoć** an einem Altarm nördlich der Save ca. 28 km von Sisak, wurde 1995 von der Stiftung Europäisches Naturerbe zum Europäischen Storchendorf gewählt. Dieser Auszeichnung macht es nach wie vor alle Ehre, zumal sich der wachsende Bekanntheitsgrad in steigenden Besucherzahlen niederschlägt. Das Dorf mit seinen alten Holzhäusern – eines davon fungiert als Infozentrum des Parks – besaß 1994 sage und schreibe 56 Storchennester, heute sind es noch 34. Im Dorf lohnt es sich auch, eine der drei privaten Sammlungen von Volkskunst und traditionellen Geräten zu besuchen, diejenige der Familie Sučić ist wohl die größte (Čigoć 34, 44213 Kratečko, direkt an der Hauptstraße, ausgeschildert, geöffnet wenn die Besitzer zu Hause sind).

Südlich Novska im Südosten des Naturparks und direkt an der Mündung der Una in die Save steht ein Erinnerungspark mit Museum für das 1945 zerstörte Konzentrationslager **Jasenovac.** In Jasenovac befand sich das größte Konzentrationslager der kroatischen Ustascha. Im Museum befindet sich eine kleine Dokumentation mit Fotografien. Im während des Krieges 1991–95 fast komplett zerstörten Ort befindet sich auch die Naturparkverwaltung Lonjsko Polje (Öffnungszeiten Museum Jasenovac: Mo–Fr 7–15 Uhr.).

Park prirode Lonjsko polje: Krapje 30, 44325 Krapje, Tel. 044 67 20 80, Fax 044 60 64 49, www.pp-lonjsko-polje.hr. **Infozentrum in Čigoć:** Čigoć 26, 44213 Kratečko, Tel. 098 22 20 85, im Sommer tgl. 8–16 Uhr, im Winter nicht immer geöffnet. Hier auch kleiner Gratis-Führer zu den Wanderwegen (Čigoć Trails Guidebook). **Infobüro in Jasenovac:** 44324 Jasenovac, Trg Kralja Petra Svačića bb.

In **Čigoć** und einigen anderen Dörfern wachsende Zahl von Privatquartieren. Empfehlenswert in Čigoć sind z. B. Fam. Sever, Čigoć 57, Tel. 044 71 51 67; Fam. Ravlić, Mužilovčica 72, Tel. 044 71 01 51, www.obitelj-ravlic.hr.

Eigenwilliges Stilgemisch an der Kathedrale von Dakovo

Binnenkroatien

Varaždin

Osijek

Slavonski Brod

Vukovar

Wo Kroatien am kroatischsten ist

Die großen Flussebenen von Mur, Drau und Donau im Norden und Save im Süden mit ihren hübschen barocken Städtchen und traditionellen Dörfern umschließen ein idyllisches Mittelgebirge mit riesigen, einsamen Buchenwäldern, in denen es sich wunderbar wandern und mountainbiken lässt.

Sieht man sich eine Karte von Kroatien an, stellt man fest, dass die größten Städte mit ein paar Ausnahmen dort liegen, wo kaum ein Tourist hinkommt: im Binnenland, in dem weit nach Osten vorgeschobenen Teil des Bumerangs, als der Kroatien im Atlas erscheint. Wer kennt schon Städte wie Koprivnca, Virovitica, Osijek, Vinkovci oder Slavonski Brod? Varaždin kennen viele, meist nur aus dem Operettenschlager, noch mehr kennen Vukovar, weil der Ort während der kroatisch-serbischen Kriegshandlungen der 1990er allzu oft in die Schlagzeilen geriet und fast zerstört wurde.

Aber wer hat den trägen Lauf der Donau mit ihren Altarmen im Naturpark Kopački Rit verfolgt, hat die barocken und klassizistischen Schlösser in Virovitica oder Našice, das Jagdhaus des Prinzen Eugen von Savoyen in Bilje besucht, wer hat den Barockkonzerten in Varaždin gelauscht, ist in Osijek und Slavonski Brod der europäischen und Balkangeschichte nachgegangen, hat in Kutjevo oder Ilok den slawonischen Wein mit europäischem Niveau gekostet und hat an der Save oder Drau, in der Posavina oder Podravina Fischgulasch gegessen?

Das touristische Außenseitertum von Binnenkroatien hat Vor- und Nachteile. Ein Vorteil ist, dass man dort mit weniger Mitbesuchern rechnen muss als an der Küste. Eher nachteilig ist dagegen, dass die touristische Infrastruktur bisweilen gar nicht vorhanden ist. Sei's drum, zwischen Varaždin und Ilok kommt man der Realität Kroatiens näher als in irgendeinem anderen Teil des Landes.

Highlights

2 **Varaždin:** Die barocke Innenstadt mit ihren Kirchen, Palästen und Bürgerhäusern ist ein sehenswertes Ensemble von seltener Geschlossenheit (s. S. 128f.).

3 **Der Naturpark Kopački Rit:** Im Mündungsgebiet der Drau in die Donau liegt das Überschwemmungsgebiet des Kopački Rit, ein Vogel- und Amphibienparadies und bisher ungestörtes Ökotop, das als Naturpark hohen Schutz genießt (s. S. 142ff.).

Empfehlenswerte Route

Naturpark Papuk: Per Auto oder Rad ein Erlebnis (s. Richtig Reisen-Tipp).

Reise- und Zeitplanung

Nimmt man den eigenen oder gemieteten Pkw, sind die Sehenswürdigkeiten in und um Varaždin in etwa zwei Tagen zu besichtigen (ideal ist der Standort Varaždin, aber dank der Autobahnverbindung auch Zagreb, 85 km). Für Slawonien sollte man sich mindestens fünf Tage Zeit nehmen, wobei es sich anbietet, die Besichtigungen als Rundreise vorzunehmen, die z. B. in Zagreb beginnt (so wurden die Sehenswürdigkeiten auch gereiht). Drei Nächtigungen in Osijek mit Ausflügen nach Norden und Osten und eine Übernachtung auf der Rückreise (z. B. in Brodski Stupnik) bieten sich an. Die Rundreise durch Slawonien ab Zagreb ist ca. 770 km lang.

Zwar sind fast alle Besichtigungen und Unternehmungen ganzjährig möglich, man sollte jedoch dem oft sehr heißen und trockenen Sommer sowie dem kontinental kalten und – in den Flussebenen – nebeligen Winter ausweichen und die Region im Frühjahr oder Herbst besuchen. Wahrscheinlich ist die zweite Septemberhälfte die schönste Zeit, wenn Äpfel und Zwetschgen reif sind, die Wälder sich allmählich verfärben und die Temperaturen noch immer spätsommerlich sind – der Herbst beginnt hier 14 Tage später

Richtig Reisen-Tipps

Varaždiner Barockabende: Die Stadt bietet im Herbst eine Serie von Barockkonzerten, oft im historischen Ambiente. Ein Abend mit Kammermusik in einer der Kirchen besiegelt die Bekanntschaft mit Varaždin (s. S. 131).

Slawonische Weine probieren: Erdut und Kutjevo sind die bekanntesten Weinorte Slawoniens, aber beileibe nicht die einzigen, denn der Fuß des zentralen Mittelgebirges ist von Weinbergen überzogen. Probieren Sie in Kutjevo einen delikaten, fruchtigen Graševina, in Erdut einen kräftigen Traminac oder blumigen Chardonnay (s. S. 147).

Rundfahrt durch den Naturpark Papuk: Eine Rundfahrt, eventuell mit Wanderung, durch den dicht bewaldeten Naturpark Papuk führt in ein idyllisches Mittelgebirge mit Buchen- und Eichenwäldern, Edelkastanienhainen und eine der besten Weingegenden des Landes rund um Kutjevo am südlichen Bergfuß (s. S. 150).

als im nördlichen Mitteleuropa (und die Weinernte 14 Tage früher). Ende September und Anfang Oktober finden dann auch die Varaždiner Barockabende und das Trachten- und Volkstumsfest ›Herbst von Vinkovci‹ statt.

Wer mit Bus oder Bahn unterwegs ist, muss mit mehr Zeit rechnen, denn die Verbindungen sind langsam und auf Strecken, die nicht direkt nach Zagreb, Varaždin oder Osijek führen, oft recht spärlich, an Wochenenden nicht existent. Nord-Süd-Verbindungen wie von der Podravina in die Posavina sind so gut wie nicht vorhanden. Der vorgeschlagene Programmablauf ist jedoch mit Bussen ohne weiteres zu bewältigen. Man benötigt für Varaždin und Umgebung etwa drei, für Slawonien etwa sechs oder sieben Tage.

Am Drau-Übergang bei Varaždin bewegt man sich auf historischem Pflaster, schließlich haben hier schon römische Legionen über den Fluss gesetzt. Das Stadtbild kann altersmäßig nicht mithalten, denn es ist überwiegend barock. Varaždins Umgebung kann sich ebenfalls sehen lassen: Unweit liegt Varaždinske Toplice, der älteste kroatische Thermalkurort, die grünen Hügel der Ravna gora rücken bis nahe an die Stadt heran. Auf der anderen Seite der Drava, im Međimurje mit seiner hübschen Hauptstadt Čakovec, beruht die Tradition eher auf Adelsstolz.

Varaždin

Reiseatlas: S. 17, C 1

Wenn wir den Namen **Varaždin** hören, fällt uns ein, dass dort die Rosen blüh'n und dass »wir beide ganz allein« dort glücklich sein wollen. Die Rosenstadt hat durch diesen Schlager aus Emerich Kálmans ›Csardasfürstin‹ kostenlose Reklame bekommen, die mit Alt-Österreich kokettiert. Das passt gar nicht schlecht zu dieser Barockstadt und ihren Bürgern, die auf Gemütlichkeit und gutes Essen Wert legen. Und wenn samstags zwischen 11 und 12 Uhr die historisch uniformierte Bürgergarde, die Purgari, vor dem Rathaus die Ehrenwache hält, dann ist die nostalgische Seligkeit perfekt. Dass der am ehesten die Operettenrosen rechtfertigende Park ausgerechnet mit dem Städtischen Friedhof identisch ist, ist wiederum Ausdruck der Lebensfreude und des Traditionsbewusstseins der Bürger, man bezieht eben die Vorfahren ein.

Rathausplatz

Ein Rundgang durch Varaždin beginnt am besten am Rathausplatz (Trg kralja Tomislava), der – im neuen Kroatien nicht ganz überraschend – nach dem altkroatischen König Tomislav benannt ist, der aber mit Varaždin wirklich nichts zu tun hatte. Das Alte Rathaus steht vielmehr für den Bürgerstolz einer Stadt, die vom Mittelalter bis zum großen Brand von 1776 wirtschaftlicher Mittelpunkt von Nordkroatien war, lange bevor Zagreb diese Position erringen konnte. Das aus dem 15. Jh. stammende Rathaus wurde 1793 wieder aufgebaut und mit dem Uhrturm versehen, der heute den Platz dominiert. Die Stadt, die es zu verwalten gab, sollte aber ihre frühere Bedeutung nicht mehr zurückgewinnen. Vor dem Rathaus findet in den Monaten Mai bis Oktober jeden Samstag zwischen 11 und 12 Uhr der Aufmarsch der Bürgergarde, der Purgari, statt. Diese Bürgergarde stammt noch aus der Zeit der Maria Theresia, die ihr 1750 als Symbol städtischer Freiheiten die Privilegien einer kaiserlichen und königlichen Bürgerkompanie verlieh – Varaždin war damals schließlich zumindest phasenweise die Hauptstadt von Kroatien.

Das Palais Drašković auf demselben Platz besticht durch seine vornehme Barockfront mit dem vergoldeten Wappen im Portal. Die Adelsfamilie Drašković, die auch Trakošćan besaß, war eine der einflussreichsten in Kroatien, seit sie im 16. Jh. zum ersten Mal die Würde des kroatischen Bans, also des Vizekönigs erlangte. In ihrem Stadtschloss tagte immer wieder der kroatische Landtag, der Sabor, der zwar seit den Türkenkriegen wenig Einfluss, aber große symbolische Bedeutung hatte. Nach dem Brand von 1776 verlegte der Ban seinen Sitz nach Zagreb, das trug ganz wesentlich zum Bedeutungsschwund der Stadt bei. Auf dem Rathausplatz hat das Haus Ritz 3 aus dem Jahr 1540 den großen Brand überstanden.

Kathedrale Mariä Himmelfahrt (Marijina Uznezenja)

Die Kathedrale trägt diesen Titel erst seit 1997, vorher war der Bischof von Zagreb zuständig, was man vor Ort schon immer als Zumutung empfunden hatte. Auch als Kathedrale macht die sehr harmonisch ausgestattete Barockkirche (1642–47) etwas her. Dafür sorgen der die gesamte Wand ausfüllende, in Rot und Gold getauchte und mit dekorativer Säulenarchitektur prunkende Hauptaltar von 1737, die aufwändigen Nebenaltäre (erste Kapelle links!), die wunderschöne Barockorgel und die Fresken des Meisters Ivan Ranger aus Lepoglava.

Stadttheater

Durch den Park hinter der Kathedrale gelangt man zum Stadttheater. Wenn man bedenkt, dass Varaždin nur um die 40 000 Einwohner zählt, dann ist die Erhaltung eines Stadttheaters eine große Leistung. Der gründerzeitliche Bau wurde von Hermann Helmer konzipiert und 1873 errichtet – das Wiener Architektenteam Helmer & Fellner schuf mehr als 50 Theater vor allem in Österreich, Ungarn und im Deutschen Reich, u. a. die Opernhäuser in Budapest und Graz, das Hoftheater in Wiesbaden und das Nationaltheater in Zagreb. Neben dem Logensaal des Opern- und Theaterbaus gibt es einen eigenen Konzertsaal, der häufig genutzt wird. Die Kommune besitzt ein kleines Orchester, aber kein festes Ensemble.

Nikolaus-, Franziskaner- und Ursulinenkirche

Anstatt der hier beginnenden Zagrebačka zu folgen, wenden wir uns wieder rechts und stadteinwärts. Die Kirche **Sveti Nikola** (hl. Nikolaus) weist ein Stadtwappen von 1464 auf und eine in den Turm eingemauerte Bären-

Mit dem Autor unterwegs

Sehenswert

Rathausplatz in Varaždin: Das alte, barock überformte Rathaus und das repräsentative Palais Drašković umrahmen den Kern der Stadt (s. S. 128f.).

Kathedrale in Varaždin: Die ehemalige Kirche der Jesuiten und später der Pauliner ist ein üppig ausgestatteter Barockbau (s. S. 129).

Burg und Stadtmuseum in Varaždin: Die Burg hinter ihren teilweise erhaltenen Wällen fungiert heute als Museum, einen Teil der alten Einrichtung hat man geschickt inkorporiert (s. S. 130).

Friedhof in Varaždin: Mehr Landschaftsgarten der Gründerzeit und Erholungspark ist der große städtische Friedhof (s. S. 131).

Kurort Varaždinske Toplice: Kroatiens ältestes Thermalbad hat römische Thermen und eine moderne Kuranstalt (s. S. 131f.).

Čakovec: Der Hauptort der ›Murinsel‹ Međimurje zeigt ein barock-biedermeierliches Gesicht. Die Burg der Zrinski, von den Zeitläuften recht zerzaust, dient heute als Museum für Stadt und Region (s. S. 132).

Bürgerparaden und Straßenfeste

Den Aufmarsch der der unter Kaiserin Maria Theresia gegründeten **Bürgergarde,** der Purgari, kann man samstags vor dem Rathaus von Varaždin erleben – seit 1750 (s. S. 128)! Beim Straßenfest ›**Špancirfest**‹ bestimmen Straßenkünstler eine Woche lang im Spätsommer das Bild von Varaždin. Mitmachen ist die Devise (s. S. 133) !

Zander oder Waller essen

Delikater frischer Flussfisch vom Grill, in **Čakovec** und anderswo im **Međimurje** ist ein kulinarisches Erlebnis (s. S. 132).

skulptur: Als die Kirche eingeweiht wurde, kam der Geschichte nach als erster Besucher ein Bär. Durch die hier beginnende Haupteinkaufsstraße Gundulića kommt man zum

Die Burg in Varaždin: Früher Verteidigungsanlage gegen die Türken, heute Museum

heute von einer Bank genutzten und vorbildlich renovierten Palais Patačić. Wie die benachbarte **Franziskanerkirche** von 1650 mit ihrem hohen Turm ist es im barocken Stil erbaut. Die aufwändige Kanzel von Peter Rabba aus Graz gliedert sich in zwei Stockwerke und drei Zonen. Die lebensgroßen polychromen Figuren sind ausnahmsweise einmal unvergoldet. Die Statue des Bischofs Gregor von Nin vor der Kirche ist eine Kopie des Meštrović-Denkmals in Split. Im Herczer-Palast, einem frühklassizistischen repräsentativen Stadthaus, wurde die entomologische Sammlung des Stadtmuseums eingerichtet (s. u.). Auf dem Weg zur Burg (über die Uržulinska) passiert man die hübsche spätbarocke **Kirche der Ursulinen** (Uržulinska crkva) mit ihrem grazilen Turmgeschoss und doppeltem Zwiebelhelm über der hübsch renovierten Fassade.

Burg (Stari Grad) und Stadtmuseum

Die Burg von Varaždin war zunächst Sitz der Grafen von Cilli, dann des Militärgouverneurs für die windische (kroatische) Grenzmark, Hans Ungnad Weissenwolf (1493–1564). Unter ihm wurde die frühmittelalterliche Burg erweitert und ausgebaut. Später (seit 1585) gelangte sie in den Besitz der Grafenfamilie Erdödy, die sie immer wieder erweiterte und erneuerte, aber 1925 an die Stadt übergeben musste. In den folgenden Jahren wurde in der Burg das Stadtmuseum eingerichtet. Von der Befestigung, die einmal zu den wichtigsten Verteidigungsanlagen gegen Türkenangriffe zählte, sieht man nur noch den umgebenden Erdwall mit Graben, die dicken Mauern sowie die drei Rundtürme. Die Museumssammlungen umfassen Möbel vom Mittelalter bis ins 20. Jh., Kunsthandwerk, Waffen, Glas, Stadtansichten, Grabungsfunde und vieles mehr. Eine Abteilung des Museums auf dem Franziskanerplatz widmet sich der Welt der Schmetterlinge (s. o.). Die Ausstellung umfasst mehr als 4500 Objekte, insbesondere mitteleuropäische Schmetterlinge. (Öffnungszeiten Stadtmuseum und Entomologische Sektion: Di–Fr 10–17, Sa/So 10–13 Uhr)

Friedhof

Die schöne, ausgedehnte Anlage des städtischen Friedhofs, die mehr einem Landschaftspark entspricht als einem Begräbnisplatz, war das Lieblingsprojekt des Landschaftsgärtners Hermann Haller, der hier auch begraben liegt. Als er 1905 mit dem Projekt begann, war der 1773 gegründete Friedhof mit seinen heute noch erhaltenen Biedermeiergrabdenkmälern ein Friedhof wie viele andere. Unter Haller wurde das Gelände erweitert, zoniert und durch unzählige Zypressen in einen Landschaftsgarten verwandelt, der zum Flanieren einlädt – die Bewohner der Stadt kommen dieser Einladung gerne und häufig nach.

TZG Varaždin: Ivana Padovca 3, 42000 Varaždin, Tel. 042 21 09 87, Fax 042 21 09 85, www.tourism-varazdin.hr.

Turist: Aleja kralja Zvonimira 1, Tel. 042 39 53 95, Fax 042 39 57 27, www.hotel-turist.hr. Größtes und am besten ausgestattetes Hotel der Stadt, aber nicht komplett renoviert, Betonkasten der 1960er-Jahre. 5 Min. vom Zentrum, Zimmer mit TV und Minibar; Fitnesszentrum, am Wochenende Tanz, viele Geschäftsreisende. DZ/FR ab ca. 70 €.

Garestin: Zagrebačka 34, Tel. 21 43 14. Modern und zweckmäßig ausgestattetes Familienhotel, offiziell eine ›Pension‹, zur Straße laut, Zimmer (mit Minibar) zum Hof verlangen (kann aber besonders an Wochenenden ebenfalls laut werden, da sich dort der Gastgarten befindet). Eigenes, recht gutes Restaurant. DZ/FR ab ca. 65 €.

Maltar: Prežernova 1, Tel. 042 31 11 00, Fax 042 21 11 90. Gemütlich familiäre Pension mit etwas abgewittertem Charme. DZ/FR 51 €.

Varaždins Küche ist gutbürgerlich südmitteleuropäisch mit leicht ungarischem Touch (Fischgulasch aus Draufisch etc.).

Slatna Gužka: Habdelićeva 4. Gehobenes Ambiente und aufgedonnerte Karte (kein Waller aus dem Drau, dafür Goldbrasse aus der Adria), nur wenige Tische zum Park, 3 Gänge (Nudeln, Fleisch, Palatschinken) ab 15 €.

Park: Habdelićeva 6. Einfaches Gasthaus mit derber bürgerlicher Küche, wie der Name sagt am Park, auf den die Terrasse schaut. Tagesmenüs zu 2.50–3.50 €, Vorspeise und Hauptgang ab 8 €.

Domenico: Trg Slobode 7. Pizzeria am Ende eines schmalen Durchgangs, der von der Gundulićeva hinführt, die übliche pseudo-rustikale Ausstattung und wirklich gute Pizzen (ab 3 €).

Pivnica Raj: I. Gundulićeva 1. Ehemaliges Bierlokal mit Schänke und Speisesaal, gutbürgerliches Essen in Selbstbedienung, vor allem Studenten.

Zlatin Lampaš: Trg bana Jelvičića 3. Plüschiges Lokal im Keller eines opulenten Gründerzeithauses plus Tische davor auf dem Parkplatz, größere Karte, fast jeder der zumeist jungen Besucher bestellt Pizza (2–3 €, Jumbopizza 5 €).

Slastičarnica Šešet: Kukuljevičeva 9. Kleine, feine Café-Konditorei mit klassischem binnenkroatischem Angebot nach Wiener Muster: *Punc kocke* (Punschkrapferl), *Schwarzwald torta, Doboš torte, Sacher torte, Šaumrolne, Mignoni, Indianer,* wunderbar die überaus kroatische *Torta sir* (mit Schichtkäse), drei Sorten *Kremšnite* und sehr gutes Eis.

131

Varaždin und Međimurje

 Hrvatsko Narodno Kazalište (Kroatisches Nationaltheater): A. Cesarca 1, Tel. 042 21 46 88, hnk-vz@vz.t-com.hr.

Ehrenwache der Purgari: der städtischen Bürgergarde (Varaždinske gradanske garde), Rathausplatz, Mai–Okt. Sa 11–12 Uhr.

Špancirfest: jährlich stattfindendes Stadtfest und Straßenfest (Špancir ist ein Lehnwort nach dem deutschen Spazieren) mit Straßenmusikanten, Straßentheater, Tanz, Ballett, Volks- und Blasmusik, Akrobaten und Straßenkünstlern jeder Art. Eine Woche Ende August bis Anfang September (Infos: www.spancirfest.com).

Bahnstation: Varaždin liegt an der Bahnlinie von Zagreb nach Kotoriba, Verbindungen nach Osijek und Belgrad mit Umsteigen in Koprivnica, Tel. 042 21 02 09.

Busbahnhof: Vidovski trg, Informationen über Croatia Express, Kolodvorska 17, Tel. 060 33 35 55.

Taxi: am Busbahnhof, Tel. 042 31 33 03.

Varaždinske Toplice

Reiseatlas: S. 17/18, C/D 2

17 km südöstlich von Varaždin liegt der Kurort **Varaždinske Toplice.** Kroatien hat viele Thermalbäder und gute dazu. Varaždinske Toplice übertrifft sie durch sein Alter – die Anlage geht auf einen römischen Bau zurück – und durch die Qualität seiner Kuranlagen. Im Gegensatz zu vielen anderen Kurorten besteht es nicht ausschließlich aus dem Kurbezirk. Nein, die kleine Stadt kommt freundlich barock daher wie die nahe Kreisstadt, umringt von einem Kranz grüner Hügel, die im Süden in den Kalničko gorje immerhin 643 m erreichen.

Thermen

Die römischen Thermen im Norden des Ortes (von Varaždin kommend gleich am Ortsrand links) sind sicher die interessanteste Sehenswürdigkeit. Man grub sie erst 1953 aus, obwohl man schon lange von ihnen wusste und den lateinischen Namen kannte: Aquae

Iassae, denn schon in römischer Zeit waren sie die bedeutendsten der Region. Man fand ein großes rechteckiges Becken mit Badehäusern an drei Seiten, man fand das Forum mit den für Roms Provinzen üblichen drei Podiumstempeln (in Grundmauern). Außerdem wurden Wandschmuck, vor allem Fresken, sowie Statuen und viele Gegenstände geborgen.

Das Thermalwasser, das heute aus einer anderen Quelle stammt und im modernen Thermenkomplex (und dem Hotel Minerva) mit insgesamt mehr als 1200 Betten aus den Hähnen strömt, ist hochmineralisch (Schwefel, Kalzium, Natrium) und 57,6 °C heiß. Rheuma und Wirbelsäulenerkrankungen sind die Hauptindikationen. Der älteste, barocke Teil des heutigen Thermenkomplexes stammt aus dem Jahr 1779, der Hauptbau wurde nach 1820 errichtet, der umgebende Kurpark entstand in mehreren Phasen im 19. Jh.

Barockbauten

›Barock‹ ist neben ›Thermen‹ die zweite Vokabel, welche die Stadt charakterisiert. Barock ist die **Kirche des hl. Martin** mit ihrer Orgel, die Anton Römer 1765 baute und deren Gehäuse ein kostbares spätbarockes Kunstwerk ist. Die Kirche selbst war ursprünglich gotisch und wurde knapp vor dem Orgeleinbau barock umgestaltet. Sie gehört zum Komplex der alten **Stadtburg,** mittelalterlich im Kern, in der Renaissance umgebaut und 1695 barockisiert – sie beherbergt heute das Heimatmuseum. Jenseits der den Burgkomplex nach Süden begrenzenden I. Tkalčića steht das barocke Schulhaus aus dem Jahr 1765.

TU Varaždinske Toplice: Trg slobode 16 (in der Burg), 42223 Varaždinske Toplice, Tel. 042 63 31 33, www.toplice-vz.hr.

Kuren: Die Bäder in **Varaždinske Toplice** sind seit der Römerzeit in Gebrauch, heute gibt es einen modernen Kurbetrieb. Die örtlichen Möglichkeiten zu baden, kuren und sich auf Hochglanz zu trimmen lassen keine Wünsche offen.

Heilbad Varaždinske Toplice: Info-Tel. 042 63 31 33, www.varazdinsketoplice.com; alle Kureinrichtungen.

Čakovec und das Međimurje

Reiseatlas: S. 17/18, C/D 1

Das sanft gewellte, stille Bauernland zwischen Drau und Mur wird die ›Murinsel‹ genannt, Međimurje. Das dicht besiedelte bäuerliche Gebiet ist der ›Kroatische Blumengarten‹, was nicht zutrifft, aber gut klingt, denn im Međimurje gedeihen vor allem – und üppig – Feldfrüchte. Fast rein kroatisch besiedelt, war die Grafschaft noch bis ins Jahr 1919 ungarisch.

Das Tal der Mur, seit 1919 Grenze zwischen Ungarn und Kroatien, war nach dem Zweiten Weltkrieg Teil des Eisernen Vorhangs. Eingriffe, wie etwa Staudämme, waren nicht möglich, der Flusslauf hat seine ursprünglichkeit bewahrt. Das Ökosystem der Murniederung ist nach wie vor unangetastet, Zander und Waller gibt es in ausreichender Menge für Restaurants und häusliche Herde. Heute wird heftig über Kraftwerke, Staudämme, Stauseen nachgedacht – man kann nur hoffen, dass die Mur auch in Zukunft ihren natürlichen Weg nehmen darf.

In **Čakovec**, dem Hauptort der Grafschaft, hatten seit 1546 die Zrinski ihren Sitz, die sich mit ihrer Festung einen sicheren Platz gegen die Türken schufen. Nikola Zrinski bekam damals für seine Verdienste (und weil König Ferdinand Schulden bei ihm hatte) die ganze Murinsel geschenkt. Aber das alte Zrinski-Schloss (16./17. Jh.) war auch Schauplatz eines unglückseligen Ereignisses der kroatischen Geschichte: der Abschied des Landesverrats angeklagten Fürsten Petar Zrinski von seiner Frau Katerina. Die Stadt Čakovec ist ein lebendiger zentraler Ort. Das Schloss, etwas abseits gelegen und trotz des Museums in keinem guten baulichen Zustand, ist allerdings nur noch historischer Ballast.

Wo die Mur kroatischen Boden erreicht liegt **Sveti Martin na Muri,** ein bereits zur Rö-

Fisch aus dem Fluss im Međimurje
Probieren Sie im Međimurje den frischen Flussfisch und das lokale, leicht gelbliche, saftige und eher kompakte Maisbrot. Wels und Zander gibt es aus der Pfanne oder mit Wein geschmort. Beide gibt es auch wie den Wildkarpfen vom Grill, was besonders in den Lokalen an den Flüssen Mura (Mur) und Drava (Drau) die beste Zubereitungsart ist. Dazu isst man wie an der Küste Mangold und Salzkartoffeln. Köstlich auch das Fischgulasch, eine der Bouillabaisse ähnliche Fischsuppe mit Paprika! Mit der sehr viel häufigeren Schleie kann man in Kroatien wenig anfangen, sie ist selbst für Fischsuppe zu grätenreich (in Norditalien wird sie passiert und kommt in den Risotto).

Die kroatischen Namen der Flussfische sind *Som* (Wels/Waller), *Smuž* (Zander/Schill), *Pstrva* (Forelle), *Šaran* (Karpfen); Karpfen nach der Art von Međimurje heißt *Šaran na Međimurski,* Zander vom Rost heißt *Smuž na žaru.*

merzeit bestehender, hübscher Ort. Er wurde mehrfach als solcher ausgezeichnet, so 2007 (mit neun anderen Orten in Europa) als »European Destination of Excellence«.

i **TZG Čakovec:** Kralja Tomislava 1, Tel. 040 31 33 19, Fax 040 31 09 91.

Aurora: J. b. Jelačića 63, Tel. 040 31 07 00, Fax 040 31 07 87, suzanakolaric@hotmail.com. Hübsches privates Hotel mit gut ausgestatteten Zimmern (Sat-TV, Internetanschluss) an der Zufahrtsstraße von Süden, gutes Restaurant Allegro, Sauna, Solarium, Fitnessstudio. DZ/FR ca. 75 €.

Riblji Restoran Feral: Kralja Tomislava 2. Besonders preisgünstiger Fisch aus der Adria, aber v. a. aus dem Fluss (Zander, Waller) im großen Lokal oder freundlichen Innenhof. Fischgericht mit Beilage ca. 7 €, Karpfen ab 3 €, besonders empfehlenswert der Waller! Drei Gänge ab ca. 15 €.

Die weite Flussebene der Drava (Drau) wird Podravina genannt, sie ist eine landwirtschaftlich intensiv genutzte Region. In den Orten, die sich sämtlich erst nach dem Ende der türkischen Besatzung entwickelten, ist trotz späterer Zerstörungen in Kirchen und Schlössern viel Barockes erhalten geblieben.

Auf der Fahrt durch die Flussebene Podravina erheben sich auf der rechten Seite bewaldete Höhen, deren Bergfuß dicht an dicht mit Weinbergen überzogen ist. Erst eine halbe Autostunde vor Osijek versinkt das Bergland in der großen Pannonischen Tiefebene. Die lang gezogenen Straßendörfer bestehen zum Teil noch aus alten Holzhäusern, die Maisspeicher vor den Häusern werden noch benutzt, in den Obst- und Gemüsegärten stehen Ziehbrunnen. Auf den Feldern dominiert der Mais, der so typisch für diese kroatische Region ist, dass ihm die Österreicher den kroatischen Namen *Kukuruz* gegeben haben. Die Region hat wenige bedeutende Sehenswürdigkeiten, keine Dreistern- und ›Eine Reise wert‹-Touristenziele. Ihr Charme ist die noch erhaltene bäuerliche Tradition, die nördlich der Alpen schon vor Generationen versunken ist. Die besonders am Bergfuß bezaubernde Unaufgeräumtheit und Naturnähe der Landschaft (die Ebene wurde in großen Bereichen flurbereinigt), sind Echo einer Zeit vor der Industrialisierung, aber Pferdegespanne – es gibt sie noch – wird man selten sehen, auch hier hat moderne Technik Einzug gehalten.

Slawonien war bis zum Ende des 17. Jh. in türkischer Hand. Als die österreichische Militärverwaltung im frühen 18. Jh. mit dem Aufbau der Militärgrenze begann, existierten kaum alte Bauten. Was neu gebaut wurde, ließ man im zeitgenössischen barocken Stil und nach österreichischen Mustern errichten. Die verwüstete Landschaft wurde von Bauern verschiedenster Herkunft wieder nutzbar gemacht – von Kroaten, Ungarn, Serben, Slowaken, Deutschen und Italienern. Besonders in der zweiten Hälfte des 18. Jh. bauten die regionalen Magnaten Schlösser im allerneuesten Stil, der nicht mehr nur österreichische Vorbilder, sondern auch italienische und französische umsetzte. Es ist nicht leicht, sie sich belebt vorzustellen, im Glanz von Festen, hell erleuchtet. Die adeligen Besitzer wurden 1918 vertrieben oder spätestens 1944. Mandryka, der kroatische Adelige in ›Arabella‹, der Oper, die Hugo von Hofmannsthal und Richard Strauss im Wien von 1860 ansiedelten, erzählt von seiner Heimat: Wir stellen uns vor, dass er ein Barockschloss in Slawonien besaß.

Einen Bummel wert sind die Ackerbürgerstädtchen der Podravina allemal, behäbige Häuser mit barocken Fassaden umgeben meist den großzügigen Marktplatz, ein Schloss steht im Hintergrund, die Kirche hat einen barocken Altar… Die Podravina will in Muße und nicht im Schnellschritt erkundet werden.

Koprivnica

Reiseatlas: S. 18, E 2

Die Landschaft um Koprivnica ist der westlichste Teil der Podravina, der Flussebene der Drau, die sich noch weiter durch das benachbarte Slawonien bis zu ihrer Einmündung in die Donau hinzieht. Historisch gehört dieses Gebiet zu Kroatien und nicht zu Slawonien, bis ins 19. Jh. waren die beiden Teile Kroatiens (und Dalmatien als dritte Region) separate Verwaltungseinheiten. In **Koprivnica**, dem Hauptort der Gegend, fanden seit dem Mittelalter die Märkte statt, die auf einigen Bildern der kroatischen Naiven dargestellt sind. Koprivnica erhebt sich kaum über seine Umgebung, die meisten Häuser sind wie auf dem Lande einstöckig, nur im Zentrum um einen alten Park wagen sie sich an zwei, drei Stockwerke. Alle stammen sie erst aus dem 19. Jh., denn Stein war vorher, sieht man von den beiden Kirchen ab, als Baumaterial nicht bekannt. Pfarrkirche und Franziskanerkirche, beide 17. Jh., und die quadratische Festung des 16. Jh. sind die Sehenswürdigkeiten des Ortes.

TZG in Koprivnica: Trg Bana Jelačića 7, Tel. 048 62 14 33, www.tz-koprivnicko-krizevacka.hr.

Bijela kuća: Kolodvorska 12, Tel. 048 24 03 20, www. hotel-podravina.hr. Modernes Hotel beim Bahnhof. DZ/FR ab 65 €.

Mit dem Autor unterwegs

Sehenswert
Hlebine: Das Dorf gilt als Geburtsort Naiver Kunst, die Galerija zeigt Beispiele (s. S. 135).
Virovitica: Ein barockes Ensemble aus Kloster, Kirche und Schloss charakterisiert diesen Ort (s. S. 135).
Našice: Das Schloss der Pejačević ist ein besonders schönes Beispiel eines slawonischen Barockschlosses (s. S. 136f.).

Ein besonderes Erlebnis
Festival Moderner E-Musik: Ende September finden in Slatina (s. S. 136f.) die Milko-Kelemen-Tage statt: Sie sind dem zeitgenössischen kroatischen Komponisten gewidmet.

der Galerija Hlebine: Mo–Fr 10–16, Sa 10–14 Uhr, Anmeldung für die Galerija Generalić unter Tel. 048 83 64 30, www.generalic.com.)

Hlebine

Reiseatlas: S. 18, E 2
Hlebine kann zu Recht als Wiege der naiven Malerei Kroatiens (oder eigentlich: Jugoslawiens, s. S. 42f.) angesehen werden, war es doch der Heimat- und Wohnort des ersten bedeutenden Künstlers dieser Kunstrichtung, Ivan Generalić (1914–92). Einige seiner Bilder (und die seines Sohnes Josip) sind hier in der ›Galerija‹ des Ortes zu finden. Bilder von Vater und Sohn Generalić gibt es auch in der Galerija Josip Generalić zu sehen, die im Atelier der beiden eingerichtet wurde; leider ist diese Sammlung nur mit Voranmeldung zu besichtigen. Aber die wichtigsten Bilder von Ivan Generalić hängen in den Museen der Welt, einige davon auch im Zagreber Museum der Naiven Kunst. Für zu Hause und als wertvolles Kunstmitbringsel muss es ja nicht gerade ein Generalić sein: In den Dörfern hier im Umkreis haben zahlreiche Bauern den Weg zur Malerei gefunden, die Produkte bieten sie an der Straße oder im Wohnhaus an. (Öffnungszeiten

Virovitica

Reiseatlas: S. 21, A 1/F 3
Auf dem Weiterweg – immer am Fuß der zwar nur bis zu 309 m hohen, aber dennoch eindrucksvollen Bilgora mit ihren dichten Eichen- und Buchenwäldern entlang, passiert man **Đurđevac,** dessen massive Burg im Jahr 1552 einen Türkenangriff abwehrte. Ab hier folgt man besser der Hangfußstraße über Čepelovac und Budrovac (nach Süden und rechts abbiegen) als der direkten N 3.

Der nächste größere Ort ist **Virovitica** mit seinem barocken Franziskanerkloster, der Pfarrkirche Sveti Rok und dem Barockschloss. In der Stadtburg, im heutigen Zustand aus dem 18. Jh. stammend, unterzeichnete der kroatisch-ungarische König Bela 1234 eine Bulle, die Virovitica zur Freien Stadt erklärte. Der nördliche Schlossflügel (19. Jh.) mit seinen klassizistischen Zügen wurde von der lokalen Grafenfamilie Pejačević errichtet und gehörte später der Familie Schaumburg-Lippe. In den Papuk-Ber-

Das Barockschloss in Našice liegt im größten Schlosspark Kroatiens

gen im Süden, seit 1999 Naturpark (s. dazu S. 149f.), haben sich Ruinen mittelalterlicher Burgen erhalten, so in Klisa, 15 km südlich.

Slatina

Reiseatlas: S. 21, A 1
Gerade mal 17 000 Einwohner hat **Slatina.** Die hübsche Kleinstadt fungiert vor allem als Zentrum der Bauern ihrer Umgebung, was der Messetag Dan Sviju, der ›Tag aller Leute‹, am Marienfeiertag im August anschaulichst demonstriert. Die Bauern von weitum bieten alles an, was sie produzieren oder sammeln: Rinder und Pferde, Fleisch und Würste, Hühner und Gänse, Kraut und Rüben, Flechtkörbe und Schnitzwaren, Spielzeug und Küchengeräte aus Holz (Holz ist ganz allgemein sehr präsent auf diesem Markt), Spitzen, bestickte Tücher, Früchte und Beeren, Kürbisse, Pilze und Wild, Wein natürlich und frisches Bauernbrot. Diese Verquickung von kleinstädtischem und bäuerlichem Leben macht den Reiz des Ortes aus. Ein guter Termin, Slatina zu besuchen, sind für Fans elektronischer

Musik die **Milko-Kelemen-Musiktage** (s. u.). Der Komponist wurde in Slatina geboren und ist, obwohl seit 1955 vorwiegend in Deutschland tätig und wohnhaft, immer eng mit seiner kroatischen Heimat verbunden geblieben. Milko Kelemens Werke sind als DVD bei Bis erschienen (1995).

In Slatina gabelt sich die Straße. Nach Nordosten führt sie als N 34 zur Drau und nach Donji Miholjac mit zwei Schlössern des 19. Jh. und Draüübergang nach Ungarn. Nach rechts bleibt sie als N 2 am Hangfuß des Papuk und führt weiter in Richtung Našice.

 TZG in Slatina: Trg Sv. Josipa 1, Tel. 033 55 36 29, www.tz-slatina.hr.

 August: Messetag Dan Sviju.
Mai: Milko-Kelemen-Tage (s. S. 137)

Našice

Reiseatlas: S. 21, C 2
In **Našice** wendet sich die Straße vom Bergfuß ab und verläuft in Richtung Osijek und

Draufluss in die Ebene hinein. Die Grafen Pejačević aus Virovitica haben auch hier Schlösser errichtet. Das größere, spätbarocke steht im größten Schlosspark Kroatiens (14 ha), einem typischen Englischen Garten des 19. Jh. Das jüngere im Neorokoko (an Sanssouci angelehnt) von 1909 ist von einem kleinen formalen französischen Garten umgeben. Im Schloss lebte die Komponistin Dora Pejačević (1885–1923), ihr Andenken wird im Museum in einem eigenen Saal bewahrt. In Konzerten kroatischer Orchester – und nicht nur dieser – erklingen häufig ihre Kompositionen (vor allem Klavierstücke und Lieder). Im Franziskanerkloster und in der Kirche des hl. Antonius von Padua haben sich unter dem barocken Wiederaufbau mittelalterliche Strukturen erhalten. (Museum: Mo–Fr 9–15, Sa 9–13 Uhr.)

TZG in Našice: Pejačevićev trg 4, 31500 Našice, Tel. 031 61 49 51, www.gradnasice.com.

Park: Pejačević trg 4, Tel. 031 61 38 22, Fax 031 61 38 82, www.hotel-park.hr. Gut geführtes Haus mit anständigen Zimmern (Sat-TV), Restaurant mit gutbürgerlicher Küche sowie Disco. DZ/FR ab ca. 60 €.

Der Bahnhof der Linie Zagreb–Koprivnica–Osijek (nicht die Hauptlinie) liegt 2 km außerhalb, kleinerer Bahnhof der Linie Osijek–Požega am Ortsrand.

Bizovac

Reiseatlas: S. 22, B 2

In **Bizovac**, 20 km vor Osijek, stieß man bei Tiefbohrungen auf einen sehr mineral- und salzreichen Heißwasserhorizont, dessen Wasser seit 1974 von Besuchern genutzt werden kann. Das Heilbad Bizovačke Toplice mit Hotels und modernem Erlebnisbad Aquapolis hat europäischen Standard.

TZG in Bizovac: Kralja Tomislava 138, 31222 Bizovac, Tel, 031 67 58 97, Fax 031 67 52 44.

Bizovačke Toplice: Sunčana 39, Tel. 031 68 51 71, Fax 031 685 179, www.bizovacke-toplice.hr. Großhotel (205 Betten), das Funktionalität mit Dekorativem vermischt, Zimmer mit Sat-TV, Hallen- und Freibad, Sauna. DZ/FR ab ca. 50 €.

Wasserpark Aquapolis in **Bizovačke Toplice,** 1500 m^2 Wasserfläche im Vergnügungsbereich, 800 m^2 im Thermalkomplex, größte Anlage Kroatiens mit europäischem Niveau. Kuren in Bizovačke Toplice, Infos über Hotel Bizova Bizovačke Toplice (s. o.) und marketing@bizovacke-toplice.hr.

Alle Orte außer Hlebine liegen an der N 2 zwischen Varaždin und Osijek und werden mehrmals täglich von **Bussen** angefahren. Die **Direktbusse** von Zagreb nach Osijek befahren jedoch nicht diese Strecke, sondern die Posavina.
Täglich fünf direkte **Züge** zwischen Osijek und Zagreb (Fahrzeit bis zu 5 Std., einige mit Reservierungspflicht), die bis auf einen Direktzug (frühmorgens nach und am Spätnachmittag von Zagreb) in allen genannten Orten halten.

Der Osten Slawoniens mit der Hauptstadt Osijek wird zu Unrecht wenig besucht. Naturschönheiten wie der Naturpark Kopački Rit im Mündungsgebiet der Drau in die Donau im Bezirk Baranja, Baudenkmäler wie die Festungsstadt Alt-Esseg oder der Dom von Đakovo und das Lipizzanergestüt nahe dieser Stadt geben Besuchsanreize genug.

Ostslawonien liegt seit dem Zerfall Jugoslawiens am Ende einer Sackgasse, wer fährt schon weiter nach Belgrad? Die Maisfelder, die Stromauen am Zusammenfluss von Drau und Donau, die Weindörfer und Waldberge, die barocken Schlösser und Städte, die nach den Verwüstungen des letzten Krieges nicht alle neu aufgebaut wurden – all dies liegt im touristischen Dornröschenschlaf. Am deutlichsten hat sich Osijek erholt, die größte Stadt Slawoniens und mit 90 000 Einwohnern die viertgrößte Kroatiens. Auch in Osijek gibt es noch viel aufzuräumen. Mitten in der Stadt kann man immer noch zerschossene Gebäude finden. Von Vukovar ganz zu schweigen: Die ehemals so schöne barocke Stadt an der Donau hat zwar ein brandneues Hotel bekommen, aber es steht in einer immer noch von Ruinen beherrschten Gegend, deren ehemaliges Wahrzeichen, das barocke Schloss Eltz, nur noch aus ausgebranntem Mauerwerk besteht. Doch man hat sich arrangiert, auch in Vukovar wird gefeiert und getanzt. Die ›stinkenden Kisten‹ der ersten Nachkriegszeit sind längst besseren Pkws gewichen (immer noch *second hand,* die teuren Allradschlitten, die an der Küste spazieren gefahren werden, kann man sich in Ostslawonien nicht leisten).

Was also sieht man sich in diesem Landesteil an? Osijek selbst ist eine interessante Stadt mit großstädtischem Leben. Etwas außerhalb liegt die ältere Schwester, die Festungsstadt Tvrđa. Das alte Esseg (oder Es-

sek) ist ein österreichisches Militärandenken. Heute darf man sogar wieder den deutschen Namen verwenden – schließlich heißt das neueste Bier aus Osijek (wörtlich) ›Esseker Pils‹. Unverzichtbar ist der Besuch des Kopački Rit, des Naturparks im Überschwemmungsbebiet von Donau und Drau. Und unbedingt sollte man auch Ilok einen Besuch abstatten, vor allen Dingen wegen des wunderbaren Weißweins, den es dort zu genießen gilt. Der neugotische Dom des Bischofs Strossmayer in Đakovo besticht durch seine Lage, Größe, Geschlossenheit und die Qualität der Details. Vinkovci, das antike Cibalia, hat sich ein sehenswertes Museum für seine Römerzeitfunde geschaffen. Jedenfalls (und man muss sich nicht morbide vorkommen): Vukovar sollte man nicht auslassen: Die zerstörte Stadt spricht eine klare Sprache.

Osijek

Cityplan: S. 140/141; **Reiseatlas:** S. 22, D 2
Schon von weitem sieht man den 90 m hohen Turm der neugotischen Pfarrkirche hl. Petrus und Paulus in **Osijek,** von ihren Bürgern Kathedrale genannt. Die Fast-Großstadt Osijek, ehemals Esseg, ist die größte Stadt Slawoniens, hat Industrie, ausgedehnte neue Wohnviertel und eine Universität. Aber immer noch ist die gründerzeitliche ›Kathedrale‹ ihr höchstes Bauwerk. Osijek ist heute nur noch Hauptstadt der Grafschaft Osijek-Baranja, war aber früher Hauptort der ›Slawonischen

Schmucke Häuserfassaden in Osijek

Grenze‹, des Ostteils der Österreichischen Militärgrenze und wichtigste Festung in diesem Bereich. Die Festung (Tvrđa) liegt heute noch in der Mitte der Stadt, wenn auch das Leben seit dem 19. Jh. im unteren Stadtviertel Donji Grad und vor allem im oberen Gornji Grad pulsiert (oben und unten beziehen sich auf die Lage zum Draufluss). Beide Viertel, wie auch die ›Neustadt‹, wo vor allem deutsche Handwerker wohnten, begannen als voneinander unabhängige Siedlungen, die erst 1786 zur Stadt Esseg vereinigt wurden. Damals war Esseg die größte Stadt im Bereich des heutigen Kroatien, heute ist sie immerhin noch die viertgrößte. Der Park um die Festung, der sie heute noch klar von Unter- und Oberstadt distanziert, ist ein letztes Relikt der Bauverbotszone, die ausschließlich auf strategischen Überlegungen beruhte und einen Radius von ca. 1 km hatte.

Alt-Esseg (Tvrđa)

Die Festungsstadt (Tvrđa) hat sich ab 1692 in den unregelmäßigen Plan der türkischen Festung eingenistet. Osijek war auch in türkischer Zeit ein wichtiger Ort, die für den Vormarsch auf Wien äußerst wichtige Draubrücke wurde unter Suleiman II. ab 1566 errichtet: 25 000 Arbeiter bauten eine mehrere Kilometer lange Holzbrücke, die auch noch das Überschwemmungsgebiet überbrückte, dessen Flutung oft mehrere Wochen lang und mehrmals pro Jahr jeden Kontakt zum jenseitigen Flussufer unterband. Die heutige Festungsstadt ist in den zurückhaltenden Formen barocker Militärarchitektur gehalten, die Bauten sind im typischen ›Schönbrunnergelb‹ getüncht. Zentrum ist der **Dreifaltigkeitsplatz 1** mit einer eindrucksvollen Pestsäule (1729) in seiner Mitte. Der Bau an der Nordseite war das **Generalkommando 2** des Esseger Militärbezirks der ›Slawonischen Grenze‹. Die **Hauptwache 3** mit Arkaden, Uhrturm und kleinem aufgesetztem Turm, der ehemals als Wachturm fungierte, wurde 1723 errichtet.

Gegenüber der Hauptwache steht das wohl älteste Gebäude der Stadt, das 1700 fertig gestellte frühere **Rathaus 4**, das seit 1877 das Museum Slawoniens (Muzej Slavonije) beherbergt. Dieses sehr interessante Museum zeigt im Eingangsbereich Funde aus einer römischen Siedlung in der Unterstadt,

139

Ostslawonien

Osijek: Cityplan

0   200   400 m

Drava (Drau)

Gornjodravska Obala
Ribarska
J.J. Stross-mayera
Šetalište Kard.
Šamačka
Lučki Prilaz
Franje   Šepera
Kardinala
Mazuranica
Park Kralja Tomislava

3 Trg Ante Starčevića
1
9 Preradovića
7
Alojzija Stepinca
Europska Avenija

P. Pejačevića
Kapucinska
Radauša
Benešića
Vrt J. Truhelke
Adamovića
8
Kralja
Petra Krešimira IV Park
Kralja Držisl. Park

+10
Trg M. Držića
6
Stjepana Radića
Lorenza Jägera

Trg L. Mirskog
Vijenac P. Kolarića
Jägerov Prolaz
Školska
D. Neumana

2
Županijska
11
Trg Slobode
GORNJI GRAD
Vijenac J. Gotovca
Bahnhof, Busbahnhof ↓
Kralja Zvonimira

Sehenswürdigkeiten

1 Dreifaltigkeitsplatz	**8** Jugendstilhäuser
2 Generalkommando	**9** Kino Europa
3 Hauptwache	**10** Sveti Petar i Pavlo
4 Rathaus und Museum Slawoniens	**11** Nationaltheater
5 Sveti Mihovil	
6 Hauptpost	
7 Urania-Lichtspiele	

vor allem Grabsteine, die im 18. Jh. für den Straßenbau eingesetzt und später geborgen wurden. Eine Münzsammlung, die archäologische Sammlung, traditionelle Musikinstrumente (Tikvica, Tamburiza), traditionelle Alltagsgegenstände und eine umfassende Sammlung regionaler Trachten sind in anderen Räumen untergebracht. Besonders eindrucksvoll ist die Sammlung von Frauenkleidung. Im historischen Teil werden vor allem Karten und Objekte aus der österreichischen Militärzeit gezeigt, die erst 1881 zu Ende ging (Öffnungszeiten Slawonisches Museum: Di–So 9–14 Uhr).

Den Križanića-Platz dominiert die Doppelturmfassade von **Sveti Mihovil** **5**. Unter dem Platz wurden die Fundamente der Moschee Kasim-Pascha aus dem 16. Jh. ergraben. Von den Mauern der Festung haben sich im Südosten etwa 100 m mit dem Wassertor erhalten. Die Brücke, die von hier zum 1719–21 errichteten Kronenwerk ging, ist nicht erhalten. Der Fluss wird heute weiter unterhalb überquert oder auf einer an zwei Pylonen aufgehängten Fußgängerbrücke etwas oberhalb.

Gornji Grad

Während die gewerblich-industrielle Unterstadt keine Sehenswürdigkeiten zu bieten hat, lohnt sich der Besuch der Oberstadt Gornji Grad. Die moderne Europska Avenija führt dorthin und auf ihr die Straßenbahn, Tramvaj

nach einem gemeinsamen Plan errichtet, der sogar die geschwungenen schmiedeeisernen Gitterzäune zur Straße hin mit einbezog. Nur ein paar Schritte weiter steht ebenfalls am Rand des Parks, der hier die Straße verbreitert, das 1939 entstandene **Kino Europa** 9 . Dieser funktionalistische Bau des lokalen Architekten Ljudevit Pekzer ist eines der wenigen Beispiele des Funktionalismus (im Sinne der Bauten des Mies van der Rohe) in Kroatien und wohl sein bestes. Wenige Passanten wissen um die Bedeutung des Baus. Wer ihn passiert und sein Alter schätzt, denkt zunächst an den Funktionalismus der 1950er-Jahre oder schätzt ihn eventuell sogar auf 1960 und später ein.

Die Kapucinska mündet auf den Platz vor der neugotischen **Pfarrkirche Sveti Petar i Pavlo** 10 , die 1894–1898 nach Plänen des deutschen Architekten Franz Langenberg und des Wieners Richard Jordan errichtet wurde. Angeregt worden war der Bau von Bischof Strossmayer, einem gebürtigen Osijeker. Der 90 m hohe Turm der Kirche ist das Wahrzeichen von Osijek. An der nach Süden abbiegenden Županijska liegen nicht nur zwei der Hotels der Stadt (Central und Waldinger), die Touristeninformation und einige der beliebtesten Cafés, sondern auch das 1907 eröffnete **Nationaltheater** 11 der Stadt im damals schon veralteten neoromanisch-frühgotischen Stil.

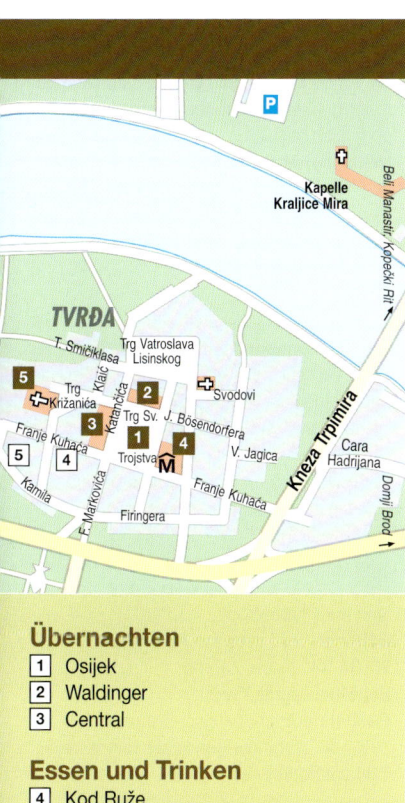

Übernachten
1 Osijek
2 Waldinger
3 Central

Essen und Trinken
4 Kod Ruže
5 Slavonska Kuča

(Osijek hat zwei Straßenbahnlinien). Schöner ist für Fußgänger die Uferpromenade, vorbei am Hotel Osijek. Die Europska Avenija wird, wo sie in die Oberstadt mündet und sich als Kapucinska Ulica fortsetzt, von attraktiven Jugendstilbauten flankiert wie etwa der **Hauptpost** 6 im Stil der Budapester Sezession und vor allem den **Urania-Lichtspielen** 7 mit ihrem geschwungenen Frontgiebel, der an Barockbauten erinnert (beide 1912). Besonders reizvoll ist die **Jugendstil-Häusergruppe** 8 auf der Nordseite zwischen der Urania und der Straße Kardinala Aloizija Stepinca (ab Haus Nr. 18 – Haus Nr. 16 ist noch opulenter Spähistorismus, Haus Nr. 20 bereits purer Sezessionsstil). Offensichtlich wurden sie

TZG Osijeka: Županijska 2, 31000 Osijek, Tel. 031 20 37 55, Fax 031 20 39 47, www.tzosijek.hr.
Internet: VIP Internet Caffe, L. Jägera 24, Mo–Fr 7–23, Wochenende 8–23 Uhr.

Osijek 1 : Žamačka 4, Tel. 031 20 13 33, Fax 031 21 24 44, www.hotel osijek.hr. Teurer Hochhaushotelkasten an der Drau, total renoviert, nicht ohne Schick in Lobby und Restaurant, gute Zimmer mit Sat-TV und Pay-TV, Klimaanlage etc., unbedingt Zimmer mit Flussblick verlangen. DZ/FR ab ca. 145 €, Apartment 220 €.
Waldinger 2 : Županijska 8, Tel. 031 25 04 50, Fax 031 25 04 53, www.waldinger.hr. Tolle

Ostslawonien

Lage im Zentrum, exzellente Zimmer mit Sat-TV und Pay-TV, Minibar, Fön, Aircondition, Jacuzzi – was man halt so braucht. DZ/FR ca. 140 €, günstiger in der einfacheren ›Pension‹ im Hinterhof.

Central 3: Trg A. Starčevića 6, Tel. 031 28 33 99, Fax 031 283 89, www.hotel-central-os.hr. Gründerzeitbau im Zentrum mit freundlicher, persönlicher Atmosphäre, die Zimmer (Sat-TV) nach Süden mit schönem Blick auf die Kathedrale. DZ/FR ca. 70 €.

Kod Ruže 4: F. Kuhaća 15, Tel. 031 20 60 66. Überdekoriertes, nur durch Kerzen erhelltes, gemütliches Traditionslokal, das hauseigene Orchester macht einen Höllenlärm und bringt die kroatischen Gäste ins Schunkeln. Rustikale Regionalkarte, schlichte Genüsse wie *sir i kajmak* (Frischkäse mit leicht gesäuerter dicker Sahne), Karpfen und Hecht in verschiedenen Zubereitungen, Fischpörkölt und ein paar Fleischgerichte. Ca. 15 € für ein komplettes Essen mit offenem Wein.

Slavonska Kuča 5: Kamila Firingera 26, Tel. 031 20 82 77, So geschl. Spezialität des rustikal eingerichteten, gemütlichen Restaurants am Rand von Tvrđa sind die Süßwasserfische aus der Drau. Klassisch in Slawonien: *Fiž (riblji) paprikaž*, hier besonders intensiv duftend (ca. 5 €), Portion Flussfisch 4–7 €, am teuersten Zander.

Cafés: Die Café-Konditorei des Hotels Waldinger (exquisite Konditorwaren aus eigener Herstellung) und das Café des Hotels Central sind die besten Adressen der Stadt.

Vor allem Jugendliche treffen sich in der Bar- und Café-Zeile neben dem Museum von Slawonien in Tvrđa. Fünf Kneipen liegen hier direkt nebeneinander am Trg Svetog Trojstva, darunter das sehr populäre **St. Patrick's**, Osijeks Versuch eines Irish Pub. Wem's hier zu ruhig ist, der geht in die **Disco Bar Sound** (der Name sagt alles) neben dem Restaurant Slavonska Kuča, K. Firingera 24. Ein ›**Casino**‹ befindet sich im Hotel Central.

Hrvatsko Narodno Kazalište (Kroatisches Nationaltheater): Županijska 9,

Tel. 031 22 07 00. Stadttheater, auch Oper und Konzerte.

Die **Kinos Europa** und **Urania** sind nicht nur Kulturdenkmäler, sondern werden auch allabendlich bespielt!

März oder Mai: Festival kroatischer Tamburiza-Musik (auch an anderen Orten Slawoniens), Infos beim Kroatischen Nationaltheater oder bei Hrvatski tamburažki savez (Kroat. Tamburizaverein), Ribarska 1/1, Tel. 031 28 32 53.

Hallensport: in der Sporthalle Zrinjevac auf dem gleichnamigen Platz an der Reisnerova 46 (Nähe Bahnhof). Die Basketballmannschaft Olimpije Slavoninga ist eine der besten Kroatiens.

Fußball: im Stadion im Stadtgarten – Osijek spielt in der Oberliga.

Flughafen: Internationaler Flughafen Osijek, www.osijek-airport.hr. Ins Ausland nur Charterflüge,

Bahnhof: Trg Lavoslava Ružičke 2, Tel. 060 33 34 44. Nach Zagreb, Ungarn und zur Bahnlinie Zagreb–Serbien.

Busbahnhof: neben dem Bahnhof, Tel. 060 33 44 66. Verbindungen in alle Landesteile.

Taxi am Bahnhof und Tel. 031 20 01 00.

3 Der Naturpark Kopački Rit

Reiseatlas: S 22, D/E 1/2

Zwischen Drau und Donau erstreckt sich die **Baranja,** eine weite, sanft-gewellte bäuerliche Landschaft, die in beiden Flusstälern eine der größten natürlichen Auenlandschaften Mitteleuropas bewahrt hat. Das riesige Überschwemmungsgebiet der Donau im **Kopački Rit** ist als Naturpark geschützt.

Die Baranja ist historisch Teil Ungarns und wurde 1919 an Kroatien angeschlossen. Kroatischsprachige Menschen stellten damals die größte Bevölkerungsgruppe. Die Ungarn sind heute noch die größte Minderheitengruppe und in einigen Dörfern wie Ujbezdan und Sepse wird noch mehrheitlich

Ruhe im Naturpark Kopački Rit: Hier kann man die Natur genießen

Ungarisch gesprochen. Die gesamte Region war im letzten Krieg serbisch besetzt, die geflüchtete Bevölkerung ist in die teilweise zerstörten Dörfer nicht vollständig zurückgekehrt. Der Hauptort Beli Manastir an der Bahn- und Buslinie nach Budapest hat sich inzwischen jedoch wieder erholt, zumal eine wachsende Anzahl ungarischer Touristen ins hier immer noch teilweise ungarischsprachige Land strömt.

Der Naturpark Kopački Rit war bis vor einigen Jahren No-Go-Area wegen der Minen, die von den Serben zurückgelassen wurden – die Donau bildet hier die Grenze zur jugoslawischen autonomen Region Bačka. Wer den Naturpark im Herbst besucht, wird zahllose Vogelarten zu Gesicht bekommen, da die Flussebenen ein Sammelzentrum für Zugvögel sind. So bevölkern im Herbst um die tausend Löffler die Auen, bevor sie nach dem Süden weiterfliegen, ganz zu schweigen von den Gänsen, Störchen, Silberreihern und Enten (bis zu 50 000!).

Bei **Bilje,** dem ersten Ort, den man von Osijek her in der Baranja erreicht, führte die Holzbrücke Suleimans II. über die Save und

deren Überschwemmungsgebiet. Hier ließ Prinz Eugen von Savoyen den ersten Bau nach der Eroberung errichten, ein bescheidenes Jagdschlösschen. Die Zuschreibung an den österreichischen Barockbaumeister Johann Lukas von Hildebrandt (dem das Schloss Belvedere in Wien zu verdanken ist) ist nicht bewiesen.

Der riesige Naturpark Kopački Rit umfasst einen Teil des Überschwemmungsgebietes der Donau mit Altarmen und Auenwäldern, Sümpfen und riesigen Schilfbereichen, die eine reiche Fauna beherbergen. Das Gebiet steht jährlich für etwa drei Monate unter Wasser, da die Hochwasser von Drau und Donau versetzt ankommen und dadurch für eine besonders lange Phase sorgen. Die Welse benötigen dieses Gebiet zum Laichen, wie auch andere Fische, die den Seeadlern (20 Paare) zur Nahrung dienen. Große Zahlen von Brutvögeln erinnern an die Bedeutung der zunehmend verschwindenden Flussauen für Vögel. Bis zu 1000 Brutpaare von Silberreihern wurden gezählt, und bis zu 200 Paare der seltenen Moorente brüten im Kopački Rit, insgesamt brüten hier 141 Vogelarten. Im

In Vukovar wird dem Reisenden bewusst, was Krieg bedeutet

Herbst ist das Auengebiet der Donau einer der wichtigsten Sammelplätze für Zugvögel in ganz Mitteleuropa, 291 Vogelarten wurden beobachtet (Info und Buchung: Parkverwaltung in Bilje, Tel. 031 75 08 55, Fax 031 75 07 55, www.kopacki-rit.com, zum Kopački Rit auch www.bilje.hr. Besucherzentrum in Kopačevo: Tel. 031 75 23 20, Fax 031 75 23 21, kopacki-rit-turizam@os.htnet.hr. Infos auch im Touristenbüro in Osijek, s. S. 141).

Vukovar

Reiseatlas: S. 22, E 3
Die Grenze Slawoniens zur Wojwodina (Jugoslawien) verläuft auch unterhalb der Drau-

mündung in der Donaumitte. **Vukovar** ist die einzige Stadt in diesem Bereich. Barocker Bürgerstolz machte sie zu einem städtebaulichen Prunkstück: Barockfassaden, Stadthäuser wie die Stadtpräfektur, überdachte Bogengänge an den Straßenseiten, das Barockschloss der Grafen Eltz mit großem Adelswappen zwischen zwei steinernen Löwen über dem Mittelteil der Fassade, die Kirche des hl. Rochus von 1740, das Franziskanerkloster mit der Kirche, beide zwischen 1723 und 1732 erbaut.

1991 begann die Tragödie: Die jugoslawische Führung hatte den Angriff auf die ganz im Osten von Kroatien liegende, von serbischem Gebiet umgebene Stadt beschlossen, serbische Kampftruppen begannen im Frühherbst mit der Bombardierung. Vukovar

144

Hotel im Glaskasten-Look das Bild der Straße zwischen Bürgerstadt und Schloss Eltz verändert und beeinträchtigt.

5 km donauabwärts liegt auf einem Plateau über dem Strom die Grabungsstätte **Vucedol.** Hier wurden in einer mehr als 8000 Jahre alten Siedlung die Namen gebenden Funde aus der bedeutendsten Kultur der Kupferzeit im östlichen Mittel- und nördlichen Südeuropa gemacht: der Vucedol-Kultur. Die wichtigsten und schönsten Stücke sind im Archäologischen Museum Zagreb zu bewundern (s. S. 102). An Ort und Stelle ist nichts zu sehen, man munkelt aber am Ort von einem Achäologischen Park, der in Vucedol eingerichtet werden soll.

 Busse: Vukovar hat recht gute und regelmäßige Verbindungen mit Osijek.

Ilok

Relseatlas: S. 22, F 3

Am äußersten Ende des kroatischen Donauufers liegt das Städtchen **Ilok.** Ähnlich wie Budapest, mit dem es sich gerne vergleicht, erhebt sich die Stadtburg mit ihren für Kroatien einzigartigen Backsteinmauern auf dem südlichen Hochufer. Das im Krieg beschädigte Franziskanerkloster (14. Jh.) und die spätgotische Kirche Sveti Ivan Kapistran (der hl. Johannes von Capestrano, Sveti Ivan Kapistran, der hier gelebt und nach seinem Tod zahllose Wunder gewirkt hat, ist Patron des Franziskanerklosters und der Stadt) lehnen sich an die Stadtmauern an. Ein öffentliches Bad wurde unter türkischer Herrschaft (16. Jh.) in einem der Stadttürme eingerichtet. Das schöne Dekor hat sich teilweise erhalten. Das barocke Schloss Ilok, eine dreiflügelige frühbarocke Anlage mit Arkaden, die sich in drei Stockwerken zum Innenhof öffnen, war bis 1945 im Besitz der römischen Fürstenfamilie Odescalchi. Der Blick von hier schweift weit über die Tiefebene der Wojwodina auf dem jenseitigen Donauufer. Ilok ist ein bedeutender Weinort, seine Qualitäts-Weißweine sind in ganz Kroatien bekannt.

wurde großenteils zerstört, das Schloss Eltz ging zuletzt in Flammen auf. Am 18. November 1991 wurde Vukovar von den serbischen Truppen besetzt, die Bevölkerung war geflohen oder gestorben, die Kroaten wurden von den serbischen Eroberern vertrieben. Erst 1998 gab man Vukovar (mit Ostslawonien) an Kroatien zurück. Bislang kehrte nur ein Teil der früheren Bewohner (ca. 28 000 je zur Hälfte Serben und Kroaten – die Stadt hatte 1991 46 000 Einwohner) heim und hat mit sehr viel schwereren Bedingungen als früher zu kämpfen. Von den ehemals 1600 Arbeitsplätzen in der Textilfabrik Vuteks sind nur ein paar Dutzend übrig geblieben. Die 1998 begonnenen Wiederaufbauarbeiten scheinen steckengeblieben zu sein, dafür hat ein neues

Vinkovci

Reiseatlas: S. 22, E 3

Vinkovci, mitten in der ostslawonischen Ebene, ist ein Straßenort, lang gezogen und nur bei der spätbarocken, wie in vielen anderen Orten schönbrunnergelb gestrichenen Kirche zum kleinen Park mit wunderschönen alten Linden verbreitert. Die römischen Sammlungen im Gradski Muzej Vinkovci am gleichen Platz sind sehenswert, denn dort wurden die Funde von Colonia Aurelia Cibalae zusammengetragen, der antiken Vorgängerstadt von Vinkovci. Es gibt Skulpturen zu sehen, Terra sigillata, Goldfibeln, kostbares Glas, Keramik aus der antiken Stadt, die in den insgesamt 50 Brennöfen, die man entdeckt hat, gebrannt wurde (Öffnungszeiten des Gradski Muzej Vinkovci: Di–Fr 10–13 und 16-19 Uhr, Sa/So 10–13 Uhr).

Grad Vinkovci: B. Jelačića 1 (im Rathaus), 32100 Vinkovci, Tel. 032 33 72 01, Fax 032 33 26 24, www.cibalia.com, www.vinkovci.hr.

Cibalia: A. Starčevića 51, Tel. 032 33 92 22, Fax 032 33 92 24, www.hotel-cibalia.com. Angenehmes privates Garni-Hotel nahe dem Bahnhof, Zimmer mit TV, Minibar, Klimaanlage, ansprechend eingerichtet, einige zum recht ruhigen Innenhof, die anderen zur Allee; Restaurant nebenan (s. u.). DZ/FR 80 €.
Slavonija: Duga Ulica 1, Tel. 032 34 25 55, Fax 032 34 25 50, www.son-ugo-cor.com. Hotel der 1960er-Jahre im Zentrum, mit Restaurant, großer Bar, Disco zur Flussseite; Zimmer mit Sat-TV; DZ/FR ca. 55 €.

Dalmacija: A. Starčevića 53. Fischrestaurant neben dem Hotel Cibalia, empfehlenswertes *fiš paprikaš* (für 4 Pers. etwa 14 €), aber die Küche serviert auch Dalmatinisches wie Škampirisotto und traditionelle Fleischgerichte (4–6 €).

Im **September** findet in Vinkovci der populäre Vinkovačke jeseni (»Herbst in Vinkovci«) mit zahlreichen Volkstumsveranstaltungen statt. Die ganze Stadt ist dann auf den Beinen.

In Vinkovci hat man die Wahl zwischen den regelmäßigen **Busverbindungen** nach Osijek oder dem – seltener verkehrenden – **Zug.**

Đakovo

Reiseatlas: S. 22, D 3

Auch Đakovo liegt mitten in der Ebene, deswegen sieht man weithin die beiden hohen Türme (84 m) seiner **Kathedrale,** die im Gegensatz zu jener in Osijek tatsächlich eine Bischofskirche ist. Ihr Bischof steht der großen alten Diözese Đakovo und Srijem vor, die einmal weit in das Gebiet des heutigen Serbien reichte. Die Kathedrale wurde zwischen 1866 und 1882 in einem seltsamen romanisch-gotischen Mischstil errichtet (Architekten Karl Roesner und Friedrich von Schmidt), die Details des Baus sind ausgesprochen sorgfältig ausgeführt, die Glasfenster im typischen Nazarenerstil, und trotz des Stilmischmaschs überzeugt das Endprodukt als einheitliches Raumgebilde.

Der damalige Bischof Josip Juraj Strossmayer (1815–1905), der in der Krypta begraben liegt (und von den Besuchern wie ein Heiliger verehrt wird), war die treibende Kraft des Unternehmens. Dass man in Kroatien vielerorts Plätze und Straßen findet, die seinen Namen tragen, hängt aber nicht mit seinen bischöflichen Pflichten zusammen, sondern mit seinen politischen Aktivitäten: Strossmayer war Vorsitzender der Kroatischen Volkspartei im ungarischen Landtag und setzte sich für die Anerkennung kroatischer Sonderrechte ein.

Von der Kathedrale aus führt der ganz auf Touristen eingestellte Korso zur **Allerheiligenkirche,** heute Pfarrkirche, mit ihrer klassizistischen Fassade. Hinter der Fassade verbirgt sich ein Oktogon mit flacher Kuppel – ein osmanischer Bau: Die Kirche geht auf die türkische Ibrahim-Pascha-Moschee zu

Richtig Reisen-Tipp: Slawoniens Weine probieren

Die interessantesten Weine Slawoniens werden aus der Graševina-Traube gekeltert. Die Graševina ist nichts anderes als unser Welschriesling. Er wird in Slowenien und zum Teil auch in Kroatien manchmal ›Laški-Rizling‹, aber auch ›Taljanski Rizling‹ oder einfach ›Rizling‹ genannt – was völlig falsch ist.

Während der Welschriesling in Österreich, wo er ebenfalls viel angebaut wird, keine Spitzenqualität erzielt, produziert man in Slawonien und in anderen Regionen Kroatiens exzellente Weine aus der Traube. Versuchen Sie die Erzeugnisse der drei besten Graševina-Produzenten in Kutjevo und lassen Sie sich überzeugen, dass diese sonst übersehene Rebsorte frische, sehr helle, leicht gelbliche Weine mit grünlichen Reflexen hervorbringt, dazu ein ausgesprochen feines, nach grünen Äpfeln duftendes Bouquet. Die besten Adressen in Kutjevo sind **Gut Kutjevo, Enjingi** und **Krauthaker.** Sie bekommen diese Spitzenweine aber auch in sehr guten kroatischen Restaurants oder im Supermarkt.

Das soll allerdings nicht heißen, dass Sie deshalb deren Rheinriesling (Rajnski Rizling), besonders gut bei Enjingi, oder Traminac (Traminer), besonders gut bei Gut Kutjevo, vernachlässigen sollten!

Andere empfehlenswerte Güter bzw. Kellereien gibt es ganz im Osten in **Ilok** mit Graševina ›aus den Weinbergen Syrmiens‹, im nahen **Gut Erdut** (mit einem besonders feinduftigen Traminer), im **Međimurje-Gut Bobnjar** sowie außerhalb Slawoniens, zum Beispiel bei den Dutzenden von Graševina-Weinbauern in **Sveti Ivan Zelina,** in der Genossenschaftskellerei **Daruvar** und in der Kellerei in **Križevći** im **Prigorje.**

---

rück und ist das einzige vollständig erhaltene Beispiel osmanischer Architektur in ganz Slawonien.

An der Augusta Šenoe im Nordwesten von Đakovo betreibt der Staat ein im Jahr 1506 gegründetes **Gestüt,** das älteste Europas, das seit 1806 Lipizzaner züchtet. Führungen werden leider keine angeboten, aber vom Zaun aus kann man die Pferde sehen, wenn sie ausgeführt werden.

Die Straße nach Süden und zur Save passiert den Ort **Vrpolje,** wo an mehreren Stellen Werke des berühmten Bildhauers Ivan Meštrović zu bewundern sind. Ob im Stadtpark oder in der Pfarrkirche, vor allem aber in der Galerija Meštrović befinden sich Arbeiten des Meisters aus Dalmatien (zu Meštrović s. S. 97ff).

TZG in Đakovo: Kralja Tomislava 3, 52215 Đakovo, Tel./Fax 032 81 23 19, tz-grada-djakova@os.tel.hr.

Blaža: A. Starčevića 158, Tel. 031 81 67 60, Fax 031 81 67 64. Neues Hotel im postmodernen Look am Stadtrand von Đakovo in Richtung Našice, gepflegte Zimmer ohne große Persönlichkeit, aber mit Sat-TV. Das Hotel verfügt außerdem über ein Restaurant und einen Außenpool. DZ/FR ab ca. 60 €.

Croatia Turist: Preradovićeva 25. Traditionelles Restaurant an der Straße nach Süden (Slavonski Brod), große Auswahl an Fleischgerichten (ca. 5–9 €), *fiš paprikaš* (4 €), die Palatschinken haben den niedrigsten Preis, den der Autor in Kroatien entdeckt hat: 8 Kn (ca. 1,10 €) – anderswo sind mindestens 10 Kn, in ›guten‹ Lokalen meist an die 20 Kn zu berappen.

Im **Juli** findet in Đakovo das Traditionsfest ›Die Stickereien von Đakovo‹ mit gastronomischem und folkloristischem Begleitprogramm, Pferderennen sowie Markt statt.

Busse: Đakovo hat recht gute und regelmäßige Verbindungen mit Osijek.

Zwischen der Save im Süden und den Waldbergen von Dil gora, Papuk und Psunj im Norden zieht sich ein breiter Streifen fruchtbaren Bauernlandes durch Binnenkroatien, die Posavina. Die Festung in Slavonski Brod erinnert daran, dass die Posavina immer wieder Grenzland war, damals gegen das Osmanische Reich, heute gegen Bosnien und Herzegowina.

Slavonski Brod

Reiseatlas: S. 21, B 3

Wo die Waldberge Slawoniens der Save und damit der Grenze nach Bosnien-Herzegowina am nächsten kommen und Fernstraße, Fernbahn wie Autobahn auf einen schmalen Streifen Ebene zusammengezwängt werden, liegt **Slavonski Brod.** Zwar existierte hier schon im Altertum (das römische Marsonia der Tabula Peutingeriana) und Mittelalter ein Ort, aber die neuzeitliche Bedeutung von Slavonski Brod geht auf die habsburgisch-österreichischen Grenzverstärkungen nach der Vertreibung der Türken zurück. Die Save war über 150 Jahre lang Grenzfluss, die strategisch bedeutende Engstelle aller Ost-West-Verbindungen sinnvoller Standort für eine Grenzfestung.

Neben dem Franziskanerkloster mit seinem schönen Kreuzgang und der Kirche Sveti Trojstvo (beide vor 1725) sowie dem Heimatmuseum (Muzej Brodskoga Posavlja – Museum des Broder Savegebietes) mit seiner Trachtensammlung (als lokale Besonderheit gelten die prachtvoll bestickten Bettüberwürfe ›krpana ponjava‹) und einem komplett erhaltenen römischen Militärdiplom ist vor allem die Festung selbst einen Besuch wert. Zwar wurde sie fast eineinhalb Jahrhunderte vernachlässigt und in Jugo-Zeiten zum Teil abgerissen (um Industrie anzusiedeln, was aber nicht geschah), aber diese Achteckanlage nach dem Vorbild Vaubans um einen großen quadratischen Platz ist immer noch sehenswert. Von mehrstöckigen Bauten umgeben verwandeln sie zusätzliche vorspringende Schanzen in einen vielzackigen Stern. Einige der schon lange tief in der Erde steckenden Mauern wurden ausgegraben, die Gemeinde plant seit 1994 die Festung zu revitalisieren. Sichtbarer Erfolg sind bisher eine Schule und eine Gemäldegalerie im nordwestlichen Flügel (Festung: Juni–Sept. tgl. 7–21 Uhr, sonst 8–17 Uhr).

TZG Slavonski Brod: Trg Pobjede 30, 35000 Slavonski Brod, Tel./Fax 035 44 57 65.

Zdjelarević: Vinogradska 102, 35253 Brodski stupnik (19 km westlich von Slavonski Brod), Tel. 035 42 77 75, Fax 035 42 70 40, www.zdjelarevic.hr. Hotel und Weinkellerei im Winzerort am Bergfuß im eigenen Weinberg, ideal gelegen für Slavonski Brod, Požega und Ausflüge in die Papuk-Berge, Zimmer mit Sat-TV, die Besitzer sind Winzer, haben eigene Vinothek sowie Restaurant und geben Weinbaukurse. DZ/FR 78 €, mit HP 100 €.

Der **Brodsko Kolo,** das jährliche Sommerfest des Volkstanzes in **Slavonski Brod,** wird an verschiedenen Orten der Stadt aufgeführt.

Idyllische Lage: Das Kloster in Kutjevo

Vogelbeobachtung, z. B. am Fischteich Jelas, 15 km westlich von Slavonski Brod (bis zu 230 Vogelarten!) aber auch Jagd, Mountainbiketouren und Wandern.

Bahn: Trg Hrvatskog Proljeca 4; an der Linie Zagreb–Vinkovci–Belgrad.
Busstation: Trg Hrvatskog Proljeca 4; alle Busse der Linie Osijek–Zagreb (über Autoput).

Požega

Reiseatlas: S. 21, A 3
Von Slavonski Brod sollte man keineswegs auf der Hauptstraße (oder gar der Autobahn!) in Richtung Zagreb eilen, sondern einen Abstecher über die die breite Flussebene flankierenden Waldberge ins Innere machen. Hinter dem ersten Bergzug liegt nämlich eine weite Niederung, die Požeška kotlina, die nach Norden zu von einer weiteren Berggruppe begrenzt wird, den Bergen um den Papuk, einen Naturpark.

Požega ist der Hauptort des fruchtbaren Beckens. Hier stand das erste, 1699 eröffnete Gymnasium Slawoniens, das 1763 in der Jesuitenakademie Universitätsstatus bekam (und 1774 schon wieder geschlossen wurde, als die Jesuiten aus der Habsburgermonarchie vertrieben wurden). Das Kollegium der Jesuiten und das Gymnasium, beide aus dem frühen 18. Jh., sind heute noch bestimmende barocke Bauwerke der Stadt. Sie gruppieren sich um einen Marktplatz, dessen großzügige Bürgerhäuser im Erdgeschoss offene Laubengänge besitzen. Der Ort beherbergt – für Slawonien rar – bedeutende mittelalterliche Reste, so die Kirchen Sveti Duh (Heiliger Geist) und Sveti Lovra (hl. Lorenz).

Kutjevo

Reiseatlas: S. 21, B 2
Zum Abschluss einer Slawonienreise, auf der man auch mit den hervorragenden Weinen

Die Posavina

Richtig Reisen-Tipp:
Rundfahrt durch den Naturpark Papuk

Den **Naturpark Papuk** kann man auf einer Rundfahrt an einem Tag per Pkw, oder, wesentlich eindrucksvoller, mit dem Fahrrad erkunden. Wer letzteres vorhat, muss für die 1350 m Höhenunterschied über zwei Bergpässe allerdings ziemlich fit sein!

Man nimmt in **Požega** die N 49 in Richtung Slatina, die bis nach Velika asphaltiert ist. Nachdem sie ein schmales Waldtal erreicht hat, verwandelt sie sich allerdings in eine kurvigen Schotterstraße. Knapp vor dem Beginn dieses Tales mündet ein Bach von rechts ein. Hier führt ein Sträßchen zur Berghütte (Planinarski dom) Lapjak und ein Wanderweg hinauf zum Dom GSS etwas oberhalb des **Koprivnato-Passes** (725 m, 24 km), den man auch auf der Straße erreicht. Wer den Aufstieg zur Hütte macht und auf dem gleichen Weg ins Tal zurückkehrt, muss mit ca. 3 Stunden Gehzeit rechnen.

Vom Pass jenseits geht es hinunter auf der weiterhin gewundenen, wahrscheinlich inzwischen doch asphaltierten Straße, vorbei an der **Jankovac-Hütte** nach **Slatinski Drenovac** (32 km). Hier biegt man nicht auf die Straße nach Slatina, sondern nach rechts über eine Brücke und zur N 2, der man nach Osten in Richtung Orahovica (62 km) folgt. **Orahovica** besitzt eine spätbarocke Kirche der Kreuzauffindung und eine große Weingenossenschaft – den 1894 eingerichteten Keller kann man besichtigen. Eine weitere Bergstraße wartet nun auf uns. Nach den ersten 5 km lohnt ein kurzer Abstecher nach links zum orthodoxen **Kloster Sv. Nikola zvan Remeta.** Wenig später erreicht man den 617 m hohen Pass am **Petrov vrh,** von dem es kurvenreich hinuntergeht in Richtung **Kutjevo** (81 km). Noch 17 km Straße und man ist zurück in Požega (98 km).

150

dieser Landschaft Bekanntschaft schließen wird, sollte man **Kutjevo** in der nördlichen Požeška kotlina am Hangfuß des Papuk besuchen. Im ehemaligen Jesuitenkloster, errichtet über einer durch die Türken zerstörten Benediktinerabtei, und späteren Schloss der Barone Turković des 19. Jh. mit markantem zentralem Oktogonturm mit Zwiebelhaube ist das Weingut Kutjevo untergebracht. Es geht auf eine mittelalterliche Klosterkellerei zurück. In Kutjevo befindet sich auch das ebenfalls für seinen Graševina berühmte Weingut Krauthaker. Im Rücken des Ortes locken die Berge des Naturparks Papuk – eine Rundfahrt, ganz egal ob mit Rad oder Pkw, oder eine Wanderung sollte schon drin sein!

 TZG Kutjevo: Republike Hrvatske 77, 34340 Kutjevo, Tel. 034 25 50 92.

Busse: Stepana Radica bb, südlich Zentrum; hat relativ gute Verbindungen mit Zagreb, ca. 4 x tgl. dIrekt plus Umsteigeverbindungen.

Der Naturpark Papuk

Karte: s. links

Der im Jahr 1999 eingerichtete **Naturpark Papuk** (Park Prirode Papuk) umfasst ein großes bewaldetes Berggebiet zwischen Posavina und Podravina, das im Papuk immerhin 953 m Höhe erreicht und 336 km² groß ist. Buchen und Eichen bestimmen die dortigen (Sekundär-) Wälder, daneben findet man Eschen und Ahornbäume. Die meist angepflanzten (und hier ursprünglich nicht vorkommenden) Edelkastanien wachsen an den südlichen Ausläufern. Wegen der Gesteinsvielfalt des Untergrundes (Granit, kristalline Schiefer, vulkanische Gesteine mit Thermalquellen, wie im Westen bei Bad Lipik, aber auch Kalk und Dolomit samt zugehörigen, nicht öffentlich zugänglichen Höhlen) ist auch die Vegetation abwechslungsreich, speziell im bereits seit 1966 als Waldreservat geschützten Gebiet Sekulinačke planine

und im Gebiet von Velika (wie Kutjevo am Südfuß), wo sich die größte Dichte geschützter und seltener Pflanzen im ganzen Park findet. Die Buchen-, Eichen- und Edelkastanienwälder des Papuk-Berglands sind von guten markierten Wegen durchzogen, die von einem bereits im 19. Jh. gegründeten Gebirgsverein angelegt wurden. (Infos zum Park: Tel. 034 31 30 30, www.pp-papuk.hr, auch in Englisch).

Nova Gradiška

Reiseatlas: S. 20, A 3; S. 21, F2/3

Nova Gradiška besitzt einen barocken Kern, die Stadt wurde 1748 komplett mit festem Plan für Kirche, Rathaus und Bürgerviertel gegründet und konnte bereits 1763 die erste Messe in der frisch gedeckten Kirche der hl. Theresia von Avila feiern, der Pfarrkirche. Der große Marktplatz war für das gedacht, wofür Marktplätze normalerweise gedacht waren: für den Wochenmarkt, ein Privileg, das dem Ort Wohlstand bringen sollte. Zwar war die Stadt sowohl als Kommandositz für das österreichische Militär als auch als Marktort und Handwerkersiedlung geplant worden, doch dominierte bald das Gewerbe: Von den 336 Einwohnern im Jahr 1773 übten 70 ein Handwerk aus.

Kralj Tomislav: Trg kralja Tomislava 3, 35400 Nova Gradiška, Tel. 035 36 27 22, Fax 035 36 27 20, www.hotel-kralj-tomislav.hr. Nettes Privathotel in Gründerzeithaus, ordentliche, individuell eingerichtete Zimmer mit TV, im Haus Restaurant, ›Pub Sir Marc & Philip‹ und Konditorei-Café mit Terrasse. DZ/FR 65 €.

Der erlebenswerte **Karneval** in **Nova Gradiška** ist der bedeutendste und älteste in ganz Slawonien.

Busse und Bahn: Station am südlichen Ortsrand; nicht alle Züge und nicht alle Busse zwischen Osijek bzw. Vinkovci/Belgrad und Zagreb halten.

Malerisch: die Altstadt von Rovinj

Istrien

Poreč

Rovinj

Pula

Auf einen Blick: Istrien

Grüne Halbinsel mit mediterranen Küsten

Istrien ist die größte Halbinsel der Adria. Üppiges Grün zieht sich von der Küste bis zu den Bergen im Inneren, ein Wassersport-, Wander- und Mountainbikeparadies. Die Halbinsel ist politisch dreigeteilt – in einen kleinen, italienischen Bereich um Triest (Istria), einen schmalen slowenischen Streifen und die große kroatische Grafschaft Istra.

Die Küste ist nicht besonders spektakulär, das Gebirge nicht besonders hoch oder schroff, was schon ›Hartleben's Illustrierter Führer‹ durch Triest und Umgebung von 1897 feststellte: »Was die istrischen Küsten anbelangt, wird man zwar grossartige landschaftliche Scenerien, hervorragende Städte oder üppige Pflanzenparadiese vermissen, keineswegs aber malerische Hafenplätze, deren mitunter reichbewegte Vergangenheit durch ihr altersgraues Aussehen sich kundgibt.«

Feinkies- und Felsstrände säumen die Westküste. Das Meereswasser ist sauber, es gibt kaum Industrie, außer Pula keine große Stadt, deren Abwasser das Meer verschmutzen könnte. Dafür aber Austern aus dem Limski kanal und Skampi aus den Fangkörben vor der Küste. Ein durch steil eingetiefte Flusstäler gegliedertes, welliges Plateau bildet das Innere der Halbinsel. Felder, Weinberge, Wiesen streuen sich unregelmäßig und wie zufällig darüber. Ödland findet sich, wo der darunter liegende, verkarstete Kalkstein an die Erdoberfläche dringt. Gerade dieses Ödland ist von großem Reiz, weil hier Reste der natürlichen Vegetation erhalten sind, strauchige Macchie mit vielen Liliengewächsen und Orchideen, Steineichengebüsch, Mastix und Strandkiefer. Und natürlich Wildspargel und Wildpilze samt Weißem und Schwarzem Trüffel!

Während Pula vor allem wegen seiner römischen Architekturdenkmäler wie der Arena besuchenswert ist, sind Poreč, Rovinj, Novigrad und Umag stark von venezianischer Vergangenheit geprägt. Die früher strategisch wichtige Lage auf Halbinseln ist ihnen gemeinsam. Ernst und ein wenig abweisend präsentieren sich oft die von Mauern umgebenen Orte im Inneren. Motovun auf seiner aussichtsreichen Kuppe ist der berühmteste.

Highlights

4 Pula/Pola: Das berühmte Amphitheater, Forumtempel, Römisches Theater, Triumphbogen, Tore und Mosaiken erinnern an die römische Vorgängerstadt, reiche Funde zeigt das Archäologische Museum von Istrien (s. S. 156ff.).

5 Rovinj/Rovigno: Die Kirche der hl. Euphemia auf der Spitze der Halbinsel dominiert ein pittoreskes Stadtensemble mit Bauten vom Mittelalter bis zum Barock (s. S. 168ff.).

6 Poreč/Parenzo: Die frühbyzantinische Basilika liegt im Zentrum der vorwiegend venezianisch geprägten Altstadt mit Bauten aus zwei Jahrtausenden, die sich auf einer schmalen Halbinsel ausdehnt (s. S. 175ff.).

Reise- und Zeitplanung

Der eigene Pkw oder der Mietwagen ist in Istrien nur nötig, wenn man das Binnenland besuchen will, die Küstenorte sind durch Busse gut miteinander verbunden. Andererseits ist Istrien mit dem Pkw von Norden aus am leichtesten zu erreichen, die Bahnverbindungen sind schlecht, die Fernbuslinien unbequem. Innerhalb Istriens hat die Fertigstellung der Y-förmigen Schnellstraße (ein Stückchen nördlich von Pula fehlt noch) die Verbindungen wesentlich verbessert. In Pula landen nur wenige innerkroatische Flüge, der nächste größere Flughafen ist Rijeka. Fazit: Der Pkw ist sinnvoll. Für kleinere Ausflüge leiht man sich am besten ein Fahrrad.

Wer ganz Istrien auch nur oberflächlich kennen lernen will, benötigt mindestens eine Woche. Will man die eine oder andere Konoba im Inneren besuchen, eine Fahrradtour, einen Ausflug mit dem Schiff in den Limski kanal machen, Pula ausführlicher entdecken, sollte man einen mindestens zwei Wochen langen Aufenthalt einplanen.

Klima und Reisezeit

An den Küsten kann es im Sommer recht heiß werden, im Winter hat man oft mit kaltem Ostwind zu kämpfen, dafür kann es tageweise wunderbar mild sein. Schnee ist an der Küste fast unbekannt. Ideal sind Frühjahr (April–Juni) und Herbst (Mitte Sept.–Mitte Nov.), dann sind die Touristenorte auch noch nicht so überlaufen. Im Hochsommer muss man an der gesamten Westküste und in Rabac mit Überfüllung und hohen Preisen rechnen. Dann kann es Probleme mit kürzeren Aufenthalten geben!

Kulinarisch interessierte Reisende sollten April und Oktober bevorzugen: Wildspargel im April, Weiße Trüffel und Steinpilze im Oktober. Wanderer haben im April und Mai sowie von Mitte September bis Mitte Dezember die besten Bedingungen, spät im Jahr sind aber viele Hotels geschlossen! Wassersportler müssen sich wohl oder übel in der Hauptsaison

(Juli/August) einfinden, nur dann und bis Ende September ist das Meer wirklich warm – die durchschnittliche Wassertemperatur klettert in Küstennähe zwischen Mitte Juni und Ende September, ja Mitte Oktober, über 20 °C.

Aktivitäten, Sport

Wassersport jeder Art, Wandern, Freiklettern im Učka-Bergland, Mountainbiken und Radfahren sind die für Istrien geeignetsten Sportarten. Tennisplätze hat jedes bessere Hotel, drei Golfplätze entstehen (Mirnatal bei Motovun) bzw. sind geplant.

Infos zur Region

Istrieninfo: Bayerstr. 24, 80335 München, Tel. 089/54 37 04 80, Fax 089/54 37 04 81, istrien-info@t-online.de. Die Internetadresse www.istra.com könnte eine Auffrischung vertragen.

Richtig Reisen-Tipps

Die Weinstraße um Poreč: Istriens vorzügliche und international zunehmend anerkannte, leider aber nicht ganz billige Weine lernt man am besten auf einer der interessantesten ausgewiesenen Weinstraßen kennen (s. S. 180f.).

Die Trüffelregion Mirnatal – eine kulinarische Rundfahrt: Links und rechts der Mirna offerieren Restaurants und Konobe Trüffel und Spitzen-Malvazija, Wildspargel und Pršut. Ideales Fortbewegungsmittel: das Mountainbike (s. S. 191).

Freiklettern in der Vranjska Draga: Im Felsenlabyrinth Vranjska Draga unter dem Učka-Bergmassiv locken Kalknadeln mit Freikletterrouten aller Schwierigkeitsgrade. Kurze Routen bis 7 a/b, kurze Anstiegswege zum Einstieg, die Freikletterer sind meist unter sich (s. S. 195).

Römisch, byzantinisch, venezianisch, österreichisch, italienisch – alle geschichtlichen Epochen haben in Pula Denkmäler hinterlassen, und das macht die Stadt so spannend. Oft greifen die einzelnen Stile auch unmittelbar ineinander: der Forumtempel wurde in das venezianische Rathaus integriert, ein Bodenmosaik schmückt einen modernen Wohnblock und im österreichischen Sperrfort finden Techno-Wochenenden statt.

Reiseatlas: S. 3, C 3/4

Dem Stadtbummler fallen zunächst die vielen römischen Monumente auf: die riesige Arena, wie das Amphitheater meist fälschlich genannt wird, die Mauern mit Toren und Triumphbogen, die Tempel des Forums. Die mittelalterlich-venezianische Altstadt deckt sich mit dem römischen Pola, dessen Mauern bis in die Neuzeit zur Verteidigung dienten. Dass die Stadt im Mittelalter und auch unter venezianischer Herrschaft kaum noch Bedeutung hatte, schließt man daraus messerscharf, sonst wäre kaum noch so viel Antikes vorhanden. Als Venedig ging und 1815 Wiener Verwalter und Offiziere kamen, wurden im Geist der Gründerzeit historische Bauten nicht mehr angerührt.

Die größte Stadt Istriens (heute ca. 70 000 Einwohner) war vor 150 Jahren ein schläfriges Landstädtchen mit einigen auffälligen römischen Resten. Österreichs Entscheidung, am Ende der lang gestreckten und windgeschützten Bucht den Hauptkriegshafen Österreich-Ungarns zu bauen, hatte einzig strategische Gründe – Venedig war dem Habsburgerreich gerade verloren gegangen und mit ihm der wichtigste österreichische Hafen in der Adria.

1856 wurde der erste Spatenstich für das Arsenal getan, 30 Jahre später hatte die Stadt 30 000 Einwohner, einen Ring gründerzeitlicher Straßenzüge um die Altstadt, eine große deutschsprachige Kolonie und war einer der modernsten Kriegshäfen der Welt. Die österreichische Flotte stach von hier aus 1866 zur Schlacht von Lissa in See, um unter Admiral Tegetthoff die übermächtige italienische Kriegsflotte zu besiegen.

Pula präsentiert sich heute als eine lebendige Mittelstadt mit einer in vielen Teilen gut erhaltenen Altstadt, mit einem touristisch hervorragend erschlossenen Umland, bedeutender Industrie, die nicht sonderlich ins Auge sticht, und den größten Schiffswerften Kroatiens. Die Verwaltung der autonomen Region Istrien mit ihrer großen italienischen Minderheit konzentriert sich in Pula.

Zweisprachige Straßenschilder in Kroatisch und Italienisch verweisen darauf, dass ein wenn auch kleiner Teil der Bevölkerung italo-kroatisch ist. Italienisch wird allgemein verstanden. Restaurants findet man vor allem in der Altstadt, besonders auf der Straße zwischen Forum und Kathedrale. Hotels hingegen – vor allem die, die zur Kategorie der Betonburgen aus Tito-Zeiten zählen – siedeln sich weiter südlich auf den Halbinseln Stoja und Verudela sowie an den dazwischen liegenden Buchten an.

Fast alle sind unpersönlich wenn auch – nach Renovierungen – recht komfortabel. Wer auf Individualität Wert legt, findet ein paar Ausnahmen und ein besonders hübsches Stadthotel. Pula ist ein guter Standort für die Erkundung des istrischen Südens, auch mit dem Bus kann man auf Tagestouren einen Großteil der Provinz abklappern.

Rundgang durch Pula

Cityplan: S. 158/159

Die Sehenswürdigkeiten in Pula lassen sich bequem zu Fuß erkunden. Den Wagen stellt man am besten auf dem großen bewachten Parkplatz am modernen Platz der Republik ab, sofern man nicht ohnehin mit dem Fernbus ankommt – an der Ulica 43. Istarske Divizije – oder mit dem Regionalbus – am Nordende der Giardini. Vom Platz der Republik erreicht man über die Dalmatinova den **Narodni trg 1**, den großen Grünmarkt mit reichem Angebot aus dem Hinterland. Die bemerkenswerte Markthalle von 1903 aus Gusseisen und Glas bevölkern außerdem Restaurants, Cafés und Imbisse im ersten Stock und – in der weiter in Richtung Altstadt führenden Smareglina – eine Filiale des Trüffel-Riesen Zigante.

Der Triumphbogen der Sergier

Am Rand der Altstadt trifft man schon jenseits des früheren römischen Mauerkranzes auf eines jener Bauwerke, die Pulas Ruf als Stadt römischer Altertümer ausmachen, den **Triumphbogen der Sergier** (Slavoluk Sergijevaca) **2**. Er wurde nach der Schlacht von Actium (30 v. Chr.) errichtet, nach der die XXIX. Legion aufgelöst wurde. Dem Tribunen dieser Legion, Sergius Lucius, widmete seine Gattin Salvia Postuma den ehemals innerhalb der Stadtmauern liegenden Bogen. Die Fundamente des römischen Stadttores, hinter dem er stand, wurden zur Verdeutlichung konserviert.

Stadtmauern, Archäologisches Museum und römisches Theater

Die Altstadt von Pula zieht sich als unregelmäßiger Straßenring um einen zentralen Hügel mit Kastell. Folgt man dem Altstadtrand entlang der Giardini nach rechts, passiert man eines der drei erhaltenen Stadttore, das wohl aus Augustäischer Zeit stammende **Herkulestor** (Porta Ercole) **3** mit einem bärtigen Herkuleskopf im Scheitel. Kurz darauf folgt das zweite Tor, die edel-bescheidene

Porta gemina, hinter der sich das **Archäologische Museum Istriens** (Arheoloski muzej Istre) **4** befindet, eingerichtet im früheren Deutschen Gymnasium. Besonders interessant sind die prärömischen Funde aus Nesactium im ersten Stock mit ihrem typischen

Pula: Cityplan

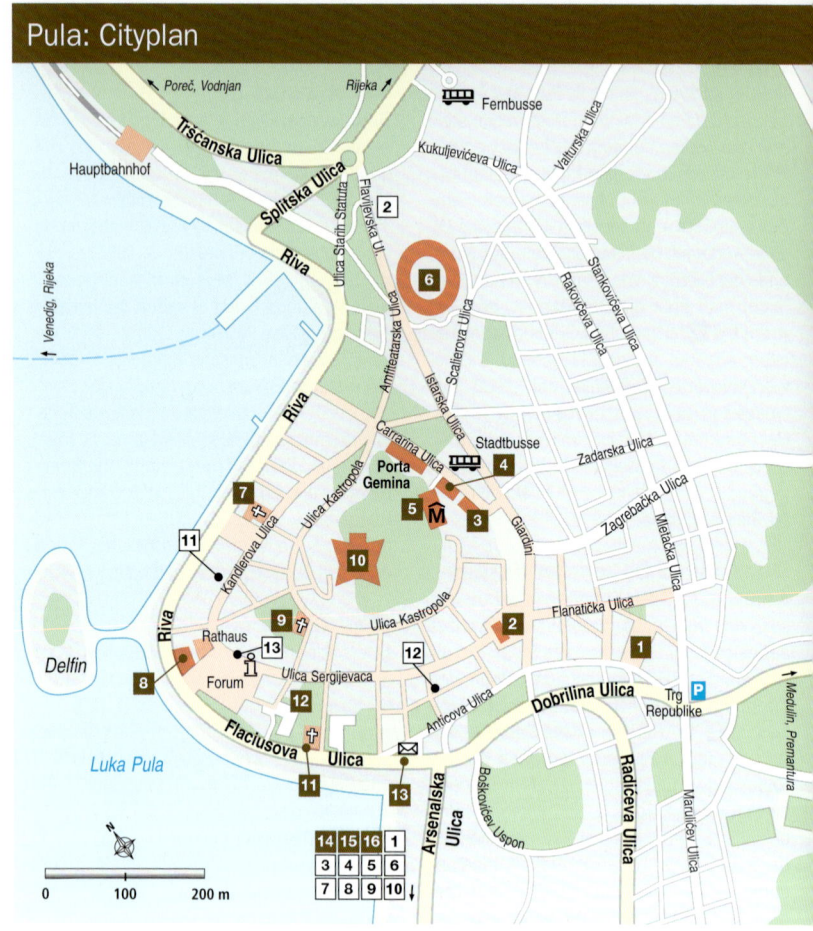

Spiraldekor sowie die zahlreichen römischen Funde. Hinter dem Museum liegt ein teilweise in den anstehenden Felsen hineingeschnittenes **Römisches Theater** 5. (Öffnungszeiten: Mo–Sa 9–20, So/Fei 10–15 Uhr, im Winter Mo–Fr 9–14 Uhr, gültig für Museum und Theater, das durch das Museum betreten wird.)

Amphitheater (›Arena‹)

Das bedeutendste römische Bauwerk der Stadt lag außerhalb der Tore: die so genannte ›Arena‹. Das **Amphitheater** 6 von Pula zählte zu den größten des Römischen Reiches. Das aus der Zeit des Vespasian stammende, also mit dem römischen Kolosseum gleichzeitig erbaute Amphitheater hat die Form einer 130 m langen und 105 m breiten Ellipse. Es ist noch bis zu einer Höhe von 30 m erhalten und konnte mehr als 20 000 Besucher aufnehmen.

Der äußere Arkadenring der Arena (nur er ist erhalten) besteht aus weißem istrischem Kalk. Er wird von vier Türmen unterbrochen, die wahrscheinlich als Außenaufgänge für die Arbeiter benutzt wurden, die das riesige

Sehenswürdigkeiten

1. Narodni trg
2. Triumphbogen der Sergier
3. Herkulestor
4. Archäologisches Museum Istriens
5. Römisches Theater
6. Amphitheater ›Arena‹
7. Kathedrale Mariä Himmelfahrt
8. Tempel der Roma und des Augustus und Rathaus
9. Franziskanerkirche
10. Kastell mit Museum der Geschichte Istriens
11. Kapelle Marije Formoze
12. Römisches Mosaik
13. Postamt
14. Marinefriedhof
15. Fort Bourguignon
16. Aquarium

Übernachten

1. Milan
2. La Scaletta
3. Riviera
4. Histria
5. Valsabbion
6. Park
7. Camping Stoja
8. Jugendherberge

Essen und Trinken

9. Valsabbion
10. Milan
11. Barbara
12. Pizzeria Pompei
13. Café Cvajner

Zeltdach, das an heißen Tagen über das Innere gespannt wurde, bewegen mussten – diese Türme kommen nur hier in Pula vor. Das Innere ist fast völlig ausgeräumt, moderne Bestuhlung erlaubt es ungefähr 5000 Besuchern, die Aufführung der Sommerspiele in Pula zu verfolgen. In den unterirdischen Gängen für Gladiatoren, Tiere und Kulissen befindet sich heute ein interessantes **Museum** über den **Weinbau und die Ölbaumzucht im antiken Istrien.** (Öffnungszeiten: tgl. 9–17, im Sommer 8–21 Uhr, dies gilt auch für das Museum des istrischen Olivenanbaus in den unterirdischen Gewölben).

Die Kathedrale

Ein Bummel entlang der Riva, der Hafenstraße, führt zum Kathedralplatz mit der **Kathedrale Mariä Himmelfahrt** 7 , einem im 5. Jh. begonnenen und immer wieder erweiterten Bau, der erst 1707 mit der Vollendung des Campanile fertig gestellt wurde. Im Inneren der dreischiffigen Kirche fällt besonders der Gegensatz zwischen den spätanti-

ken Fenstern im oberen Mittelschiff mit ıhren schlichten Steingittern und den gotischen Fenstern der Seitenschiffe auf.

Schon auf dem Weg zur Kathedrale laden die Cafés und Lokale entlang der Straße zur Rast ein und auch der weitere Verlauf der Kandlerova in Richtung Forum ist völlig von ihnen bestimmt.

Das römische Forum (Trg Kapitolinski)

Die Kandlerova führt zum römischen Forum, dem heutigen Kapitolsplatz mit dem **Tempel der Roma und des Augustus** (Augustov Hram) 8 . Weil er noch in der Spätantike in eine Kirche umgewandelt wurde, hat sich dieser kleine Podiumtempel mit vier vorgeblendeten korinthischen Säulen und zwei seitlichen Säulen hervorragend erhalten. Die Kapitelle des zwischen 2 v. Chr. und 14 n. Chr. entstandenen Tempels sind typisch für die Augustäische Renaissance, aufwendig und tief skulptiert, elegant in den Formen. Ein kleines Museum römischer Skulpturen im Inneren kann besichtigt werden (tgl. 9–20 Uhr).

Daneben steht das **Rathaus** von 1296 mit späterer Arkadenvorhalle. Begibt man sich hinter diesen mittelalterlichen Bau, erkennt man, dass er einen zweiten Tempel umschließt, vielleicht den der Diana, die Rückwand des Tempels hat sich vollständig erhalten. Noch ein dritter Tempel ist zu erkennen: In ihm hat man den zentralen Kapitolstempel identifiziert. Eine Tafel vor dem städtischen Infopunkt klärt sehr gut über die Entwicklung des römischen Forums auf.

Sergijevaca und Kastell

Am Forum hat man wieder die Sergijevaca erreicht, die beim Sergier-Triumphbogen beginnt. Ein Bummel über diese Flanierstraße verstärkt den Eindruck, dass immer mehr internationale Handelsketten und Fastfood-Anbieter die Stadt erobern. Wenn man die Augen hebt, entdeckt man aber auch die eine oder andere schöne Hausfassade. Treppen und schmale Sträßchen führen zur spätromanisch-frühgotischen **Franziskanerkirche** 9 (13./14. Jh.) mit schönem Kreuzgang und zum **Kastell** 10 . Hier standen schon in illyrischer Zeit Gebäude, aber die heutige Form des Rechtecks mit spitzen Bastionen an den Ecken entstand erst in venezianischer Zeit (1632), Architekt war Antoine de Ville, der die neuesten Erkenntnisse französischer Festungskunst ins venezianische Pola mitbrachte. Im Kastell befindet sich das **Museum der Geschichte Istriens** (Povijesni muzej Istre), das besonders detailliert über den Schiffbau in der Region informiert (Öffnungszeiten: im Sommer tgl. 8–21, im Winter meist Mo–Fr 9–17 Uhr).

Santa Maria Formosa und Danteplatz

Von der großen frühbyzantinischen Abtei-Basilika Santa Maria Formosa mit ihren drei Schiffen aus dem 6. Jh., die man über eine der schmalen nach Süden und zum Hafen führenden Gassen von der Sergijevaca aus erreicht, blieb nur ein kleiner Rest übrig, die **Kapelle Marije Formoze** 11 . Neben der stark befahrenen Hafenstraße steht sie etwas verloren in einem kleinen Park. Ihr Kreuz-

grundriss mit Rundapsis und Zentralkuppel erinnert bereits an spätere, mittelbyzantinische Kirchen. Am Nordwestende des kleinen Parks wurde unter dem Neubau eines Wohnblocks am Vicolo della Bissa der Repräsentationsraum eines Hauses mit komplett erhaltenem **Römischen Mosaik** 12 des 2./3. Jh. aufgedeckt (überdacht, aber jederzeit frei zugänglich). Von hier aus erreicht man in wenigen Minuten den hübschen **Danteplatz** mit Brunnen vor der kleinen Kirche der Klarissinnen (mit Relief der Schutzmantelmadonna über dem Portal). Vor allem aber zieht der eindrucksvolle Bau des **Postamtes** 13 die Aufmerksamkeit auf sich, Angiolo Mazzoni schuf damit 1933 eines der wenigen bedeutenden Werke des Konstruktivismus in Kroatien.

Durch die rechts der Kirche der Klarissinnen verlaufende Gasse gelangt man zurück zur Sergijevaca. Vor dem Café Ulix (= Ulysses) schuf man dem großen irischen Schriftsteller James Joyce (bekanntestes Werk: Ulysses) ein bronzenes Denkmal. Was er mit

Beeindruckendes Erbe aus der Römerzeit: die ›Arena‹ von Pula

Pula zu tun hat? Er lebte hier als 23-Jähriger für kurze Zeit als Englischlehrer und konnte der Stadt (und den Kroaten) nichts abgewinnen. Triest, in dem er anschließend eine Stelle annahm, gefiel ihm dann – wenn auch nicht übermäßig – besser.

Marinefriedhof und österreichische Festungen

Etwas abseits liegen interessante Monumente aus der österreichischen Zeit, als Pola Hauptkriegshafen der k u. k.-Monarchie war.

Der **Marinefriedhof** (Mornaričko groblje) **14** aus dieser Zeit liegt im Süden des Hafenbeckens. Als Fußweg ist die stark befahrene Straße dorthin nicht zu empfehlen (Bus oder Taxi nehmen!). Der Spaziergang durch das Gelände mag nostalgische Gedanken hervorrufen, vor allem aber bewundert man den Aufwand, der für die Grabdenkmäler in allen möglichen von nah und fern herangekarrten teuren Steinen betrieben wurde. Das **Fort Bourguignon** **15** liegt bereits auf der Halbin-

sel Verudela südlich von Pula. Es ist das vielleicht am besten erhaltene der Sperrforts rund um den österreichischen Kriegshafen, das gegen einen Angriff der italienischen Kriegsflotte errichtet wurde. Bei den sommerlichen Techno- und anderen Disco-Weekends, die im Fort abgehalten werden, hat es als Einziges eine neue Funktion gefunden. Die anderen Forts sind meist überwachsen und zum Teil verfallen. So befinden sich im Wald beim Hotel Park auf der Halbinsel Verudela Reste einer Festung. Gräben und Mauern sind noch gut zu erkennen.

Ein weiteres Fort an der Spitze der Halbinsel, das **Fort Verudela,** beherbergt das **Aquarium** **16** von Pula. Auf 1200 m² des Erdgeschosses der Sperrfestung bietet sich ein guter Überblick über die Fauna der nördlichen Adria (Öffnungszeiten: im Sommer tgl. 9–22, im Winter an Wochenenden 11–17 Uhr, Tel. 052 38 14 02, www.aquarium.hr).

Die **Touristenagentur Istraction** bietet eine Führung zu den Festungen rund um Pula

Pula / Pola

an: Istraction, Prilaz Monte Cappelletta 3, Tel. 052 38 33 69, www.istraction.com, meist 17, Di 10 Uhr, nur mit Voranmeldung).

Pulski Info Punkt (Turistička zajednica Grada Pule): Forum 3, Tel. 052 21 91 97, Fax 052 21 18 55, www.pulainfo.hr.
Internet: Enigma PC-Center, Kandlerova 19.

In der Stadt:

Milan [1]: Stoja 4, Tel. 052 21 02 00, Fax 052 21 05 00, www.milan1967.hr. Modernes komfortables Privathotel Nähe Marinefriedhof. DZ/FR 100–120 €.
La Scaletta [2]: Flavijevska 26, Tel. 052 54 15 99, Fax 052 54 02 85, www.hotel-scaletta.com. Freundliches, modern und sehr gut ausgestattetes Hotel (Bäder!) unter deutsch-kroatischer Leitung, drei Sterne – mindestens – wären angebracht. Nahe Fernbusbahnhof und ›Arena‹. DZ/FR ca. 70–100 €.
Riviera [3]: Splitska 1, Tel. 052 21 11 66, Fax 052 21 91 17, www.arenaturist.hr. Zentrales Hotel mit Tradition seit 1908, renoviert, der ideale Standort für Stadtschwärmer ohne große Forderungen an die Ausstattung. DZ/FR ab ca. 65 €.

In den südlichen Vororten und auf der Halbinsel Verudela:

Histria [4]: Verudela bb., Tel. 052 59 00 00, Fax 052 21 41 75, www@arenaturist.hr. Das Renommee-Hotel der hiesigen Hotelkette Arenaturist liegt an der Punta Verudela, auf drei Seiten von Meer umspült (Felsenstrand), die Zimmer haben Sat-TV, Minibar, Fön, Klimaanlage und Balkon. DZ/HP ca. 100–170 €.
Valsabbion [5]: Pješčana uvala IX/26, Tel. 052 22 29 91, Fax 052 21 80 33, www.valsabbion.hr. Elegantes Privathotel an der Uferstraße gegenüber der Punta Verudela, kleines Hallenbad, schickes ›Mythos‹ Beauty- und Fitnesscenter. DZ/FR ab ca. 100 €.
Park [6]: Verudela, Tel. 052 22 34 28, Fax 052 21 01 71, marketing@arenaturist.hr. Der voll renovierte Betonkasten im Kiefernwald hat recht komfortable Zimmer (ac), der Kiesstrand unterhalb ist etwas beengt. DZ/HP 70–130 €.
Camping Stoja [7]: Verudela bb., Tel. 052 38 71 44, Fax 052 38 77 48, geöffnet Apr.–Mitte

Okt. Auf hügeliger Halbinsel, großer Platz mit eigener Tauchschule sowie naher Disco Piramida und Fort Bourguignon, an Techno-Weekends keine Chance zu schlafen.
Jugendherberge Pula (Hostel Pula) [8]: Zaljev Valsaline 4, Tel. 052 39 11 33, Fax 052 39 11 06, www.hfsh.hr, geöffnet Mitte Apr.–Mitte Okt. 192 Betten hat das freundliche Hostel 3 km südlich des Stadtzentrums in Richtung Verudela.
Privatquartiere vermittelt z. B. **Arenaturist**, Splitska 1, Tel. 052 52 94 00, Fax 052 52 94 01, marketing@arenaturist.hr.

Pula ist dank der Restaurants Milan und – im nahen Pješčana uvala – Valsabbion zu einer kulinarischen Hochburg Istriens geworden. Daneben allerdings sieht es nicht so toll aus: bis auf die Hotelrestaurants sind es vor allem Pizzerien, die ihre Menüs offerieren.

Valsabbion [9]: Pješčana uvala IX/26 (im Hotel Valsabbion), Tel. 052 21 80 33. Eines der besten Restaurants Istriens und auch Kroatiens, fantasievolle Mittelmeerküche auf höchstem Niveau mit starkem Italo-Drall und istrischem Akzent. Komplettes Menü ab 30 €.
Milan [10]: Stoja 4 (im Hotel Milan), Tel. 052 30 02 00. Modernes, italo-gestyltes Restaurant mit italienischer Karte, spezialisiert auf Meeresfrüchte – probieren Sie unbedingt die delikate Meeresfrüchte-Vorspeisenplatte, auch die vozüglichen Desserts sind hausgemacht; gute Auswahl an Weißweinen, ausgezeichnete Beratung. Drei Gänge ab ca. 25 €, bei Weißfisch und Trüffeln wesentlich mehr.
Barbara [11]: Kandlerova 5. Eines von einer ganzen Reihe von Lokalen in dieser belebten Straße, große Terrasse. Durchschnittsangebot zu normalen Preisen, Nudelgericht und Fleisch/Fisch 11–25 €, Pizza 4–7 €.
Pizzeria Pompei [12]: Clarisseanova 3. Stimmungsvoll gelegen am Danteplatz mit plätscherndem Brunnen und sehr guten Pizzen, diese und Nudelgerichte zu 4–5 €. Beliebt und meist voll!
Cafés:
Café Galerija Cvajner [13]: Forum 2. Weil man hier einfach sitzen muss, um zu sehen

und gesehen zu werden, kann das Lokal für 0,05 l (der Karte nach sollten es 0,1 l sein) miesen Merlot ca. 1 € verlangen. Besser beim Espresso bleiben. Drinnen dank plüschiger Sofas und wechselnder Kunstausstellungen recht gemütlich.

Der sehr lebendige **Markt** auf dem **Narodni trg** mit seinen Marktständen und einer zweistöckigen Halle lohnt einen Besuch.
Zigante: Smareglina 7 (beim Markt). Trüffelgeschäft.
Algoritam: Prolaz kod kazališta 1 (südliche Nebengasse der Sergijevaca). Fremdsprachige Bücher (auch in Deutsch).

Ein Bummel durch **Kandlerova** und Sergijavaca führt an zahlreichen Bars und Cafés vorbei.
Bounty Pub: Veronska 8, nahe dem Markt. Tagsüber wie nachts, innen wie außen ein beliebter Treff.
Club Uljanik: Dobrilina 2. Tagsüber Café (mit Internetzugang) und nachts Disco.
Diskothek Piramida: beim Autocamp Stoja.
Festung Bourguignon: im Sommer gerne für Techno-Weekends genutzt, Programm auf www.fortbourguignon.com.
Night Club Cult: Pomer 286, Tel. 052 57 34 30.
Casino: im Hotel Histria in Verudela, Tel. 052 59 00 00.

In der ›**Arena**‹ finden immer wieder Großveranstaltungen namhafter Künstler statt, vor allem Opernaufführungen im Sommer nach Veroneser Vorbild: ›Aida‹ und ›Carmen‹ gehören zum Standardangebot. Aber nicht jedes Jahr gibt es Opernaufführungen, 2005 etwa dominierte Ballett neben Joe Cocker, Anastacia und Andrea Bocelli. Infos: Pulski Info Punkt (s. o.).
Das **Kroatische Filmfestival** im Sommer läuft nach dem Zusammenbruch Jugoslawiens und seiner Filmindustrie auf bescheidenem Niveau weiter. Dagegen stellt das gleichzeitig stattfindende **Internationale Filmfestival** mit Aufführungen in der Arena mit neuen Filmen und Starauftritten einen Publikumsmagneten dar. Weitere Informationen bei Pulski Info Punkt (s. S. 162).
Zagreb: Giardini 12. Zentralstes Kino.

 Wassersport in mehreren Buchten; die Feriendörfer, Apartmentsiedlungen und Camps besitzen an den ausnahmslos aus Feinkies und felsigen Abschnitten bestehenden **Stränden** fast alle Sporteinrichtungen.
Tauchzentrum Pula: Valsaline 31, Tel. 052 38 69 44.
Yachthafen ACI Marina Pula: Tel. 052 21 91 42, m.pula@aci-club.hr.
Tennis und Platzsport, z. B. im Istra-Tennis Sportzentrum Verudela, Verudela bb. (neben den Apartments Verudela auf der gleichnamigen Halbinsel).
Rad- und Mountainbikeverleih bietet Adrenalina Sport, Tel./Fax 052 38 04 77.
Eine kostenlose Überblickskarte der (zum Teil ausgeschilderten) Radrouten im Süden Istriens um Pula gibt es in den Touristeninformationen: ›Istra Bike Južna/Süd‹.

Stadtbusse: die meisten ab Giardini im Zentrum, verbinden u. a. mit den Hotels und Camps auf der Verudela-Halbinsel (Nr. 2, 3, 2a, 3a) und der Halbinsel Stoja (Nr. 1).
Busbahnhof: Trg I. Istarske Brigade (Nähe Arena an der Straße 43 Istarska Divizije in Richtung Rijeka, Tel. 052 50 00 12. Direktbusse nach Rovinj (bis 20 x), Umag (4 x), Poreč (14 x), Labin (1 x), Pazin (2 x), Triest (4 x), Opatija (13 x), Rijeka (20 x), Zagreb (14 x) und zu mehreren Nahzielen (z. B. Medulin 13 x tgl.).
Bahnhof: Kolodvorska 9, Tel. 052 54 17 33. Nach Lupoglav und weiter nach Slowenien sowie (mit Busstrecke) nach Rijeka.
Flughafen Pula: 8 km, Tel. 052 53 01 05; Croatia Airlines in Carrarina 8, Tel. 052 21 89 09, www.airport-pula.hr.
Taxistand: Giardini oder Tel. 052 232 28.
Autofähren/Katamarane im Sommer nach Umag, Rovinj, Poreč, Mali Lošinj und Venedig; mit **Venezia Lines:** Santa Croce 518, I-30135 Venezia, Tel. (00 39) 041 277 83 35, www.venezialines.com; in Kroatien **Istraline:** Tel. 052 45 10 67, privat@istraline.hr; Infos über **Hafenamt:** Tel./Fax 052 220 37 oder im Reisebüro.

Der äußerste Süden der Halbinsel Istrien löst sich in mehrere Halbinseln und Inseln auf, die der Westküste Abwechslung verleihen und sie zum idealen Wassersportplatz machen. Vor allem Medulin zehrt von dieser Tatsache. Das illyrisch-römische Nesactium und der Insel-Nationalpark Brioni sind die großen Attraktionen der Region um Pula.

Südlich von Pula erstreckt sich die Halbinsel Premantura bis zum südlichsten Punkt Istriens, dem Kap Kamenjak. Hier, wo die Naturlandschaft den Winden und der salzigen Meeresluft ungeschützt ausgesetzt ist, hat sich eine besondere Vegetation erhalten. Wer sich daraus nichts macht, aber sauberes Meer, idyllische Buchten und Wassersport schätzt, kommt ebenfalls auf seine Kosten. Letzteres übrigens konzentriert sich in Medulin, dem emsig wachsenden Ort auf der nächsten, zum Greifen nahen Halbinsel. Archäologiefans werden sich kaum die Ausgrabungen des illyrisch-römischen Nesactium entgehen lassen, während die Mumien von Vodnjan Besuchern aller Altersklassen Schauer über den Rücken laufen lassen. Der Ort selbst ist einen ausgedehnten Bummel wert, viele Häuser stammen noch aus der venezianischen Zeit. Die Brijuni-(oder Brioni-) Inselgruppe mit ihrem Nationalpark zu besuchen ist sowieso Pflicht, sei es auch nur wegen der Überfahrt, der Mini-Touristenbahn, mit der man auf Veli Brijun herumzuckelt, oder der Fotos aus Marschall Titos Leben.

Ein flotter Autotag macht mit den wichtigsten Sehenswürdigkeiten rund um Pula – ohne Brijuni/Brioni – bekannt, wer mit dem Bus unterwegs ist, wird jedoch mindestens zwei Tage benötigen und Nesakzij/Nesactium ganz streichen müssen. Für die Brijuni-Inseln und die Radtour zum Kap Kamenjak sollte man zwei weitere Tage reservieren.

Halbinsel Premantura und Kap Kamenjak

Reiseatlas: S. 3/4, C/D 4

Südlich von Pula stellen sich die Orte **Banjole, Pomer** und **Premantura** stark auf Tourismus ein. Die hektische Bautätigkeit trägt nicht gerade zur Verschönerung der Landschaft oder zur Urlaubsruhe bei. Wer nicht ohnehin in einem der Hotels, Apartmenthäuser, Pensionen, Ferienwohnanlagen oder Campingplätze südlich von Pula untergebracht ist, sollte einen Abstecher nach Süden zum **Kap Kamenjak** (von Pula 20 km) nicht versäumen. Die schmale Landzunge der Halbinsel Premantura, die zum Kap führt, den südlichsten Punkt Istriens, sticht wie ein langer gekrümmter Finger aus dem buchtenreichen Innenhafen von Medulin nach Süden. Ab dem Camp Stupice südlich des Ortes Prementura (12 km von Pula) gibt es keine Siedlung mehr. Allein von Macchie überzogenes Festland und azurblaues Meer grenzen in ursprünglicher Schönheit aneinander. Die schönste Zeit für einen Besuch ist das späte Frühjahr, wenn Mitte April bis Ende Mai die Blüte der vielen Pflanzen einen Höhepunkt erreicht und das Grün noch nicht vergilbt oder abgeweidet ist. Eine staubige Straße bzw. Piste führt rund um die Halbinsel und auf Wegen und Trampelpfaden kann man besonders mit dem Mountainbike gut die vielen schönen Buchten erreichen (Mountainbikeverleih im Windsurf Centre Prematura).

Medulin

Reiseatlas: S. 4, D 4

Seiner attraktiven Lage nahe der Küste mit den beiden bewaldeten Halbinseln Kažteja (mit Camp Medulin am Isthmus) und Vižula sowie der relativ frühen Ansiedlung von Tauchschulen hat **Medulin** (9 km von Pula) seine Popularität als Urlaubsort zu verdanken. Im Sommer wird es eng und dank immer größerer Lautsprecher und zwei großer Discos zunehmend lärmig. Vom antiken Mutila, einem der bedeutendsten römischen Orte Istriens, hat sich bis auf den Namen und die Reste einer villa rustica auf der Halbinsel Vižula nichts erhalten – oder liegt unter dem heutigen Betonkleid des Ortes begraben.

i **TZO Medulin:** Centar 223, 52203 Medulin, Tel./Fax 052 57 71 45, tzo-medulin@pu.ht net.hr.

Minerva: SAD 33, Tel. 052 57 67 59, Fax 052 38 00 86, hotel.minerva.medulin@pu.t-com.hr. Mittelklassehotel, Zimmer im älteren und neueren Trakt, alle schnörkellos, aber gut eingerichtet (Sat-TV, Internetzugang, ac). Restaurant im Haus. DZ/FR 90–160 €.
Camping Medulin: Osiporica 30, Tel. 052 57 28 01, Fax 052 57 60 42, www.arenaturist.hr. Am Isthmus zwischen Medulin und von Kiefern bestandener Halbinsel gelegener Campingplatz, laut, Fels- und Kiesstrand.

Nesactium/Nezakzij/ Visače

Reiseatlas: S. 4, D 3

Pula ist die Nachfolgerin von **Nesactium,** einem weniger bekannten illyrisch-römischen Ort, dessen nicht überwältigende, aber für archäologisch Interessierte sehenswerte Überreste noch immer ausgegraben werden. Wie viele andere histrische (Histrier ist die Bezeichnung der Römer für die Illyrer Istriens) Orte liegt Nesactium in Verteidigungslage: Ein isolierter Sporn über einem 100 m tiefer liegenden Trockental gewährt dem Ort Schutz.

Mit dem Autor unterwegs

Sehenswert

Nesactium: Der Archäologische Park ist die einzige größere Ausgrabung eines (illyrisch-) römischen Ortes in Istrien (s. S. 165).
Nationalpark Brijuni-Inseln: Landschaftspark auf den Tito-Inseln, vielfältig und erholsam (s. S. 166f.).

Ein besonderes Erlebnis

Sveti Blaža in Vodnjan: Die Mumien des Heiligtums sind bestens erhalten (s. S. 165).

Gratis

Für den **Naturpark Kamenjak** zahlen Radfahrer und Fußgänger keinen Eintritt (s. S. 164).

Gut haben sich die Umfassungsmauern erhalten, sie stammen zum Teil noch aus der Bronzezeit, zum Teil sind sie erst spätantik. Zwar wurde nach der Eroberung durch die Römer (2. Jh. v. Chr.) der Ort noch zur Colonia ernannt, verlor aber bald durch die Gründung von Pola (Pula) jede Bedeutung.

Wie so viele andere Orte Kroatiens wurde Nesactium im 6. oder 7. Jh. durch awarische oder slawische Angriffe völlig zerstört. Die Funde, heute großenteils im Archäologischen Museum Pula, zeigen zumindest für die frühe Kaiserzeit eine einigermaßen wohlhabende Kleinstadt. Im Gelände sind Reste des Forums mit seinen Tempeln, Thermen und die Grundmauern einer spätantiken Doppelbasilika erhalten, etwas außerhalb wurde ein illyrisches Gräberfeld ergraben. (Öffnungszeiten: im Sommer tgl. 9–12,16–21, im Winter tgl. 9–12, 16–20 Uhr, Tel. 052 55 01 17. Valtura, 12 km von Pula, ist mit öffentlichen Verkehrsmitteln nicht zu erreichen.)

Vodnjan/Dignano

Reiseatlas: S. 3, C 3

In **Vodnjan/Dignano** (12 km von Pula) scharen sich die Häuser um die Pfarrkirche Sveti

Küste bei den Brijuni-Inseln

Blaža/S. Biagio. Auffällig ist die große Anzahl stattlicher Bauten aus dem Mittelalter und der frühen Neuzeit bis hin zum Barock und zur Neugotik des 19. Jh. Besonders schön mutet der ›Kažtel‹ oder ›Castello‹ genannte hochmittelalterliche Palazzo am Hauptplatz an, ehemals Besitz der Grafen Bettica. Die Kirche Sveti Blaža ist zwar ein erst spätbarocker, neo-palladianischer Bau (1808 geweiht), bewahrt aber zahlreiche Schätze ihrer Vorgänger auf, die u. a. in der Schatzkammer gezeigt werden. Besonders populär sind die ›Heiligen Körper‹, mumifizierte Heiligenreliquien, darunter die des hl. Nicolosa aus dem frühen 16. Jh. (Öffnungszeiten Kirche: So–Fr 9–19,

Sa 14–19 Uhr, während der Messen keine Besichtigung; ein Priester oder der Kustos führt zu den Reliquien.)

i **TZO Vodnjan:** Narodni trg 3, 52215 Vodnjan, Tel. 052 51 16 72, Fax 052 51 17 00, tz-vodnjan-dignano@pu.htnet.hr.

Die Inselgruppe Brijuni/Brioni

Reiseatlas: S. 3, B/C 3
Von **Fažana/Fasana** (7 km von Pula) aus erreicht man die **Inselgruppe Brijuni/Brioni**,

wurde der Zugang ermöglicht und auch heute noch muss man sich, wenn man nicht in einem der beiden überteuerten Hotels auf der Hauptinsel nächtigt, einer Führung anschließen, um die Inseln zu besichtigen. Der kroatische Staatspräsident residiert hier im Sommer gelegentlich (aber deutlich ungern) und empfängt in den dafür vorgesehenen Villen Gäste. Einige der Tiere im Park sind Geschenke ausländischer Staatsoberhäupter an Tito, wie beispielsweise der afrikanische Elefant.

Die Fahrt mit dem Touristen-Minibähnchen über Veli Brijun, die größte der Inseln, führt durch den Safaripark zur Villa Titos und einigen repräsentativen Gebäuden, zu den Resten einer byzantinischen Befestigung und zu einer Ausstellung über Tito und seine Zeit auf Brioni mit interessanten Fotos.

Wer mit einem der Taxiboote übersetzt, wird meist in Mali Brijun an den Strand gesetzt, wo es ein österreichisches Sperrfort gibt, das komplett erhalten ist, da es von der jugoslawischen Armee bis 1990 weiter verwendet wurde. (Öffnungszeiten des Nationalparks: im Sommer tgl. 8–19, im Winter tgl. 8–14 Uhr.)

Informacije Nacionalni park Brijuni: 52212 Fažana, Brijunska 10, Tel. 052 52 58 88, Fax 052 52 13 67, brijuni@brijuni. hr, www.brijuni.hr.
Touristeninformation Fažana: Riva 2, Tel. 052 38 37 27, tz-fazana@pu-htnet.hr.

Neptun Istra: Veli Brijun, Tel. 052 52 58 07, Fax 052 21 21 10, brijuni@brijuni.hr. Für das Privileg, den Nationalpark Brijuni ohne Führung erkunden zu dürfen, zahlt man einen satten Preis in diesen Hotels am Anleger von Veli Brijun. DZ/FR 80–200 €.

Von Pula aus erreicht man Fažana mit **Bus 21.**
Fähren von Fažana nach Brijuni schließen die Führung und die Eintritte im Nationalpark ein, im Sommer tgl. 4–5 x, im Winter 1 x tgl., 12–25 €, je nach Saison.

seit 1983 ein Nationalpark, der die 14 größeren und kleineren Inseln und 30 km^2 umgebende Meeresfläche umfasst. Im milden Klima gedeiht eine üppige, aber nicht sonderlich naturnahe Vegetation: Die hier vorkommenden ca. 680 Pflanzenarten sind eher charakteristisch für einen Botanischen Garten. Der jugoslawische Staatschef Tito hatte auf Brioni (heute wird wieder überwiegend die italienische Bezeichnung verwendet) über Jahrzehnte seine Sommerfrische und empfing dort prominente ausländische Gäste, während das sozialistische Volk draußen bleiben musste. Erst mit der Nationalparkgründung nach Titos Tod

In Rovinj, auf seiner ins Meer hinausgeschobenen Halbinsel, blieben die alten Treppengassen seit Jahrhunderten unangetastet. Es sind ebendiese Gassen, die überdachten Durchgänge, die schmalen, hohen Stadthäuser und die von Markuslöwen geschmückten Paläste, die den Charme der Stadt ausmachen. Über dem Ort wacht die Kirche der hl. Euphemia mit hohem Campanile.

Reiseatlas: S. 3, B 2

Venedigs Einfluss wird nicht nur am Campanile der spätbarocken Kirche deutlich: Der Arco di Balbi, ein 1680 errichtetes Stadttor, ist mit dem Zeichen des Markuslöwen geschmückt, der die Stadt von 1283 bis 1797 beherrschte. Das Tor erhebt sich an der Nahtstelle zwischen Insel und Festland, die man 1763 auffüllte, um aus der Insel eine Halbinsel zu machen. Hierdurch betritt man die alte Treppengasse der Grisia, die, von Läden gesäumt, den Stadthügel hinaufführt. Sie wird heute immer noch so auf Italienisch bezeichnet. Schließlich war Rovigno bis ins 20. Jh. ein praktisch ausschließlich italienischsprachiger Ort, der auch heute noch eine bedeutende italienische Minderheit besitzt. Jeder versteht Italienisch, die meisten sprechen es. Auch mit Deutsch kommt man weiter, schließlich sind die deutschsprachigen Gäste in den Bettenburgen von Borik, Monsena, Valalta, Villas Rubin zumindest in der Hauptsaison in der Mehrheit.

Sehenswertes in und um Rovinj

Grisia und Altstadtgassen

Am schmalen Sund zwischen Insel und Festland lag früher der Hafen von Rovigno, heute erstreckt sich dort der große Platz **Trg maršala Tita,** der in seinem Nordteil in den **Trg na mostu** übergeht. Sternförmig laufen die Straßen des alten Festlandteiles auf ihn zu. Die beiden Plätze sind der Angelpunkt des städtischen Lebens: mit Kaffeehäusern, Bars, Eisdielen, dem Stadtmuseum und besonders zur Corso-Zeit am Spätnachmittag und frühen Abend einem auf und ab wogenden und nach freien Tischen Ausschau haltenden Publikum. Der Tito-Platz verlängert sich in die Küstenpromenaden, der **Obala Pina Budižina** nach Westen und der **Obala Alda Rismonda** nach Osten. Über die Obala Pina Budižina erreicht man das um die Stadthalbinsel führende Sträßchen, schmal und von den Tischen zahlreicher Restaurants und Bars gesäumt, die dicht an dicht zum Konsumieren einladen.

Vom Trg maršala Tita mit dem interessanten **Stadtmuseum** im **Palais Califf** (18. Jh.) führt die alte Treppengasse Grisia hinauf zur höchsten Stelle der Insel mit der Basilika Sv. Eufemija. Tausende erklimmen sie täglich und erliegen meist den Verlockungen der Krimskrams- und Souvenirhändler, Kaffeebars und Trattorien. Die Gassen links und rechts der Grisia sind dagegen kaum besucht. In der **Vladimira Žvalba** am nördlichen Ortsrand richtete man das **Viersternhotel Angelo d' Oro** in einem wunderschönen Stadtpalast ein. Die **Montalbano-Gasse** lockt als rascher Abstieg und in die **Svetog Kriza** kommt man fast automatisch, wenn man vom Tito-Platz

In einer Altstadtgasse von Rovinj

einen Uferbummel um die Halbinsel machen will. Allerdings spaziert man auch hier zwischen Häuserzeilen hindurch, da es in Rovinj keine direkt ans Meer grenzende Uferstraße gibt. Die Häuser stehen bis auf einen kleinen Streifen an der Westseite der Halbinsel immer noch direkt am Meer. Einen Blick aufs Meer gewährt allerdings die Vorhalle der – normalerweise versperrten – Kirche **Sveti Križa**, ein Renaissancebau von 1592. Nebenan, in der **Bar Valentino**, kann man gar direkt ans Wasser. (Öffnungszeiten des Stadtmuseums: Mo–Sa 10–17, 18–22, So/Fei 10–14, 19–22 Uhr, im Winter Di–Sa 10.30–13.30 Uhr.)

Die Basilika Sv. Eufemija

An der Spitze des Stadthügels unübersehbar und meist erstes Ziel der Besucher: die **Basilika Sveta Eufemija** (Santa Eufemia) mit ihrem 61 m hohen Campanile nach dem Muster von San Marco in Venedig. Auf der Spitze dreht sich die Statue der hier verehrten Heiligen wie ein Wetterhahn nach dem Winde. Der spätbarocke Bau (1736) ist ein bedeutendes Wallfahrtsziel. Sein Glockenturm wurde bereits 1677 vollendet. Der schwere Marmorsarkophag der hl. Euphemia (4.–6. Jh.) steht heute neben dem Altar. Die Sage berichtet, dass er mitsamt den Überresten der Heiligen aus dem Orient übers Meer geschwommen und dann bei Rovigno gelandet sei – bei dem nach Tonnen zählenden Gewicht des spätantiken Sarkophages ein echtes Wunder. Das viele Gold und Silber in der Schatzkammer beweist, dass sich die von der hl. Euphemia Erhörten offenbar nicht kleinlich zeigten. (Öffnungszeiten: meist 10–12/13 und 16–19 Uhr.)

Inseln vor Rovinj

Vom Kathedralenvorplatz hat man einen schönen Blick aufs Meer und die vorgelagerten Inseln. 22 sind es angeblich, der Autor hat sie nicht gezählt. Die meisten sind vegetationslos und unbewohnt, einige mit Bäumchen und **Sveta Katarina** im Hafen der Stadt, mit einem dichten, herrlich grünen Park. Der österreichische Erzherzog Karl Stefan erwarb die karstöde Insel und verkaufte sie 1905 an einen polnischen Grafen, der sie mit Büschen

und Bäumen bepflanzen ließ. Die Roterde bezog er aus den nahen Weingebieten auf dem Festland. Ein modernes Viersternhotel auf der autofreien Insel wurde im Jahr 2000 eröffnet; das Haus in österreichischem Besitz nennt sich nach der Insel selbst: Katarina.

Die Insel Katarina ist mit der Mole in Rovinj durch ein Shuttleboot verbunden (stdl. bzw. in der Hochsaison alle 30 Min.).

Ausflug nach Bale/Valle

Im kleinen Städtchen Bale/Valle – man passiert es auf dem Weg nach Pula (14 km von Rovinj, 21 km von Pula) – leben noch immer viele italienischsprachige Familien. Der Ort liegt auf einem Hügel, seine Gebäude gehen mit Ausnahme der Grundmauern der Pfarrkirche der hl. Elisabeth, die spätantik sind, und deren frühchristlicher Krypta auf die venezianische Zeit zurück. Das Castel Bembo, ein Adelspalast des 14./15. Jh. zwischen zwei Türmen des älteren mittelalterlichen Kastells, wird restauriert. Träger des Projekts ist die ›Italienische Gemeinschaft von Valle‹.

TZG: Obala P. Budičin 12, Tel. 052 81 15 66, Fax 052 81 60 07, www.istra.com/rovinj.
Internet: @mar, Carera 26 (extrem teuer, aber dafür zentral in der Innenstadt); **Caffe-Bar Aurora,** Prolaz M. Maretić 8 (in nordöstlichem Vorort).

Bei dem großen Angebot in und um Rovinj sollte es keine Probleme geben, das geeignete Hotel zu finden. Zentrale Vermietung von **Apartments** und **Privatzimmern** z. B. durch Kompass, Tel. 052 81 32 11, Fax 052 81 31 87, www.kompas-travel.com.
Katarina: Otok Katarina bb., Tel. 052 80 41 00, Fax 052 80 41 11, www.hotelinsel-katarina.com. Das im Jahr 2000 wieder eröffnete Hotel auf der Katarineninsel vor der Stadt bietet Komfort auf hohem Niveau im inselgroßen, autofreien Park. Für die Qualität des Hauses mag stehen, dass im Neubau zwei bisherige Zimmer zu einem einzigen zusammengelegt wurden. Buchungen üblicherweise nur mit Halbpension, diverse Sportein-

Sehenswertes in und um Rovinj

richtungen, freier Boots-Shuttle zur Altstadt-Halbinsel. DZ/HP 120–210 € im Standard-doppelzimmer, weitere, teurere 5-Zimmer-Suitenkategorien, DZ/Suite/HP bis 285 €.
Adriatic: Obala P. Budičin bb., Tel. 052 81 50 88, Fax 052 81 35 73, www.maistra.hr. Wer's gerne städtisch-turbulent mag, geht in dieses zentrale, angenehme Hotel direkt am Haupt-platz. DZ/FR 100–210 €.
Eden: L. Adamovića bb., Tel. 052 80 04 00, Fax 052 81 13 49, www.adriaresorts.hr. Das Eden am Zlatni Rt (Goldenes Kap), einer Halb-insel südlich der Stadt, ist einer jener Beton-giganten, die heute, auch modernisiert und renoviert, wie Dinosaurier des Tourismus wir-ken. Recht komfortabel mit Sat- (und Pay-) TV, Internetanschluss und vielen Sportange-boten inkl. Hallenbad. DZ/HP 120–300 €.
Camping Porton Biondi: Tel. 052 81 35 57, Fax 052 81 15 09, www.portonbiondi.hr, nur April–Sept. Kleiner Campingplatz nahe Zen-trum (1 km auf der Küstenstraße gen Norden).
Camping Valalta: Cesta Valata bb., Tel. 052 80 48 00, Fax 052 82 10 04, www.valalta.hr. Großer, sehr gut ausgestatteter FKK-Cam-pingplatz mit Bungalows, Apartments und ei-gener Marina; sehr schöne Lage am Ausgang des Limski kanal 5 km nördlich Rovinj, Well-nessangebot, diverse Sportarten, sogar eine eigene Brauerei gibt es.

Monte: Montalbano 75, Tel. 052 83 02 03. Besonders bei Italienern beliebtes Restaurant direkt unterhalb Sv. Eufemija, dessen Küche zu den besten in Istrien ge-zählt wird, dabei für die Qualität nicht teuer. Wer sich Trüffel kommen lässt wird tiefer in die Tasche greifen müssen. Ein großer Fisch vom Rost für zwei Personen zu ca. 45 €, Drei-Gänge-Menü ab ca. 30 €.
Veli Jože: Sv. Križa 8, Tel. 052 81 63 37. In dieser Konoba mitten in der Altstadt gibt es vor allem istrische Küche, aber auch stark ita-lienisch beeinflusste Gerichte mit Meeres-früchten – unbedingt besuchen, die üppige Dekoration des Lokals (Tauchstation, Altwa-renhandel oder beides?) ist allein schon den Besuch wert! Für Nudeln/Reis und Hauptge-richt ab ca. 20 €, mit Fisch ab ca. 25 €.

Villa Angelo d'Oro:
Via Švalba 38-42, Tel. 052 84 05 02, Fax 052 84 01 11, www.rovinj.at.
Für dieses exklusive Hotel wurde ein baro-cker Stadtpalast komplett verwandelt, einge-bettet in das wundervolle Ambiente der pit-toresken Altstadt von Rovinj und noch dazu in ruhiger Lage. Die etwas üppige Ausstat-tung akzeptiert man gerne, wenn man die komfortablen Zimmer mit Kabel-TV, Aircon-dition, Minibar etc. sieht. DZ/FR 128–220 €.

Giannino: A. Ferri 38, Tel. 052 81 34 02. Für diejenigen, die frische und leichte Neue Kü-che mögen: Seezunge mit Trüffeln, Rigatoni mit Hummer in einem Lokal der Altstadt, aber auf der Festlandsseite und deshalb nicht überlaufen. Fleisch wird kaum angeboten. Vorspeise und Hauptgang ab ca. 22 €, De-gustationsmenü ca. 40 €.
Kantinon: Obala Alba Rismonda bb. Ehrliche Konoba unter lauter Touristenfallen an dieser Uferstraße, im Winter v. a. für die ›kleinen Leute‹ aus Rovinj, im Sommer macht man ein paar Zugeständnisse an die Touristen und hat Scampi auf der Karte. Nudelgerichte, Risotti (Schwarzer Risotto mit Tintenfisch 5 €), Istri-sche Wurst, Fleisch und Fisch in traditionel-len Zubereitungen (nix Neue Küche) und flot-ter Service, auf der Terrasse mit Blick hinüber auf Sv. Eufemija. Zwei Gänge ab ca. 12 €.
Kavana Al Ponto: Trg Maršala Tito bb. Zen-trales Kaffeehaus im alten Stil, im schönen In-nenraum der Zeit vor 1914, leider charakter-loses Gestühl. Viel lokales Publikum.

Die **Grisia** ist die Souvenir- und Ate-lier-Einkaufsmeile, die Einheimischen kaufen lieber in der **Carera** oder im **neuen Stadtviertel Centener** (mit großem Markt an der Straße nach Villas Rubin) ein.

Das Nachtleben der Stadt konzentriert sich auf den **Vergnügungspark Za-bavni** im Ortsteil Monvi.
Disko Monvi: im Hotel Eden, Luja Ada-movića, Tel. 052 81 10 88.

Bar Valentino: Sv. Križa 28. Besonders stimmungsvoll direkt am Meer in der Altstadt.

Mai und Sept.: Regatten.
2. Sonntag im August: Kunstgalerie unter freiem Himmel in der Treppengasse Grisia hinauf zum Dom Sv. Eufemia, die sehr populäre Veranstaltung findet seit 1967 statt.

Segeln: Sporthafen ACI Marina Rovinj, Tel./Fax 052 81 31 33.
Tauchen: Mehrere Tauchzentren und -schulen, so Nadi Scuba, J. Dobrile 11, Tel. 052 81 32 90, www.scuba.hr oder im Diver Sport Center Villas Rubin (3 km südlich), Tel./Fax 052 81 66 48, www.diver.hr.
Die **Feinkiesstrände** mit Sandeinschlüssen in den Buchten südlich und nördlich der Stadt sind stark besucht, etwas weniger Konkurrenz hat man auf den allerdings felsigen Stränden der vorgelagerten Inseln (organisierte Ausflüge und Taxiboote).
Freiklettern: auf der Halbinsel Zlatni Rt (nahe Hotel Eden) an Felswänden über der Küste auf 80 Routen möglich, bis auf ganz wenige handelt es sich um leichte Routen für Anfänger. **Kletterunterricht** erteilt Pro Montana, Kiosk am Parkeingang, Tel. 052 38 41 84.
Radfahren: Der Radsport insbesondere mit dem Mountainbike, ist wie überall in Istrien zu Recht populär. Radweg, auch für Familien, nach Sv. Damjan (ca. 10 km südöstlich am Meer), dazu kostenlose Überblickskarte in der Information. Ebenfalls kostenlos eine Karte mit mehreren Routenvorschlägen für Touren von der West- zur Ostküste Istriens ›Istra Bike from West to East Istria‹ (alle Routen nur für geübte Mountainbiker).

Busbahnhof: Trg na Lokvi bb. (am Ende der Carera), Tel./Fax 052 81 14 53. Sehr gute Verbindungen mit Pula, Poreč, Rijeka und Zagreb.
Katamaran: im Sommer nach Poreč und Venedig. Hafenamt, ACI Marina Rovinj, Tel./Fax 052 81 11 00.

Sehr einladend: Sofa am Meer in Rovinj

Poreč/Parenzo und Umgebung

Poreč ist das, was man unter Städten als ›eine Perle‹ bezeichnet: malerisch, kompakt und übersichtlich auf einer Halbinsel angelegt, mit spätantiken und mittelalterlichen Baudenkmälern, Resten venezianischer Befestigungen und einem Hinterland, in dem vorzüglicher Wein, qualitativ hochwertiges Olivenöl, hervorragender Käse und delikater Schinken produziert werden.

Reiseatlas: S. 1, A/B 3/4

Die kleine Altstadt von **Poreč** oder Parenzo, wie es ein Jahrtausend lang auf Italienisch genannt wurde und noch wird, erstreckt sich auf einer Halbinsel. Inmitten eines dichten Musters mittelalterlicher Häuser erhebt sich wunderbarerweise die frühbyzantinische Basilika St. Euphrasius. Mit Stadtmauern und Tortürmen, alt gepflasterten schmalen Sträßchen, Resten des römischen Forums, venezianischen Stadthäusern und romantischen Innenhöfen, in denen das eine oder andere Restaurant zum Kerzenlicht-Dinner lädt, fasziniert sie ihre Besucher.

Dutzende Bars und viele Boutiquen beleben die Hauptstraße, den seit der Römerzeit genutzten und heute wieder so benannten Decumanus. Vorgelagerte Inseln schützen den Hafen, in dem eine Flottille weißer Jachten aus aller Welt ankert. Von den Fenstern und Balkonen der Stadthotels aus dem 19. und frühen 20. Jh. kann man den Trubel am Kai gut beobachten. Doch leider wird dem Besucher hier die Nachtruhe versagt, wenn die neuen Lärmboxen auf der Terrasse vor dem Hotel vorgeführt werden. Auf den am Kai ankernden Jachten ist sowieso bis vier Uhr in der Früh der Teufel los, und um fünf kommen die Müllmänner und der Verkehr beginnt.

Poreč ist aber auch und vor allem der Kranz älterer Touristensiedlungen an der Küste nach Nordwesten – Spadići, Pical, Červar, Lanterna – und im Südosten – Plava Laguna, Zelena La-guna, Funtana. Diese Orte tragen, so renoviert und stylisch erneuert sie auch sein mögen, in der Uniformität ihrer Speisesäle und 0-8-15-Zimmer den Stempel des sozialistischen Massenbetriebs. Hotels und ›Apart-Hotels‹ mit und ohne ›all inclusive‹, Apartmentsiedlungen, Bungalow-Villages (der Terminus von heute), Pensionen, Camps mit und ohne Pavillons wie mit und ohne Bekleidung, was auch immer auf dem Gebiet des Massentourismus in Kroatien existiert, in Poreč ist es bestimmt zu finden. Und natürlich Discos, Tanzbars, Restaurants, Bars und Snackfoodjoints, Internetcafés (für Computerspiele), aber auch jede Art von Sportanlagen; Hallen-und Freibäder mit und ohne Wasserrutschen, Tauchschulen, Reitställe, Segelklubs, Tennisplätze, Bocciabahnen und jede Menge Animation. Nur Golf fehlt bisher. Auch im Landesinneren gibt es Pensionen und Privatzimmer, verglichen mit dem organisierten Angebot von Riviera, Plava Laguna und Anita (im nahen Vrsar), den drei großen Tourismusagenturen, sind die Möglichkeiten hier jedoch sehr übersichtlich.

Fazit: Es gibt ein sehr großes Spektrum, aber leider nur touristischen Mainstream. Exklusivität, Intimität, persönliche Atmosphäre blieben im auf der Tourismuswelle ganz hoch oben schwimmenden und mittlerweile ein wenig hochnäsigen Poreč auf der Strecke. Vielleicht sollte man sich ein Zimmer auf dem Lande nehmen und den Ort als ›Tagestourist‹ besuchen …

6 Poreč/Parenzo

Cityplan: S. 176/177

Der Decumanus

Wer auf der 2000 Jahre alten Hauptstraße, dem Decumanus, durch Poreč spaziert, sieht sich mit Bauten konfrontiert, die vor allem die fast 1000 Jahre venezianischen Präsenz widerspiegeln: Stadthäuser und kleine Stadtpalais, der Torturm, die Reliefs des Markuslöwen. Der Bereich um die Basilika des hl. Euphrasius bringt eine Zeit in Erinnerung, die nochmals 500 Jahre vor den ersten Kontakten mit Venedig liegt, und zwar die spätantikfrühbyzantinische Periode, als unter Kaiser Justinian Ostrom ein letztes Mal seine Macht entfaltete. Am Ende des Decumanus stehen Bauten aus der römischen Kaiserzeit.

Beginnt man den Rundgang durch den Ort am Trg Slobode neben der Pfarrkirche, erreicht man den Decumanus an der **Peterokutna kula** 1, dem östlichen Torturm aus venezianischer Zeit (1475). Im Inneren ist heute ein Restaurant untergebracht, von dessen Dachterrasse aus man einen Teilblick auf die Altstadt hat. Die den Decumanus kreuzenden, schmalen Gassen beschreiben fast alle einen rechten Winkel, den sie seit der Anlage der Stadt in der frühen römischen Kaiserzeit (1. Jh.) behalten haben. Zur Linken passiert man das **Städtische Museum** (Zavižajni muzej) 2, das im Palast der Familie Sinčić aus dem frühen 18. Jh. untergebracht ist. Archäologische Funde und Erinnerungen an die venezianische Zeit, vor allem interessante Porträts, dominieren (Dekumanska 9, geöffnet Mo–Sa 10–13, 18–21 Uhr, im Winter verkürzte Öffnungszeiten).

In der Gasse Sveta Eleuterija lohnt sich ein Abstecher nach links zum **Haus der beiden Heiligen** 3 an der Kreuzung mit der Gasse Sveti Maura. Die eingemauerten Reliefs zweier Heiliger auf der Fassade haben dem ehemaligen Benediktinerkloster den Namen gegeben.

An der Kreuzung von Decumanus maximus und Cardo maximus steht das eindrucksvolle **Palais Zucatto** 4, das wie sein Nachbar (Haus Nr. 17) typisch venezianisch-spätgoti-

Sehenswert

Decumanus: Der römische Decumanus ist heute wie damals die Hauptstraße der Stadt (s. links).

Euphrasius-Basilika: Die frühbyzantinische Basilika und ihre Nebenbauten sind eines der bedeutendsten Architektur-Denkmäler in Kroatien. Die gut erhaltenen Goldmosaiken in der Apsis gehören zu den schönsten, die byzantinische Künstler je legten (s. S. 176f.).

Limski kanal: Der schmale Meeresarm wirkt wie ein Fjord (s. S. 179f.).

Baredine-Höhle: Die Karsthöhle im Hinterland mit ihren Tropfsteinen ist ein interessanter Ausflug ab Poreč (s. S. 181f.).

Ein besonderes Erlebnis

Eine Radtour machen: Poreč ist optimaler Ausgangspunkt für Radtouren ins istrische Hinterland. In der Touristeninformation Gratis-Radtourenkarten mitnehmen (s. S. 179).

In den Turm essen gehen: Das Restaurant im Torturm ›Peterokutna kula‹ ist, was Ambiente anbelangt (und nicht nur), schwer zu schlagen (s. S. 182).

Austern essen: Nirgendwo frischer als am Limski kanal (s. S. 179).

Vorsicht bei Kurzaufenthalt!

In Poreč sind vier Tage der Mindestaufenthalt, wer kürzer bleibt, zahlt 30 % Strafzuschlag, auch in der Nebensaison (s. S. 182)!

sche Fenster aufweist. Ganz am Ende der Straße hat sich zur Linken ein Haus des frühen Mittelalters erhalten, das **Romanische Haus** 5, ein Steinbau mit aufgesetztem Holzstockwerk und umlaufender Holzveranda.

Das Ende des Decumanus öffnet sich zum Marafor-Platz, wo das alte **Forum** 6 liegt. Die drei früheren Tempel an dieser Stelle sind heute nur noch in Resten, aber deutlich genug auszumachen. Der rechte, dem Mars geweihte, hat sogar noch – 16 m hohe! – Säulen auf seinem erhöhten Podest. Mit

175

Poreč / Parenzo und Umgebung

Poreč: Cityplan

Sehenswürdigkeiten
1 Peterokutna kula
2 Städtisches Museum
3 Haus der beiden Heiligen
4 Palais Zucatto
5 Romanisches Haus
6 Forum
7 Euphrasius-Basilika
8 Diözesanmuseum

Übernachten
1 Diamant
2 Neptun
3 Fortuna
4 Poreč
5 Filipini
6 Parentium
7 Autocamp Zelena Laguna
8 Naturist Centar Ulika

Essen und Trinken
9 Peterokutna Kula
10 Sveti Nikola
11 Istra
12 Dvi Murve
13 Konoba Bare

Barbaran

Sv. Nikola

30 x 15 m war er der größte römische Tempel in Istrien. Der Neptuntempel und Kapitoltempel sind deutlich zu erkennen, außer ihren Podesten ist jedoch kaum etwas erhalten.

Die Euphrasius-Basilika

Der Stolz von Poreč ist die **Euphrasius-Basilika** (Eufrazijeva bazilika) 7 . Dieser Kirchenbau aus dem 6. Jh. wurde 1997 in die Liste des Welterbes der Unesco eingetragen. Der komplizierte Grundriss umfasst die übliche frühchristliche Anordnung von Baptisterium (Taufkirche), offenem Atrium mit gedecktem Umgang und dreischiffiger Basilika. Vom Atrium führt ein Gang zum Bischofspalast. Die Sakristei befindet sich im Oratorium des hl. Maurus. Dieses Oratorium ist die Keimzelle der Anlage. Hier lag das Haus des hl. Maurus,

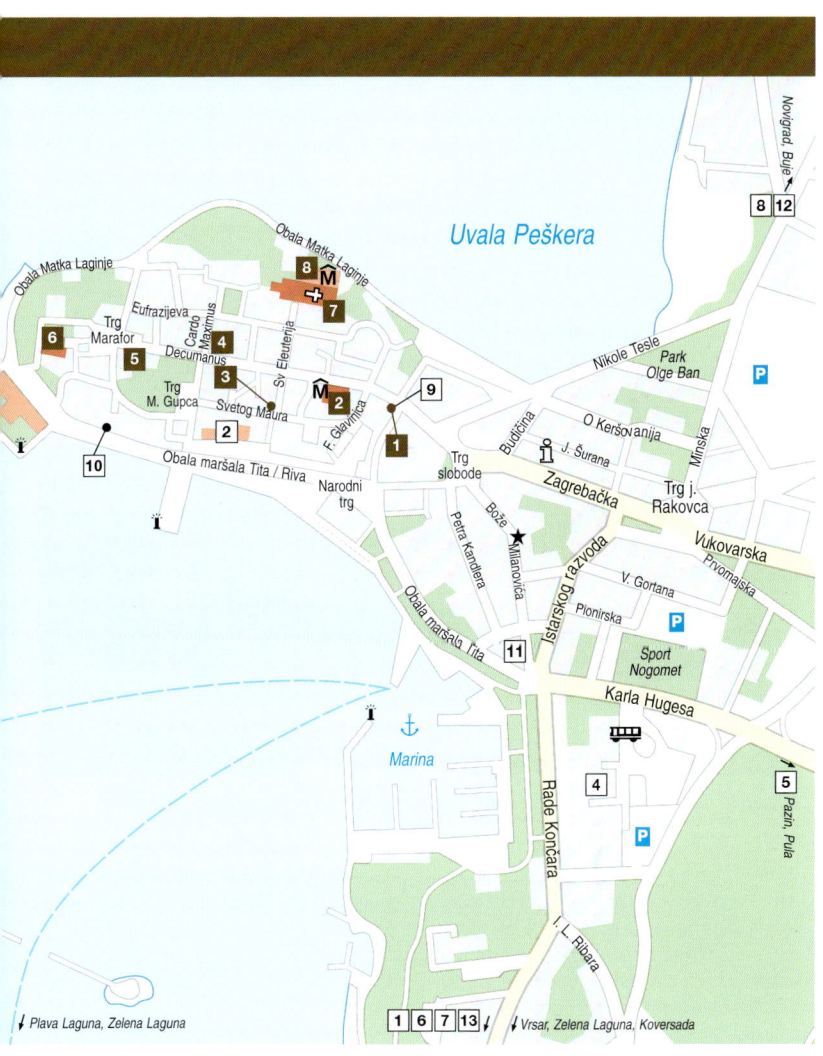

der als erster Bischof von Parentium unter Valerian sein Martyrium erlitt. Im 4. Jh. wandelte man das Gebäude zur Hauskirche um. 539, die Stadt wurde inzwischen von Byzanz aus verwaltet, ließ der amtierende Bischof Euphrasius den heutigen Basilikalkomplex errichten. Dass sich die Mosaiken dieser Zeit zumindest teilweise erhalten haben, ist so ungewöhnlich, dass man lange glaubte, es

müsse sich um Arbeiten aus dem 13. Jh. handeln, die nach den Mosaiken des Markusdoms in Venedig entstanden waren anstatt ein halbes Jahrtausend früher.

Man betritt die Basilika vom Decumanus her durch die Gasse Sveta Eleuterija, die in das offene quadratische Atrium mündet. Die imposante Front der Basilika schmücken Reste der originalen Außenmosaiken. Ein

Mitten in der Stadt und doch eine ganz eigene Welt: die Euphrasius-Basilika

Großteil stammt jedoch von der grundlegenden Renovierung, die 1897 durchgeführt wurde. Die erhaltenen Kunstwerke im Inneren der dreischiffigen Basilika konzentrieren sich hauptsächlich auf den Chorbereich mit den drei Apsiden. Mosaiken auf Goldgrund in der mittleren Apsis leuchten dem Eintretenden schon von weitem entgegen. Im Zentrum steht der mit Silber verkleidete Hauptaltar von 1452 unter einem kostbaren Baldachin auf vier gedrehten Marmorsäulen. Kapitellskulpturen und Mosaiken stammen aus dem 13. Jh. Elfenbein, warme Brauntöne und Schwarz ergeben hier eine wunderschöne Farbkomposition.

In der Sockelzone der Apsisrundung befinden sich Kanonikerbänke, der marmorne Bischofsstuhl in der Mitte ist deutlich hervorgehoben. Die untere Wandzone direkt darüber wird von einer außergewöhnlich aufwändigen Einlegearbeit aus farbigen Steinen, Schmelzglas, Perlmutt und Emaille eingenommen.

Oberhalb der Einlegearbeiten bedecken Mosaiken auf Goldgrund die Wandflächen und Halbkuppeln. Über dem Triumphbogen sitzt Christus auf den himmlischen Sphären als Weltenrichter, zu beiden Seiten begleiten ihn die Apostel, unter ihm erkennt man das Lamm Gottes im Scheitel der Apsiskalotte. In der Kalotte selbst thront die Gottesmutter mit Heiligen und Engeln, über ihr gehen die Goldtöne des Hintergrundes in Kupfer und Rot über. Der hl. Euphrasius (2. v. re.) hält ein

Modell der ursprünglichen Basilika in Händen, das er der Madonna präsentiert. Verkündigung und Heimsuchung stellen die lebendig gestalteten Szenen der Seitenwände dar.

Vom **Diözesanmuseum** [8], das im ehemaligen Bischofspalast eingerichtet wurde, hat man einen guten Blick auf die Ausgrabungen der Prä-Euphrasiana. Die Sammlung des Museums besteht aus Kirchenschätzen, einem griechisch-römischen Lapidarium, Gemälden und Skulpturen. Der Besuch lohnt sich schon wegen der großen bischöflichen Empfangshalle im Obergeschoss, sie stammt aus der präromanischen Phase des Kathedralkomplexes (Öffnungszeiten: Euphrasiusbasilika, Eufrazijeva, tgl. 7–20 Uhr; Diözesanmuseum tgl. 10–18 Uhr).

TZG Poreč: Zagrebačka 9, 52440 Poreč, Tel. 052 43 22 09, Fax 052 43 41 60, www.istra.com/porec.
Internet: Cyber@c, M. Grahalića 1 (Parallelstraße der Zagrebačka; Internetcorner im Hotel Poreč.

Die wohl bedeutendste Hochburg des Tourismus in Istrien ist nicht unbedingt ein Dorado für Freunde eines ›netten, ruhigen Hotels‹. Wer Ruhe sucht, hat die Wahl zwischen Zimmern, kleinen Pensionen und Bauernhöfen mit Agriturismo in der Umgebung. In der Stadt wird für einen Aufenthalt von unter vier Nächten auch in der Nebensaison ein Aufschlag von 30 % erhoben, es gibt aber auch in Poreč einzelne Agenturen, die ihn nicht erheben, zumindest nicht in der Nebensaison. Also: zur nächsten Agentur oder vier Nächte bleiben.

Zwei Groß-Agenturen: **Valamar** (Sitz in Zagreb), Tel. 01 631 27 77, Fax 01 631 27 78, www.valamar.com; **Plava Laguna:** Rada Končara 12, Tel. 052 41 01 01, Fax 052 45 10 44, www.plavalaguna.hr.
Diamant [1]: Brulo bb., Tel. 052 46 51 00, reservations-porec@valamar.com. Großhotel/Apartmentkomplex an der Brulo-Bucht (Plava Laguna), Hallenbad, Sauna, Wellness- und Beautybereich und Fitnesszentrum. Abge-

Kulinarische Fahrt durch die Umgebung von Poreč
Unbedingt zu empfehlen ist eine Tour (per Pkw oder, viel schöner, mit dem Fahrrad) durch die kulinarische Landschaft zwischen Poreč und dem Limski zaljev. Über Funtana (Konoba Bare!) und Vrsar erreicht man die Straße, die über Flengi und Kloštar zum Limski zaljev führt. Jeder Ort an dieser Strecke hat mindestens eine Konoba, vor der sich an Wochenenden, in der Saison neuerdings praktisch täglich, ein Spanferkel dreht. Am Limski kanal bieten sich ebenfalls zwei Restaurants zur Einkehr an, so das Lim Fjord und das besonders gerühmte Viking, deren Spezialitäten direkt aus dem Fjord vor der Tür kommen: Hummer, Fische aller Arten, Austern aus der Zucht.

Radfahrer müssen nicht denselben Weg zurück nehmen, sondern können ab dem Plateaurand vor Kloštar einen Fahrweg nach links nehmen, der zur Flughafenstraße von Vrsar führt (Abstecher zum Plateaurand über dem Limski zaljev sind möglich).

nutzter Sichtbeton, aber anständige wenn auch für diese Klasse spartanisch eingerichtete Zimmer. DZ/HP ca. 80–160 €.
Neptun [2]: Obala M. Tita 15, Tel. 052 46 51 00, Fax 052 43 13 51, reservations-porec@valamar.com. Großbürgerlicher Gründerzeitbau an der Hafenpromenade, Zimmer in Ordnung, Sat-TV, nach vorne sehr laut, ein Tipp für Nachtschwärmer, die mittendrin wohnen wollen. DZ/HP 84–104 €.
Fortuna [3]: Otok Sv. Nikola, Tel. 052 40 60 00, Fax 052 43 11 19, www.riviera.hr. Komfortables Hotel auf der Insel Sveti Nikola in der Bucht von Poreč. Für Hotelgäste kostenlose Bootsverbindung in die Stadt. DZ/HP 66–154 €.
Poreč [4]: R. Končara 1, Tel. 052 45 18 11, Fax 052 45 17 30, www.hotelporec.com. Etwas lärmintensiv am Busbahnhof gelegener 70er-Jahre-Bau mit anständigen Zimmern, Privatbesitz, 2004 umfassend renoviert (neu: Aircondition). DZ/FR 70–120 €.

Richtig Reisen-Tipp: Die Weinstraße um Poreč

Poreč ist die Weinkapitale von Istrien. Bei zahlreichen Winzern kann man zwanglos probieren und in den Konobe stammt der Rotwein meist aus Eigenbau. Im hügeligen Hinterland von Poreč wachsen in den von fruchtbarer, roter Terrarossa bedeckten Mulden weiße und rote Trauben. Der bekannteste Weißwein ist der Malvasier, eine Variante des Ruländers, der kernige Teran ist die vorherrschende Rotweinsorte. Vorsicht beim Probieren, denn die Weine sind recht schwer und gehaltvoll! Der folgende Vorschlag für eine Radtour durch das Weingebiet überschneidet sich teilweise mit dem Radwanderweg Poreč Nord, der im Gelände rotvio-

lett ausgezeichnet ist. Die Radwanderkarte ›Poreč Bike‹ und einen Prospekt der Weinstraße mit Namen und Adressen der Winzer bekommt man in der Touristeninformation (s. S. 182).

Man beginnt in Poreč und nimmt die rot ausgeschilderte Route entlang der Küste nach Červar Porat und Tar, das bereits im Binnenland liegt. Hier beginnt die eigentliche Weinbauzone. In Tar biegt man auf die mit Višnjan gekennzeichnete Straße ein (kein Radweg, aber wenig befahren). Sie führt durch welliges Bauernland mit isolierten Weinbergen nach Kaštelir und weiter nach Višnjan, dabei wird die neue Schnellstraße

unterquert. In und um Višnjan bieten mehrere Winzer ihre Produkte an. Man sollte vorher anrufen, um sicher zu sein, dass sie zu Hause sind und nicht gerade im Weinberg. Die Hänge von Radovani, Košutići und Ženodraga weiter im Süden sind hervorragende Rotweinlagen, auch dort gibt es Winzer, die ihren Wein probieren lassen. Man nimmt in Višnjan das Sträßchen in Richtung Žbandaj (am unteren Ortsausgang links), um nach 4,5 km und bereits hinter dem etwas abseits gelegenen Bačva (mit Konoba!) nach Košutici und Zenodraga abzubiegen. Radovani erreicht man ebenfalls von dieser Straße aus (Schotterstraße, Hinweisschild). In Žbandaj, wohin man nach einer hübschen Talfahrt gelangt, nimmt man die recht befahrene Straße nach Sveti Lovreč (keine Alternative) und weiter in Richtung Pula, um nach 3 km nach Krunčići abzubiegen, wo es ebenfalls hervorragenden Wein zu kosten gibt: Hier ist das renommierte Gut Ivica Matošević zu Hause, das einen überragenden Malvazija (auch im Barrique) erzeugt.

Der Rückweg nach Poreč verläuft von Krunčići zurück zur Hauptstraße bis zur Abzweigung in Richtung Vrsar, auf dieser Straße bis Kloštar, dort nach links auf den Rad- und Wanderweg nach Vrsar, von Vrsar (nicht in den Ort hinunterfahren!) dann auf der Straße in Richtung Poreč und ab dem Ort Zelena Laguna entlang der Küste zurück zum Ausgangspunkt.

Weingüter entlang der Route (Auswahl): **Gverino Bergodac:** Kaštelir 96b, Kaštelir, Tel. 052 45 51 79; **Peter Poletti:** Markovac 14, Višnjan, Tel. 052 44 92 51; **Roberto Pulin:** Dr. S. Fortune 3, Višnjan, Tel. 052 4 491 56; **Franko Radovan:** Radovani 14, Vižnjan, Tel. 052 46 21 66; **Mario Peršurić:** Ženodraga 3, Višnjan, Tel. 052 46 02 72; **Ivica Matošević:** Krunčići 2, Sveti Lovreč, Tel./Fax 052 44 85 58, www.matosevic.com.

Filipini 5 : Filipini bb., Tel. 052 46 32 00, Fax 052 46 32 01, www.istra.com/filipini. Modernes Privathotel im mediterranen Stil im Dorf Filipini 6 km von Poreč (5 km Straße Richtung Rovinj/Pula, dann links), Zimmer einfach, aber gemütlich (Sat-TV), Restaurant, Tennisplätze. DZ/FR 50–125 €.

Parentium 6 : Zelena Laguna, Tel. 052 41 15 00, Fax 052 45 15 36, www.plavalaguna.hr. Gutes, aber keineswegs luxuriöses Haus, trotz Casino und eigener kleiner Marina; die Zimmer mit Sat-TV, Balkon, wer nachts schlafen will, sollte nicht unbedingt die Schwimmbadseite nehmen. DZ/HP 64–140 €.

Autocamp Zelena Laguna 7 : in der Zelena Laguna, Nähe Marina, 6 km südlich der Stadt, Tel. 052 41 01 02, Fax 052 45 10 44. Ostern (März)–Okt. geöffnet.

Naturist Centar Ulika 8 : Červar Porat, Tel. 052 43 63 25, Fax 052 43 63 52, nc.ulika@plavalaguna.hr, Apr.–Okt. geöffnet. Großes FKK-Camp (3800 Stellplätze) mit langem Strandanteil (meist Felsstrand) an von Ölbäumen bestandencr Halbinsel.

Peterokutna Kula 9 : Decumanus 1, Tel. 052 45 13 78. Fast ein Pflichtbesuch, denn wo sonst kann man das Ambiente eines mittelalterlichen Gebäudes – ein venezianischer Torturm – mit hervorragender Küche kombinieren und, besonders lobenswert, istrischen Qualitätswein dazu serviert bekommen, der zum Konsum berechnet wird. Sehr persönlicher Service (auch) in Deutsch. Zwei Gänge ca. 25 €.

Sveti Nikola 10: Maršala Tita 23, Tel. 052 42 30 18. Fein, fein die Küche dieses Lokals am Lungomare mit Blick auf die Insel Sveti Nikola, von istrischer Küche ist aber vor lauter innovativ-schicken Modernismen (z. B. Zucchini- und Safranschaum) trotz der exquisiten istrischen Zutaten kaum noch was zu spüren. Lobenswert: Wein per Glas. Drei-Gänge-Menü ab ca. 30 €.

Istra 11: Bože Milanovića 30, Tel. 052 43 46 36. Meeresfrüchte – köstlich die Antipasti del Mare, sehr gut die typischen Parentiner Scampi mit Nudeln (ca. 12 €)! – und Istrisches im gehobenen Ambiente. Drei Gänge 30–35 €.

Poreč / Parenzo und Umgebung

Dvi Murve 12: Grožnjanska 18, Tel. 052 43 41 15, www.dvimurve.hr. Exzellentes Restaurant etwas außerhalb, Meeresfrüchte, Fisch aus dem Backofen und – eine der Spezialitäten – in der Salzkruste, aber auch Trüffel und Wild. Nudeln/Risotto und Hauptgang ca. 20 €.

In Funtana:
Konoba Bare 13: Kamenarija 4, Tel. 052 44 53 18, Mi geschl. Traditionelle Konoba, die so groß ist, dass sie auch einen ›Busüberfall‹ verkraften kann, ohne die weiße Fahne zu hissen. Istrische Küche, gute selbst gemachte *fuži* (Nudeln) und Fisch unter einer Peka, unter die ein ganzer Steinbutt passt. Köstliches Brot! Nudeln/Risotto und Hauptgang ab ca. 12 €.

An Wochentagen **Markt** am Trg. J. Rakovca mit vielen Anbietern aus der Umgebung, bei denen es typische Landeserzeugnisse wie Käse, Olivenöl, Grappa und Kräuter zu kaufen gibt. In der **Vinothek Pinot,** Partizanska 4, sind die besten istrischen und anderen kroatischen Weine zu bekommen. Großer Supermarkt an der Umfahrungsstraße in Richtung Tar-Vabriga (Mate Vlašića 2).

Fast jedes größere Hotel bietet während der Saison zumindest am Wochenende Tanzabende; **Nachtklub** und **Casino** im **Hotel Parentium, Open-Air-Disco Colonia** im Kiefernwald in Richtung Plava Laguna. Laut und locker geht es in den Bars um den **Mirfor-Platz** zu, die anscheinend rund um die Uhr geöffnet sind.

Sommer: 2 x wöchentlich **klassische Konzerte** in der Euphrasius-Basilika.
Ende April/Anfang Mai: Porečs heutige Bedeutung als Weinstadt kann man daran ablesen, dass hier seit 1993 jedes Jahr an einem Wochenende im Frühling die **Messe Vinistria** stattfindet. Es ist die bedeutendste Weinmesse Istriens, die auch andere Produkte vorstellt, von Grappa und Olivenöl über Käse bis zum luftgetrockneten Schinken.

Wassersport: Marina Parentium des ACI in Zelena Laguna, Tel. 052 45 22 10, marina.parentium@plavalaguna.hr.

Tauchen: z. B. Adriatic Master Dive Center in Vrsar (s. u.), Brionska 11, Tel. 052 44 17 84, www.scuba.at; Tauchklub Plava Laguna, Tel. 098 36 76 19, www.plava-laguna-diving.hr. Tauchgenehmigungen über Polizei, Gimnastička 2, Tel. 052 43 25 55.
Tenniszentren: in der Plava Laguna und in jedem Touristenkomplex.
Radverleih: z. B. Bike Point, B. Parentina 19.
Strände: Die Küste um Poreč ist flach, aber felsig, nur kleine Buchten mit Feinkies unterbrechen die Steinplattenstrände. In den Hotelbereichen sind große Strandabschnitte betoniert. Die Erholungszone zwischen dem Jachthafen und der Brulo-Bucht im Süden ist der wohl attraktivste stadtnahe Strand.

Busbahnhof: R. Končara 1 hinter dem Hotel Poreč, Tel. 052 43 21 53. Verbindungen zu allen Orten Istriens, nach Rijeka, Zagreb und Slowenien sowie nach Deutschland, Österreich und der Schweiz.
Tragflügelboot: Infos Kompas Travel, Obala M. Tita 16, Tel. 052 45 12 00, www.kompas-travel.com; Venezia Lines s. Pula S. 163. Nach Triest und Katamaran nach Venedig. Nach Rovinj und Mali Lošinj, Auskünfte im Hafenamt, Riva 17, Tel. 052 43 16 63.

Die Umgebung von Poreč

Reiseatlas: S. 1, A/B 4; S. 3, A/B 1

Vrsar/Orsera

Von Poreč erreicht man in Richtung Süden die hübsche **Plava Laguna** (2 km), eine große hufeisenförmige Bucht mit Touristensiedlung. Noch etwas weiter und ebenfalls schön gelegen erreicht man **Zelena Laguna** (4 km), dessen Kiefernwald von acht Hotels und anderen touristischen Einrichtungen (z. B. großer Campingplatz) durchlöchert wird. Bis hierher kann, wer will, an der Küste entlangspazieren oder mit dem Fahrrad fahren. Der Weiterweg nach **Funtana/Fontana** (6 km), einer heutigen Satellitensiedlung von Poreč, führt neben der Hauptstraße auf Rad- und Fußweg. Nur 3 km weiter liegt das Städchen

Vrsar (10 km). Wo sich heute am Strand die Touristen räkeln, residierten zwischen 983 und 1772 im Sommer die Bischöfe von Parenzo. Die Ruinen der Residenz finden sich neben der Pfarrkirche. Die romanische Marienkirche am Hafen (12. Jh.) enthält Fresken aus der Entstehungszeit. Bekannter ist der Ort als Standort eines großen FKK-Camps der 1961 gegründeten Anlage Koversada.

Limski kanal und Dvigrad
Um von Poreč nach Rovinj zu kommen, muss man weit ins Landesinnere ausweichen, denn der 12 km lange Limski kanal (Limski zaljev) unterbricht die Landverbindung. Dieser ›ertrunkene Fluss‹ ist nichts anderes als der Unterlauf des sehr langen Trockentales der Fojba. Als Limska draga durchzieht das Tal ganz Westistrien. Nach der letzten Eiszeit wurde das damalige Flusstal durch die Hebung des Meeresspiegels überflutet. Es ist also keineswegs ein Fjord – das wäre ein vom Gletscher ausgeschürftes und vom Meer später überflutetes Tal –, wie gerne behauptet wird. Der bis zu 30 m tiefe Meeresarm wird von Booten befahren, eine Brücke existiert nicht. Nur an wenigen Stellen hat man einen Blick auf den Limski kanal. So vor Beginn des Abstieges der N 2 vom Karstplateau auf Meeresniveau, wo fliegende Händler ihre Produkte anbieten, z. B. selbst gebrannter Grappa mit allen erdenklichen eingelegten Früchten. Um an diese Stelle zu kommen, nimmt man die durch mehrere Dörfer führende Straße Vrsar–Klo>žtar oder, von Poreč aus, den hübschen Radweg über Dračevac. Der Limski kanal ist übrigens für seine Meeresfrüchte berühmt, vor allem für die dort gezüchteten Austern, die man in den Restaurants bekommt, die sich unten am Meer neben der N 2 befinden.

Weiter oben im Trockental der Fojba liegt auf einer Kuppe der verlassene Ort Dvigrad (über Kanfanar 31 km). Eine schmale Straße führt durch das Trockental und passiert die Burgruine und die verfallende Basilika. Sie sind Reste der einstigen Doppelstadt Parentino-Moncastello, die nach der Zerstörung im Jahr 1381 durch einen genuesischen Angriff teilweise und nach der Pest von 1631 endgültig verlassen wurde. Dvigrad bedeutet ›die beiden Burgen‹ und diese schützten einst die venezianische Grenze und wachten über das Tal der Draga. Unterhalb des Hügels und nahe dem trockenen Talboden steht die gut erhaltene Friedhofskirche Santa Maria del Laghetto. Wie die Kirche Sant'Antonio außerhalb der Mauern wurde sie im späten 15. Jh. von einem lokalen Künstler ausgemalt.

Sveti Lovreč
Sveti Lovreč (13 km) ist einer jener Orte, die sich irgendwann einmal von der Weiterentwicklung abkapselten und in ihrem engen Mauerkranz in einem Dornröschenschlaf erstarrten. Mauern und Tore blieben zum Großteil erhalten, in der venezianischen Loggia vor der Pfarrkirche sind Steine eingemauert, die von einer langen Besiedlung künden: ein römischer Grabstein, frühkroatische Flechtmuster, wahrscheinlich von einem ausrangierten Lettner der Pfarrkirche, venezianische Reliefs, ein naiver Markuslöwe. Tourismus? Eine Kaffeebar, eine zweite Kaffeebar …

Die Baredine-Höhle und Višnjan
Die Umgebung von Poreč gestaltet ein sanft nach Osten ansteigendes Kalkplateau, auf dessen Rücken Višnjan sitzt, den Blick aufs 10 km entfernte und 200 m tiefer gelegene Meer gerichtet. Der ganz und gar bäuerlich geprägte Ort hat sich heute vor allem auf Weinbau eingestellt. Die ihn früher umgebenden Felder haben sich nur dort erhalten, wo sie in die feuchteren Vertiefungen der kreisrunden Dolinen eingebettet liegen, die hier das Plateau durchlöchern wie einen Emmentalerkäse. Das Wasser, das durch diese Dolinen oder durch Schlucklöcher, so genannte Ponore, in den Untergrund abläuft, hat auch Höhlungen geschaffen. Die Baredine-Höhle mit ihren Stalaktiten- und Stalagmiten-Formationen ist nur eine von vielen, das Gros wahrscheinlich unentdeckt und ohne oberirdischen Zugang. In 66 m Tiefe liegt ein Höhlensee, in dem blinde Grottenmolche leben (Tel. 052 42 13 33, www.baredine.com, Juli/Aug. tgl. 9.30–18.30, Mai/Juni/Sept. 10–17, April/Okt.10–16 Uhr, Führungen 40 Min., 7 €).

Den Nordwesten Istriens bildet eine schräge Karstebene, die von der Adriaküste und den alten Städtchen Novigrad und Umag durch Wein- und Ölbaumland ganz allmählich hinaufführt auf ein sanft gewelltes Plateau nach Buje. Das Tal der Mirna bricht durch die Hochfläche. Es ist fast auf den Meeresspiegel eingesenkt und öffnet sich weit für die warme Mittelmeerluft. Ein Trüffelparadies!

Nur an der Küste zwischen Novigrad, Umag und Savudrija gibt es touristische Siedlungen, Hotel- und Apartmenthauskolonien, riesige Campingplätze, wie in Kanegra häufig mit FKK. Doch haben sich in den Dörfern des Hochplateaus gastronomische Oasen herausgebildet, die durchaus mit der Küste konkurrieren können, sie in einigen Fällen gar übertreffen. Schließlich ist das Plateau grün und bewaldet, wild- und pilzreich. Die Schweine werden immer noch mit Eicheln gemästet und der handgeschöpfte Käse von den Schafen, die auf einsamen Triften weiden, ist nun mal besser als Kuhmilchkäse aus dem Supermarkt. So sprießt denn auch die ein oder andere Konoba aus dem Grün und füllt sich mit genussfreudigen Gästen. Der Wein kommt wie das Essen aus der Umgebung, die Zubereitungsarten haben sich seit Jahrhunderten nicht geändert und der Abend ist ein Erfolg.

Das ist das Erfolgsgeheimnis der Region: attraktive Küstenorte mit altem, venezianischem Kern, stille Dörfer, viel freie Landschaft und rustikale Lokale mit feiner Küche. Die Region macht süchtig, wie die vielen immer wieder kommenden Besucher beweisen.

Novigrad/Cittanova

Reiseatlas: S. 1, A 3
Die Hafenstadt **Novigrad/Cittanova** liegt wie Rovinj und Poreč auf einer Halbinsel. Der

schmale Meeresarm wurde erst in der Neuzeit zugeschüttet. Eine Stadtmauer umgibt heute noch einen Teil des Ortes.

Die Pfarrkirche, die bis ins 19. Jh. Bischofskirche war, stammt bereits aus der Spätantike, wurde aber so oft erneuert und umgebaut, dass man das nur noch am Grund- und Aufriss ablesen kann. Für Istrien sehr ungewöhnlich ist die große frühromanische Krypta.

Das eine oder andere Gebäude im alten Stadtkern von Novigrad hat den mittelalterlichen Aspekt des Ortes bewahrt, beispielsweise die venezianische Stadtloggia, eine ganze Anzahl früherer Adelspaläste und Bürgerhäuser, einige von ihnen mit Wappen geschmückt, die auf die italienische Herkunft der Oberschicht hinweisen: Dolfino, Cigogna, de Bergamo, Cimadomo. Bemerkenswert die Auswahl an guten und sehr guten Restaurants und Konobe!

i   **TZG:** Porporella 1, 52466 Novigrad, Tel./Fax 052 75 70 75, www.istra.com/novigrad.

Cittar: Prolaz venecija 1, Tel. 052 75 77 37, Fax 052 75 72 29, www.cittar.hr. Elegantes Hotel, versteckt hinter der Stadtmauer nahe dem Hafen, komfortabel. DZ/FR 76–100 €.
Laguna: Terre bb., Tel. 052 75 70 50, Fax 052 75 73 14, www.laguna-novigrad.hr. Komplett renoviertes Großhotel (710 Betten) am südli-

chen Ortsrand, großer Süßwasserpool und viele Sportmöglichkeiten (Tennis!). Zimmer mit Sat-TV, Fön. DZ/FR 60–125 €.

Camping Sirena: Šverska bb., Tel. 052 75 71 59, Fax 052 75 70 76, www.istra.com/laguna-novigrad. Ausgezeichneter Sommercamping-platz nahe Hotel Laguna, dessen Einrichtun-gen genutzt werden können.

 Damir e Ornela: Zidine 5, Tel. 052 75 81 34. Gourmetrestaurant mit optima-lem Meeresfrüchteangebot in einer von der Strada Grande/Ulika Ulica abzweigenden Alt-stadt-Sackgasse. Roh marinierter Fisch nach japanischer Art (Damir), Pasta mit Meeres-früchten, die Desserts (Ornela) ebenfalls au-ßergewöhnlich gut. Drei Gänge ab ca. 35 €, Reservierung erwünscht.

Torči: Torči 18, Tel. 052 75 77 99. Rustikale Gostionica an der Stadtmauer mit ebenso rustikalem Angebot, das vom istrischen Schinken (Pršut) über Nudeln mit Trüffeln und delikate Fischgerichte bis zu Palatschinken reicht. Drei Gänge ab ca. 20 €.

 Kiesstrände am südl. und nördl. Orts-rand, z. B. beim Hotel Laguna.

Yachthafen: ACI-Marina Novigrad (5 Ster-ne!), Škverska bb., Tel. 052 75 70 77, www. marinanovigrad.com.

Hafenamt: Tel. 052 75 70 35.

Busbahnhof: etwas außerhalb, Direkt-busse mehrmals tgl. nach Umag und Poreč, nur 4 x tgl. Buspaare nach Pula.

Umag/Umago

Reiseatlas: S. 1, A 2

Das ehemalige Fischerdorf **Umag** liegt am südlichen Ende einer großen hufeisenför-migen Bucht. Bekannt für seinen Tenniscup Umag Croatia Open wandelt sich das Dorf mit den großen Hotels an den Stränden im Süden und Norden immer mehr zur Tennis-hauptstadt Kroatiens. Touristen bietet Umag für den abendlichen Bummel zwei regelrechte ›Fressgassen‹ entlang der Küste. Die südli-

che ist romantischer, wenn auch das Wasser nicht ganz so klar ist, wogegen die nördliche ohne visuelle Schnörkel auf die klare Bucht und die jenseitige Marina schaut.

Die opulente, frühbarocke Fassade der Pfarrkirche der hl. Maria und des Stadtpa-trons St. Pelegrinus steht genau auf der Meerenge zwischen Festland und Halbinsel. Der isolierte Campanile verstärkt das Gefühl, die Kirche habe trennende Funktion. Funde, die während der Neugestaltung auf dem Hauptplatz vor der Kirche und bei Grabungen in der Kirche selbst gemacht wurden, sind noch in Konservierung und werden bald im Museum zu sehen sein.

Das Stadtmuseum wurde in einem Turm der Stadtmauer an der (durch das Hotel Kris-tal entstellten) Landspitze eingerichtet und ist vor allem wegen seiner Unterwasserfunde vom Kap Katoro sehenswert. Auf dem Platz vor dem Museum wird derzeit gegraben, eine kleine frühchristliche Kirche wurde bereits aufgedeckt. (Öffnungszeiten: Di–So 10–14, 9–22 Uhr).

 TZG: Trgovačica 6, 54270 Umag, Tel./Fax 052 74 13 63, tz-grada-umaga @pu.htnet.hr, www.istra.com/umag.

Sol Koralj: Katoro bb., Tel. 052 70 40 00, Fax 052 70 19 99, sol.elite.koralj @istraturist.hr. Großhotel mit Hallenbad, drei Meerwasser-Pools und Wellnesseinrich-tungen samt so exotischen Behandlungen wie Cupping nach ägyptischer Methode. Auch die Zimmer sind nach Renovierung überdurchschnittlich gut (Minibar und Inter-netanschluss). Empfehlenswertes Hotelres-taurant. DZ/FR 100–180 €.

Kristal: Obala M.Tita 9, Tel. 052 70 00 00, Fax 052 70 04 99, www.hotel-kristal.com. Mo-dernes, komfortables Hotel an der Spitze der Altstadthalbinsel mit gutem Restaurant, Zim-mer mit Sat- und Pay-TV, Minibar, Klimaan-lage. Exklusiver Pool direkt an der Landspitze. Als einziges Hotel des Ortes ganzjährig ge-öffnet. DZ/FR 110–200 €.

In Kanegra (zwischen Savudrija und der slo-wenischen Grenze):

Der Nordwesten Istriens

FKK Camp Kanegra, Kanegra bb., 52470 Umag, Tel. 052 70 97 00, Fax 052 70 94 99, kanegra@istraturist.hr, Mitte Apr.–Sept. geöffnet. Besonders schön gelegener, ruhiger Campingplatz (keine Disco) an der Bucht von Piran mit Blick auf die slowenischen Orte Piran und Portorož.

 Zahlreiche Restaurants an der Uferpromenade zu beiden Seiten der Altstadt, Eingänge am **Obala Svetog pelegrina,** auch von der **Riječka** (Fleischgerichte ab 15 €, Fisch ab 20 €).
Dario: Trgovačka 21. Traditionelle Konoba an der nördlichen Küstenpromenade, auch von Einheimischen besucht, Fischplatte für 2 Pers. 35 €, sehr gute *fuži* (istrische kurze gerollte Nudeln) mit Wildragout (7 €).
In Buščina (8 km östl., Abzweig in Sv. Marija na Krasu):
Konoba Buščina: Buščina 18, Tel. 052 73 20 88, Mi geschlossen, im Winterhalbjahr nur abends geöffnet. Traditionelle Konoba mit Stil und hervorragender istrischer Küche, Trüffelgerichte (ab 12 €), Fleisch und Fisch vom offenen Grill auf der strohgedeckten Terrasse. Zwei Gänge ab ca. 12 €.

In Lovrečica (6 km südlich an der Straße Richtung Novigrad):
Badi: Lovrečica bb., Tel. 052 75 62 93. Restaurant mit istrischen Spezialitäten, u. a. Fisch in Brotteig, komplettes Essen ab ca. 12 €.

 Wassersport: ACI Marina Umag, Tel. 052 74 10 66, Fax 052 74 11 66.
Tauchen: z. B. Tauchzentrum im Hotel Stella Maris nördlich von Umag, Tel. 052 71 00 00. Tauchziel ist u. a. das an Unterwasserrelikten reiche Revier um das Kap Katoro.
Umag ist besonders auf **Tennis** spezialisiert, jedes Hotel hat mehrere Tennisplätze, auf der Halbinsel Punta (nördlicher Vorort Umags) befindet sich ein Tennisstadion, ein weiteres beim Hotel Stella Maris. Für die **Mountainbikerouten** der Umgebung gibt es einen kostenlosen Übersichtsplan in der Touristeninformation (›Istra Bike North West Istria‹).

Busverbindungen: Koloalvorske bb., Tel. 052 74 18 17, mit Novigrad (häufig) und Poreč (4 x tgl.).
Im Sommer **Katamaran** nach Venedig, Rovinj, Pula (Venezia Lines s. Pula), Mali Lošinj; **Hafenamt:** Tel./Fax 052 74 16 62.

Rundfahrt durch den Nordwesten von Istrien

Reiseatlas: S. 1/2, A–D 2/3
Kein großer Ort verlangt den langen Aufenthalt. Dafür locken viele kleine Kirchen und fotogene Dörfer, Weinlandschaft und Waldgebiet, Karstschluchten und Küstenabschnitte zu immer neuen Aufenthalten, die den geplanten Tag auch zu drei und mehr Tagen strecken können. Dieses Istrien zwischen Westküste und Mirnatal, slowenischer Grenze und Ćićaria-Bergland ist noch wesentlich ursprünglicher als die gesamte Küste mit den Orten Umag und Novigrad – herber und zurückhaltend, in jeder Hinsicht kühler – sieht man vom Mirnatal ab. Keine Sehenswürdigkeit biedert sich an, keine Kirche muss ›mitgenommen‹, kein Palast unbedingt besichtigt werden. Das ruft den Entdeckertrieb

hervor, das unbedingt Noch-ein-Örtchen-besuchen-Müssen und das Gefühl, in dem kleinen Kirchlein, dessen Schlüssel man dann doch noch in der örtlichen Bar aufgetrieben hat, etwas Bedeutendes gefunden zu haben, weil man es eben selbst gefunden hat.

Selbstverständlich kann man alle diese Orte auch besuchen, ohne den vorgeschlagenen Rundweg zu machen, die gesamte Rundfahrt etwa in zwei Rundfahrten aufteilen, Spritztouren von der Küste aus machen. Es sei denn, man lässt sich gleich mitten in der recht kleinen Region in Motovun nieder und genießt auf kurzen Wegen! Die im Folgenden angegebenen Straßenentfernungen sind im Sinn einer Rundfahrt auf den Ausgangsort Novigrad bezogen.

Buje/Buie

Der Abstecher von Novigrad, Umag oder Savudrija in das Binnenland führt auf jeden Fall über **Buje/Buie** (15 km). Beim Gang durch dieses uralte Landstädtchen auf einem Hügel genießt man eine weite Fernsicht. Die Steinhäuser des Ortes sind vielfach schlecht erhalten und vernachlässigt – nach der starken Abwanderung des 19. Jh. zieht es die Menschen heute auf der Suche nach Arbeit in die touristischen Zentren der Küsten. In den Mauern der Pfarrkirche (16./17. Jh.) auf dem höchsten Punkt der noch befestigten Altstadt sind zur Verstärkung zahlreiche Säulentrommeln, Grabstelen und Marmorblöcke eines römischen Tempels eingelassen. Er war wohl der Vorgänger der Kirche an dieser Stelle. Von venezianischer Vergangenheit spricht der Markuslöwe am Glockenturm und die Loggia des Stadthauptmanns auf demselben Platz.

Die Umgebung ist fruchtbares Bauernland. Weinberge und Ölbaumhaine dominieren heutzutage, die Felder sind meist aufgelassen. In den Dörfern der Umgebung haben sich Winzer und Ölmühlenbesitzer auf die ausländischen Gäste mit ihren dicken Geldbörsen eingestellt. Sie stellen hochwertige Produkte her, die mittlerweile locker auf dem Weltmarkt bestehen könnten, wenn man nur so viel produzierte, dass es sich auch lohnte zu exportieren.

In **Momjan/Momiano** (21 km) konzentriert sich der Weinbau mit mehreren renommierten Gütern wie Kabola, Prelac, Markežić und Kozlović. Letzterer produziert auch Olivenöl für den Verkauf wie weitere fünf Bauern des Ortes und seiner Umgebung, diejenigen nicht gerechnet, die das Öl nur für den Eigenbedarf in einer der kommerziellen Ölmühlen pressen lassen.

i **TZG:** Istarska 2, 52460 Buje, Tel. 052 77 33 53, Fax 052 77 21 22, www.tzg-buje.hr.

Miro: Portoroška 3, Tel. 052 77 70 51, Fax 052 77 70 50, www.casinomiro.com. Modernes Haus mit Restaurant, Hallenbad und beliebtem Casino, Mai–Sept. DZ/FR ab ca. 60 €.

In Frartrija (Straße in Richtung Grenze 4 km von Buje):
Malo Selo: Fratrija br. 1, Tel. 052 77 73 32. Konoba der höchsten Kategorie, kompromisslos traditionell istrische Küche der Jahreszeit, die Zutaten sind alle aus der Umgebung, von Trüffeln und wildem Spargel bis hin zum Käse und zum Steak. Ab ca. 15 €.
In Kremenje (4 km von Buje in Richtung Momjan):
Marino: Kremenje bb., Momjan, Tel. 052 77 92 08, www.konoba-marino-kremenje.hr. Vorzügliche Küche mit lokalen Produkten (Trüffel!) und das gesamte Angebot der Weinkellerei Kabola aus Momjan, deren Malvazija und Muskat zum Feinsten gehören, was Istrien hervorbringt. Spezialmenüs wie das viergängige Spargelmenü mit Trüffeln und vier passenden Weinen ca. 35 €.

Das Mirnatal

Durch das teilweise versumpfte untere Mirnatal führt keine durchgehende asphaltierte Straße. Aber an drei Stellen queren wichtige alte Verbindungen: nahe der Küste bei Novigrad die Küstenstraße, weiter im Binnenland bei Ponte Portone die alte Verbindung von Triest und Koper/Capodistria (Slowenien) nach Pula und schließlich bei Livade die nur

Der Nordwesten Istriens

regional bedeutende Straße zwischen Oprtalj und Motovun. Bis zum vom Meer 27 km entfernten Istarske Toplice, wo der enge obere Talabschnitt beginnt, der sich bis Buzet hinzieht, erhöht sich der Talboden nur bis auf 16 m über dem Meeresspiegel! Kein Wunder, dass die warme Luft der tieferen Regionen Istriens im Mirnatal weit ins Landesinnere dringt und ein ganz besonderes Mikroklima schafft, das, wie es scheint, besonders für die Trüffel geeignet ist.

In den nahen Karstbergen, hoch über dem Tal der Mirna, liegt das Dorf **Grožnjan/Grisignana** (34 km). Der früher überwiegend italienischsprachige Ort war nach 1954 in Gefahr auszusterben, da schaltete sich 1965 eine Künstlerinitiative ein, die das Dorf wieder belebte. Viele der unverputzten Steinhäuser tragen Adelswappen, einige gehen auf die Zeit zurück, als Grožnjan venezianischer Verwaltungsort für eine große istrische Region war. Stadtmauer, Tore, der Waschplatz vor der Stadt, der Kirchplatz mit seinen schönen Rosskastanien und die erneuerte gerippte Natursteinpflasterung zeugen von früherem bescheidenen Wohlstand. Galerien, Ateliers, Kunsthandwerkstätten und Ausstellungsräume haben eine neue Bedeutung gewonnen, im Sommer finden Musikkurse statt.

Auch **Završje/Piemonte** (45 km) und **Oprtalj/Portole** (61 km) lassen sich vom Mirnatal aus auf guten Straßen erreichen. Die malerisch gelegenen Örtchen bieten tolle Ausblicke auf das Tal! In Završje lohnt die barocke Pfarrkirche mit ihrem schiefen Turm und der ältesten Orgel Istriens den Besuch. In Oprtalj zeigt die ebenfalls barocke Bruderschaftskirche der hl. Maria eine fast komplette Freskenausmalung des Spätmittelalters (15. Jh.).

In **Istarske Toplice** (74 km) schließlich künden Dolomitfelsen das Ende des breiten Abschnittes des Mirnatales an. Das schmale Waldtal bis Buzet beginnt, heißes Wasser strömt unter den Felsen hervor. Der Kurort hat sich nach einer post-sozialistischen Problemphase wieder gefangen und zieht neben kroatischen und slowenischen Gästen vermehrt Italiener, Deutsche und

Österreicher an. Ein Auto sollte man schon dabeihaben, wenn man dort zur Kur geht: Außer einem Hotel mit Restaurant und einem Café am Pool gibt es nichts zu sehen, nicht einmal eine Kurpromenade.

In Istarske Toplice:

Mirna: Sv. Stjepan 60, 52427 Livade, Tel. 052 60 30 00, Fax 052 60 34 03, www.istarske-toplice.hr. Leicht angerautes Kurhotel mit – trotz aller Renovierung – sozialistischem Schick und etwas kleinbürgerlicher Atmosphäre. Aber was macht das schon, wenn die Kur im 32–34 °C warmen Schwefelwasser etwas bringt! Alle möglichen Kuranwendungen und Therapien zu für Mitteleuropa niedrigen Preisen. Zimmer mit Sat-TV, etwas hellhörig. DZ/FR 50–60 €, empfeh-

Herrliche Ausblicke genießt man vom romantischen Dörfchen Motovun

lenswert ist bei Kuraufenthalt die Halbpension: DZ/HP 55–75 €.

In Grožnjan:

Ladonja: Tel. 052 77 61 25. Familienrestaurant mitten im alten Ort, rustikal und gemütlich mit schattigem Gastgarten und istrischer Küche – gehobene Hausmannskost. Zwei Gänge ab ca. 15 €.

In Livade:

Zigante: Restaurant & Enoteka, Livade 7, Tel. 052 66 43 02. Das Restaurant des Trüffelkönigs Giancarlo Zigante wurde ein *instant success.* Alles dreht sich um die Trüffel, sogar das Dessert! Viele Italiener, Pelze auch im Sommer (man muss zeigen, was man hat). Dicke Brieftasche nicht vergessen (ein Gang ab ca. 20 €)!

Trüffel und **Wein, Olivenöl** und **Pršut** sind die kulinarischen Andenken des Milnatales und der Dörfer an den Rändern des Kalkplateaus oberhalb. **Zigante** in Livade (Livade 7, www.zigantetartufi.com) ist das Stammhaus des größten Trüffelspezialisten des Landes, nicht zu übersehen an der Hauptkreuzung des winzigen Ortes. Es gibt auch Wein, Olivenöl erster Qualität und andere kulinarische Produkte aus Nordwestistrien. **Weingüter** in den Dörfern oberhalb, dort auch Olivenöl und getrocknete Steinpilze, auf die ›Agriturismo‹-Schilder achten! Zahlreiche Bauern haben sich mit privatem Weinausschank und -verkauf an der Straße platziert, aber es gibt auch Käse, Pršut, Olivenöl, Obst und getrocknete Pilze zu kosten und kaufen.

Der Nordwesten Istriens

In Grožnjan:
Die **Galerien** und **Ateliers** des Ortes sind meist nur im Sommerhalbjahr, einige nur an Wochenenden geöffnet. Im Ort finden **Sommerkurse** für junge **Musiker** statt sowie **Workshops** und **Konzerte,** die Organisation erfolgt durch die Jeunesse Musicale Kroatiens. Infos in Grožnjan Tel. 052 77 61 06 und www.tel.hr/hgm-jmc.

Buzet/Pinguente

Hinter Istarske Toplice verengt sich das Tal. Erst bei Fontana weitet es sich wieder, wo der alte Ort **Buzet** (85 km), der 1420–1797 Sitz der venezianischen Militärverwaltung an der Grenze zu den habsburgischen Besitzungen in Istrien war, hoch oben auf einem Hügel thront. Die venezianische Vergangenheit sieht man dem Ort immer noch an. An sie erinnern die Stadttore des 16. Jh., die wappengeschmückten Stadthäuser, der großzügig angelegte Platz zwischen dem Rathaus, wo früher der Capitan residierte, und der Pfarrkirche. Bei der Kirche Sveti Juraj (1611) kann man ein kurzes Stück auf der Stadtmauer wandeln und den herrlichen Blick auf Fontana, den Karst der Ćićarija und die Učka-Kette genießen.

TZG: Il istarske brigade 2, 52420 Buzet, Tel./Fax 052 66 23 43, www.istra.com/buzet.

Fontana: Trg Fontana 1, Tel. 052 66 26 15, Fax 052 66 25 96, hotelfontana@pu.t-com.hr. Einfaches, schlicht eingerichtetes, aber recht angenehmes Hotel, Zimmer mit Sat-TV, gutes Restaurant. DZ/FR 42 €.
Motel Sun Sport: Športska 3, Tel. 052 66 31 40, Fax 052 66 34 26. Neueres Motel an der Hauptkreuzung von Buzet-Fontana, ohne Restaurantbetrieb, Zimmer mit Sat-TV. DZ/FR 38–54 €.

In Sovinjak (auf der Bergstrecke zwischen Buzet und Istarske Toplice):
Konoba Karoca: Sovinjak, Tel. 052 66 30 39. Konoba im Hügelland südlich der Mirna, gute hausgemachte *njoki* mit Gulasch.

Gostiona Toklarija: Sovinjsko Polje 11, Tel./Fax 052 66 30 31, Di geschl., Reservierung nötig. Eines der rustikalsten und kleinsten istrischen Lokale vom Typ Konoba in einer umgestalteten Ölmühle. Hervorragende Küche der Jahreszeit mit Spargel, Trüffeln, Kitz und Kaninchen – istrische Hausmannskost wie sie sein sollte. Menü (drei Gänge) ab ca. 30 €.

Motovun/Montona

Das wohl berühmteste Dorf des inneren Istrien heißt **Motovun** (105 km). Wahrscheinlich, weil es auf seinem Hügel über dem Mirnatal ausgesprochen romantisch liegt und herrliche Ausblicke erlaubt. Vor allem aber, weil es von der N2 aus leicht zu erreichen ist. Das hat allerdings den Nachteil, dass viele Busgruppen durch den Ort streifen, während die Fahrer verzweifelt versuchen zu wenden. Ein doppelter Mauerzug mit Laufgang und fünf Türmen beschützt den ehemaligen Burgbereich des alten Ortes mit seinen engen Gassen, den Steinhäusern, der Loggia aus der Zeit der Renaissance und der bekrönenden Kirche Sveti Stjepan, die im 17. und 18. Jh. mit barocken Fresken ausgestattet wurde. Der spätmittelalterliche Kirchturm mit seinen Zinnen sieht wie ein Bergfried aus, tatsächlich diente er auch als Verteidigungsturm. Unbedingt sollte man den Gang über die alte Stadtmauer machen und die Blicke auf Mirnatal und Hochfläche genießen. Man beginnt am besten links hinter der Pfarrkirche und geht dann auf dem Laufgang der Mauern nach rechts weiter, um wieder am Kirchplatz anzukommen.

Auf dem Weg zur Küste passiert man (mit einem kleinen Umweg) an der Kreuzung mit der Straße Koper–Pula den Ort **Vižinada/Visinada** (123 km). Ein paar Dutzend alte Häuser scharen sich um die große Pfarrkirche (Klassizismus des frühen 19. Jh.) mit venezianischem Campanile der Barockzeit und, wie meist in Orten unter Venedigs Herrschaft, einer kleinen Loggia am selben Platz (1736). Interessanter ist ein kunsthistorisches Juwel, die Ausmalung der kleinen Kirche des hl. Barnabas schon etwas außerhalb an der Straße nach Poreč. Die im 15. Jh. entstan-

Richtig Reisen-Tipp:
Die Trüffelregion Mirnatal – eine kulinarische Rundfahrt

Nordistrien ist Kroatiens gastronomisches Paradies. Von der mediterranen Küste mit ihren Austern, Scampi und Hummern bis zu den Trüffelwäldern der inneren Bergwelt schöpft die Natur aus dem Vollen. Bäuerliche Tradition lebt in den Dörfern weiter: die örtliche Konoba serviert traditionelle Fuži mit Wildschweingulasch zum hauseigenen Teran.

Der rote Wein Istriens heißt traditionell **Teran,** die autochthone Rebe ergibt einen spät geernteten, lebhaft rubinroten, fruchtigen und doch herben Wein, den man leicht gekühlt servieren sollte, auch wenn ›Zimmertemperatur‹ auf dem Etikett steht. **Kozlović** in Momjan macht einen der feinsten. Der istrische **Pršut,** zu dem man ihn genießt, ist von Haut und Fett befreit, eingesalzen und an der Sonne getrocknet (nicht geräuchert), delikat wie Parmaschinken (besser, sagen die Istrier). Der weiße Malvazija, hervorragenden bekommt man im Weingut Kabola (und in dessen Restaurant Marino in Kremenje), ist im besten Fall ein delikater, reiner, feinbitterer, etwas an den Duft von Akazien erinnernder Wein. Aus einer autochthonen Rebe (Malvazija bijela) gekeltert, ist er zu den mit weißen Trüffeln veredelten hausgemachten Tagliatelle oder *fuži* unverzichtbar.

Die Trüffel kommen aus den warm-feuchten **Wäldern des Mirnatales,** nicht etwa nur eine Sorte, die hoch gepriesene und hoch-

preisige Weiße Trüffel, sondern vier weiße und sechs schwarze Sorten. Die begehrte **Weiße Trüffel** *Tuber magnatum* wächst zwischen Mitte September und Ende Januar und ist im Oktober erntereif – Zeit für kulinarische Reisen nach Nordistrien!

Gerade im Herbst gibt es genügend Bauern, die ihre Produkte direkt an der Straße anbieten. So erwirbt man frische und getrocknete Steinpilze, Olivenöl und Wein, Rohschinken und frisches Brot, ›Pesto‹ – hier ein Gemisch aus Speck, Knoblauch und Petersilie (ähnlich dem steirisch-slowenischen ›Verhackert‹) und Würste.

Aber die *njoki* mit Wildschwein- oder Hasengulasch in der Konoba (im **Malo Selo** in Fratrija bei Buje, in der **Konoba Toklarija** bei Buzet), die hausgemachten Bandnudeln mit fein geraffelten Weißen Trüffeln im Restaurant (im **Marino** in Kremenje, im **Zigante** in Livade, im **Kaštel** in Motovun), die Steaks vom offenen Grill im Garten vor der Konoba im nächsten Dorf (rund um Livade schießen diese Konobas aus dem Boden wie die Steinpilze nach einem warmen Herbstregen), die süßen *kroštule* und *fritule* bekommt man halt nur – die Nachspeisen oft gratis nach einem zweigängigen Essen – in der Gaststätte. Trüffel werden in dieser Region sogar im Dessert geehrt: Das Marino in Kremenje serviert einen Schokoladenkuchen mit Trüffeln!

denen Fresken wurden in der Barockzeit übertüncht. Erst vor ein paar Jahren hat man sie freigelegt und restauriert (Infos über Besichtigungszeiten bei der Touristeninformation). Von Vižinada zurück nach Novigrad sind es noch 28 km (insgesamt 151 km).

ℹ **TZO Motovun:** Zadrugarska 20b, 52424 Motovun, Tel./Fax 052 68 17 58. **TZO Vižinada:** Vižinada bb., 52447 Vižinada, Tel. 052 44 61 02, Fax 052 44 64 24.

🛏 **Kaštel:** Trg A. Antića 7, Tel. 052 68 16 07, Fax 052 68 17 35, www.hotel-kastel-motovun.hr, das ganze Jahr hindurch geöffnet. Zimmer im Adelspalais auf dem Hauptplatz des Ortes mit TV, Internetanschluss. DZ/FR 60–111 €.

🍴 **Restaurant Kaštel:** s. o. Mit schattiger Terrasse unter Rosskastanien, Trüffelgerichte und *fuži*/*njoki* mit Gulasch. Zwei Gänge ab ca. 18 €.

Vom Golf von Triest zum Kvarner-Golf zieht sich ein verkarstetes, von Dolinen durchlöchertes, aber grünes Hügel- und Bergland, das ›Grüne Istrien‹. Auf den Hügelkuppen liegen verschlafene Dörfer und träumen von den besseren, aber leider vergangenen Zeiten.

Im Dreieck zwischen Buzet, Pazin, der alten Hauptstadt des österreichischen Teils von Istrien, und Labin bzw. Rabac an der Ostküste überzieht Waldgrün das dünn besiedelte, stark gewellte Land. Bergland mit nackten Karstflächen bildet die Grenze zwischen Istrien und dem Kvarner, beweidet zwar, aber sehr einsam: die Ćićaria und das Učka-Massiv, wo der Schnee bis in den Hochfrühling liegen bleibt und die Winde heulen. Die Gegensätze innerhalb der Region sind enorm: im Osten mediterrane Meeresküste, hinter der schroff das raue Gebirge aufragt, Weinbau und Olivenöl hier, magere Weiden mit ziehenden Schafherden und lichtem, von vielen Wildschweinen bevölkerten Eichenbuschwald. Die Orte im Inneren sind in sich gekehrte Dörfer mit verfallenden Bruchsteinbauten, dem Ruch von Hinterwäldlertum und zu viel Kohl in der Suppe.

Die im Folgenden angegebenen Straßenentfernungen sind im Sinne einer Rundfahrt auf den Ausgangsort Pula bezogen.

Svetvinčenat

Reiseatlas: S. 3, C 2
In Vodnjan, 12 km nördlich vonn Pula, biegt man auf die alte Straße nach Pazin ab. Macchia, ein paar Weingärten, verbuschte Weiden prägen das Kalkplateau nördlich des Ortes bis nach **Svetvinčenat** (28 km). Die Monumente des bescheidenen Dorfes erinnern an seine Vergangenheit als Miniresidenz: 1589 ließ die Adelsfamilie Grimani eine ältere Burg der Morosini im Renaissancestil erneuern, der Pfarrkirche Maria Verkündigung am selben Platz eine funkelnagelneue Fassade vorblenden und weitere Gebäude im gleichen Stil errichten. Es entstand ein bemerkenswert geschlossenes Ensemble, das durch die im 18. Jh. hinzugekommene Loggia noch akzentuiert wurde. Die Burg Morosini-Grimani mit ihrem zentralen Turm und den vier runden Flankentürmen gehört zu den besterhaltenen in Istrien, die Restaurierung des leerstehenden Gebäudekomplexes hat begonnen. Aus früheren Zeiten hat sich die romanische Friedhofskirche Sveti Vinčenat erhalten, die ehemalige Abteikirche birgt Fresken aus dem 13. Jh.

Pazin

Reiseatlas: S. 2, D 4
Über die jahrhundertelang südlichste österreichische Besitzung in Istrien, die Stadt **Žminj/Gimino** mit mehreren interessanten Kirchen, erreicht man Pazin (47 km; italienisch Pisino, deutsch ehemals Mitterburg), das alte habsburgische Verwaltungszentrum von Istrien. Die Burg und ihr Territorium wurde 983 in einer Belehnung Ottos II. an den Bischof von Parenzo erstmals erwähnt, damals war Istrien ein Teil der großen Markgrafschaft Verona. 1374 eroberten die Habsburger die Stadt. Im Wesentlichen umfasste das österreichische Territorium in Istrien seit 1381 (Friedensschluss von Turin) den Ostteil (ohne

Die Burg von Pazin thront auf einem Karstfelsen

Labin) und den Norden, also den Großteil des heute slowenischen Anteils und Triest mit Umgebung. Als der Staat Venedig sich auflöste, übernahmen die Österreicher (endgültig 1815) ganz Istrien.

Die ›Mitterburg‹ selbst, die auch dem Ort den Namen gab, liegt direkt an einer 100 m tiefen Karstschlucht, in die die Fojba zur Zeit der Schneeschmelze mit großem Getöse hineinstürzt. Solche karsttypischen Schlucklöcher gibt es viele in Istrien, die Schlucht unter der Mitterburg ist wohl die am leichtesten erreichbare und sicher die spektakulärste. In den Räumen der gut erhaltenen Burg lohnen das **Ethnografische Museum** (Etnografski muzej Istre) und **Stadtmuseum** den Besuch. In mehreren Stockwerken ausgestellt sind Trachten, Gegenstände des bäuerlichen und handwerklichen Alltags, alte Möbel, eine Glockengießerei mit 23 Glocken, ur-, frühgeschichtliche, römische und mittelalterliche

Funde. Leider gibt es nur kroatische Erklärungen der Exponate. Wer Pazin besucht, sollte auch die **Kirche Sveti Nikola** aufsuchen, die 1260 errichtet wurde. Ihre Fassade und der Campanile kamen im 18. Jh. im Stil des Barock dazu. Die schönen Fresken im Chor mit seinem Netzgewölbe von 1441 schuf wenig später ein (Süd-)Tiroler Meister. (Öffnungszeiten Ethnographisches Museum Istriens und Stadtmuseum in der Burg: Istarskog razvoda 1, Tel. 052 62 43 51, Di–So 10–18, im Winter Di–Sa 10–18, So 10–14 Uhr.)

Westlich von Pazin liegt der kleine Ort **Beram** (53 km), in dem man nach dem Schlüssel für die Kirche Sveta Marija na Škriljinama fragt. Sie steht auf dem Friedhof, der, von der Hauptstraße aus gesehen, an einem noch vor dem Ort nach links abzweigenden Sträßchen liegt. In dem unscheinbaren Bau ist auf ca. 75 m² ein 46 Darstellungen zählender Freskenzyklus erhalten, darunter ein süd-

Das Innere Istriens und die Ostküste

lich der Alpen ausgesprochen seltener To-
tentanz, ein grausig realistischer Bethlehemi-
tischer Kindermord und ein mit großem Gefühl für den dramatischen Auftritt gestalteter
Besuch der hl. Drei Könige. Der Meister Vin-
zenz von Kastav, der die Wandbilder um das
Jahr 1474 schuf, war ein guter Beobachter,
dem die Personen des Totentanzes besonders naturalistisch geraten sind. (Nach dem
Schlüssel im Ort fragen, jeder weiß, welche
Familie ihn hat.)

 TZG: Stari trg 8, Tel./Fax 052 62 24 60,
52000 Pazin, www.tzpazin.hr.

 Lovac: Žime Kurelića 4, Tel. 052 6 23
84, Fax 052 62 42 19, tisadoo@inet.hr.
Einfaches Motel an der Straße in Richtung
Poreč mit Blick auf Pazin. DZ/FR ca. 60 €.

Restaurant Lovac: s. o. Mit guter istrischer Küche.

Busse nach Pula, Poreč, Rijeka, die
Busstation liegt etwas außerhalb in einem Neubauviertel.
Bahnstation an der Linie Pula–Lupoglav und
mit Bahnbus weiter nach Rijeka.

Draguć, Hum und Roč

Reiseatlas: S. S. 2, D 3
In den Dörfern im Bergland nördlich von Pazin laden nicht nur einige Konobe zur Einkehr
ein, sondern es findet sich auch eine Reihe
von Kunstschätzen. In dem typischen winzigen Bergort **Draguć** (74 km) mit engen Gassen und weitem Ausblick sieht man in der
kleinen Kirche Sveti Rok Fresken des Antonio da Padova (der istrische Ort Padova heißt
heute Kažćerga) aus dem Jahr 1529 und in
der romanischen Friedhofskirche des hl. Elias
Fresken aus derselben Zeit.

Das nächste Ziel heißt **Hum** (96 km). Es
gibt keine direkte Verbindung von Draguć,
man muss bis Cerovlje zurück und dann in
Richtung Lupoglav bis zur Abzweigung Hum
fahren, alternativ über Buzet. Die selbst er-

nannte ›kleinste Stadt der Welt‹ hat weniger
als 20 Einwohner. Das gut erhaltene Stadttor
leitet durch die fast gänzlich erhaltene mittelalterliche Umfassungsmauer in den Ort mit
seiner einen Gasse, den Häusern, unter deren Arkaden sich ein steinernes Mühlespiel
und glagolitische Inschriften befinden. Die
Pfarrkirche flankiert ein dreistöckiger Campanile. Die Friedhofskapelle des hl. Hieronymus birgt romanische Fresken des 12. und
13. Jh., gruppiert um einen Christus als Weltenrichter in der Mandorla – romanische Fresken sind in Kroatien eine absolute Seltenheit.
Hungrigen serviert die Konoba Weinsuppe
und *fuži* mit Trüffeln. Vielleicht liegt es an der
besonderen Atmosphäre des Ortes, dass sie
hier besonders gut schmecken.

Von Hum führt die 9 km lange **Glagolitische Allee** (Aleja Glagoljaša) nach Roč. Entlang dieser Straße wurde eine Reihe von
Denkmälern geschaffen, die mit der glagolitischen Schrift bekannt machen. Unbedingt
sollte man im Weiler **Brnobići** Halt machen,
wo sich rechts unterhalb der Straße eine Kapelle befindet, vor der Abdrucke von glagolitischen Inschriftsteinen aufgestellt wurden.

In **Roč** (103 km) ist der Befestigungsring
großenteils erhalten. Im nördlichen Stadttor
hat man ein kleines Lapidarium mit römischen Grabsteinen untergebracht. Die dreischiffige barocke Pfarrkirche ist im 19. Jh. innen neu ausgestattet worden. Die Kapelle
Sveti Rok, die sich inmitten des Platzes beim
Nordtor erhebt, beherbergt Fresken eines italienischen Meisters des 14. Jh.

in Hum:
Humska konoba: Hum 2, Tel. 052 66
00 01. Rustikale Konoba mit Kellergewölbe
und Terrasse. Deftig-delikate Genüsse, etwa
istrische Würste mit Sauerkraut oder Maultaschen mit Trüffeln. Zwei Gänge ab 15 €.

Ćićarija und Učka-Kette

Reiseatlas: S. 2, D–F 2–4
Die östlichsten und höchstgelegenen istrischen Programmpunkte auf dieser Strecke

Richtig Reisen-Tipp:
Freiklettern in der Vranjska Draga

Die Gegend um die Učka-Kette ist ein Sportlerparadies. Neben dem Paragliding (von der auf die Učka-Kette führenden Straße aus möglich) ist vor allem das Freiklettern in der Vranjska Draga, einer fantastischen Karstschlucht mit festem grauem Kalkgestein, äußerst populär. Das ist verständlich: Nicht nur das es in dieser von steilen Wänden flankierten und von Macchie wie Strauchwald erfüllten Schlucht einige Nadelfelsen mit allen Schwierigkeitsgraden gibt, die Schlucht ist auch noch relativ leicht erreichbar.

Die 20 m hohe **Kalknadel Svijeća** und die 27 m hohe **Rukavica** sind mit Routen zwischen 4b und 6c zu ersteigen, der **Hohe Turm** (50 m) auf sechs Routen bis zum Schwierigkeitsgrad 7a/b. Dutzende Routen in den seitlichen Felsen bringen relativ kurze (ca. 12 m), aber interessante Klettererlebnisse, so die **Gorgona-Felsen** rechts von der Rukavica-Nadel: Fingerplay, Cracker, Motika direkt, Fu-fu, Gorgona, I am from Austria u. a. (alle 5a–6c+).

Die **Vranjska Draga** befindet sich genau südlich des Motel Učka westlich vom Tunneleingang. Fährt man auf der alten Učka-Straße etwa 0,5 km zurück in Richtung Labin, findet man rechts ein einzeln stehendes Haus, wo man an der Straße parkt (kein offizieller Parkplatz!). Der hier nach links (Süden) abzweigende Fahrweg wandelt nach dem Passieren des Hauses rasch zum Weg und schließlich in einen schmalen Pfad, der zum abrupten Steilrand der Vranjska-Schlucht führt. Von hier führt er in einem Bogen auf den Boden der Schlucht hinunter – die Kletterwände sind, wie deutlich wird, wenn man dort oben steht, fast alle links. Rechts der kurzen Bahnstrecke zwischen den zwei Tunneln auf der rechten Seite gibt es nur einen einzigen Kletterfelsen mit einem halben Dutzend Routen.

Nähere Einzelheiten mit guten Routenskizzen in den beiden Kroatien-Kletterführern von **Boris Čujić** (im kroatischen Buchhandel, s. S. 268).

erreicht man auf der Landstraße, eine Auffahrt auf die Schnellstraße gibt es nicht. Die **Ćićarija,** zu Deutsch Tschitschenboden, ist ein bewaldetes Karsthochland. Es begrenzt Istrien im Osten, zieht als **Učka-Kette** nach Süden und kulminiert im 1401 m hohen **Vojak** (130 km, zuletzt kurzer Fußweg). Der Gipfel ist schon von weitem zu sehen.

Der Tschitschenboden, dessen äußerster Nordwesten bereits zu Slowenien gehört, ist fast menschenleer. Die sonst in Istrien überall geübte Tradition, die Dolinen zu bebauen, was bei Wein und Obst, Gemüse und Feldfrüchten die höchsten Erträge bringt, wird wegen des rauen Klimas hier kaum ausgeübt. Die Bewohner des Gebietes, die Tschitschen, sind ein romanisches Wandervolk, das aber bereits im 18. Jh. die Sprache seiner Umgebung, das Kroatische, angenommen hat. Nur gelegentlich bauten sie in einer

Doline Getreide an oder betrieben Holzhandel. (Ein Abstecher ist von Lupoglav auf schlechter Straße in die Ćićarija möglich: bis **Brgodac,** 11 km, oder **Lanišće,** 11 km, als Rundfahrt 30 km).

Wenn man sich der Ćićarija nähert, erkennt man, dass sie in einem mächtigen Abbruch zum östlichen istrischen Bergland herunterfällt, das in einzelne Felsmassen aufgelöst ist. Die spektakulärste Felsformation findet sich knapp vor dem Straßentunnel durch das Učka-Massiv an einer Stelle, wo die Bahnlinie nach Kozina (in Slowenien) in zwei Tunneln durch den Berg geführt wird. Nadelscharfe Kalkspitzen stehen in einem von steilen Wänden flankierten Tal, das mittlerweile zu den Traumzielen zahlreicher Freikletterer zählt (s. o.). Wer den Učka-Tunnel durchquert, findet sich oberhalb von Opatija und des Kvarner wieder.

Töpferei in Labin

Plomin

Reiseatlas: S. 4, E 1

Zurück bis Vranja, dann nach Süden über einen unbedeutenden Pass und durch die brettebene **Čepićko Polje,** einen ehemaligen, künstlich entwässerten Jahreszeitensee, zum schmalen Meeresarm unterhalb des schönen, alten Ort **Plomin** (169 km). Das malerisch auf einer Terrasse gelegene Dorf **Brsec** ein Stück weiter auf der Straße nach Rijeka blickt schon auf den Kvarner hinunter und zur Insel Cres hinüber, wohin uns das nächste Kapitel führt. Ab Plomin verläuft die Straße nach Opatija und Rijeka hoch über der Küste der Adria, mit atemberaubenden Blicken auf die Inseln im Golf von Kvarner: Cres, Lošinj und (später) Krk.

Labin und Rabac

Reiseatlas: S. 4, E 2

Labin (181 km) liegt nur 320 m über dem Meer, aber vom Glockengeschoss des Campanile auf dem höchsten Punkt des alten befestigten Ortes schweift der Blick so weit, dass man das Gefühl bekommt, ganz hoch oben in den Bergen zu sein. So ist der ursprünglich keltische Name des Ortes – Albona, was Höhensiedlung bedeutet – zu Recht gewählt worden. Moderne Stadt und alte befestigte Stadt treffen sich am Hauptplatz mit einem Rathaus aus k. u. k. Zeiten, Restaurants und schönen Rosskastanien, die schon zum höheren Stadtteil überleiten. Die Renaissance-Loggia (1550), eine runde Befestigung und die Porta Sveti Flor aus der zweiten Hälfte des 16. Jh., die so aussieht, als habe sie der venezianische Festungsbaumeister Sanmicheli geplant, vermitteln den Zugang zur Oberstadt. Eine Treppengasse führt aufwärts über den Alten Platz (Stari trg) mit dem Alten Rathaus, gefolgt von der gotischen Kirche der Mariengeburt, die in der Renaissance und im Barock umgestaltet wurde. Ein Markuslöwe in der Fassade erinnert noch einmal daran, dass der Ort ein halbes Jahrtausend lang in venezianischer Hand war. Die romanische Stefanskapelle mit hochmittelalterlichen Fresken schließt sich an, dann der Palazzo Battiola-Lazzarini mit seiner fensterbetonten Fassade des 18. Jh. Im Palast befindet sich das Stadtmuseum mit archäologischen Funden, einer Ausstellung zu den Trachten der Umgebung und vor allem der Sammlung zum Kohlebergbau der Region, wozu die Nachbildung eines Bergbaustollens gehört (Öffnungszeiten: Mo–Sa 10–13 u. 17–18, So 10–13, im Winter Mo–Fr 7–15 Uhr).

Labin war vom Ende des 18. Jh. bis in die 70er-Jahre des 20. Jh. hinein eine bedeutende Bergwerksstadt. Vom Campanile auf dem höchsten Punkt der Stadt blickt man über den Südteil Istriens, über Rabac und das Meer des Kvarner bis zur Insel Cres. (Öffnungszeiten: tgl. 9–18 Uhr.)

Rabac (186 km) erreicht man auf einer 5 km langen Stichstraße. Der Retorten-Touristenort an einer ehemals idyllischen Bucht mit dem alten Hafen von Labin umfasst eine ganze Reihe von Aparthotels, Familienhotels und Pensionen, die z. T. geschickt in bestehenden lockeren Wald eingepasst wurden.

TZG: Aldo Negri 20, 52220 Labin, Tel. 052 85 55 60, Fax 052 57 80 02, www.istra.com/rabac.

Fast alle Hotels in **Rabac** – allesamt planmäßig nach 1960 errichtet – sind zwischen Anfang November und Ende April geschlossen.

Villa Annette: Raška 24, Tel. 052 88 42 22, Fax 052 88 42 25, www.villaannette.hr. Ganzjährig geöffnetes, privates Aparthotel neueren Datums mit großer Terrasse und Pool, Ja-

cuzzi und Fitnessraum, schöner Ausblick von den zwölf gut eingerichteten Apartments (Internetanschluss), Apt. (für 2 Pers.) mit FR in drei Kategorien 85–260 €.

Mimosa: Rabac bb., Tel. 052 87 20 24, Fax 052 87 20 97, www.maslinicarabac.com. Renoviertes Strandhotel der Mittelklasse, Sat-TV/Fön, mit Hallenbad. DZ/HP 60–120 €.€.

 Tauchen: Tauchschule im Autokamp Marina, Sv. Marina, 52220 Labin, Tel. 052 87 90 52, www.scubacenter.de. Ausgezeichnet (u. a. von der Zeitschrift »Tauchen« als bestes Tauchcenter am Mittelmeer) und hier konkurrenzlos.

Barban

Reiseatlas: S. 3/4, C–E 2/3

Der folgende Straßenabschnitt führt durch einsames Weideland, in dem sich immer wieder die kreisrunden Steinbauten finden, die den Hirten Schutz bei schlechter Witterung geben, die *kazuni*.

In **Barban** (202 km, Ra S. 4 D 2) hoch über dem steilwandigen Tal der Raša – die N2 muss eine enge Haarnadelkurve beschreiben, um den Talboden zu erreichen – haben sich mehrere Bauten des 16. Jh. erhalten. Sie sind auf Veranlassung der venezianischen Familie Loredan errichtet worden, die den Ort 1535 bei einer Versteigerung aus dem Besitz der Republik Venedig erworben und zu ihrer Privatresidenz gemacht hatte. Rathaus (1555) und Loggia (1550) an der Piazzetta stammen aus dieser Zeit, ein Teil der Ausstattung der Kirche des hl. Nikolaus, deren Campanile auf einem Verteidigungsturm der Burg basiert, und der Stadtpalast der Familie, der als Palazzo Loredan sein endgültiges Aussehen im 18. Jh. erhielt. Vor dem großen Stadttor mit dem Loredanwappen steht ein kleines Kirchlein aus spätgotischer Zeit, die Fresken im Inneren wurden im 15. Jh. gemalt.

Fast schnurgerade geht es zunächst weiter, Pula ist nur 28 km entfernt. Wenn Sie noch nicht in Nesactium waren – am Flughafen in Richtung Valtura fahren (insgesamt 230 km)!

Für Skipper ein Paradies: Kroatiens Küstenlandschaft

Küste und Inseln der Kvarner Bucht

Rijeka

Krk

Cres

Rab

Traumschiff-Bucht mit k. u. k.-Villen

Die Kvarner Bucht ist ein Binnenmeer zwischen Küstengebirge und kargen Inseln, die sich nach dem Ende einer intensiven Weidewirtschaft allmählich wieder bewalden. Auf dem ruhigen Meeresspiegel schwimmen die Inseln Cres, Lošinj, Krk, Rab und ein paar Dutzend kleinere Eilande wie Traumschiffe aus einem Werbefilm für Ferien an der Mittelmeerküste. Sie locken mit steinigen Küsten und alten Fischerhäfen, einem für die Adria besonders frühen Tourismus und dem sehr geschäftigen städtischen Zentrum Rijeka.

Im 19. Jh. kam man im Winter an die Bucht des Quarnero und genoss das milde Klima in Abbazia. Im 20. Jh. entdeckte man den Sommer an den Stränden südlich von Rijeka und

auf den Inseln. Nudisten kamen wegen der abgeschiedenen Buchten und Yachtbesitzer wegen der geschützten Meeresstraßen. Radler locken die verkehrsarmen Straßen, romantisch veranlagte Skipper lassen sich von altmodischen Motorseglern von Minihafen zu Minihafen schippern. Familien reisen an, weil die lieben Kleinen schnorcheln und die Eltern ihre Ruhe haben wollen. Die Discoclique findet genauso ihre Ziele wie die Ökoszene.

Die nördliche Adria ist im Raum des Kvarner Golfs relativ flach; an der tiefsten Stelle zwischen Cres und Rab beträgt die Meerestiefe nur 109 m. Die Inseln sind die höchsten Zonen eines untergegangenen Kettengebirges, das parallel zum Küstengebirge verläuft, dem Velebit. Sie markieren die Spitzen der völlig im Meer versunkenen Gebirgskämme. Die eiskalten Bora-Fallwinde prallen auf die dem Festland zugewandten Inselseiten, pressen den Meeresspiegel um bis zu einen halben Meter hoch und reißen steile Kliffs in die Küste. Sie rasieren jede Vegetation ab, sodass die Inseln von der Küste aus wie Wüsteneilande aussehen, während ihr Inneres durch die satten roten Untertöne der fruchtbaren Terra rossa und das silberne Flimmern der Ölbaumhaine geprägt ist.

Cres und Lošinj, die Doppelinsel im Westen, ist den regenreichen Westwinden ausgesetzt, die Ostseite ist trockener und weniger windgepeitscht. Aus der alten Hauptstadt Osor wurde ein unbedeutendes Dorf, aber Mali Lošinj, der schicke Kurort der Gründerzeit und spätere Massenurlaubsort mauserte sich zu einem Qualitätsferienziel.

Krks Norden und Mitte sind von verwilderndem Kulturland überzogen, um Baška im Süden erhebt sich ein Kranz mondkahler Kalkberge. Rab ist doppelgesichtig, dem dicht besiedelten Inseltal zwischen Supetarska Draga, Rab und Barbat na Rabu steht die bis 410 m hohe, vegetationslose Steilküste und Steinwüste des Kamenjak mit ihren von Bora-Stürmen geschlagenen Fußkliffs gegenüber.

Highlight

7 **Die Bucht von Baška:** Eine der faszinierendsten Insellandschaften Küstenkroatiens befindet sich im Süden der Insel Krk, wo um das an einer flachen Bucht mit fruchtbaren Feldern liegende Fischer- und Bauernörtchen Baška ein Kranz vegetationsloser Karstberge aufragt (s. S. 234ff.).

Empfehlenswerte Route

Cres und Lošinj: Auf den 110 Straßenkilometern zwischen dem Fährhafen Porozina im Norden der Insel Cres und Veli Lošinj im Süden von Lošinj durchquert man zwei Inseln, die gegensätzlicher und abwechslungsreicher nicht sein könnten (s. S. 216ff.).

Reise- und Zeitplanung

Vier große Inseln, für die man jeweils mindestens 3–4 Tage benötigt, um sie einigermaßen kennen zu lernen, eine lange Festlandküste mit vielen interessanten Orten wie Opatija und Crikvenica und die Großstadt Rijeka mit ihren Zerstreuungen – das Zeitbudget ist kaum so lang, um den Kvarner in einem einzigen Urlaub bereisen zu können. Wer sich auf die Hauptorte beschränkt und die Straßen zügig durchfährt, ohne Wanderungen, Bootstouren zu machen oder gar mal am Strand zu faulenzen, kommt vielleicht mit einer Woche durch – übrigens leichter im Sommer, wenn alle Fähren fahren, als im Winter, wenn z. B. die Fähre zwischen Krk und Rab nicht verkehrt und man den Umweg über die Küstenstraße nehmen muss. Mit dem Pkw gibt es wenige Probleme: Die Straßen sind recht gut ausgebaut, die Fährkapazität auch im Sommer ausreichend, aber besonders an Samstagen kann man schon mal ein paar Stunden auf die nächste Fähre warten.

Eine Rundreise könnte in Rijeka beginnen: Man fährt zunächst über Opatija nach Cres und Lošinj, setzt anschließend nach Krk über und dann von Valbiska nach Lopar auf Rab. Mit der Fähre geht es dann von Mišnjak nach Jablanac auf dem Festland, und auf der Küstenstraße über Senj (s. S. 260f.) und Crikvenica zurück nach Rijeka (mit Abstecher Krk– Malinska–Krk 450 km plus Fährstrecken).

Klima und Reisezeit

Das Klima des Kvarner kennt kühle Winter mit bitterkalten Boratagen bei stürmischem bis orkanartigem Wind – an diesen Tagen sollte man nicht einmal mit dem Auto fahren, die Brücke zwischen Kraljevica und Krk ist dann gesperrt! Dafür kann der Sommer lange, trockene Phasen und hohe Temperaturen aufweisen, wobei die umso höher sind, je weiter man sich von den Außeninseln Cres und Lošinj entfernt, die das ausgeglichenste Temperaturbild aufweisen. Im Herbst ist es gerne regnerisch, die höchsten Niederschläge fallen im Oktober und November. Wer sich davon nicht abschrecken lässt, wird bei milden Temperaturen und wenigen Touristen einen beschaulichen Urlaub erleben.

Richtig Reisen-Tipps

Karneval am Kvarner: Ob in Rijeka, Samobor oder auf Lastovo – Karneval wird in Kroatien groß gefeiert (s. S. 207).

Spaziergang am Lungomare: Die schönste Meerespromenade Kroatiens führt von Volosko über Opatija nach Lovran – seit k. u. k.-Zeiten (s. S. 211)

Wanderung auf die Televrina: Einsame Macchie und Traumblicke bietet die Wanderung auf den höchsten Gipfel der Insel Cres-Lošinj (s. S. 224f.).

Wanderung von Baška nach Punat: Eine großartige Tagestour erlebt man auf der Wanderung über die ›Mondberge‹ auf der Insel Krk (s. S. 236f.).

Rijeka/Fiume

Rijeka, die drittgrößte Stadt Kroatiens, betreibt den größten und geschäftigsten Hafen des Landes. Von hier erreicht man mit Bus oder Pkw und Fähre die Inseln des Kvarner. Die hübsche Altstadt und zahlreiche Museen tragen zur besonderen Atmosphäre dieser lebendigen Stadt bei, die in der Tradition verhaftet ist und jedes Jahr einen berühmten Karneval feiert.

Reiseatlas: S. 5, C 1; **Cityplan:** S. 204

Kroatiens wichtigsten Seehafen erreicht man immer seltener von der traditionellen Schauseite, dem Meer. Stattdessen quält man sich über die Küstenstraße heran oder nähert sich über die Zagreber Autobahn vorbei an industrialisierten Vororten und Hochhaussiedlungen. Dabei hat der ehemals ungarische Seehafen eine ausgesprochen repräsentative Hafenfront mit prachtvollen Schaufassaden aus der Gründerzeit an der noch heute Riva genannten Hafenpromenade und große Kais, die ebenfalls bereits aus der Gründerzeit stammen. Die kleine Altstadt wurde 1750 nach einem verheerenden Erdbeben zum Hafen hin ausgedehnt. Das frühere Hafentor leitet jetzt zur damals neu angelegten Flanier- und Geschäftsstraße auf neu gewonnenem Terrain, dem Korzo (Corso). Die gründerzeitliche Stadt verschob die Küste nochmals, die heutige Riva sowie das Neubauviertel um das Nationaltheater wurden erst im 19. Jh. aufgeschüttet und überbaut. Rijeka ist eine lebhafte Hafenstadt, Haupthafen der kroatischen Schifffahrtslinien, größter Ort an der nördlichen Adria, immer noch mit italienischen Nuancen und einer bedeutenden italienischsprachigen Minderheit.

Ein liburnisch-illyrisch-römisches Tarsatica war der Vorgänger der heutigen Stadt, die im 7. Jh. als Slawensiedlung am Ausgang des wasserreichen Rječina-Tals in den verfallenen Stadtmauern entstand. Das Dorf mauserte sich zur ummauerten Siedlung, die seit 1139 den Grafen von Duino gehörte und im 13. Jh. zur Freien Stadt des Deutschen Reiches aufstieg. Im 15. Jh. griffen die Habsburger nach der St. Veit am Flaum/Fiume genannten Stadt und behielten sie bis 1918, zunächst im Rahmen des Deutschen Reiches, 1522–1776/79 als reichsunmittelbare Herrschaft und Stadt. Die kaisertreue Stadt wurde 1659 mit dem Titel ›fidelissima‹, also ›die allertreueste‹, belehnt, was der Konkurrenz Triest erst 1819 gelang. Im 19. Jh. war es für Fiume ein wahrer Segen, dass es von Budapest aus verwaltet wurde: In direktem Wettbewerb mit dem von Wien aus verwalteten Triest ließ man die Hafenanlagen großzügig ausbauen. Die Stadt blühte auf und legte sich elegante gründerzeitliche Straßenzüge zu. Das Ungarische als Verwaltungssprache, das Deutsche als Militärsprache und das Italienische als Sprache der k. u. k. Kriegsmarine, machten aus Fiume/Rijeka eine polyglotte Stadt.

1919 nahmen italienische Freischärlertruppen unter dem Kommando des exzentrischen Schriftstellers Gabriele D'Annunzio die Stadt im Handstreich und hielten sie 16 Monate besetzt. Nach einer kurzen Periode als Freistaat wurde Fiume 1924 zu Italien geschlagen, der Lauf der Rječina markierte die Grenze zum Königreich Jugoslawien, der südliche Stadtteil Susak kam zu Jugoslawien. Erst 1947 wurde Rijeka als eine der Republiken der Föderation Jugoslawien kroatisch.

Stadtrundgang

Wer Rijeka in Ruhe zu Fuss erkunden möchte, sollte einen ausgedehnten Spaziergang von mindestens vier Stunden Dauer (ohne Museumsbesuche!) einplanen, der zu sämtlichen wichtigen Sehenswürdigkeiten führt. Er beginnt an der Endhaltestelle der Stadtbusse am Jelačićev-Platz und endet bei der Frankopanenburg Trsat, von der nahen Bushaltestelle fährt ein Bus zurück zum Jelačićev-Platz.

Hafenviertel

Vom Jelačićev-Platz geht man entlang dem Mrtvi kanal zum 1885 fertig gestellten **Nationaltheater** (Hrvatsko narodno kazalište Ivana Zajca) **1**, einem Bau des Wiener Architektenteams Hermann Helmer und Ferdinand Fellner, das vor allem in Österreich-Ungarn Dutzende Theater und Opernhäuser errichtete. Das ganze Viertel rund um den Hafen wurde in der Mitte des 19. Jh. auf frisch aufgeschüttetem Baugrund errichtet, auch die **Markthallen 2** stammen noch aus dem 19. Jahrhundert.

Geht man auf der **Riva** nach links, gelangt man zu den großen **Hafenanlagen** aus dem 19. Jh., die im 20. Jh. nur unwesentlich verändert wurden. Auf der rechten Seite der Straße zeigen gründerzeitliche Schaufassaden die damalige Bedeutung der Stadt. Interessantestes Gebäude ist wohl die ältere serbisch-orthodoxe Kirche **Sveti Nikola 3** von 1790, die einige wertvolle Ikonen des 18. Jh. bewahrt.

Korzo

Ein Jahrhundert vor der Riva wurde der Korzo angelegt, die Flanierstraße der Bevölkerung von Rijeka. Parallel zu den durch das Erdbeben von 1750 niedergeworfenen Mauern entstand in den Jahren darauf das neue Herz der Stadt. Schönstes und eindrucksvollstes Relikt aus dieser Zeit ist der **Stadtturm** (Gradski toranj) **4** mit ehemaligem Hafentor. Über dem Tor ist das Wappen der Stadt mit Doppeladler zu sehen, darüber wachen die Büsten zweier habs-

Mit dem Autor unterwegs

Sehenswert
Der Korzo: Flanier-, Kaffeehaus- und Einkaufsmeile mit barockem Stadtturm und Hafentor (s. S. 203).
Glagolitische Ausstellung in der Universitätsbibliothek: Die alte Schrift der Kroaten wird in einer ständigen Ausstellung vorgestellt (s. S. 203).
Museum des Kroatischen Küstenlandes: Für an der Seefahrt und dem Kvarner Golf interessierte Besucher ein Muss (s. S. 206).
Trsat: Burgruine und bedeutende Wallfahrtskirche hoch über der Stadt mit Ausblick bis Insel Cres und Istrien (s. S. 206).

Ein besonderes Erlebnis
Den Fasching von Rijeka mitfeiern: Die Karnevalsveranstaltungen in Rijeka übertreffen an Bekanntheit und Ausmaß alle anderen in Kroatien (s. S. 207).
An der Wallfahrt zur Gospa Trsatska teilnehmen: Am 15. August begibt sich halb Kroatien auf die Pilgerfahrt zur Gottesmutter von Trsat (s. S. 206).

burgischer Herrscher mit üppigen barocken Allonge-Perücken – die Deutschen Kaiser Leopold I. (li.) und Karl VI. (re.), Vater Maria Theresias. Die Uhr kam später (1784) hinzu. Sie funktioniert immer noch, wenn auch nicht mehr mit dem Original-Uhrwerk. Wir gehen nicht durch das Tor in die Altstadt hinein, sondern bummeln den Korzo entlang, nehmen vielleicht in einem der Cafés einen Mokka. Am Platz der Republik Kroatien wendet man sich nach rechts. In der ersten Nebenstraße (Dolać) steht links das Gebäude der **Universitätsbibliothek** (Sveučilišna knjižnica) **5** mit einer sehr interessanten ständigen Ausstellung zur Glagolitischen Schrift im Erdgeschoss und einem **Museum für Moderne Kunst** (Moderna Galerija). (Universitätsbibliothek: Dolać 1/Eingang Supila 3, Tel. 051 33 61 29, Mo–Fr 10–13, 18–21 Uhr).

Rijeka: Cityplan

Platz der Erklärung von Rijeka (Trg Riječke rezolucije)

Auf der anderen Seite des Platzes der Republik Kroatien erreicht man den **Platz der Erklärung von Rijeka** (Trg Riječke rezolucije) **6**, auf dessen nördlicher Seite, umfasst vom dreiflügeligen Rektorat der Universität, eine Säule steht. Der Name des Platzes bezieht sich auf die Resolution von 1872, als eine neue Gemeindeverfassung geschaffen wurde. Das heutige Rektorat ist im damals in Auftrag gegebenen neuen Rathaus untergebracht. Die **Standartensäule** (Stendardac) ist wesentlich älter: Sie stellt einen Roland dar, das Symbol städtischer Freiheiten, aufgestellt unter Kaiser Maximilian zur Erinnerung an die Kaisertreue der Stadt bei der Eroberung durch die Venezianer im Jahr 1508. Die Ge-

stalt auf dem Säulenschaft ist der Schutzpatron von Rijeka, der hl. Veit (der alte deutsche Name von Rijeka war ›St. Veit am Pflaumb‹). Er hält ein Modell der Stadt in den Händen. Auf dem Schaft wurde an Sonn- und Feiertagen die Stadtfahne aufgepflanzt. Die Kirche **St. Hieronymus** (Sveti Jeronim), deren Fassade den südöstlichen Abschluss des Platzes bildet, erinnert an ein seit 1315 bestehendes Augustinerkloster. Der heutige, nach dem Erdbeben von 1750 errichtete schlichte, spätbarocke Bau mit Elementen des spätgotischen Vorgängers diente nur von 1768 bis 1788 als Klosterkirche, dann wurde der Orden durch ein Edikt Kaiser Josefs II. aufgelöst.

Die kleine **Kirche St. Sebastian** (Sveti Sebastijana) **7** wurde 1562 im Renaissancestil

Sehenswürdigkeiten

1. Nationaltheater
2. Markthallen
3. Kirche St. Nikolaus (Sveti Nikola)
4. Stadtturm
5. Universitätsbibliothek
6. Platz der Erklärung von Rijeka
7. Kirche St. Sebastian (Sveti Sebastijana)
8. Altes Tor
9. Kirche St. Veit (Sveti Vid)
10. Wohnhaus im Jugendstil
11. Museum des Kroatischen Küstenlandes
12. Museum der Stadt Rijeka
13. Naturgeschichtliches Museum
14. Staatsarchiv
15. Marien-Wallfahrtskirche (Gospa Trsatske)
16. Burg von Trsat

Übernachten

1. Jadran
2. Bonavia
3. Continental

Essen und Trinken

4. Zlatna školjka
5. Feral
6. Municipium
7. Gradska kavana/Hemingway
8. Café und Pizzeria Cont
9. Café Grof

errichtet. Die hübsche Fassade mit Rundfenster über dem antikisierenden Eingang ist ein echtes Juwel. Beim Bau ergrub man eine spätantike Mauer, die in die Kirche integriert wurde. Sie steht mit dem römischen Bogen in Verbindung, der als **Altes Tor** (Stara vrata) 8 bezeichnet wird. Wahrscheinlich war es eines der Tore des römischen Castrum, auf dessen Boden sich dieser Stadtteil der Altstadt von Rijeka befindet.

Die Plätze Ivana Koblera und Grivica

Die städtische Achse zwischen dem Uhrturm und der Kirche des Stadtpatrons St. Veit wird durch die Plätze **Ivana Koblera** und **Grivica** eingenommen. Auf dem Letzteren verwendet ein interessanter moderner Brunnen einen alten Mühlstein. Er stammt aus der großen Papiermühle, die von 1821 bis 1971 an der Rječina betrieben wurde und Papierqualitäten von höchstem Rang herstellte, die in alle Welt verschickt wurden. Nahe dem Stadttor steht das **Alte Rathaus,** das von 1532 bis 1838 den Rat beherbergte, am anderen Platzende erhebt sich die **Kirche St. Veit** (Sveti Vid) 9, die heutige Kathedrale. Die ehemalige Jesuitenkirche, ein barocker Rundbau, beherbergt ein gotisches Kruzifix aus dem Rheinland.

Ein Turm der östlichen Stadtmauer auf dem Grivica-Platz wird samt einem Bankgebäude der 1970er-Jahre ästhetisch reizvoll von einem postmodernen Gebäude integriert. Am Beginn der Ivana Grohovca befindet sich ein schönes **Wohnhaus im Jugendstil** 10.

Ein Erlebnis: Karneval in Rijeka

Museen im Stadtpark

Im Stadtpark Vladimira Nazora am Hang oberhalb der Altstadt stehen drei Museen aus dem typischen weißen, istrischen Kalkstein. Im Bau des **Museums des Kroatischen Küstenlandes** (Pomorsko – povijesni muzej Hrvatsko primorja) **11** residierten von 1896 bis 1918 die ungarischen Statthalter. Das Museum zeigt einen Querschnitt durch Geschichte, Kultur, Kunst und Wirtschaft des Kvarner; vor allem die nautischen Sammlungen, alte Navigationsinstrumente, Marinebilder und Schiffsmodelle sind von Interesse. Im **Museum der Stadt Rijeka** (Muzej Grada Rijeke) **12** nebenan wird besonders an die neuere Geschichte erinnert. Das dritte ist das **Naturgeschichtliche Museum** (Prirodoslovni muzej) **13**. Außerdem befindet sich im Park noch das **Staatsarchiv** (Državni arhiv) **14**, der Bau entstand 1892 als Sommervilla des Erzherzogs Joseph. (Öffnungszeiten: Museum des kroatischen Küstenlandes: Muzejski trg 1, www.ppmhp.hr, Di–Fr 9–16, Sa 9–13 Uhr; Naturhistorisches Museum: Lorenzov prolaz 1, Di–Sa 9–19 und So 9–15 Uhr; Stadtmuseum: Muzejski trg 1/1, Di–Fr 10–13, 17–20, Sa 10–13 Uhr; Staatsarchiv: Park Nikole Mosta 2, Mo–Fr 8–13 Uhr.)

Trsat/Tersatto

Zwei weitere Sehenswürdigkeiten befinden sich jenseits der Rječina hoch über der Stadt im **Ortsteil Trsat**. Eine 1531 entstandene Treppe führt mit mehr als 500 Stufen hinauf zur **Marien-Wallfahrtskirche** (Gospa Trsatske) **15** mit Franziskanerkloster. Die Kirche entstand im 15. Jh. an der Stelle, wo der Legende nach das von Engeln getragene Haus der Maria zwischen Nazareth (oder Ephesos) und Loreto in Italien ein paar Jahre (1291–94) Station machte. Den untröstlichen Gläubigen von Trsat schickte Papst Urban V. im Jahr 1367 eine Marienikone, die heute viele Pilger an diesen Wallfahrtsort zieht. Wichtigste Wallfahrtstage sind die marianischen Feiertage: 15. August (Mariä Himmelfahrt) und 8. Sep-

Richtig Reisen-Tipp: Karneval am Kvarner

Die letzten Tage vor der Fastenzeit sind in ganz Kroatien Narrentage. Mehr oder weniger: Manche Städte wie Dubrovnik haben eine eher kühle Umgangsweise mit dem Karneval, der sich auf Tanzkränzchen und Maskenbälle beschränkt. Dagegen steht **Samobor** Kopf. Alle sind maskiert und säumen den Weg des großen Zuges, der sich durch den Ort auf den Marktplatz wälzt, wo ein großes Podium errichtet ist. Von dort oben wird dann von Prinz Faš mit den Ereignissen des letzten Jahres abgerechnet. Büttenreden werden geschwungen und Pauken markieren die Einsätze des Publikums.

Der **Karneval von Rijeka** ist eine Veranstaltungsfolge, die zehn Tage vor Aschermittwoch mit spontanen und geplanten Maskenzügen beginnt, der größte am Faschingssonntag, wenn bis zu 150 000 maskierte Zuschauer den Umzugsweg säumen. Wenn Sie unter den Zuschauern überdurchschnittlich häufig Mohrenmasken sehen, dann darf Sie das nicht wundern: Der Mohr ist das Maskottchen von Rijeka. Mit alpinen und baskischen Bräuchen des Winteraustreibens vergleichbar sind die Tänze der Glockenleute, die *zvončari* aus der Kastavština, den Dörfern in den Bergen oberhalb von Opatija. Sie nehmen sowohl am Karneval von Rijeka teil, veranstalten aber auch in ihren eigenen Dörfern Umzüge. Die Tänzer sind in Schaffelle gehüllt

und tragen große Glocken, einige Tiermasken mit heraushängenden roten Zungen. So ›archaisch‹ wird Karneval u. a. in den Orten **Halubje, Mune, Mučići, Rukavac und Zejane** gefeiert.

Auch der Karneval der **Insel Lastovo**, der Lastovski poklad, wird dank der Abgeschiedenheit der Insel und der Sperre während der Tito-Zeit auf besonders traditionelle Weise gefeiert. Kinder sammeln am Rosenmontag in allen Häusern Eier, die dann am Aschermittwoch traditionell gegessen werden: »Kuma jaje, kuma jaje, daj nam jedno jaje« singen sie (»Patin ein Ei, Patin ein Ei, gib uns ein Ei!«) Am Faschingsdienstag machen die *pokladari*, Männer und Jungen mit bunten Federn auf den Hüten und bunten Borten über der Kleidung, die Runde durch den Ort, bis um 11 Uhr von einem nahen Berg an einem Strick eine Puppe heruntergelassen wird, der *poklad*, der anschließend auf einem Esel durch den Ort geführt und schließlich –dann ist es schon längst dunkel geworden – unter viel Säbelschwingen verbrannt wird. Davor und danach wird der *kolo* getanzt, die Glocken läuten, und ab geht's zum Tanz ins Gemeindehaus, denn die Mädchen, die sich bisher in ihrer besten Tracht im Hintergrund halten mussten, möchten schließlich auch etwas von diesem Tag haben, der ausnahmsweise erst beim nächsten Morgenrot endet.

---

tember (Mariä Geburt). Aber von Mai bis November ist der Strom der Gläubigen auch an normalen Tagen praktisch ungebrochen (Öffnungszeiten: Kloster und Votivkapelle: tgl. 7–20, Kirche: tgl. 6.30–19.30 Uhr).

Direkt über der tief eingeschnittenen Rječina und mit Traumblick auf Rijeka und den Kvarner liegt die **Burg von Trsat** 16 . Die Verteidigungsanlage der Frankopanen aus dem 13. Jh. ist heute ein beliebtes Ausflugsziel der Bürger von Rijeka. Im Café Grof innerhalb der Burgmauern trifft man sich. Die 1750 stark beeinträchtigte Anlage wurde

1826 von den Grafen Laval-Nugent erworben, die sie historisierend restaurierten und ein klassizistisches Familien-Mausoleum errichteten (Öffnungszeiten: Festung Trsat: Apr.–Okt. 9–23, Feb./März und Nov./Dez. 9–15 Uhr, Jan. geschlossen).

i   **TZG Rijeka:** Užarska 14, 51000 Rijeka, Tel. 051 21 31 45, Fax 051 33 39 09, www.tz-rijeka.hr.
Auskunftsbüro: Korzo 33, Tel. 051 33 58 82, Fax 051 21 47 06.
Internet: Internetcafé im Café Cont (s. S. 208).

Rijeka / Fiume

Jadran [1] : Šetalište XIII divizije 46, Tel. 051 49 40 00, Fax 051 21 64 58, www. jadran-hoteli.hr. Rijekas einziges Hotel am Meer wurde generalüberholt und glänzt nun mit Viersternestandard. Eigener Strand, Fitnessraum, Restaurant. DZ/FR ca. 100–115 €, Suite bis 250 €.

Bonavia [2] : Dolac 4, Tel. 051 35 71 00, Fax 051 33 59 69, www.bonavia.hr. Privates Luxushotel im Zentrum, sicherlich die beste und eine der teuersten Adressen in Rijeka. Genormte Zweckarchitektur außen, schwarzer Glasglanz und weißer istrischer Stein, Edelholz und postmodernes Dekor innen. Sehr gute Zimmer in zwei Kategorien. DZ/FR ca. 85–131 €.

Continental [3] : A. K. Miošića 1, Tel. 051 37 20 08, Fax 051 37 20 09, www.jadran-hoteli. hr. Älteres Hotel (1888) am Südostrand der Altstadt, schon jenseits der Riječina; gute Adresse für Stadtbummler, die vor allem Wert auf die günstige Lage legen. Zimmer mit Bad, Sat-TV, Balkon. DZ/FR ca. 66 €.

Restaurants und Pizzerien:

Zlatna školjka [4] : Kružna 12a, Tel. 051 21 37 82. In den schmalen Durchgang vom Korzo (gegenüber Nr. 39) möchte man ungern allein gehen. Umso überraschender, dass sich dort ein hervorragendes Fischrestaurant versteckt, in dem man stilvoll und preislich korrekt speisen kann: Nudeln ca. 7–12 € (mit Trüffeln), Fisch/Meeresfrüchte mit Beilagen ab ca. 20 €. Im Haus gegenüber (Kružna 10) ist die dazugehörige, rustikale **Pizzeria Bracera** (Ausstattung à la Seeräuberkaschemme in Drittkategorie-Hollywoodfilm der 1960er-Jahre) untergebracht. Pizza 5–7 €.

Feral [5] : Matije Gupza 6, Tel. 051 212 274. Fischlokal, das versucht, aus dem üblichen Schema Grill/Buzzara/Braten auszubrechen – ein paar französische Anregungen wirken sich dabei positiv aus. Zwei Gänge ab ca. 15 €, Fischgerichte ab 20 €.

Municipium [6] : Trg Riječke rezolucije 5, Tel. 051 21 30 00, So geschl. Feine Küche nicht nur für die – im Publikum dominierenden – Schlipsträger, Lokal mit gehobenem Ambiente gegenüber der Standartensäule samt Lachscarpaccio und Trüffelgerichten. Drei Gänge ab 20 €, mit Fisch ab 25 €.

Cafés, Konditoreien:

Gradska kavana – noćni Bar Hemingway [7] : Korzo 28. Draußen gesehen zu werden ist für die Happy Few von Rijeka der Sinn des Besuchs. Gute Konditorwarenauswahl.

Café und Pizzeria Cont [8] : Konditorei im Hotel Continental (s. o.), A. K. Miošića 1. Rijekas erste Adresse für Schleckermäuler, was Angebot und Qualität betrifft; im Sommer sitzt man draußen. Im anderen Raum Pizzeria mit eher dröger Atmosphäre aber guten Pizzen zu 2,50 bis 3,50 €.

Café Grof [9] : in der Burgruine Trsat, beliebter Treff, drinnen wie draußen.

Gradska kavana – noćni Bar Hemingway: Korzo 28. Schon immer ein Treffpunkt für Nachtschwärmer, seit der Umwandlung zur Bar Hemingway zweifelsohne noch stärker. Riesengroße Cocktailkarte (in Rijeka scheint's ein Muss).

Phanas: Ivana Zajca 9, www.phanas.hr. Schicke Bar mit viel Glas und chromblitzendem Tresen im Halbdunkel, ellenlange Cocktailkarte, Zigarrenkarte mit u. a. Davidoff Grand Crus und das passende Publikum.

Casino Ri: Riva bb., Tel. 051 31 12 46. Casino (Roulette etc.) und Nachtclub auf einem Schiff im Hafen der Stadt (gegenüber Jadrolonija).

Täglicher **Markt** (Velika Tržnica) in den Hallen an der V. Lisinskog. Der *morčić* (kleiner Mohrenkopf), ein häufig angebotenes Schmuckstück, ist das Stadtmaskottchen. Die **Haupt-Einkaufsstraße** ist der **Korzo,** das größte Einkaufszentrum das **Tower Center Rijeka,** Janka Poli Kamova 81/7 (auch sonntags geöffnet, Bus 2 ab Innenstadt).

Hrvatsko narodno kazalište Ivana Zajca (Kroatisches Nationaltheater Ivan Zajc): Ivana Zajca bb.; Kartenvorverkauf/Programme Tel. 051 35 59 00, www.hnk-zajc.hr. Stadttheater, Zweispartenbühne, im Innern prachtvolle Ausstattung, u. a. Deckenfresken von Gustav Klimt.

Stadtturm am Korzo, Rijekas Flaniermeile

Karneval: Der Karneval von Rijeka ist der bekannteste und bedeutendste Karneval des Landes mit Dutzenden von Veranstaltungen und großen Umzügen (Infos: Tel. 051 31 57 10, www.ri-karneval.com.hr).

Karfreitag: An diesem Tag lädt die Stadtverwaltung auf dem Koblerplatz zu gegrillten Sardellen (1998 kam die Idee erstmalig auf).

Von Rijeka aus sind neben den Inseln und Küsten des Kvarner **(Wassersport)** die Berge des Gorski Kotar mit dem Nationalpark Risnjak gut erreichbar **(Bergsteigen, Wandern)**. Es gibt keine nennenswerten Strände in Stadtnähe, die Bevölkerung fährt am Wochenende zum **Baden** nach Krk.

 Stadtbusse/Vorortbusse: z. B. Opatija und Lovran vom Jelačićev trg.

Fernbusbahnhof: Trg Žabica 1, Tel. 060 30 20 10 (die Infos beschränken sich aber leider auf die Abfahrts- und Ankunftszeiten in Rijeka); Direktbusse in alle Landesteile.

Bahnhof: Trg kralja Tomislava 1, Tel. 051 21 33 33; Züge nach Zagreb, Ljubljana und Wien.

Taxi: am Busbahnhof und Tel. 051 33 51 38.

Hafen: Fähragentur Jadrolinija, Büro: Riva 16, Tel. 051 66 61 11, www.jadrolinija.hr.

Hafenamt: zuständig für den gesamten Kvarner, Tel. 051 21 40 31, Fax 051 21 16 60.

Flughafen: auf der Insel Krk, Buchungen über Croatia Airlines, Trg Republike Hrvatske 9, Tel. 051 84 21 34, www.rijeka-airport.hr.

209

Opatija ist eines der beliebtesten und ältesten touristischen Ziele in Kroatien. Es erwarb seinen Ruhm in der Zeit vor 1914 als österreichisch-ungarischer Winterkurort Abbazia. In den letzten Jahren hat man mit enormem baulichen Aufwand Villen und Palasthotels auf höchste Qualität restauriert und poliert.

Opatija

Reiseatlas: S. 2, F 3

Die spätklassizistische **Villa Angiolina** und der umgebende bunte Park in der Mitte des heutigen Ortes wurden 1844 von Inginio Scarpa, einem Mitglied der ›Guten Gesellschaft‹ von Fiume (Rijeka) in Auftrag gegeben, der sich hier vom Stress seiner Arbeit in der hektischen Hafen- und Handelsstadt erholen wollte. Das Leben in der Villa berührte das Fischerdorf um die alte Abtei (Abbazia und Opatija bedeuten beide Kloster) zunächst kaum.

Der Wandel vom Fischerort zum Seebad begann erst 1873. Damals verlängerte man nämlich die neue Kaiserin-Elisabeth-Südbahn Wien–Triest über Pivka an die Küste des Kvarner, und damit war das Fischerörtchen, dessen gutes Winterklima sich herumgesprochen hatte (wer kam schon im Sommer!), für ein größeres Publikum erreichbar: 1884 wurde die Bahnstation Matulji für Abbazia eröffnet. Im Jahr 1884 öffnete das erste Hotel, das ›Quarnero‹ (heute: ›Imperial‹) seine Pforten, gefolgt vom ›Kronprinzessin Stephanie‹ (heute: ›Kvarner‹). Wiens Bürgertum mit oder ohne Adelstitel setzte sich in den Zug und fuhr dorthin, wo man hinfuhr, wenn man jemand war: nach Abbazia. Die betuchteren Gäste nahmen nicht Logis im Hotel, sondern ließen sich eine Villa bauen. Villen in allen möglichen Stilrichtungen entstanden. Barock, Jugendstil oder Fachwerk – man ließ der Fantasie freien Lauf.

1914, mit Ausbruch des Ersten Weltkrieges, war Schluss. Das Mobiliar wurde abgedeckt, die Villen wurden zugesperrt, die deutschen und österreichischen Besitzer 1918 von den neuen Machthabern (Italienern) enteignet. Die Zwischenkriegszeit brachte ein kurzes Aufatmen, die bisherige Klientel aber blieb weg. Erst in den 60er-Jahren des 20. Jh., Jugoslawien machte sich auf den verordneten Marsch in die Tourismusindustrie, gab es wieder Zuwachs. Aber in eine neue Richtung: Massentourismus. Wie auch anderswo in Jugoslawien wurden Betonklötze hochgezogen, möglichst nahe am Strand, die Touristen wollen das so. Opatija ist von großen Eingriffen verschont geblieben, nur an den Ortsrand setzte man neue Klötze, das ›Ambassador‹ ist ein gutes Beispiel dafür (und der Blick von dort oben auf den Hafen von Opatija mit dem als Gründerzeitvilla samt spitzem Turm verkleideten Jachtklub nicht zu versäumen).

Die Rückbesinnung auf Komfort, Tradition und gehobene Klientel führte zu Restaurierungen des Ortsbildes des Fin de Siècle, die den Ort in den letzten zehn, fünfzehn Jahren in neuer alter Schönheit aufblühen ließ. So kann man wieder die vielen restaurierten Villenfassaden entlang dem **Lungomare** genießen, den schönen Park der **Villa Angiolina**, die blitzenden und glänzenden Schauräume der alten Hotels.

Obwohl die Küste windgeschützt ist, kann man das vom Meer nicht behaupten: Die nordöstliche Meeresströmung im Kanal Vela

Richtig Reisen-Tipp: Spaziergang am Lungomare

Der 32er ist ein praktischer Bus, er verbindet nämlich u. a. Volosko über Opatija mit Lovran und macht so den gesamten Lungomare der Riviera von Opatija zugänglich. Es ist reizvoll, die gesamte, 12 km lange Promenade am Stück zu erwandern. Am besten geht man von Norden nach Süden, also von Volosko nach Lovran, damit man das Panorama der Insel Cres und der Učka-Kette vor sich hat. Die auch heute italienisch ›Lungomare‹ genannte Uferpromenade heißt übrigens korrekt ›Obala šetalište Franza Josefa I österr-ungar-Kaiser‹. So steht es auf den Schildern, was den Ungarn sicher schmeichelt, denn Franz Joseph I. war zwar österreichischer Kaiser, aber ›nur‹ ungarischer König.

In Volosko steigt man von der Bushaltestelle am nördlichen Ortsrand hinunter und nimmt die beginnende Uferpromenade, der man nun bis Lovran folgt – reine Gehzeit etwa 3.30 Stunden. Die Vegetation wird gleich nach der Begrenzungsmole des Hafens südländischer üppig: Es gibt Steineichen und Lorbeer, Zypressen und wilde oder verwilderte Feigenbäume, im Frühjahr kleiden sich die Judasbäume in ein zartes Lila-rosa. Auch Tamarisken und Thujen finden sich, der wunderbare Orangenduft kommt von den dicken weißen Blüten der Pittosporum-Büsche, Strandkiefer, Flaumeiche, Oleander, Goldre-

gen sind oft zu sehen. In den Gärten gedeiht noch viel Exotischeres bis hin zu Palmen und der einen oder anderen ziemlich gebeutelten Bananenstaude.

Beim Hotel Belvedere erreicht man Opatija, der Betonklotz des Ambassador bleibt rechts. Hinter dem Hafen und am Restaurant Lido vorbei sieht man rechts den Park der Villa Angiolina und gleich darauf das Traditionshotel Kvarner. Dann kommt die kleine Kirche Sveti Jakob und dahinter die Betonplatten, die als zentraler Strand herhalten müssen. Hinter der Betonburg des Hotels Admiral mit seinem Swimmingpool auf einer Betonplatte im ersten Stock darf man sich wieder an Grün erfreuen. Ab und an gibt es ein Lokal, das zum Ausruhen und zum Trinken und Essen einlädt, man hat ja Zeit!

Die Buchten von Ičići und Ika konzentrieren noch einmal die Tourismuseinrichtungen auf sich, dann hat man nach Lovran wieder ein wunderschönes Stück Uferpromenade vor sich, wie auch anderswo teilweise auf Stelzen verlaufend, den Anrainern, die ihre Zäune und Mauern bis ans Meer schoben, frech vor die Nase gesetzt. In Lovran wird man wohl im kleinen Park an der Landspitze ausruhen, bevor man dem alten Städtchen einen Besuch abstattet. Zurück geht es dann wieder mit dem Bus Nr. 32.

---

vrata zwischen Istrien und Cres und die vorherrschenden Winde aus Westen und Nordwesten mischen die See normalerweise kräftig auf – ein Paradies für mutige Skipper und Windsurfer!

i **TZG Opatija:** Vladimira Nazora 3, 51410 Opatija, Tel. 051 27 17 10, Fax 051 27 17 99, www.opatija-tourism.hr. **Auskunftsbüro:** Šetalište M. Tita 101, Tel. 051 27 13 10, Fax 051 27 12 90.

Das Angebot in Opatija ist groß und hochpreisig, preiswerte Hotels gibt es

nicht, neu gebaut oder renoviert werden ausschließlich Luxusobjekte – Touristen mit durchschnittlichem oder gar schmalem Portemonnaie sind in Opatija am falschen Platz. Neuere Luxushotels sind z. B. das **Bristol** (www.hotel-bristol.hr) und das **Astoria Design Hotel** (www.hotel-astoria.hr).

Ambasador: F. Peršića 1, Tel. 051 74 33 33, Fax 051 74 34 44, ambasador@liburnia.hr. Der auffällige zehnstöckige Bau am Ostrand von Opatija wurde renoviert und wird nun hohen Ansprüchen gerecht; Hallen- und Freibad, kleiner privater Felsstrandbereich und noch ein großer Vorteil: Das Hotel liegt ab-

Opatija / Abbazia und die Riviera des Fin de Siècle

seits der Maršala Tita, der besonders abends unangenehm lauten Ortsdurchgangsstraße. DZ/FR ab 80 €.

Galeb: M. Tita bb., Tel. 051 27 11 77, Tel./Fax 051 27 13 49, www.hotel-galeb.hr. Luxuriöses Privathotel mit 17 Apartments und elf Zimmern in einem auf Glanz gebrachten Gründerzeitbau, die Einrichtung ist aus kroatischem Kirschholz. DZ/FR 95–130 €.

Admiral: M. Tita bb., Tel. 051 27 15 33, Fax 051 27 17 08, admiral@liburnia.hr. Hotelpyramide direkt an der autofreien Strandpromenade mit eigenem Yachthafen, diverse Fitnesseinrichtungen, alle Zimmer mit Balkon und Meerblick. DZ/HP 145–190 €.

Millenium (Milenij): M. Tita 109, Tel. 051 20 20 00, Fax 051 20 20 20, www.ugohoteli.hr. Das frühere ›Jadran‹ des Wiener Architekten Carl Seidl ist als Luxushotel mit gediegener Möblierung zu neuem Leben erwacht. DZ/Suite/HP ca. 100–490 €.

Kvarner/Amalia: P. Tomašića 12, Tel. 051 27 12 33, Fax 051 27 12 02, kvarner@liburnia.hr. Die Legende schlechthin: Mit diesem Hotel wurde 1884 der Winterkurort Abbazia geboren und ganz allgemein der Tourismus in der Region Istrien-Kvarner. Der aus der – heute einfacheren – Villa Amalia und dem eigentlichen Hotel bestehende Fin-de-Siècle-Bau hat sich in den luxuriösen Gesellschaftsräumen, besonders im Kristallsaal (dem früheren Ballsalon) und auch nach außen kaum verändert, die Zimmer wurden allerdings auf den neuesten Stand der Kategorie gebracht. Kvarner DZ/HP 100–150 €, Amalia 60–110 €.

Palace/Bellevue: M. Tita 200, Tel. 051 27 18 11, Fax 051 27 19 64, palace@liburnia.hr. Zwei gründerzeitliche Hotels im Zentrum des Ortes unter einer Verwaltung; das ältere, goldstuck-lüsterglänzende Palace (mit schlichten Zimmern) hat als ›Kronprinzessin Stephanie‹ angefangen. DZ/HP 75–130 €.

Opatija: Gortanov trg 2/1, Tel. 051 27 13 88, Fax 051 27 13 17, www.hotel-opatija.hr. Etwas abseits und ruhig gelegenes Hotel der Mittelklasse; zum ursprünglichen Gründerzeitbau haben sich genormte Hoteltrakte der 1970er-Jahre gesellt. Angenehm das beheizte Seewasser-Hallenbad. DZ/FR 55–100 €.

Ika: Ika bb., Tel. 051 29 17 77, Fax 051 29 20 44, www.hotel-ika.hr. Freundliches, kleines Privathotel in Ika (nahe Lovran) direkt am Strand, 3-Sterne-Niveau, Balkone mit Meerblick, gutes Restaurant, ausgezeichnetes Preis-Leistungs-Verhältnis. DZ/FR 50–100 €.

In Opatija:

Villa Ariston: M. Tita 179, Tel. 051 27 13 79. Wohl das feinste Restaurant des Ortes, an der Uferpromenade, Banales wie Rohschinken mit Melone, aber auch Feines wie getrüffelte Hühnerbrust in Steinpilzsoße mit Kartoffelkugeln. Drei Gänge kaum unter 30 €.

Lido: Zert 1, Tel. 051 27 11 12. Viel besuchtes Terrassenrestaurant an der Strandpromenade vor der Villa Angiolina. Zwei Gänge ab 15 €.

Grand Café Paris: Nazara bb. Das Hauscafé des gleichnamigen Hotels, gutes Konditoreiangebot.

Flanieren wie zu k. u. k.-Zeiten: am Lungomare zwischen Opatija und Lovran

Grand Café Delikates: M. Tita 85. Das neue Konditoreicafé der Gruppe Ugo hoteli wurde zum Renner: Größe, Ausstattung und vor allem das Angebot an Torten, Kuchen und Konfekt – alles stimmt.

In Volosko:

Mandrać: Obala F. Supila 10, Tel. 051 70 13 57. Funktionelles, modern eingerichtetes Restaurant der Oberklasse am Fischerhafen, nicht nur die üblichen Fischspeisen, sondern Gänseleber, Trüffel und – in Kroatien sonst seltene – Gartenkräuter der französischen Küche. Hauptgang ab 25 €, Menü bis 90 €.

Plavi Podrum: Obala F. Supila 12, Tel. 051 70 12 23. Im direkt am kleinen Fischerhafen von Volosko gelegenen Restaurant werden die üblichen Gerichte mit ein paar italienischen Anleihen serviert. Zugeständnisse an die Touristen: Käse wird als Nachspeise genannt, seltsamerweise keine Palatschinken, die es sonst in praktisch jedem kroatischen Restaurant gibt. Hauptgang ca. 20 €. Der Rückweg nach Opatija über die Meerespromenade (20–30 Min.) ist der ideale Verdauungsspaziergang.

In Kastav (5 km):

Kukuriku: 51215 Kastav, Tel. 051 69 14 17, kukuriku@ri.htnet.hr, Mo geschl. Eines der besten Restaurants in Kroatien und sicher das beste des Kvarner liegt nicht etwa am Meer, sondern im Bergdorf Kastav über Opatija. Die kulinarische Tradition der Region und ihre herausragenden kulinarischen Produkte wie Pršut, Käse von der Insel Pag, Wildspargel, Meeresfrüchte und Meeresfisch verbinden sich mit dem weltläufigen Können des Küchenchefs zu wahren Geschmackswundern. Menüs mit glasweiser Weinbegleitung als Gipfel des Genusses. Unbedingt reservieren! Drei Gänge ab 40 €.

Opatija / Abbazia und die Riviera des Fin de Siècle

An der Uferpromenade gegenüber dem Hotel Galeb gibt es einen sehr touristischen **Markt**.

Disco Seven, M. Tita 125, Tel. 099 477 70 00, ist derzeit das heißeste Pflaster: Disco, DJs, Fr House, So 80er- und 90er-Retro. Strip gibt's im **Lord Byron** im Hotel Adriatic. Stets voll ist die **Bar Monokini,** M. Tita 96: Retro-Mobiliar der 60er-Jahre, an Wochenenden emsige DJ-Tätigkeit.

Karneval: Die Bräuche in den Bergdörfern (z. B. in Mihotići) sind besonders traditionsverbunden. Das zeigt sich an den Kostümen, die an Hirtenkleidung erinnern, und am Fehlen der sonst omnipräsenten Masken vom Typ venezianischer Karneval.
Sommer: Zahlreiche auf Touristen ausgerichtete Feste (Sommerfestival mit breit gestreutem Programm); dann auch Filmvorführungen auf der Freilichtbühne an der Uferpromenade.

Wassersport: ACI Marina Opatija in Ičići, Tel. 051 70 40 44, Fax 051 70 40 24, m.opatija@aci-club.hr; das Hotel Admiral hat seine eigene Marina, Tel. 051 27 15 23, Fax 051 27 17 08, marina-admiral@lrh.t-com-hr.
Wellness: Eine lange Tradition hat das 2005 auf 2500 m² errichtete Zentrum für Thalassotherapie: Thalasso Wellness centar Opatija, M. Tita 188/1, Tel. 051 20 26 00, www.thalassotherapia-opatija.hr.
Bootsausflüge: entlang der Küste und zur Insel Cres, z. B. mit den Booten der Adriatic Star Line ab Opatija und Lovran (›Kristijan‹, Tauchboot ›Žani‹), Tel. 091 528 18 58, adriatic.star.line@ri.htnet.hr.
Bergwandern: im Učka-Massiv, dazu die Wanderkarte 1:30 000 Park pridode Učka, erhältlich am Kiosk; die Učka ist auch ein großartiges Gebiet für Touren auf dem **Mountainbike**. Dazu gibt es eine (kostenlose) Übersichtskarte des Park Prirode (in den Touristeninformationen) mit acht ausgewählten, kurz beschriebenen Tourenvorschlägen.
Strand: Die Bademöglichkeiten sind in die Felsküste hineinbetoniert; die großen Hotels haben eigene Strandabschnitte und Swimmingpools. Nur an wenigen kleinen Buchten wie in Ilka sind echte und entsprechend umlagerte Strände zu finden, grober Kies mit (künstlichen) sandigen Abschnitten.

Busse: Opatija liegt an der Verbindungslinie Rijeka – Labin – Pula; nach Lovran und Rijeka auch **Stadtbusse** aus Rijeka. 2 x tgl. Direktbus nach/von Triest. Die Busse Rijeka–Cres–Lošinj und seltener (Split) Rijeka–Pula (über Labin) verkehren auch über Lovran.
Taxi: Tel. 051 71 13 66, 051 71 16 18.

Lovran, Mošćenice und Mošćenička Draga

Reiseatlas: S. 2, F 4
Lovran war und ist ein winziges Städtchen. Die alten Mauern stehen noch, das enge Osttor zur Uferstraße, das größere Landtor, das niedrige Kirchlein Sveti Trojstvo an der Meerseite der Küstenstraße, der senfgelbe Campanile der Kirche Sveti Juraj ebenfalls. Heute ist Lovran Badeort mit zahlreichen Hotels, Pensionen, Privatzimmern. Von den Jugendstilbauten sind die Villa Vienna (Nr. 23) und das Hotel Lovran (Nr. 19) von 1909, ehemals Villa Blankenstein, an der Straße nach Opatija (Šetalište M. Tita) unbedingt sehenswert. Mehrere Villen der späten Gründerzeit, allesamt nach 1895 entstanden, wurden in den letzten Jahren (vor allem nach 2003) zu luxuriösen kleinen Hotels umgewandelt, andere wurden durch neue private Besitzer zum alten Glanz hochrenoviert, wie die 1904 erbaute Villa San Rocco (Šetalište M. Tita 87), in der Wiens Bürgermeister Dr. Karl Lueger in den Jahren 1907 und 1908 auf Einladung des Besitzers Baron von Brenner Urlaub machte.

Südlich von Lovran endet der Siedlungsgürtel der Riviera, aber einige Ortschaften unterbrechen das Grün der Küste. **Mošćenička Draga** an der Mündung eines steilen Trockentales wird vom Großhotel Marina dominiert. Vor allem ist der Ort Ausgangspunkt einer Tour zum alten Bauerndorf **Mošćenice,** das hoch über dem Meer auf einem Felssporn thront. Von hier überblickt man einen großen Teil der Kvarner Bucht. Die Mauern sind nicht nur zur Zierde da, jeden Abend wurden sie geschlossen. Wer bis dahin nicht im Ort war, der musste draußen bleiben.

TZG Lovran: Šetalište M. Tita 11, Tel. 052 29 17 40, Fax 051 29 43 87, www.tz-lovran.hr.

Villa Astra: Viktora Cara Emina 11, Tel. 051 29 44 00, Fax 051 29 46 00, www.lovranske-vile.com. Luxuriöse Herrschaftsvilla der Gründerzeit im maurischen Stil in intimes Luxushotel mit Wellnessprogramm verwandelt – unwiderstehlich! Weitere drei Villen mit ähnlichem Standard, nährere Infos findet man unter der Internetadresse. DZ/FR 125–300 €.

Hotel Lovran: Šetalište M. Tita 19, Tel. 051 29 12 22, Fax 051 29 24 67, www.hotel-lovran.hr. Die ehemalige Jugendstilvilla Blankenstein ist ein angenehmes Mittelklassehotel mit komplett renoviertem Inneren und Äußeren, 50 korrekten Zimmern in drei Kategorien und drei Apartments. DZ/FR 60–130 €.

Camping Opatija: an der Bucht von 51414 Ičići, Liburnijska 46, Tel. 051 70 48 36, Fax 051 70 40 46, Apr.–Okt. Nicht gerade ruhig, meist voll.

Knezgrad: Trg Slobode 12, Tel. 051 29 18 38. Nur die Grünanlage mit Rasen und Palmen trennt das ruhig gelegene Lokal vom alten Lovran. Mehr Fleischgerichte (5–10 €) als die meisten anderen Restaurants der Region, wunderbare gemischte Muschelplatte (1/2 kg 9 €).

Lučica: Eisdiele im Kiosk am Abgang zum Hafen; sehr gutes Eis und hervorragende Konditorwaren, allen voran eine köstliche Topfenschnitte, die *Bečka kodska* (›Wiener Schnitte‹) und exquisiter Baklava.

Herbst: Kastanienfest in Lovran ist auch für Einheimische ein wichtiges Ereignis, die Kastanien stammen aus den dichten Wäldern oberhalb des Ortes.

Die Učka-Kette

Reiseatlas: S. 2, E 4

Hinter Opatija und Lovran steigt das im Vojak bis zu 1401 m hohe Massiv der **Učka** steil auf. Der als Naturpark (Park Prirode) ausgewiesene Berg ist ein kompletter Gegensatz zur geschäftigen Küste: große, einsame Wälder, sich entvölkernde Dörfer, verlassene Häuser und herrliche Ausblicke auf den Kvarner, besonders auf die nahe Insel Cres und die Halbinsel Istrien.

Wandern auf der Učka:

Mehrere Wanderwege, sämtlich gepflegt und gut beschildert, führen von Opatija, Ičići, Ika, Lovran, Medveja, Mošćenička Draga und Moščenice auf den Vojak. Der wohl schönste Weg beginnt in der Bucht von Medveja südlich Lovran. Zuerst erreicht man das Bergdorf **Lovranska Draga** (auf ca. 350 m), dann die **Hochebene Dol** (950–1000 m) und von dort über den Südkamm den Gipfel mit Aussichtswarte (und mehr Leuten als bisher, da die Straße von Norden knapp nördlich des Gipfels endet). Gesamte Gehzeit im Aufstieg ca. 4 Std., im Abstieg auf gleichem Weg 3 Std.

Schöner ist der **Abstieg** über das **Planinarski dom Poklon** an der alten Učka-Straße (1 km nach Westen entlang der Straße zum Restaurant Dopolavoro, Mi geschl.), von dort Wanderweg über **Dobreć** hinunter nach Ika und von dort mit Bus zurück zum Ausgangspunkt (ca. 4 Std.). Der beschriebene Weg ist besonders im mittleren Bereich, wo die Buchen ihre niedrigsten Standorte haben und die Flaumeichen ihre höchsten, besonders blumenreich. Im Frühjahr auf Krainerlilien und verschiedene Orchideen zu treffen ist keineswegs selten, in der höchsten, subalpinen Region kommen Enziane und Bergprimeln vor.

Infos zum Naturpark Učka: Park Prirode Učka, Liganj 42, 51415 Lovran, Tel. 051 29 37 53, Fax 051 29 37 51, www.pp-ucka.hr; Wanderkarte 1:30 000 im Buchhandel/am Kiosk.

Planinarski Dom Poklon: geöffnet Sa/So, Tel. 051 71 27 85; auch Nächtigung.

215

Die Doppelinsel Cres-Lošinj/Cherso-Lussin

Cres und Lošinj haben ein Recht darauf, zusammen als eine Insel gesehen zu werden: Der trennende Kanal von Osor, nur knappe 100 m lang und so breit wie eine mittlere Hochseejacht, ist ein künstlicher Durchstich der Römerzeit. Das heute völlig bedeutungslose Osor an der Landenge war einst der Hauptort der Doppelinsel, wichtige Seefahrerstadt und Bischofssitz.

Der Durchstich hat aber nicht nur einen nautischen Sinn, er steht auch für Wesensunterschiede zwischen den beiden Teilinseln. Während Cres aus einem breiten, in der Gorica 648 m hoch aufragenden Inselrücken besteht, einem Karstplateau mit altem Weideland und Feldern in den zahlreichen Dolinen, erweist sich Lošinj als ein schmaler, heute meist bewaldeter oder mit Macchie überzogener Grat, der in der Osorščica 437 m Höhe erreicht. Während Cres und vor allem das Hochplateau der Tramuntana im Norden noch stark vom mitteleuropäischen Klima geprägt sind – so bestehen die Wälder vorwiegend aus Laub abwerfenden Bäumen –, ist Lošinj und besonders dessen Süden ganz und gar mediterran, wie jeder bestätigen kann, der versucht, die Macchie an der Südspitze Rt Kornu weglos zu durchqueren: Stachel, Dornen, Lederblätter dominieren die immergrünen Gewächse wie aus dem Lehrbuch zur mediterranen Flora.

Während Lošinj zumindest beim ersten Anblick dem romantischen Idyll von ›der Insel‹ entspricht, samt Strandkiefern, unter denen man schattig lagern kann, samt moderner touristischer Infrastruktur inklusive Disco und Flugplatz, zeigt Cres keine Spur von Idylle, aber überall Zeichen jahrtausendelanger harter Bauernarbeit, die seit ein paar Generationen verfällt: zerbröckelnde Steinmauern zwischen den Feldern, die *gromače*, überwucherte Weiden, Dolinen mit roter Erde, in de-

nen nur noch wilder Wein wuchert, im Steineichendickicht endende Saumwege zwischen Dörfern, in denen das einzige einigermaßen erhaltene Haus von deutschen Aussteigern bewohnt wird, sind die Zeitzeugen. Diese melancholische Atmosphäre hat andererseits ihren eigenen Reiz, von dem immer mehr Touristen angezogen werden, die den Rummel in Mali Lošinj und Umgebung scheuen.

Griechische Kauffahrer mögen Osor und Cres als Asporos und Crespa gegründet haben, Spuren haben sie keine hinterlassen. In Osor musste man die Schiffe bis zum römischen Durchstich auf Walzen über den schmalen Kavada-Isthmus befördern, später brachte der Kanal Erleichterungen und zog gerade deswegen die regionalen Schifffahrtswege an sich. Und Cres mit seiner geknickten, lang gezogenen Meeresbucht war und ist einer der besten Naturhäfen weit und breit, nicht einmal der Hafen von Mali Lošinj ist so gut vor Stürmen geschützt.

Im Jahr 1000 segelte ein venezianischer Flottenverband unter dem Dogen Pietro Orseolo in den Hafen von Osor, die Stadt ergab sich kampflos, das sollte der Auftakt einer tausendjährigen gemeinsamen Geschichte werden. Obwohl Venedig 1797 als Territorialmacht zu existieren aufgehört hatte, blieb es vielfach mit dem Kvarner und besonders mit Cres-Lošinj verbunden, die Sprache der Italo-Kroaten ist bis heute das Venezianische, nicht das Italienische. Nur noch ein paar hundert

Menschen sprechen es auf der Doppelinsel (4,2 % der Bevölkerung).

Die Insel Cres/Cherso

Reiseatlas: S. 5, B/C 2–4; S. 7, B/C 1/2
Um Cres von Porozine, dem Fährhafen in Richtung Istrien, nach Osor am schmalen Isthmus vor den südlich anschließenden Lošinj zu durchqueren, braucht man an die zwei Autostunden. Um die Insel kennen zu lernen allerdings mindestens eine Woche, denn Beli, Cres, Valun, Lubenice, die Halbinsel Punta Križa und Osor bieten jede Menge Impressionen.

Tramuntana

Tramuntana – jenseits der Berge – nennt sich der Norden der Insel Cres. Wegen Süßwassermangels war er immer dünn besiedelt und ist heute fast verlassen. Vom **Fährhafen Porozine** aus führt eine schmale Straße hinauf zum Rückgrat der Insel in einer Höhe von 450 m über dem Meer, wo man einen fantastischen Blick auf das freie Meer im Westen und über das flache Krk hinweg auf das Küstengebirge Velebit hat. Wer den Blick hebt, wird vielleicht riesige Vögel sehen, die in lockerer Gruppe über dem Grat kreisen – Gänsegeier. Ihre Nistplätze befinden sich in den steilen Wänden über dem Meer direkt östlich unter uns.

Vom Sattel führt eine sehr schmale Straße nach **Beli,** einem hoch über dem Meer thronenden, seit 4000 Jahren ständig besiedelten Dorf. Heute leben nur noch 40 Menschen hier, vor zehn Jahren waren es noch 60. Es sind nur die Alten geblieben, in einer Generation wird das Dorf ausgestorben sein. Im Eko-Centar Caput Insulae, eingerichtet in der etwas außerhalb liegenden früheren Schule, versuchen junge Wissenschaftler nicht nur, den Geiern zu helfen, sondern auch die Kulturlandschaft der Tramuntana zu erhalten. Drei beschilderte Wanderwege führen auf alten Dorfverbindungs- und Feldwegen durch den Inselnorden: Der rote Lehrpfad (die beiden anderen sind blau bzw. grün markiert) führt an 20 Steinskulpturen mit Gedichten

Mit dem Autor unterwegs

Sehenswert ... auf Cres

Beli und die Tramuntana: Das Bergland im Norden von Cres ist einsam, die Siedlungen sind verlassen, die Ausblicke über den Kvarner spektakulär (s. S. 217).
Cres: Das Hafenstädtchen schläft nach Venedigs Abzug aus dem Kvarner einen Dornröschenschlaf (s. S. 217).
Osor: Früher Inselhauptstadt, heute ein Dorf mit interessanten Bauten und bekanntem Musiksommer (s. S. 221).

Ein besonderes Erlebnis

Geier: Im Eko-Centar in Beli kann man frei fliegende Geier und das Geiergehege mit verletzten Tieren bewundern (s. S. 218).
Musiksommer in Osor: Sommerliche Kammermusik in reizvollem Ambiente – mal was ganz anderes (s. S. 221, Infos S. 222)!

Auf Lošinj anschauen!

Ort und Hafen Veli Lošinj: Um den schmalen Hafen drängt sich das schmucke Städtchen mit seinen ansehnlichen Kapitänshäusern (s. S. 226f.).
Apoxyomenos: Die aus dem Meer geborgene Statue wird zwar in Zagreb aufbewahrt, doch ist die Kopie im Museum von Mali Lošinj ebenfalls den Besuch wert (s. S. 223).

Delfine beobachten

Besonders im ruhigen, windabgewandten Gewässer zwischen Lošinj und Rab bzw. Pag kann man auf Bootstouren Delfine und Tümmler beobachten (s. S. 227).

Ausflug nach Susak

Die Sandinsel mit ihrem besonderen Wein und auffälligen Trachten ist einen Ausflug wert (s. S. 228).

Gratis

Im Sommer finden auf dem Hauptplatz von **Mali Lošinj** einmal pro Woche Blasmusikkonzerte statt.

Unter Geiern   Thema

Wer vom Fähranleger in Porozine die Fahrt durch Cres beginnt, hat allerbeste Chancen, Gänsegeier zu sehen. Aussteigen bei der Abzweigung Beli und schauen, häufig sind ein Dutzend und mehr dieser sprichwörtlich majestätischen Segler zu beobachten, die sich langsam mit dem Aufwind vom Meer in die Höhe schrauben.

Am besten fährt man gleich links nach Beli weiter und besucht die Ausstellung im Ökologischen Zentrum. Auf einem Fußmarsch über die dortigen Wanderwege kann man sicherlich den ein oder anderen Geier beobachten. An den steilen Felswänden, die unterhalb des Ortes Beli senkrecht ins Meer stürzen, bauen die Geierpaare im Herbst ihre Nester. Mittlerweile wird die Population kontrolliert und geschützt, es gibt einen monatlichen Zensus durch die Vogelbeobachtungsstation des Ornithologischen Instituts in Zagreb und durch Freiwillige des Eco-Centar Caput Insulae in Beli. Durch diese Zählung besitzt man einmalig genaue Daten über die Entwicklung der Gänsegeierpopulation im Kvarner, die auch einzelne Stellen auf den Inseln Prvić, Krk und Rab beinhaltet. Während die Population im gesamten Kvarner stagniert, nimmt die von Cres zu. 70 Geierpaare sind derzeit registriert. Es sind c. 60 aktive Nester bekannt. Die anderen Gebiete mit Geiernestern sind leider nicht geschützt. Gelder für die Überwachung wurden 2004 von der Grafschaft Kvarner gestrichen.

Die Gänsegeier (oder Weißkopfgeier) von Cres sind vielfach gefährdet. Während der letzten Phase der Aufzucht der im Januar geborenen Jungen kommen immer wieder Motorboote mit verantwortungslosen Neugierigen in die Verbotszone und gefährden den Nachwuchs, der zu zappeln beginnt, bis er ins Meer fällt und ertrinkt. Rettungsaktionen solcher abgestürzten Geierbabys und deren Aufzucht im Geierspital des Eko-Centar gehören zu den sommerlichen Hauptaktionen der Freiwilligen im Centar. Eine gleichermaßen häufige Todesursache für Jungvögel ist das Verhungern: Im Jahr 2006 starben 20 von 50 Nestlingen durch Verhungern, der Rest war deutlich unterernährt. Todesfälle erwachsener Tiere sind leider ebenfalls häufig. Vor allem sind es Stromschläge durch Überlandleitungen, nach denen die Tiere verenden. Wie viele den Jägern und Wilderern zum Opfer fallen, ist nicht bekannt.

Junge Geier treiben sich bis zu fünf Jahre in der Welt herum, um dann an ihren Geburtsort zurückzukehren. Beliebt ist das Rauristal im Nationalpark Hohe Tauern, aber auch der Balkan und Nordafrika stehen hoch oben auf der Beliebtheitsliste für geschlechtsunreife Geier aus Cres. Nur etwa 10 % aller Geier kehren zurück. Diejenigen, die es nach Hause schaffen, bauen ihr Nest auf dem Felsen, wo sie geboren und aufgezogen wurden. Mit seinen bis zu 2,80 m Flügelspannweite kann ein Geier bis auf 14 km Höhe steigen.

Kaum noch jemand glaubt an das Märchen, dass Gänse- oder Lämmergeier (Bartgeier) lebende Schafe angreifen und schlagen. Die Nahrung der Geier sind in Wahrheit die Totgeburten, die bei der Geburt verendeten Schafe, vor allem aber die 50–70 % der Lämmer, die es nicht über die ersten zwei Monate schaffen. Der Bartgeier frisst nicht einmal das, er nimmt nur die Knochen, die ihm der Gänsegeier überlässt.

des lokalen Poeten Ljubo de Karina vorbei. Die Tramuntana ist eine grüne Landschaft, nur werden die alten Hopfenbuchen und Flaumeichen – über dem Weiler Sveti Petar steht ein mehr als 500 Jahre altes Exemplar – immer stärker von den ungestört heranwachsenden Büschen des Zeder-Wacholders bedrängt. Auch die Steinmauern, die *gromače,* sind vom Verfall bedroht. Das Eko-Centar will den Wacholder zurückdrängen, die Mauern sichern oder gar wieder aufrichten, die Weichen für sanften Tourismus in der Region stellen (Öffnungszeiten: 51559 Beli 4, Tel./Fax 051 84 05 25, www.caput-insulae. com, Mo–Fr 9–11 und 17–19 Uhr).

Cres/Cherso

Cres/Cherso ist dem Augenschein nach ein ganz venezianischer Ort: Das nördliche Stadttor mit Markuslöwen, spätgotische Palazzi wie der Palazzo Arsan-Petris, in dem sich heute das Stadtmuseum befindet, der Hafen Mandrać, die elegante Stadtloggia, der Campanile der Pfarrkirche Maria Schnee und mehr sind allesamt Beispiele des venezianischen Einflusses. Nach dem Verfall von Osor wurde Cres im 15. Jh. venezianischer Verwaltungssitz und blieb es bis 1797. Die wenigsten Touristen verirren sich in die schmalen Gassen der Stadt, aber die Terrassen der Cafés am Mandrać-Hafen sind voll. Vor dem alten Ort liegt das um 1300 gegründete Franziskanerkloster, der schlichte Renaissance-Kreuzgang ist wie die Gassen der Stadt ein Ort der Stille. Heute gibt es wieder einen lebendigen Grünmarkt in Cres, er findet vor der Stadtloggia statt. Bauersfrauen bieten hier nicht nur ihr Gemüse und Obst an, sondern auch den Schafskäse der Umgebung, den selbst gekelterten Wein und die selbst gebrannte Grappa, im Frühjahr natürlich Büschel des köstlichen wilden Spargels, und ab und an gibt es ein Fläschchen kaltgepresstes Olivenöl.

Vranasee, Valun und Lubenice

Südlich von Cres verbreitert sich die Insel wieder. In ihrer Mitte liegt in einer ovalen Vertiefung der Süßwassersee von **Vrana** (Vransko jezero), das streng geschützte und für Neugierige abgesperrte Süßwasserreservoir für die ganze Insel. Der See liegt nur 14 m über dem Meeresspiegel, ist aber bis zu 74 m tief, er reicht also bis 60 m unter den Meeresspiegel! Früher vermutete man, dass dieses karsttypische Phänomen durch unterirdische Gänge mit dem Festland in Verbindung stand, heute wird allgemein angenommen, dass der Vranasee ausschließlich aus dem Regenwasser des südlichen Cres genährt wird.

Der kleine Fischerhafen Valun und das Felsennest Lubenice sind in dieser Gegend besuchenswert. **Valun** startete nicht anders als Lubenice als Dorf hoch über dem Meer. Dort steht heute noch die Kirche Sveti Marko. In mittelalterlichen Piratenzeiten wollte man nicht gerade dort wohnen, wo die Piraten an Land gehen würden, sondern lieber in sicherem Abstand. Mit den Jahrhunderten und dem venezianischen Frieden zogen aber immer mehr Familien hinunter ans Meer, nur die Toten begrub und begräbt man weiterhin oben im alten Dorf Bućev bei Sveti Marko.

Der malerische Fischerort unten am Hafen ist ein beliebtes Touristenziel, vor allem auch wegen der hervorragenden Meeresfrüchte, die hier serviert werden (Hummer!). In der Pfarrkirche wird eines der bedeutendsten Dokumente in glagolitischer Schrift aufbewahrt, die **Grabplatte von Valun,** die ursprünglich aus Sveti Marko stammt. Es handelt sich um einen zweisprachig kroatisch-lateinischen Stein des 11. Jh. (also älter als die berühmtere Tafel von Baška auf Krk), Symbol für die Zugehörigkeit der Doppelinsel sowohl zum slawischen als auch zum romanischen Kulturkreis. In einem der Restaurants im Ort sind Kopien glagolitischer Inschriftsteine eingemauert. Wer hier speist, tut also auch etwas für seine Bildung.

Lubenice, 378 m hoch auf einem Felsklotz über dem steilen Westrand der Insel gelegen, blickt auf einen Hafen hinunter, der aus einer völlig ungeschützten Anlegestelle besteht. Die zwei Dutzend Häuser samt gotischer Kirche mit Campanile von 1791 und Pfarrkirche der hl. Maria (15.–18. Jh.) werden nur noch von wenigen Familien bewohnt. Von hier aus

sieht man weit übers Meer und konnte sich rechtzeitig gegen Piratenschiffe wappnen oder das Weite suchen. Der Weg herauf ist anstrengend und unbequem. Auf der Landseite grenzt das Dorf an eine ausgedehnte fruchtbare Polje, sie wird heute noch überraschend intensiv bebaut. Wer an schönen Tagen ungetrübte Badefreuden am herrlichen Badestrand beim früheren Bootsanleger genießen will, wandert den Weg zur Bucht Sveti Ivan hinunter – aber eben auch wieder hinauf, eine gute, schweißtreibende Stunde lang.

Die Halbinsel Punta Križa

Weitere Dörfer im Süden von Cres – Pernat, Orlec, Martinšćica, Belej, Ustrine – haben in den letzten 150 Jahren durch Abwanderung Einwohner eingebüßt und sind stark überaltert. Aber sie haben überlebt, die Zukunft liegt wohl für alle im Fremdenverkehr. Auch auf **Punta Križa,** fast am Ende der gleichnamigen Halbinsel, trifft das zu. Dort hat der große FKK-Campingplatz Baldarin an der buchtenreichen Landspitze Arbeitsplätze geschaffen. Die Halbinsel ist fast vollständig von neu gebildetem Steineichen- und Lorbeerwald überzogen, Damwild weidet auf den Lichtungen und verschmäht auch nicht die Blumen der Vorgärten, während die kleinen alten Weiler wie Perhovac und Murtovnik (schöne Wanderung auf dem alten Maultierpfad ab Punta Križa!) vor sich hin verfallen.

Osor/Osera

Mit den Jahrhunderten ist die alte Inselhauptstadt **Osor** auf einen kleinen Kern von Steinhäusern um die ehemalige Kathedrale geschrumpft. Der Verteidigungswall wurde zuerst zurückgenommen und der verkleinerten Fläche angepasst, dann ganz aufgegeben. Zur Adriaseite steht noch eine längere Strecke der späteren Stadtmauern, sie verteidigen Ödland gegen einen imaginären Feind. Dass es so weit kommen konnte, hat die Anophelesmücke zu verantworten. Heute noch liegt auf der Kvarnerseite von Osor am Ansatz

Badebucht von Valun

der Halbinsel von Punta Križa ein großes versumpftes Gelände. Im Mittelalter muss es wesentlich größer gewesen sein. Malariaepidemien suchten die Bürger heim, im 15. Jh. entschloss man sich dann, den Sitz der Inselverwaltung nach Cres zu verlegen. Erst seit dieser Zeit entstanden Kathedrale, Bischofspalast, Stadtloggia (mit Ortsmuseum), Stadttore. Die älteren Vorgänger, im Falle der Bischofskirche ein spätantiker Bau, verfielen.

An der **Bijar-Bucht** an der Westseite der Halbinsel steht die Ruine eines Klosters, man passiert sie auf dem Weg zum Campingplatz. Das winzige Städtchen schmückt sich mit Skulpturen moderner Bildhauer, u. a. von Meštrović. Von seiner schönsten Seite zeigt sich der alte Ort bei einem abendlichen Konzert während der sommerlichen Tage klassischer Musik und einem Drink unter den großen alten Bäumen der Placa.

 TZG Cres: Cons 11, 51557 Cres, Tel. 051 57 15 35, www.tzg-cres.hr.
TU Osor/Agentur Jazon: 51557 Osor, 76, Tel./Fax 051 23 70 07 (im Sommer).

 In Beli:
Buffet Beli: Tel. 051 84 05 52. Die Gaststätte am Ortseingang bietet einige Zimmer an. DZ/FR ab 35 €.
Autocamp Brajdi: Tel. 051 84 05 22, Fax 051 84 05 32. Campingplatz am Meer unterhalb des Ortes, Kiesstrand, Grillrestaurant.
In Cres:
Kimen: Melin I br. 16, Tel. 051 57 11 61, Fax 051 57 13 22, www.cresanka.hr. Hotelkomplex außerhalb zwischen Strandkiefern, mit eigenem kleinen Hafen und Tauchschule, Zimmer ohne TV. DZ/HP 45–85 €.
Camping Kovačine: Tel. 051 57 31 50, Fax 051 57 10 86, www.kamp-kovacine.com, Mitte Apr.–Mitte Okt. Sehr großer Campingplatz nordwestlich des Ortes am Ausgang der Luka, oft sehr laut.
In Valun:
Camping Zdovice: Tel. 051 57 11 61, Fax 051 57 11 63, www.cresanka.hr. Ruhiger kleinerer Campingplatz in der Bucht von Valun, Zufahrt nur bis zum Ort!

Die Doppelinsel Cres-Lošinj / Cherso-Lussin

In Punta Križa:
Camping Baldarin: Punta Križa bb., 51554 Nerezine, Tel. 051 23 56 80, Fax 051 23 56 46, info@campingbaldarin.com. Platz am Ende der Halbinsel im Kiefernwald mit großem eigenen Kies- und Steinstrand, teilweise FKK, Laden, Restaurant und mind. 1 x pro Woche enormem Lärm durch mobile Discoanlage.
In Osor:
Camping Bijar: Tel./Fax 051 23 70 27, und **Camp Preko Mosta,** Tel. 051 23 73 50, Fax 051 23 71 15, beide booking@jason.hr. Zwei Camps an der Westseite der Insel bzw. direkt am Durchstich (und jenseits auf der Insel Lošinj gelegen!), Ersterer schattig mitten im Kiefernwald gelegen, Letzterer ebenfalls bietet ebenfalls schattige Abschnitte auf und glänzt durch vorbildliche Abwasserbeseitigung.

In Cres:
Restaurants, Pizzerien und Konobe um das **Hafenbecken,** z. B. **Riva,** Kapetana 13, direkt am Hafen mit großer Terrasse, gute **Pizzeria Palada** auf der südlichen Hafenseite.
Im Dorf Loznati, 5 km südlich, rustikale **Konoba Bukaleta** mit traditioneller Küche (Fleischgericht ca. 9 €).
In Valun:
Toš Juna: Beliebte Taverna mit schöner Terrasse an der Bucht, im Garten Kopien glagolitischer Schriftdenkmäler. Zwei Gänge ab 15 €, mit feinem Fisch ab 20 €.
In Osor:
Bonifačić: Osor 64, Tel. 051 23 74 13. Konoba im großen Garten hinter der Stadtmauer an der Südseite des Ortes, traditionelle Küche der Region, ausgezeichneter Service; Fleischgerichte 5,50–11 €, Fisch um die 12 €.

Sommer: abendliche Konzerte in Osor, die ›Musikabende‹ betonen die kroatische Musiktradition. Infos über TZG Cres (Tel. 051 57 15 35, tz-cres@ri.tel.hr).

Drei **Rundwanderwege von Beli** in die ›Tramuntana‹. Alle können vom Eco-Centar aus begonnen werden: rot = Weg I (7 km), grün = Weg II (5 km) und blau = Weg

III (6 km); ein Begleitbuch in deutscher Sprache kann im Centar erworben werden.
Wanderungen von Cres aus: vor allem zum Kap Žakenj mit der Kapelle Sveti Blaž.
Wanderungen ab Osor: s. S. 224f.
Segeln: ACI Marina Cres, Tel. 051 57 16 22, Fax 051 57 11 25, m.cres@aci-club.hr.
Strände: In Cres Kiesstrände und Felsenküste mit kleinen Kiesbuchten entlang der Nordseite der Luka ab dem Camping Kovačine; guter Kiesstrand beim Hotel Kimen. Unterhalb Lubenice schöner Kiesstrand; auf der Halbinsel Punta Križa beim Campingplatz betonierte Strände, sonst Felsstrand.

Busse: 1–2 x tgl. von/nach Rijeka mit Fährverbindung Porozine–Brestova über Cres und Osor nach Mali und Veli Lošinj, Tel. 051 57 18 10. Nach Punta Križa und zum Camping Baldarin verkehren keine Busse, wochentags 3 Busse Cres–Beli.
Tragflügelboote: ganzjährig von Mali Lošinj über Cres nach Rijeka.
Fähre Merag–Valbiska: rascheste Verbindung nach Krk und Rijeka (keine Linienbusse).

Die Insel Lošinj/Lussin

Reiseatlas: S. 7 B/C, 2–4
Lošinj ist die mildere, niedrigere, südlichere und wärmere, aber auch trockenere der beiden Inseln, ihr mildes Winterklima erschien den Gesundheitsaposteln der Zeit vor 1914 für Kuren geeignet – der Tourismus war geboren. Wer heute im Sommer kommt, findet eine effiziente touristische Infrastruktur mit jeder Menge Zerstreuungen und das richtige Wetter für den Sonnenbrand.
Den Bauern auf der Insel Lošinj mit ihrem trockenen Klima und den wenig ergiebigen Karstböden über Kalk blieb nie etwas anderes übrig, als ihren Lebensunterhalt mit zusätzlichem Fischfang zu sichern. Aus der Not machten sie eine Tugend, und aus Fischern und Fischerbootherstellern wurden besonders im 18. und 19. Jh. Bootsbauer, wie sie heute noch auf der Werft im südlichen Hafen von Nerezine arbeiten. In Veli Lošinj (Lussin

Grande) und Mali Lošinj (Lussin Piccolo) existierten in dieser Zeit bis zu sechs Werften. Allein im Jahr 1869 wurden in diesen beiden
Orten 127 Segler gebaut! Altgediente Schiffs-
kapitäne und Werftbesitzer bauten sich in den
beiden Orten stattliche Alterssitze, diese Ka-
pitänsvillen sind heute begehrte Immobilien.
Mit der Entwicklung des Dampfschiffbaus
konnte man allerdings nicht mithalten, die
letzte der hoch spezialisierten Werften wurde
1895 geschlossen.

Der österreichische Erzherzog Karl Stephan brachte die Rettung, als er sich 1886
entschloss, in Veli Lošinj seine Winterresi-
denz errichten zu lassen. Dem Erzherzog
folgte der Hochadel, dem folgte der Adel,
dem das Großbürgertum, und noch vor 1914
hatte der Tourismus auch die mittel-und
kleinbürgerlichen Schichten nach Lussin
Grande (Veli Lošinj) und Lussin Piccolo (Mali
Lošinj) gebracht. Villen und Hotels entstanden, verstärkt durch die Anerkennung der
beiden Orte als Kurorte seit 1892. Die Dampf-
er des Österreichischen Lloyd machten seit
dieser Zeit einen Zwischenstopp in Lussin
Piccolo auf dem Weg von Triest nach Korfu,
der damaligen touristischen Rennstrecke.
Kuranstalten entstanden wie jene des Dr. Ha-
jos & Co. in Cigale (der heutigen Čikat-Bucht).

Heute ist Mali Lošinj, der unbestrittene
Hauptort der Doppelinsel, Verwaltungszentrum mit dem bedeutendsten touristischen
Angebot, direkten regelmäßigen Schiffsver-
bindungen nach Venedig, Pula und Zadar
und einem Flughafen, die Bedeutung von Veli
Lošinj, der ›großen‹ Schwester, ist dagegen
zu einem beschaulichen Dasein im Schatten
des Hauptortes abgesunken. Der nördliche
Hafenort Nerezine und die Inseln im Umkreis
bleiben trotz des einen oder anderen Hotels
touristische Trabanten, Ausflugsziele eher als
Urlaubsorte.

Nerezine

In Osor quert man die Klappbrücke über den
Osor-Kanal, die hohe Berggestalt südlich des
Ortes, die Osoršćica, kann vom Autocamp
Preko Mosta gleich dahinter oder vom nächs-
ten Ort **Nerezine** auf drei verschiedenen We-

gen bestiegen werden: Vom Gipfel der 589 m
hohen Televrina bzw. noch besser vom Kirchlein Sveti Nikola hat man einen unvergessli-
chen Blick über die Kvarner-Bucht.

Mali Lošinj/Lussin Piccolo

Mali Lošinj ist mit 9000 Einwohnern der
größte Ort auf den Inseln des Kvarner. Vielleicht strahlt die Pensionsbehäbigkeit der Ka-
pitänsvillen auf den ganzen Ort ab, sodass
sich die Stadt keine Hochhäuser, Wohnblocks und Einkaufszentren zugelegt hat. An
der Riva ist ein Museum geplant, das den
1997 im Meer gefundenen Apoxyomenos
(Schaber) zeigen soll. Diese Bronzeskulptur
aus der klassischen Phase griechischer Kunst
(Lysipp?) macht seit 2006 eine Museentour
durch Italien; ihre Rückkehr in den Palača
Kvarner an der Riva ist – vielleicht ein wenig
voreilig – für 2009 geplant. Bis dahin lohnt
sich schon der Besuch der beiden Gemälde-
sammlungen im Stadtmuseum in der alten
Hauptstraße parallel zur Riva. Vor allem die
Sammlung Piperata mit 27 Barockgemälden
ist beachtenswert (Umjetničke zbirke, V. Gor-
tana 35, im Sommer tgl. 10–12, 19–21 Uhr).

Wer in Mali Lošinj einkaufen will, muss früh
aufstehen. Besonders in der Fischhalle des
gedeckten Marktes ist am späten Vormittag
nicht mehr viel zu sehen. Weg sind die
Scampi, die Brassen, Sardinen und Makre-
len. Restaurants und sich selbst versorgende
Touristen haben sie längst gekauft.

Die Buchten **Čikat** und **Sunčana** mit ihren
Schatten spendenden Kiefernwäldern hatte
man schon zu Titos Zeiten als ideale Standorte für den Fremdenverkehr erkannt und dort
einige Hotels errichtet und Campingplätze
angelegt, die nicht ungeschickt in die Landschaft integriert sind, wie der Strandspazier-
gänger bald feststellt. Leider endet der wunderschöne Uferweg etwas südlich der
Sunčana-Bucht, man kann noch zur nächsten Bucht mit einem kleinen Haus weitergehen, dann ist Schluss.

Veli Lošinj/Lussin Grande

Veli Lošinj ist eingezwängt in eine schmale,
spitz zulaufende Bucht. Den alten Ort am

Richtig Reisen-Tipp:
Wanderung auf die Televrina

Die Televrina ist die höchste Erhebung (588 m) der im nördlichen Lošinj aufragenden Osoršćica. Sie kann auf drei Wegen bestiegen werden. Der älteste ist ein kurvenreicher Fußweg und verbindet den Ort Nerezine mit der Kapelle Sveti Nikola oben auf dem Grat. Zwar führte bereits seit Jahrhunderten ein Wallfahrtsweg zur Kapelle hinauf, denn die Nereziner besuchten den Schutzheiligen der Seeleute und Wanderer zumindest einmal pro Jahr in einer großen Ortswallfahrt, aber erst gegen Ende des 19. Jh. wurde der derzeitige bequeme, wenn auch steile Weg auf Veranlassung eines habsburgischen Erzherzogs angelegt. Er beginnt im obersten Ortsteil von Nerezine jenseits der Inselhauptstadt, dort wo die Straße Put Osoršćice anfängt. Rot-weiße Markierungspunkte findet man bereits unten am Hafen. Dieser Weg ist auch für Mountainbiker geeignet. Leider werden beide Wege durch die Trasse der im Bau befindlichen Ortsumgehungsstraße Nerezine geschnitten.

Die schönste Wanderung auf die Televrina verbindet die beiden anderen Anstiegswege, sie führt von Nerezine nach Osor, der Rückweg wird mit dem Bus angetreten (Timing vorher planen!). Wasser und etwas Proviant sind mitzunehmen, Dauer etwa 4 Std. reine Gehzeit.

Man beginnt den Weg an der großen Kurve der Inselhauptstraße südlich (bereits außerhalb) von **Nerezine** gegenüber der kleinen **Kirche Sveti Marija Magdalena** (mit holzgedecktem Vorbau). Der Fahrweg, der zwischen Häusern leicht aufwärts führt, wird nach 150 m nach links verlassen, dieser Fußweg mündet in einen Fahrweg, dem man nach rechts folgt. In großem Linksbogen geht es in Richtung des bewaldeten Inselrückens. Wo man diesen erreicht (Počivalica, 40 Min., 247 m), führt ein schlechter Fußweg rechts ab. Er führt recht holprig und zum Teil

über nackten Scherbenkarst steil aufwärts. Der Rückblick auf den Südteil der Insel und die Eilande Unije und Susak samt Nebeninseln ist bereits jetzt atemberaubend. Man erreicht die Verflachung an der **Kapelle Sveti Mikula/Nikola** (1.30 Std., 557 m), gekrönt von einem noch etwas höheren **Aussichtspunkt,** wo sich auch das östliche Panorama voll entfaltet: Unter einem erstrecken sich Cres, Krk, die Berge des Gorski Kotar, das Velebitgebirge sowie die Inseln Rab, Pag, Silba, Olib und Istrien. Ganz im Hintergrund kann man an überklaren Tagen nach dem Ende der Bora oder nach einem schweren Sommergewitter auch die Alpen mit der slowenischen Triglav-Gruppe sehen und auf der anderen Panoramaseite den mittelitalienischen Apennin. Der eigentliche Gipfel, die Televrina, 588 m, die man bald darauf erreicht hat, ist wenig auffällig.

Bei der Kapelle mündet auch der **leichter** zu gehende, **direkte Weg von Nerezine,** der im Steilstück in Serpentinen angelegt ist. Er ist schwächeren Wanderern zu empfehlen, ist ebenfalls gut markiert und beginnt in Nerezine am südlichen Ortsausgang bei der Wegkapelle mit rundem Dach (rechts).

Der Wanderweg führt ab **Sveti Mikula** wesentlich schmaler und holpriger weiter, man bleibt auf dem schmalen, aber breiter werdenden, sich allmählich senkenden Inselkamm. Wo die Markierung sich eine Stunde später gabelt und ein Weg scharf rechts in den Hang abzweigt (**Gredice**, ca. 2,30 Std., 238 m), geht man noch geradeaus, denn dort wartet die Berghütte Planinarski Dom Osoršćica auf der **Mazora Gora** (274 m). Hier kann sich der müde Wanderer niederlassen und zur Stärkung deftige kroatische Gerichte schmecken lassen wie beispielsweise Bohneneintopf, Fleisch mit Kartoffeln unter der *peka* geschmort *oder pršut,* und dazu werden natürlich alle möglichen Getränke serviert (Tel. 051 23 72 44, Juni–

September tgl., Oktober–Mai nur an den Wochenenden).

Zurück zur Abzweigung (ca. 3 Std.) und mit dem markierten Weg in die Bergflanke. Beim Abstieg kommt man an einem ausgetrockneten Brunnen vorbei und an einem Wasserloch für Schafe. Der Weg macht einige gut markierte Schlenker, bevor man beim **Autocamp Preko Mosta** den Ort **Osor** erreicht (ca. 4 Std.). Im karstigen verbuschten Ge-

lände wird noch das eine oder andere Feld bestellt und auch ein paar Bäume werden noch gepflegt.

Seit einigen Jahren ist die südliche Verlängerung des Inselweges in Richtung **Čunski** (wo er bei der Bushaltestelle endet) wieder instand gesetzt worden. Sie bietet sich ebenfalls für eine empfehlenswerte Wanderung an.

Eine Wanderkarte ›Osorščica‹ gibt es gratis bei den Tourismusverbänden.

Die Doppelinsel Cres-Lošinj / Cherso-Lussin

Generationen von Kapitänen brachten ihre Schätze in den Hafen von Veli Lošinj

Buchtende überragt ein schützender, runder Wehrturm. Die große barocke Pfarrkirche wendet die Apsis wie ein Bollwerk gegen den Hafeneingang. Auch hier haben Kapitäne, Schiffseigner, Werftbesitzer ihre Villen errichtet, aber auch der habsburgische Erzherzog Karl Stephan, den es 1886 wegen des guten Klimas hierher zog und dessen Villa ›Seewarte‹ heute dem Ort als Krankenhaus dient.

Beim Spaziergang um den Hafen und einem Kaffee in einer der Bars denkt man nicht ohne Neid an die Freunde und Verwandten der Einheimischen, denen sich die schönen alten Kapitänshäuser öffnen. Dort dürfen sie im *salone* die Schätze anschauen, die Generationen von Kapitänen mit nach Hause gebracht haben, vom Flaschenschiff über das Andachtsbild in Öl vom Monte Sant' Angelo bis zum Teller aus chinesischem Porzellan. Die Kirche aber steht auch dem Fremden offen, der hier Bartolomeo Vivarinis Madonna mit Heiligen von 1475 bewundert, ein Hauptwerk der venezianischen Frührenaissance.

In die südlich gelegene größere Rovenska-Bucht gelangt man über einen fla-

chen Sattel oder einen beliebten Küstenweg. Alle drei Lokale am Fischerhafen an der schützenden Mole sind auf frischen Fisch und Meeresfrüchte spezialisiert. Der Weg vom Fischerboot zum Restaurant ist hier wirklich nicht weit. Der gesamte Küstenweg bis zur Baldarka-Bucht östlich Mali Lošinj ist als Fuß- und Radweg ausgebaut, eine Treppe führt hinauf zur Ortsumgehungsstraße und zum Anfang der zum Hafen führenden Hauptstraße von Mali Lošinj.

Das Meer um die Insel Lošinj besitzt im Gegensatz zu vielen anderen Meereszonen des Mittelmeeres noch eine große Delfinpopulation. Wenn man Glück hat, kann man die Delfine während der Bootsausflüge bei ihren eleganten Sprüngen beobachten, mit denen sie komplett aus dem Wasser schnellen. Der Erfahrung des Autors nach sind die frühen und späten Stunden des Tages die besten für so einen Kontakt mit den freundlichen Meeressäugern. Am ersten Augustwochenende feiert Veli Lošinj eine Art Delfinfest mit Infos zu Delfinen im Kvarner und Unterhaltungsprogramm. Mehr über Delfine erfährt man im örtlichen Zentrum für Meeresforschung (Kaštel 24, Tel. 051 60 46 06, www.blue-world.org).

 TZG: Riva lošinjskih kapetana 29, 51550 Mali Lošinj, Tel./Fax 051 23 15 47, www.tz-malilosinj.hr.

Turist biro: Luka Veli Lošinj/Obala maršala Tita, 51551 Veli Lošinj, Tel. 051 23 63 52.

In Mali Lošinj:

Villa Favorita: Sunčana uvala bb., Tel. 051 52 06 40, www.villafavorita.hr. Reizvolle Gründerzeitvilla im Kiefernhain der Sunčana-Bucht, innen modern und geschmackvoll eingerichtet, 4-Sterne-Hotel. DZ/FR ca. 150 €.

Villa Anna: Velopin 31, Tel. 051 23 32 23, Fax 051 23 32 24, www.villa-ana.hr. Privathotel in schöner Lage an der Hafenbucht, abends reizvoller Blick von Restaurant und Swimmingpool auf Stadt und Hafen. DZ/FR ab ca. 90 €.

Apoksiomen: Riva lošinjskih kapetana 1, Tel. 051 52 08 20, Fax 051 52 08 30, www.apoksiomen.com. Das ältere Stadthaus direkt an der Riva hat sich in ein luxuriöses Hotel mit nur 25 Zimmern verwandelt. DZ/FR ca. 80–170 €.

Die Hotels **Bellevue, Punta, Alhambra, Vespera** und **Aurora** sind über die Agentur Lošinj Hotels & Villas (Jadranka) zu buchen: Tel. 051 66 11 01, www.losinj-hotels.com.

Bellevue: Čikat, Tel. 051 23 12 22, Fax 051 23 12 68. Großes Hotel im Kiefernwald der Čikat-Bucht, die Atmosphäre des Baus aus sozialistischen Zeiten ist manchmal etwas überwältigend, etwa im Speisesaal. Für Sport- und Aktivreisende eine gute Adresse; in Strandnähe, Hallenbad, Tauchen, Windsurfen, Segeln. DZ/HP 60–120 €.

Alhambra: Čikat, Tel. 051 23 20 22, FAx 051 23 20 42. Einfach ausgestattete Villa aus der k. u. k. Zeit im Kiefernwald der Čikat-Bucht mit Terrasse zur Bucht. DZ/HP 50–80 €.

Ivanka: Bočac 19, Tel./Fax 051 23 19 34. Einfache Familienpension im Ort mit Restaurant. DZ/FR ca. 45–70 €.

Autocamp Čikat: Tel. 051 23 21 25, Fax 051 23 17 08, www.camp-cikat.com.hr, April–Mitte Okt. Schöner Campingplatz unter Kiefern in der Čikat-Bucht,

In Veli Lošinj:

Punta, Veli Lošinj bb., Tel. 051 66 20 00, Fax 051 23 63 01, hotel-punta@jadranka.t-com.hr. Weitläufige Anlage auf einem Landvorsprung am Rand des Ortes mit Hallenbad, Freibad, Sauna, Tennisplätzen, Disco. DZ/HP 60–115 €.

 In Mali Lošinj:

Nino: Matije Gupca 30, Tel. 051 23 14 90. Vorzügliche Fischküche und delikate Vorspeisen, die Grünen Nudeln mit Meeresfrüchten sind ein Gedicht. Die große Terrasse ist oft von größeren italienischen Familien okkupiert. Nudeln/Risotti ab 5 €, ebenso Fleischgerichte, Fisch etwas teurer.

In Veli Lošinj:

Bora Bar: Rovenska, Tel. 051 86 75 44, www.borabar.com. Zurück zu den Anfängen: Bora Bar war der alte Name des ersten Lokals an der Bucht; dass ein österreichisch-deutsches Team sich heute um die Gäste bemüht, hat ebenfalls Tradition. Exquisite und innovative Küche auf der Basis küstenkroatischer Qualitätsprodukte, dazu gibt es – auch glasweise! – die besten Weine Istriens. Drei Gänge ab 20 €.

In Nerezine:

Pizzeria Mornar: Studenac 11. Nette Pizzeria auf dem Platz oberhalb des Hafens, Pizza auch mittags ab 5 €, dazu gibt's kühles Karlovačko vom Fass.

Auf der Mazora Gora:

Planinarski Dom Osoršćica: s. S. 224.

 Sommer: Freiluftveranstaltungen auf dem Hauptplatz von Mali Lošinj, dann auch Blasmusikkonzerte mit Auftritten der Majoretten.

Erstes Augustwochenende: Regatta in Mali Lošinj; in Veli Lošinj Delfintag.

Tauchen: Tauchschule Adriatic Divers unter hanseatischer Leitung in der Čikat-Bucht, Tel. 051 21 91 11, www.divers.hr; Marina Mali Lošinj, Tel. 051 23 16 26; Bootsausflüge auf die vorgelagerten Inseln, vor allem nach Susak und Touren rund um Lošinj.

Die Doppelinsel Cres-Lošinj / Cherso-Lussin

Bergwandern: über die Televrina ab Nerezine nach Osor (Insel Cres, s. S. 228f.) und Wanderungen im Süden der Insel (kostenlose Karten bei den Touristeninformationen).

Fähre: Lošinj ist über die Inselhauptstraße und die Fähre Porozine–Brestova mit Istrien, über die Fähre Merag–Valbiska mit Krk (keine Busse) und so jeweils auch mit Rijeka verbunden, dorthin tgl. mehrere Busse (über Porozine oder Merag und Insel Krk).
Im Sommer mind. 3 x wöchentl. **Fähren** nach Martinšćica, Susak und Rijeka. **Tragflügelboote** nach Ilovik, Rab, Pag (Novalja), Rijeka und – über Silba – nach Zadar, nach Venedig sowie ganzjährig über Cres nach Rijeka.
Inselflughafen: 13 km nordwestlich, Tel./Fax 051 23 51 48, www.airportmalilosinj.hr.

Die kleinen Inseln: Unije, Susak, Ilovik

Das Boot von Mali Lošinj nach **Unije** nähert sich einer im Osten felsig abweisenden, dann im Westen sanft gewellten, von niedriger Macchia überzogenen Insel. Ein kaum geschützter Hafen empfängt den Besucher, ein Dorf, das einzige auf der Insel. Einige Wasserlöcher sichern die Versorgung von Mensch und Vieh, roter Boden in den Versenkungen und einige Stellen mit Lössüberdeckung ermöglichen Ackerbau. Wenn das Schiff wieder abgelegt hat – das nächste kommt in zwei Tagen –, sind die wenigen Fremden, die in den Privatzimmern im Dorf übernachten, mit den fünf oder sechs Dutzend Dorfbewohnern allein.

Auf Unije läuft ein interessantes Projekt: In einer Art Bienensanatorium wird der Versuch gemacht, die europäische Honigbiene gegen Milbenkrankheiten zu immunisieren. Die weltweit auftretende Varroa-Milbe infiziert die Bienenstöcke und tötet durch die Entwicklung ihres eigenen Nachwuchses den der Bienen ab, der als Nahrungsreserve verwendet wird. Bienenköniginnen aus ganz Europa werden auf Unije zu steigender Resistenz gezüchtet

und dann wieder in ihre Heimatländer gebracht, um die dortigen Bienenvölker mit ihren Genen zu immunisieren.

Susak ist anders: Löss statt Kalk, weiche Formen statt harter Kliffkanten, Wein statt Macchie. Die Inselbevölkerung hat in krassem Gegensatz zu anderen Regionen Kroatiens ihre herkömmliche Tracht zumindest am Sonntag zum Kirchgang abgelegt. Sie ist mit keiner anderen Tracht Kroatiens oder des gesamten Mittelmeerraumes vergleichbar: Die knallbunten Frauenröcke sind regelrechte Minis, sie reichen nur bis zum halben Oberschenkel. Wie die Röcke der 1950er-Jahre werden sie durch eine Vielzahl von weißen, mit Spitzen besetzten Unterröcken aufgeplustert und zum Wippen gebracht. Lachs- oder feuerrote gestrickte Strümpfe und ein buntes Mieder verstärken den Eindruck von überquellender Farbigkeit. Man spricht auf Susak einen eigenen Inseldialekt, der viele altkroatische Elemente beinhaltet. Es gibt (fast) keine Straßen, nur Saumwege, die zumeist als tiefe Hohlwege in den Löss getreten sind. Der Löss hat einen für Urlauber angenehmen Nebeneffekt. Er zerfällt zu feinem Sand, sodass Susak von einem Gürtel feinen Sandstrands umgeben ist. Um die aneinander grenzenden Inseldörfer Gornje Selo und Donje Selo herum wird vor allem Wein angebaut, der traditionell aus autochthonen nordkroatischen Reben besteht.

Die terrassierten Felder rund um **Ilovik** sind noch von Steinmauern eingefasst, aber auf vielen von ihnen wuchert mediterrane Garrigue. Immer weniger Menschen leben auf der Insel, die meisten Häuser werden nur noch im Sommer bewohnt. In der schmalen Meeresstraße zwischen Ilovik und der Nachbarinsel Sveti Petar ankern im Hochsommer so viele Yachten, dass das Weiß der Segel über das Blau der Meeresoberfläche triumphiert. Nichts geht auf Ilovik ohne Boote, selbst der letzte Weg erfolgt mit dem Boot: Der Friedhof liegt auf Sveti Petar.

Emigrantentreffen auf Susak am letzten Sonntag im Juli – Ex-Susaker aus aller Welt kommen fürs Wochenende.

Die Entdeckung von Franz-Joseph-Land

Thema

… und was der Kvarner damit zu tun hatte. Am 13. Juni 1872 stach die Tegetthoff, ein 220-Tonnen-Dreimastschoner, in Bremerhaven in See. Ihre Mannschaft führte die österreichisch-ungarische Nordpolexpedition durch, die in den Jahren 1872 bis 1874 zur Entdeckung und ersten kartografischen Erfassung von Franz-Joseph-Land führen sollte.

Fast die gesamte Mannschaft der Tegetthoff stammte aus dem Kvarner: Fiume (Rijeka), Lussin (Lošinj), Volosca (Volosko), Draga, Buccari (Bakar) werden als Herkunftsorte der Matrosen genannt, Italienisch war die Schiffssprache. Auf ihrer Expedition sollte das Schiff zwei Polarwinter im Eis driften und schließlich von Eispressungen zerstört werden. Offiziere und Mannschaften würden Schlitten und die Rettungsboote mit Vorräten und wissenschaftlichen Aufzeichnungen hunderte Kilometer übers Eis ziehen, auf diesen Nussschalen nach Novaja Semlja übersetzen und nach zwei Jahren von einem russischen Schiff gefunden und gerettet werden.

Der Expeditionsbericht liest sich wie ein Abenteuerroman: »Morgens, da wir beim Frühstück saßen, barst unsere Scholle quer unter dem Schiffe. Wir eilten auf Deck und gewahrten, daß wir uns inmitten einer Eispressung befanden. Schon hatte sie den rückwärtigen Theil des Schiffes erfasst; kläglich ächzte das Steuer, das dem Andrange des Eises zunächst ausgesetzt war. Wir banden es fest, da seine enorme Schwere nicht zuließ, es sofort auszuheben. Menschlicher Widerstand war unmöglich … (Es) erhob sich jetzt alles Eis wider uns. Drohend erstanden Berge aus ebenen Flächen, aus leichtem Aechzen entstand ein Klirren, Brummen, Brausen, gesteigert bis zu tausendstimmigem Wuthgeheul … Alles (war) Bewegung und Lärm geworden, Schritt für Schritt nahte das Verderben im Zerprasseln der Eisfelder.«

Auf wen sonst als auf die seegewohnten Bewohner des Kvarner hätten die Expeditionsleiter Carl Weyprecht und Julius Payer zurückgreifen sollen, als es um die Mannschaftssuche ging? Der Kvarner hatte eine jahrhundertealte Schiffsbau- und Schifffahrtstradition. Die venezianische Marine hatte genauso auf die Kvarner-Matrosen zurückgegriffen, wie es die österreichisch-ungarische tat. Wenn man die Mannschaftsliste aufmerksam liest, erkennt man, dass der Bootsmann Pietro Lusina aus Fiume, verantwortlich für das Zusammenspiel der Mannschaft, vorher Kapitän der österreichischen Handelsmarine gewesen war. Sein Beitrag zum Gelingen der Expedition kann gar nicht hoch genug gewürdigt werden. Der Erfolg der Landexpeditionen auf Franz-Joseph-Land ist allerdings dem mutigen und unermüdlichen Julius Payer zu verdanken. Wo also im Kvarner befindet sich das Denkmal für Lusina, Lukinovich, Latkovich, Sussich und die anderen?

Den Expeditionsbericht schrieb Julius Payer: »Die Österreichisch-Ungarische Nordpol-Expedition in den Jahren 1869, 70, 71, 72–74« (Wien 1876). Christoph Ransmayr schildert die Arktisreise des fiktiven Josef Mazzini auf den Spuren der Polarexpedition Payers: »Die Schrecken des Eises und der Finsternis« (Frankfurt/M. 1984). Der Bericht über eine tatsächliche Expedition auf den Spuren der österreichischen Entdecker findet sich im Buch »Expedition Franz Josef Land« (München 2007) von Christoph Höbenreich.

Krk ist eine Insel mit vielen Gesichtern, kahl und abweisend, wenn man sie vom Festland aus sieht, im Inneren von Macchie, verwilderten Feldern und vernachlässigten Ölbaumhainen überzogen. Verkarstete Bergrücken überragen den Süden mit einer abwechslungsreichen Küste und vielen liebenswürdigen alten Orten wie Krk, Baška, Punat und Vrbnik.

Krk ist dank der 1432 m langen Autobrücke zur adriatischen Küstenstraße sehr gut erreichbar. Tourismus hat auf Krk eine lange Tradition, schon 1897 formierte sich ein Verschönerungsverein, die Società d'abellimento di Veglia, wie Krk auf Italienisch heißt, mit dem klaren Ziel, Fremde auf die Insel zu bringen. Ein Großteil der Besucher ist Pauschalurlauber, viele Familien mit Kindern kommen hierher. Dennoch ist die größte Insel der Adria (410 km²) keine reine Familieninsel. Der einsame, aber von einigen gut markierten Wanderwegen durchzogene gebirgige Süden, die Yachthäfen, Tauchschulen, Buchten mit Campingplätzen oder nur mit ein paar Metern Kies, den man aber dann für sich alleine hat – das zieht auch eine Menge Individualreisende an.

Das venezianische Kleid haben sich die Inselorte während der 300-jährigen direkten Herrschaft Venedigs (1480–1797) übergeworfen. Doch schon vorher, als die lokale Dynastie der Frankopanen die Insel regierte, war das nur möglich, weil sie einen Balanceakt zwischen den Ansprüchen von Venedig und den ungarisch-kroatischen Königen vollführte. Einerseits waren die Frankopanen Lehensleute Venedigs und der Serenissima verpflichtet, andererseits gaben ihnen die ungarisch-kroatischen Könige Lehensbesitz in ihren Ländern auf dem Festland und banden sie dadurch an sich. Dass das nicht gut gehen konnte, zeigte das Jahr 1480: Da versuchte Ivan Frankopan von Veglia das Erbe seines Bruders in Festlandkroatien anzutre-

ten. Als daraufhin ungarisch-kroatische Truppen auf Krk landeten, rief er den Dogen zu Hilfe und trieb den Teufel mit dem Beelzebub aus: Die Venezianer vertrieben zuerst die kroatischen Truppen und dann Ivan, bemächtigten sich der Insel und brachten auf diese Weise den letzten verbliebenen Rest eigenständiger Herrschaft entlang ›ihrer‹ adriatischen Küste unter ihre Oberhoheit.

Eine Rundreise über die Insel sollte auf jeden Fall die reizvollen und interessanten Orte Krk, Punat mit der Insel Košljun, Stara Baška, Baška und Vrbnik beinhalten: Krk wegen seinen historischen Denkmäler, die anderen vor allem wegen ihrer Lage und dem pittoresken Ortsbild. Auch Malinksa, Njivice und Omišalj, die touristischsten Orte, lohnen den Besuch, können sich aber mit den Erstgenannten an Reiz nicht messen. Nicht fehlen darf eine Wanderung in den Bergen um Baška, der Besuch der Karsthöhle bei Rudine und ein Bootsausflug nach Prvić, der Geierinsel!

Omišalj

Reiseatlas: S. 5, C 1

In **Omišalj** sieht man von der Aussichtswarte unweit der Kapelle Sveta Elena aus 80 m Höhe auf das Meer hinunter, Rijeka und die Riviera von Opatija sind zu erkennen. Der nähere Ausblick ist durch die Industrieanlagen unten am Hafen leicht getrübt. Im Ort, den man vom Parkplatz her kommend zuerst durchquert hat, ist das Ensemble des Platzes mit der Loggia aus venezianischer Zeit (16. Jh.) und der Marienkirche mit Campanile eines jener Stadtbilder venezianischer Prägung, die an der Adria immer wieder beglücken. Eine glagolitische Inschrift ziert den Türsturz des Westportals der Pfarrkirche unterhalb der Rose. Ein prächtiges Beispiel venezianischer Frührenaissance steht im Chor, der geschnitzte und vergoldete Flügelaltar.

Vorbei an den Badeorten Njivice und Malinska – die beiden sind auch durch einen Fußgängerweg entlang der Küste verbunden – führt die Inselhauptstraße quer durch das Inselinnere zur Hauptstadt Krk.

i   **TZO Njivice-Omišalj:** Ribarska Obala 10, 51512 Njivice, Tel. 051 84 62 43, Fax 051 84 76 62, www.tz-njivice-omisalj.hr. **TZO Malinska:** Obala 46, 51511 Malinska, Tel. 051 85 92 07, Fax 051 85 82 54, www.tz-malinska.hr.

Krk/Veglia

Reiseatlas: S. 6, D 3

Die Stadtmauern von **Krk-Stadt,** noch unter den Frankopanen errichtet, dann ausgebessert und erweitert in venezianischer Zeit, stehen heute noch. Das städtische Haupttor (Glavna gradska vrata) wird vom wuchtigen Gebäude der Hauptwache flankiert. Sie diente als Rathaus wie auch als Wache und heute der städtischen Information als Sitz. Ein Spaziergang am Hafen entlang führt an einem Turm mit sechseckigem Grundriss vorbei, das Wappen der Frankopanen, ein sechszackiger Stern, und das Bruchstück eines römischen Grabreliefs sind in die Außenwand eingemauert. Ein runder venezianischer Turm bewacht mit diesem gemeinsam die kleine Hafenpforte. Am Südostende beendet die an das Meer herangemauerte Festung, das Kaštel, die kurze Promenade. Als die Fürsten von Krk die Stadtfestung im 12. und 13. Jh. errichten ließen, waren rechteckige Wehranlagen mit Ecktürmen gerade modern geworden, drei der Türme stehen heute noch, romantische Kulisse für Aufführungen der Krker Sommer-Festwochen. Der Vierecksturm über dem Brunnen ist der älteste, er stammt, wie eine Inschrift erweist, von 1191. Auf dem an die Burg grenzenden Platz Kamplin finden im Sommer Konzerte und andere Freiluftaufführungen statt, besonders während des Fests zu Ehren des hl. Laurentius (Sveto Lovro) in der ersten Augusthälfte.

Die Kathedrale (Catedrala Uznezenja, Maria Verkündigung) ist das zentrale Bauwerk in der malerischen Altstadt. Sie wurde in der Spätantike über den Resten einer römischen Thermenanlage errichtet. Heute noch tragen römische Säulen und spätantik-byzantinische Kapitele die Gewölbe der im 13. Jh. als romanischer Bau wieder errichteten, dreischiffigen Kirche. Die beiden steinernen Renaissancekanzeln und die barocke Holzkanzel

Mit dem Autor unterwegs

Sehenswert
Krk-Stadt: Das alte Krk mit Stadtmauer, Türmen, Kirchen und schmalen Gassen ist gut erhalten, sogar ein römisches Mosaik gibt es zu bewundern (s. S. 231).
Insel Košljun: In der Bucht von Punat liegt auf einer kleinen, als Botanischer Garten gepflegten Insel ein altes Kloster mit vielen Kunstschätzen (s. S. 233).
Die Bucht von Baška: Einer der Höhepunkte einer kroatischen Küstenreise ist diese Bucht mit Ort Baška und umgebenden kahlen Bergen (s. S.234).
Biserujka-Höhle: Mitten in einem flachen Karstfeld liegt der Eingang in eine Stalaktiten-Unterwelt (s. S. 238).

Ein besonderes Erlebnis
Das Ausflugsboot nach Prvič nehmen: Das Boot von Baška zur Geierinsel entführt in eine andere, kargere Welt (s. S. 234f.).
In Vrbnik den lokalen Žlahtina kosten: Die lokale Rebsorte sollte man in den Kellern von Vrbnik kennen lernen (s. S. 238).

gehören zu den interessantesten Stücken der Ausstattung. Die spätgotische Kapelle auf der linken Seite ist eine Votivkapelle der Frankopanen, der Schlussstein trägt die Wappenlöwen der Familie und den älteren Wappenschild mit dem sechszackigen Stern (die Frankopanen oder Frangipani führten ihren Namen auf römische Adelsfamilien zurück und interpretierten ihn wörtlich: *frangi* = zerreiße, *pane* = Brot; zwei Brot zerreißende Löwen wurden im Spätmittelalter das neue Wappen der Familie). Ein niedriger Übergang verbindet die Kathedrale mit dem Obergeschoss der im rechten Winkel zu ihr gebauten romanischen Kirche Sveti Kvirin (hl. Quirin), in der sich das Diözesanmuseum befindet. Im Untergeschoss dieser Kirche wurden früher die Totenmessen gelesen, man erreicht sie durch einen Zugang direkt aus der Kathedrale. (Diözesanmuseum in Sveti Quirin: Sommer tgl. 8.30–14, 20.30–21.30 Uhr.)

In der schmalen Gasse Ribarska zwischen Kathedrale und Vela Placa an der Hauptwache befindet sich in einem Privathaus (Nr. 7, Eingang durch die Bar Mate) ein Römisches Mosaik (2. Jh.), das den Besuch verdient.

 TZG Grada Krka: Vela Placa 1/1, 51500 Krk, Tel./Fax 051 22 14 14, www.tz-krk.hr.
Internet: Enigma, gegenüber Busbahnhof (im 1. Stock).

 Viele Privatunterkünfte sind zu finden unter www.adriasun.hr oder www.turizam.autotrans.hr.
Koralj: Vlade Tomašića bb., Tel. 051 65 54 05, Fax 051 22 10 63, reservations-krk@valamar.com. Moderner Bau, teilweise in ein Kiefernwäldchen hineingebaut, ruhig, zum Ausgleich gibt es Bar und Disco. DZ/FR 65–165 €.
Dražica: Ružmarinska 6, Tel. 051 65 57 55, Fax 051 22 10 22, www.hotelikrk.hr. Modernes Haus am felsigen, von Pinien beschatteten Strand mit großem Pool, abends Tanz. Gute Zimmer mit Sat-TV, Aircondition, nicht alle mit Fön und Minibar. DZ/FR 40–160 €.
Jugendherberge Hostel Krk: Dr. D. Vitezića 32, Tel./Fax 051 22 02 12, www.hostel-krk.hr.

Einladende Jugendherberge in der Altstadt mit guter Ausstattung und Restaurant mit Terrasse, Nächtigung/FR ca. 15–20 €.
FKK Camping Politin: Politin bb., Tel. 051 22 13 51, Fax 51 22 12 46, camping@valamar.com. Schöner, nur teilweise schattiger FKK-Platz am langen Strand gegenüber der Stadt Krk, Sportangebot, Kinderanimation.
Camping Bor: Crikvenička 10, Tel. 051 22 15 81, Fax 051 22 24 29, www.camp-bor.hr, im Prinzip ganzjährig geöffnet. Kleinerer Platz westlich der Stadt, nicht sehr schattig und 10 Min. vom Strand.

 Frankopan: Trg Sv. Kvirina, Tel. 051 22 14 37. Frische Meeresfrüchte, eine oder zwei lokale Spezialitäten und eigener Wein im Schatten der Kathedrale. Drei Gänge ab 17 €.
Nono: Krčkih Iseljenika 8, Tel. 051 22 19 95. Rustikale Konoba beim nordöstlichen Stadttor, mit großer Terrasse und sehr traditioneller Küche wie Šurlice, die hiesigen handgedrehten Nudeln, mit Gulasch, den Žlahtina dazu gibt es im Krug. Zwei Gänge ab ca. 15 €, mit Fisch/Meeresfrüchten teurer.

 Juli/Aug.: Sommerfestival in Krk, Aufführungen in der Kathedrale und im Hof des Kastells, aber auch im Franziskanerkloster Košljun (s. Punat S. 233). Das Fest ist aus den Feiern zu Ehren des hl. Laurentius (Sveti Lovro), des Stadtpatrons, hervorgegangen (8.–10. August), heute Krker Messetage.

(Kies-)Strände: Die schönsten gibt es östlich von Krk an der Küste in Richtung Punat, der erste befindet sich gleich unterhalb des Hotels Koralj.
Bootsausflüge: Mehrere Boote, darunter klassische Motorsegler bieten Ausflüge an, u. a. nach Košljun und rund um die Insel Krk sowie zum ›Fjord‹ Zavratnica an der Festlandküste.
Wandern: Ist noch nicht sehr bekannt aber im Kommen, eine kostenlose Wanderkarte (ohne Wegbeschreibung) gibt es in der Touristeninformation, eine Überblickskarte für die gesamte Insel ist in Vorbereitung – die Wegvor-

schläge der Karte sind auch, aber nur für Geübte, mit dem **Mountainbike** zu bewältigen.
Radverleih: im Hotel Park in Punat (Obala 94, Tel 051 85 40 24).

Busse: verbinden Krk mit allen Inselorten, mit Rijeka und direkt mit Zagreb, Infos über Autotrans, Šetalište Svetog Bernardina 1 (am westlichen Ende der Hafenpromenade), Tel. 051 22 11 11.
Taxi: vor dem städtischen Haupttor (Trg bana Josipa Jelačića) und (u. a.) Tel. 098 20 91 94.
Fähre: ganzjährig von Valbiska nach Merag auf Cres, im Sommer bis zu 12 x tgl.
Hafenamt: Tel. 051 22 13 80.

Punat und Košljun

Reiseatlas: S. 6, D 3
Punat, am Anfang einer breit ins Land eingeschnittenen Bucht, besitzt die größte Marina der Adria und ein großes Touristenangebot, vor allem an Privatzimmern. Der Hafenbereich ist neueren Datums, der eigentliche ältere Ort liegt dahinter und zieht sich den Hang hinauf bis zur Umgehungsstraße in Richtung Stara Baška, einem Dorf am Ende einer 12 km langen Stichstraße. Einsam duckt es sich unter den kahlen Hängen des Kettengebirges, das diesen Teil der Insel Krk durchzieht. Dass die Berge südlich Punat im Obzovo nur 568 m Höhe erreichen, will man aufgrund des abweisenden, schroffen Anblicks dieser Karstberge kaum glauben.

In der wind- und wellengeschützten Bucht von Punat liegt eine niedrige, fast völlig von Steineichenwald überzogene Insel mit einem Kloster, die **Insel Košljun**. Die unter Naturschutz stehende Insel erreicht man von Punat aus mit Taxibooten. Der Franziskanerkonvent auf der Insel besteht seit 1447, im Spätmittelalter war er eines der Zentren für die Verbreitung der glagolitischen Schrift, wie zahlreiche der mehr als 30 000 Bände der Bibliothek bezeugen, darunter unschätzbare Inkunabeln und Manuskripte. Im Museum sind Buchbeispiele, sakrale Objekte, traditionelle Bootstypen, eine Naturaliensammlung

und Inseltrachten ausgestellt. Den Hauptaltar in der schlichten Renaissancekirche schmückt ein mehrteiliges Gemälde von Giralomo di Santacroce (1535). Es bringt uns die intensiven Farben der venezianischen Hochrenaissance vor Augen. Der hl. Quirin (mit Bischofsmütze, linke Tafel) trägt ein Stadtmodell mit sich. Es ist das Modell seiner Patronatsstadt Veglia (Krk) im frühen 16. Jh., die Kathedrale befindet sich links unten. (Taxiboote zur Klosterinsel Košljun, geöffnet tgl. 9–12, Mo–Sa auch 15–18 Uhr.)

TZO Punat: Obala 72, 51521 Punat, Tel. 051 85 48 60, Tel./Fax 051 85 49 70, www.tzpunat.hr.

Kanajt: Kanajt 5, Tel. 051 65 43 40, Fax 051 65 43 41, www.kanajt.hr. Das freundliche Privathotel neben der Marina befindet sich in der ehemaligen Sommerresidenz der Krker Bischöfe. Gute Zimmer (Sat-TV, Aircondition, Internetzugang), Bootscharter, Segelschule und Tennis zum Aufenthalt. DZ/FR 70–130 €.
Falkensteiner Park: Obala 100, Tel. 051 85 40 24, Fax 051 85 41 01, www.falkensteiner.com. Gut geführtes, auch bei Gruppen beliebtes All-inclusive-Hotel an der fast autofreien Uferpromenade; freundlicher Service – warum das üppige All-inclusive ›light‹ heißt, ist nicht zu erkennen – vielleicht weil kein Mitternachtsbuffet eingeschlossen ist? DZ all-inclusive ›light‹ 60–125 €.
Jugendherberge Hostel Halugice: Novi Put, Tel. 051 85 40 37, www.nazor.hr, Juni–Sept. geöffnet. Einfach, meist von Schulklassen ausgebucht. Nächtigung ca. 11 €.
Camping Pila: Šet. I. Brusi 2, Tel./Fax 051 85 40 20, pila@hoteli-punat.hr. Der ortsnächste Campingplatz liegt am betonierten Strand, ist schattig (Kiefern) und hat alle relevanten Einrichtungen.
FKK Camping Konobe: Obala 94, Tel. 051 85 40 40, Fax 051 85 40 36, konobe@hoteli-punat.hr. Beliebter FKK-Campingplatz direkt am felsigen Strand, etwas weiter vom Ort entfernt in Richtung Stara Baška, teilweise schattig, gut ausgerüstet.

Die Insel Krk

Marina: Puntica 7, Tel. 051 85 41 32. Fischrestaurant in der Marina von Punat, der attraktiv präsentierte Meeresfrüchteteller als Vorspeise macht Appetit auf den Fisch (und zum Dessert die Nusspalatschinken). Drei Gänge nicht unter 20 €.

Restaurant Kanajt: im gleichnamigen Hotel, Tel. 051 65 43 40 (s. S. 233). Hier werden gut zubereitete, rustikale Spezialitäten wie Fisch und Fleisch unter der Peka serviert, Vorbestellung nötig.

Wassersport: Große Marina Punat, Puntica 7, Tel. 051 65 41 11, Fax 051 65 41 10, www.marina-punat.hr.

Während des **Sommerfestivals** auf der Insel Krk finden im Kloster Košljun Musikveranstaltungen statt.

Busse: 10–12 x tgl. nach Krk und zu den anderen Inselorten, die Bushaltestelle ist am äußersten östlichen Ende des alten Ortsteiles beim Hotel Park.

7 Die Bucht von Baška

Reiseatlas: S. 6, E 3/4

Baška

Am Ende eines breiten Tals mit steilen Flanken liegt im Südteil der Insel der Ort **Baška**. Die weite Bucht öffnet sich zum Meer, zur unbewohnten Insel Prvić und zum Bergprofil des Velebitgebirges auf dem Festland. Über den Ortskernen, dem höher gelegenen älteren und dem seit dem 16. Jh. am Wasser entstandenen jüngeren, erheben sich mit kahlen Flanken die Bergzüge des Hlam (461 m) und des Obzovo (568 m). Wanderwege führen hinauf und hinüber nach Stara Baška an der Westküste (ca. 2 Std.), noch längere und anstrengendere, aber gut markierte sogar bis hinüber nach Punat. Der fast 2 km lange Sandstrand zieht Touristen in den schönen Ort, dessen Lage in der Bucht unter den steilen Flanken der umgebenden Karstberge zu den eindrucksvollsten der kroatischen Küste zählt.

Die Inseln Prvić, Sveti Grgur und Goli Otok

Zur Abwechslung kann man sich von Wassertaxen zu den auf diese Art gar nicht einsamen, aber wunderschönen Buchten im Westen und Osten bringen lassen und hinüber zur **Insel Prvić.** Auf dieser unbewohnten, kargen Insel werden Schafe gehalten, wie das auch anderswo üblich ist. Ihr Fleisch ähnelt im Wohlgeschmack dem der französischen Pré-salé-Lämmer, die ebenfalls im vom Meersalz übersprühten Küstengebiet weiden dürfen. Die Kadaver verunglückter Lämmer werden auf natürlichste Weise entsorgt: Auf der Insel brüten Gänsegeier und auch die Geier aus Cres schauen gerne vorbei, ob es was zu fressen gibt.

Von Prvić aus sieht man die beiden anderen **Inseln Sveti Grgur und Goli Otok,** die

Wer möchte hier nicht faulenzen: der Strand von Baška

zwischen Krk und Rab aus dem Meer ragen: Sie erinnern an grauweiße Eisberge, fast vegetationslos, abweisend, nur von Schafherden beweidet . Während des jugoslawischen Sozialismus wurde Letztere als Gefängniskomplex genutzt.

Jurandvor

Auf dem Weg nach Norden liegt noch im Tal von Baška zur Rechten die kleine Kirche von **Jurandvor,** sie ist der Muttergottes Gorička geweiht. Der bescheidene Bau enthielt bis 1851 eines der ältesten Dokumente in glagolitischer Schrift, die Tafel von Baška (Bašćanska ploča). Die kostbare, auf 1100 datierte Tafel befindet sich heute im Gebäude der Akademie der Künste und Wissenschaften in Zagreb (noch älter ist der Grabstein von Valun auf Cres).

TZG: Kralja Zvonimira 114, 51523 Baška, Tel. 051 85 68 17, Fax 051 85 65 44, www.tz-baska.hr.

Corinthia: Emila Geistlicha 34, Tel. 051 65 61 11, Fax 051 85 65 84, www.hotelibaska.hr. Riesiger Hotelkomplex bestehend aus vier Gebäuden, mit an die 2000 Betten (!), 10 Minuten vom Ort am feinen Kies- und Sandstrand. DZ/HP 60–165 €.
FKK Camping Bunculuka: Baška bb., Tel. 051 85 68 06, Fax 051 85 65 95, bunculuka@hotelibaska.hr. Großer Platz an wunderschöner Bucht östlich des Ortes, einige Plätze im Schatten, Kies- und Sandstrand.

Restaurants mit einfacher Fisch-Grillküche und Cafés findet man am **Hafenbecken** und an der **Uferpromenade**.

235

Richtig Reisen-Tipp:
Wanderung von Baška nach Punat

Von **Baška** gelangt man über die Uferpromenade zum **Autocamp Zablaće** und von dort nach rechts auf ein asphaltiertes Sträßchen. Bei einem **Rechtsknick** geht es auf einem Fuhrweg geradeaus weiter. Dieser mündet auf eine weitere **asphaltierte Straße**, der man nach links und aufwärts in Richtung des Ortes Batomalj folgt. Man geht mit Gelb und Grün in den Ort, den man (nach einer Gabelung rechts aufwärts halten) wieder verlässt. Ein **Gatter** wird passiert, weiter auf dem Fuhrweg und beim letzten, einzeln stehenden Gebäude nach links in den **Kiefernwald**. Bald darauf zweigt ein **Weg nach rechts** ab (grüne Markierung), der durch einen steinigen Hang hinauf zur Kante der Karsthochfläche **Prirevoj Vratudih** führt (links ein verfallener Hirtenunterstand, 350 m).

Nun nach rechts und immer an der Nordostseite der welligen, stark verkarsteten und vegetationsarmen Hochfläche entlang. Zunächst geht es auf einen Hügel, den **Veliki Hlam** (482 m), dabei wird eine erste **Trockenmauer** gequert. Vom Gipfel herrliche Rückblicke auf die Bucht von Baška und das Velebitgebirge. Wieder bergab entlang einer hohen Trockenmauer bis zu einem **Wasserloch** (**Lipica**, Tropfquelle, das einzige Trinkwasser auf dem Weg) und einem **Steilabfall** zur Rechten (400 m). Sofort wieder aufwärts und weiter entlang dem Steilabfall. Eine Senke wird ausgegangen, dann läuft man über die steinige **Ebene Orlje** hinauf zum **Zminja** (537 m). Von hier aus sieht man den höchsten Punkt, den **Obzovo** (568 m), den man bald darauf erreicht: toller Ausblick!

Vom Obzovo führen mehrere Wege weiter, die Schilder sind nicht ganz eindeutig. Am besten geht man in der **bisherigen Richtung geradeaus** weiter in die nächste **Mulde** mit Trockenmauern und fruchtbaren Feldern, worauf man sich **links wendet** jenseits der Trockenmauern. Wo die Mulde in den nach Westen blickenden Berghang übergeht, beginnt ein von Büschen und Bäumen umstandenes Trockental, auf dessen linker (westlicher) Seite der schmale Weg nach einem **Richtungswechsel rechts** weiterführt (stetig sanft bergab). Ab hier besonders aufmerksam den Markierungen folgen! Wo das Trockental in eine verkarstete und verbuschte Verebnung mündet, kommt man an die **Wegkreuzung Pod Brestovicu**, wendet sich nach links und folgt dem schmalen Steig rechts steil bergab in Richtung der gut zu sehenden Bucht von Punat. Allmählich

wird der Steig zum etwas breiteren Triebweg zwischen verbuschten Weiden, ist aber immer noch unübersichtlich. Nie ohne Sicht auf die nächste Markierung weitergehen, lieber bis zum letzten roten Farbfleck zurückgehen!

Der Triebweg mündet an einer Trockenmauer **(Malantruš)**, der man bis zu einem Durchbruch folgt, um auf der anderen Seite in gleicher Richtung weiterzuwandern bis bei der **Wegkreuzung Vrh Runtel** ein Schild unübersehbar nach links und durch ein Gatter auf einen Maultierpfad weist. Es folgt ein Abstieg. Nach einem weiteren Gatter erreicht man im Wald einen nach rechts abzweigenden **Steig,** dem man zu den ersten Häusern von Punat folgt, wo man auf der Straße geradeaus weitergeht bis zur Einmündung in die **Umgehungsstraße** (dann links nach Punat und zur **Bushaltestelle**).

Dauer: Ohne Pausen 4 Std. 15 Min., man sollte jedoch einen vollen Tag einplanen, wegen der Gefahr sich zu verlaufen, zumal man den letzten Bus erreichen muss. Genug Wasser mitnehmen (im Sommer mindestens 3 l)!

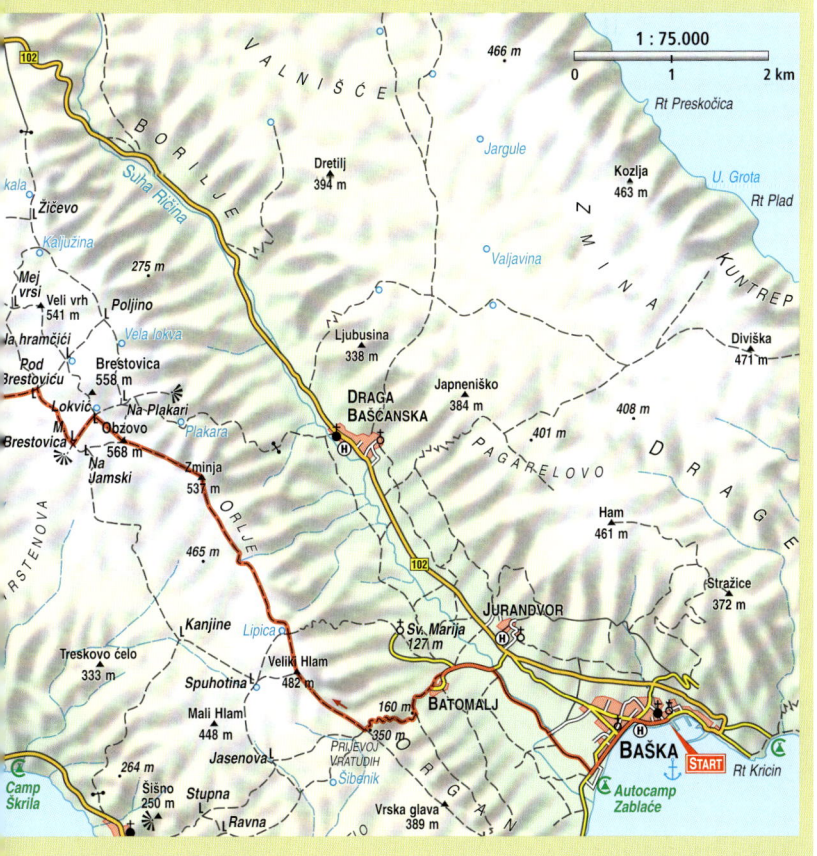

Die Insel Krk

 Ausflugsboote: im Sommer nach Novalja und Lun auf der Insel Pag, nach Cres und Goli Otok.

Wandern: Ab Baška gibt es 14 km markierte Wanderwege, Informationen und kostenlose Wanderkarte beim Tourismusverein (s. auch S. 236f.).

Strände: Kies- und (abschnittsweise) Sandstrände der Bucht von Baška laden zum Baden ein, **Taxi-Bootsfahrten** zu den beidseitigen Buchten und auf die unbewohnte Insel Prvić führen zu weniger besuchten Stränden. Ein besonders schöner Strand ist der nur 10 Bootsminuten entfernte **Jablanova-Strand** mit Kiefernjungwuchs im Hintergrund. Er wird nur übertroffen von der **Mala Luka** mit ihrem Fels- und Feinkiesstrand, einer halbrunden Bucht im Osten, die man per Boot oder auf einem Wanderweg ab dem Camp Bunculuka (Eintritt) erreicht (alternativ: Start an Straßeneinfahrt zum Camp, dann kein Eintritt).

Hafenamt Baška: Tel. 051 85 68 21.

 Busse: über Punat nach Krk, einige Direktbusse nach Rijeka.

Fähre: Die Fähre der Jadrolinija nach Lopar auf Rab verkehrt nicht mehr! Blue Line bietet ab 2008 einen Fährdienst von Valbiska auf Krk nach Lopar an, der zum Zeitpunkt der Drucklegung dieses Buches allerdings noch nicht existierte (wegen Problemen mit dem Anlieger in Lopar).

Flughafen Rijeka: in 45 km Entfernung, s. S. 209).

Die Ostküste

Reiseatlas: S. 6, D 2

Vrbnik

Wahrhaft malerisch thront **Vrbnik** auf seiner Felskuppe über dem Meer. Das eng gebaute Nest war sicher allen Piraten ein Dorn im Auge, erobert wurde es dem Anschein nach nie. Heute ist es vor allem die Bora – Vrbnik liegt an der Ostküste –, die von den eng aneinander gerückten Häusern abgewehrt werden muss. Vrbnik ist ein Wallfahrtsort für alle

Kroaten, die der glagolitischen Schrift als einem Element ihres ältesten Kulturerbes nachforschen. Fündig werden sie in der Pfarrbibliothek (Inschriften der Pfarrkirche), vor allem aber in der Bibliothek des Juristen Dr. Dinko Vitezič (1822–1904).

Verlassen Sie Vrbnik (und die Insel Krk) nicht, ohne den lokalen Wein gekostet zu haben, den **Žlahtina**. Dieser in gelben und goldenen Tönen leuchtende Weißwein wird aus einer autochthonen Rebe gekeltert – es gibt ihn fast nur in der Gemarkung von Vrbnik. Das exquisite Bouquet des Žlahtina ist unverkennbar und unvergesslich.

Šilo, Dobrinj und die Biserujka-Höhle

Šilo ist ein kleiner Fährhafen, man setzt mit Taxibooten (nur Fußgänger) zur Festlandsküste über, wo man in Crikvenica, das zum Greifen nahe liegt, an Land geht. Sehenswürdigkeiten? Fehlanzeige. Wer hier Urlaub macht, will Sonne und Meer genießen, die Strände sind wenig besucht. Über das größere Dorf **Dobrinj** auf einem Hügel mit tollen Ausblicken erreicht man die **Soline-Bucht.** Ihre Schlammlöcher liegen direkt neben der Straße. Bei kroatischen wie ausländischen Besuchern sind sie sehr beliebt, es heißt, sie hätten heilende Wirkung bei rheumatischen Beschwerden. Die Ränder der flachen Bucht wurden schon von den Römern genutzt, allerdings zur Salzgewinnung. Von der Soline-Bucht erreicht man auf einer Nebenstraße über Čižići den verlassenen Weiler Rudine und die **Biserujka-Höhle.** Mitten in einem flachen Karstfeld in Meeresnähe liegt der Eingang zur nur 110 m langen, durch einen Schacht zugänglichen Höhle, deren Tropfsteinformationen sehenswert sind. Die Temperatur beträgt nur 10–13 °C, eine leichte Jacke schadet nicht! (Öffnungszeiten der Höhle: tgl. 10–19 Uhr.)

TZO Vrbnik: Trg Sv. Ivana 2, 51516 Vrbnik, Tel./Fax 051 85 74 79, www.vrbnik.hr.

TZO Dobrinj (Sitz in Šilo): 51515 Šilo, Tel./Fax 051 85 21 07, www.tzo-dobrinj.hr.

Die Insel Rab besitzt mit dem gleichnamigen Hauptort ein besonders attraktives historisches Zentrum, das noch auf die venezianische Zeit zurückgeht, und mit der Halbinsel Kalifront eine adriatische Seltenheit: ein großes, geschlossenes Waldgebiet. Der Sanmarino-Strand im Norden ist einer der größten und wenigen Sandstrände Kroatiens. Wen wundert es, dass es im Sommer voll wird?

Noch stärker als Krk ist Rab (Italienisch: Arbe) eine Insel mit zwei Gesichtern, einem unnahbar grauen, steilen und vegetationslosen Osten und einem üppig grünen, weich gewellten, liebenswürdigen Westen. Das Karstmassiv des Kamenjak hält die Bora ab, da kann sich im Windschatten dichter Steineichenwald entwickeln wie auf der Halbinsel Kalifront. Der Himmel ist im Sommer fast immer wolkenfrei, nur im Spätherbst und Winter, wenn südwestliche Winde wehen, regnet es oft, und dann aber reichlich. Zeugnis dafür legen die Erdbeerbäume ab, die sich unter die Steineichen mischen. Das üppige Grün, der sonnenscheinreiche Sommer, die feinen Sandstrände, die kleinen Kiesbuchten und eine seit dem 19. Jh. laufende Fremdenverkehrswerbung haben Rab bekannt gemacht und sein Gesicht verändert. Im grünen Westen wurde viel gebaut: Hotels, Privatpensionen, Apartmenthäuser, Weekendchalets, Supermärkte, Restaurants, Tankstellen und Telefonhäuschen. In der Hauptsaison herrscht hier reger Betrieb, im August wird es voll und ohne Reservierung sind sogar die Campingplätze knapp.

Arbe war für die Venezianer eine ihrer wichtigsten befestigten Zwischenstationen auf der Route des Levantehandels, wobei die lokale Seidenraupenzucht, Seidenspinnerei und das Textilgewerbe zum Wohlstand der Bevölkerung beitrugen. Das heutige Stadtbild der Inselhauptstadt Rab mit seinen charak-

teristischen vier Kirchtürmen ist folgerichtig vom Mittelalter geprägt, denn nach der großen Pest von 1456, als sich die Stadt praktisch entvölkerte, und dem Zusammenbruch des Levantehandels im 16. Jh. war es mit der Bedeutung der Stadt als Handelsstation vorbei. Bis ins 20. Jh. träumte der Ort und mit ihm die Insel vor sich hin. Man lebte von dem, was Ackerbau, Schafzucht und Fischerei hergaben. Bis die Touristen kamen.

Im August 1936 popularisierte der englische Ex-König Edward bei einem Besuch auf Rab mit seiner Geliebten Wallis Simpson das Nacktbaden – damals gab es hier bereits seit zwei Jahren einen Naturistenstrand. Die Freikörperkultur – deren Abkürzung ›FKK‹ auch in Kroatien verwendet wird – kam allerdings so richtig erst in Tito-Zeiten in Mode. Heute sonnen sich viele FKK-Anhänger an den ehemals idyllischen Stränden bei Lopar.

Ideales Verkehrsmittel für die Insel Rab ist das Fahrrad oder, korrekter, das Mountainbike. Ein dichtes Netz von Wander- und Radwegen überzieht die Insel, aber während dem Wanderer nicht einer davon Probleme bereitet, kann der Durchschnittsradler ganz schön ins Schwitzen kommen – Karstgestein als Untergrund ist nicht gerade leicht zu befahren. Viele Buchten kann man nur zu Fuß oder mit dem Boot entdecken – bei der großen Auswahl findet man sogar im August, wenn man das will, ein idyllisches Plätzchen, an dem man allein dem Badevergnügen frönen kann.

Lopar

Reiseatlas: S. 8, E 1

Der nördliche Fährhafen **Lopar** (Fährbetrieb nur im Sommer!) ist nach den kahlen Bergen des südlichen Krk und dem Passieren der grau-weißen Felseninseln Sveti Grgur und Goli Otok eine Überraschung: sandige Buchten, dichtes Grün, flaches, wie Schwemmland wirkendes Land zwischen niedrigen, von Macchie bewachsenen Felsfluchten, rhythmisch gegliedert von intensiv grünen Steineichentälern – ein Paradies! Die Meeresbucht San Marino ist so flach, dass man lange braucht, bis man zur Hüfte im Wasser steht, ideal also für Kinder. Diese flachen Buchten sind auf der nach Nordosten weisenden Halbinsel, die durch keine Straße erschlossen ist, fast die Norm. Zwischen den Häusern der sich über die gesamte Landenge zwischen Lopar und der Crnika-Bucht erstreckenden Siedlung liegen Gemüsefelder und Weingärten, jeder Quadratmeter ist genutzt. Das Kirchlein am Fähranleger widmete man dem hl. Dominik, einem örtlichen Einsiedler. Bekannter ist der hl. Marinus, der seine steile Karriere hier im 3. Jh. begonnen hatte. Dann verschlug es ihn nach Italien, wo er eine neue Einsiedelei gründete, die über Umwege zur Keimzelle des Staates San Marino wurde. Die Hotelanlage San Marino am feinsandigen ›Paradiesstrand‹ in der Crnika-Bucht ist nach ihm benannt.

TZG: Lopar bb., 51281 Lopar, Tel. 051 77 55 08, Fax 051 77 54 87, www.lopar.com.

San Marino: Lopar (San Marino) bb., Tel. 051 77 51 44, Fax 051 77 51 28, www.imperial.hr. Ausgedehntes ›Tourist Settlement‹ an der Bucht von San Marino. 1000 Betten auf fünf Hotels verteilt. Der Komplex mit seinen verschiedenen Anlagen samt Satelliten (Restaurants, Bars, Cafés, Tennis- und andere Sportplätze, Kinderspielplätze, Läden) vermittelt fast einen städtischen Eindruck; der Sandstrand ist breit und auch größerem Ansturm gewachsen.

Camping San Marino: Lopar 488, Tel. 051 77 51 33, Fax 051 77 52 90, ok-sanmarino@imperial.hr, Apr.–Mitte Okt. Riesig, am ›Paradiesstrand‹. Im hinteren Teil am Bergfuß viele Ganzjahresplätze.

Feral: Lopar 70. Rustikale Konoba an der Straße zum Fähranleger mit hübscher Terrasse und vorzüglichen traditionellen Gerichten; grüne Nudeln mit Škampi, Weißfisch mit Beilage und Palatschinken ab 15 €.

Strände: Schönster Strand weit und breit ist der **Paradiesstrand** (Rajska Plaža) am Golf von Crnika, 3 km von Lopar an der Nordwestküste mit feinem goldfarbenem Sand. Auch die anderen Buchten der Halbinsel und der Strand von Lopar selbst bestehen aus feinem Sand; an der **Saharabucht** (nur Bootsverbindung) FKK.

Tennisplätze/Jachthafen: in San Marino.

Busse: tgl. mehrere Verbindungen von Lopar zur Inselhauptstadt Rab.

Fähre: Keine Fähre mehr nach Baška auf Krk (siehe dazu S. 238).

Die Inselhauptstadt Rab

Cityplan: S. 242

Über die vom Tourismus eroberte Bucht Supetarska Draga mit ihren kleinen Landzungen und Inselchen und das große Inseltal zwischen dem Kamenjak links und grünen Hügeln rechts nähert man sich der Südwestküste und der Inselhauptstadt Rab.

Die kleine Stadt auf einer spitzen, asymmetrischen Landzunge, die zum offenen Meer in einem Steilhang abfällt, zum Hafen jedoch flach ausläuft, ist noch großenteils von der spätmittelalterlichen venezianischen Mauer umgeben. Das unverwechselbare Profil bekommt Rab durch vier Kirchtürme, die dem Rückgrat der Halbinsel aufgesetzt sind. Aus der Luft und an manchen Stellen aus der

Blick auf die Inselhauptstadt Rab

Rab: Cityplan

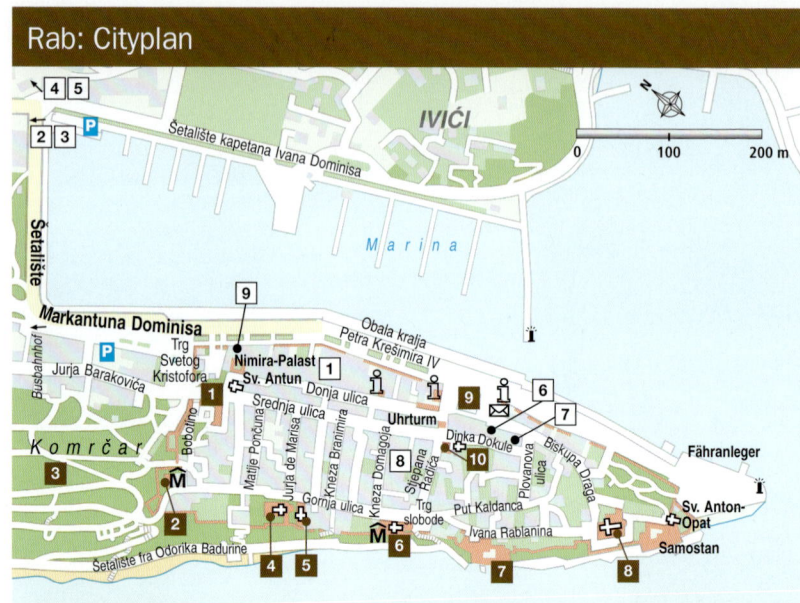

Sehenswürdigkeiten

1. Palast Dominus Nimira
2. Sv. Kristofor
3. Stadtpark Komrčar
4. Sv. Ivan
5. Sv. Križa
6. Sv. Justina
7. Sv. Andrije
8. Kathedrale
9. Trg Municipium Arbe
10. Stadtloggia

Übernachten

1. Ros Maris
2. Imperial
3. Suha Punta
4. Zlatni Zalaz
5. Autocamp Padova III

Essen und Trinken

6. Astoria
7. St. Marija
8. Labirint
9. Grand

Ferne wirken sie wie die Masten eines Se-
gelschiffes. Drei Straßen durchziehen die Altstadt: die untere, Donja ulica, die mittlere,
Srednja ulica, und die obere, Gornja ulica. Vor
allem diese letztere mit den sie säumenden
vier Kirchtürmen, die Rabs Profil von ferne
und vom Meer aus einem Ozeandampfer mit
Schornsteinen gleichen lassen, bildet das
historische Zentrum der Stadt. Dagegen beleben die Srednja ulica heute vor allem Läden
und Gaststätten.

Palast Dominus Nimira

Ein Spaziergang durch die Altstadt beginnt
am Christophorus-Platz, dem alten und früher einzigen Zugang. Am Anfang der Srednja-
Straße steht rechts der **Palast Dominus Nimira 1**, ein Fürstenpalais der venezianischen Spätgotik (spätes 15. Jh., heute mit
Apotheke). Auf der Straßenseite gegenüber
liegen Teile des ehemals größeren Palastes in
Ruinen (in denen ein Café-Restaurant ein
ideales Ambiente gefunden hat). Über die am

Platz beginnende Treppengasse Bobotina gelangt man hinauf zur Gornja-Gasse.

Sv. Kristofor und Stadtpark Komrčar

Geht man in der Gornja ulica nach rechts, passiert man die eindrucksvollen Reste einer Befestigung des Spätmittelalters, von denen sich die kleine Kirche **Sveti Kristofor** `2` erhalten hat. Daneben befindet sich ein Lapidarium. Hinter der Kirche öffnet sich der **Stadtpark Komrčar** `3`, ein wunderschöner ausgedehnter Park der späten Gründerzeit, an dessen Stränden man auch noch baden kann!

Drei Kirchen: Sv. Ivan, Sv. Križa und Sv. Justina

Geht man über die Gornja jedoch nach links, gelangt man an den vier Türmen und mehreren Kirchen vorbei bis zur Spitze der Halbinsel. Die erste Kirche ist nur noch eine Ruine, aber die parkähnliche Inszenierung der Säulenreste der dreischiffigen **Basilika Sveti Ivan** `4` und der gut erhaltene Turm aus dem 12. Jh. (die Kirche stammt aus dem 11. Jh.) machen sie zu einem reizvollen, in sich abgeschlossenen Stück Altstadt. Neben dem Campanile von Sveti Ivan steht die kleine Kirche **Svetog Križa** (Heiligkreuz) `5` aus dem 16. Jh. Ein Stückchen weiter winkt der Zwiebelturm von **Sveta Justina** `6`. Die seltsame steinerne Zwiebel entstand erst im 17. Jh., während die ehemalige Klosterkirche aus dem 14. Jh. stammt. Im Inneren befindet sich ein Museum sakraler Kunst mit z. T. kostbaren Stücken wie einem Tragaltärchen, das der kroatische König Koloman dem Bistum schenkte (Öffnungszeiten des Museums: Juli/Aug. Mo–Sa 9–13 u. 19–22, So 19–22 , Juni u. Sept. tgl. 19.30–21 Uhr).

Sv. Andrije

Jenseits des Slobode-Platzes verändert sich der Charakter der Altstadt. Wir betreten den ältesten Stadtteil Kaldanec an der Spitze der Halbinsel (die Gasse Stjepana Radiča bildet die Grenze) mit seinem noch unregelmäßig gewachsenen Gassenmuster. Die erste Kirche auf der rechten Seite, **Sveti Andrije** `7`,

ist eine Gründung des 11. Jh. Der romanische Turm wurde 1181 fertig gestellt. Auf einem Seitenaltar befindet sich das wundertätige Gnadenbild der Muttergottes »od Čuda«, das von einer der Damen der Familie De Dominis mitgebracht wurde, als sie in das Kloster eintrat. An jedem letzten Aprilsonntag besucht das Gnadenbild die Gottesmutter in der ehemaligen Kathedrale von Rab. Die Prozession gehört zu den großen Ereignissen des Jahres. Das Kloster der Benediktinerinnen, dem die Kirche angehört, ist noch in Funktion.

Die Kathedrale

Das bedeutendste Bauwerk der Insel ist die romanische **Kathedrale Sveti Marija Velika** `8` (nach langen Restaurierungsarbeiten wieder geöffnet) – der Sprachgebrauch ›Kathedrale‹ ist nicht korrekt, denn Rab hat keinen Bischof mehr. Die Insel gehört seit dem 19. Jh. zum Bistum Rijeka. Der 25 m hohe Campanile zählt sechs Stockwerke, deren Fensterzahl ab dem dritten zunimmt, beginnend mit zwei Einzelfenstern. Im obersten Stock ist der Turm von einer prachtvollen Sequenz von vier durch Säulchen gesetzten Fensteröffnungen gekrönt. Man betritt die Kirche durch ein Renaissanceportal. Über dem Eingang befindet sich das Relief einer Pietà des Meisters Peter aus Trogir (Traù) von 1497. Im schlichten dreischiffigen Innenraum tragen römische Säulen aus Cipollino präromanische Kapitelle. Im leicht erhöhten Chor glänzt in dunklem Holz das reich geschnitzte spätgotische Chorgestühl eines lokalen Meisters (1445).

Hafenplatz und Srednja ulica

Unser Spaziergang führt zurück zum Christophorus-Platz, zuerst von der Kathedrale die Biskupa Draga hinunter zum palmengesäumten **Hafenplatz Trg Municipium Arbe** `9` mit seinen Cafés, der Touristeninformation und einem altem Torturm zur Linken, dann durch die dahinter verlaufende Srednja-Straße. Vorbei an der **Stadtloggia** `10` von 1509, dem unverzichtbaren Bestandteil jeder venezianischen Stadt, gelangt man wieder zum Ausgangspunkt.

Kampor, Kalifront und Kamenjak

Reiseatlas: S. 8, D/E 1

Wenige Gäste der Insel Rab kommen in der Stadt selbst unter, die meisten buchen Rab und bekommen Kampor mit Suha Punta, Supetarska Draga, Banjol, Palit oder Barbat, was wenig ausmacht, denn fast jeder Ort auf der Insel (außer Lopar) ist ein Vorort der Hauptstadt.

Kampor

Von der idyllischen Umgebung der Stadt ist in erster Linie das Dorf **Kampor** erwähnenswert. Dort befindet sich das Franziskanerkloster Sveta Fumija (Sv. Eufemija, hl. Eufemia) mit einer kleinen romanischen Kirche und der großen gotischen Klosterkirche. Kostbare Ausstattungsstücke des ehemaligen Benediktinerklosters sind der auch in der Fassung original erhaltene Flügelaltar von Antonio und Bartolomeo Vivarini. Die in Gold hinterlegten Tafeln der venezianischen Frührenaissance stellen neun Heilige und die Gottesmutter mit Kind dar. Fast zeitgleich entstand der Sarkophag der Magdalena Budrišic. Nebenan liegt der idyllische Kreuzgang mit dem typischen gedeckten venezianischen Brunnen. Das dazugehörige Museum in der Bibliothek des Klosters zeigt vor allem Inkunabeln (Öffnungszeiten: Mai–Aug. tgl. 10–12, 16–18 Uhr – nicht verlässlich).

Kamenjak

Nach Südosten schließen sich an Rab bis zum Dorf Barbat eine ganze Reihe von Buchten und Landvorsprüngen an, jede einzelne ist von einem Hotel oder Campingplatz besetzt. Wer das Badeleben satt hat, dem bleibt die Flucht in die Berge. Ein Fahrweg führt von Mundanije auf den Rücken des **Kamenjak,** am Hangfuß zweigt links ein Fußweg ab. Von der Wetterstation und dem Transmitter auf dem höchsten Punkt der Kamenjakkette hat man einen prachtvollen Ausblick auf die zum Greifen nahen Gipfel des Velebitgebirges.

Kalifront

Die **Halbinsel Kalifront** ist wie ein Schildkrötenpanzer geformt, hügelig und an den Rändern leicht gewellt, was viele kleine Buchten entstehen lässt, bewaldet und kaum durch Siedlung erschlossen, dafür aber von schönen Wander- und Radwegen durchzogen.

In **Suha Punta** lädt ein riesiger touristischer Komplex im Mischwald (Kiefern, Eichen) zum Aufenthalt ein, ein Wander- und Radweg führt von dort an der Küste und durch Wald zum Kap Frkanj (und knapp davor zu einer beliebten Konoba) mit Superblick über den schmalen Meeresarm von Sveta Eufemija auf die Stadt Rab und die Kette des Kamenjak.

i **TZG:** Trg Municipium Arbe 8, 51280 Rab, Tel. 051 72 40 64, Fax 051 72 50 57, www.tzg-rab.hr.
Internet: Digital Internetbüro, Srednja bb., nahe Kneza Domagoja.

In Rab:
Ros Maris 1: Obala kralja Petra Krežimira IV, Tel. 051 72 88 99, Fax 051 72 73 04, www.rosmaris.com. Einziges größeres Hotel im Altstadtbereich, aufwendig renoviert, die Fassade an Altstadthäuser angeglichen, kein Strand, aber mit Swimmingpool und Wellnessprogramm. Zimmer mit einigen Farbtupfern, Minibar, Sat-TV, Aircondition, Fön, sehr gute Betten. DZ/FR 95–180 €.
Imperial 2: Palit bb./Jurija Barakovica 2, Tel. 051 72 45 22, Fax 051 72 41 26, www.imperial.hr. Das gründerzeitliche Imperial steckt noch im Kern des großen Hotelbaus im Grünen des Komrčar-Parks. DZ/HP 68–110 €.
Auf der Halbinsel Kalifront:
Suha Punta 3: Kampor bb., Suha Punta, 051 72 40 60, Fax 051 72 45 62, suhapunta@imperial.hr. Großes und ganzjährig geöffnetes Feriendorf im lichten Wald auf der Halbinsel Suha Punta mit Bungalows, nennt sich nach Renovierung ›Aparthotel‹. Einfachere Zimmerkategorie ohne TV. Apt. 30–55 €, Villa (unterste Kat.) 45–75 €, Bungalows 36 (sehr einfach!)–64 €.

In Supetarska Draga:

Zlatni Zalaz 4 : Supetarska Draga 379, Tel. 051 77 51 50, Fax 051 77 54 65. Angenehme und freundliche, gut ausgestattete Familienpension mit Tradition, auch im angeschlossenen, beliebten Restaurant. Die Lage über der Bucht von Supetarska Draga an der Straße nach Lopar ist wunderschön, aber man sollte den Pkw (oder ein Rad) dabeihaben. An der Bucht unterhalb schöner Badeplatz (Grobkies) und Bootsanleger. DZ/HP ab 60–125 €.

In Banjol:

Autocamp Padova III 5 : 51280 Banjol, Tel. 051 72 43 55, Fax 051 72 45 39, padov3@imperial.hr, Apr.–Mitte Okt. geöffnet. Einer der Campingplätze südöstlich von Rab, Kiefernwald und Sportangebot, häufig laut.

Astoria 6 : Trg Municipium Arbe 7/7a (auch von der Dinka Dokule zu betreten), Tel. 051 77 48 44. Das feine Restaurant im ersten Stock über der Straße bietet zu gehobenen Preisen gehobenen Service und italienisch gefärbte Küche – sehr gut die schlichten Spaghetti aglio olio (Spaghetti mit Knoblauch und Olivenöl) und der Risotto con le seppie (Tintenfischrisotto). Drei Gänge nicht unter 25 €.

St. Marija 7 : Dinka Dokule 6, Tel. 051 72 41 96. Ortsübliches Angebot an Fisch, Škampi und Lamm vom Grill im Kellerlokal in einem sehr schönen Innenstadthaus. Zwei Gänge 15–20 €.

Labirint 8 : Srednja 9, Tel. 051 77 11 45. Škampispieß (13 €) und Fleisch vom Grill (6–9 €) sind wohl die besten Gerichte in diesem Lokal mitten in der Altstadt.

Grand 9 : Srednja bb. Großes Café-Restaurant in den Ruinen des Fürstenpalastes mit Innenhof und besonders schönem venezianischem Hof (nicht immer geöffnet), wo man alles bekommt, was es an Nudelgerichten, Fleisch und Fisch in Küstenkroatien so gibt (zwei Gänge und Dessert 15–30 €).

 Die **Donja ulica** ist die Nachtschwärmergasse. Dort sind nebeneinander der **Nachtklub Ali Baba,** die **Disco Bar Le Journal** (Donja ulica 9) und die **Bar Forum** die Hauptanziehungspunkte des nächtlichen Treibens.

 Juni–Sept.: Musiksommer mit Donnerstagskonzerten in der Kirche Sv. Križa oder der Kathedrale, Beginn 21 Uhr.

Sommer: Freilichtkino an der Gornja ulica.

27. Juli: Fest des Schutzpatrons der Insel, dem hl. Christophorus, mit Volksfestcharakter. Viermal im Jahr findet das Mittelalterfest statt, die **Rapske ferije.** Dann werden traditionelle Handwerke vorgeführt und vergessene Hauswirtschaftsarbeiten wie Weben, Spinnen, Kochen am offenen Feuer, Backen etc. praktisch erläutert.

 Tauchen/Schnorcheln: Tauchschulen in Rab und Kampor, z. B. **Kron:** Kampor 413a, Tel. 051 77 66 20, www.kron.diving.com. Tauchschule, die durchwegs gelobt wird.

Bootstouren: von Reisebüros angeboten, rund um die Insel Rab. Die Ausflüge schließen auch den Besuch der Insel Sveti Grgur ein.

ACI Marina Supetarska Draga: Tel. 051 77 62 68, Fax 051 77 62 22, m.supdraga@aci-club.hr; **ACI Marina in Rab:** Tel. 051 72 40 23, Fax 051 72 42 29, m.rab@aci-club.hr.

Strände: In der Bucht von Rab finden sich mehrere kleine Buchten mit Fein- und Grobkies. Fährt man mit dem Boot nach Suha Punta, kann man auf der Halbinsel Kalifront immer noch wenig besuchte Kies- und Felsstrände mit dichtem Wald als Hintergrund genießen.

Busse: nach Lopar und Barbat sowie mehrmals tgl. nach Rijeka (über Mišnjak); Busbahnhof etwas außerhalb an der Straße nach Kampor.

Fähre: Die Insel Rab wird von den Fähren Rijeka–Dubrovnik und Jablanac–Mišnjak (je nach Jahreszeit tgl. 9–21 Fährpaare) angelaufen, evtl. auch bald von der Fähre Valbiska–Lopar (s. S. 238).

Katamaran: nach Mali Lošinj (im Sommer) und Rijeka; Infos über Rapska plovidba, S. Radića 3, Tel. 051 72 41 22, Fax 051 72 40 18. **Hafenamt Rab:** Tel. 051 72 41 03.

Von Rijeka nach Süden wird die Küste durch die tief ins Land gezogene Bucht von Bakar unterbrochen, doch südlich Kraljevica am Buchtausgang zieht sie sich mit Kies- und flachen Felsstränden weiter nach Süden. Die alten Badeorte Crikvenica und Novi Vinodolski sind die hauptsächlichen Urlauberziele.

Bakar, Bakarac und Kraljevica

Reiseatlas: S. 5, C 1; S. 6, D 1

Das enge, alte Städtchen **Bakar** wird von der Burg der Frankopanen (um 1530) überragt. Etwas unterhalb steht die Pfarrkirche des hl. Andreas. Schmale Treppengässchen führen zum Hafen hinunter, wo direkt über dem Meeresspiegel starke Süßwasserquellen austreten. Der Ausblick auf die enge, von steilen grünen Hängen flankierte Bucht schließt an der Südseite Industrieanlagen mit ein. Sie sind der Überrest einer inzwischen abgerissenen Kokerei, die jahrzehntelang die Luft verpestete. Die bequemeren Arbeitsplätze in der Industrie ließen die Bevölkerung einst ihre alten Weinberge aufgeben, die in langen, schmalen, hangparallelen Terrassen die Bucht umgaben.

Am anderen, zur See geöffneten Ende der Bucht liegt **Bakarac**, wo bis in die 80er-Jahre des 20. Jh. lange schräge Leitern mit einem Hochsitz am Ende aufs Wasser hinausragten (zwei sind restauriert und erhalten). Von diesem Sitz aus beobachteten die Fischer der Bucht das Eintreffen der Thunfischschwärme im Mai und August/September. Wie auch mit anderem Meeresgetier lohnt sich der Aufwand nicht mehr.

Den Ausgang der Bucht bewacht **Kraljevica** mit seinem imposanten Frankopanen-Schloss und der auf andere Art ebenfalls eindrucksvollen Werft. Weiter südlich passiert man die Brücke nach Krk und erreicht bald darauf Crikvenica.

Crikvenica

Reiseatlas: S. 6, D 2

›Ungarns Abbazia‹, so nannte sich das **Seebad Crikvenica** in der Zeit vor dem Ersten Weltkrieg. Kein Geringerer als Erzherzog Joseph, Bruder des ungarischen Königs (und österreichischen Kaisers) Franz Joseph I., hatte den Kurort begründet. 1888 entstand eine erste Badeanstalt, 1891 war das Hotel Erzherzogin Clothilde fertig, dann das Neorenaissance-Hotel Erzherzog Joseph, heute heißt es Hotel Therapia (derzeit im Umbau). Die prachtvolle Jugendstilfassade des ehemaligen Hotel Miramare an der Strandpromenade verfällt leider. Dafür musste sich die Klostergründung der Frankopanen aus dem Spätmittelalter dem Tourismus beugen, als Hotel Kaštel leistet der Bau im Süden des Ortes direkt am Strand hervorragende Dienste. Nördlich und südlich der Bebauung erstreckt sich die Riviera von Crikvenica, Küstenpromenaden laden zum Bummeln ein, z. B. nach Süden zum früheren Fischerdorf Selce.

Novi Vinodolski

Reiseatlas: S. 6, E 2

Auch das benachbarte **Novi Vinodolski** ist ein beliebter Ferienort mit zahlreichen Bademöglichkeiten an Kiesstränden und betonierten Liegeplätzen. Bei Novi Vinodolski endet das küstenparallele, fruchtbare, von Weingärten erfüllte Vinodol (Weintal). Im Hafen von

Novi wurde jahrhundertelang der dort gekelterte Wein verschifft. Die Frankopanen verlegten ihren Hauptsitz aus Lopar im nördlichen Krk im 13. Jh. hierher. In der im 19. Jh. aufgemotzten Burg befindet sich heute das kleine Heimatmuseum des Ortes. Das Vinodol im Rücken des Ortes ist eine beliebte Region zum Mountainbiken (eine kostenlose Übersichtskarte gibt es bei der Touristeninformation).

i **TZG Crikvenice:** Trg S. Radića 1c, 51260 Crikvenica, Tel. 051 24 10 51, Fax 051 24 18 67, www.tzg-crikvenice.com. **TZG Novi Vinodolski:** Kralja Tomislava 6, 51250 Novi Vinodolski, Tel./Fax 051 24 43 06, www.tz-novi-vinodolski.hr.

Eine Liste der Anbieter von Privatunterkünften (Agenturen) und der jeweils gültigen Preise gibt es bei der Touristeninformation.

In Crikvenica:
Crikvenica: Strossmayerova Žet. 8, Tel. 051 24 11 99, Fax 051 24 11 29, www.hotelcrikvenica.com. Einfaches, aber ordentliches Hotel der sozialistischen Ära (teilweise renoviert) an der verkehrsberuhigten Uferpromenade, anständige Zimmer mit recht kleinen Bädern. DZ/FR ca. 90–100 €.
Villa Ružica: Bana Jelačića 1, Tel. 051 78 16 00, Fax 051 78 43 78, www.vila-ruzica.hr. Aus zwei Gründerzeitvillen bestehendes Hotel der Oberklasse (4 Sterne), komfortabel, aber keine sehr großen Zimmer. Restaurant mit Meerblick. DZ/FR 60–120 €, in den großzügigeren Apartments ein Drittel mehr.
In Selce:
Autocamp Selce: Tel. 051 76 40 38, Fax 051 76 40 66, www.jadran-crikvenica.com. Großer schattiger und komfortabler Platz direkt am Meer, weitere Campingplätze entlang der flachen Küste mit Feinkiesstrand bei und vor allem südlich Novi Vinodolski.
In Novi Vinodolski:
Lišanj: Lišanjska 1, 51250 Novi Vinodolski, Tel. 051 66 56 00, Fax 051 24 43 29, www.lisanj.com. Gutes und auch schön renoviertes Hotel in Gründerzeitvilla am Strand zwi-

schen hohen Kiefern, mehrere Blöcke, Tennis, Radverleih etc. DZ/HP 50–100 €.

Zrinski: Sunjic Ivica bb., Crikvenica, Tel. 051 24 11 16. Gostiona an einer Stiege zwischen Ufer- und Hauptstraße mit schöner, ruhiger Terrasse, aufmerksamer Service, gutbürgerliche Küche, rustikales Menü (drei Gänge, mit Fisch) ab 15 €.

Jeden 15. Aug. (Mariä Himmelfahrt) findet zwischen Šilo auf der Insel Krk und Crikvenica ein **Schwimm-Marathon** auf einer Strecke von 3,8 km statt, die Bestzeiten liegen um die 45 Min.!
Bootsausflüge: mit der ›Elisabet‹ und Glasbodenboot ab Hafenanleger nach Krk, Rab, Opatija, Tel. 051 78 64 46.

Busse: gute Busverbindungen mit Rijeka (Regional- und Fernbusse).
Taxiboot: regelmäßig und ganzjährig nach Šilo (Insel Krk), Boot ›Superfast‹, Tel. 051 36 98 64.
Hafenamt: Tel. 051 24 30 44.

Grandioses Naturspektakel: die Plitvicer Seen

Das kroatische Gebirge

Karstgebirge hinter wilder Küste

Kroatiens Küsten sind sicher deshalb so besonders reizvoll, weil hinter ihnen das Gebirge steil aufsteigt, im Vaganski vrh bis 1757 m. Wer das wilde, verkarstete Gebirge nicht nur als attraktive Kulisse sieht, sondern es sich aktiv erschließt, wird besonders in den vier Nationalparks Risnjak, Plitvicer Seen, Nordvelebit und Paklenica mit einmaliger Landschaft belohnt.

Wilde, verkarstete Kalkgebirge trennen Küstenkroatien von Binnenkroatien. Obwohl nur so hoch wie deutsche Mittelgebirge, haben Risnjak, Bjelolašica, Kapela und vor allem der küstenparallele Velebitgebirgszug doch hochalpinen Charakter. Das Karstwasser wusch riesige, fruchtbare Täler aus und bildete die berühmten Sinterterrassen der Plitvicer Seen.

Im kroatischen Gebirge fallen die höchsten Niederschläge des Landes, 2000–

3000 mm an der Westseite der Ketten. Während es an der Küste oft nur schwül und bewölkt ist, regnen sich die Wolken in den Bergen ab. Die weichen Flyschschichten sind längst ausgewaschen und haben Täler und Becken gebildet wie die Lika und Gačka. Durch das karstige Gebirge wird das Wasser durch Schlucklöcher und große Ponore in den Untergrund geleitet, wo es Tropfsteinhöhlen bildet. Bis auf die Poljen und Uvalas – kleine und große, manchmal talgroße Einsturzlöcher, wo Wasser am Hangfuß austritt und an einer anderen Stelle wieder ins Bodenlose fällt – ist das Gebirge völlig wasserlos. Dadurch eigneten sich nur wenige Stellen zur Besiedlung und so blieb das Gebirge fast menschenleer, sieht man von ein paar Almen ab. Statt der Menschen leben Wildtiere im Gebirge, auch Wildkatze, Luchs, Bär und Wolf, scheue Tiere, man wird sie nicht zu Gesicht bekommen. Heute macht die Trockenheit der Landschaft vor allem den Wanderern und Hüttenwirten zu schaffen.

Das kroatische Gebirge grenzt mit einer spektakulären Küste an den schmalen Velebitski kanal, einen Meeresarm der Oberen Adria. Auf der anderen Kanalseite liegen die großen Inseln Krk, Rab und Pag mit ihren trockenen, verkarsteten Landseiten. Die Küstenstraße ›Jadransaka magistrala‹ zwischen Senj und der Maslenica-Brücke nördlich von Zadar ist so spektakulär angelegt wie die Landschaft, die sie durchquert. eine Fahrt auf ihr gehört zu den ganz großen Erlebnissen im Land.

Highlight

8 **Der Nationalpark Plitvicer Seen:** Dürfte man nur einen der vier Nationalparks im kroatischen Gebirge besuchen, würde man wohl diesen wählen: Karstwasser hat im engen Tal an Stufen Sinterbarrieren, Terrassen, Wasserfälle und blau-grüne Seen gebildet, das grüne Idyll ist gut mit Wanderwegen erschlossen (s. S. 256ff.).

Empfehlenswerte Routen

Von Senj durchs Binnenland zur Maslenica-Brücke: Die wilde Küstenkette des Velebitgebirges wird im Osten von den Talzonen der Lika und Gaška begleitet, deren saubere, forellenreiche Karstflüsse so plötzlich in Ponoren verschwinden können, wie sie in Karstquellen wieder ans Tageslicht treten. Die Route überquert das Gebirge zweimal, im Mittelteil lernt man die Flüsse Lika und Gaška kennen (s. S. 261f.).

Von Senj an der Küste entlang zur Maslenica-Brücke: Die ›Jadranska magistrala‹ gehört zu den wunderbarsten Küstenstraßen des gesamten Mittelmeerraumes – kaum eine andere ist spektakulärer angelegt und kaum eine andere bietet atemberaubendere Ausblicke. Großes Problem: aufs Fahren konzentrieren (s. S. 264f.)!

Reise- und Zeitplanung

Wer die Region ausschließlich mit dem Pkw (oder Motorrad) kennen lernen will, wird wenig sehen. Zumindest die eine oder andere Wanderung braucht es, um einen Eindruck von Kroatiens Gebirgen zu bekommen. Wählt man die Routen Rijeka – Delnice (Risnjak) – Ogulin – Plitvicer Seen – Senj – Rijeka (350 km) für den Norden der Region und die Rundtour Senj – Otočac – Gospić – Maslenica-Brücke – Karlobag – Senj für den Südteil (310 km), also Binnenlandstrecke sowie Küstenstraße rund um das Velebitgebirge – jeweils ohne Autobahnbenutzung –, kommt man ohne Wanderungen mit je zwei Tagen aus.

Wandern und Bergsteigen sind – wie auch anders – die Hauptaktivitäten der Region. Die touristische Offerte ist nicht auf die vier Nationalparks Risnjak, Plitvička jezera (Plitvicer Seen), Sjeverni Velebit (Nordvelebit) und Paklenica sowie den großen Naturpark Velebit begrenzt, aber sie konzentriert sich dort. Nur auf den absoluten ›Schmankerlrouten‹ wird es manchmal ein wenig eng: von Crni Lug auf

Richtig Reisen-Tipps

Zwei schöne Wanderungen in den Dabarski Kukovi im Velebitgebirge: Vom Pass mit Hotel in Baške Oštarje erschließen sich in Tageswanderungen einige der bizarrsten Felsspitzen, Gipfel und Poljen im südlichen Teil des Naturparks Velebit (s. S. 262f.)

Freiklettern im Nationalpark Paklenica: Ein Eldorado für Sportfreaks ist dieser Nationalpark – über der gewaltigen Schlucht Velika Paklenica türmen sich senkrechte Felswände auf, in denen Freikletterer auf bis zu 300 m langen Routen schwitzen. Wanderer können ihnen vom bequemen Weg am Grund der Schlucht aus zusehen (s. S. 268).

den Risnjak, auf die Dijele Stijene, auf dem Premužić-Weg im Nordvelebit, in der großen Paklenica-Schlucht. Das gilt aber nur für die Wochenenden, wenn ganze Schwadrone von Bergsteigern aus Zagreb anrücken. Den Rest der Woche hat man das Gebirge fast für sich allein, besonders wenn man die Monate Juni sowie September und Oktober wählt (im Mai kann noch viel Schnee liegen, ab November gibt es häufig Schneefall). Die Hütten sind üblicherweise nur am Wochenende geöffnet, auf Wasservorräte kann man sich nicht verlassen!

Ein Problem ist der öffentliche Verkehr, man ist gerade im Gebirge auf den eigenen Wagen angewiesen. Nur Crni Lug (für den Nationalpark Risnjak), Ogulin (für den Klek), der Vratnik-Pass bei Senj (für den Nationalpark Velebit) und Baške Oštarje (für den Naturpark Velebit) sowie Starigrad Paklenica (für den Nationalpark Paklenica) sind einigermaßen gut erreichbar. Zum Nationalpark Plitvicer Seen gelangt man zwar mit dem Bus, ob man jedoch abends wieder mitgenommen wird, ist eine andere Sache.

Im Gorski Kotar, dem grünen Mittelgebirge im Rücken von Rijeka, leben noch Luchse und Bären. Für die Bevölkerung der Hafenstadt wie für jene von Zagreb ist der Gorski Kotar ein ideales Naherholungsgebiet, so weitläufig und vielfältig, dass man meist nur im Nationalpark Risnjak an Wochenenden anderen Menschen begegnet. Ein Traum!

Die grünen Buchen-, Tannen- und Fichtenwälder des Gorski Kotar und der Kapela, wie sich die südlichen und die östlichen, an Bosnien-Herzegowina angrenzenden Bergzüge nennen, sind zwar zumeist Forste, aber sie sind so ausgedehnt und von so vielen urwaldähnlichen Gegenden durchsetzt, dass sich dort Tiere halten konnten, die anderswo längst ausgerottet wurden. Die Bestände von Luchs, Wildkatze und Braunbär – 400 im Velebit – haben sich in den letzten beiden Jahrzehnten erholt. Während diese Tiere nicht gejagt werden dürfen, gibt es bei Rotwild, Gamswild, Fuchs und Hase, allesamt in reicher Zahl vorhanden, kein Pardon und häufig großes Halali: Der Gorski Kotar ist ein Jägerparadies. Die klaren Gewässer des Karstgebirges ziehen Angler an, die großen Forellen der Bäche, Flüsse und (wenigen) Seen sind berühmt.

Für gestresste Großstadtkroaten und naturhungrige Nordlichter ist die Berg-, Wald- und Flusslandschaft Gorski Kotar ein Erholungsparadies. Auf Hunderten von markierten Wanderwegekilometern tummeln sich 26 offizielle Berghütten alpiner Vereine, diverse Kletterberge, Schluchten und Klammen zum Durchwandern und Höhlen zum Erkunden. Und abends im Gasthaus Wildbret, Steinpilze und Pfifferlinge, Bachforellen, hausgeräucherter Schinken und hausgebrannte Schnäpse. Für die Bewohner von Rijeka ist vor allem der Nationalpark Risnjak, ein Mittelgebirge mit dichten Wäldern, das von einigen spitzen Kalkfelsen gekrönt wird, das hauptsächliche Ausflugsgebiet im Gorski Ko-

tar. Besonders auf dessen nach Slowenien gerichteter Nordseite ist auch der Risnjak nie überlaufen. Die Zagreber hingegen besuchen die Gegend um Ogulin, das sie mit dem Zug oder Bus (und immer mehr mit dem eigenen Pkw) leicht erreichen. Dort lockt sowohl der Felsenklotz Klek als auch die von dünnen Dolomitfelsspitzen dicht durchsetzte Waldlandschaft der Bijele und Samarske stijene. Und ganz im Süden des Gebietes lockt der Nationalpark Plitvicer Seen.

Eine Rundtour ab Rijeka durch das Gebiet könnte über Delnice und Crni Lug führen. Von dort besteigt man den Risnjak. Weiter über Mrkopalj in die Velika Kapela mit den Bijele und Samarske stijene, dann nach Ogulin (135 km) und auf den Klek. Zurück nach Rijeka über die Autobahn (85 km, Rundtour 220 km), alternativ schließt man den Nationalpark Plitvicer Seen an und kehrt über Otočac, Senj und die Küstenstraße zurück (265 km, Rundtour 400 km), oder fährt von Ogulin zurück in die Velika Kapela und über die wenig befahrene Straße nach Novi Vindolski und zurück nach Rijeka (115 km, Rundtour 250 km).

Der Nationalpark Risnjak

Reiseatlas: S. 10, D 2
Nur 15 km Luftlinie vom Mittelmeer erhebt sich der Gipfel des **Veliki Risnjak.** Er ist der höchste Berg im nördlichen Gorski Kotar (1528 m) und Mittelpunkt des mehr als 3000

ha großen **Nationalparks Risnjak.** Die Landschaft hier ähnelt stark den nördlichen Kalkvoralpen: bizarre Kalktürme und Wände, die aus grünen Legföhren herausragen, die umgebenden Wälder setzen sich aus Fichten, Buchen und Tannen zusammen. Große Dolinen unterbrechen die Hänge und bewaldeten Hochflächen. In diesen oft bis über 30 m tiefen Karstlöchern überleben nur kälteresistente Pflanzen. Der 4 km lange markierte Naturlehrpfad Leska macht mit der Natur der subalpinen Wälder bekannt. Er beginnt an der Nationalparkgrenze beim Ort Bijela Vodica westlich des Ortes Crni Lug.

Wer in das Felsenreich des Gipfels vordringen will, muss sich mit Bergschuhen und der entsprechenden Ausrüstung ausstatten. Vom Nationalparkeingang bei Bjela Vodica geht man auf dem Wanderweg Horvatova staza in 3 Std. bis zum Gipfel (hin und zurück ca. 5 Std.). Auf der großen Schulter unterhalb des Gipfelaufbaus mit seinen Kalkfelsen und der alpinen Vegetation steht in der prächtigen Schlosseralmwiese die einladende Berghütte Schlosserov dom, idealer Standort für Nächtigung und Verpflegung.

Der Nationalpark ist regen- und schneereich: an 115 Tagen im Jahr fällt Schnee – gerade in den Übergangsjahreszeiten sollte man also auf alles gefasst sein und warme Kleidung mitnehmen. Den Luchs, dessen Population sich nach einer langen Durststrecke wieder erholt hat, wird man jedoch kaum zu Gesicht bekommen. (Als Wanderkarte kommt nur die SMAND-Karte 14, Gorski Kotar IV im Maßstab 1:30 000 in Frage, die den gesamten Nationalpark umfasst; im Buchhandel.)

An der Kupa

Reiseatlas: S. 10, D/E 1/2
An den Nationalpark Risnjak schließt das ursprüngliche **Waldtal der Oberen Kupa** zwischen der Quelle und der slowenischen Grenze an; man erreicht es über Delnice an der Hauptstraße Rijeka–Zagreb oder über den Bahnhof Skrad (Eilzüge zwischen Rijeka–Zagreb helfen). Nach einem halbstündigen Aufstieg auf einem Wanderweg durch Waldgebiet zweigt links ein Weg zu den eindrucksvollen Wasserfällen von Zeleni vir ab. Noch etwas weiter erreicht man die Felsenklamm **Vražji prolaz** (Teufelsdurchgang). Die Klamm ist an die 700 m lang und an den engsten Stellen nur 2 m breit, ein System von Laufstegen, Treppen und Brücken erlaubt auch Spaziergängern ohne Wanderausrüstung, dieses Naturschauspiel zu entdecken. Die Klamm ist nicht optimal gesichert, Vorsicht mit Kleinkindern! (Hin und zurück ca. 2 Std.).

Velika Kapela und Bjelolasica

Reiseatlas: S. 6, E/F 1
Südlich der Verkehrsachse Zagreb–Rijeka, die nach dem komplettierten Ausbau der Autobahn wieder ohne Staus befahrbar ist (die Autobahn bekam übrigens spezielle begrünte Bärenbrücken, weil sie mitten durch unberührtes und von Bären bewohntes Waldland führt), erstrecken sich die parallelen Ketten der **Velika Kapela,** die in der **Bjelolasica** mit 1533 m ihren höchsten Gipfel erreichen. Ausgangspunkt für eine Besteigung ist der Flecken **Mrkopalj:** Man nimmt die asphaltierte Straße nach Begovo Rasdolje, dem mit ca. 1080 m höchstgelegenen Dorf Kroatiens, und weiter auf der Forstsraße in Richtung Südosten. Nach 7 km beginnt links ein Weg mit deutlicher Markierung. Von dieser Stelle aus geht man 4 Std. hin und zurück auf den höchsten Gipfel, die Kula. Mit Gipfelbuch und Prachtausblick bis zum Meer – bei klarem Wetter! An der Ostflanke des Berges ermöglichen ein Sessellift und Schlepplift Skiabfahrten im ›Kroatischen Olympischen Zentrum‹ bis in den Frühsommer hinein.

Bijele stijene und Samarske stijene

Reiseatlas: S. 6, E/F 1
Wesentlich pittoresker als die Bjelolasica sind die Ketten der **Bijele stijene** und **Samarske**

stijene (Bijele stijene = Weiße Felsen), die etwas südlich aufragen und ebenfalls von Mrkopalj erreicht werden können. Es sind lockere Ketten von senkrechten Kalkfelsen, Nadeln und einsamen Felstürmchen, die von einem dichten Wald umgeben sind. 1985 erklärte man die 1176 ha der Bijele und Samarske stijene zum Naturschutzgebiet. Besonders die Spitzen der Samarske stijene locken viele Freikletterer an. Vom Parkplatz an der Straße Mrkopalj–Jasenak geht man nur eine halbe Stunde bis zur kleinen Ratkos-Unterstandshütte am Fuß der wichtigsten Kletterfelsen. Sie ist in einen Höhleneingang hineingebaut und scheint frei in der Wand zu schweben. Bergsteiger erreichen die Unterkunftshütte in der Kette der Bijele stijene, einen hübschen Bau im alten Stil (aber erst von 1968), von Jasenak aus auf einem markierten Weg in 3,5 Std. Von dort geht man noch 15 Min. auf den Gipfel. Der über und zwischen steile Felsen führende Steig ist streckenweise mit Stahlseilen versichert.

Ogulin und der Klek

Reiseatlas: S. 10, E/F 2
Ogulin ist für viele Reisende nur Bahn- und Busstation, hat aber mit seiner Burg und der eindrucksvollen Lage, vor allem aber wegen des nahen Berges Klek ein Anrecht auf mehr Zeit als nur eine Umsteigeviertelstunde. Die Burg der Frankopanen über dem Ort beherbergt das Heimatmuseum, in dem die alpinistischen Stücke vielleicht am interessantesten sind, da sie mit der Geschichte des Bergsteigens in Kroatien eng verbunden sind.

Eine besondere Bedeutung hat der auffällige, als Felsklotz steil aus dem Waldland herausragende Berg **Klek** (1182 m) bei Ogulin für die Geschichte des kroatischen Bergsteigens. Dort fand nämlich im Jahr 1838 die wohl erste touristische Besteigung eines Berges im ganzen Land statt: Der damalige sächsische König Friedrich August II. bestieg gemeinsam mit Josip Jelačić, dem späteren kroatischen Statthalter (Ban), den von Ogulin aus mit steiler Wand aufsteigenden Felsenberg. Bei der Prominenz der beiden Besteiger durfte ein Bericht nicht fehlen. Er gab den Startschuss für den in Kroatien äußerst populären Volkssport Bergsteigen. Man besteigt den Klek am leichtesten und kürzesten von Bijelsko aus, 8 km westlich Ogulin. Vom Dorf benötigt man nur ca. 2 Std. auf den Gipfel (mit Schutzhütte Dom Kleku unterhalb des Gipfelaufbaus). Schöner ist der Weg ab Puškarići, einem Dorf 3 km westlich Ogulin. Der Aufstieg von dort dauert etwa 3 Std.

i **Besucherzentrum und Information im Nationalini park Risnjak:** Bijela Voda 48, 51317 Crni Lug, Tel. 051 83 61 33, Fax 051 83 61 16, www.risnjak.hr.
TZG Delnice: 51300 Delnice, Lujzinska cesta 44, Tel./Fax 051 81 21 56, www.tz-delnice.hr.
TZG Ogulin: Frankopana 2, 20356 Ogulin, Tel./Fax 047 53 22 78, www.ogulin.hr.

Hotels:
Risnjak: Lujzinska 36, 51300 Delnice, Tel. 051 50 81 60, Fax 051 50 81 70, www. hotel-risnjak.hr. Freundliches kleines Privathotel an der Straße von Rijeka nach Zagreb, unweit des Risnjak-Nationalparks, im Haus Restaurant mit lokaler Küche. DZ/FR 56–96 €.
Jastreb: Begovo Razdolje, 51315 Mrkopalj, Tel. 051 83 31 61, Fax 051 83 35 27, www. hoteljastreb.com. Für seine zwei Sterne bemerkenswert komfortables älteres, aber renoviertes Hotel im Dorf Begovo Razdolje nahe der Bjelolasica, mit Restaurant, Zimmer mit Sat-TV in 2 Kat. DZ/FR 50–75 €.
Schutzhütten:
Schlosserov dom: Tel. 051 83 61 33. Einfache Berghütte unter dem Risnjak-Gipfel.
Kuća na Snježniku iznad Platka: Infotel. 051 51 65 97. Berghütte unter dem Snježnik im Westteil des Risnjak-Parks.
Ratkovo sklonište: Einfache Schutzhütte in den Samarska stijene, Matratzenlager, Zisterne für Höhlenwasser.
Kuća na Bijelim stijenama: Ansprechpartner Hüttenwart der Sektion Velebit in Zagreb, Tel. 013 70 25 46. Berghütte in den Bijele stijene.

Dom na Kleku: Infotel. 047 53 12 06. Berghütte am Fuß des Gipfelaufbaus des Klek.

047 56 21 18, www.bjelolasica.hr, auch Unterkunft.

 Bergwandern: auf dem markierten Wegenetz des Nationalparks Risnjak, ab Crni Lug führt der **Naturlehrpfad Leska** in den Risnjak-Park; Infos zum Wegenetz und zu den Hütten gibt der Kroatische Bergsteigerverein in Zagreb (s. Wandern und Bergsteigen, S. 68); Wandern, Klettern und Freiklettern in den Bijele stijene und auf dem Klek.
Kanufahren/Raften: auf der Mrežnica, Dobra und Korana.
Wintersport: in der Bjelolasica, wo sich das kroatische Olympische Wintersportzentrum befindet: Hrvatski olimpijski centar Bjelolasica, Jasenak, Vrelo bb., 20356 Ogulin, Tel.

Der Nationalpark Risnjak ist nur mit **Pkw** zu erreichen. Zufahrtsstraßen von Rijeka über Platak oder von Delnice nach Crni Lug. Ebenfalls kein öffentlicher Verkehr zu den Bijele stijene, Zustieg erfolgt von der Straße Mrkopalj–Ogulin.
Busse: von Ogulin nach Karlovac vor allem zu Tagesrandzeiten, mehrmals tgl. Busse nach Rijeka über Bjelolasica mit Halt in Bjelsko (Klek-Aufstieg).
Bahn: Ogulin ist Bahnumsteigestation an den Hauptverkehrsstrecken Zagreb–Rijeka und Zagreb–Knin–Split und hat dorthin tgl. häufige Verbindungen.

Freiklettern ist In-Sport im Kroatischen Gebirge

Türkisfarbene Seen, ungezählte große und kleine Wasserfälle, das Grün von Kräutern, Büschen und Bäumen, das sich mit dem des Wassers vermischt, Kalkfelsen und bemooste Steine, sprudelnde Gischt und ruhige Wasserflächen – der Nationalpark Plitvicer Seen wurde zu Recht schon 1979 in die Liste der Unesco-Welterbe-Standorte aufgenommen.

Reiseatlas: S. 19, A 4

Kroatiens international bekannteste Sehenswürdigkeit verbirgt sich in einem um die 1100 m hohen, dicht bewaldeten Bergland, der Mala Kapela. In diesen Bergen gibt es Dutzende kalkhaltiger Bäche, denn das gesamte Gestein des Untergrundes besteht aus Kalk. Die konkurrenzlos wasserreiche obere Korana (sie mündet bei Karlovac in die Kupa) löst besonders viel Kalk aus dem Untergrund. Davon lagert sich wieder so viel im eigenen Flussbett ab, dass Dämme entstehen, über die sich ein vielfach verästelter Wasserfall stürzt, während sich hinter den Dämmen ruhige Seen erstrecken, in denen das Fließen des Wassers kaum wahrnehmbar ist. Durch das ständige Wachsen der Dämme – 1–3 cm pro Jahr – ändern sich auch die Wasserwege schnell. Wasserfälle sind plötzlich ohne Wasser, weil sich dieses einen anderen Weg gesucht hat und nun zwischen Bäumen zur tieferen Terrasse strömt. Wo im letzten Jahr ein Plankenweg über ein versumpftes Waldstück verlief, strömt heute ein Bach. Travertinwände alter Wasserfälle stürzen ein und reißen die umstehenden Bäume mit sich. An einer anderen Stelle bildet sich zur gleichen Zeit eine Kaskadenreihe aus Kalktuff – das ist die Landschaft der **Plitvicer Seen, des Nacionalni park Plitvička jezera.** Der 1949 gegründete kroatische Nationalpark existiert als teilweises Schutzgebiet bereits seit mehr als einem Jahrhundert, denn schon vor 1914 galten die Plitvicer Seen als »wohl romantischste Gegend im österreich-ungarischen Litorale«, wie ein Dalmatien-Reisehandbuch aus dem Jahr 1909 notiert. Den Namen hat der Park vom Plitvicer Bach, der mit einem 76 m hohen Wasserfall in das Haupttal stürzt. Erst ab dort darf sich das Gewässer Korana nennen.

Die weiße ›Seekreide‹ am Boden der Plitvicer Seen bricht das Sonnenlicht und lässt das Wasser in wunderschönen blauen und grünen Tönen spiegeln. Werden die Poren zwischen den Kalzitkristallen nachträglich ausgefüllt, entsteht das sehr leichte und gleichzeitig feste Travertingestein.

Der interessanteste Teil des Nationalparks, der auch dichtes Waldland umfasst, in dem Bären und Luchse leben, ist natürlich die Seen- und Wasserfallkette. Es gibt zwei Eingänge von der N1 (Zagreb–Split), den nördlichen Eingang 1 und den südlichen Eingang 2, der Eintritt ist nicht ganz billig. Der Weg durch den Park kann durch Shuttlebusse und Elektroboote auf dem großen Kozjak-See verkürzt werden. Nimmt man den Bus nur für den Rückweg, wie unten angegeben, ist mit einer reinen Gehzeit von etwa vier Stunden zu rechnen.

Rundwanderung durch den Nationalpark

Karte: S. 257

Am besten beginnt man die Erkundung des Parks bei **Eingang 1** und wandert auf dem angenehmen Weg hinunter in das steil eingeschnittene Tal. Dieser Abschnitt mit den oft senkrecht begrenzenden Wänden entstand in einem eingestürzten Höhlensystem. Man genießt herrliche Blicke auf die bis 76 m hohen Sastavci-Wasserfälle des Plitvice-Baches. Auf einem Steg quert man einen Kalktuffdamm und kann an den Fuß der Wasserfälle gelangen. Sie haben ein regelrechtes Amphitheater mit senkrechten Wänden in das anstehende Gestein geschnitten. Der flussaufwärts führende Weg passiert den **Kaluderovac jezero** und führt auf einem Bohlenpfad unter den Wasserfällen des Gavanovac hindurch und schließlich hinauf zum lang gestreckten **Gavanovac jezero.** Über einen kurzen Anstieg erreicht man den größten der Seen, den **Kozjak jezero.** Nun geht es durch ein Flusstal weiter, die senkrechten Wände der unteren Talstrecke gibt es hier nicht mehr. Ein hübscher, einfacher Wanderweg führt links am Ufer weiter. Wer abkürzen möchte, kann entweder mit dem Shuttlebus fahren oder an der Anlegestelle zur Rechten das Elektroboot nehmen. Alle drei treffen sich bei der Anlegestelle unterhalb der Hotelgruppe des Eingangs 2, wo man – nach 50 Höhenmetern Aufstieg – eine Erfrischung zu sich nehmen kann – oder gleich mit dem Boot zum anderen, dem Westufer fährt.

Ab hier ist es sinnvoll, sich links zu halten. Der Weg verläuft immer wieder über Tuffdämme, an kleinen Seen und Wasserfällen vorbei, durch Wald und am Ufer entlang, bis man den zweiten großen See erreicht, den **Prošćansko jezero.** Hier gibt es wieder die Möglichkeit, den Bus zu besteigen und zum **Eingang 2** oder gleich zum Endpunkt am Nordende des Kozjak jezero zurück zu fahren und dann zu Eingang 1 zurück zu gehen. Sehr viel schöner ist es, den gesamten Rückweg zu Fuß zu machen, und zwar auf der anderen, weniger stark begangenen Talseite, wobei man wieder zur Fährstelle unterhalb Eingang 2 zurückkehrt und nach dem Übersetzen bei den Hotels den Bus nimmt, um dann das letzte Stück bis Eingang 1 wieder zu Fuß zurückzulegen.

i **Informacije Nacionalni park Plitvička jezera:** 53231 Plitvička jezera, Tel./Fax 053 75 10 15, www.np-plitvicka-jezera.hr.

Die **drei Parkhotels** liegen sämtlich nahe **Eingang 2,** am Eingang 1 nur Imbiss und Auskunft.

Buchungsadresse: Plitvička jezera bb., 53231 Plitvička jezera, Tel. 053 75 10 15, Fax 053 75 10 01, info@np-plitvicka-jezera.hr, www.np-plitvicka-jezera.hr.

Jezero: Tel. 053 75 14 00, Fax 053 75 16 00. Großes Hotel über dem Kozjak-See, mit viel

Nationalpark Plitvicer Seen

Wandern um die Plitvicer Seen: ein Vergnügen der besonderen Art

Holzverarbeitung, das einzige, das auch außerhalb der Sommermonate geöffnet ist; mit Restaurant. DZ/HP 110–170 €.
Plitvice: Tel. 053 75 11 00, Fax 053 75 10 13, außerhalb der Sommermonate geschl. Gehobenes Ambiente. DZ/HP 95–140 €.
Bellevue: Tel. 053 75 17 00, Fax 053 75 11 65. Einfaches Hotel mit mehreren Zimmerkategorien (alle mit Du/WC) und Preise. DZ/HP 80–100 €.

In Korenica:
Macola: Josipa Joviča 1, Tel. 053 77 61 70, an der Straße Zagreb–Zadar, 15 km südlich des Nationalparks. Viel besuchtes Restaurant mit selbstgebackenem Brot und hausgemachten Kuchen; Hauptgang von der Selbstbedienungstheke ab 4 €.
Im Nationalpark Plitvicer Seen:
Lička kuća: Rastivača bb., Tel. 053 75 10 23. Rustikales Restaurant mit der Küche der Lika, offene Feuerstelle, Grillgerichte und Gerichte (auch Brot!) unter der Glocke und zum Nachtisch Krapfen; Hauptgang ab 7 €.

Geführte Tagestouren mit Freizeit werden von allen kroatischen Tourismusagenturen organisiert, selbst istrische Hotels bieten Tagesausflüge an.
Baden ist aus Naturschutzgründen verboten.

Der Nationalpark liegt an der kroatischen **Verkehrshauptachse** Zagreb–Zadar–Split, die trotz der Autobahn immer noch stark befahren ist.
Busse: nach und von Zadar, Zagreb, Split und Dubrovnik (nur einige Direktbusse auf der Autobahn). **Aber Achtung:** Die beiden Bushaltestellen bei den Eingängen 1 und 2 sind keine Pflicht-Haltestellen, man wird zwar immer auf Zuruf abgesetzt, aber wenn es schnell gehen muss, bleibt kein Linienbusfahrer stehen, um einen an der Haltestelle wartenden Wanderer auch wieder aufzunehmen!

Das Küstengebirge zwischen Senj im Norden und der Maslenica-Brücke im Süden, wo sich die höchsten Gipfel und die wildeste Landschaft des kroatischen Gebirges finden, wird Velebit genannt – als Teil des Naturparks Velebit (Park Prirode Velebit). Die spektakulärsten Gebiete in den Nationalparks Nordvelebit und Paklenica sind noch stärker geschützt.

Südlich von Senj tritt das Velebitgebirge mit abweisender, schroffer Front an die Adria, so schroff, so steil, dass die Küstenstraße alle Mühe hat, einen nur mäßig kurvenreichen Verlauf zu finden, meist hoch über dem Meer. Wanderer, Bergsteiger, Freikletterer, Mountainbiker finden im Velebitgebirge abseits der Küstenstraße ein in großen Teilen touristisch noch unerschlossenes Gebirge mit gewaltigen, blendend weißen Kalkfelsbastionen, den *kukovi* (Einzahl: *kuk*), in sanfter Mittelgebirgslandschaft. Diese wird von Rotbuchen, Tannen-, Flaumeichen- und Schwarzkiefernwäldern überzogen, in den höchsten Zonen wachsen Latschenkiefern und auf weiten alpinen Matten seltene Blumen.

Im Velebitgebirge muss man einige geläufige Vorstellungen, was Gebirge betrifft, aufgeben. Täler führen nicht aus dem Gebirge in das Vorland, sondern in kleinere oder größere Poljen. Oder versickern einfach, wie die nur über kurze Strecken oberirdisch fließenden Bäche. Und es sind diese Poljen, kreis- und ellipsenförmige Einsenkungen ohne Zulauf, ohne Ablauf, die das Gebirge gliedern. Die großartigsten Wände liegen oft nicht an den Außenseiten eines Felsklotzes, sondern innen – wenn nämlich der Felsklotz durch eine Polje ausgehöhlt ist, wie am Božin kuk in den Dabarski kukovi. Täler, wenn sie sich zum Meer durcharbeiten können, sind am schroffsten knapp vor dem Ausgang: Die berühmten Canyons der Mala und der Velika Paklenica im Nationalpark Paklenica dienen als Beispiele.

Dazu kommt eine äußerst interessante Flora und Fauna, gerade auch im Paklenica-Nationalpark, dessen Gipfelzone 1757 m erreicht (Vaganski vrh). Die berühmtesten Bewohner des Velebitgebirges sind Bär, Luchs und Gänsegeier.

Nur wenige Straßen durchziehen das riesige Gebirge zwischen Senj und der Maslenica-Brücke im Süden des Meeresarmes Velebitski kanal einerseits und der Adriaküste und der durch Flussläufe und Poljen markierten Linie Senj–Otočac–Gospić–Gračac andererseits. Der gesamte Velebit wurde von der UNESCO als Biosphärenreservat anerkannt und ist kroatischer Naturpark (die Unterschutzstellung ist in der Realität nicht erfüllt).

Drei Gebiete sind gut erreichbar und lohnen den Besuch: das Gebiet um den Botanischen Garten Velebit (Velebitski Botanički vrt) im Nationalpark Nordvelebit, die pittoreske Karstfelsenlandschaft der Dabarski kukovi und der Nationalpark Paklenica. Alle drei sind sie Ziel von Wanderern, Bergsteigern und Freikletterern. Die wichtigsten Stützpunkte befinden sich in Senj, Karlobag und Starigrad Paklenica an der Küste sowie Otočać und Gospić im Binnenland.

Senj

Reiseatlas: S. 6, F 3
Senj ist nur ein kleines Städtchen (4000 Ew.) und doch – als Ausgangspunkt für die Über-

Velebit – schroffes Gebirge im Rücken der Küste

querung des Küstengebirges über den Vratnik-Pass – ein wichtiger Ort. Und so gehört es auch verwaltungsmäßig nicht mehr zum Kvarner, sondern zur Grafschaft Lika-Senj mit Sitz in Gospič jenseits der Berge.

Hinter dem Mauerkranz des Ortes steigen die Hänge des Velebitgebirges auf. Sie bilden keinen Schutz gegen die winterliche Bora, die ihren Eisatem durch den Windkanal des Vratnik-Passes direkt auf Senj richtet. Jenseits des Meeresarmes Velebitski kanal erheben sich die grauen Felsmassen des östlichen Krk. Ein unwirtlicher Platz für eine Stadt, aber auch ein verkehrsgünstiger – die küstennahen Handelsrouten müssen über Senj abgewickelt werden, und wer ins Hinterland will, nimmt den Vratnik-Pass und geht ebenfalls über Senj. Heute verläuft über den Pass der kürzeste Zubringer von der Ostküste der Kvarner Bucht zur Autobahn Zagreb–Split.

Senj und die Uskoken

In römischer Zeit entwickelte sich in der Bucht des heutigen Senj eine Handelssiedlung namens Senia. Im Mittelalter kam ein Bischofssitz dazu (1154), die Frankopanen konnten auch hier nicht die Finger von einer Stadt der Region lassen (1302–1469) und nach den Ungarn (1469–1526) mischten die Habsburger mit. Die Zeit des österreichischen Einflusses fiel mit dem Beginn der Einrichtung der Militärgrenze zusammen und mit der Massenflucht christlicher Slawen aus den neu eroberten türkischen Gebieten. Uskoken, christliche Flüchtlinge vor den türkischen Angriffen auf den Balkan, übernahmen die Macht in Senj und errichteten die mächtige Festung Nehaj über dem Ort. Den Österreichern waren sie als Todfeinde der Türken lieb und wert. Mangels türkischer Angriffe begannen die Uskoken sich bald nach einem anderen Feind umzusehen und entdeckten die Venezianer (was den Österreichern immer noch recht war, obwohl sie das natürlich nicht zugeben konnten). Aus den bäuerlichen Flüchtlingen wurde innerhalb einer Generation ein Piratenvolk, vor dem kein Schiff sicher war. Nach den österreichisch-venezianischen Auseinandersetzungen von

1615 bis 1617 mussten die Uskoken Senj und ihre anderen Festungen verlassen, ihre Schiffe wurden verbrannt, sie selbst wurden anderswo im habsburgischen Gebiet angesiedelt, so etwa im Bergland des Žumbarak bei Zagreb.

Stadt und Burg

Am lebendigsten wird die uskokische Vergangenheit des Städtchens in der **Burg Nehaj** mit ihren vier Ecktürmen, die über der Stadt Auslug hält. Im ersten Stock des eindrucksvollen Baus von 1558 ist ein Uskokenmuseum eingerichtet. Übrigens hat man von dort oben einen großartigen Blick auf die Stadt und auf die Insel Krk. Die Burg ist Schauplatz des Kinderbuchklassikers »Die Rote Zora und ihre Bande« (siehe Lesetipps S. 57).

Im Städtchen selbst ist der alte Grundriss gut erhalten: Teile der Wehrmauer, schmale Gassen mit dunklen Durchgängen, aber auch der großzügige **Veliki placa** (Großer Platz) mit barockem Brunnen. An einer Seite steht das alte Stadtpalais der Frankopanen, das um 1340 errichtet und im 19. Jh. stark umgebaut wurde. Die **Velika Vrata**, ein Tor von 1779, erinnert an die Eröffnung der ersten Straße entlang der Küste, der Josephina (nach Kaiser Joseph I.) nach Karlobag. Die **Kathedrale Maria Himmelfahrt** ist ein mehrfach umgebauter und teilbarockisierter Bau. Die romanische Front bleibt noch teilweise erhalten. Im **Stadtmuseum** gibt es Trachten zu sehen und Uskokengeschichte zu lernen, es wurde im früheren Stadthaus eines Uskokenhauptmannes eingerichtet. Der Rundturm am Hafen, **Kula Žabac,** erinnert daran, dass die Feinde früher nicht nur vom Vratnik-Pass herunterkamen, wo sie die Festung Nehaj abfangen sollte, sondern auch von See aus erwartet wurden. Gleiches gilt für die streckenweise noch gut erhaltene Hafenfront der Stadtbefestigung (teilweise in Gebäude eingebaut) (Öffnungszeiten: Festung Nehaj und Uskokenmuseum: im Sommer 9–20, im Winter 10–12 und 14 Uhr bis Sonnenuntergang; Stadtmuseum: im Sommer 9–15 und 17–20, im Winter nur 17–20 Uhr).

Senj: Die Nehaj-Burg thront über dem Kvarner

TZG: Stara cesta 2B (an der Abzweigung der Straße zum Vratnik bzw. zur Autobahn), 53270 Senj, Tel. 053 88 10 68, Fax 053 88 12 19, tz.senj@gs.htnet.hr.

Garni Hotel Art: Kralja Zvonimira 15, Tel. 053 88 43 77, Fax 053 88 43 76, www.coning-turizam.hr. Einfaches, sauberes Hotel am Hafen neben dem Rundturm, Zimmer zum Hafen nehmen! DZ/FR 50–60 €.
Autocamp: in der Bunica-Bucht (5 km nördlich), Tel. 053 61 67 18. Idyllisch, direkt daneben ein weiterer Camp, Besitz der gleichen Familie; 30 Stellplätze, Grillrestaurant.

Lavlji Dvor: P. Preradovića 2, Tel. 053 88 17 38. Kühler Innenhof des ›Löwenhauses‹ mit Renaissancearkaden: Fisch, Schalentiere, delikate Palatschinken und drei offene Weißweine in entspanntem Ambiente, Menü ab 15 €.

Senj ist Ausgangspunkt für **Ausflüge** in das Velebitgebirge und ins Binnenland.
Strände: Meist nur schmale, kurze Strandstücke, am schönsten die Bunica-Bucht.

Busse: Kralja Zvonimira 8, Tel. 053 88 12 35. Bushaltestelle, an der alle Busse der Linie Rijeka–Zadar (und weiter nach Dubrovnik) halten. Straße ins Landesinnere zur Autobahn und nach Otočac und Gospić mit Kleinbusverbindung.
Fähre: Keine direkte Verbindung zum nahen Krk! Nach Rab verkehrt die Fähre ab dem 42 km südlich gelegenen Jablanac.
Hafenamt: Tel./Fax 053 88 13 01.

Von Senj durch das Binnenland nach Zadar

Reiseatlas: S. 10, E/F 3/4; S. 12, C–E 1–3
Seit der Rückeroberung Kroatiens von den Türken war die Verbindung von der Küste ins neu besiedelte Binnenland für Österreich von großer strategischer Bedeutung. Eine Straße in das Gebiet der Militärgrenze musste her, doch technisch war das erst in der zweiten Hälfte des 18. Jh. unter Kaiser Joseph I. zu leisten. Die in Senj beginnende ›Josephina‹ wurde 1779 beendet. Noch heute sieht man die alten Pferdewechselstationen in regelmä-

Richtig Reisen-Tipp: Zwei schöne Wanderungen in den Dabarski kukovi im Velebitgebirge

Wanderkarte: Planinarska Karta 17 Srednji Velebit; Vidovec (SMAND) 1996.

Vom Hotel Velebno (s. S. 264) gelangt man in eines der schönsten Wander-, Kletter- und Freeclimbing-Gebiete des Velebitgebirges: die Dabarski kukovi. Wie überall im Gorski Kotar und im Bereich der Lika sollte man wegen der u. U. immer noch vorhandenen Minengefahr nicht von den markierten Wegen abweichen.

Auf den Ljubičko brdo (1320 m)

3 Std. 30 Min., gut markierter, z. T. steiler, Steig, anstrengend, aber unproblematisch. Der Ljubičko brdo ist der Grasrücken rechts des imposanten Felsmassivs Božin kuk, unter dem das Hotel liegt. Vom Hotel geht man auf die Straße in Richtung Gospič. Bei der

Kirche des kleinen Ortes Baške Oštarije bleibt man geradeaus auf einem Fahrweg, die Straße macht einen Rechtsbogen. Auf dem Fahrweg in das Tälchen, das zu den Bergen links hinaufzieht, bieten sich wunderbare Blicke auf den Božin kuk. Im Wald (30 Min.) nach links auf guter Markierung, aber oft nur auf Wegspuren, der Wegbeginn ist schlecht zu erkennen. Durch Buchenwald in der Falllinie, ein paar Minuten lang relativ flach und wieder in der Falllinie, generell rechts halten, auf einen Grasrücken (1 Std.) mit erster Aussicht. In der Falllinie geht es weglos, aber deutlich markiert hinauf auf den Rücken des Ljubičko brdo, den man bis zu seinem schlichten Gipfelkreuz und Steinmann verfolgt (2 Std. 15 Min.). Es bietet sich eine nahezu umfassende Aussicht auf den Velebit und die Inseln des

Kvarner, im Vordergrund die weiße Felsmasse des Božin kuk. Zurück geht es auf demselben Weg (3 Std. 30 Min.).

Auf die Kiza (1274 m)

3 Std. 15 Min., teilweise steiler, aber gut markierter Steig, an einer Stelle etwas ausgesetzt, der eigentliche Gipfelaufbau sehr ausgesetzt.

Vom Hotel Velebno auf der Straße in Richtung Karlovac geht man bis zur ersten Straßenabzweigung nach rechts, Schilder und Markierungen der Wandervereine. Auf dem hier beginnenden Sträßchen geht es ganz leicht ansteigend in Richtung des Felsenriffs der Kiza, bei einer Gabelung mit Brunnen (zwischen den Wegen) muss man sich rechts halten. Das schlechter werdende Fahrsträßchen erreicht die Felsen und macht eine enge Rechtskurve. Hier entspringt ein paar Meter oberhalb eine eiskalte Quelle (45 Min.) aus einem schmalen Spalt direkt am Fuß der Felswand (rote Hinweise ›Kamenica‹).

Links von der Quelle führt ein Weg durch die Felsen in den Buchenwald, bei einer Gabelung (1 Std.) hält man sich links und erreicht nach weiterem relativ steilem Anstieg den Sattel zwischen dem mit senkrechter Wand nach Nordosten abfallenden Grabar (rechts) und der Kiza (links). Der Weg führt nun in den obersten Waldbereich unterhalb der Nordostwände der Kiza, eine besonders hohe und scharfe Felsnadel bleibt oberhalb. An einer Stelle heißt es wegen der Ausgesetztheit aufzupassen, aber sonst ist der Weg unproblematisch. Nach einer Viertelstunde auf diesem Weg steigt man steil zwischen bizarren Felsgestalten auf eine Plateauwiese hinauf und ist fast da – der eigentliche Gipfelaufbau, ein etwa 10 m hoher, recht aufgesetzter Klotz, sollte nur von wirklich guten Bergsteigern erklommen werden, in 3–4 Min. (1 Std. 45 Min.), Rückweg wie Hinweg (3 Std. 15 Min.).

ßigen Abständen entlang der Straße, sie sind meist verfallen.

Otočac

Otočac ist der erste größere Ort, den man im Binnenland erreicht. Er lehnt sich an den Westrand der Gačko Polje an, ist selbst eine österreichische Gründung und war Kommandositz eines Grenzregimentes. Der Straßenmarkt hat sich nicht sehr stark verändert, aber die alten Verwaltungsgebäude sind heute anders beschriftet. Von hier aus gelangt man in das oben erwähnte Gebiet des Velebitski Botanički vrt und zum Wander- und Klettergebiet Rožanski kukovi. Alternativ fährt man weiter nach Süden, verlässt die Polje der Gačka und erreicht eine größere Polje, diejenige der Lika.

Lika (Ličko polje)

Die an die 50 km lange Polje, wahrscheinlich die größte Karst-Hohlform, die es auf der Erde gibt, war seit dem 15. Jh. und den ersten türkischen Eroberungen umkämpftes Grenzgebiet. Immer wieder versuchten die Türken, von ihren bosnischen Besitzungen aus, gleich jenseits der Berge im Nordosten, die Lika zu queren und den Rest Kroatiens zu erobern. Von 1991–95 war die **Ličko polje** noch einmal Kriegsgebiet, als sie in die serbische Krajna eingegliedert und umkämpft wurde. Noch heute sind die Spuren zu sehen, verbrannte und zerschossene Gehöfte und ganze Dörfer.

Der Stausee Jezero Kružčica an der Lika ist ein technisches Wunderwerk. Im Karst lässt sich Wasser ja nicht aufstauen, sondern verschwindet sofort im Untergrund. Jugoslawische Techniker fanden einen Ausweg: Sie bohrten mehr als 15 000 Mal in das unter der Oberfläche liegende Höhlensystem, in das die Lika abfloss. Dann pressten sie unter großem Druck Lehm hinein. Und voilà, es hat geklappt!

Gospić

Der Hauptort an der Lika ist **Gospić,** das in der heutigen Form im späten 18. Jh. entstand, wie z. B. die Pfarrkirche Mariä Verkün-

Velebit – schroffes Gebirge im Rücken der Küste

digung zeigt. Interessantes birgt das regionale Likamuseum im Ort. Man kann ein rekonstruiertes Bauernhaus und eine Trachtensammlung bewundern – sie ist die interessanteste, was dinarische Trachten in Kroatien anbelangt. Diese Trachten sind im Gegensatz zu denjenigen der Küste und Binnenkroatiens Balkantrachten und deutlich mit jenen aus Bosnien verwandt.

Von Gospić, das wie Otočac Sitz eines Militärregiments im Rahmen der österreichischen Militärgrenze war, wendet man sich nach Westen in Richtung Karlobag. Nach 20 km ist die Höhe des Velebitgebirges erreicht: Pass und Dorf Baške Oštarije.

Abstecher nach Baške Oštarije und zu den Dabarski kukovi

Das Hotel Velebno vor der Passhöhe **Baške Oštarije** ist Ausgangspunkt für sehr schöne Tageswanderungen in die Umgebung. Einzeln stehende Kalkbastionen können oft recht abwechslungsreich erstiegen werden (s. S. 258/59).

Die innerkroatische Verbindung führt von Gospić weiter nach Südosten durch die weite Ličko polje. Das Gebirge zur Rechten verschmälert sich, dabei steigen die Höhen, bei **Drenovac Radučki** ist das Velebitgebirge nur noch ca. 12 km breit, aber bis zu 1757 m hoch (Vaganski vrh).

Von Gračac zur Maslenica-Brücke

In **Gračac** erreicht man Kroatiens Nationalstraße 1 von Zagreb nach Split. In der Nähe des Ortes liegen die beiden Schauhöhlen **Gornja** und **Donja** der **Cerovačke Špilje**, deren Besuch man sich wegen der prachtvollen Kalksinterformationen an Decken, Wänden und Boden nicht entgehen lassen sollte. Durch Wald und weich geformtes Weideland führt die N 27 nach Süden über das Velebitgebirge und die Maslenica-Brücke in Richtung Zadar.

TZG Otočac: Trg papa Marke Mesica bb., 53220 Otočac, Tel, 053 77 10 55, Fax 053 77 36 55, www.tz-otocac.hr.

TZG Gospić: M. Kraljevića 3, 53000 Gospić, Tel./Fax 053 57 47 84, www.tz-gospic.hr.

In Otočac:
Park: Kralja Zvonimira 33, Tel./Fax 053 77 11 75. Korrekt geführtes Hotel, besonders günstige Halbpension. DZ/FR ca. 40 €.
In Baške Oštarije:
Velebno: 53206 Brušane, Tel. 053 69 40 05, Fax 053 67 40 45, www.bag.hr. Einzeln stehendes Hotel an der Passstraße zwischen Gospič und Karlobag, das mit seiner Form an eine Berghütte erinnern soll. Restaurant, Weinkeller, Sporthalle; nicht mehr ganz taufrisch, aber sympathisches Personal und ideal für Ausflüge in die Umgebung. DZ/HP ca. 80 €.

In Otočac:
Mirni Kutak: Gornja Dubrava bb., Tel. 053 77 15 89. Beliebtes und gutes Grillrestaurant, die Besitzer rühmen ihr Gekochtes Hammelfleisch mit frischem Kraut und den Rehbraten mit Nockerln, sehr gut die *sarma* (mit Hack gefüllte Krautwickel).

Bus: zwischen Senj und Gospič; der Kleinbus zwischen Karlobag und Gospič hält am Hotel in Baške Oštarije, tgl. 3 Verbindungen in beide Richtungen; zwischen Gračac und Zadar fahren einige Busse der Strecke Zagreb–Zadar (die anderen nehmen die Autobahn).

Die Küstenstraße zwischen Senj und der Maslenica-Brücke

Reiseatlas: S. 10, E/F 3/4; S. 12, C–E 1–3
Kein Zweifel: eine Fahrt entlang der Küstenstraße zwischen Senj und der Maslenica-Brücke gehört zu den Höhepunkten einer Kroatienreise. Wild-wüste Gebirgslandschaft (sie diente als Kulisse für die hier gedrehten Winnetou-Filme …), Blicke auf kalkhelle Inseln jenseits des schmalen Meereskanals, in den Buchten lockt das klarste Wasser – schon allein das ist eine Reise wert!

Die Küstenstraße zwischen Senj und der Maslenica-Brücke

Nationalpark Nordvelebit und Naturpark Velebit

In Sveti Juraj an der Küstenstraße südlich Senj beginnt die Bergstraße hinauf zum **Oltari-Pass,** von wo aus man zum **Velebitski Botanički vrt** gelangt, dem Wandergebiet des Botanischen Gartens des Velebit um den 1677 m hohen **Zavižan.** Dieser harte Kern des Velebitgebirges ist gleich dreifach geschützt: als Naturdenkmal Botanischer Garten, im das gesamte Gebirge unfassenden Naturpark Velebitgebirge (Park Prirode Velebit) und im Nationalpark Nordvelebit (Nacionalni park Sjeverni Velebit).

Das Gebirge wurde 1978 in die Unesco-Charta der Biosphärenreservate (Man and Biosphere) aufgenommen und 1998 auf ca. 2000 km^2 zum Naturpark erklärt, um es vor den stärksten Auswüchsen der Zerstörung an der Küste und entlang den Zufahrtsstraßen zu schützen. Eine Kontrolle der Schutzmaßnahmen ist jedoch kaum vorhanden. Ein Jahr später (1999) erklärte man den zentralen Nordvelebit auf 109 km^2 zum Nationalpark – inklusive der bedeutendsten Standorte seltener und endemischer Pflanzen und Tiere – darunter auch das Gebiet des 1967 ausgewiesenen Botanischen Reservats ‹Botanischer Garten des Velebit›.

Der **Botanische Garten des Velebit** (Velebitski Botaniški vrt) im Nationalpark Nordvelebit ist nur auf Nebenstraßen zu erreichen, die von der Straße zwischen Sveti Juraj an der Küste und Otočac im Binnenland nach Süden abzweigen. Der Nationalpark kann mit einigen ausgewiesenen Naturlehrpfaden um die Kalkriffe der Rožanski kukovi und mit mehreren Berghütten aufwarten. Für Freikletterer stellt der nahe Veliki Kozjak mit seiner massiven Nordwand den eigentlichen Anziehungspunkt dar.

Von Sveti Juraj nach Jablanac

Südlich von Sveti Juraj verschwindet plötzlich das Grün und taucht nur an geschützten Flecken wieder auf, z. B. in den Gärten der winzigen Siedlungen und an den geschützten Buchten, in die sich die Straße an ein paar Stellen hinunterschraubt, um gleich wieder in

Der Premužić-Weg

Eine besondere Anziehung auf Wanderer hat der 57 km lange Premužić-Weg (Premužićeva staza, benannt nach dem Forstmeister, unter dessen Ägide er 1930–33 angelegt wurde). Er verbindet den Nationalpark Nordvelebit und den Pass von Baške Oštarje. Er führt als für alle Wanderer einfach zu gehender Weg über Bergkämme und durch Wälder, durch Felsengelände und über Almwiesen. Die Wanderung beginnt unweit der **Zavižan-Hütte,** die man vom Oltari-Pass auf einem Wanderweg aber auch mit dem Wagen erreicht und führt ziemlich klar südlich zur Berghütte Rossijevo sklonište. Dann zum Alan-Pass mit der nicht leicht zu fahrenden Straße zwischen Jablanac und der Lika (Schutzhütte, 6 Std.) und weiter durch besonders unwirtliches Gelände zur Hütte auf dem Ravni Dabar (10 Std., insges. 16 Std.). In vorzüglicher Anlage geht es dann bis nach Baške Oštarje mit Hotel Velebno, wo wieder ein Pass (zwischen Karlobag und Gospić) mit Buslinie orricht wird (3 Std., insges. 19 Std.). Der Premužić-Weg ist dank dieser beiden Buslinien und der Hütten in drei Tagen zu gehen aber wegen der äußerst langen Wegstrecke am zweiten Tag nur wirklich versierten Wanderern zu empfehlen. Ein Hüttenneubau auf der Žatorina wird die Situation in naher Zukunft zwar verbessern, da der Weg am zweiten Tag verkürzt wird, aber die Gesamtgehzeit um 3 auf 22 Std. erhöhen.
Karte: Die SMAND-Karte 16 ›Sjeverni Velebit‹ 1:30 000 deckt den gesamten Bereich des Nationalparks ab, der südlich des Alan anschließende Teil außerhalb des Nationalparks ist auf der SMAND-Karte 17 ›Srednji Velebit‹ enthalten (beide im Buchhandel, SMAND, Liste der Karten und ISBN auf www.smand.hr).

größere Höhe über dem Meer zu steigen. Viele dieser Buchten haben kalte untermeerische Karstquellen, besonders gut sieht man sie im Uvala Marin. Bei **Žrinovnica,** einem kleinen Fischerhafen, berührt man die Küste, ein paar Kulturterrassen bringen Grün in das

Velebit – schroffes Gebirge im Rücken der Küste

sonstige Grau der steilen Hänge. Man sieht hinüber nach Krk.

Vom kleinen Hafenort **Starigrad kod Senja** aus schweifen die Blicke auf Rab hinüber. **Jablanac,** von wo die Fähre nach Mišnjak auf Rab übersetzt, war ein kleiner Fischerhafen, der in josephinischer Zeit ausgebaut wurde. Der kurze, schmale **Zavratnica-›Fjord‹** südlich des Ortes ist ein beliebtes Ziel von Touristenbooten. In vielen Ausflugsfahrten der Anbieter auf Rab und Lošinj ist die Besichtigung des Meeresarmes inbegriffen. Vom Fährhafen Jablanac geht man ca. 20 Minuten am Meer entlang bis zum ›Fjord‹.

Karlobag

Meist hoch am steilen Abhang des Velebitgebirges führt die Straße weiter nach **Karlobag.** Das Örtchen bietet im Norden schöne Strände und öffnet den Blick auf die Insel Pag. Vor allem ist Karlobag Ausgangspunkt der Straße nach Baške Oštarije und Gospič und gerade der kurvige Aufstieg zum 928 m hohen Pass Oštarijska vrata ist eine Panoramatour der Ausblicke, die über Pag hinweg nach Olib, Silba und Premuda schweifen.

Von Starigrad Paklenica zur Maslenica-Brücke

Das letzte Teilstück der Route führt immer wieder die kahle Ostküste von Rab vor Augen. Eine ganze Reihe kleiner Orte wird passiert, darunter **Starigrad Paklenica,** Verwaltungsstandort des Nationalparks Paklenica, von dem wir gleich noch mehr hören werden. Nach Rovanjska endet die Küstenstraße an der Brücke über den Novsko Ždrilo, nach einem nahen Dorf **Maslenica-Brücke** genannt. Die Zerstörung dieser Brücke und die Unterbrechung von Dalmatiens Hauptverkehrsader, der Küstenmagistrale Rijeka–Dubrovnik, durch serbische Aufständische, isolierte Zadar im letzten Krieg mehrere Jahre vom restlichen Kroatien. Die Brücke wurde 1997 nach kurzer Bauzeit wieder dem Verkehr übergeben, allerdings an anderer, der Bora wesentlich ausgesetzterer Stelle, sodass sie heute häufiger gesperrt ist als früher.

Nationalparkinfo Nordvelebit (Nacionalni park Sjeverni Velebit): Ob. Kralja Zvonimira 6, 53270 Senj, Tel./Fax 053 66 53 80, www.np-sjeverni-velebit.hr.

Infos zum Naturpark Velebit (Javna ustranova Park Prirode Velebit): 5300 Gospić, Tel. 053 56 04 50, Fax 053 56 04 51, www.velebit.hr.

Allgemeine Infos über das Velebitgebirge: **TZZ Lika-Senj:** Miroslava Kraljevica 3, 53000 Gospič, Tel./Fax 053 57 46 87, tzz-lickosenjska@gs.tel.hr.

TZG Karlobag: Trg popa Marka Mesića 2, 53288 Karlobag, Tel./Fax 053 69 42 51.

Im Nationalpark Nord-Velebit:
Berghütte Dom na Zavižanu: Tel. 053 61 42 00. 28 Betten, am Wochenende im Hochsommer auch einfache Speisen; Auskünfte über genaue Öffnungszeiten erteilt der kroatische Bergsteigerverein, s. S. 68. Neben der Hütte auf dem Sv. Juraj im Biokovo Kroatiens höchstgelegene Hütte.

Berghütte Planinarski Dom Veliki Alan: die nur am Wochenende geöffnete und bewirtschaftete, einfache Hütte bietet auch Übernachtungsmöglichkeiten (12 Betten). Auskunft: Kroatischer Bergsteigerverein, s. S. 68.

Berghütte Ravni Dabar: meist nur am Wochenende geöffnete Hütte, 30 Lager, Infos: Bergsteigerverein Zagreb, Tel. 016 34 78 03.

In Jablanac:
Ablana: Obala B. S. Šubića 1, 53287 Jablanac, Tel. 053 88 72 16, Fax 053 88 72 17, www.am-hotel.com. Auf der Landspitze von Jablanac gelegen, dominiert dieses Hotel das Ortsbild. Die Gäste schätzen die Lage und den Komfort des modernen Privathotels mit seiner Fassade mit postmodern angedeuteten Triumphbögen und sehen abends im Zimmer Sat-TV, was soll man schon sonst machen in diesem Nest? DZ/FR 45–90 €.

In Karlobag:
Zagreb: Naselja bana Jelačića bb., Tel. 053 69 40 32, Fax 053 69 40 60, www.hotelzagreb.com.hr. Im Apartmenthausstil erbautes modernes und jüngst renoviertes Hotel direkt am Strand mit Sporteinrichtungen inkl. Bowlingbahn; im unteren, dem Meer näheren

Baublock gibt es kaum Lärmbelästigung. DZ/HP 80–130 €.
Zu **Baške Oštarije** und zum **Hotel Velebno** s. S. 264.

 Bergsteigen und Wandern: im Umkreis des Botanischen Gartens Velebit, Ausgangspunkt für Trekkingtouren in Richtung Baške Oštarije; Wanderungen in den Gebieten ›Hajdučki i Rožanski kukovi‹.

Freiklettern: am Veliki Kozjak und vielen anderen Felsformationen.

Strände: an der Ostküste des Velebitski kanal, karg und steinig; nur bei Karlobag findet sich ein längerer, etwas flacherer Strand.

 Regional- und Fernbusverbindung: von Senj entlang der Küste in Richtung Rijeka und Zadar; Kleinbus von Karlobag nach Gospić.

Die Hütte auf dem Zavižan ist ab Jurjevo südlich Senj über die Straße nach Krasno und ab Oltare auf einem **Fahrweg** zu erreichen.

Der Nationalpark Paklenica

Reiseatlas: S. 12, D 2

Nur wenige Kilometer ist das Meer vom höchsten Gipfel Kroatiens entfernt, dem 1757 m hohen Vaganski vrh. Da wundert es nicht, dass sich hier zwei der wildesten und tiefsten Schluchten des Landes ins Gebirge eingegraben haben, die dem Nationalpark den Namen gegeben haben: Paklenica. Der Name garantiert urwüchsiges Naturerlebnis, Wander-, Bergsteiger und (Frei-)Klettererglück.

Die Schluchten Große und Kleine Paklenica

In den aus Felszacken und Nadeln zusammengesetzten *kukovi* wie dem Bojin kuk, die auf ein Plateau in mittlerer Höhe aufgesetzt sind, finden sich wie in den Wänden der Schluchten konkurrenzlose Kletterrouten. In

Das Velebitgebirge zwischen Karlobag und Gospić

Richtig Reisen-Tipp:
Freiklettern im Nationalpark Paklenica

Die senkrechten und überhängenden Wände der Großen **Paklenica-Schlucht** sind für Freeclimber aus Kroatien, Slowenien, Italien, Österreich und Deutschland von magischer Anziehungskraft. Vor allem in den Wänden am Eingang versammeln sich regelmäßig Kohorten von Kletterbegeisterten, die hier praktisch vom Parkplatz aus starten können. Die schönsten Routen liegen etwas weiter in der Schlucht, so etwa in der Westwand des **Anića kuk,** und an isolierten Felsbastionen, die nur nach längerem, oft stundenlangem Zustieg erreicht werden können: **Babin kuk** oberhalb der Paklenica-Hütte, **Vidakov kuk, Bojin kuk** oder in der bei Schlechtwetter nicht gangbaren **Kleinen Schlucht.**

Treffpunkt der Freeclimber sind die Campingplätze am Beginn der Straße zum Parkeingang, v. a. aber die Pension Rajna, in der auch das Fahrtenbuch mit den Originalberichten zahlreicher Erstbegehungen ausliegt.

Unter den aufgeführten Touren befindet sich auch die Route mit dem Namen Rajna (Claude und Yves Remy, 9. und 11. Mai 1990, 15 Std.). Sehr viele Eintragungen von neuen Routen gab es 1998, z. B. auf dem Debeli kuk bzw. stup, die Route Sedmi Kontinent, ausgeführt von Ivica Matkovic und Boris Čujić am 30. Juli 1998 (Čujić ist Autor eines der beiden Freeclimbing-Führer für Kroatien). Immer wieder werden neue Routen in die riesige Felswand des Anića kuk gelegt, die längsten überwinden einen Höhen-unterschied von 300 m. Auffällig häufig trifft man auf die beiden Namen Paolo Pezzolato und Sara Gojak aus Triest, auch sie sind Autoren eines Freeclimbing-Handbuches für Kroatien (in italienischer Sprache).

Nicht ungewöhnlich für ein Freiklettergebiet ist, dass einzelne Felsen wegen Vogelnestern gesperrt sind. Früher gab es hier sogar Geierhorste (oberhalb des Parkeingangs vom Parkplatz aus gesehen). Klettern war dort verboten. Die Geier fühlten sich dennoch gestört – seit ein paar Jahren sind sie verschwunden.

Literaturtipps:
Boris Čujić: ›Kletterführer/Climbing guide Paklenica‹ (Astroida, Zagreb 3. Aufl. 2004), ISBN 953-9727-16-2.

ders.: ›Croatia Penjački vodič‹ (Astroida, Zagreb 3. Aufl. 2004), ISBN 953-6912-00-7 (mit deutschen Zusammenfassungen).

Planinarska karta (Wanderkarte) **19,** Nacionalni Park Paklenica 1:18 200 (Nebenkarten 1:12 500); Vidovec (SMAND, www.smand.hr) 2003 (gute Wanderkarte, zu erwerben in der Nationalpark-Information oder am Parkeingang). Eine weitere, 2004 erschienene Karte 1:25 000 (Astroida, www. astroida.hr), ISBN 953-97271-9-7 kann im Buchhandel und über das Internet erworben werden.

Die Nationalparkverwaltung gibt drei Gratis-Landkarten heraus: **Trekking 1, 2 und 3,** jedoch im Detail mit den oben genannten nicht konkurrieren können.

der ›Kleinen‹ Schlucht, die im Winter monatelang, nach der Schneeschmelze wie nach starken Regenfällen, unzugänglich ist, nisten Gänsegeier.

In den Park sind alte Wirtschaftsgebiete eingebunden, alte Almdörfer wie **Marasoviči** in der ausgedehnten Polje Veliko Rujno, frühere und heute verlassene Dörfer wie **Jurline,** einsame Weiler wie **Ramiči.** Steinmäuerchen grenzen die alten Weidegebiete gegeneinander ab und schützen die immer noch bebauten Felder in den fruchtbaren Dolinen und die früher so kostbaren Fruchtbäume. »Hier unten ist es sicher bequemer«, meint ein Bewohner von Starigrad Paklenica, »vor allem für die Jungen. Aber wenn wir Älteren uns ausruhen wollen, am Wochenende, den Sommer über und natürlich zum Fest Mariä Himmelfahrt (15. August), dann gehen wir hinauf zu unseren alten Häusern im Veliko Rujno. Sie haben uns eine Straße gebaut, den halben Hang hinauf, dann geht man noch dreieinhalb Stunden, das ist nicht mehr so weit wie früher.«

Wanderungen um die Schutzhütte Dom u Paklenici

Auch mit Kindern kann man vom Parkplatz oberhalb von Starigrad Paklenica auf gutem Weg durch die Große Paklenica-Schlucht bis zur einfach bewirtschafteten (normalerweise nur Getränke) **Hütte Dom u Paklenici** wandern, die im Talschluss unter den steilen Hängen des Hauptgebirgszuges des Velebit liegt. Von hier aus bietet sich eine ganze Reihe markierter Wege an. Echte Highlights sind die Karst-Felsnadeln, vor allem **Vidakov kuk** und der namenlose *kuk* westlich davon. Man erreicht sie von einem direkt in Starigrad Paklenica am nordwestlichen Ortsrand abgehenden Wanderweg. Die sensationellen Rillenkarren dieser Felsentürme machen den Weg auch für Wanderer zum Erlebnis.

Besonders aussichtsreich und gut zu gehen ist Panoramaweg 5. Er beginnt am Weq, der an der **Babunjaša-Höhle** vorbeiführt. Etwa eine halbe Stunde nach dieser zweigt er vom Hauptweg links ab und führt mit einigem Auf und Ab, aber immer hoch über dem Paklenica-Tal zum Weiler **Marasoviči** (ein weiterer dieses Namens).

Auf den höchsten Gipfel Kroatiens, den Vaganski vrh

Der höchste Gipfel des Landes, der Vaganski vrh, liegt in einem eindrucksvollen Gebirge, aber ist selbst gar nicht eindrucksvoll. Eine von vielen Kuppen, die das Hochplateau des Paklenica-Zuges überragen, mit ein paar Kalkspitzen und Felsrippen, die aus den Legföhrenbeständen und Bergwiesen ragen – Kalkmittelgebirge. Diese Kuppe bricht allerdings – wie das ganze Gebirge – nach Nordosten steil ab (und ist wegen nicht vollständig entfernter **Minen unter keinen Umständen zu betreten**!) – aber wir nähern uns ja von Südwesten und vom Dom u Paklenici! Haarig ist nur der Zeitrahmen: von der Paklenica-Hütte braucht man auf den Gipfel hin und zurück 6–8 Std., von Starigrad Paklenica

kann man also den Gipfel nicht an einem Tag erreichen. Die Hütte Dom u Paklenici ist aber nur am Wochenende geöffnet und dann oft ziemlich voll … Man beginnt die Wanderung auf ausgetretenem Weg links der Hütte und biegt nach ca. 200 m bei der Weggabelung auf den Maultierpfad nach rechts ab. Recht steiler Aufstieg zur Hochebene, bei der ersten Gabelung rechts, bei der zweiten links halten (Schilder!). Wenn man die Hochebene erreicht hat, braucht man noch 30 Min. bis zum Gipfel. Rückkehr auf demselben Weg.

i **Nacionalni park Paklenica:** Jadranska cesta bb., 23244 Starigrad Paklenica, Tel. 023 36 91 55, Fax 023 35 91 33, www.paklenica.hr.

In Starigrad Paklenica:

Rajna: M. Marasović bb. (an der Durchgangsstraße), Tel. 023 36 91 30, Fax 023 36 98 88, www.hotel-rajna.com. Für Freikletterer *der* Anlaufpunkt, hier gibt es die neuesten Informationen (Routenbuch!) und es lässt sich bestens fachsimpeln. Zweckmäßig eingerichtete Zimmer mit Meerblick, DZ/FR 70–100 €. Gutes Restaurant, von 8 Uhr bis Mitternacht, Gegrilltes und Fisch.

Vicko: Jose Dokoze 20, Tel. 023 36 93 04, Fax 023 35 91 91, www.hotel-vicko.hr. Sehr liebenswürdiges Familienhotel mit vielen Stammgästen, gute Zimmer mit Sat-TV, Restaurant. DZ/FR 45–105 €.

Auto-Camp Vesna: 23244 Starigrad Paklenica, an der Abzweigung der Straße zum Nationalparkeingang, Tel. 023 36 91 89. Zeltplätze sowie einige Zimmer.

Im Nationalpark Paklenica:

Dom u Paklenici: Tel. 023 43 67 00 (Hüttenwart des Bergsteigervereins PD Paklenica in Zadar), im Juli/Aug. durchgehend, sonst nur Sa/So bewirtschaftet. Große Hütte mit 40 Lagern; kalte Getränke, Selbstversorgung.

⊠ Restaurants s. Unterkunft

 Busse: in Richtung Zadar und Rijeka, fast alle Busse halten.

Das kühle Nass lockt nahezu überall,
auch im kleinsten Hafenbecken

Norddalmatien

Zadar

Šibenik

Nationalpark
Kornati

Kathedralen, Karst und Kornaten

Die Region Norddalmatien besitzt mit Zadar und Šibenik zwei der wichtigsten Küstenstädte des Landes und mit den vorgelagerten Inseln, von denen Dugi Otok, Pašman, Ugljan und einige andere bewohnt sind, den inselreichsten Archipel des Mittelmeeres. Zwei sehr unterschiedliche Nationalparks befinden sich in der Region: der Nationalpark Kornati umfasst einen unbewohnten Inselarchipel, der Nationalpark Krka-Wasserfälle wurde angelegt, um die Sinterterrassen des Krka-Flusstales mit ihren Wasserfällen und gestauten Seen zu schützen.

In Zadar und Šibenik zieht die Geschichte an den Augen der Betrachter vorbei: In Zadar sieht man zwar noch das römische Straßenmuster, das Forum, doch bekam die Stadt im Spätmittelalter ein venezianisches Kleid über-

gestülpt, das nach Zerstörungen im letzten Krieg wieder gut ausgebessert wurde. In Šibenik entstand die Kathedrale der Frührenaissance, ein Werk vor allem des großen Architekten und Bildhauers Juraj Dalmatinac. ebenfalls in venezianischer Zeit. In Knin, der Stadt im Landesinneren, vor gar nicht so langer Zeit noch Hauptstadt der ›Serbischen Republik Krajna‹ und vom Trauma der Vertreibungen, Zerstörungen und Schandtaten eines blutigen Bruderkrieges noch keineswegs genesen, gibt es noch einige frühkroatische Denkmäler.

Die Region ist ein Paradies für Aktivreisende, die ein Meer mit zahllosen Inseln suchen. Segeln, Motorsegeln, Inselhüpfen mit Motorjachten, mit dem Rad über die Inseln, Tauchen, aber auch Rafting auf der Krupa und der Zrmanja im Hinterland. Auch wer ›nur‹ zum Baden hierher kommt, wird sich

bald auf Ausflügen wiederfinden: zum Salzsee von Mir auf Dugi Otok, in die Inselwelt der
Kornaten, zum Krka Nationalpark, wo man
unter den Wasserfällen am Skradinski buk
planschen kann … so kann man aus einer
Pauschalreise einen Aktivurlaub machen!

Highlights

9 **Nationalpark Kornati:** Der Inselarchipel
mit seinen trockenen, verkarsteten Inseln,
Inselchen und Schollen ist ein Skipperpara-
dies, aber auch Tagesausflugsziel (s. S. 295).

10 **Šibenik:** Mit seiner Kathedrale besitzt
die Stadt ein Meisterwerk des Juraj Dalmatinac. Das Bauwerk ist architektonisch wie
künstlerisch ein Höhepunkt der Frührenaissance – nicht nur in Kroatien (s. S. 296ff.).

Empfehlenswerte Route

**Rund um den Nationalpark Krka Wasser-
fälle:** Von Šibenik über Skradin und die beiden Wasserfälle führt diese Route mit vielen
Ausblicken auf Tal, Fluss, Fälle und Seen nach
Brbir und zurück nach Skradin (s. S. 301f.).

Reise- und Zeitplanung

Die beiden städtischen Zentren Norddalmatiens, Zadar und Šibenik, sind gute Standorte,
um die Region zu besichtigen. Die Ausflüge
können allerdings nicht immer auf einen Tag
reduziert werden. Von den kleinen Inseln
kommt man am selben Tag – mit Ausnahmen
– nicht wieder weg, da abends keine Fähren
zum Festland gehen. Und die Kornaten an einem Tag abzuhaken wäre ein Jammer! Mindestens eine Übernachtung in einer stillen
Bucht sollte schon dabei sein. Für Zadar
selbst benötigt man mindestens drei Tage, für
Šibenik einen Tag, für die Region Zadar sind
ein Tag für Nin und Vir, ein bis zwei Tage für
Rab, ein Tag für Krupa und Zrmanja und etwa
fünf Tage für die Inseln zu veranschlagen. Zur
Fahrt nach Šibenik – ein weiterer Tag – kommt
ein Ausflug in den Krka-Nationalpark, gut mit
Knin zu verbinden (sinnvoll mit Nächtigung in

Richtig Reisen-Tipps

Das Fest Maria Schnee: Mehr als 100 Boote
begleiten die Gottesmutter am Tag Maria
Schnee von der Kirche in Kuklijica zu ihrem
Heiligtum am Sund zwischen Ugljan und Pašman (s. S. 291).

**Aktivsport – Segeltörn im Nationalpark
Kornati:** Ultimatives Erlebnis, der Törn durch
die Inselwelt der Kornaten, je nach Quelle 89
bis 140 Inseln und solche, die es werden wollen (s. S. 294).

Knin) – also zwei Tage. Die weiteren Sehenswürdigkeiten rund um Šibenik wird man in ein
bis zwei Tagen besuchen können. Fazit: zwei
bis drei Wochen – einen Urlaub lang.

Klima und Reisezeit

Das Klima an der Küste und auf den Inseln ist
trocken mediterran, die Sommer sind heiß,
die Winter mild, die meisten Regenfälle gibt
es im Herbst (Nov., Dez.), Schnee ist praktisch unbekannt. Baden im Meer ist meist
zwischen Mitte Mai und Mitte Oktober möglich, sensible Zeitgenossen ziehen Mitte Juni
bis Mitte September vor. Da traditionsgemäß
im August (v. a. in den ersten beiden Wochen)
viele Italiener ihre Ferien hier verbringen (dann
gibt es z. B. direkte Fährverbindungen von Ancona nach Dugi Otok!), sollte man diesen
Zeitraum eher meiden.

Die regionalen Busverbindungen sind gut,
mit Standort Zadar und/oder Šibenik lässt
sich die Region fast genauso gut in Tagesausflügen kennen lernen wie mit dem Pkw.
Ausnahmen sind die Flüsse Krupa und
Zrmanja, da muss man sich wegen des Rafts
aber sowieso einer Agentur anvertrauen, und
der Krka-Nationalpark, in dem man aber die
vorgeschlagene Rundtour nur mit dem eigenen Gefährt machen kann.

Zadar

Sucht man eine kroatische Stadt, die historisches Gepräge und geschäftigen Alltag am besten zu verbinden weiß, gerät man unweigerlich an Zadar. Das 2000 Jahre alte Zara avancierte mit zahlreichen Kultur- und Kunstdenkmälern zur lebendigen Großstadt und zum Zentrum einer Region, die Binnenland wie Inseln umfasst.

Cityplan: S. 276/277; **Reiseatlas:** S. 12, D 3
Zadar zeigt sich bei der ersten Bekanntschaft etwas spröde. Der Kordon hässlicher Vororte wirkt zunächst als abschreckende Barriere. Man sollte sich der Stadt von der See her nähern. Dann bietet sich der schönste Anblick der von der venezianischen Mauer umgebenen Stadtinsel mit ihren Glockentürmen vor dem fernen Hintergrund des Velebitgebirges. Die banalen Verwaltungsbauten, die man nach dem Zweiten Weltkrieg in die Baulücken setzte, treten in den Hintergrund. Wenn man dann vom Hafen aus die Stadt durch das venezianische Hafentor betritt und sich, vorbei an der romanischen Kirche Sveti Krševan, zum Markt wendet, wo die ganze Inselumgebung sich mit Vorräten eindeckt oder den frischen Fang feilhält, da begreift man plötzlich, was Zadar ist. Zadar ist kein Museum wie Dubrovnik und keine überregionale Metropole wie Split, Zadar ist ein lebendiger städtischer Regionsmittelpunkt, der keine Touristen braucht, um zu überleben, und eigentlich auch keine Industrie. Zwischen 14 und 17 Uhr sind alle Läden geschlossen, in Zagreb, Split, Dubrovnik undenkbar! Diese Selbstgenügsamkeit wirkt zunächst abweisend – hier wird man nicht bedrängt, ein Lokal zu betreten, aber freundlich bedient, wenn man dort speist.

Die römische Stadt Jadera, Nachfolgerin eines nur aus den Quellen bekannten illyrischen Idassa, lässt sich heute noch am Straßennetz von Zadar erkennen. Die lange

Široka entspricht dem Decumanus maximus, die Šimuna Kožičica dem Cardo maximus, der große Platz hinter der Kathedrale dem antiken Forum. Die während der Völkerwanderungszeit nicht zerstörte Stadt wurde Verwaltungshauptort des byzantinischen Dalmatien. Venedig und die ungarisch-kroatischen Könige bestimmten das Mittelalter bis 1409, als Venedig die Stadt samt dalmatinischem Umland kaufte und bis 1797 verwaltete. Venedig machte aus Zadar (italienisch: Zara) die bedeutendste Stadt in ganz Dalmatien, was heute noch an den vielen venezianischen Bauten im Stadtbild abzulesen ist. Die österreichische Zeit dauerte bis 1918, gefolgt von einem kroatischen Intermezzo, bevor Zara 1920 zu Italien geschlagen wurde, bei dem es bis 1943, offiziell bis 1947 (Frieden von Paris) verblieb. Während des ›Vaterlandskrieges‹ war Zadar lange vom Landverkehr mit dem Rest des Landes abgeschnitten und serbische Truppen beschossen die Stadt. Nachschub und Kontakte erfolgten übers Meer und nachts. Die Zeiten sind Gott sei Dank vorbei, die Stadt ist zumindest oberflächlich wieder die alte.

Zadars Sehenswürdigkeiten kann man in zwei, drei Tagen ›abhaken‹. Dann hat man aber noch wenig von dieser Stadt begriffen, die sich zwar in ihren alten Kulturdenkmälern eingerichtet hat, aber zukunftsorientiert denkt. Man muss sie sich planlos, spazierend, bummelnd, in den meist überfüllten und verräucherten Cafés verweilend erobern.

Vom Landtor zum Meerestor

Bastionen und Tore

Ein umfassender Stadtrundgang sollte am Landtor beginnen, dem früher einzigen Zugang zur Stadt, der über Land erreichbar und durch eine Zugbrücke jederzeit zu unterbrechen war. Autofahrer parken am besten auf dem Großparkplatz gegenüber dem noch in österreichischer Zeit erbauten Krankenhaus in der Bože Peričića 5 unweit des Busbahnhofs. Durch die Ravnice gelangt man an die große pfeilförmige venezianische **Bastion** 1, 1567 errichtet. Heute trägt sie einen Park und eine Schule, die in Kasernen aus der österreichischen Periode eingerichtet wurde. Man verlässt diese Bastion durch ein kleines Tor und steht unmittelbar vor dem alten Fischerhafen, der **Foša** 2. Der Hafen ist der letzte Rest eines Durchstichs, der früher Zadar zur Insel machte. Zwei Tore verteidigten den Zugang vom Land, das **Zolltor** (Vrata carinarnice) 3 ist recht gut im Gebäude des heutigen Restaurants ›Foša‹ erhalten, das Landtor der Stadt sieht man schon rechts.

Das **Landtor** (Kopnena vrata) 4 wendet seine Schauseite in der Form eines römischen Triumphbogens mit einem Markuslöwen über dem mittleren Durchgang zum Eintretenden, die Seemacht Venedig zeigte ihm deutlich, wer hier das Sagen hatte. Das Landtor ist ein Werk des viel beschäftigten venezianischen Festungsbaumeisters Sanmicheli.

Platz der fünf Brunnen

Einmal in der Altstadt, wendet man sich nach rechts und gelangt über eine Stiege zum **Platz der fünf Brunnen** 5. Die fünf Brunnen sind über einer der großen Zisternen der Stadt angebracht. Eine lebenswichtige Einrichtung, denn was heute aus der Wasserleitung sprudelt, kristallklares, manchmal jedoch stark gechlortes Wasser vom Zrmanja-Fluss aus dem Velebitgebirge, das gab es damals noch nicht. Auf der quellenlosen, flachen Insel war jeder Tropfen Wasser in Zisternen aufgefangenes Regenwasser. Das heutige Aussehen des

Mit dem Autor unterwegs

Sehenswert

Venezianische Bastionen und Tore: Zadar ist noch zum großen Teil von der venezianischen Stadtmauer mit ihren Renaissancetoren umgeben (s. S. 275).

Sveti Šime: Die Kirche beherbergt eines der größten Kunstwerke Kroatiens, den Sarkophag des hl. Simeon (s. S. 278).

Narodni Trg und Kallelarga: Zentrum der Stadt an der Kreuzung von römischem Decumanus und Cardo maximus, die Kallelarga ist immer noch schnurgerade (s. S. 278/280).

Forum und Archäologisches Museum: Am Forum traf sich schon vor 2000 Jahren ganz Zadar, das Archäologische Museum daneben zeigt die Funde (s. S. 280).

Sammlung Gold und Silber aus Zara: Sonnenbrille mitnehmen, diese außergewöhnlich reich ausgestattete Schatzkammer blendet (s. S. 281)!

Sveti Donat und Kathedrale: Zwei Kirchen nebeneinander, kostbare Denkmäler von der Karolingerzeit bis zur Renaissance (s. S. 280f.).

Ein besonderes Erlebnis

Dem Spiel der Meeresorgel in Zadar lauschen: Künstlich geschaffene Ventile und Röhren bringen das Meer an Zadars Landspitze zum Klingen (s. S. 282).

Eine Vorstellung des Puppentheaters besuchen: Wenn mit Puppen Theater gemacht wird, gibt es keine Sprach- und Altersgrenzen (s. S. 284).

Eis essen im Café Donat: Zadars beste Eisdiele, wie fast alle in Dalmatien unter albanischer Leitung (s. S. 284).

Ein Basketballmatch miterleben: Zadars Mannschaft gehört zu den besten in Kroatien (s. S. 284).

Gratis

Festival Zadar snova: Im Juli oder August findet das Straßentheaterfestival mit einer Reihe von Gratisveranstaltungen auf Zadars Plätzen statt (s. S. 284).

Zadar: Cityplan

1	Bastion	**16**	Narodni trg
2	Foša	**17**	Stadtloggia
3	Zolltor	**18**	Stadtwache mit Uhrturm
4	Landtor	**19**	Sveti Lovro
5	Platz der fünf Brunnen	**20**	Rathaus
6	Turm des Stadtkommandanten	**21**	Sveti Andrija und Sveti Petrav Stari
7	Grimani-Bastion	**22**	Palača Fanfogna
8	Trg Petra zoranića	**23**	Palača Guerini
9	Palast des Stadtkommandanten	**24**	Sveti Krševan
10	Fürstenpalast	**25**	Hafentor
11	Palais Grisogono	**26**	Museum der Stadt Zadar
12	Sveti Šime	**27**	Kallelarga
13	Palača Petrizio	**28**	Forum
14	Palača Ghirardini-Marchi	**29**	Sveti Donat
15	Neues Tor	**30**	Archäologisches Museum

31	Sveta Marije	5	Kolovare

31 Sveta Marije
32 Sammlung religiöser Kunst
33 Sveti Ilija
34 Kathedrale Sveta Stošija
35 Kloster Sveti Frane
36 Stomorica
37 Četiri kantuna (›Vier Ecken‹)
38 Sveti Mihovil
39 Sveti Dominik

Übernachten

1 President
2 Adriana Select
3 Club Funimation Borik
4 Donat

5 Kolovare
6 Mediteran
7 Albin
8 Jugendherberge
9 Camping Borik

Essen und Trinken

10 Dva Ribara
11 Foša
12 Niko
13 Arsenal
14 Široka
15 Lovre
16 Atrij
17 Donat

Platzes geht ebenfalls auf die Arbeiten von Sanmicheli zurück (1575).

Auf diesem Platz und am angrenzenden **Turm des Stadtkommandanten** (Kapetanova kula) **6** lässt sich die lange Geschichte der Stadt ablesen: Die Fundamente des Turms und die Mauern nebenan in der schmalen Gasse Prolaz Cara Augusta stammen noch aus der Römerzeit; der Turm lehnt sich an frühmittelalterliche Mauern an, stammt aber aus dem Spätmittelalter. Die Mauer zur Rechten mit dem hübschen Renaissanceeingang gehört zur fünfeckigen, venezianischen **Grimani-Bastion** **7**, die hier unmittelbar an die Stadt anschließt. Auf dieser Bastion befindet sich seit 1829 ein kleiner Park, er war der erste öffentliche Park in den Grenzen des heutigen Kroatien.

Trg Petra zoranića und Paläste

Der Brunnenplatz geht in den **Trg Petra zoranića** **8** über, unter dem 2 m tiefer die Fundamente des römischen Stadttores ergraben wurden. Die römische Forumsäule dahinter hat man aus unerfindlichen Gründen ebenfalls auf diesen Platz gestellt. Er hat prächtige Fassaden zu bieten, u. a. den **Palast des Stadtkommandanten** (Palača Velikog kapetana) **9** im Stil der Renaissance. Die Fassade des Palastes des venezianischen Provveditore (Providurova pal.) zeigt nach vielen Veränderungen nichts mehr vom Gründungsbau von 1607. Der angrenzende mittelalterliche **Fürstenpalast** **10**, im 19. Jh. ebenfalls stark verändert, wurde im Krieg 1991 schwer beschädigt und wird noch renoviert.

Unbedingt sehenswert: der Sitz des Denkmalamtes im kleinen **Palais Grisogono** **11** in einer Nebenstraße. Der kleine Innenhof mit seinen zwei Arkadenstockwerken und dem dekorativen Brunnen ist ein wunderschönes Beispiel venezianischer Baugesinnung im Übergang von der Gotik zur Renaissance.

Kirche Sveti Šime

Nun endlich wenden wir uns zur **Kirche Sveti Šime** **12**, die einen der größten Kunstschätze Kroatiens beherbergt, den Schrein des hl. Simeon. Die kroatisch-ungarische Königin Elisabeth von Anjou, Frau König Ludwigs I., soll nach der Geburt von drei Töchtern den Heiligen um einen Sohn und Thronfolger angefleht haben. Um ihn günstig zu stimmen, ließ sie den prachtvollen Reliquienschrein anfertigen und ihm weihen. Man sieht Elisabeth mit ihren Töchtern, wie sie gerade den Schrein übergibt (ihre Bitte wurde nicht erhört). Der beauftragte Meister war der Lombarde Francesco da Sesta, der aus einer Vierteltonne Silber und Gold den Sarkophag mit seitlichen Reliefplatten und einer dem schrägen Dach aufliegenden halbplastischen Figur des Heiligen schuf.

Schräg gegenüber der Kirche steht in der Don Ive Prodana-Straße Nr. 11 der **Palača Petrizio** **13** im Stil der venezianischen Spätgotik. Am Ende der Gasse erfreut ein weiterer kleiner Palast das Auge, der **Palača Ghirardini-Marchi** **14**. Ein hübsches spätgotisches Fenster ist in einen mit Muscheln geschmückten Renaissancerahmen gesetzt. Wer von hier auf der Jurja Barakovića nach rechts geht, kommt zum **Neuen Tor** (Nova Vrata) **15** und zur Fußgängerbrücke in die Neustadt sowie zur Mole der lokalen Fähren (Liburnska obala).

Der Narodni trg

Der Palast Ghirardini-Marchi schaut auf den **Narodni trg** **16**. Auch heute ist dieser Platz der selbstverständliche Mittelpunkt der Stadt: Wer jemanden ohne Verabredung treffen will, geht einfach auf den Narodni trg. Einander gegenüber stehen hier die **Stadtloggia** (Loža) **17** von 1565 und die **Stadtwache mit Uhrturm** (Gradska straža) **18**, deren Loggia im Stil eines schlichten römischen Stadttores aus demselben Jahr wie die Stadtloggia stammt und ebenfalls von Sanmicheli errichtet wurde. Der Uhrturm wurde erst 1798 hinzugefügt. Rechts von der Stadtwache befindet sich das immer gut besuchte Café Lovre, in dessen Innenhof die Halbruine der **Kirche Sveti Lovro** **19** aus dem 11. Jh. zu sehen ist.

Zwischen Narodni trg und Hafentor

Das **Rathaus** **20** aus Mussolini-Zeiten bleibt links, wenn man die stark frequentierte Gasse

Venedig und die östliche Adria

Thema

Die venezianischen Kaufleute handelten mit der Levante, mit Konstantinopel, Alexandria und Aleppo, sie führten für ganz Europa Kostbarkeiten wie Gewürze, Parfum, Weihrauch, Baumwolle, Seide, Farbstoffe und Rohrzucker ein. Was hatte Dalmatien, was hatten die kroatischen Inseln dagegen zu bieten?

Venedig sah jeden direkten Handel zwischen den beiden Ufern als Schmuggel an, und nur wer beide Ufer der Adria kontrollierte, konnte Schmuggel verhindern. Auch die Piraterie durfte man nicht dulden. Also musste die Serenissima an der Ostadria nach dem Rechten sehen, erstmals in einer See-Expedition von 838 und ganz massiv im Jahr 1000. Am 9. Mai dieses Jahres stach der Doge Pietro Orseolo II. in See und kehrte zwei Monate später siegreich aus Dalmatien zurück, um sich und seine Nachfolger ab sofort mit dem Titel Dux Veneticorum et Dalmaticorum zu schmücken. Von nun an waren Venedigs Flotten zur Stelle, wenn sich eine Stadt an der östlichen Adria einbildete, ohne oder gar gegen Venedig Handel treiben zu können. Zara (Zadar) musste das bereits 1047 erfahren, als ein Aufstand niedergeschlagen wurde, dann wieder 1202, als der Doge Enrico Dandolo die gesamte Kreuzzugsflotte über Zara dirigierte, um die aufmüpfige Stadt niederzuwerfen.

Nach dem Kauf von Dalmatien 1409 und nach verschiedenen Raubzügen, die bis 1420 zur Okkupation auch der meisten Inseln vor der Küste führten, konnte Venedig an der Ostadria schalten und walten, wie es wollte. Doch eine neue Macht aus dem Osten, das Osmanische Reich, beendete den Traum von der Venezianisierung der gesamten Region. Ab sofort musste sich Venedig nach der Decke strecken. Türkische Überfälle auf Venetien in den Jahren 1472, 1477 und 1499 blieben zunächst unbeantwortet, von türkischen

Überfällen auf Dalmatien ganz zu schweigen. Erst 1571 konnte sich Venedig für die türkischen Demütigungen rächen, als in der Schlacht von Lepanto eine weit überlegene türkische Flotte vernichtet wurde.

Als im späten 17. und im 18. Jh. Venedigs Seemacht bröckelte und ein Levantebesitz nach dem anderen verloren ging, hielt Venedig in Dalmatien durch, zumindest die Adria wollte man behalten. Im Zuge österreichischer Balkankriege konnte die Serenissima ihr Territorium sogar noch erweitern, was aber mehr Kosten als Nutzen brachte, denn welchen Handel sollten die neuen Festungen schützen? Immer mehr englische und holländische Schiffe kamen ja nach Venedig, in der Levante gab es immer weniger einzuhandeln. Im 18. Jh. konnte Venedig Küste und Inseln der östlichen Adria gerade noch halten, die prächtigen Kirchen und luxuriösen Villen, für die in Venedig selbst und seiner Terra ferma die letzten Zechinen ausgegeben wurden, wird man in Kroatien vergeblich suchen.

Was blieb, ist eine Hinwendung der kroatischen Adria nach Nordwesten, eine Verbundenheit mit Venetien, wie sie in Istrien und dem Kvarner besonders stark ist, wo noch Zehntausende den gleichen italienischen Dialekt sprechen. Was blieb sind Stadtloggien, Befestigungen und Adelspaläste. Was blieb, ist ein gemeinsames kulturelles Erbe, das die gesamte östliche Adria stärker mit Italien verbindet als mit ihrem Hinterland – wessen sich die Küstenbewohner sehr klar bewusst sind.

279

Juraj Barakovića einschlägt (der Palast Ghirardini-Marchi bleibt rechts). In einer Parallelgasse zur Kallelarga liegt links der Baukomplex aus den frühkroatischen **Kirchen Sveti Andrija und Sveti Petrav Stari** (St. Andreas und St. Peter der Große) **21** aus dem 8. bzw. 9. Jh., der leider nur bei gelegentlichen Ausstellungen zugänglich ist.

Vorbei an den **Palästen Fanfogna 22** und **Guerini 23** erreicht man den kleinen Platz an der **Kirche Sveti Krševan** (St. Chrysogonus) **24**, des Stadtpatrons. Die (meist verschlossene) Kirche gehörte ursprünglich zu einer bereits aus dem 6. Jh. stammenden, heute lange verschwundenen Benediktinerabtei.

Hinter der Kirche geht man nach rechts zum alten **Hafentor** (Lučka vrata) **25** mit dem Stadtwappen, das den hl. Chrysogonus über der Torwölbung (1573) zeigt. Heute noch strömen die Menschen von den Booten zu den nahen Inseln durch dieses Tor in die Stadt. Draußen vor dem Tor legen die Boote an, rechts stehen die städtischen Busse.

Das nahe gelegene **Museum der Stadt Zadar** (Muzej grada Zadra) **26** zeigt auf drei Stockwerken interessante Objekte zur Stadtgeschichte und mehrere informative Architekturmodelle (Öffnungszeiten Museum der Stadt Zadar: Poljana pape Alexandra III, Tel. 023 25 18 51, Mo, Di, Fr 9–14, Mi 9–12, 17–19 Uhr).

Rund um Forum und Kathedrale

Kallelarga

Die Široka, die vom Petra-Zoranića-Platz zum Narodni-Platz führt, und ihre Verlängerung bilden die Hauptachse der Stadt. Diese folgt exakt dem Verlauf der römischen Hauptachse, dem Decumanus. Über ihre vier Straßennamen hinweg wird sie **Kallelarga 27** (nach dem italienischen calle larga) genannt, Breite Gasse.

Forum

Die Široka öffnet sich in ihrem Mittelteil nach Südwesten, hier lag das römische **Forum**

28. Das Ensemble dieses Platzes und seiner städtebaulichen Umgebung ist voll historischer und künstlerischer Bezüge und zugleich eine Art Sommerarena für die Stadt. Der weite offene Platz zieht sich als lockere Parkanlage bis hinüber zum Meeresstrand, von wo aus man auf die Insel Ugljan sieht. Hier kann man im Gegensatz zum Narodni-Platz ohne Gedränge flanieren oder unter Bäumen auf dem Rasen sitzen und den Abend genießen. Vom römischen Forum sind, wie gut konservierte Ausgrabungen zeigen, Grundmauern von Tavernen und Säulenstümpfe erhalten geblieben, aber auch Teile der alten Pflasterung mit Steinplatten.

Sveti Donat

Diese Pflasterung kommt auch unter dem Fundament der Rundkirche **Sveti Donat 29** (Kožičića bb.) zum Vorschein, das aus liegenden und stehenden römischen Säulenstümpfen besteht. Offensichtlich hat man für diese Kirche des frühen 9. Jh. einen antiken Tempel ausgeschlachtet. Sveti Donat ist eine der bedeutendsten byzantinischen Bauten an der Adria, direktes Vorbild mag San Vitale in Ravenna gewesen sein. Eindrucksvoll ist vor allem das schlichte zweistöckige Innere mit der 27 m hohen Holzkuppel (Öffnungszeiten: meist 9–12 und 18–20 Uhr, Karten gegenüber im Archäologischen Museum).

Archäologisches Museum (Arheološki muzej)

Das **Archäologische Museum** (Arheološki muzej, Kožičića bb.) **30** ist mit seinen vor- und frühgeschichtlichen, römischen und frühkroatischen Sammlungen in einem funktionellen Bau der 1970er-Jahre auf der anderen Seite des Platzes untergebracht. Wegen einiger wunderschöner Stücke ist es auch dem nicht speziell an Archäologie Interessierten anzuraten. Die Beschriftungen sind leider nur in Kroatisch, es gibt jedoch an der Kasse ein erläuterndes Büchlein auf Deutsch zu kaufen (Öffnungszeiten: Tel. 023 25 05 16, Mo–Sa 9–13 Uhr).

Monumentaler Innenraum der Kirche Sveti Donat

Sveta Marije und Sammlung religiöser Kunst

Die **Kirche Sveta Marije** 31 mit Renaissancefassade steht zurückgenommen oberhalb des Forums, innen ist sie spätbarock ausgestattet, Säulen und Kapitelle bestehen aus den unterschiedlichsten römischen Spolien. Nach 1945 wurde die im Gewölbe völlig zerstörte Kirche wieder aufgebaut. Besonders auffällig sind die elegant geschwungenen Logen im Obergeschoss, hinter denen die Nonnen des angeschlossenen Benediktinerinnenklosters früher den Gottesdienst verfolgten. Ein Musterbeispiel romanischer Kirchtürme ist der 1105 von König Koloman gestiftete Campanile. Seine feine Steinmetzarbeit hat höchstes technisches Niveau.

Im Gebäude des Klosters ist die **Sammlung religiöser Kunst Zlato i Srebro Zadre** (Gold und Silber aus Zara, Madijevaca bb.) 32 untergebracht. Die Fülle der sehenswerten Objekte, Goldschmiedearbeiten, Gemälde, Skulpturen und Textilien ist überwältigend. Das alles, sagt uns diese Ausstellung, kommt aus dem kleinen Zadar (Öffnungszeiten: Mo–Sa 10-12-30, 17–18.30, Sa 10–12 Uhr).

Die Kathedrale Sveta Stošija (St. Anastasia)

Durch den Westteil des Forums vorbei an der orthodoxen **Kirche Sveti Ilija** (St. Elias) 33 gelangt man auf den Platz vor der **Kathedrale** 34. Die Fassade der Kathedrale erinnert mit ihrer Gliederung durch Blendarkaden und die prächtigen Rosetten an norditalienische Dome. Die Fassade von Sveta Stošija entstand wahrscheinlich im frühen 14. Jh. (1324). Der romanische Bau wurde im 12. Jh. begonnen, aber er verwendete Teile eines älteren

Baus (9. Jh.). Die acht verschiedenen Säulen im monumentalen Inneren stammen sicher von einem römischen Bau, während die Halbsäulen an den Pfeilern aus der Entstehungszeit der Kathedrale kommen. Ein gotischer Baldachin mit dekorativen Säulchen im Chor wird vom prachtvollen, geschnitzten, teilweise vergoldeten Chorgestühl des Pietro Moronzon flankiert (frühes 15. Jh.). Von den Altären in den Seitenschiffen ist besonders der Marmorsarkophag der hl. Anastasia aus dem 9. Jh. bemerkenswert, der auf ihrem Altar in der vordersten linken Seitenkapelle steht.

Kloster Sveti Frane und Meeresorgel

Ein kurzer Spaziergang führt zum **Kloster Sveti Frane** **35**, dessen Kirche im schlichten Stil dieses Ordens errichtet wurde. Sie wurde 1280 geweiht. Wie es heißt, soll der hl. Franziskus selbst das Kloster auf seiner Jerusalemreise ins Leben gerufen haben. Sehenswert im vorwiegend barock ausgestalteten Inneren sind die üppig dekorativen Holzschnitzereien des Chorgestühls (1394).

Vom Kloster ist es nur ein Katzensprung bis zur Spitze der Halbinsel, auf der Zadar liegt. Eine steinerne Treppe führt ein paar Stufen hinunter zum Meer. Orgeltöne dringen aus Spalten der Treppenabsätze heraus: ein findiger Architekt (Nikola Bašić) hat hier 2005 eine **Meeresorgel** geschaffen. Das ständig bewegte Wasser strömt in verschiedene weite Röhren ein, die wieder zu unterschiedlich geformten Hohlräumen führen. Der Ton dringt durch die Spalten nach draußen. Den stärksten Eindruck macht die Orgel bei stark bewegter See, aber auch an ganz ruhigen Tagen hört man sie vor sich hin singen.

Stomorica und Četiri kantuna

Der Rückweg verläuft, was wäre schöner, über die westliche Strandpromenade. Ein Abstecher am Ende der Grünanlage führt nach links zu **Stomorica** **36**. Die Ruinen einer frühkroatischen Kirche liegen heute unter dem Straßenniveau. Durch die Stomorica-Gasse gelangt man zu der Straßenkreuzung **Četiri kantuna** **37**, also ›Vier Ecken‹, dem Zentrum

des abendlichen und nächtlichen Lebens in Zadar. Rechts geht es weiter durch die Gasse Špire Brusine mit den **Kirchen Sveti Mihovil** **38** links und **Sveti Dominik** **39** rechts. Erstere ist gotischen Ursprungs mit eingemauertem römischem Grabstein im Portal, die Kirche Sveti Dominik hingegen Gotteshaus eines in Teilen erhaltenen Dominikanerklosters des 14. Jh., in dem sich 1396–1807 die Universitas Jadertina befand, Vorgängerin der heutigen Universität, die dasselbe Stadtviertel einnimmt. Die Gasse endet am Landtor, wo der Stadtrundgang begann.

TZG: I. Smiljanića 5, 23000 Zadar, Tel. 023 21 24 12, Fax 023 21 17 81, www.tzzadar.hr; **Infobüro:** Mihe Klaića bb., am Narodni trg.

President [1]: Vladana Desnice 16, Tel. 023 33 34 64, Fax 023 33 35 95, www.hotel-president.hr. Schierer Luxus in privatem Hotel in Fußentfernung von den Stränden in Borik; alle Zimmer mit Sat-TV, Internetanschluss, Massivholzmöbel, elegante Bäder. DZ/FR 125–220 €, Suiten bis 400 €.
Hotelkomplex mit vier All-inclusive-Hotels nordwestlich der Stadt im Gebiet Puntamika, Majstora Radovana 7, www.falkensteiner.com.
Adriana Select [2]: Tel. 023 20 66 37, Fax 023 33 20 65. Neues ›Lifestyle-Hotel‹. DZ/HP 115–270 €.
Club Funimation Borik [3]: Tel. 023 20 61 00, Fax 023 20 61 01. Das luxuriöseste der Gruppe mit Badelandschaft ›Acquapura‹. DZ ›all inclusive‹ 110–235 €.
Donat [4]: Tel. 023 20 65 00, Fax 023 33 20 65. Komfortabel und gut ausgestattet, Zimmer mit Sat- und Pay-TV, Strandblick vom Balkon, neuer Pool. DZ all inclusive 45–130 €.
Kolovare [5]: Bože Perižića 14, Tel. 023 20 32 00, Fax 023 20 33 00. Kürzlich fast komplett renoviertes Hotel der oberen Mittelklasse. Der öffentliche Strand unterhalb des Hotels ist nicht sonderlich einladend (Grobschotter). DZ/FR 100–170 €.
Mediteran [6]: Matije Gupca 19, Tel. 023 33 75 00, Fax 023 33 75 28, www.hotelmediteran-zd.hr. Privates Hotel 400 m vom Strand

Flanierstraße in Zadar bei Nacht

in Puntamika 4 km nordwestlich der Stadt. 30 Zimmer mit Sat-TV, Internetanschluss, Balkon, teils mit Klimaanlage. DZ 55–95 €.
Albin ⑦: Put Dikla 47, Tel. 023 33 11 37, Fax 023 33 21 72. Freundliche Familienpension in Borik, Pool, gutes Restaurant. DZ/FR 60–70 €.
Jugendherberge Zadar ⑧: Obala kneza Trpimira 76, Tel. 023 33 11 45, Fax 023 33 11 90, zadar@hfhs.hr. Große (300 Betten) Herberge neben der Marina Borik.
Camping Borik ⑨: in Borik, Majstora Radovana 7, Tel. 023 33 20 74, Fax 023 33 20 65, www.camping.hr/borik, Mai–Sept. Mit FKK-Bereich.

Restaurants und Pizzerien:
Dva Ribara ⑩: Blaža Jurjeva 1, Tel. 023 21 34 45. Zentral, kühle moderne Einrichtung. Gute Küche: Risotto nero, Spaghetti mit dalmatinischem Schinken, Fisch und gute Pizzen, Vorspeise und Fischgericht 15–25 €, Tagesgerichte wie Gefüllte Paprika zu ca. 7 €.
Foša ⑪: Foša 2, Tel. 023 33 44 21. Vorzügliches Fischrestaurant direkt am kleinen Hafen, verglaste Terrasse mit Blick auf Fischer- und Ausflugsboote, komplettes Menü 25–45 €.
Niko ⑫: Obala Kneza Domagoja 9, Marina Borik, Tel. 023 33 11 38. Bekanntes und gut besuchtes Fischrestaurant mit großer Ter-

Zadar

rasse und flinkem Service – besser reservieren! Komplettes Menü ab ca. 25 €.

Kaffeehäuser, Konditoreien:

Arsenal 13: Bedemi zadarskih probuna bb., www.arsenalzadar.com. Im Steinbau des ehemaligen Arsenals wurden in einer großen Halle mehrere Geschäfte, Bars und ein Restaurant eingerichtet, beliebt!

Kaffe-Bar Forum Široka 14: am Forum, nicht zu übersehendes Café mit Terrasse draußen vor Sveti Donat und vorzüglicher Pâtisserie; hervorragend sind *piroške*, mit Weißkäse gefüllte Stangen aus Quarkblätterteig.

Lovre 15: das Lokal am Narodni trg ist ein guter Beobachtungsposten! Große Tee- und Kaffeeauswahl. Die Kirche im hinteren Teil ist jederzeit zugänglich.

Atrij 16: gehobenes Ambiente gegenüber Eingang zum Markt. Französische Pâtisserie.

Donat 17: Trg Sv. Stošije. Der Eissalon vor dem Haupteingang der Kathedrale stellt sein eigenes Eis her und es ist eines der besten Dalmatiens, sicher das beste in Zadar.

Varoška und **Stomorica** und v. a. die Kreuzung **Četiri kantuna** (›Vier Ecken‹) sind das Zentrum der Nachtschwärmer mit Dutzenden von Cafés, Bars und kleinen Restaurants. Welches gerade ›in‹ ist, erkennt man an der vor den Türen anstehenden Menge. Abends ist auch im Arsenal (s. o.) eine Menge los. An der **Marina Tankerkomerc** (Straße nach Borik) **Casino Zadar**. In **Borik** mehrere Discos und Nachtclubs, u. a. große Sommerdisco open air.

Täglicher **Grünmarkt** im Marktbereich entlang der Hafenmauer zwischen Hafentor und Neuem Tor. **Ledermarkt** an der Jura Brakovića (beim Neuen Tor). Das flüssige Andenken ist der lokale **Sauerkischlikör Maraschino** *(maraska),* der in den meisten Supermärkten erhältlich ist.

Juli/Aug.: Der Kultur- und Theatersommer in Zadar begeistert mit breitem Programm: Aufführungen von Barockmusik an verschiedenen Plätzen, u. a. in Sveti Donat, und von Theaterensembles aus Zadar und anderen Orten Kroatiens, oft auf öffentlichen Plätzen. Meist parallel dazu läuft das **Festival Zadar snova** (›Träume von Zadar‹) mit alternativem und Straßentheater.

Ausflüge: in den Nationalpark Krka und in die Kornaten, z. B. ab Hafen Foša, vor allem aber vom Kai an beiden Seiten der Fußgängerbrücke in die Neustadt; nach Ugljan/Pašman, Dugi Otok und den anderen Inseln ab Hafen Luka.

Segeln und Motorboote: Marina Tankerkomerc (jenseits der Luka), Tel. 023 33 27 00, und Marina Borik (3 km nördlich), M. Gupca bb., Tel. 023 33 30 36, Fax 023 33 10 18.

Strände: Stadtstrand südlich der Altstadt beim Hotel Kolovare, nicht sonderlich empfehlenswert, besser 3 km nördlich bei der Ferienanlage Borik, noch besser in Zaton und Nin (s. S. 285f.)!

Basketball: Die Mannschaft ist eines der Spitzenteams Kroatiens, Košarka (Kroatisch für Basketball)-Spiele werden im Košarkaško igralište (Stadtteil Jazine südöstlich der Altstadt) ausgetragen. Was anderswo der Fußball bedeutet, ist hier der Basketball.

Busse: A. Starčevica (Ecke Zagrebečka) Bahnhof etwas südlich der Stadt, direkte Verbindungen in alle Landesteile und nach Österreich und Deutschland.

Bahnhof: neben Busbahnhof; Verbindungen nach Zagreb und Split (selten und langsam).

Flughafen: 12 km entfernt, Poljana Natka Nodila, Nähe Zemunik, Tel. 023 20 58 00. V. a. innerstaatliche Flüge; Croatia Airlines am Flughafen, Tel. 023 25 01 01, Fax 023 25 01 09.

Fähren: zu allen Inseln des Archipels, nach Dubrovnik, Split, Rijeka und Ancona; Jadrolinija, am Hafen, Tel. 023 25 48 00.

Die zwei durch Brücken mit dem Festland verbundenen Inseln Vir und Pag, die alte Bischofsstadt Nin, die Sinterterrassenlandschaft an den Flüssen Kupa und Zrmanja, den fischreichen Vransko jezero und Badeorte wie Zaton, Biograd na moru oder Pakoštane – das alles gibt es zu entdecken im Umland von Zadar.

Nin, Zaton und Vir

Reiseatlas: S.11, C/D 2; S. 12, D/E 2/3

Nin

Dass das verschlafene Nest **Nin** auf der kleinen Insel in der flachen Lagune eine große Geschichte hat, erkennt man spätestens an der frühkroatischen **Kirche Sveti Križ** (Heilig Kreuz). Eine Inschrift im Türsturz nennt den Župan (Grafen) GODEŽAI. Sie gehört zu den frühesten erhaltenen Nennungen einer Grafschaf überhaupt, denn im Erbauungszeitraum (9. Jh.) begann Kroatien erst, sich als territoriale Herrschaft herauszukristallisieren.

Der kleine, recht hohe Bau mit den drei Apsiden steht über den Resten von Wohnhäusern aus römischer Zeit. Nins Vorgängerin, die römische Stadt Aenona, konnte sich einen prächtigen Forumtempel leisten, dessen eindrucksvolle Ruinen zu besichtigen sind. Im sehenswerten **Archäologischen Museum** werden noch frühere Funde gezeigt, vor allem aus liburnischer Zeit (identisch mit der Eisenzeit, 8.–3. Jh. v. Chr.). Das Museum (Erläuterungen auch in Deutsch) präsentiert u. a. ein römisches und ein kroatisches Handelsschiff, die man aus dem Uferschlamm geborgen hat.

Wer meint, *ein* interessantes Museum sei genug für ein Kleinstädtchen, wird sich wundern: Die **Schatzkammer der Pfarrkirche Sveti Anzelmo** (ein fränkischer Heiliger!), deren romanischer Campanile zeigt, wie alt sie ist, ist vor allem wegen ihrer silbernen, zum Teil vergoldeten Reliquiare interessant.

Beim berühmten Fest der **Madonna von Zečevo** in Nin wird eine Marienstatue zum Inselchen Zečevo übergesetzt. Auf der Gezeiteninsel – bei Ebbe kann man zu Fuß hinüber – lebten einst Einsiedler, Fahrgelegenheit beim TZG Nin erfragen (Öffnungszeiten: Kirche Sv. Križ: Schlüssel im Museum; Schatzkammer von Sv. Anselmo: Schlüssel beim TZG Nin; Archäologisches Museum: Juni–Aug. tgl. 9–13, 18–21, Sept.–Mai Mo–Sa 8–13 Uhr).

Zaton

Während der Strand bei Nin wenig einladend und versumpft ist, bietet die ca. 3 km enferrnte Retortensiedlung **Zaton** alle Bedingungen für einen Urlaubsort am Meer: Traumstrand mit Kies und sandigen Abschnitten, ein unglaublich sauberes Meer, Strandkiefern und Pinien, die die Gebäude beschatten. Ein auf den neuesten Stand gebrachtes ›Holiday Village‹ erfüllt mit Angeboten vom Campingplatz bis zum Dreisternehotel, vom Fischrestaurant bis zur Stranddisco alle Touristenwünsche.

Vir

Vrsi und vor allem die **Halbinsel von Privlaka** sowie die über eine Brücke mit dem Festland verbundene **Insel Vir** haben wahre Traumstrände: goldfarbener Sand, flaches Meer – gerade für Kinder geeignet. Allerdings keine Kiefern, Schatten ist rar. Auf Vir erstreckt sich entlang der Straße ein – meist illegal – errichtetes Siedlungsband. Nur gut, dass dieses bei Ložice endet und die Landspitze von Vir, wo es wieder Wald gibt, nur zu Fuß erreichbar ist.

Das Umland von Zadar

Nin: die Kirche Sveti Nikola

TZG Nin: Trg hrvatskih branitelja 1, 23232 Nin, Tel. 023 26 42 80, Fax 023 26 52 47, www.nin.hr.
TUŽ Zaton-Nin: 23232 Zaton-Nin, Tel. 023 26 54 61.

In Zaton:
Lekavski: Draznikova 15, Tel. 023 26 58 88, Fax 023 26 58 90, www.lekavski.de. Neues, postmodern gestaltetes Privathotel, helle Zimmer und komfortable Apartments mit Balkon. DZ/FR 30–50, Apt. 56–110 €.
Holiday Village Zaton: Tel. 023 28 02 80, Fax 023 26 42 25, www.zaton.hr. In den Kiefernwald eingebundene Anlage mit zwei Apartmentkategorien; großer Privatstrand mit zwei Sandbuchten, künstliche Liegehalbinsel, Campingplatz und Tenniscenter. Apt. ab 2 Pers. je nach Kat. und Jahreszeit 30–125 €.
Camping Zaton: Tel. 023 28 02 15, Fax 023 28 03 10, camping@zaton.hr. Campingplatz in Kiefernwald mit langem Kies-/Sandstrand, Animationsprogramme im riesigen Camp (1065 Stellplätze!). 2007 vom ADAC als erster kroatischer ›Superplatz‹ ausgezeichnet.

Auf Vir:
Camping Matea: 23234 Vir, Tel./Fax 023 36 21 02, www.camping.hr/matea.htm, Juni–Sept. Virs ›offizieller‹ Campingplatz, schattig unter Kiefern gelegen.

In Zaton:
Antik: Bosiljka Peroš, Tel. 023 26 42 00. Auf rustikal getrimmtes Restaurant mit traditioneller und internationaler Küche.

Riesendisco Saturnus am Strand in Zaton; außerhalb der Saison nur Sa/So.

Beim Fest der **Madonna von Zečevo** am 5. Mai wird ein Marienbild auf Booten von Nin zum Inselchen Zečevo transportiert, großer Publikumsandrang.

Umfangreiches Sportangebot im Feriendorfkomplex Zaton. Sehr schöne **Sandstrände** in Zaton und auf der Südwestseite der Halbinsel Privlaka sowie auf Vir.

Stadtbus: Es besteht eine gute Anbindung an Zadar.

Die Riviera und das Hinterland von Zadar

Reiseatlas: S. 12, D/E 3/4

Biograd na moru

Die Riviera von Zadar, das bedeutet von Kiefern beschattete Kies- und Felsplattenstrände, dazwischen ein paar sandige Abschnitte, Ausblicke auf die Insel Pašman und ein mildes und ausgeglichenes Klima. Die Bora ist hier nicht mehr so aggressiv wie weiter im Norden, und die Berge von Pašman schützen vor Westwinden. Im kleinen und geschichtsträchtigen Ort **Biograd na moru** gibt es zudem ein Heimatmuseum (Zavicajni Muzeij, Krešimirova 22) und eine blitzblanke Marina. Dazu ein, zwei gute Hotels, Eiscafés am Hafen und ein anständiges Restaurant (Heimatmuseum: Juli/Aug. Mo–Sa 8–12 und (etwa) 20–22 Uhr).

Pakoštane und der Vransko jezero

Der Badeort **Pakoštane** südlich von Biograd liegt auf einem schmalen Landstreifen zwischen der Adria und dem großen Süßwassersee (30,7 km²) **Vransko jezero.** Fliegt man Zadar oder Split an, sieht man deutlich die Unberührtheit des Seeufers, die großen Sumpfgebiete ringsum, besonders im Nordosten, die schmutzig-braunen Zonen, wo nährstoffreiches Oberflächenwasser in diesen größten natürlichen See Kroatiens einmündet. Der äußerst fischreiche See (Aal, Wels, Karpfen, Hecht) lockt nicht nur Vögel hierher – Silber- und Purpurreiher z. B. – sondern ist auch ein Anglerparadies.

Die Insel Murter

Fährt man die Küstenstraße weiter in Richtung Šibenik, erreicht man südlich des Städtchens Pirovac die Abzweigung zur Insel **Murter.** Jenseits der schmalen Meerenge erreicht man zunächst den kleinen Ferienort Tisno. Im Nordwesten der Insel leben im alten Fischort Murter die meisten Landbesitzer der Kornaten, die von hier aus Trips zu den Inseln und

Rafting auf Krupa und Zrmanja

Man fährt in einer eigenen Welt aus Wasser, Stromschnellen und viel Grün. Das Strombett ist immer wieder durch Barrieren aus Kalksinter unterbrochen, hinter denen sich warme Seen aufstauen, in denen man wunderbar schwimmen kann. Das Wasser ist außerordentlich klar und rein, das grüne Schillern eine Spezialität dieser mit Kalksinter ausgelegten Seen. Die meisten Sinterfälle sind leicht navigierbar, aber einige große und hohe Fälle muss man umtragen. Die Einsetzstellen an Krupa und Zrmanja erreicht man von der Straße Zagreb–Zadar aus, wenn man bei Obrovac Richtung Knin und bei Kaštel Žegarski Richtung Krupa (links) abbiegt.

Der Oberlauf der Zrmanja ist im Sommer ausgetrocknet, erst bei Kaštel Žegarski tritt sie wieder mit einer großen Karstquelle ans Tageslicht – kalt und unglaublich durchsichtig ist dort das Wasser. Bis Muškovci ist sie – mit Umtragestellen – gut zu befahren. Man bucht die Tour am besten im Hotel oder im Reisebüro. Paddelkenntnisse benötigt man nicht, auch Kinder ab 10 Jahren können teilnehmen.

Aufenthalte in den alten Sommerhäusern anbieten. Der Hafen von **Jezera** im Süden der Insel ist ein Sportfischerdorado, vor allem auf Thunfisch *(bluefin)* zielt das Begehr der generell gut betuchten ausländischen Gäste.

Das Hinterland von Zadar

Am Fuß des östlichen Velebitgebirges liegt ein karges Karstplateau, das **Golubić-Plateau,** benannt nach dem kleinen Ort Golubić. Der aus dem südlichsten Velebit kommende **Zrmanja-Fluss** und die **Krupa** schneiden sich tief und scharfkantig in dieses Plateau ein. Ein Dorado für Rafter und Kanuten (s. o.)!

> **i** **TZG Biograd na moru:** Trg hrvatskih velikana 2, 23210 Biograd na Moru, Tel. 023 38 53 82, Fax 023 38 31 23.
> **TZO Murter:** Trg Rudina, 22243 Murter, Tel. 022 43 49 95, www.tzo-murter.hr.

Das Umland von Zadar

TZG Jezera: Put Zavatića 3, 22242 Jezera, Tel. 022 43 91 20.
TU Tisno: Istocna gomilica 1A, 22240 Tisno, Tel. 022 43 86 04, Fax 022 43 86 03, http://welcome.to/tisno.

In Biograd na moru:
Ilirija: Tina Ujevića 7, Tel./Fax 023 38 31 08, www.ilirijabiograd.com. Strandhotel mit privater Marina und Meerwasser-Pools, komplett renovierte Zimmer mit Sat-TV, Fön, Aircondition. DZ/HP 80–150 €.
Meduza: A. Šenoe 24, Tel. 023 38 33 31, Fax 023 38 33 32, www.hotelmeduza.com. Ansprechendes Privathotel, 15 funktionelle Zimmer mit Sat-TV und Balkon. DZ/FR 40–60 €.
Camping Soline: Put Solina bb., Tel. 023 38 33 51, Fax 023 38 48 23, www.campsoline.com. Dreistern-Campingplatz am Meer.
In Pakoštane:
Autocamp Crkvine: Vrana, Tel. 023 38 14 33, Fax 023 63 85 11. Idyllischer Campingplatz am Strand des Vranasees mit Schatten spendendem Wäldchen und Restaurant.

Marina Kornati: Šetalište kneza Branimira 1, Tel. 023 63 85 11. Vorzüglicher Fisch an der Marina.

ACI Marina Kornati: Biograd na moru, Tel. 023 38 38 00, Fax 023 38 45 00, www.marinakornati.com. Bootsfahrten und Segeltörns in den Nationalpark Kornaten.
In der Nähe Biograds liegt der teilweise geschützte **Vranasee:** Angeln, Vogelbeobachtung und Reiten, Infos im Autocamp Crkvine. Feiner **Kiesstrand** südlich Biograd na moru, schöne Strände auch in Richtung Pakoštane.

Biograd na moru liegt an der **Buslinie** Zadar–Split. Von Biograd **Fährverkehr** nach Tkon auf Pašman.

Die Insel Pag

Reiseatlas: S. 8 E/F 2–3; S. 12 B–D 1/2
Mehr Schafe als Einwohner, mehr Steinmauern als Wege – was soll an der 60 km langen, kargen Insel anziehend sein? Das Innere von Pag duftet nach Thymian und Lavendel, nach Salbei und Oregano. Große Teile der Insel, selbst entlang der Küste, sind einsam und nur von halbwilden Schafen bevölkert. Auch die Inselhauptstadt Pag schläft. Dafür macht Novalja und vor allem der ›Partystrand‹ Zrće die Nacht zum Tage.

Die Stadt Pag

Die Inselhauptstadt **Pag** wurde im 15. Jh. am Reißbrett entworfen. Für die ab 1443 errichtete Stadt riss man die alten Bauten der Vorgängerstadt ab, heute Starigrad, in römischer Zeit Pagus genannt. Damit war das Baumaterial gesichert. Wie wenig Pag selbst in seiner Blütezeit zu sagen hatte, erkennt man daran, dass wichtige öffentliche Bauten wie der Bischofspalast und der Glockenturm der **Pfarrkirche der hl. Maria** (damals Kathedrale) nicht fertig gestellt werden konnten. Die schlichte gotische Fassade dieses Baus mit ihrer Spitzenrosette beherrscht den zentralen **Platz Kralja Krešimira IV.** Erst 1562 wurde das Schiff beendet, die Einrichtung stammt z. T. aus späterer Zeit. Die Fassaden der Häuser aus dem hellen Kalkstein der Insel sind meist schmucklos, nur einige Palazzi wie der **Palast des Statthalters** (Kneževa palača) und Kirchen zeichnen sich durch bescheidenes Dekor aus.

Im kleinen privaten **Spitzenmuseum** am Hauptplatz kann man sich über die in Pag und Novalja allgegenwärtigen Spitzen kundig machen, die von den Näherinnen selbst angeboten werden. Die Spitzen sind eine alte Pager Tradition, früher vielfach geklöppelt, heute gehäkelt (Kralja Zvonimira bb., im Sommer tgl. 18–21 Uhr, kostenloser Eintritt).

Starigrad

Südwestlich des Ortes liegen auf einem kleinen Hügel über der Saline die Reste von **Starigrad:** Mauersteine der Stadtbefestigung, Ruinen eines erst im 19. Jh. aufgegebenen **Franziskanerklosters,** aber auch die spätromanisch-gotische **Pfarrkirche,** in der das Gnadenbild der Gottesmutter verwahrt wird, das jeden 15. August die Kirche in Rab besucht, um zwei Wochen lang Stadtluft zu atmen.

Novalja

Karg ist die Insel auch im Norden. Dort ist **Novalja** der größte Ort. Von seiner Zeit als wichtigster Inselort sind Reste einer spätantiken Basilika im Ort selbst und einige kleine frühkroatische Kirchen in der Umgebung übrig geblieben. Novalja ist eines der Zentren der sommerlichen Party- und Discokultur, wie sie auch anderswo an Kroatiens Stränden vertreten ist (auch in den meisten größeren Campingplätzen), aber nirgendwo so massiv wie hier. Der Strand von Zrće ist eine einzige Party- und Outdoordisco-Meile, die u. a. von so renommierten kroatischen Discos und deren DJs bespielt wird wie dem Zagreber Aquarius (s. S. 108). Dem Baden (oder Schlafen) tagsüber folgt am Spätnachmittag die After-Beach-Party, dann die Party zum Sonnenuntergang und anschließend die Open-air-Disco oder einer der Beach Clubs (nichts anderes) bis morgens nach Sonnenaufgang.

ℹ **TZG Pag:** Ul. od Špitala bb., 23250 Pag, Tel./Fax 023 61 12 86, www.pag.hr.
TZG Novalja: Zvonimirova bb., 53291 Novalja, Tel./Fax 053 66 14 04, www.tz-novalja.hr. Eine kommerzielle Seite ist www.novalja.com.

🛏 In Pag:
Biser: A.G. Matoća 8, Tel. 023 61 13 33, Fax 023 61 14 44, www.hotel-biser. com. Gutes Hotel am Strand westlich der Altstadt, Tennisplatz, Restaurant. DZ/FR 55–65 €.
Camping Šimuni: 23251 Šimuni, Tel. 023 69 74 41, Fax 023 69 74 42, www.camping-si muni.hr. Am Kies- und Sandstrand im kleinen Hafenort, ruhig, Kiefernwald, Sportangebot.
In Novalja:
Loža: Trh Loža 1, Tel. 053 66 13 13, Fax 051 66 34 30. Direkt an der Mole, Zimmer mit Sat-TV und Balkon, Restaurant. DZ/FR ab 80 €.

🍴 **Dva Ferala:** Katine bb., Pag, Tel. 023 61 26 93. Rustikale Konoba, familiär, eigener Wein, Käse und Schinken, Lammbraten. Ab 15 € für 2 Gänge.

Kulinarisches:
Paški sir, der Käse von der Insel Pag
Kroatiens bester Käse wird auf Pag hergestellt, auch vorzügliche Schinken, getrocknete Feigen, Salbeihonig, Weißwein, und Oliven und Olivenöl kommen von hier. Der nach althergebrachter Methode langsam und lange gereifte Paški sir aus Schafsmilch ist der einzige kroatische Käse, den man wirklich überall im Lande erhält. Er wird in große Laibe gepresst, die im endgültigen Zustand etwa 2 kg wiegen. Der Käse hat keine Lufteinschlüsse oder – wie Parmesan – eine körnige Konsistenz, sondern er weist einen trockenen, mürben, elfenbeinweißen bis leicht gelblichen Teig auf, der würzig aromatisch schmeckt. Man kann ihn sehr gut als ganzen Laib mit nach Hause nehmen und dann im Kühlschrank, in ein leicht befeuchtetes Tuch eingewickelt, aufbewahren. Schmale Tortenstücke vom Käse werden als Vorspeise wiederum in dünne Dreiecksstücke geschnitten, oft mit scharfen Oliven serviert, dazu Weißbrot und ein kräftiger Rotwein. Istrische Schlemmer raspeln noch Trüffel drüber …

🛍 **Spitzen** und **Käse** sind die Spezialitäten der Insel Pag. Beide sind aus guten Gründen nicht billig. Spitzen bekommt man in vielen Gassen angeboten, Käse kauft man im Laden Paška Sirana in der Vela Ulica.

🍸 Discos und Beach Clubs in Novalja (Cocomo Club etc.) und am Zrće-Strand (Aquarius, Kalypso, Papaya, Euphoria etc).

📅 **15. August:** Prozession Mariä Himmelfahrt in Pag, mit dem Gnadenbild von Starigrad zur Pfarrkirche in Pag.

↔ Eine **Straße** verbindet die Insel Pag mit dem Festland und der Küstenstraße in Richtung Zadar.
Direktbusse: von Pag nach Zadar und Rijeka.
Fähre: von Žigljen nach Prizna. Von Novalja tgl. **Katamaran** über Rab nach Rijeka, im Sommer auch nach Mali Lošinj über Rab.

Von der Luka Jazine, dem Hafen von Zadar, legen die weißen Fährschiffe der Jadrolinija zu den vor der Stadt lagernden Inseln ab. Der Inselarchipel von Zadar ist vielfältig: Kleine und große Inseln tummeln sich im Meer, mit Kies- und Felsstränden, bewohnte und unbewohnte, mit flachem und gebirgigem Gesicht.

Die parallelen, lang gezogenen Inseln des Archipels von Zadar bilden die Gipfelzone der versunkenen westlichen Gebirgsketten des Velebit. Dort sind die Kalkgesteine besonders verkarstungsanfällig. Es gibt keine Oberflächengewässer, keine Bäche, geschweige denn einen Fluss, keine Süßwasserseen und wegen der geringen Oberfläche der Inseln auch keine großen Quellen. Auf vielen Inseln findet man überhaupt kein Wasser an der Oberfläche, und selbst dort, wo es Quellen gibt, sind sie so unverlässlich, dass man auf Zisternen zurückgreifen muss (wie ein Hohn wirkt es, dass an vielen Stellen am Ufer untermeerische Süßwasserquellen ganz knapp unter der Oberfläche entspringen!).

Das klingt nicht sehr freundlich und ist es auch nicht. Wer sich an diesem Ort fest niederließ, hatte keine andere Wahl. Fruchtbares Land ist rar, auf den ganz kleinen Inseln ließen sich von landhungrigen Siedlern noch ein paar Ölbäume pflanzen oder wenigstens Ziegen aussetzen, ständig besiedeln konnte man sie nicht. Ein Häuschen musste man dennoch errichten, die Arbeit mit den Ölbäumen ist nicht in ein paar Stunden getan und was wäre, wenn Schlechtwetter aufkäme. Auf den Kornaten gibt es überhaupt keine ständige Siedlung, deshalb war es organisatorisch leicht, dort den Nationalpark Kornaten zu schaffen.

Für den heutigen Besucher des Archipels liest sich das ganz anders. Das Meer mit seinen unzähligen Inseln, Buchten, Landzungen lockt zum Baden, Schnorcheln, Tauchen, Segeln, Seakayaking. Die schmalen Kanäle, die zwangsmäßig auch Windkanäle sind, ziehen Windsurfer und Segler scharenweise an, Radler haben vor allem die nicht allzu steilen und wenig befahrenen Inselstraßen auf Ugljan-Pašman und Dugi Otok im Auge.

Der Fahrplan der Jadrolinija macht die Entdeckung des Inselarchipels möglich, wenn auch nicht einfach: Zu den kleineren Inseln kommt man nicht an einem Tag hin und zurück, so zu den Inseln des Virsko More mit ihren kleinen Fischersiedlungen wie Ist, Molat und Sestrunj. Besser sieht es mit den größeren Inseln aus, aber nur Dugi Otok lässt sich als Tagesausflug besuchen, wofür man aber während der Woche sehr früh aufstehen muss. Sonst muss man auf der Insel übernachten. Katamaranverbindungen haben die Situation in den letzten Jahren verbessert, besonders im Sommer. Es lohnt sich, nicht nur im Jadrolinija-Zeitplan nachzuschlagen, sondern nach alternativen Verbindungen zu fragen!

Pašman und Ugljan

Reiseatlas: S. 11/12, C/D 3/4
Auf der lang gestreckten Doppelinsel Pašman-Ugljan konnten sich mehr Leute erlauben, nicht abzuwandern, denn die Fähren bieten die Möglichkeit, täglich zwischen Wohn- und Arbeitsplatz zu pendeln. Die gute Erschließung hat leider bewirkt, dass einige

der schönsten Uferstrecken privatisiert und durch Neubauten verunziert wurden.

Pašman: Tkon

Bei der Einfahrt nach Pašman in den Hafen von **Tkon** sieht man rechts auf einem Hügel das **Benediktinerkloster Sveti Kozma i Damjan.** Schon die Namengebung – Kosmas und Damian waren heilige byzantinische Ärzte – verrät das hohe Alter des Klosters. Es geht zwar erst auf eine Gründung des 12. Jh. zurück, die aber auf einer älteren byzantinischen Anlage errichtet wurde. Nachmittags führen die Benediktiner durch das spätgotisch umgebaute Kloster mit seinem kleinen Museum, das vor allem glagolitische Denkmäler beherbergt (Führungen in Sveti Kozma i Damjan: Tel. 023 28 52 63, tgl. 15–18 bzw. 19 Uhr).

Pašman: Kraj

In **Kraj** steht ein weiteres Kloster, diesmal am Wasser, umgeben von einer quadratischen Verteidigungsmauer. **Sveti Dujma u Kraju** (hl. Domnius von Kraj) wird von Franziskanern geleitet. Das Kloster wurde im 14. Jh. errichtet, der Kreuzgang erst im Barock. Wer Ruhe sucht, sollte sich hier ein Zimmer nehmen – man beherbergt Gäste und beköstigt sie im alten Refektorium.

Ugljan: Kukljica

Um die Insel Ugljan zu erreichen, ist ein schmaler Durchstich zu überqueren, der 1883 die vorher miteinander verbundenen Inseln trennte, nur um sie 1973 durch eine 210 m lange Brücke wieder zu verbinden. Schon vorher sah man die kleine **Kirche Gospa od sniga**, Unsere Liebe Frau vom Schnee. Unweit liegt **Kukljica,** ein kleiner Ort, der von dem großen Touristendorf in seinem Rücken förmlich erdrückt wird.

Ugljan: Preko

Preko, Hauptfährort der Doppelinsel, liegt genau gegenüber von Zadar, so können die Besitzer von Zweithäusern im Ort ihre Wohnsitze in Zadar im Auge behalten. Für einen Fährort ist nicht viel los, nicht alles hier dreht sich um

Richtig Reisen-Tipp: Das Fest Maria Schnee

An jedem 5. August, dem Namenstag Maria Schnee, findet vom nahen **Kukljica** aus eine Bootsprozession zum **Kirchlein Gospa od sniga** (Maria Schnee) am schmalen Meeresarm zwischen Ugljan und Pašman statt. Die sonst meist leere Mole direkt vor dem am Mali Ždrelac stehenden Kirchlein – man sieht es gut von den nach Dugi Otok fahrenden Fähren – wird dann von oft mehr als hundert Booten angefahren. Die Schiffs- und Bootsprozession führt das Gnadenbild der Gottesmutter aus der Pfarrkirche in Kukljica mit, sodass diese ihren Ehrentag Maria Schnee in einem diesem Ereignis gewidmeten Gotteshaus feiern kann (der Marienfeiertag Maria Schnee bezieht sich auf ein Marienwunder von 1514, als es mitten im römischen Hochsommer zu einem Schneefall kam).

die Restaurants und Cafés am Fischerhafen, den man vom Fähranleger auf einer autofreien Uferpromenade erreicht. Einen großen Katzensprung vor dem Hafen liegt die kleine **Insel Galovac,** in deren dichtem Waldbestand sich ein **Franziskanerkloster** von 1453 verbirgt. Nur in der Saison setzen Boote über.

Ein Sträßchen führt hinauf zur **Kirchenruine des hl. Michael** auf dem **Berg Veliki Brdo** (265 m). Man kommt wegen der weiten Aussicht hierher, vor allem an Sonntagen genießen sie viele einheimische Ausflügler vom Festland.

Die beiden Inseln sind gut als Tagesausflug von Zadar zu besuchen, 55 km plus zwei Fährstrecken. Sinnvollerweise nimmt man morgens die Fähre von Biograd na moru nach Tkon auf Pašman, abends die Fähre von Preko nach Zadar, das ergibt die längste mögliche Ausflugsdauer und erlaubt Bewegung mit der Sonne im Rücken. Die beiden Inseln sind auch als Radtour sehr beliebt!

i **TU Tkon:** 23212 Tkon (Pašman), Tel. 023 28 52 13.

Der Archipel von Zadar

Versunkene Gebirgsketten, deren Gipfel aus dem Wasser ragen: die Kornaten

TU Kukljica: 23271 Kukljica (Ugljan), Tel. 023 37 32 76, Fax 023 37 32 29.
TU Preko: 23273 Preko (Ugljan), am Fischerhafen, Tel./Fax 023 28 61 08.

In Kraj:
Kloster Sveti Dujma u Kraju: Kraj, Tel. 023 28 52 71. Franziskanerkloster mit Gästezimmern: perfekte Erholung in der Stille einer umwallten Klosteranlage am Meer. Die Preise sind günstig, aber sie dürfen ad hoc festgelegt werden, da das Kloster kein offizielles Beherbergungsunternehmen ist.
In Kukljica:
Feriendorf Zelena Punta: Tel. 023 37 35 47, Fax 023 37 35 45, www.coning-turizam.hr. Die wunderschön in den Kiefernwald nördlich von

Kukljica hineingebaute Anlage bietet alle erdenklichen Erholungs- und Versorgungsmöglichkeiten. Bungalow/Apt. (2 Pers.)/HP 20–75 €.
In Preko:
Preko: Tel. 023 28 60 41, Fax 023 28 60 40, hotel-preko@zd.tel.hr. Einfaches, neueres Haus über dem Fischerort mit sehr schlichten Zimmern, Ausblick über die Bucht bis Zadar. DZ/FR ab 48 €.

In Tkon:
Arkada: Einfache Grill-Gaststätte am Fähranleger mit Terrasse im 1. Stock, trotz Aussichtslage gibt es nicht viel zu sehen.
In Preko:
Preko: Das Restaurant des gleichnamigen Hotels (s. oben) mit seiner Terrasse am Ha-

ders reizvoll ist der äußerste Norden, noch nördlich von **Bošava,** der in mehrere Halbinselchen aufgefächert ist. In den Buchten von Soline und Čuna sowie an der Südseite der langen, zum **Kap Shajanje** führenden Landzunge findet man Anker- und schöne Badeplätze. Beliebt als Badeplatz ist auch das Straßenende beim **Leuchtturm Veli rat.**

Nur wenn die Fähre ankommt, ist am Kai von **Sali** mit seinen Cafés und Bars etwas los, dann wirkt der kleine Ort mit seinem ausgezeichneten, nach Südosten und vom Wind abgewandten Hafen größer, als er wirklich ist. Es gibt ein paar Privatzimmer, wer ein Hotel sucht, muss über den Hügel hinter dem Ort steigen und findet über der nächsten Bucht das angenehme Hotel Sali.

Naturpark (Park prirode) Telašćica

Südlich von Sali, verzweigt sich die Insel Dugi Otok in zwei Arme, zwischen denen ein buchtenreicher Meeresarm die Segler zum Entdecken und Ankern förmlich auffordert, die **Luka Telašćica.** Die Westseite der Insel wurde vom anbrandenden Meer zu einem bis zu 40 m hohen senkrechten Klippenrand abgefräst. Diese Steilküste gehört zu den eindrucksvollsten Küstenstrichen Europas. Man sieht sie am besten vom Boot aus, kann sie aber auch zu Fuß erreichen.

fen bietet vorzügliche, wenn auch schlichte Fischgerichte sowie Pizza und Pasta.

Fähre: Verbindungen zwischen Biograd na moru und Tkon sowie zwischen Zadar und Preko.

Dugi Otok

Reiseatlas: S. 11/12, B–D 3/4

Brbinj und Bošava

Die ›lange Insel‹ am Außenrand des Archipels bewächst im Nordteil um **Brbinj** eine recht dichte Macchienvegetation. Nach Süden hin verkarstet die Insel mehr und mehr. Beson-

Der Salzsee von Mir

Das größte Wunder dieser Insel ist jedoch der **Salzsee von Mir.** Dieser etwa 1 km lange und bis zu 350 m breite See im Südwesten der Insel ist nur durch schmale Landbrücken vom Meer getrennt, sodass Meerwasser unterirdisch zufließen kann. An der Außenseite, wo der Isthmus die Klippen auf einer kurzen Straße durchbricht, sprüht bei Sturm das Meerwasser herüber zum See, so schmal ist die Landbrücke, die besonders gerne von Nacktbadern aufgesucht wird. Im Sommer ist der See natürlich wärmer als das Meer, das Baden soll wegen der konzentrierten mineralischen Bestandteile gesund sein. Ein Weg führt von der Anlegestelle der Boote am Meeresarm Uvala Mir zum See und nach rechts

Richtig Reisen-Tipp:
Aktivsport – Segeltörn im Nationalpark Kornati

Kroatien hat sich unter Seglern in den letzten Jahren ganz rasch wieder den Platz erobert, den es vor dem Krieg 1991–95 hatte, nämlich den der Nummer 1. Und unter den kroatischen Zielen ist die Inselgruppe der Kornaten mit ihren 101 (oder 89 oder 140 – offizielle Quellen nennen alle drei Zahlen) unbewohnten oder nicht ständig bewohnten Inseln hat sich das Ziel diesen Platz wieder zurückerarbeitet. Es gibt schließlich keine Konkurrenz für dieses Paradies aus Inseln, Inselchen, Schollen, Klippen und klarstem Meerwasser, zumindest nicht im Mittelmeer. Die vielen Buchten bilden ungezählte Ankerplätze, die beiden Marinas Stützpunkte für die Versorgung und eventuelle Reparaturen, an einigen Buchten haben Grillrestaurants, aufgemacht, rustikale Konobas, aber auch feine Etablissements. Wer mit der Luxusjacht unterwegs ist, will, so scheint es, nicht auf Holzbänken dinieren. Nur im August wird es in manchen Buchten eng – dann kommen die italienischen Motor- und Segeljachten –

den Rest des Jahres hat man die Bucht für sich. Bis zum Abend, dann kommt das Motorboot mit den Parkwächtern und der tragbaren Kasse und 50 Kuna werden fällig pro Kopf und Tag für den Eintritt und Aufenthalt im Nationalpark (ca. 6,70 €).

Kein Segelboot? Es gibt Abhilfe. Zum ersten: Segeltörns werden in den Küstenorten angeboten. Zum zweiten: es kann ja auch ein Motorboot sein, und zum dritten und besonders reizvoll: Die Törns der klassischen Motorsegler, die entlang der kroatischen Adriaküste Touristen auf und ab schippern, umfassen auch die Kornaten, manche sogar ziemlich exklusiv!

Törnführer (z. B.): Müller, Bodo: ›Kroatische Küste – Die Kornaten, Liegeplätze und Landgänge‹ (Hamburg/Edition Maritim 2007), ISBN 3-89225-461-3.

Größter Anbieter von Törns auf klassischen Motorseglern ist **Riva Tours,** Neuhauser Str. 27, D-80331 München, Tel. 089 231 10 00, Fax 089 23 11 00 22, www.idriva.de.

---

zur Landbrücke, der Weiterweg rund um den See ist holprig. Der See und die gesamte Telašćica-Bucht sind heute Naturpark, durch die Verbindung mit dem unmittelbar südlich gelegenen Nationalpark Kornaten ist ein großzügiges Schutzgebiet entstanden.

ⓘ **TU Sali:** Obala Kralja Tomislava (am Hafen), 23281 Sali, Tel./Fax 023 37 70 94.

In Sali:

Sali: an der Šašica-Bucht jenseits des Hügels oberhalb der Stadt, Tel. 023 37 70 94, Fax 023 37 70 78. Für seinen Preis hervorragend ausgestattetes, modernes Hotel in Traumlage, DZ/HP 45–90 €.

In Božava:

Božava: 23286 Bošava, Tel. 023 29 12 91, Fax 023 37 76 82, http//:bozava.zadar.net.

Ausgedehnter Hotelkomplex in zwei Blöcken im Strandwald, Sauna, Fitnessstudio, Zimmer mit TV und Minibar. DZ/HP ab 60 €.

Erstes Augustwochenende: Das Fest Saljske užance in Sali ist das Hauptfest der ganzen Insel mit Volkstänzen und traditioneller Musik auf alten, sonst nicht mehr verwendeten Musikinstrumenten.

Fahrrad: Die 30 km lange Inselhauptstraße, auf der fast keine Autos verkehren, wird gerne mit dem Fahrrad abgefahren. Landschaftlich äußerst reizvoll, da man immer wieder weite Blicke über das Meer und auf andere Inselgruppen und das Festland hat; sie weist einige leichtere Steigungen auf. Bei den Touristeninformationen der Region gibt es gratis die beiden Rad- und Wanderkarten für Ugljan und Pašman. Die Telašćica-Bucht mit anschließendem Spazierweg zum Salzsee Mir erreicht man per **Fahrrad, Auto oder Boot,** Ausflugsfahrten ab Zadar.

Strände: aus Fels oder Kies, im Norden ist die äußerste Spitze beim Leuchtturm Veli rat (7 km Straße ab Božava) ein beliebter Badeplatz. Im Süden benötigt man, will man nicht den örtlichen Strand von Sali benutzen, ein Boot, um zu den vielen, oft praktisch unberührten Stränden südlich des Ortes zu gelangen.

Fähre: Die Häfen Božava im Norden und Sali sowie Zaglav im Süden von Dugi Otok erreicht man von Zadar aus mit zwei verschiedenen Fähren; nach Sali/Zaglav nur sonntags günstig für Tagesausflug, nach Brbinj ist der Samstag der beste Tag.

Straße: Von Božava nach Sali sind 24 km asphaltiert.

9 Der Nationalpark Kornati

Reiseatlas: S. 11/12, C/D 4

Die Kornaten mit ihren rund 100 kleinen Inseln sind ein Paradies für Segler und Natur pur. Es gibt keine Orte, nur wenige Fischerhäuser an den Stränden einiger Inseln, jedes mit seinem Bootssteg, es gibt kaum Restaurants, keine Hotels und keine Nightclubs, keine Straßen, nicht einmal das Handy funktioniert. Die zwei modernen Marinas auf Žut und Piškera wurden von Naturschützern zu Recht in ihrer Existenzberechtigung und ihren negativen Umweltauswirkungen hinterfragt.

Bis in die Römerzeit waren die Kornaten dicht bewaldet. Von den Abholzungen, die ganz Dalmatien verwüsteten – die Flotte Roms musste schließlich wie später jene Venedigs von irgendwoher ihre Baumstämme beziehen –, konnten sich die Inseln nicht mehr erholen. Der Boden wurde abgeschwemmt, die Erosionsrinnen im offen daliegenden Gestein vertieften sich, die Inseln verkarsteten.

Die wenigen Häuschen der Kornaten sind Fischerhäuschen, die Vorfahren ihrer Besitzer von der Insel Murter haben den gesamten Archipel im 19. Jh. von adeligen Vorbesitzern gekauft, die nichts damit anfangen konnten. Mittlerweile kann man eines der Häuschen mieten, gelegentlich auch ein Zimmer, man muss nur in Murter nachfragen. Von den Küstenorten aus werden Ausflüge in die Kornaten organisiert, die meisten von ihnen nehmen übrigens auch das südliche Dugi Otok mit dem Salzsee von Mir mit ins Programm.

i **Informacije Nacionalni Park Kornati:** Butina 2, 22243 Murter, Tel. 022 43 57 40, Fax 022 43 50 58, www.kornati.hr.

Privathäuser auf den Kornaten, meist einfache Steinhäuschen, werden in den Agenturen in Murter angeboten, z. B. **Atlas,** Hrvatskih vladara 8, Tel./Fax 022 43 49 99, www.atlassibenik.com, und **Kornatturist,** Hrvatskih vladara 2, Tel. 022 43 58 55, Fax 022 43 58 53, www.kornatturist.hr. Die Preise liegen generell bei 60–70 € pro Tag für ein Apartment für 2 Pers., Minimumaufenthalt ist üblicherweise eine Woche, Lebensmittel werden bei sehr einsam gelegenen Häusern ein- oder zweimal die Woche mit dem Boot gebracht.

Restaurants gibt es in den beiden **Marinen** und auf der **Insel Kornat** in der **Vrulje-Bucht:** das (von Italienern überlaufene und teure) **Restaurant Ante** und das einfache **Fischhaus Ivo**.

Der Nationalpark Kornaten ist eine der beliebtesten Regionen Kroatiens für einen **Segeltörn.** Die beiden Marinas sind bestens ausgestattet: ACI Marina Žut, Insel Žut, 22242 Jezera, Tel. 022 786 02 78, Fax 022 786 02 79, m.zut@aci-club.hr; ACI Marina Piškera, Insel Piškera, 22242 Jezera, Tel. 091 470 00 91, Fax 091 470 00 92, m.piskera@ aci-club.hr.

Tagesausflüge in die Kornaten ab Murter (s. S. 287f.) und von allen Touristenorten Norddalmatiens.

Šibenik steht ein wenig im Schatten von Zadar und Split, den beiden viel größeren Städten in geringer Entfernung. Das mindert nicht seine Anziehungskraft. Die an den Hang gebaute, venezianisch geprägte Altstadt mit der prachtvollen Kathedrale und den alten Befestigungen aus den Türkenkriegen hat sich ihren eigenen, kleinstädtischen Charme bewahrt.

Cityplan: S. 297; **Reiseatlas:** S.12, E/F 4
Zwar ist die Kathedrale der venezianischen Frührenaissance das alles überragende Kunst- und Kulturdenkmal, aber im unregelmäßigen Muster der Gassen und Treppen warten auch noch viele weitere Bauten auf ihre Entdeckung. Heiliggeistkirche und Johanneskirche, Fürstenpalast mit Stadtmuseum und die jüngst der Öffentlichkeit zugänglich gemachten venezianischen Zisternen sollte man ebenfalls besuchen, von der Festung über der Stadt mit ihrem Panorama bis zu den Inseln in der Bucht ganz zu schweigen.

Die kroatische Gründung Šibenik wird erstmals im 11. Jh. erwähnt. Die Venezianer eroberten 1116 die Stadt zum ersten Mal, zerstörten die noch aus frühkroatischer Zeit stammende Festung und blieben bis 1124. Ungarisch-kroatische Könige, das Byzantinische Reich, der Bischof von Trogir, die Fürstenfamilie Žubić aus Brbir im Landesinneren und natürlich Venedig mischten sich in den folgenden 200 Jahren in die Geschicke der Stadt ein. 1409 standen wieder die Venezianer vor der Tür, der ungarisch-kroatische König Ladislaus hatte Dalmatien an Venedig verkauft, dessen Flottenkommandant nun die Schlüssel der Stadt forderte. Šibenik weigerte sich, wurde drei Jahre lang belagert und musste schließlich die Venezianer 1412 als Oberherren anerkennen. 1463–1683 hielten die Türken das Hinterland besetzt. Jedes Mal, wenn Venedig mit der Türkei Krieg führte, marschierten die Türken auf und machten die Umgebung unsicher. Da halfen

auch die neuen Forts nichts, die Venedig errichtete. Zwischen 1522 und 1659 wurde die Stadt mehrmals von den Türken belagert, jedes Mal vergeblich. Zu Ruhe, Wohlstand und Kontinuität trug das bei den Bewohnern nicht bei. Selbst die Arbeit in den Salinen, aus denen man in besseren Zeiten gute Einnahmen bezogen hatte, musste immer wieder eingestellt werden. Nach dem Rückzug der Türken konnte die Stadt im 18. Jh. nicht mehr an ihre früheren Handelsbeziehungen anknüpfen. Dass der Zusammenbruch der Serenissima im Jahre 1797 von Freudentänzen der Bevölkerung begleitet war, ist nicht verbürgt, aber anzunehmen.

Als die Italiener 1918 einmarschierten, um die Stadt vom österreichisch-ungarischen Joch zu erlösen, waren die Bürger keineswegs begeistert. Zweieinhalb Jahre hatte die Okkupationsmacht Zeit, Šibenik von seiner Italianità zu überzeugen – vergeblich (im Gegensatz zu Zadar): Die Stadt wurde an das Königreich Jugoslawien angeschlossen.

Stadtrundgang

Franziskanerkloster und Stadtmauer

In der Nähe des Busbahnhofs in der südlichen Vorstadt Plišac finden Sie einen Parkplatz für Ihren Pkw. An der Hafenstraße entlang geht man nach rechts, bis sich an der Mole für die Boote zu den küstennahen Inseln das Panorama der Altstadt öffnet. Von

Šibenik: Cityplan

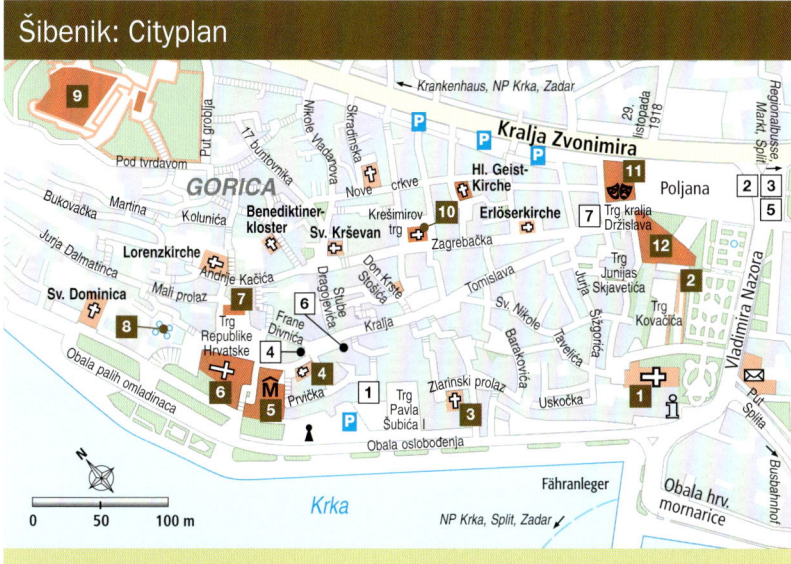

Sehenswürdigkeiten

1 Franziskanerkloster (Sveti Frane)
2 Stadtmauer
3 Sveti Nikola
4 Sveta Barbara
5 Fürstenpalast
6 Kathedrale Sveti Jakov
7 Stadtloggia
8 Bunari
9 Festung Sveta Ana (Sv. Mihovil)
10 Sveti Ivan
11 Theater
12 Glaspalast (Stadtbibliothek)

Übernachten

1 Jadran
2 Solaris
3 Autocamp Solaris

Essen und Trinken

4 Pivnica Alpa
5 Zlatna Ribica
6 Maestro
7 Valeria

hier aus dominiert die graue Masse der Festung Sveta Ana die staffelförmig an den Hang gebaute Stadt, die Kuppel der Kathedrale und die gerade Linie der Häuser entlang der noch teilweise vorhandenen Meeresmauer im Vordergrund. Ganz am rechten Ende der Mauer steht das **Franziskanerkloster** (Sveti Frane) 1, zu dem man durch einen kleinen Park gelangt, der von Resten der **doppelten Stadtmauer** 2 der Venezianerzeit begrenzt wird. Das Kloster wurde bereits im 14. Jh. gegründet, als Šibenik noch eine freie Stadt war. Die Ausstattung der go-

tischen Kirche ist jedoch zumeist venezianisches 17. Jh., wie die vier großen Barockaltäre in Gold und Schwarz verraten. Ein besonders kostbares Schmuckstück ist die kleine Orgel von 1762, die mit ihrer eigenen Barockarchitektur umkleidet wurde. Sie ist ein Werk des kroatischen Orgelbauers Petar Nakić.

Die Kirchen Sveti Nikola und Sveta Barbara

Über Treppengässchen steigt man von der Uferpromenade hinauf zur kleinen Renais-

297

Šibenik

sancekirche **Sveti Nikola** `3`. Direkt an die Kirche angrenzend hat ein Neubau mit Kino, Läden und dem Hotel Jadran den Mauerring zum Meer geöffnet. Ein schmaler Gang führt unter einem Relief des hl. Georg durch die hier bastionsartig vorgetriebene Hafenmauer hinein in die Stadt und zum Platz vor der Kirche **Sveta Barbara** `4`. Sie beherbergt ein **Museum sakraler Kunst.**

Füstenpalast (Kneževa palača) und Stadtmuseum

An die andere Platzseite grenzt ein Gebäudeflügel des so genannten **Fürstenpalastes** `5`. Er wurde für den venezianischen Statthalter errichtet. Der heutige Bau besteht nur noch aus zwei Flügeln der ehemals wesentlich größeren Anlage. In dem innen ausgeschlachteten Bau befindet sich das **Stadt- und Regionalmuseum** (Županijski muzej), das derzeit nur Wechselausstellungen zeigt (Stadt- und Regionalmuseum: tgl. 10–13 und 18–20, im Sommer 19–22 Uhr).

Die Kathedrale Sveti Jakov

Stadt, die sich eine riesige Kathedrale wie Sveti Jakov leisten konnte, muss eigentlich reich gewesen sein. Bei Šibenik ist das nicht der Fall. Es gibt außer den großen kirchlichen und städtischen Bauten Kathedrale, Franziskanerkloster und Rathaus keine Paläste, keine stattlichen Bürgerhäuser. Vor allem der Bau der kunsthistorisch bedeutenden, in ihrer Art einmaligen Kathedrale muss ein wahrer Kraftakt gewesen sein. Vermutlich wollten die Venezianer, die in der Stadt zur Zeit des Baubeginns 1431 noch nicht einmal 20 Jahre lang das Sagen hatten, ein unübersehbares Zeichen setzen. Noch heute bestimmt dieses Bauwerk venezianisch-italienischen Geistes die Silhouette der Stadt.

Die **Kathedrale Sveti Jakov** `6` überragt alle benachbarten Gebäude. Sie steht als Welterbe unter Unesco-Schutz. Der leuchtend weiße Stein hebt die Kirche auch farblich aus ihrer Umgebung heraus. Nach den mittlerweile beendeten Restaurierungen der letzten Jahre, die wegen einiger Artillerietreffer im letzten Krieg nötig waren, präsentiert

sich dieser faszinierende Sakralbau aus dem Übergang von der Gotik zur Renaissance in neuem Glanz. Als Šibenik 1298 einen eigenen Bischof erhielt, beschloss man sofort, die alte romanische Pfarrkirche abzureißen und mit dem Neubau einer Kathedrale jene von Trogir/Traù, dessen Bischof bisher das Sagen in Šibenik gehabt hatte, noch zu übertreffen. Allerdings konnte erst 1431 mit dem Bau begonnen werden, da waren schon die Venezianer in der Stadt.

Der erste bedeutende Baumeister am gotischen Bau war ab 1441 Juraj Dalmatinac. Ihm ist das **Skulpturenprogramm** im Untergeschoss der Kathedrale zu verdanken, aber auch, zusammen mit Andrea Alessi, die Taufkapelle. Sein Stil verbindet Elemente der Spätgotik und der Frührenaissance. Nach seinem Tod folgte 1475 Niccolò Fiorentino aus Florenz. Er behielt bis zu seinem Tod 1505 die Oberaufsicht über den Bau, der jetzt in den Formen der Florentiner Früh-Renaissance fortgesetzt wurde. Erst 1536 waren die Außenarbeiten, erst knapp vor der Weihe 1555 die letzten Arbeiten im Inneren abgeschlossen.

Das Außergewöhnlichste an diesem Bau ist gleichzeitig das Auffälligste: Die drei Schiffe sind vollständig mit aus länglichen Steinplatten zusammengesetzten Tonnengewölben gedeckt, das breitere Mittelschiff mit einer halben, die Seitenschiffe mit einer Vierteltonne – an der Westfassade kann man das gut erkennen.

Kommt man von Sveta Ana an die Kathedrale heran, steht man zuerst an ihrer Rückseite hinter dem **Chor** und den **Apsiden.** Sie sind mit einem skulptierten Fries aus 72 sehr lebendigen **Porträtköpfen** verziert. Ihr Schöpfer Juraj Dalmatinac hat sich am letzten Pfeiler links in einem steinernen Pergamentbogen verewigt. Ganz unten ist sein Name eingraviert und die Inschrift: »Hoc opus cuvarum fecit magister Georgius Mathei Dalmaticus« (Dieses Werk der Apsiden schuf Meister Juraj Matejev, der Dalmatiner).

In das gotische **Löwenportal** auf der Nordseite wurden Löwenskulpturen aus dem romanischen Vorgängerbau integriert. Die Figuren von Adam und Eva und die dekorati-

Die Altstadt von Šibenik liegt in einer tief ins Land eingeschnittenen Bucht

ven Säulchen sind jedoch erst im 15. Jh. geschaffen worden. Der dreiteilige Aufbau der Westfassade spiegelt exakt den Querschnitt durch die dreischiffige Kirche. Über dem gotischen Portal lässt ein großes Radfenster Licht in das recht dunkle Innere. Großartig ist der etwas hellere **Chor** der Kathedrale: Das 1490 von Niccolò Fiorentino geschaffene marmorne Chorgestühl zeigt einen gewaltigen figürlichen Detailreichtum, der barocke Hochaltar von 1635 kann da nicht mithalten.

Mit der **Taufkapelle,** die man durch das rechte Seitenschiff erreicht, haben Juraj Dalmatinac und Andrea Alessi 1450–52 ein Hauptwerk des Übergangsstiles von der Spätgotik in die Renaissance geschaffen. Über dem Raum wölbt sich eine aus einem einzigen Stein skulptierte Decke: In der Mitte ist das Gesicht Gottes dargestellt. Vier Engel

preisen die Ehre Gottes in den vier Zwickeln, die durch breite Bänder voneinander abgesetzt sind. Auf diesen Bändern und in den freien Flächen zu beiden Seiten der Engel triumphiert das dekorative Programm reinster floraler Spätgotik. (Öffnungszeiten: Kathedrale: tgl. ca. 8–19 Uhr; Taufkapelle: tgl. 9–12 und 17–21, zu anderen Zeiten hilft evtl. der Küster.

Trg Republike Hrvatske, Stadtloggia und Bunari

Auf dem Platz vor der Westfassade hat Kroatiens großer moderner Bildhauer Ivan Meštrović ein Denkmal für Juraj Dalmatinac geschaffen, gewissermaßen als städtebaulichen Kontrapost zur strengen **Stadtloggia** (Gradska loža) 7 aus der Sanmicheli-Werkstatt (1533–42) im Stil der Renaissance vor dem

Šibenik

Nordportal am Platz der Republik. Hinter dem Denkmal des Juraj Dalmatinac befindet sich der Zugang zu den **Bunari** `8`, unterirdische Säle, die im 15. Jh. unter venezianischer Herrschaft als Zisternen errichtet wurden. Sie sind heute als modernes interaktives Museum eingerichtet, das ausgewählte Motive aus der Geschichte der Stadt beleuchtet (Öffnungszeiten: tgl. 10–23 Uhr).

Festung Sveta Ana
Zwischen Stadtloggia und Denkmal führt eine Treppengasse den Hügel zur **Festung Sveta Ana** `9` (früher und seit einiger Zeit wieder Sveti Mihovil genannt) hinauf, von wo man eine fantastische Aussicht genießt. Im Wesentlichen sind nur Außenmauern erhalten geblieben, sie stammen vor allem aus venezianischer Zeit.

Zagebračka und Poljana
Auf dem Rückweg sollte man durch die schönen Flaniergassen **Don Krste Stošića** und deren Fortsetzung, die **Zagrebačka**, bummeln. An Bürgerhäusern, venezianisch anmutenden Stadtresidenzen und einigen Kirchen vorbei – interessant vor allem die Fassadenrosette von **Sveti Ivan** `10` – gelangt man schließlich zum **Theater** von Šibenik `11`, einem Bau der späten Gründerzeit, und zum großen **Platz Poljana**. Der **Glaspalast** `12` auf dessen Südseite war zu Tito-Zeiten Sitz der jugoslawischen Armee und dient heute als Stadtbibliothek.

TZG: Fausta Vrančića 18, 22000 Šibenik, Tel. 022 21 20 75, Fax 022 21 90 73, www.summernet.hr.
Infobüro: Obala oslobodenja bb. (gegenüber dem Fähranleger an der Uferpromenade).

Jadran `1`: Obala oslobodenja bb., Tel. 022 21 26 44, Fax 022 21 24 80, www.rivijera.hr. Modernes, praktisch eingerichtetes Hotel an der (besonders nachts lauten) Uferpromenade, konkurrenzlos in der Altstadt. DZ/FR 80–97 €.
Solaris `2`: Hotelsko naselje Solaris bb., Tel. 022 36 10 01, Fax 022 36 18 01, www.sola-ris.hr. Ausgedehnter **Hotelkomplex** 6 km südlich der Stadt, bestehend aus den Hotels Ivan, Jure, Niko und zwei weiteren Apartmentanlagen, mit eigenem Strand und Jachthafen. DZ/HP 60–130 €.
Autocamp Solaris `3`: Adresse s. o.

Pivnica Alpa `4`: Kralja Tomislava 17, Tel. 022 121 79 77. In diesem bürgerlichen Speishaus kommen traditionelle Gerichte und Pizzen auf den Tisch, Fleischgerichte 8–12 €.
Zlatna Ribica `5`: Brodarica bb., Tel. 022 35 03 00. Fisch in bester Zubereitung. Schöne Lage direkt am Strand im Ortsteil Brodarica mit Blick auf die Insel Krapanj. Fischgericht mit Beilagen ab ca. 15 €.
Maestro `6`: Kralja Tomislava 15, nahe der Kathedrale. Hervorragendes Eis und köstliche Konditorwaren.
Valeria `7`: Eissalon und Café-Konditorei beim Theater, immer zahlreiche Besucher in animierter Atmosphäre.

Städtischer **Markt** an der Ante Starčevića (von der Poljana in Richtung Split, dann an der Gabelung rechts).

Wassersport: Jachthafen beim Hoteldorf Solaris, Tel. 022 36 10 24, Fax 022 36 18 00, marina@solaris.t-com.hr. Bootsausflüge auf den Personenfähren zu den vorgelagerten Inseln, z. B. Zlarin, um die dortigen Korallen zu bewundern.
Wandern und **Ausflüge** im nahen Nationalpark Krka: NP-Büro in Trg I. Pavla II., Tel. 022 21 77 20.

Busbahnhof: Draga bb. (um die Ecke von der Vladimira Nazora beim Glaspalast); Busse in alle Landesteile, Lokalbus zu den Solaris-Hotels von der Haltestelle beim Städtischen Markt (Stiegenaufgang vom Busbahnhof).
Fähren: Jadrolinija, Obala oslobodenja bb., Tel. 022 21 34 68, Fax 022 20 04 68, www.jadrolinija.hr; nach Korčula, Split und Zadar sowie zu den vorgelagerten Inseln.
Hafenamt: Tel. 022 21 22 17.

Die Inseln Zlarin und Krapanj, die hübschen Küstenorte Vodice und Primošten, das bäuerliche Binnenland mit dem altkroatischen Zentrum (und jüngst in Kriegszeiten umkämpften) Knin mögen ihre Reize haben, gegen die Anziehungskraft des Nationalparks Krka, dem Tal des Krka-Flusses mit seinen gestuften Wasserfällen und klaren Seen, haben sie alle keine Chance.

Der Nationalpark Krka-Wasserfälle

Reiseatlas: S. 13, A 1

Die Wassermassen der Krka stürzen über zwei vielfach gestufte Wasserfälle hinunter ins Tal. Durch die Barrieren staut sich der Fluss in zwei großen Seen zurück, auf denen Ausflugsboote verkehren. Über dem Tal warten Ruinen alter Burgen und auf einer Insel ein Franziskanerkloster auf die Entdeckung. Der Nationalpark im Hinterland von Šibenik gehört zu den großen Naturwundern Europas.

Skradinski buk

Von Šibenik aus erreicht man den Nationalpark auf der Hauptstraße in Richtung Knin und Zagreb. Nachdem man die Brücke über die Autobahn passiert hat, biegt man bei Lozovac nach links ab zum **Skradinski buk,** dem größten und eindrucksvollsten der Wasserfälle der Krka. An dieser Stelle treffen sich die Täler der ganzjährig Wasser führenden Krka und der im Sommer ausgetrockneten Čikola. Es beginnt ein besonders enger Talabschnitt talabwärts. Das führte zu Stromschnellbildung und im Laufe der Zeit zu einer Kette von etwa 17 Barrieren mit Dutzenden von Wasserfällen. Ein System von Wegen und Stegen, Brücken und Aussichtspunkten erlaubt es, vom linken Ufer, wo wir angekommen sind, oberhalb der Hauptfälle

das Tal zu queren, auf der anderen Seite unterhalb der Hauptfälle wieder einen besonders eindrucksvoll verlegten Steg zu begehen und zum Ausgangspunkt zurückzukehren. Im flachen Flusswasser unter den Hauptfällen kann man herrlich baden, was von vielen Besuchern auch getan wird (anderswo ist das Baden zumeist verboten). Dass die Krka nicht wie die meisten kroatischen Flüsse vor der Küste im Karst versiegt, geht auf den besonders hohen Kalziumdioxid-Gehalt ihres Wassers zurück, es hat den Talgrund mit einer wasserundurchlässigen Tuffschicht ausgekleidet (Eintritt ins Museum am Skradinski buk in der Eintrittsgebühr für den Nationalpark enthalten; tgl. 8–18 Uhr).

Visovac

Oberhalb der Fälle kann man eine Bootsfahrt auf dem Visovačko jezero unternehmen. Sie führt bis zur kleinen **Insel Visovac** mit ihrem Kloster. Bei dieser Bootsfahrt sieht man deutlich, wie grün das Tal im Vergleich zur Umgebung ist, erkennt Weinberge, die noch bebaut werden, und an ein paar Stellen Ölbaumpflanzungen. Auf der Insel kann das aus dem 15. Jh. stammende Kloster besichtigt werden.

Roški slap

Zurück von diesem Ausflug begibt man sich wieder auf die Straße in Richtung Knin. Der Weg führt unweit des Aussichtspunktes zur

Die Umgebung von Šibenik

Skradinski Buk: Unter den Haupt-Wasserfällen kann man herrlich baden

Klosterinsel vorbei (Hinweisschild). Nun folge man den Schildern nach **Roški slap.** Diesmal führt die Straße in das Krkatal hinunter, das sich hier nach dem Canyon oberhalb des Visovačko jezero ebenfalls zu einem See aufstaut. Die Fälle Roški slap sind weniger spektakulär, aber sie ziehen sich oberhalb der steilsten Stelle, wo sie in den See münden, über mehr als 600 m Länge als blitzende Perlenkette von Stromschnellen durch das hier sehr schmale Tal. Der grau gebankte, ganz flach gelagerte Fels mit Lagen aus rötlichem Mergel erinnert hier an Bilder aus Utah oder Arizona. Kein Wunder, dass die deutschen Winnetou-Filme zum Teil in dieser Gegend von Kroatien gedreht wurden.

Brbir

Die Straße, hier nur Erdstraße, nach Regen schlecht zu befahren, quert die Fälle auf einem Damm. Das Sträßchen führt weiter in ein Nebental der Krka, in die Felsen hinauf und erreicht das Plateau darüber. Dabei gewährt es uns herrliche Blicke auf See und Fälle. Unweit liegt das wenige, das von **Brbir** übrig geblieben ist, jener Burg, welche die Šubići Brbirski im 12. Jh. errichteten, die Stammburg der späteren Fürstenfamilie Zrinski.

Skradin

Die Weiterfahrt führt nach **Skradin** unterhalb des Skradinski buk. Es ist schwer, sich vorzustellen, dass hier eine der Pfalzen des frühkroatischen Königtums stand und dass der Ort im Spätmittelalter und der frühen Neuzeit zwischen Venezianern und Türken immer wieder heiß umkämpft war. Cafés, Restaurants, die Marina des ACI, Ausflugsboote zeigen, dass es hier heute friedlicher zugeht.

Die Rückfahrt nach Šibenik erfolgt nach Querung der Krka und dem Erreichen von Lozovac auf der Route des Hinweges.

Informacije Nacionalni park Krka: Trg I. Pavla II., 22000 Šibenik, Tel. 023 20 17 77, Fax 023 33 68 36, www.npkrka.hr.

Vrata Krke: Lozovac bb., 22221 Lozovac, Fax 022 77 80 21, www.vrata-krke.hr. Im Sommer 2008 eröffnet dieses neue Hotel der gehobenen Mittelklasse, komfortable Zimmer (ohne Internetzugang) mit Balkon, auf der Šibenik näheren Seite der Krka. DZ/HP ca. 70–120 €.
Skradinski buk: Burinovac bb., 22222 Skradin, Tel. 022 77 17 71, Fax 022 77 17 70, www.skradinskibuk.hr. Freundliches, modernes Hotel in Skradin mit Ausblick, gute Zimmer, noch bessere Apartments. DZ/FR 50–75, Apt. (2 Pers.) 55–85 €.

Prstac: an der Hafenstraße in Skradin, Tel. 022 77 13 12. Fisch und Meeresfrüchte, besonders Muscheln in reicher Auswahl, am besten bestellt man gleich die Platte mit Meeresfrüchten – sehr appetitlich angerichtet. Gehobenes Preisniveau.
Weitere Restaurants und Cafés findet man hinter der ACI-Marina.

Wassersport: ACI Marina Skradin, 22222 Skradin, Tel. 022 77 13 65, Fax 022 77 11 63, m.skradin@aci-club.hr. Privatboote dürfen von Skradin aus nicht in den Nationalpark einlaufen! In der Hochsaison tgl. mindestens vier Bootsfahrten zur Insel Visovać und eine bis zum Roški slap. Die Bootsfahrten sind nicht im Park-Eintrittspreis für Einzelbesucher enthalten, können aber an Ort und Stelle gebucht werden. Agenturen bieten organisierte Ausflüge an, die auch eine Bootsfahrt beinhalten.

Warnung!
Während der Auseinandersetzung um die Region Krajina im jugoslawischen Bürgerkrieg zog die vorderste Kampflinie durch das Gebiet des Krka-Nationalparks. Besonders im oberen Flussabschnitt, das bedeutet landeinwärts von einer gedachten Linie Dubravice–Brištane, sollte man **nicht von Straßen und ausgewiesenen Wegen abweichen,** da u. U. noch **Minen** im Gelände liegen.

Den Nationalpark erreicht man am besten per **Pkw** oder **Bus** über Skradin – von Šibenik aus auf der Straße ins Binnenland in Richtung Knin. Im Park gibt es keine öffentlichen Verkehrsmittel.

Knin

Reiseatlas: S. 12, F 3

Die Straßen- und Bahnverbindungen von Mittel- und Süddalmatien nach Zagreb und dem Norden führen sämtlich über **Knin.** Die Festung, auf einem lang gestreckten Festungshügel in einer Schlinge der Krka, ist kroatischen Ursprungs und eines der ältesten Baudenkmäler der kroatischen Geschichte.

Knin war eines der frühkroatischen Stammeszentren, unter König Tomislav sogar Haupt- und Residenzstadt des unabhängigen Kroatien. In der Umgebung wurden in der Frühzeit viele Kirchen errichtet, vor allem im 7 km entfernten **Biskupija,** wo fünf frühkroatische Kirchen ausgegraben wurden (die meisten interessanten Funde heute im Museum Kroatischer Archäologischer Denkmäler in Split, s. S. 319). Mit dem Verlust der Eigenstaatlichkeit Kroatiens im 11. Jh. verlor Knin seine überregionale Bedeutung, blieb aber weiterhin ein zentraler Ort. Im Lauf der Jahrhunderte wurde Knin samt seiner Umgebung zwischen den Fronten hin und her geschaukelt: zwischen Venezianern und Türken, Österreichern und Türken. Die Bevölkerung wurde während der Phase der Zugehörigkeit zur ›Militärgrenze‹ durch den Zuzug von grie-

Die Umgebung von Šibenik

chisch-orthodoxen Flüchtlingen aus den türkisch besetzten Balkangebieten serbisiert.

Die Loslösung der selbst ernannten ›Serbischen Republik Krajina‹ mit Hauptsitz Knin im Juni 1991 traf das Nationalgefühl der (meisten) Kroaten empfindlich. In der folgenden Zeit wurden die Krajina-Kroaten vertrieben, nicht einmal 1000 von früher 44 000 blieben in ihren alten Orten.

Bei Kroatiens Rückeroberung der Krajina im August 1995 wurden wiederum die etwa 150 000 Serben der Region vertrieben, Nachkommen von Siedlern, die vor den Türken geflüchtet und immerhin schon vor Jahrhunderten hier angesiedelt worden waren. Die Kroaten zerstörten serbische Dörfer, um die Rückkehr zu erschweren, die Region um Knin zerfiel in einen Trümmerhaufen. Nachdem die kroatische Regierung die rechtlichen Voraussetzungen zur Repatriierung aller Rückkehrwilligen geschaffen hat, hat eine zögerliche Rückkehr begonnen.

TZG Šibenik-Knin: 22000 Šibenik, Fran Nikole Ružića, Tel. 022 21 90 72, Fax 022 21 23 46, www.summernet.hr.

Mihovil: Zvonimirova 63, Vrpolje, 23000 Knin, Tel. 022 66 44 44, Fax 022 66 44 42, www.zivkovic.hr. An der Straße Richtung Split/Zagreb, im Ort konkurrenzlos, anständige Zimmer mit TV. DZ/FR 42–64 €.

Busse: Knin ist wichtiger Haltepunkt zwischen Zagreb und Split sowie Umsteigebahnhof an der Bahnlinie Zagreb–Zadar, Šibenik sowie Split. Durch die **neue Autobahn** Zagreb–Split ist seine Bedeutung für den Autoverkehr allerdings stark gesunken.

Küste und Inseln vor Šibenik

Reiseatlas: S. 13, A 1/2
Die buchtenreiche Küste bei Šibenik wird von Fischerorten besiedelt. Zudem sind ihr 250 Inseln, Inselchen und Schollen vorgelagert. Der Archipel zwischen Vodice im Nor-

den und Primošten im Süden umfasst so unterschiedliche Ziele wie die Schwammtaucherinsel Krapanj und das grüne Zlarin.

Vodice

Die Küstenstraße nach Norden überwindet das tiefe Krkatal in einer eleganten Brücke, bevor es das Fischer- und Feriendorf **Vodice** am Šibenski kanal erreicht, wie die Schifffahrtsstraße genannt wird, die zwischen der Festlandsküste und den zahlreichen Inseln des Archipels von Šibenik verläuft. Im alten Vodice sind die schlichten und schmucklosen Häuser sehr eng zusammengebaut. Ein ständig wachsender Kordon neuer Häuser, Restaurants und Hotels umgibt den Ort. Der große Yacht- und Freizeithafen drängt den kleinen, von einer geschwungenen Mole umgebenen Fischerhafen in eine Ecke. Der einst am Ufer errichtete venezianische Wachturm steht heute in zweiter Reihe.

Tribunj

In **Tribunj,** wo der alte Fischerort eine winzige Insel bis zum letzten Quadratmeter ausfüllte und das Örtchen sich ganz bewusst vom Festland absetzte, weil von dort der Feind drohte, spielt sich heute das Leben jenseits der Brücke auf dem Festland ab. Es wirkt ein bisschen, als ob das alte Tribunj zur Strafe auf der Insel verbleiben müsse, weil es den Anschluss verpasst hat.

Zlarin

Den Archipel von Šibenik erreicht man von der Stadt aus mit den Booten (tgl.), die allerdings eher auf die Bedürfnisse der Inselbewohner zugeschnitten sind als auf die der Touristen. Direkt vor der Küste liegt **Zlarin,** das früher für seinen Korallenfang bekannt war. Bis ins frühe 20. Jh. hinein war die gesamte Inselbevölkerung vom Korallensammeln abhängig, die heute erschöpften Fanggründe befanden sich vor allem südwestlich des Archipels von Šibenik und der Kornaten.

Krapanj

Von den vielen anderen Inseln, die meisten von ihnen unbewohnt, seien noch Prvić mit seinen beiden sehr traditionellen Inseldörfern und das winzige (7 km²), autofreie Kaprije erwähnt. Und natürlich **Krapanj,** ganz im Südosten. Man sieht das Inselchen von der Küstenstraße aus – Fährzeit zwei Minuten. Es ist gerade einmal 0,36 km² groß und von 2500 Menschen bewohnt! Das geht nur gut, weil die Bevölkerung auf ein Gewerbe spezialisiert ist, das etwas mehr einbringt als der übliche Fischfang: die Schwammtaucherei. Im Franziskanerkloster am Nordwestende des Eilands kann sich der interessierte Besucher in einem sehenswerten Museum über die Meeresnatur und das Schwammtauchen informieren.

Primošten

In Richtung Split passiert man zuerst Krapanj (siehe oben) und dann einen weiteren Inselort, **Primošten.** Früher war das elliptische Inselchen nur über eine Zugbrücke mit dem Festland verbunden. Dies diente der Sicherheit: So konnte man sich insbesondere türkisch-bosnische Truppen – zumindest anfänglich – vom Leibe halten. Auf dem kleinen ummauerten Raum baute man dicht an dicht die Häuser. Auf dem höchsten Punkt wacht die Kirche Sveti Juraj. Der hiesige Rotwein Babič ist in ganz Kroatien bekannt und geschätzt. Er wird in einer Landschaft gezogen, die auf den ersten Blick für Weinbau nicht geeignet zu sein scheint: Sie besteht aus Stein und Macchiaresten. Die Menschen haben hier Felderchen angelegt, die meist nur ein Maß von 2 x 4 m haben. Die Fläche, die von den Lesesteinen gebildet wird, ist größer als die Fläche dazwischen, auf der die Weinreben gedeihen. Dafür ist die Abstrahlung durch den weißen Stein enorm, die Reben werden richtiggehend aufgeheizt – und dies ist einer der Gründe für einen hervorragenden Wein.

TZG Vodice: Ob. J. Ive-Cota 10, 22211 Vodice, Tel./Fax 022 44 38 88, www.vodice.hr.
TZO Primošten: Rudina biskupa Arnerića 2, 22202 Primošten, Tel. 022 57 11 11, Fax 022 57 17 03, www.summernet.hr/primosten.

In Vodice:
Punta: Grgura Ninskog 1, Tel. 022 45 14 51, Fax 022 45 14 34, www.hotelivodice.hr. Sehr komfortables Hotel an der Punta, der Landzunge westlich des Ortes, DZ/HP 85–160 €.
In Tribunj:
The Movie Resort: Jurjevgradska 49, 22212 Tribunj, Tel. 022 44 63 31, Fax 022 44 72 31, www.themovieresort.com. Floridas *theme world* hat Einzug gehalten in Kroatien: Das erste Themenhotel hat seine Pforten geöffnet, Thema: Hollywoodfilm. Was sich vor allem in den Filmstarnamen auswirkt, mit denen die Zimmer versehen sind, und weniger im Ambiente. Aber es gibt ja Beach und Show Partys und am Wochenende dann den passenden Film. DZ/FR 50–100 €.

In Vodice:
Burin: Trg Hrvatskih mučenika 30. Urige Konoba am Platz zwischen Altstadt und altem Fischerhafen, traditionelle Küche. Tagesgericht ca. 6–8 €.
Kremik: Marina Kremik, Tel. 022 57 00 68. Ausgezeichnetes Fischrestaurant an der gleichnamigen Marina – in der nächsten Bucht der Küstenstraße in Richtung Split.
In Primošten:
Konoba Mediteran: Put briga 13, Tel. 022 57 17 80. Etwas touristische, aber sehr gemütliche Konoba mit traditioneller Küche.

Wassersport: Marina ACI Vodice, Tel. 022 44 30 86, Fax 022 44 24 70, m.vodice@aci-club.hr; moderne Marina Kremik, Tel. 022 57 00 68, Fax 022 57 03 17, www.marina-kremik.hr.
Strände: meist Kies und Fels, in Vodice generell betoniert.

Vodice, Tribunj sowie Primošten liegen an der **Straße Zadar–Split.**
Busse: Linien Richtung Zadar und Split, in Rogoznica wird nur an der Hauptstraße gehalten (2 km zum Ort).
Fähre: Die Inseln sind mit Šibenik vor allem mit Tagesrandfähren verbunden (morgens zur Stadt, abends zur Insel).

In Mitteldalmatien reicht das
Gebirge bis nahe an die Küste

Split und
die mittel-
dalmatinische
Küste

Trogir   Split

Gradac

Kaiserpalast und Küstenstädte

Kroatiens zweitgrößte Stadt, der bedeutende Hafen Split, beherrscht Mitteldalmatien zwischen den Küstenzentren Trogir und Makarska und dem Binnenland bis zur Grenze mit Bosnien. Split ist so alt wie geschäftig: Den Kern bildet der Palast, den sich Kaiser Diokletian als Altersruhesitz bauen ließ. In der Großstadt Split konzentriert sich das Leben von Mitteldalmatien, ab Split fahren die Busse entlang der Küste nach Trogir und nach Makarska, ins Binnenland über Sinj nach Zagreb, über Imotski nach Mostar und Sarajevo. Hier starten die Fähren zu den vorgelagerten Inseln und nach Rijeka, Dubrovnik, Ancona. Am täglichen Grünmarkt an den Mauern des 1700 Jahre alten Palastes des römischen Kaisers Diokletian trifft sich morgens die halbe Stadt. Die Altstadt im ehemaligen Palast mit ihren Bauten aus Antike und Mittelalter und die venezianische ›Neustadt‹ mit ihren Festungsbauten und Adelspalästen sind ruhiger und touristischer als der Rest dieser geschäftigen Regionshauptstadt. Nur abends kann es hektisch werden, wenn eine junge Klientel nach Unterhaltung dürstet und die zahlreichen Kneipen stürmt.

Trogir, dessen schon von Griechen gegründete Altstadt samt Kathedrale unter Unesco-Schutz steht, ist, was den Alltag der Menschen betrifft, nur ein Trabant der Regionshauptstadt. Der Stadtbus verbindet mit Split und nicht umgekehrt. Das Städtchen ist im vorindustriellen Stadium stehen geblieben, in den engen Gassen begibt man sich auf eine Zeitreise in die venezianische Provinz mit kroatischer Färbung. Auf dem Weg von Split nach Trogir sollte man Salona besuchen, die Ausgrabungen der römischen und frühkroatischen Metropole Mitteldalmatiens, und auch den Adelsburgen an der Kaštela-Küste einen Besuch abstatten.

Im Binnenland ist vor allem Sinj bekannt durch seine aus der Türkenzeit stammenden Alka-Reiterspiele. Römische Reste im nahen Trilj, dem Legionslager Tilurium, zeugen von der dichten Besiedlung der Region in der Antike. Doch Sinj und die kahlen Berge weiter im Norden werden genau wie das landschaftlich spektakuläre Cetina-Tal oder das trotz seiner faszinierenden Karstseen selten besuchte Imotski an der Grenze zu Bosnien-Herzegowina von den Attraktionen der Küste, u. a. der Riviera von Makarska, locker überschattet. Mit dem gewaltigen Massiv des Biokovogebirges im Rücken badet man dort mit Blick auf Mitteldalmatiens Inseln.

Highlights

11 **Split:** Das gibt's nur einmal, eine mittelalterliche Stadt, die sich in einem Kaiserpalast entwickelte – Diokletians Alterssitz war dafür groß genug. Die Ruinen dominieren heute noch die Altstadt (s. S. 310ff.).

12 **Trogir:** Kathedrale, venezianische Paläste, Festung, mittelalterliche Stadthäuser – Trogirs Altstadt auf ihrer Insel ist ein seltenes Stück städtischer Geschlossenheit (s. S. 323ff.).

Empfehlenswerte Route

Rundfahrt von Split nach Sinj und durch das Cetinatal nach Omiš: Die Reise ins Binnenland passiert die Festung Klis, verweilt in

Sinj und führt dann durch das spektakuläre Cetinatal, beliebt bei Raftern und Kanuten, zwischen Kalkgebirgen an die Küste ins frühere Seeräuberstädtchen Omiš und zurück nach Split. Ein Abstecher zwischen Sinj und dem unteren Cetinatal führt nach Imotski und seinen nahen Karstseen an der Grenze mit Bosnien-Herzegowina (s. S. 328ff.).

Reise- und Zeitplanung

Für Split, die mitteldalmatinische Küste und das Binnenland benötigt man zehn Tage bis zwei Wochen Zeit, will man das Gebiet nicht nur oberflächlich kennen lernen, wozu eine Woche genügt. Splits Attraktionen allein füllen problemlos ein paar Tage, wer auch noch die Museen genauer erkunden will, sollte mit vier bis fünf Tagen rechnen.

Trogir, Solin und die Kaštela-Küste nehmen mindestens zwei Tage in Anspruch (die Höhepunkte sind mit dem eigenen Pkw an einem allerdings randvollen Tag zu schaffen). Die vorgeschlagene Rundfahrt ins Binnenland und der Trip an die Riviera von Makarska sind jeweils mit zwei Tagen einzurechnen, ein Ausflug nach Imotski mit Übernachtung dauert nochmals zwei Tage.

Eine Erkundung Mitteldalmatiens könnte ab Split im Idealfall in der Reihenfolge des Kapitels verlaufen: Split selbst mit Abstechern nach Salona und Trogir. Es folgt die Rundfahrt nach Sinj und Omiš, wobei man nicht nach Split zurückkehren muss, sondern gleich nach Süden weiterfährt zur Riviera von Makarska. Auch der Abstecher nach Imotski lässt sich damit verbinden. Man fährt dann von Sinj direkt nach Imotski und kehrt über Trilj ins Cetinatal zurück. Die Gesamtstrecke beläuft sich auf ca. 245 km (inklusive Imotski). Dieser Vorschlag ist auch mit öffentlichen Verkehrsmitteln machbar, auf der Strecke durch das Cetinatal gibt es jedoch Probleme, weil die Strecke nicht so frequentiert ist. Im Gegensatz dazu wird die gesamte Küstenstraße sehr häufig, die Strecke nach Sinj und

Richtig Reisen-Tipps

Die Alka-Ritterturniere in Sinj: Ritterspiele seit den Türkenkriegen, jedes Jahr wird damit an die wunderbare Errettung der Stadt erinnert (s. S. 330).

Wandern im Biokovogebirge: Das Biokovogebirge mit seinen steilen Flanken wirkt vom Meer aus schier unersteigbar. Dabei sind Gebirgsfuß und Hochfläche wunderbare Wandergebiete, und auch durch die Steilwände schlängeln sich Steige, die von Normal-Wanderern bewältigt werden können (s. S. 336).

Imotski ab Split mehrmals täglich von Bussen befahren. Schließt man die Strecke zwischen Omiš und Gradac, dem südlichsten Ort der Riviera von Makarska ein, ergeben sich weitere 80 km Fahrtstrecke. Die Autobahn, an deren Fortsetzung von Split nach Dubrovnik gearbeitet wird, verläuft weit abseits der Küste. Für die Erkundung Mitteldalmatiens ist sie kaum von Bedeutung.

Klima und Reisezeit

Jahreszeitlich gibt es nur für Wanderer Begrenzungen: Die höheren Bergzüge sind im Winter und oft bis weit in den Frühling hinein unzugänglich. Am schönsten sind Mai und Mitte September bis Ende Oktober mit warmer Luft und relativ geringen Niederschlagsmengen. Allerdings kann man im Mai nicht immer baden. Im Herbst ist die Vegetation abgestorben, das Meer aber ist noch angenehm temperiert. Der Winter hat oft lange Phasen mit schönem Wetter, milden Temperaturen und ab Ende Januar frischem Grün. Aber wehe, wenn der Ostwind, also der Landwind bläst, dann kann es recht kalt werden (kaum jemals unter dem Gefrierpunkt) und auf dem aufgewühlten Meer ist keine Fähre zu sehen.

11 Split

Cityplan
S. 312/313

Die Altstadt von Split hat sich innerhalb der Mauern eines römischen Kaiserpalastes entwickelt. Seine Ruinen sind Teil des Alltags einer lebendigen, geschäftigen, manchmal hektischen und meistens lauten Stadt. Die Frauen, die zum Markt an der Ostmauer des Palastes eilen, passieren ohne aufzublicken die Säulen des Peristyls. Man lebt hier mit und in Geschichte!

Cityplan: S. 312/313; **Reiseatlas:** S. 13, C 2
Auf den Besucher, der mit weit aufgerissenen Augen durch dieses Stadtmuseum unter freiem Himmel wandert und alle paar Schritte auf antike oder mittelalterliche Altertümer stößt, wirkt die Stadt euphorisierend: Split ist ein steinernes Geschichtsbuch, das Zentrum eingebunden in 1700 Jahre alte Mauern, einige hochinteressante Kapitel sind in der mittelalterlichen Stadterweiterung Novi Grad nachzulesen und auch das Abschlusskapitel 19. bis 21. Jh. hat einige Highlights. Vor allem sehenswert und ein Kroatien-›Muss‹ ist natürlich der Kaiserpalast. Dort hat sich seit Diokletians Zeiten (2005 war 1700-Jahr-Feier!), das Mausoleum des Kaisers komplett erhalten, allerdings ohne Sarg. Das Geheimnis dieses Wunders: nur Jahrzehnte nach dem Tod des ›göttlichen‹ Herrschers wurde der Bau zur Kathedrale umgewidmet. In die Mauern baute man Häuser und Paläste ein, gotische und solche der Renaissance wie der Cipici-Palast im Peristyl des Tempels, heute dem zentralen Platz der Altstadt. Aus Platzmangel wurde unter Venedigs Ägide eine ›Neustadt‹ angebaut, es folgten während der Türkenkriege gewaltige Befestigungen zum Schutz der Stadt. Auch sie sind in großen Zügen erhalten und dienten noch den Österreichern, die Split nach 1797 verwalteten.
Split ist nicht nur Architektur und Kunst: Breite Stadtstrände mit Feinkies, der bewaldete Marijanberg als Spaziergangsziel, die

nächste Fähre nach Šolta, ein Trip mit dem Stadtbus nach Salona zu den frühkroatischen Ausgrabungen, zur Festung Klis, auf das Kozjakgebirge, in die Kaštela-Bucht – Splits Umgebung ist so abwechslungsreich wie die Stadt selbst. Morgens besuchen die Bewohner der Stadt den Markt, an Wochenenden trifft sich die fußballbegeisterte Stadt im Stadion, um ihrer Mannschaft ›Hajduk‹ beim – hoffentlich – Siegen zuzujubeln. Wenn schon mal kein Spiel läuft, sind die Strände südlich des Hafens das Hauptziel. Der Samstagabend ist hektisch und laut bis in die frühen Morgenstunden: Discos, Klubs, Casinos und Bars quellen über und an der Cafémeile vor der Hafenfront des Diokletianspalastes trifft sich wirklich ganz Split. Die letzten sind noch nicht nach Hause gegangen, da kommen die ersten Marktgänger mit frischem Gemüse, Obst, Käse, Olivenöl von den Fähren herunter …

Der Diokletianspalast

Die Architektur

Für Diokletians Alterssitz gibt es kein Vorbild und keinen Nachfolger. Wie ein Militärkastell war die Anlage von 18 m hohen Mauern mit Kasematten und aufgesetzten Laufgängen sowie Wehrtürmen umgeben. Der vom Westtor (Porta Ferrea) zum Osttor (Porta Argentea) verlaufende Decumanus trennte den zivilen

310

Bereich im Norden vom kultischen und kaiserlichen im Süden. Vom Nordtor (Porta Aurea) zum eigentlichen Palast im Süden verläuft wie in römischen Städten üblich die zweite Hauptachse, der Cardo. Im zivilen Nordteil trennte der Cardo den Kasernenbereich der Palastgarde vom Viertel der Verwaltung. Im Südteil verlief der Cardo durch eine offene Säulenhalle, das Peristyl. Von ihr erreichte man zur einen Seite den Sakralbereich mit dem Podiumstempel des Jupiter und den Rundtempelchen der Venus und Kybele (?). Im Süden wurde das Peristyl durch die repräsentative Außenfront des Palastvestibüls abgeschlossen. Der Kaiser konnte bei seinen offiziellen Terminen auf dem Balkon im ersten Stockwerk erscheinen, über dem sich ein in den Giebel eingesprengter Bogen wölbte. Durch das erhaltene Vestibül betrat man den eigentlichen Palast im ersten Stockwerk. Hier befanden sich auch die Privaträume. Auf der Seeseite der Anlage diente ein über die gesamte Länge verlaufender Säulengang nicht nur als kaiserliche Promenade mit Meerblick, sondern bildete auch den Zugang zu den dahinter liegenden Räumen des Palastes.

Meeresfassade und Porta Aenea

Ein langer Spaziergang führt zu den römischen und in späteren Jahrhunderten entstandenen Sehenswürdigkeiten in den Mauern des Diokletianspalastes. Man beginnt an der Meerespromenade, betritt die Stadt wie früher Diokletian selbst aber erst am Nordtor. Von den Grünanlagen auf der Meeresseite der Uferpromenade Riva blickt man auf die **Meeresfassade des Diokletianspalastes.** In der Höhe des ersten Stockwerkes der Häuser sind die 38 von ehemals 52 verbliebenen Säulen zu erkennen, die den einstigen Säulengang zum Meer bildeten.

Die bescheidene **Porta Aenea** **1** führte vor den Aufschüttungen der Neuzeit und des 19. Jh. direkt ans Meer. Wahrscheinlich gab es zur Zeit Diokletians eine Mole, an die die Versorgungsschiffe, aber auch die Schiffe der kaiserlichen Flotte anlegen konnten. Ohne das Tor zu durchschreiten, gehen wir nach

Mit dem Autor unterwegs

Sehenswert

Der Diokletianspalast als Gesamtheit: Das alte Split und der Kaiserpalast sind eins geworden, die greifbare Verwobenheit mehrerer historischer Phasen macht den besonderen Reiz dieser Stadt aus (s. S. 310ff.).
Römische Mauern und Tore: Das römische Mauerquadrat mit den Toren ist fast vollständig erhalten (s. S. 311ff.).
Peristyl und Kathedrale: Im Mausoleum Diokletians entstand die Kathedrale, im Peristyl Splits ältester Stadtplatz (s. S. 314/15).
Papalić-Palast: Sehenswerter Palast mit gleichermaßen interessantem Stadtmuseum (s. S. 314).
Archäologisches Museum: Nicht nur für Archäologiebegeisterte einen Besuch wert – vor allem wegen der Fülle an römischen Funden, u. a. auch aus Salona (s. S. 318).

Ein besonderes Erlebnis

Ein Fußballspiel mit der lokalen Mannschaft Hajduk erleben: Split auf du und du, wenn die Mannschaft spielt, die sich nur mit jener aus Zagreb vergleichen muss – die Stadt steht Kopf, wenn Hajduk Split gegen Dynamo Zagreb spielt! (s. S. 322)
Den Campanile der Kathedrale besteigen: Aus 57 m Höhe überblickt man die ganze Altstadt (s. S. 315).

Osten weiter bis zum **Südostturm** **2** der Anlage, der wie die Säulen und Arkaden des angrenzenden Fassadenteiles restauriert wurde. Da das Innere seit dem Mittelalter Teil des Erzbischöflichen Palastes war, besitzt es im (nur von der Altstadt aus zugänglichen) ersten Stock ein gotisches Gewölbe.

Porta Argentea und Porta Aurea

Die Südostmauer ist sehr gut erhalten geblieben, die vorspringenden Türme sind jedoch abgerissen worden. Der alte Wehrgang wurde im Mittelalter wieder aktiviert, die obe-

Split: Cityplan

Sehenswürdigkeiten

1 Porta Aenea
2 Südostturm
3 Porta Argentea
4 Sveti Dominik
5 Porta Aurea
6 Denkmal für Bischof Grgur Ninski
7 Kapelle des sel. Arnir
8 Papalić-Palast (Stadtmuseum)
9 Peristyl
10 Vestibül
11 Ethnografisches Museum/Kryptoportikus
12 Kathedrale Sveti Duje
13 Sveti Ivan Krštitelj
14 Palais Cindro
15 Porta Ferrea
16 Campanile
17 Hafentor Hrvojeva kula
18 Palais Milesi
19 Kleines Palais Papalić
20 Kommunalpalast
21 Markthalle
22 Kroatisches Nationaltheater
23 Archäologisches Museum
24 Kunstgalerie
25 Marinemuseum (Festung Gripe)
26 Franziskanerkloster
27 Sveti Nikola
28 Marjanberg
29 Ozeanografisches Institut
30 Kaštelet/Atelje Meštrović
31 Galerija Meštrović
32 Museum Kroatischer Archäologischer
   Denkmäler

Übernachten

1 Park
2 Split
3 Globo
4 Slavija
5 Bellevue
6 Kaštel

Essen und Trinken

7 Šumica

8 Konoba Varoš
9 Tribina
10 Galija
11 Dioklecijan
12 Café Emanuel
13 Gradska kavana
14 Café Luksor

ren Fenster für Verteidigungszwecke ausgebaut. Entlang der Außenseite der Mauer findet Splits täglicher Grünmarkt statt, einer der bestbestückten und buntesten des Landes.

Direkt gegenüber dem großen, schmucklosen Osttor **Porta Argentea** 3 steht die Kirche **Sveti Dominik** 4 aus dem 17. Jh., eines ihrer Altarbilder ist ein Werk von Palma il Gio-

vane. Weiter geht es entlang der Stadtmauer bis zum Nordtor, der **Porta Aurea** 5 . Das Tor war der Haupteingang zum Palast und wurde deshalb als repräsentatives Gebäude gestaltet. Es war von (verschwundenen) Achtecktürmen flankiert und wurde außerdem von einer Reihe von Nischen gekrönt, in denen sich wahrscheinlich Büsten und darüber Rundbö-

313

gen befanden. Die erhaltenen Konsolen im mittleren Bereich deuten darauf hin, dass diese Rundbögen ursprünglich einmal auf heute verschwundenen Säulen standen.

Vom heute unter dem Niveau der Vorstädte liegenden Tor steigt man zum **Denkmal für Bischof Grgur Ninski** `6` hinauf, einem der bekanntesten Werke von Ivan Meštrović (1929). Etwas weiter links, heute unter Straßenniveau, steht die **Kapelle des sel. Arnir** `7`, die Juraj Dalmatinac 1444 erbaute.

Papalić-Palast und Cardo maximus

Das Gässchen, das von der Porta Aurea in die Stadt hineinführt, entspricht dem zentralen Cardo der ursprünglichen Anlage. Dieser war allerdings wesentlich breiter. Im Mittelalter wurde der Platz knapp: Man baute immer weiter in die Straßenmitte vor, denn der Platz innerhalb bestehender Mauern musste ausreichen. Das **Museum der Stadt Split** (Muzej Grada Splita) in einer engen Quergasse ist in einem der schönsten Adelspaläste der Stadt untergebracht, dem **Papalić-Palast** `8`. Der spätgotische Bau am Übergang zur Renaissance wird Juraj Dalmatinac zugeschrieben. Eindrucksvoll sind besonders die großen Säle im ersten und zweiten Stock – beachten Sie die mittelalterlichen Wappen von Split in Stein (14. Jh.) im ersten und das interessante große Panorama der Stadt (3,5 m x 1 m) im zweiten Stock. (Öffnungszeiten: Muzej grada: Papalićeva 1, Tel. 021 34 12 40, Di–Sa 9–12 und 17–20, So 10–12 Uhr.)

Decumanus (Ostteil) und Peristyl

Vom Museum kommt man nahe an die östliche Stadtmauer, erreicht sie aber nicht, da fast überall mittelalterliche Häuser mit ihrer Rückfront an die Mauer gebaut sind. Das war statisch sinnvoll und ausgesprochen platzsparend. Nach rechts führt eine Gasse zur Krešimirova. Sie entspricht dem ehemaligen **Decumanus,** den man bei der Porta Argentea (Osttor) erreicht. Hier wurden von den Konservatoren des 19. und 20. Jh. einige

Bauten niedergelegt, um die teilweise erhaltenen Säulengänge auf der Südseite des Decumanus freizulegen. Vor uns liegt nun der Mittelpunkt der Palastanlage, die Kreuzung von Decumanus und Cardo. Von dort aus lassen sich das Peristyl, das Mausoleum des Diokletian (heute Kathedrale) und die gesamte kultische und private Zone am besten überblicken.

Ein paar Stufen führen hinunter zum von hohen und elegant geschwungenen Kolonnaden umgebenen **Peristyl** `9`, dem Vorzimmer des Palastes unter freiem Himmel. Das Peristyl ist heute sommerlicher Schauplatz für Konzerte und Theater- wie Opernaufführungen: Das Theatralische der ganzen Anlage ist schon ein Wesenszug des ursprünglichen Plans. Der Besucher des Palastes sollte von dieser Kulisse ergriffen und erhoben werden, das Erscheinen des vergöttlichten Kaisers auf dem Balkon wurde als Schauspiel zelebriert.

Das ehemalige **Palais Crisogono-Cipici,** das im Mittelalter in den nordwestlichen Kolonnadenbereich hineingebaut wurde, hat mit Balkonen verzierte Fenster, die auf die Kathedrale schauen. Ob wohl die adeligen Damen, die hier wohnten, von hier oben den Prozessionen beigewohnt haben?

Vestibül, Ethnografisches Museum und Kryptoportikus

In der Höhe des ehemaligen Cardo führen Stiegen hinauf zum **Vestibül** `10` des Palastes. Der quadratische Bau mit der gut erhaltenen Kuppel – einem schönen Beispiel für die Kunst römischer Architekten, Kuppeln in Leichtbetonbauweise zu errichten – ist der einzige Teil der Repräsentationsräume des Palastes, der als Ganzes erhalten blieb.

Auf dem gleichen Niveau wurde in einem mittelalterlichen Haus das **Ethnografische Museum** `11` eingerichtet, eine interessante volkskundliche Sammlung für Split und seine Region mit vielen Trachten. Im darunterliegenden Stockwerk kann man den Diokletianspalast nun durch den so genannten **Kryptoportikus** verlassen und draußen in den vielen Cafés der Hafenpromenade eine Verschnaufpause einlegen. In den ausgedehnten Räumen unter dem kaiserlichen Palast waren sicher Serviceeinrichtungen untergebracht. Eine breite Treppe führt ins Dunkel hinunter, die direkte Verbindung zur Porta Aenea auf der anderen Seite wird heute als eine Art Souvenirmarkt verwendet (Öffnungszeiten Ethnografisches Museum: Mo–Fr 9–21, Sa 9–13 Uhr, im Winter kürzer).

Die Kathedrale Sveti Duje

Eine Freitreppe führt vom Peristyl zum Mausoleum des Diokletian, der heutigen **Kathedrale Sveti Duje** 12, hinauf. Eine ägyptische Sphinx bewacht den Zugang von rechts, ursprünglich mögen es zwei oder vier gewesen sein. Das Mausoleum, ein regelmäßiges Oktogon, steht auf einem ebenfalls achteckigen, 3,7 m hohen Podium. Es ist von einem offenen Säulengang aus 24 Säulen mit korinthischen Kapitellen umgeben. Die Säulenschäfte sind aus unterschiedlichem Stein, die verschiedenartigen Oberflächenstrukturen und Farbschattierungen geben der zurückhaltenden Architektur einen besonderen Reiz. Von der römischen Kassettendecke über dem Umgang sind große Teile erhalten. Im 7. Jh. wurde das kaiserliche Mausoleum zur Kirche, im 10. zur Kathedrale geweiht.

Glockenturm und Portal

Der zwischen dem 13. und 16. Jh. erbaute Glockenturm erhebt sich über dem antiken Vorbau des Mausoleums, dessen Boden noch erhalten ist. Der Glockenturm kann bestiegen werden (kleine Gebühr), der Blick von dort oben (Höhe 57 m) auf die Altstadt ist den Aufstieg wert! Danach steht man vor dem romanischen **Portal der Kathedrale**, dessen prachtvolle Kassetten aus Kastanienholz 1214 fertig gestellt wurden. 28 Bildfelder stellen Szenen aus dem Leben Christi dar.

Inneres: Altar des hl. Domnius

Die Innenwände im überkuppelten Rund der Kathedrale sind durch zwei übereinander gestellte Säulenreihen aus Marmor gegliedert. Sie tragen ein reich verziertes plastisches Gebälk. Ein Fries mit Jagdszenen des Eros schmückt die Wandfläche unter dem oberen Gebälk. Über dem Bogen zum Altarraum sind links und rechts zwei Medaillons mit den Porträts von Diokletian und seiner Frau Priska zu erkennen.

Die Ausstattung der Kathedrale ist eine wahre Sammlung von Meisterwerken. Rechts steht der **Grabaltar des hl. Domnius** (Sveti Duje) von 1427, ein Werk des Bonino di Milano. Die liegende Figur des Heiligen ruht auf einem altchristlichen Sarkophag, der von einer frühkroatischen Platte abgedeckt und von einem spätgotischen Baldachin geschützt wird. Auf der gegenüberliegenden Seite korrespondiert damit der nur 20 Jahre später (1448), aber im Renaissancestil geschaffene **Anastasiusaltar** des Juraj Dalmatinac mit Baldachin vom selben Meister. Eine großartige Leistung des Bildhauers ist das Relief der Geißelung Christi an diesem Altar.

Inneres: Kanzel und Chorgestühl

Ein hervorragendes Werk der Spätromanik ist die **Kanzel** zur Linken, ihre schlanken Marmorsäulchen werden von filigran skulptierten Kapitellen gekrönt. Der im 18. Jh. angefügte Chor enthält das **romanische Chorgestühl** des 13. Jh. Die **Schatzkammer** im ersten Stock der vom Umgang zugänglichen Sakristei bewahrt eine Sammlung sakraler Gegenstände. Einer davon, vielleicht der prächtigste, ist eine Reliquienbüste des hl. Anastasius aus dem 18. Jh., die ihn als Edelmann mit Knebelbart und üppig gelockter Allongeperücke zeigt. (Öffnungszeiten: Schatzkammer des Domes/Seiteneingang der Kathedrale: Nur So! Juli/Aug. 8–12 und 16–19, Juni und Sept. 10–12, Okt.–Mai meist 11–12 Uhr.)

Jupitertempel, Decumanus (Westteil) und Porta Ferrea

Ein kurzer Abstecher führt wieder zum Peristyl zurück, dann geht der Spaziergang durch den Diokletianspalast zum Westtor und verlässt ihn dort.

Links vom Palais Crisogono-Cipici führt eine schmale Gasse zur **Kirche Sveti Ivan Krstitelj** 13, dem ehemaligen römischen Ju-

pitertempel. Er stand nicht zufällig genau in der Achse des Mausoleums und wandte ihm sein Portal zu. Das kleine Gebäude auf einem hohen Podium mit dem reich dekorierten Portal und flankierenden Pilastern in korinthischer Ordnung wurde im Mittelalter zur Taufkirche umgestaltet.

Die Krešimirova-Straße verläuft auf dem Westteil des römischen Decumanus. Dabei passiert man das **Palais Cindro** `14`, den schönsten profanen Barockbau der Stadt. Die ausgesprochen zurückhaltende Fassade ist noch stark der venezianischen Renaissance verbunden. Leider ist der Innenhof durch Geschäfte verschandelt. Der Decumanus mündet in das Westtor, die **Porta Ferrea** `15`. Der Wehrhof und sogar Teile der flankierenden achteckigen Türme haben sich bei diesem Tor gut erhalten. Sie sind eingebaut in mittelalterliche Gebäude, die man mit dem Rücken an die alte Mauer und das Tor stellte. Von der Kirche der hl. Jungfrau vom Glockenturm, die man im 11. Jh. über dem Laufgang im Innenhof errichtete, blieb nur der frühromanische **Campanile** `16` übrig, der zu den ältesten an der östlichen Adria zählt.

Außerhalb des Diokletianspalastes

Die venezianische Stadterweiterung nordwestlich des Diokletianspalastes, venezianische Bauten im Umfeld wie das Marinemuseum in der Festung Gripe, Bauten der österreichischen Phase wie das Nationaltheater und das Archäologische Museum sowie die Museen am Marjanberg wie dieser selbst sind Splits Haupt-Sehenswürdigkeiten außerhalb des Palastes.

›Novi Grad‹

Als die Stadt im Kaiserpalast im 12. Jh. aus allen Nähten platzte, entschloss man sich, die

Der Glockenturm der Kathedrale Sveti Duje ist einen Aufstieg wert: Man genießt eine herrliche Aussicht

vor dem Westtor bestehende Vorstadt auszubauen. Ein neues Stadtzentrum entwickelte sich direkt vor dem Westtor, der heutige Narodni Trg. In diesem Zusammenhang wurde die kleine Bucht zugeschüttet, die beim Südwestturm des Diokletianspalastes ins Festland hineinragte, dort entstand der Vorgänger des heutigen Braće-Radića-Platzes. Spätestens im 14. Jh. umgab man das neue Stadtviertel mit Mauern. Seit damals heißt die Palaststadt Altstadt (Stari Grad), das mittelalterliche Erweiterungsviertel Neustadt (Novi Grad). Unter den Venezianern wurden die Stadtmauern sofort verstärkt und erweitert, am Ende des 17. Jh. kam dann eine völlig neue Stadtbefestigung hinzu, die Alt- und Neustadt samt dem Hafen und die Vorstadtkirchen Sveti Dominik und Sveti Arnir umfasste. Von ihr ist noch ein großes Stück in der Nähe des heutigen Theaters erhalten.

Palais Milesi und Kleines Palais Papalić

Von der Riva aus betritt man die Neustadt durch das **Hafentor Hrvojeva kula** `17` zwischen den zwei mächtigen Türmen der venezianischen Festung des frühen 15. Jh. Im Inneren öffnet sich sofort der unregelmäßig geformte **Braće-Radića-Platz,** der heute durch das ausdrucksstarke Denkmal des Dichters Marko Marulić bestimmt wird – ein Werk von Ivan Meštrović. Die Fassade des barocken **Palais Milesi** `18` bildet dazu einen ästhetisch befriedigenden Hintergrund. Über den Westteil des Platzes erreicht man die Gasse Šubićeva und das so genannte **Kleine Palais Papalić** `19`. Der in der Romanik begonnene Bau wurde im 15. Jh. von Juraj Dalmatinac umgestaltet und im Stile des venezianischen Geschmacks in jenem Mischstil aus Spätgotik und Renaissance ausgeschmückt, der damals herrschte und von Dalmatinac bevorzugt, ja mitbestimmt wurde. Die ebenerdige Loggia und die Fenster der Front sind vollständig sein Werk.

Narodni Trg und Rathaus

Die Šubićeva führt weiter zum Hauptplatz der Neustadt, dem Narodni Trg. Auch bei diesem

Split

Platz fällt der unregelmäßige Grundriss auf. Er ist wie beim unteren Platz erst in der Gründerzeit durch Abriss von Häusern entstanden. Auf dem Platz erhebt sich das Gebäude des **Kommunalpalastes** (Rathaus) 20 mit Arkaden im Untergeschoss. Es entstand in der ersten Hälfte des 15. Jh. als Nachfolge der älteren Loggia.

Markthalle und Nationaltheater

Was heute als ›Venezianische Stadtmauer‹ bezeichnet wird, wurde zum Großteil noch unter den Österreichern verstärkt. In österreichischer Zeit entstand an der Stelle der abgerissenen mittelalterlichen Stadtmauer westlich von Novi Grad die heutige Einkaufsstraße Marmontova, die von gründerzeitlichen Bauten, aber auch einem schönen Haus (Nr. 4) im Sezessionsstil flankiert wird. Es liegt gegenüber der **Markthalle** 21. Sie mündet im Norden neben den Resten einer **Bastion der venezianischen Stadtbefestigung** auf den Trg Gaje Bulata, auf den die Schauseite des **Kroatischen Nationaltheaters** 22 weist, ein Bau der Neo-Renaissance (Vecchietti und Bezić 1893), der regelmäßig bespielt wird.

Archäologisches Museum und Kunstgalerie

Weiter nördlich liegen zwei große Museen: das **Archäologische Museum** (Arheološki muzej) 23 mit der vorgeschichtlichen und antiken Sammlung sowie die **Kunstgalerie** (Galerija umjetnina) 24. Das Archäologische Museum ist von einem Park umgeben, der zusammen mit einer gedeckten Außengalerie als Aufstellungsplatz für viele Funde verwendet wird. Die meisten stammen aus der Römerzeit, aber es sind auch griechische und vor allem frühchristliche bzw. spätantike Stücke darunter. Selbst wenn das Museum geschlossen ist, kann man also in einem Bummel durch den Park die römischen Grabskulpturen besonders der Spätzeit bestaunen. Im Museum bilden die römischen, frühchristlichen und frühslawischen Funde aus dem nahen Salona den Kern der Sammlung, aber auch die vorgeschichtliche Abteilung ist sehr sehenswert (Öffnungszeiten: Archäolo-

gisches Museum/Kunstgalerie: Zrinsko-Frankopanska 25, Mo–Sa 9–14, 16–20 Uhr, im Winter nur vormittags).

Festung Gripe und Marinemuseum (Pomorski muzej)

In der außerhalb der Mauern liegenden, gut erhaltenen Vorfeldbastion Gripe befindet sich heute ein **Marinemuseum** 25 mit informativen Schiffsmodellen und einem halben Torpedoboot vor der Tür. Vom österreichischen Marinemaler Alexander Kircher werden 32 Bilder gezeigt, die ein detailreiches Bild der österreichischen Marine in der Zeit vor 1918 geben (Öffnungszeiten: Marinemuseum: Glagoljačka 18, Mo–Fr 9–14, 17–19.30, Sa 9–13 Uhr, im Winter nur vormittags).

Franziskanerkloster und Stadtteil Varoš

Das **Franziskanerkloster** (Sveti Frane) 26 am Westende der Riva bildet den architektonischen Abschluss dieser eindrucksvollen Promenade. Die ordenstypisch einfache, spätromanisch-frühgotische Kirche besitzt einen aus der gleichen Zeit stammenden, sorgfältig renovierten Kreuzgang. Unter den vielen Gräbern befindet sich auch jenes des Dichters und Sohns der Stadt Marko Marulić.

An den alten Stadtmauer- und Stadtgrabenbereich schließt im Westen der sich den Hang des Marjanberges hinaufziehende Stadtteil Veli Varoš an. Enge Gassen ziehen sich zwischen ländlich niedrigen Häusern bergan, viele haben noch die alten Außentreppen, manche sogar die alten Steindächer. Aus dem Häusergewirr recken mehrere Kirchen ihre Türme in den Himmel, die bedeutendste ist die kleinste und älteste: **Sveti Nikola** (hl. Nikolaus) 27. Sie stammt noch aus der vorromanischen bis frühromanischen Zeit (11. Jh.).

Der Marjanberg

Von der die Veli Varoš oberhalb kappenden Nazorov-Straße oder über eine schöne Treppe, die an der Branimirova-Uferstraße beginnt (ca. 100 m vor dem Hotel Marjan), gelangt man zu einer **Aussichtsterrasse,** von der man über die Stadt, den Hafen, die südliche Küste bis zu den horizontbegrenzenden Bergen des Velebit- und des Mosorgebirges blickt. In der Nähe liegen der Zoo und das Naturhistorische Museum. Man befindet sich auf dem bewaldeten Hügelzug des **Marjanberges** 28, dieser langen und bis zu 178 m hohen Halbinsel, die sich wie ein Finger in die große Kaštela-Bucht streckt. Ein Spaziergang führt an den beiden alten Kapellen Sveti Nikola und Sveti Jure vorbei und erreicht schließlich beim **Ozeanografischen Institut** 29 die Landspitze und eine Bushaltestelle, von wo aus man zur Stadt zurückfahren kann (Stadtbus 12).

Kaštelet/Atelje Meštrović und Galerija Meštrović

Auf dem Weg zurück kommt man an zwei Bauten vorbei, die sich mit dem Bildhauer Ivan Meštrović verbinden: **Kaštelet/Atelje Meštrović** 30 und **Galerija Meštrović** 31. 1932 erwarb der Künstler die heruntergekommene Residenz der Cavagnini und ließ sie ab 1937 ausbauen. Das Gebäude erhielt den Namen Kaštel Meštrović. Für die dortige Kapelle des hl. Kreuzes entwarf er einen Zyklus von 28 Holzreliefs; einige stammten bereits aus früheren Schaffensperioden, andere kamen erst nach seinem Tod hinzu. Wohnhaus und Atelier des Künstlers wurden dann zur reich ausgestatteten Sammlung der Galerija Meštrović umgebaut. Sie ist die umfangreichste Sammlung von Werken des Künstlers und gibt einen hervorragenden Überblick über seine Schaffensperioden (zu Ivan Meštrović s. auch S. 97; Meštrovićev Kaštelet und Galerija Meštrović: Šetalište I. Meštrovića 39 und 46, Di–Sa 10–19, im Winter nur bis 16 Uhr).

Museum Kroatischer Archäologischer Denkmäler (Muzej hrvatski arheološki spomenika)

Unweit der Galerie steht das **Museum Kroatischer Archäologischer Denkmäler** 32, der größten Sammlung Kroatiens zu diesem Thema. Die frühkroatische Kunst, international bis vor kurzem fast unbekannt, wurde durch zwei große Ausstellungen in Split im Jahr 2000 und in Brescia 2001 in das Bewusstsein der Kunstwelt katapultiert. Manche der in ihrer typischen Spiralornamentik (Kroatisches Flechtwerk) an nordische Stücke erinnernden Objekte wie Altarfronten und -platten, Ziborien, Chorschranken, Kanzelabdeckungen und Kapitelle in antiker Manier haben ein hohes handwerkliches Niveau, einige sind große Kunstwerke wie das schöne Ziborium aus Biskupije (bei Knin, s. S. 303) mit edel geformten plastischen Kapitellen (Öffnungszeiten: Museum Kroatischer Archäologischer Denkmäler: Di–Sa 9–15 und So 10–12, im Sommer auch 17–19 Uhr).

Salona/Solin

Wenige Kilometer nördlich des Stadtzentrums von Split erstreckt sich das ausgedehnte Ruinenfeld des **antiken Salona.** Man erreicht es u. a. mit den Direktbussen nach Solin (Stadtbus 10) und den Bussen nach Trogir (Stadtbus 2) oder mit den Fernbussen nach Zadar.

Quer über das bereits seit der Mitte des 19. Jh. ergrabene Gelände der römischen Hauptstadt Dalmatiens und ersten Hauptstadt Kroatiens donnert auf der autobahnartig ausgebauten N8 der Fernverkehr – durch die Autobahn, die jenseits des hinter dem Ort aufsteigenden Kozjakgebirges verläuft, ist er nicht merklich schwächer geworden. Wenn man den ab der modernen Industrievorstadt Solin ausgeschilderten Parkplatz gefunden hat, bleibt dem Besucher die Orientierung auf dem Ausgrabungsfeld selbst überlassen – Salona ist kein gängiges Touristenziel. In römischer Zeit war Salona Hauptstadt der ganzen Provinz Dalmatien, geschmückt mit allem, was dazugehört, vom Forum über das Theater bis hin zu einem Amphitheater für bis zu 20 000 Besucher. Auffallend sind die vielen frühchristlichen Kirchen mit gut erhaltenen Sarkophagen, wie in der Basilika Manastirine beim Eingang zum Ruinengelände. Hier befand sich bis zum Awareneinfall das Grab des hl. Domnius, das später in die Kathedrale von Split verlegt wurde; viele Menschen wollten in nächster Nähe dieses Heiligen begraben sein (Ausgrabungen Salona:

Die ganze Pracht sonnengereifter Früchte findet man auf dem Markt in Split

Juni–Sept. Mo–Fr 7–19, Sa 10–19, So 16–19, Okt.–Mai Mo–Fr 8–15 Uhr).

TZG Split: Peristil, Crkvica Sv. Roka, 21000 Split, Tel. 021 34 56 06, www.visitsplit.com. Infos in der ehemaligen Rochuskirche auf dem Peristyl, kaum Broschüren.
Internet: Internet & Games, Obala kneza Domagoja bb. (am Zugang zu Hafen und Busbahnhof).

In Split:
Anstatt sich einem/r der Bauernfänger-Innen am Busbahnhof anzuvertrauen, wendet man sich für **Privatzimmer** am besten an: Turist biro, Obala hrvatskog narodnog preporoda (Riva) 12, Tel./Fax 021 34 25 44.
Park 1 : Hatzlov perivoj 3, Tel. 021 40 64 00, Fax 021 40 64 01, www.hotelpark-split.hr. Renoviertes und schick aufgemöbeltes Hotel in Gründerzeitbau 50 m vom Meer in kleinem Park, gutes Restaurant. DZ/FR 145–190 €.

Split 2 : Put Trstenika 5, Tel. 021 30 31 11, Fax 021 30 30 11, www.hotelsplit.hr. Das gute Hotel ist leider recht weit außerhalb in Trstenik gelegen, aber es gibt einen Stadtbus bis vor die Tür. Großer Pool, Privatstrand, schöne, große Zimmer und überbordendes Frühstücksbüffet. DZ/FR 140, Suite (2 Pers.) 150–166 €.
Globo 3 : Lovretska 18, Tel. 021 48 11 11, Fax 021 48 11 18, www.hotelglobo.com. Luxuriös eingerichtetes privates Hotel in Laufdistanz von der Altstadt. DZ/FR 130–185 €.
Slavija 4 : Buvina 2, Tel. 021 32 38 68, Fax 021 32 38 40, www.hotelslavija.com. Hotel im Diokletianspalast; das private Unternehmen in einem eher düsteren Palazzo wurde recht komfortabel wenn auch oberflächlich restauriert. DZ/FR 110 €.
Bellevue 5 : Trg Bana Jelačića 2, Tel. 021 34 15 75, Fax 021 36 23 83, www.hotel-bellevue-split.hr. Das Gründerzeithotel am Altstadtrand an der Promenade hat schon bes-

sere Tage gesehen, seine Lage ist aber ideal für Stadtbummler. DZ/FR ab 100 €.

Kaštel `6`: Mihovilova širina 5, Tel. 091 120 03 48, www.kastelsplit.com. Das kleine Privathotel grenzt unmittelbar an die Mauern des Diokletianspalastes an, wie der Frühstücksraum mit der freigelegten antiken Wand zeigt. Gut ausgestattete Zimmer mit Klimaanlage, einige mit Kochnische, freundlich-persönlicher Service. DZ/FR 55_90 €.

Außerhalb:
In **Podstrana,** einem 10 km südlich gelegenen Vorort gibt es zahlreiche und im Gegensatz zu Split preiswerte Pensionen und Apartments entlang der Straße nach Dubrovnik, darunter auch einige Hotels, z. B.

Le Meridien Lav: Grljevačka 2A, 21312 Podstrana, Tel. 021 50 05 00, www.starwoodhotels.com. Luxushotel am Strand, alle Sport- und Freizeitmöglichkeiten, Spa- und Wellnesscenter sowie – selbstverständlich – tadellose, komfortable Zimmer. DZ/FR 235–350 €.

Camping: Die nächsten offiziellen Campingplätze befinden sich in **Trogir** (s. S. 328) und in **Stobreč** (Camp Stobreč-Split, Sv. Lovre 6, 21000 Split-Stobreč, 5 km südöstlich vom Zentrum, Tel. 021 32 54 26, Fax 021 32 54 52, www.campingsplit.com.

Restaurants und Pizzerien:
Šumica `7`: Put Firule 6, Tel. 021 38 98 97. In einem Kiefernwäldchen am Stadtstrand Uvala Firule liegt das beste Restaurant der Stadt mit elegantem Ambiente, hervorragendem Service und feinen Gerichten aus Fisch und Meeresfrüchten. Komplettes Essen ab 30 €.

Konoba Varoš `8`: Ban Mladenova 7, Tel. 021 39 61 38. Im Stadtteil Veli Varoš, ein paar Minuten von der Altstadt entfernt. Rustikale Räume, winziger Gastgarten, effizienter Service und regionale Küche in hoher Qualität: Škampi ›Kardinale‹ (mit Schinkenspeck auf Spießchen)! Vorspeise und Fleischgang 15–25, mit Fisch ab 35 €.

Tribina `9`: Majstora Jurja bb. Intime und beliebte Pizzeria in einem alten Stadthaus mit idyllischem Innenhof, gemauerter Pizzaofen. Pizzen 5,50–8 €.

Galija `10`: Tončićeva 12, Tel. 021 34 79 32; Meist knallvolle Pizzeria: Die Spliter wissen, wo es hervorragende Pizzen (ca. 5–7 €) gibt!

Dioklecijan `11`: Dosnat 9, Tel. 021 34 66 83. Die bescheidene Kneipe, die im Winter als Café fungiert und im Sommer als Konoba auch einfache Speisen serviert, hat einen außergewöhnlichen Standort: sie liegt hinter dem Mittelgiebel der Meeresfassade des Diokletianspalastes. Durch die drei Fenster schaut man hinunter auf die Riva. Unvergesslich!

Cafés, Konditoreien:
Cafés und Bars findet man entlang der Flaniermeile vor dem Diokletianspalast, der **Riva** (Obala Hrvatskog narodnog preporoda).

Café Emanuel `12`: Ecke Lovretska beim Hotel Globo. Schickes Café, gehobenes Niveau und gute Konditorwaren.

Gradska kavana `13`: Narodni trg, Kaffeehaus mit bürgerlichem Ambiente, eine Institution.

Café Luksor `14`: Das Traditionscafé im Peristyl darf zwar seine Tische nicht mehr rausstellen und muss den Lärmpegel niedrig halten, seiner Popularität hat das jedoch nicht geschadet.

Haupteinkaufsstraße ist die Marmontova, dort auch Fischmarkt an der Neretvanska. Täglicher **Markt** an der südöstlichen Stadtmauer (Hrvojeva). **Souvenirs** im Kryptoportikus des Diokletianspalastes. **Bücher/Zeitschriften** bei Algoritam, Bajamontijeva 2 (engl. und andere fremdsprachige, auch deutsche, Literatur). Deutsche Zeitungen und Zeitschriften im **Kiosk an der Riva.**

Das Nachtleben von Split ist angesichts der Größe der Stadt eher bescheiden, aber immerhin haben die meisten **Lokale an der Riva** bis in die späte Nacht geöffnet. Beliebte Lokale und Kneipen, die spätabends geöffnet haben, sind in der **Majstora Jurja am Nordtor** zu finden, neben der Pizzeria Tribina (s. S. 321) z. B. das gemütliche **Porta,** das ebenfalls Plätze draußen besitzt. Das **Jazz III** in der Quergasse Vuškovićeva ist nicht unbedingt ein jazziger, aber auf jeden Fall ein lockerer Treff mit altem Mauerwerk innen und verglaster Terrasse.

Split

Disco Atlantis: neben dem Hotel Marjan. Im Sommer Open-Air-Discos, z. B. **Discovery** und **Disco Tropic Club** im **Uvala Bačvice** (erste Bucht südlich vom Hafen).

 Hrvatsko Narodno Kazalište (Kroatisches Nationaltheater): Trg Gaje Bulata 1, Tel. 021 36 30 14, www.hnk-split.hr. Dreispartenbühne mit eigenen Ensembles und Orchester, aber auch Gastaufführungen.

Freiluftkino in der Bačvice-Bucht: Put Firula 2. Weitere Kinos am Rand der Altstadt, z. B. das **Central** am Trg Gaje Bulata.

Mitte Juli–Mitte Aug.: Kulturelle Sommerveranstaltungen auf verschiedenen Plätzen.

8. Sept.: Zu Mariä Geburt Stadtfest in Solin.

 Wassersport: ACI Marina Split, Uvala Baluni bb., Tel. 021 39 85 48, Fax 021 39 85 56, m.split@aci-club.hr. Marina am Westende des großen Stadthafens.

Spaziergänge: Über den Marjanberg zum Kap Marjan mit dem Ozeanografischen Institut, zurück per Stadtbus.

Bergwandern: Infos beim Bergsteigerverein Mosor, P. D. Mosor, Sinovčićeva 2, Tel. 021 39 43 65, www.hpd-mosor.hr.

Stadtstrände: Zwischen der Bačvice- und der Žnjan-Bucht südöstlich der Stadt, zu Fuß leicht erreichbar: von der Altstadt entlang dem Hafen zur Bačvice-Bucht und weiter über die Fußgängerpromenade; für eine Großstadt sehr saubere und nicht zu überfüllte Strände mit allen Einrichtungen.

Busse: Busbahnhof auf dem Bahnhofsvorplatz, Domagojeva obala 12, Tel. 021 32 91 80, www.ak-split.hr, für die internationalen Verbindungen gibt es ein eigenes Büro. Mit Verbindungen in alle Landesteile und mehrere europäische Staaten; Stadtbusse (21 Linien) u. a. von der Haltestelle am Markt an der Zagrebačka (Haltestelle Tržnica) oder vom Theater (z. B. nach Solin).

Bahnhof: an der Hafenmole, Domagojeva obala 9, Tel. 021 33 85 35. Bahnverbindungen nach Zagreb und Zadar.

Flughafen Split: in Kaštela nahe Trogir (20 km vom Zentrum), Tel. 021 20 35 55, Flughafenbus von der Ecke Obala Lazareta/Obala Kneza Domagoja (hinter dem Hafenamt) – wesentlich billiger ist der Stadtbus nach Trogir, der ebenfalls am Flughafen hält. Direktflüge innerhalb von Kroatien, zu mehreren Orten des deutschsprachigen Mitteleuropa gibt es mit steigender Tendenz (für Deutschlandflüge Kooperation mit Lufthansa); Croatia Airlines in Split am Obala Hrvatskog narodnog preporoda 9, Tel. 021 36 20 55, Fax 021 36 25 67, am Flughafen Tel. 021 20 33 05, www.split-airport.hr.

Fährschiffe und Katamarane: Jadrolinija, Tel. 021 33 83 33, Fax 021 33 82 22, www.jadrolinija.hr, Buchungsbüro im Hafen-Abfertigungsgebäude, für Ancona auch: Sem Maritime Co., in der Sem Marina, Gat Sv. Duje bb., Tel. 021 33 82 92, www.sem-marina.hr. Zu den vorgelagerten Inseln, nach Dubrovnik und Rijeka sowie nach Ancona.

Hafenamt Split: an der Riva, Tel. 021 36 24 36.

 # Trogir

**Cityplan
S. 324**

Die Altstadt von Trogir liegt auf einer teilweise künstlichen Insel, abgeschottet durch Mauern und die Festung Kamerlengo. Innerhalb dieser Mauern blieb sie seit mehr als 200 Jahren unverändert. Die Kathedrale, Renaissancepaläste aus venezianischer Zeit, stille Gassen und volle Bars, bei den Benediktinerinnen das griechische Relief von Kairos – das ist Trogir.

Reiseatlas: S. 13, B/C 2

Dass sich die mittelalterliche Inselstadt Trogir so gut erhalten hat, als ob ihr irgendwann im 16. Jh. ein Glassturz übergestülpt worden wäre, hat dieselbe Ursache wie der perfekte Erhalt des mittelalterlichen Ortsbildes von Rothenburg ob der Tauber: Beide Städte wurden zu armen Provinznestern, als sich zur damaligen Zeit die Machtverhältnisse verschoben und die Handelsrouten einen anderen Verlauf nahmen. Die gesamte Altstadt von Trogir wurde von der UNESCO 1997 zum Welterbe erklärt, ein auch nur kursorischer Gang durch die Stadt verdeutlicht, wie wichtig dieser Schutz angesichts der vielen Kultur- und Kunstdenkmäler ist. Die Kathedrale vor allem, die schon im Hauptportal von Meister Radovan ein Hauptwerk der dalmatinischen Romanik präsentiert, ist einen Umweg wert.

Das mittelalterliche Trogir schuf sich unter seinen mächtigen Bischöfen und einigen Adelsfamilien eine zwar prekäre, aber doch reale Unabhängigkeit. Die kroatisch-ungarischen Könige als offizielle Herrscher hielten die Stadt an der langen Leine, regierten auch weitab von Dalmatien. Dann kamen 1420 doch die Venezianer und aus war es mit der Eigenständigkeit von Trogir, jetzt zumeist Traù genannt. Die neuen Herren konnten die Türkengefahr nicht bannen, der Handel der Stadt verringerte sich sprunghaft. Und die Venezianer förderten Spalato (Split) und vor allem Zara (Zadar). Für Traù hatten sie wenig übrig. In diesem Sinne müssen wir den Venezianern dankbar sein und den gegenüber Trogir ebenfalls gleichgültigen Österreichern: Sie haben nichts für die Stadt getan, aber eben auch nichts gegen sie. Auch Jugoslawien, königlich wie sozialistisch, ließ der Stadt ihren Dornröschenschlaf. Nur kurz wurde dieser Schlaf unterbrochen: Das war 1944, als alliierte Luftangriffe den Nordwestteil der Altstadt zerstörten.

Inzwischen schläft die Stadt Trogir wieder, was nicht bedeutet, dass es etwa in seinen zahlreichen Bars und den Restaurants am Hafen zwischen der Stadt und der Insel Čiovo nicht geschäftig genug zugeht. Neubauten entstehen auf der ehemals grünen Ebene vor der Stadt und auf der Insel Čiovo, das alte Trogir aber blieb und bleibt unverändert, zumindest was sein wunderbares Altstadtbild betrifft.

Rundgang durch die Stadt

Cityplan: S. 324

Landtor und Palais Garagin

Ein Spaziergang durch Trogir könnte am Busbahnhof auf dem Festland beginnen oder auf dem Parkplatz unweit davon. Eine Brücke führt über die Foša. Dieser schmale Kanal, der die Insel, auf der Trogir liegt, vom Fest-

323

Trogir: Cityplan

Sehenswürdigkeiten

1 Renaissancelandtor
2 Palais Garagnin
3 Palača Lučic
4 Stadtloggia
5 Čipico-Palast
6 Kathedrale Sveti Lovro (St. Laurentius)
7 Kirche Johannes der Täufer
8 Nikolauskloster
9 Seetor
10 Außenloggia
11 Sveti Dominik
12 Festung Kamerlengo
13 Rundturm Sveti Marko

Übernachten

1 Fontana
2 Villa Sikaa
3 Concordia
4 Camping Seget

Essen und Trinken

5 Fontana Kod Zeca
6 Monika

land trennt, wurde wahrscheinlich schon von den ersten griechischen Kolonisten gegraben, um die neue Ansiedlung besser verteidigen zu können. Über dem schlichten **Renaissancelandtor** 1 wacht eine Statue des Stadtpatrons Giovanni Orsini.

Auf dem Platz, den man innerhalb der Mauern erreicht, die sich hier erhalten haben, empfängt uns die barocke Front des **Palais Garagnin** 2, in dem sich das **Stadtmuseum** (Muzej grada) befindet. Ein Blick in den großen gepflasterten Innenhof mit in die Zisterne führenden steinernen Abflussrinnen zeigt Ausgrabungen, die bis in die griechische Zeit zurückführen, und ein interessantes Lapidarium (Öffnungszeiten: Stadtmuseum: Gradska vrata 4, meist Mo–Sa 8–12 und 18–21, So 8–12 Uhr).

Trg Ivana Pavla II

Ein schmaler Durchgang führt vom Palais Garagnin nach links in die **Gradska** (eine Zeit
lang ›Kohl-Genschera‹), die Hauptstraße von
Trogir. Nur ein paar Meter weiter rechts öffnet
sich der zentrale Platz **Trg Ivana Pavla II** (Johannes Paul II.) mit den wichtigsten öffentlichen Bauten, der Kathedrale, dem Rathaus,
der Stadtloggia, dem Uhrturm. Von einem der
Straßencafés kann man die Sehenswürdigkeiten und das Treiben der Touristen und Einheimischen auf dem schönen Platz betrachten. Die Gebäude sind gleichzeitig mit der Kathedrale entstanden oder wenig jünger: Der
Palača Lučic (Rathaus) **3** aus dem 15. Jh.
wurde mehrfach umgebaut. Die **Stadtloggia**
4 ist 1308 errichtet worden, nicht erst wie in
den meisten anderen Städten Dalmatiens in
venezianischer Zeit. Bemerkenswert sind die
römischen Kapitelle auf den sechs Säulen der
Front, das große Relief (1471) stammt aus der
Werkstatt des Teams Andrea Alessi und Niccolò Fiorentino. Es stellt Justitia, den hl. Laurentius und den sel. Giovanni Orsini dar. Das
zweite Relief, das einen kroatischen Ban darstellt, ist ein Werk von Ivan Meštrović (1970).
Der Uhrturm von 1477 wurde ursprünglich als
Kirchturm der in der Seitengasse anstoßen-
den Kirche des hl. Sebastian errichtet.

Der schönste Bau am Platz ist der **Čipico-
Palast** (Čipiko palača) **5** gegenüber der Kathedrale. Die gotische Fensterreihe im ersten
Stock ist typisch venezianisch. Im Innenhof
steht eine 1,10 m hohe Holzskulptur, einen
krähenden Hahn auf einer Faust darstellend.
Sie schmückte den Steven eines der türkischen Schiffe, die in der Schlacht von Lepanto (1571) gekapert wurden.

Die Kathedrale Sveti Lovro

An der ehemaligen **Kathedrale Sveti Lovro** (hl.
Laurentius) **6** wurde von 1123 bis 1610 gearbeitet – die Stilfolge der vier Stockwerke des
Glockenturms reicht von der Romanik über
die venezianische Gotik bis zur Renaissance.

Das 1240 fertig gestellte **Westportal** ist der
Höhepunkt romanischer Skulptur in Kroatien,
sein Schöpfer der dalmatinische Meister Radovan. Löwen rahmen das Portal. Auf ihnen

stehen Adam und Eva. Am Portalgewände
und den Portalbögen sind außen Heilige und
innen einige der Monatsarbeiten dargestellt.
Auf dem Giebelfeld wird die Geburt Christi erzählt. Dargestellt sind die erste Waschung des
Neugeborenen durch die Magd Salome und
andere Mägde sowie die im prunkvollen Him-
melbett ruhende Maria mit dem fest gewi-
ckelten Kind. Über dieser Doppelszene sieht
man jubilierende Engel, seitlich die Verkündigung an die Hirten auf dem Feld und die Heiligen Drei Könige zu Pferd. Ungewöhnlich ist,
dass Radovan statt des in der Romanik üblichen Jüngsten Gerichts die Szene von Christi
Geburt auswählte. Auf den Rundbögen über
dem Giebelfeld sind Szenen aus dem Leben
Christi dargestellt. Sehr eindrucksvoll ist auch
das **Südportal** der Kathedrale.

Das **Baptisterium** im Stil der Renaissance
am linken Ende der Vorhalle stammt von Andrea Alessi (1464).

An das linke Seitenschiff grenzt die **Kapelle des Giovanni Orsini** an, die von Andrea
Alessi gemeinsam mit Niccolò Fiorentino und
dem dalmatinischen Bildhauer Ivan Duknovič
Trogiranin geschaffen wurde (1468–72). Die
Liegefigur des seligen Stadtpatrons und ersten Bischofs der Stadt ruht auf seinem Sarkophag aus rotem Marmor über dem Altar.
Die Kapelle ist mit Statuen, architektoni-
schem Dekor und Reliefs vollkommen im Stil
der Renaissance ausgestaltet (Öffnungszeiten: Kathedrale: tgl. 8–12 und 15–20 Uhr geöffnet, im Winter kürzere Öffnungszeiten).

Johanneskirche und Nikolauskloster

In einer Nebengasse rechts vom Rathaus
steht die kleine romanische **Kirche Johannes der Täufer** (Sveti Ivan Krštitelj) **7** mit der
Pinakothek, in der vor allem Sakralgegen-
stände, aber auch Gemälde und Skulpturen
gezeigt werden, darunter zwei von Giovanni
Bellini gemalte Orgelgehäuseflügel. In einem
Flügel des ansonsten nicht zugänglichen **Ni-
kolausklosters** (Samostan Sveti Nikola) **8**
der Benediktinerinnen befindet sich eine
kostbare **Kunstsammlung Zbirka Umjetnina Kairos,** als deren wertvollstes Stück das

325

Trogir

1928 gefundene Relief des Kairos gilt, des Gottes der Gunst des Augenblicks. Es handelt sich wahrscheinlich um eine im 1. Jh. v. Chr. geschaffene Kopie eines Lysipp-Originals (Öffnungszeiten: Kairos-Museum im Kloster Sv. Nikola: Nähe Meerestor, im Sommer tgl. 9–13 und 15–19 Uhr, im Winter ist der Schlüssel an der Klosterpforte der Benediktinerinnen abzuholen).

Vom Seetor zur Festung Kamerlengo

Durch das **Seetor** 9 im Sanmicheli-Stil betritt man den Kai entlang der schmalen Meeresstraße, die Trogir von der wesentlich größeren Insel Čiovo trennt. Sie ist wie Trogir selbst über eine Brücke erreichbar. An die Altstadtmauern ließ man eine kleine **Außenloggia** 10 anbauen, die heute einem Teil des täglichen Fischmarktes Schutz bietet.

Am Kai entlang kommt man zu **Sveti Dominik** 11, der Kirche des Dominikanerklosters (14. Jh.). Die Adelsfamilie Sobota ließ sich hier von Niccolò Fiorentino ein Grabmal im Stil der Renaissance errichten. Ganz am Nordwestende der Insel sieht man die spätmittelalterliche **Festung Kamerlengo** 12. Wie der **Rundturm Sveti Marko** 13 an der Nordostspitze war sie vor dem Teilabriss der Stadtmauern im 19. Jh. mit diesen verbunden.

ℹ **TZG Trogir:** Trg Ivana Pavla II br. 1, 21220 Trogir, im Südtor der Stadtbefestigung, Tel./Fax 021 88 14 12, www.trogir.hr.

🛏 **Fontana** 1: Obrov 1, Tel. 021 88 57 44, Fax 021 88 57 55, www.fontana-commerce.htnet.hr. 1999 eröffnetes, ruhig gelegenes und sympathisches Stadthotel in renoviertem Altbau mit hübsch eingerichteten Zimmern (einige mit Jacuzzi), Frühstücksraum. DZ/FR 100–115 €.

Villa Sikaa 2: Obala Kralja Zvonimira auf Čiovo, gleich jenseits der Klappbrücke, Tel. 021 79 82 40, Fax 021 88 51 49, www.vila-sikaa-r.com. Komfortables Familienhotel (Sat-TV, Klimaanlage, Schallschutzfenster), besonders hübsch die Zimmer unterm Dach. DZ/FR 70–110 €.

Concordia 3: Obala bana Berislavića 22, Tel. 021 88 54 00, Fax 021 88 54 01, www. concordia-hotel.hr. Feines, sympathisches Privathotel direkt an der Riva in einem alten Steinhaus. Großzügig bemessene Zimmer, einige mit getrenntem Wohn- und Schlafbereich. Besonders freundlicher Service. DZ/FR ab ca. 90 €.

Camping Seget 4: Seget Žrtava 16, Tel./Fax 021 88 03 94, www.kamp-seget.hr. Mittelgroßer Campingplatz direkt am Meer zwischen Trogir-Seget und Medena, 2 km von der Altstadt.

🍴 **Fontana Kod Zeca** 5: Obrov 1, Tel./Fax 021 88 48 11. Fisch und Meeresfrüchte in großer Auswahl, die kleine Terrasse beim Dominikanerkloster ist am Abend eine Idylle. Vorspeisen 4–8 €, Fischgericht mit Beilagen 15–20 €.

Monika 6: Budislavićeva 12, Tel. 021 88 48 08. Eine Institution, schon für den kleinen Innenhof mit Sommerterrasse lohnt sich der Besuch, allerdings ist die Küchenleistung etwas schwankend. Vorzüglicher Risotto mit

![Die Hafenpromenade von Trogir könnte als Kulisse für mittelalterliche Filme dienen](image)

Die Hafenpromenade von Trogir könnte als Kulisse für mittelalterliche Filme dienen

Škampi (ca. 14 €), drei Gänge ab 20 €, mit Fisch ab 25 €.

 **Sommer:** Im Innenhof der Festung Kamerlengo finden Konzerte und Theaterabende statt.

Wassersport: ACI Marina Trogir, Tel. 021 88 15 44, Fax 021 88 12 58, m.tro gir@aci-club.hr.

Strände: Gute Grob- und Feinkiessträndе nördlich des Ortes bei Seget Donji und auf der Insel Čiovo.

Wanderungen: Im Kozjakgebirge, eine Wanderkarte 1:25 000 gibt es beim Bergsteigerverein Mosor in Split (s. S. 322).

Busse: Fernbusse auf der Strecke Zadar–Split halten meist nur auf der Straße vor dem Busbahnhof, von dem die Regional- und Lokalbusse starten, z. B. der Bus nach Split.

Internationaler Flughafen Split: Nur wenige Kilometer entfernt (s. S. 322), Anbindung dorthin mit Spliter Stadtbus Nr. 37.

Die Umgebung: Kaštela-Bucht und Kozjakgebirge

Reiseatlas: S. 13, C 2

Die Bucht zwischen Solin und Trogir wird **Kaštela-Bucht** genannt, Bucht der Kastelle. Die Republik Venedig vergab an der strategisch wichtigen Bucht mehrere Lehen an Adelige mit der Auflage, in ihrem Bereich eine Befestigung gegen die Türken zu errichten, deren Truppen hinter – und auf – der Bergkette des Kozjak standen, die den Küstenstreifen zum Binnenland hin begrenzt. Von den zwölf oder dreizehn daraufhin entstandenen Kastellen, sieben sind erhalten geblieben, hat die Bucht ihren Namen. Die Fahrt entlang der Küste in die alten befestigten Dörfer ist ein Erlebnis, zumal man nicht auf der immer wieder überlasteten N8 fahren muss, sondern eine parallele Küstenstraße benutzen kann. Unverändert schützt der nahe **Gebirgszug des Kozjak** vor kalten Winden, im milden Klima wachsen sogar Palmen.

Das Hinterland von Split wird gerne übersehen. Schuld sind die dalmatinischen Inseln mit ihrem magischen Sog. Eine Rundfahrt ist aber überaus lohnend: Zunächst quert man das Mosorgebirge, besucht das hübsche Sinj mit altem Kern und Wallfahrtskirche, raftet im romantischen Cetinatal und endet im Ex-Seeräubernest Omiš in umwerfender Lage. Ein oder zwei erinnerungs- und erlebnisreiche Urlaubstage!

Festung Klis und das Mosorgebirge

Reiseatlas: S. 13, C 2
Im dalmatinischen Küstengebirge öffnet sich nur 10 km von Split entfernt ein bedeutender Pass: Der Pass von Klis zwischen dem Kozjak im Nordwesten und dem Mosorgebirge im Südosten wird beschritten, seitdem hier Menschen siedeln. Der Mosor, ein langes, küstenparallel steil aufgefaltetes Gebirge, ist das wichtigste Wanderziel der Bevölkerung von Split.

Festung Klis
An der engsten Stelle des Passes von Klis, nur 355 m über dem Meer und mit Blick auf die Kaštelabucht und die ganze Küste um Split, erhebt sich die **Festung Klis** über dem gleichnamigen Dorf. Wer die neue Straße nach Sinj und ins Landesinnere nimmt, fährt auf dem anderen Talhang und hat eindrucksvolle Blicke auf die Festung. Es lohnt sich aber, die alte Straße zu nehmen und Klis selbst zu besuchen. Die wahrscheinlich unversehrt aus byzantinischem Erbe übernommene Festung war Verwaltungssitz der altkroatischen Grafschaft Küstenland. Als 1463 Bosnien von den Türken erobert wurde, begann das seit 1420 herrschende Venedig, die Festung auszubauen – 1537 wurde sie dennoch von den Türken erobert und blieb bis 1648 in der Hand der Hohen Pforte. Aus dieser Zeit hat sich im oberen Burgbereich die Moschee erhalten, heute dient sie als Burgkirche. Die Aussicht von der Burg ist überwältigend.

Das Mosorgebirge
Der **Mosor** erstreckt sich zwischen dem Pass von Klis und der Cetina, die um seinen Südostfuß einen weiten Bogen beschreibt, bevor sie bei Omiš in den Brački kanal der Adria mündet. Der 1339 m hohe **Veliki kabal** mit der nahen **Schutzhütte Dom na Mosoru** (auch Girometta-Hütte genannt) ist der höchste Gipfel. Als typisches Kalkgebirge charakterisieren den Mosor Dolinen, Wassermangel, starke Quellen am Bergfuß, Karrenfelder besonders in den höheren Regionen und scherbenartig zerbrochenes Oberflächengestein (Scherbenkarst) an vielen Stellen – weglos ist der Mosor schwer zu durchqueren. Nach dem engen Talpass von Klis öffnet sich die Landschaft, die hier aus einer Folge von lang gestreckten Poljen und niedrigen Bergketten besteht. **Dugopolje,** das Lange Feld, ist die erste Polje. Über den Ort Dugo Polje kann man **Kotlenice** am Nordrand des Mosorgebirges erreichen, wo die **Schauhöhle Vranjaća** am Nordfuß des Mosor Besucher empfängt.

Sinj

Reiseatlas: S. 14, D 1
In der folgenden, vom Fluss Cetina durchlaufenen Sinjsko Polje liegt die Stadt **Sinj** un-

ter den bescheidenen Resten der bereits illyrisch besiedelten Burg. Die Burg wurde 1536 von den Türken erobert und blieb bis 1686 unter türkischer Hoheit. Als die Venezianer wieder auf dem Burghügel herrschten, konnten die Franziskaner ein Marienbild, das sie lange Jahrzehnte versteckt gehalten hatten, wieder ausstellen. Als 1715 der türkisch-venezianische Krieg begann, fand sich Sinj an der Front: Ein türkisches Heer unter dem Statthalter Mehmet Pascha belagerte die Stadt. Nur das Eingreifen der Muttergottes verhinderte die Eroberung: Die Türken wurden am 15. August vertrieben, dem Tag Mariä Himmelfahrt. Die Gospa Sinjska, die Muttergottes von Sinj, wird in der großen **Kirche des Franziskanerklosters** im prachtvollen spätbarocken Madonnenaltar von 1795 aufbewahrt. Die goldene Krone, mit der das Bild meist geschmückt ist, wurde aus einer Sammlung finanziert, die Offiziere nach dem Sieg über die Türken machten. Man beachte die modernen Bronzetüren, auf denen Szenen des Marienwunders dargestellt sind.

Neben dem Kloster befindet sich in einem eigenen Bau das **Museum der Franziskaner** mit einigen guten römischen Arbeiten (Kopf des Herakles) und sehr interessanten Sammlungen zu den Trachten der Gegend. Höher oben im Ort liegt das **Museum des Landkreises,** das in der klaren und übersichtlichen Aufbereitung seinen Sammlungen, die von der Jungsteinzeit bis zur türkischen Eroberung reichen, deutlich über das hinausgeht, was man in einem Heimatmuseum erwartet. Besonders interessant und in Einzelheiten ungewöhnlich (Legionärsuniform!) sind vor allem die römischen Funde aus dem großen römischen Legionslager Tilurium.

An einem Haus in Sinj (Ul. oslobodjenja 10) befindet sich ein äußerst interessanter **Grabstein aus Tilurium,** der bereits im 19. Jh. gefunden und hier vermauert wurde. Er stellt die Büste eines Jungen dar, der in seiner Hand einen kleinen Ball hält. Bei Spielen der Legionäre und der Jugendlichen im Lager wurde wohl ein Lederball eingesetzt, wie ihn der Junge des Grabsteins in der Hand hält. Handelt es sich tatsächlich um Fußball? Die

Mit dem Autor unterwegs

Sehenswert
Festung Klis: Venezianisch-türkische Festung, die den Weg von Split ins Binnenland sicherte oder sperrte, je nach Bedarf (s. S. 328).
Sinj: Das alte Städtchen mit Kloster, Wallfahrtskirche und Archäologischem Museum wird im August während der Alka-Ritterspiele zum Besuchermagneten (s. S. 328ff.).
Gata: Der Hauptort der ›Bauernrepublik Poljica‹ lädt in sein interessantes Museum ein (s. S. 331).
Omiš: Das ehemalige Seeräubernest an der von Felswänden eingezwängten Mündung der Cetina liegt spektakulär (s. S. 331f.).

Ein besonderes Erlebnis
Den Mosor besteigen: Kroatiens meistbestiegener Berg ist ein aussichtsreiches Ziel (s. S. 328).
Raften auf der Cetina: Die untere Cetina bietet Kroatiens beliebtestes Rafting-Abenteuer (s. S. 331 ff.).
Das Klapa-Festival in Omiš besuchen: Alljährlich treffen sich Kroatiens Klapa-Musiker in Omiš (s. S. 332).

FIFA hat eine Darstellung des Grabsteins auf einem ihrer Bulletins abgedruckt.

> **TZG Sinja:** Vrlička 41, 21230 Sinj, Tel./Fax 021 82 63 52, tzg-sinja@st. htnet.hr.

> **Alkar:** Vrlička 50, 21230 Sinj, Tel. 021 82 44 74, Fax 021 82 45 05, www.hotel-alkar.hr, ganzjährig geöffnet. Modernes, gut ausgestattetes Privathotel mit Restaurant, eher kleine Zimmer mit Sat-TV. DZ/FR ca. 60 €.
Dom na Mosoru/Girometta-Hütte: 80 Betten und Lager, kein Telefon.

> **8. Aug.:** In Sinj werden jedes Jahr die ›Alka-Ritterspiele‹ aufgeführt, ein Lanzenstechen zu Pferd zur Erinnerung an eine

Richtig Reisen-Tipp:
Die Alka-Ritterspiele in Sinj

Jedes Jahr finden in Sinj die Alka-Ritterspiele statt und erinnern an die wunderbare Errettung des Ortes aus türkischer Gefahr. Im Gegensatz zu vielen sommerlichen Veranstaltungen ist diese auf eine alte Tradition zurückzuführen, die, wie es heißt, bereits am 15. August 1716 begann, genau ein Jahr nach dem Abzug der Türken. Und das kam so: Als der türkische Pascha Mehmet Čelic ein türkisches Heer nach Sinj führte, konnte die Stadt zu ihrer Verteidigung nur 700 Kroaten und 30 venezianische Söldner auftreiben. Gegen die 60 000 Mann des türkischen Heeres hatte man keine Chance. Jetzt konnte nur noch die Muttergottes helfen, an die man sich in Bittgottesdiensten und inbrünstigen Gebeten wandte. Am 14. August, dem Abend vor Mariä Himmelfahrt, hatten die Türken die gesamte Polje um die Stadt erobert. In der starken Sommerhitze tranken sie infiziertes Wasser. Als sie am nächsten Morgen den Sturm auf Sinj begannen, erschien den Verteidigern die Muttergottes, während die Türken durch Dysenterie außer Gefecht gesetzt wurden. Die Türken flohen vor einem Ausfall, die Stadt war gerettet. Ein kroatischer Verteidiger fand den Steigbügel des türkischen Paschas, mit dem man ein spontanes Pferderennen austrug, ein Lanzenstechen, in dem man den wie einen Ring (Alka) eingesetzten Steigbügel in vollem Galopp in der Mitte treffen musste. Der erste Treffer wurde vom Burgherrn mit einer Fahne belohnt, unter ihr wurde im folgenden Jahr zur gleichen Zeit bis heute der Wettkampf abgehalten.

Immer mehr Touristen mischen sich unter die Zuschauer, Sinj liegt schließlich nicht nur nahe Split, sondern auch unweit der Autobahn Zagreb–Split–Dubrovnik.

Episode aus den Türkenkriegen. Die Spiele, gehören zu den bekanntesten und interessantesten traditionellen Veranstaltungen in Kroatien. Sie finden u. a. auf der Pferderennbahn des Ortes statt.
Frühsommer und Herbst: Pferderennen.
15. Aug.: Mariä Himmelfahrt, Wallfahrt zur Gospa Sinska mit Volksfest.

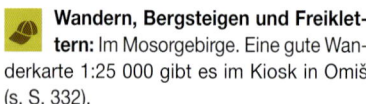 **Wandern, Bergsteigen und Freiklettern:** Im Mosorgebirge. Eine gute Wanderkarte 1:25 000 gibt es im Kiosk in Omiš (s. S. 332).

 Busse: Busbahnhof Tel. 021 82 15 66. Direktbusse nach Split und Zagreb.

Das Cetinatal und Imotski

Reiseatlas: S. 13/14, C/D 1/2
Auf Nebenstraßen geht es von Sinj flussabwärts zur Küste, oft nahe der Cetina, aber selten am Fluss entlang. Auf einem Abstecher erreicht man den in einer lang gezogenen Polje liegenden Ort **Imotski,** Grenzstadt mit Bosnien-Herzegowina, wichtiger Verkehrsknotenpunkt an der Straße von Split nach Mostar, und altkroatischer Ort. Die beiden Seen in der Umgebung des Ortes, der Imotska Krajina, **Roter und Blauer See,** gehören zu den kroatischen Naturwundern. Beide entstanden in tiefen Karst-Einsturztrichtern, jene des Blauen Sees ist 290 m tief, sie reicht bis unter den Meeresspiegel.

Bei **Gardun** nahe dem Ort Trilj an der Cetina, liegen die **Ausgrabungen von Tilurium.** Tilurium war neben Burnum das wichtigste Legionslager in Dalmatien. Es wird seit 1997 systematisch ausgegraben. Es gab sowohl ein Legionslager als auch eine ältere Siedlung der Delmater.

Die Cetina windet sich ab Trilj durch ein so enges Flussbett, dass sie neben sich keine Straße zulässt. Eine gute Straße führt hoch über dem Fluss nach Bisko. Dort erreicht man

Zwischen Kalkfelsen eingezwängt: das ehemalige ›Piratennest‹ Omiš

die kurvenreiche N 62, die den vielen heute noch genutzten Poljen im mit niedriger Macchie überzogenen Karstgebiet ausweicht. Man verlässt sie wieder beim Dorf Blato na Cetini, wo in den Gärten Kirschen und Pfirsiche reifen und in der lang gezogenen Polje darunter die Weinreben dicht gepflanzt sind, wie ein Spaziergang im nahen Dorf Zve/anje zeigt. Diese Polje zieht sich bis Gata, ein lang gestreckter Ort mit interessantem Heimatmuseum zur Republik Poljica über der bebauten Polje. Die hier geernteten Kirschen verwendet man vor allem für die Maraschino-Herstellung in Zadar.

Bevor die Cetina bei Omiš das Mosorgebirge durchbricht, fließt sie tief ins Bergland eingeschnitten aber mit wenigen Stromschnellen durch ein wunderbar grünes Tal. Früher gab es hier eine große Anzahl Mühlen, darunter die heute noch funktionsfähige Radmanov-Mühle (Radmanove Mlinice). Eine Tour mit dem Kanu oder Schlauchboot beginnt man am besten 9 km oberhalb der Mühlen beim Dorf Penšići, das Gefälle beträgt auf dieser Strecke nur 45 m. Mit einigen nicht ungefährlichen Engstellen, Sinterbänken, seitlichen Wasserfällen und längeren ruhigen Strecken ist der Unterlauf der Cetina ein idealer Raftingfluss sowohl für ältere als auch für junge Semester (7 bis 77 sagt die Werbung in Omiš).

Omiš

Reiseatlas: S. 14, D 2

Gäbe es einen Preis für die pittoreske Lage eines Ortes, das frühere Piratennest **Omiš** an der Cetinamündung müsste ihn bekommen: die Schlucht im Hintergrund, die teilweise senkrechten, blendend weißen Kalkfelsen, das Ufer eines azurblauen Meeres und zwei Burg-

Rundreise durch das Binnenland

ruinen hoch über einer in mediterranes Licht getauchten alten Stadt … Vom 12. bis 14. Jh. ernährte sich Omiš von der Piraterie und kaperte, obwohl formell unter kroatischer Oberherrschaft, genauso gerne kroatische Schiffe wie diejenigen anderer Nationen. Erst die Venezianer bereiteten der Piraterie ein Ende und bauten die beiden **Festungen Mirabella** (Peorica) und **Starigrad** aus, um den eigenen Untertanen bei eventuellen Rückfällen auf die Finger klopfen zu können. Vor allem aber, um die türkische Gefahr zu bekämpfen, im Übrigen erfolgreich: Omiš wurde niemals Teil des osmanischen Herrschaftsbereiches.

Das Städtchen ist noch von Resten der **Stadtmauer** umgeben, im Hafenbereich sind **Reste der Wassermauer** erhalten, die in das Flussbett der Cetina ragen, Erinnerung an die Hafensperre der Piraten. Freikletterer kommen in den Felsen über dem Ort zum Zuge wie Rafter auf der Cetina selbst. Das Klettergebiet ist ausgesprochen leicht erreichbar und weist bis zu 200 m hohe und bis zu 7b+ schwere Routen auf.

Der Rückweg nach Split führt über die Küstenstraße. Beim Dugi Rat hat man einen attraktiven Blick auf die Südküste. Schon in der Nähe von Split passiert man das recht ›verstädterte‹ **Štobreč,** dem man nicht ansieht, dass sich hier die erste griechische Siedlung an der Festlandsküste Mitteldalmatiens befand: das von Vis (Lissa) aus gegründete Epetion. Aber das ist bereits 2400 Jahre her …

TZG Omiš: Trg kneza Miroslava bb., 21310 Omiš, Tel./Fax 021 86 13 50, www.tz-omis.hr.

Villa Dvor: Mosorska cesta 13, 21310 Omiš, Tel. 021 86 34 44, Fax 021 86 34 52, www.hotel-villadvor.hr. Privathotel unter den Felsen über der Stadt, nur 23 zweckmäßig eingerichtete Zimmer, einige mit Balkon und herrlicher Aussicht. DZ/FR 50–110 €..

Radmanove Mlinice: an der Cetina 4 km flussaufwärts, Tel. 021 86 20 73. Beliebtes Ausflugsrestaurant direkt am Fluss mit vorzüglicher Flussfischküche, z. B. gebratener Aal, und unter der Peka gebackenes Brot, auf Vorbestellung auch Fleischgerichte unter der Peka. Die klassische Vorspeise, regional erzeugter Rohschinken und lokaler Käse, könnte besser nicht sein.

Juli: Das ›**Festival dalmatinischer Klapas**‹ von Omiš ist das Festival der dalmatinischen Chöre. Das bedeutendste Ereignis dieser Art in Kroatien vereinigt seit 1967 traditionelle Männerchöre aus ganz Dalmatien. Die ersten Jahrzehnte waren in einem sozialistischen Jugoslawien alles andere als leicht. Der kroatische Charakter des Festivals – Dalmatien war und ist vorrangig kroatischer Kulturboden, nur der montenegrinische Teil hat serbische Wurzeln – wurde bald zu deutlich, als dass er den Belgrader Funktionären gefallen hätte. Das Festival entwickelt sich in den letzten Jahren immer mehr zu einem gesamtkroatischen Chorfest.

Rafting: Meisterschaften auf der Cetina im Mai; Raftingtouren (ca. 25 €) können in Omiš gebucht werden.

Omiš liegt an der Haupt-Küstenstraße, alle **Busse** halten.

Riviera von Makarska

Karte
S. 334/335

Der hohe Gebirgszug des Biokovo im Rücken der Riviera von Makarska, begehrtes Ziel von Wanderern, Bergsteigern und Radlern, schützt vor den kalten Winden aus dem Landesinneren. So herrscht an der Küste mit ihren wie an einer Perlenschnur aufgefädelten Strandparadiesen ein mediterran-mildes Klima. Die alten Dörfer in den Ölbaumhainen oberhalb sind aber fast alle aufgegeben.

Südlich der Vrulja-Bucht beginnt die Riviera von Makarska. Die Berge treten etwas zurück von der Küste, erreichen aber dennoch größere Höhen. Der Sveti Jure misst 1762 m über dem nur 7 km Luftlinie entfernten Meeresspiegel! Ein größerer Ort entwickelte sich nur in Makarska, die anderen Küstensiedlungen blieben Dörfer, die sich vom Fischfang und den Erträgen aus Getreideanbau und Wein auf kleinen Terrassen sowie von den Ölbäumen ernährten. Wein wird heute noch gekeltert, vornehmlich aus der Vugava-Rebe, die auch auf den Inseln vor Split verbreitet ist, aber der Prošek ist ein echtes Kind der sonnendurchglühten Weinberge unter den Felsmassen des Biokovogebirges.

Die weißen Kiesstrände, die duftenden Kiefernwälder auf den kleinen, ins klare Meer vorspringenden Halbinseln, die alten Dörfer, die Häfen mit altmodischen Motorseglern entdeckte der Tourismus um 1970, als sie von der Jadranska magistrala erreicht wurden. Bis auf Makarska selbst blieb das Tempo der ›Riviera‹ zunächst gemächlich, um bis zum Kriegsbeginn 1991 rasant zuzunehmen. Was sich seither stark geändert hat, ist das ›äußere Gesicht‹ all dieser Orte, ob sie nun Baška Voda, Makarska, Tučepi, Podgora, Igrane oder Gradac heißen. Hotels und Apartmentblöcke wurden mit viel Beton und ohne Rücksicht auf die umgebende Landschaft an den Strand gestellt, Straßen gebaut und alte Verkehrswege zerschnitten, die daraufhin verfielen; die Strände, bis dahin ein Mix aus Kies und Felsgestein, wurden zurechtgesprengt und zubetoniert.

Die neuere Entwicklung nach 1995 hat nicht viel geändert. Die Straßen und der Beton sind nach wie vor da, die Hotels sind renoviert, viele neu gebaut, und dass der Straßenverkehr nach Beendigung der Arbeiten an der Autobahn Split–Dubrovnik, die jenseits des Biokovogebirges verläuft, den Verkehr wesentlich verringern wird, ist eher unwahrscheinlich. Denn die Maut schreckt viele Autofahrer ab, und alle Touristen sowie der gesamte Regionalverkehr bleiben sowieso auf

Mit dem Autor unterwegs

Sehenswert

Die untermeerischen Quellen in der Vrulja-Bucht: Man sieht sie von der Küstenstraße aus (s. S. 334).

Das Molluskenmuseum in Makarska: Eine der größten Sammlungen von Muscheln und Schnecken in Europa kann in Makarska besichtigt werden (s. S. 336).

Ein besonderes Erlebnis

Den Botanischen Garten Biokovo erwandern: Die Bergpflanzen des Botanischen Gartens wollen erwandert und entdeckt werden (s. S. 336).

der Küstenstraße. Den abendlichen und morgendlichen Stau in Makarska und anderswo wird die Autobahn nicht verhindern. Dennoch: Wer sich nicht gerade im größten und anonymsten Hotel einquartiert und nicht direkt davor auf der Betonplatte am Bootsanleger den Urlaub verbringt, wer die Makarska Riviera auf kleinen Straßen, Wegen und Steigen entdeckt, sich in den alten Dörfern umsieht und in den Ölbaumhainen, der wird eine Ferienregion entdecken, die immer noch Idyllen aufweist und einsame Plätze, Ruhe und Naturnähe. Man muss nur ein wenig suchen.

Die Küste zwischen Omiš und der Vrulja-Bucht

Reiseatlas: S. 14, D 2/3

Pisak

Wer von Split aus in Omiš angelangt ist, darf sich für die Weiterfahrt auf einen besonders eindrucksvollen Küstenabschnitt freuen. Bis zur Vrulja-Bucht liegen nur wenige Dörfer am Steilabfall des Küstengebirges, der Rogoznica. Von den getreppten Ölbaumgärten und von den Anlegestellen – richtige Häfen gibt es bis auf Mimice keine – blickt man auf die nahe Insel Brač. **Pisak** ist vielleicht die reizvollste dieser Ortschaften. Ein paar alte Häuser, wenige unprätentiöse Neubauten, Ölbäume, eine Landestelle, die Küstenstraße oberhalb, sodass man sie nicht hört und sieht, aber doch nicht weit nach Split zu fahren hat. Der alte Weg, der die Orte dieses Steilhanges verbindet, existiert noch, aber er wird nur noch von wenigen begangen. Wenn auch nur ein Einziger eine neue Mauer zieht, um sein Wochenendgrundstück abzugrenzen, ist er nicht mehr gangbar und ein Stück der Kultur dieser Landschaft zerstört.

Vrulja-Bucht

In der **Vrulja-Bucht** treten große untermeerische Quellen aus. Man sieht das aufgewühlte Wasser sehr gut von der Straße aus, die hoch oberhalb verläuft (zwei Parkplätze). Zwischen der Vrulja-Bucht und der Cetina befindet sich

die niedrigste und engste Stelle des Gebirgszuges, der im Nordwesten mit der **Rogoznica** 788 m erreicht, im Südosten mit dem Biokovo 1762 m. Beide sind oberflächlich abflusslose Karstgebirge. Das Regenwasser, das in diesem großen Gebiet sofort in den Untergrund sickert, muss aber irgendwohin abfließen. Eine der großen Gebirgsfußquellen tritt hier in der Vrulja eben untermeerisch aus.

Brela und Baška Voda

Brela, der erste Ort der Makarska Riviera, den man von Split aus erreicht, ist so klein, dass man auch vom alten Ortskern aus den umgebenden Kiefernwald in wenigen Minuten erreicht, von der Lage der beiden großen Hotels am Strand ganz zu schweigen. **Baška Voda** mit seinen beiden spätbarocken Kirchen und dem (wirklich!) ›blendend weißen‹ Feinkiesstrand (der so überfüllt ist, dass er nur noch mit Magnetkarte betreten werden darf …) ist etwas aus den Fugen geraten. Am

Wandern im Biokovogebirge (s. S. 336)

Rand wird besonders in Ufernähe viel gebaut und, wie es den Anschein hat, nicht unbedingt nach Plan.

Makarska

Reiseatlas: S. 14, E 3

Makarska ist die größte und sicher die quirligste der Ortschaften des Küstenstriches, dem sie den Namen geliehen hat. Am Ufer der Bucht zwischen Hafen und Hotels zieht sich eine von Palmen bestandene Flaniermeile hin, wo man sich in einigen Cafés niederlassen und den bunten Trubel genießen kann.

Trg Kačićev

Wenn man die wenigen Schritte zum Platz vor der spätbarocken **Hauptkirche Sveti Marko** (1766 geweiht) hinaufgeht, erreicht man eine andere, ruhigere, ältere Welt. Das spitze, knallrote Dach des Campanile vor dem Hin-

tergrund der hoch aufragenden grauen Felswände des Biokovo ist ein beliebtes Fotomotiv. Das Denkmal des Dichters Andrija Kačić in der Mitte des Platzes ist ein Werk von Ivan Rendić (s. Supetar, S. 342)

Im **Palača Tonoli** auf dem Kirchplatz hat sich das **Städtische Museum** niedergelassen. Es zeigt u. a. alte Fotografien, die eine Vorstellung davon geben, wie das noch ganz ländliche Makarska vor der Welle des Tourismus aussah. Sie begann hier bereits im 19. Jh. – die Schiffe des Österreichischen Lloyd liefen auch Makarska an (Öffnungszeiten: Stadtmuseum: Kačićev trg, Mo–Fr 9–13, 17–19, im Sommer Mo–Fr 18–21, Sa 9–12 Uhr).

Franziskanerkloster

Das **Franziskanerkloster** am Südrand des alten Ortskernes wurde um 1400 gegründet und, vor allem nach Erdbeben, so oft umgebaut, dass man es keinem speziellen Stil zuschreiben kann. Gotische Fenster und baro-

Richtig Reisen-Tipp: Wandern im Biokovogebirge

Wanderkarte: s. S. 334/335
Die steilen Flanken des Biokovogebirges, das sich im Rücken der Riviera von Makarska erhebt, sind von alten Wegen durchzogen, die noch nicht verfallen sind. Weil die Menschen hier noch nicht alle Autos besitzen, weil noch zu Fuß gegangen werden muss, blieben die Wege bis heute erhalten. Besonders in der Nähe der alten Dörfer trifft man immer wieder Einheimische.

Ein Beispiel ist der alte Weg **von Bast nach Topići** (Wanderweg 1: 2,5 km, 50 m Höhenunterschied): Bast erreicht man auf einem Wanderweg ab Baška Voda oder auf der Zufahrtsstraße.

Ein weiteres Beispiel ist der Wanderweg **von Makarska über Makar nach Kotišina** zum Botanischen Garten des Biokovo (Wanderweg 2: 2,5 km, 250 m Höhenunterschied): Der Aufstieg beginnt als Sträßchen ›Put Makra‹ am Grünmarkt bei der Pfarrkirche in Makarska. Wo nach Querung der Umgehungsstraße Serpentinen beginnen, führt er geradeaus (und gut markiert) als Weg weiter. In diesem Abschnitt bis Makar entspricht er dem alten Weg. In Makar wendet man sich beim Bildstock des hl. Martin (hier keine Markierung) nach rechts unter die Felswände des Biokovo und quert hinüber zur verfallenen Friedhofskirche Sveti Martin und nach Kotišina. Oberhalb des Ortes liegt in einer schmalen Felsenschlucht der Biokovsko botanički vrt, der Botanische Garten des Biokovo. Gut angelegte Wanderwege führen zu den interessantesten Pflanzen des Gebirges.

Von Kotišina aus kann man um die Felsnase Peć herum zum Weiler **Pašalići** (Dorf Podpeć) und nach **Srida Sela** weiterwandern

(bis dorthin kaum Höhenunterschied) und von dort auf altem Fußweg zur Küste in **Tučepi** absteigen (zusätzlich 5 km, 300 m Abstieg).

Das beliebteste Ziel ist der höchste Berg, der **Sveti Juraj** (oder Jure) mit Panoramaaussicht und Berghütte, der auch auf einer Mautstraße erreicht werden kann (Wanderweg 3: 13,5 km, 1800 m Höhenunterschied, hochalpine Bergtour, 6 Std. Aufstieg, 4–5 Std. Abstieg): Wie bei Wanderweg 2 geht es zunächst nach Makar und von dort mit schönen Ausblicken, aber schattenlos durch Steilhänge auf den sehr aussichtsreichen **Vošac** (1422 m), wo man das Hochplateau erreicht – man sieht es von der Küste aus nicht und hält den Vošac für den höchsten Berg! Auf der nahen Alm in einer Doline mit Resten der alten Almarchitektur steht die Schutzhütte Vošac. Von hier führt ein markierter Weg über das Plateau nordwärts zum höchsten Gipfel Sveti Juraj. Wer will, kann den anderen Weg zurück nehmen, der über die Ravlić-Hütte verläuft und bei **Veliko Brdo** die alten Bergfußdörfer erreicht. Dieser Pfad verläuft aber im Mittelteil durch äußerst steiles und teilweise ausgesetztes Gelände.

Achtung: Außer in den nicht immer geöffneten Hütten gibt es auf dem gesamten Weg kein Wasser, also reichlich mitnehmen! Als Tour im alpinen Stil ist der Weg nur in Bergausrüstung zu gehen.

Wanderkarten: SMAND-Karte 32, 1:25 000 ›Biokovo‹, revidiert 2002, die Karte enthält jedoch nur die Bergsteige. Die alten Wege am Bergfuß zeigt sehr kursorisch und nicht überall zuverlässig die Karte »Makarska Riviera Walking Trails«, die man in den Touristeninformationen kostenlos erhält.

cke Gewölbe, Renaissancetürstürze und eine Kirche des 20. Jh. vermitteln kein einheitliches Gesamtbild. Das Kloster ist vor allem wegen des **Muzej malakološki** (Molluskenmuseum) sehenswert, einer der größten Muschel- und Schneckensammlungen Europas

(Öffnungszeiten: Molluskenmuseum im Franziskanerkloster: Franjevački put bb., tgl. 11–12 und Mo–Sa 17–19 Uhr, im Winter kürzer).

i   **TZG:** Obala kralja Tomislava 1 b, 21300 Makarska, Tel./Fax 021 61 20 02, Fax

021 61 62 88, www.makarska-croatia.com, www.makarska.hr.

Information des Naturparks Biokovo: Park Prirode Biokovo, Tina Ujevića 1/l (Rathaus), Tel. 021 61 69 24, www.biokovo.com.

Meteor: Šetalište Donja Luka bb., Tel. 021 60 26 00, Fax 021 61 14 19, www. hoteli-makarska.hr. Stadtnahes Terrassenhotel am Strand, Hallenbad, Sauna, komfortable Zimmer mit Balkon und Meerblick. DZ/FR 60–130 €

Porin: Marineta 2, Tel. 021 61 37 44, Fax 021 61 36 88, www.hotel-porin.hr. Angenehmes Privathotel an der Strandpromenade in einer ›Renaissanceburg‹ der späten Gründerzeit mit gutem Restaurant. Eher schlichte Zimmer mit Sat-TV, Minibar und Aircondition. DZ 60–85 €, Studio (2 Pers.) 70–106 €.

Biokovo: Obala kralja Tomislava bb., Tel. 021 61 52 44, Fax 21 61 50 81, www.hotelbiokovo.hr. Älteres, ausgezeichnet renoviertes Hotel an der Hafenpromenade mit 55 Zimmern, beliebtes Café mit großer Terrasse, Zimmer gesichtslos, aber komfortabel, zur Meerseite laut. DZ/FR 70–165 €.

Camping Jure: Put Cvitačke bb., Tel./Fax 021 62 80 14, mirela.delic@st.t-com.hr. Küstenplatz mit dem üblichen aus Kies und Stein gemischten Strand.

Riva: Obala kralja Tomislava 6, Tel. 021 61 68 29. Sehr gutes Gartenrestaurant unter uralter Strandkiefer und Palmen, Durchgang von der Strandpromenade Riva bei Haus Nr. 6 (neben Restaurant Mornar). Nudelgericht oder Risotto plus Fischgericht um 30 €.

Marina: Marineta 11, Tel. 021 61 64 50. Pizzeria an der Riva mit Holzofenpizzen 5–7 €, vorne flotte Hocker, hinten Tische fürs gesetztere Publikum.

Book Cafe: Kod kaćica bb. (am Platz unterhalb der Kirche). Kleiner Buchladen mit winzigem Café (ausgezeichneter Kaffee) samt zugehöriger entspannter Atmosphäre.

Disco Grota, Šetalište Sv. Petra 66, Disco in einer natürlichen Brandungs-

höhle auf der Halbinsel Sveti Petar; **Disco Opera** am Sportzentrum; **Deep,** Nachtlokal/Bar im Kellergewölbe am Hafenende auf der Halbinsel Osejava. Die großen Hotels haben Discos/Nachtklubs, das Hotel Meteor ist mit der **Disco-Bar Tropicana** dabei.

Schwimmen, Schnorcheln, Tauchen: Tauchklub More Sub, Tel. 021 61 17 27, www.more-sub-makarska.hr; Birgmaier Sub, in Podgora, Tel. 021 62 51 68, www.birgmaier-sub.com.

Segeln: Jachtklub Bura, Tel. 021 61 63 23.

Tennis: Tennis Centar und Sportski Centar des Hotels Makarska, Tel. 021 61 70 42.

Bergsteigen: im Biokovogebirge s. S. 336; organisierte Touren durch Biokovo active holidays, Gundulićeva 4, Tel./Fax 021 67 96 55, www.biokovo.net.

Strände: Grober wie feiner Kies, in beide Richtungen, am schönsten im nahen Tučepi (4 km), aber auch in den anderen Orten bis hinunter nach Gradac.

Busse: Busbahnhof Tel. 021 61 23 33. **Taxis:** am Busbahnhof, Tel. 021 61 13 66.

Autofähre: nach Sumartin auf Brač.

Hafenamt: Tel. 021 611 977.

Von Makarska weiter nach Süden

Reiseatlas: S. 14, E/F 3/4

Die **Riviera von Makarska** setzt sich nach Süden mit weiteren stark touristischen Orten fort: ins nahe **Tučepi**, das man auch auf einem Fußweg erreichen kann (er beginnt am Südende der Hafenbucht und führt zunächst als ›Šetalište fra Jure Radića‹ zur Meteorologischen Station auf dem bewaldeten Vorgebirge **Osejava),** nach **Podgora, Drašnice, Igrane, Zaostrog.** Beim hübschen Ferienort **Gradac** endet die Riviera von Makarska. Über Gradac erreicht man das Küstengebirge des **Rilić** (773 m), und das war's dann auch mit dem Küstengebirge, denn weiter südlich durchbricht die breite Flusslandschaft der unteren Neretva die Bergketten an der Adria.

Inselidylle: Im Hafen von Stari Grad auf Brač

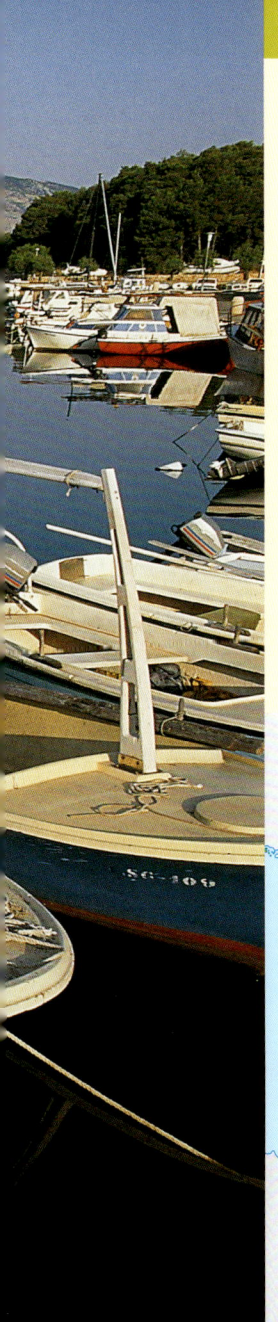

Die Inseln Mitteldalmatiens

Brač

Hvar

Vis

Auf einen Blick:
Die Inseln Mitteldalmatiens

Auf den Inseln: Lavendelduft und eine lange Geschichte

Auf den mitteldalmatinischen Inseln herrscht ein mildes, vollmediterranes Klima. Es duftet nach Thymian und wildem Majoran, nach Lauch und Lavendel, Ginster und Zistrosen. Nirgendwo ist das Meer sehr weit, meist sanft und warm mit steinigen und felsigen Küsten, aber auch Buchten mit Kieselstränden und einigen prachtvollen Sandstränden wie jenem berühmten von Bol im Süden der Insel Brač.

Die Inseln Brač und Hvar sind groß genug für mehrere Orte, ein Straßennetz und einen betriebsamen Morgenmarkt, aber klein genug für zahlreiche ruhige Ecken, stille Dörfer, einsame Strände, alte Kapellen in überwachsenen Feldern, Lavendelpflanzungen, deren gebuckelte, lilafarbene Oberfläche im Spätfrühling betörende Düfte von sich gibt, und sogar Wälder wie im Norden der Vidova gora auf Brač. Die touristischen Zentren wie Supetar und Bol auf Brač oder Hvar und Jelsa auf Hvar erscheinen im großen Maßstab der kroatischen Adria eher klein, vom internationalen ganz zu schweigen. Auf Vis trifft man gar auf einen erst in den Kinderschuhen befindlichen Tourismus: Hotels sind noch Mangelware, selbst Privatzimmer erst im Kommen.

Nirgendwo weist Kroatien eine ältere geschichtliche Tradition auf als hier: Stari Grad auf Hvar ist eine griechische Gründung, die Ebene zwischen Stari Grad und Jelsa wurde von griechischen Siedlern bebaut, die Feldgrenzen sind heute noch zu sehen. Auch Vis auf der gleichnamigen Insel gründeten die Griechen. Venezianisch gibt sich Hvar, vorgeschichtliche Fundamente haben viele alte Orte, vor allem das winzige Škrip auf Brač.

Inselspringen heißt die Devise. Dabei muss man allerdings meist erst wieder nach Split zurückkehren, wenn man alle Inseln erleben will. Oft beginnen die Fahrten im Morgengrauen, die Inselbevölkerung will in Split sein, wenn der Arbeitstag anfängt. Abends geht es dann spät wieder auf die Inseln. Supetar, Bol, Stari Grad, Vis erreichen Fähre oder Katamaran erst nach Sonnenuntergang.

Der faszinierende Inselarchipel Mitteldalmatiens wird noch ergänzt durch kleine Inselchen wie die Gruppe der Pakleni otoci und winzige Eilande wie das weit in die Adria hinausgeschobene Palagruža.

Adriatisches Meer

Highlight

13 **Hvar-Stadt:** Die winzige Hafenstadt auf der gleichnamigen Insel prunkt mit Adelspalästen und einer Renaissanceloggia, die Festungen im grünen Inselwesten ringsum und das Archipel der Pakleni otoci vor der Tür komplettieren ein geschlossenes Ensemble (s. S. 352ff.)

Empfehlenswerte Route

Rundfahrt Brač und Hvar: Von Split aus kann man den Besuch von Brač und Hvar kombinieren, wenn man die von den beiden Inseln zur Riviera von Makarska führenden Fähren benutzt. Das funktioniert auch mit dem Bus! Man nimmt die Fähre von Split nach Supetar, bereist Brač (zuerst nach Milna, dann über Nerežišća nach Škrip und

Pučišća, weiter nach Bol. Von dort nimmt man die Fähre von Sumartin nach Makarska und fährt die Küstenstraße bis Drvenik. Dann die Fähre nach Sućuraj und auf Hvars Inselhauptstraße nach Westen bis Hvar (nicht jede Fähre hat Busverbindung!) und zurück nach Stari Grad. Von dort Fähre zum Ausgangsort Split.

Reise- und Zeitplanung

Für Mitteldalmatiens Inseln benötigt man mindestens zehn Tage, besser zwei Wochen Zeit, was allein schon damit zu tun hat, dass es zwischen den einzelnen Inseln praktisch keine Fährverbindungen gibt. Man muss immer wieder nach Split zurückkehren. Die beiden großen Inseln Brač und Hvar kann man an jeweils zwei bis drei Tagen erkunden, für Vis benötigt man, da auf jeden Fall genächtigt werden muss, ebenfalls zwei Tage, wer die Blaue Grotte auf Biševo sehen will, sollte mit drei Tagen rechnen.

Eine Erkundung der Inseln Mitteldalmatiens mit dem eigenen Pkw könnte als Inselspringen in Split beginnen: Fähre nach Supetar und Rundfahrt auf der Insel (in Bol wird man wohl länger bleiben wollen …), zurück nach Split und die nächste Fähre nach Stari Grad auf Hvar. Von Hvar-Stadt aus gibt es am Dienstag eine Fähre nach Vis, man muss also nicht nach Split zurück und kann dann von Vis eine der täglich verkehrenden Fähren nehmen. Die Verbindung von Split nach Lastovo über Hvar-Stadt und jene von Bol über Jelsa nach Split sind Katamaranverbindungen ohne Pkw-Mitnahme! Wer auf den eigenen (oder gemieteten) Pkw verzichtet, ist dank der auf die Fähren abgestimmten Busfahrpläne der Inseln auch nicht schlechter, wenn nicht wegen der zusätzlichen Katamarane auf den Hauptverbindungen besser dran. Aber er kommt nicht überall hin. Außerdem fahren auf den meisten Linien die Busse nur drei oder vier Mal pro Tag. Der Sommerfahrplan der Fähren gilt erst ab Ende Mai (bis Anfang Ok-

Richtig Reisen-Tipps

Baden am Strand Zlatni rat und Wanderung auf die Vidova gora: Der Sand mag anderswo noch feiner sein, das Baden an dieser sandigen Landzunge auf der Insel Brač unter dem Gipfel der Vidova gora kann allerdings kaum übertroffen werden (s. S. 344).

Besuch der Modra spilja: Nicht nur Capri hat sie … die ›Blaue Grotte‹ von Biševo braucht den Vergleich keinesfalls zu scheuen (s. S. 357).

tober), zu Ostern und Pfingsten muss man sich also nach den wesentlich dürftigeren Winterverbindungen richten!

Klima und Reisezeit

Jahreszeitlich gibt es kaum Begrenzungen. Der Tourismus begann mit Winteraufenthalten wegen des verglichen mit Mitteleuropa milden Klimas. Die beliebteste Zeit für einen Besuch der Inseln ist heute der Hochsommer. Wer im Meer baden will, warme Außentemperaturen genießen aber keine vollen Hotels und Strände schätzt, der kommt im Frühherbst: zwischen Mitte September und Ende Oktober! Die meisten Sonnenstunden hat der August, die Südküste von Hvar hält mit ca. 120 jährlichen wolkenlosen Tagen den kroatischen Rekord. Die Durchschnittstemperatur beträgt im Juli satte 24,9 °C, im Januar 8,3 °C. Die Temperatur des Meeres schwankt zwischen 12,8 °C im Februar und 23,2 °C im August.

Energische Wanderer begeben sich ohne weiteres ganzjährig in die höheren Zonen der Inseln, auch wenn diese, wie häufig auf der Vidova gora, zugeschneit sind. Allerdings sind die dann oft starken Bora-Ostwinde vom Festland kein Zuckerlecken. An den Westseiten der Inseln spürt man sie jedoch kaum.

Die Insel Brač

Auf den ersten Blick ist Brač eine abweisende Insel. Wenige flache Stellen unterbrechen ihre zerfurchte Oberfläche. Felder, Gärten und Ölbaumhaine schmiegen sich an die Hänge, auf den Hügeln und in den Bergen dehnt sich Ödland, lockerer Buschwald und Kiefernwald aus. Nur in die fünf Küstenorte Supetar, Splitska, Sumartin, Bol und Milna ist der Tourismus eingebrochen.

Den Reiz der Insel bildet der Kontrast zwischen der ursprünglichen Kulturlandschaft, die sich an die Gegebenheiten einer kargen Natur angepasst hat, und den Annehmlichkeiten der Urlaubszentren. Das besonders von Süden her wegen seiner Steilhänge eindrucksvolle Bergmassiv der Vidova gora bildet mit den besiedelten Küstenstrichen und dem hügeligen, bäuerlichen Hinterland einen weiteren interessanten Kontrast. Der Bračer Marmor, ein wichtiges Ausfuhrprodukt der Insel, steht nur an wenigen Stellen an, bei Pučišća an der Nordküste wird er abgebaut und bearbeitet.

Auf ganz Brač gibt es kein fließendes Wasser und nur eine einzige ganzjährige Quelle bei Bol im Süden. Alles Wasser, das die Winterregen bringen, versickert im Karst, der die Inseln bedeckt. Andere Bedingungen haben sich durch menschliches Zutun geändert, und nicht zum Besseren: Was es an Wäldern gab, die sich aus wasserreicheren Zeiten in die Geschichte herübergerettet hatten, ist längst abgeholzt und in den Handelsschiffen der Griechen, in den Flotten der Römer und vor allem jenen der Venezianer aufgegangen oder schlicht und einfach verheizt worden. Erst unter österreichischer Herrschaft wurde wieder systematisch aufgeforstet, die Schwarzkiefernwälder im Rücken der Vidova gora künden davon.

Zu keiner Zeit war die Insel den wechselnden Machthabern wirklich wichtig, keiner investierte genug, um eine städtische Siedlung anzuregen. Brač lebte sein eigenes Leben, dasjenige fleißiger Bauern und Fischer. Was jenseits des Meeres geschah, blieb fern und unbedeutend. Ein wenig ist davon immer noch zu spüren, trotz Fähren, trotz Flugplatz, trotz Fernseher in jeder Stube. Nicht in Bol, nicht am Hafen von Supetar, aber in den vielen kleinen Dörfern und Weilern, in denen kaum ein Tourist den Wagen anhält, weil es dort ›keine Sehenswürdigkeiten gibt‹. Vielleicht macht aber gerade das den Charme der Insel aus, macht gerade das sie sehens- und erlebenswert!

Supetar

Reiseatlas: S. 13, C 3
Die meisten Fähren, die von Split kommen, landen nach kurzer Fahrt (1 Std.) in der Inselhauptstadt **Supetar**. Der günstige Hafen entwickelte sich erst nach dem Ende der Bedrohung durch die Piraten von Omiš zum Ort, also nach 1440. Die Pfarrkirche Maria Verkündigung am Ende der Bucht, etwas oberhalb gelegen, wurde erst ab 1733 errichtet. Die Gäste der Hotels in den Buchten im Westen des Ortes sitzen in den Cafés und Restaurants am Hafen und gehen im Ort einkaufen.

Zwei Bildhauer, Ivan Rendić und Toma Rosandić, haben enge Verbindungen nach Supetar. Ihre Werke sieht man sich vor allem auf dem Ortsfriedhof an. Dabei kommt auch der schöne weiße Kalkstein der Insel zur Geltung. Ivan Rendić (1849–1932) wuchs im Ort auf und verbrachte dort seine letzten Lebensjahre, auf dem Ortsfriedhof werden ihm die bronzene Pietà auf dem Grab der Familie Franasović (1908) und die nebenstehenden Mausoleen für Rinaldo Šulić (1924) und Mate Rendić (1930) zugeschrieben. Als Architekt versuchte er sich auch – nicht ganz erfolgreich – am Turm der Pfarrkirche von Ložišće. Bekannter ist sein Denkmal für Ivan Gundulić in Dubrovnik (s. S. 371).

 TZG Supetar: Porat 1, 21400 Supetar, Tel./Fax 021 63 05 51, www.supetar.hr.

Villa Adriatica: Put Vele Luke 31, Tel. 021 34 38 06, www.villaadriatica.com. Angenehmes Privathotel der Mittelklasse mit komfortablen, individuell dekorierten Zimmern, Pool und Sauna. DZ/FR ab 110 €.
Mandič: Vladimira Nazora 9, Tel. 021 63 09 66, Fax 021 63 09 11. Moderner Steinbau am Rand der Altstadt, komfortabel, Meerblick. DZ/FR ca. 90 €.
Camping Supetar: Hrvatska Velikana, Tel. 021 63 00 88, Fax 021 63 13 44, Mai–Sept. Großer Campingplatz an der Straße nach Splitska, oft ziemlich überlaufen.

 Palute: Tel. 021 63 17 30. Einziges Lokal des Hafenorts, das seine Tische direkt auf der Hafenmole aufstellen kann. Tagesmenü ca. 6 €.
Vinotoka: Jobova 6, Tel./Fax 021 63 13 41. Leider ziemlich kommerzialisierte, aber immer noch angenehme Konoba oberhalb der Hafenpromenade; im Angebot: Gegrilltes und hervorragende Meeresfrüchte.

Tenniszentrum: Schräg gegenüber dem Hotel Kaktus.
Strände: Gute Kiesstrände beginnen am Landvorsprung **Bili rat,** besser noch westlich der verbauten Bucht Vela luka.
Mountainbike: Radweg-Markierungen (keine eigenen Wege) überziehen die Insel, kostenlose Karte bei den Touristen-Informationen.

Mit dem Autor unterwegs

Sehenswert
Škrip auf Brač mit dem Heimatmuseum der Insel: Im uralten Wohnturm in Škrip lernt man das traditionelle Inselleben kennen (s. S. 343). **Die Steinmetzschule in Pučišća:** Wer sich über Marmorverarbeitung informieren will, sollte sich diese Schule anschauen (Besucher im Hauptsaal willkommen, s. S. 345).

Das besondere Erlebnis
Von Bol auf Brač auf die Vidova gora wandern: Man geht gerade mal 2 Std. (s. S. 344).

Fähren: Mehrmals tgl. von Supetar nach Split (im Sommer bis zu 13 x), **Katamarane** nach Split im Sommer; Bol ist über die Straße von den Fähren in Supetar und Sumartin sowie vom Inselflughafen aus zu erreichen.

Škrip

Reiseatlas: S. 14, D 3
Der älteste Ort der Insel ist das Bergdorf **Škrip.** Mindestens 5000 Jahre führen Ausgrabungen zurück, die in dem kleinen Hügelort gemacht wurden, der auf den Resten übereinander gebauter älterer Befestigungen steht. Erst 1995 stellte sich bei Grabungen des multinationalen ›Adriatic Island Project‹ heraus, dass dort im zweiten vorchristlichen Jahrtausend eine bronzezeitliche Wehrsiedlung existierte. Die Mauern aus großen ›megalithischen‹ Steinen wurden damals üblicherweise an den Küsten des Mittelmeeres wie in Tiryns, Mykene oder Ugarit verwendet. Das interessanteste Gebäude im alten Zentrum des heutigen Škrip ist wahrscheinlich der Radojković-Turm, der im 16. Jh. als Verteidigungsturm gegen die türkischen Piraten und die von Omiš errchtet wurde. Er steht auf Fundamenten, die im oberen Teil eindeutig römisch, im unteren vorrömisch-illyrisch sind

Richtig Reisen-Tipp: Baden am Strand Zlatni rat und Wanderung auf die Vidova gora

Das Strand-Prachtstück von Bol und ganz Kroatien heißt **Zlatni rat,** das ›Goldene Horn‹. Diese 300 m weit, spitz in die Adria vorspringende Landzunge aus goldgelbem Feinkies und feinem Sand wird von der Natur im Wechsel der Jahreszeiten und Meeresströmungen immer wieder ein wenig anders geformt. Nach Süden blickt man vom Goldenen Horn auf den grünen Norden der Insel Hvar zwischen Stari Grad und Jelsa, nach Norden winkt die 780 m hohe **Vidova gora,** der höchste Berg der Insel Brač. Die steile Südflanke des Berges direkt im Rücken der Küste verstärkt die Sonneneinstrahlung – es kann ganz schön heiß werden am Zlatni rat!

Die große Hitze kann einem auch die Wanderung auf die Vidova gora verleiden, deshalb gilt: früh aufstehen und reichlich Wasser mitnehmen! Hin und zurück ist man ohne Pausen etwa 3 Std. unterwegs.

Man startet in Bol auf dem an der Hafenpromenade beginnenden Novi Put (Stiege zwischen Post und Kirche, dann Sträßchen) und quert bald die Asphaltstraße nach Supetar. Nun geht es geradeaus weiter in Richtung Donje Podborje und Straßenende (wer mit dem eigenen Fahrzeug kommt, kann hier parken oder das Rad abschließen). Ab dort gelangt man auf einen gepflegten Maultierweg. Bei einer Gabelung links abzweigen (Beschilderung auch nach rechts ›Mala staza‹, diesen Weg nicht benutzen!), es folgt ein eindeutiger Weg. Er leitet zuerst durch ein Tälchen, dann auf dessen linker Seite und schließlich wieder nach rechts durch einen steilen Hang bis zum Plateau. Entlang dem Plateaurand hält man sich nach links. Schöne Blicke eröffnen sich auf das Zlatni rat und hinüber zur Insel Hvar. Den eigentlichen Gipfel erkennt man an einer an Antenne und der beliebten Konoba Dom Vladimir Nazor (mit Straßenzufahrt von Supetar). Denselben Weg schlägt man auch für die Rückkehr ein.

– er hat also wahrscheinlich insgesamt 2500 Jahre auf dem Buckel! Diesen Turm mit den angrenzenden alten Steinhäusern integrierte man wunderbar in das Heimatmuseum der Insel Brač. Altkroatische Architektur vertritt die kleine Heiliggeistkirche aus dem 10. Jh. auf dem Friedhof, von dem man einen großartigen Blick auf die Küste und das Innere der Insel hat (Bračer Heimatmuseum: tgl. 10–18 Uhr, im Winter Schlüssel im Gebäude nebenan).

Pučišća

Reiseatlas: S. 14, D 3

Den weißen Kalkstein von Brač haben Sie sicher schon in Split an der Außenwand der Kathedrale bewundert: Er ist cremeweiß, feinstkörnig und zu völlig glatten Flächen schleifbar. Die ehemaligen Herren haben den weißen Kalkstein ebenso gerne verwendet wie neutrale Interessenten: In Venedig, Wien (Rathaus), Berlin (Reichstag) und Washington D.C. (Kapitol, Weißes Haus) wurde der Stein aus Brač verarbeitet. Auf der Insel ist er in Denkmälern und Bauten allgegenwärtig.

Im Ort **Pučišća** wird der edle weiße Marmor direkt am Meeresufer gebrochen. Er bestimmt das Bild des Ortes, der praktisch keinen Fremdenverkehr hat. In der Steinmetzschule kann man zusehen, wie sich Auszubildende an Skulpturen versuchen und die verschiedenen, recht unterschiedlichen Gesteine kennen lernen, die unter der Bezeichnung ›Bračer Marmor‹ firmieren.

Palača Dešković: Tel. 021 77 82 40, Fax 021 77 82 47, www.palaca-deskovic.com. Ein prätentiöses, oft umgebautes Stadthaus der frühen Neuzeit wurde mit viel Geschick und großem Aufwand in ein Luxushotel verwandelt. So hat der Marmorort endlich eine Klasseabsteige mit Garten, Salon mit Bibliothek, nicht ganz stilsicher, aber komfortabel möblierten Räumen und einem Atelier, in dem man einen Malkurs absolvieren kann. DZ/FR 165–210, Junior Suite 200–250 €.

... und nach dem Bergwandern entspannen am Zlatni rat

Die Insel Brač
Bol und die Vidova gora

Reiseatlas: S. 14, D 3

Bol an der Südküste ist der wichtigste Ferienort der Insel. Er liegt an einer lang gestreckten Bucht, die durch die steilen Hänge der direkt dahinter aufsteigenden Vidova gora vor Nord- und Nordwestwinden geschützt ist. Die großen Hotels wurden in die Kiefernhaine im Westen des Ortes gebaut, während sich das alte Fischerdorf mit seinen Natursteinhäusern und der winzigen, ebenfalls aus Naturstein errichteten Kirche unangetastet erhalten hat. Wer eine außergewöhnliche Unterkunft sucht, kann im Dominikanerkloster übernachten. Es gibt Zimmer und Apartments zu mieten, der Wein zum Essen ist ein Plavac aus eigenem Anbau. Die Klosterkirche bewahrt eine Madonna mit Kind aus der Tintoretto-Werkstatt (Öffnungszeiten: Dominikanski samostan/Dominikanerkloster: s. S. 346, im Sommer tgl. vormittags und spätnachmittags zu wechselnden Zeiten).

Die **Vidova gora,** die 780 m hoch über Bol aufragt, erreicht man auf einem markierten Wanderweg, die Aussicht von der höchsten Stelle des Plateaus auf die Adriainseln und die Küste mit dem dahinter aufragenden Mosorgebirge ist umfassend. Organisierte Busausflüge führen ab Supetar und Bol zum Gipfel mit der Konoba Dom Vladimir Nazor.

Es lohnt sich, an der von Bol aus angebotenen, mit einer Bootsfahrt verbundenen Wanderung zum verlassenen **Kloster Blaca,** heute ein Museum, teilzunehmen. Die Wanderung von der Anlegestelle durch das trockene Tal zur in und unter einer Felsbastion gelegenen Klosteranlage ist unvergesslich. Das Kloster begann als Einsiedelei. Flüchtlinge vom türkisch okkupierten Festland, Mönche, die glagolitisch schrieben, erweiterten die Einsiedelei im 16. Jh. zum Kloster, gründeten eine Druckerei und legten eine Bibliothek an, die heute noch existiert. Blaca ist auch von Norden her auf einer Staubstraße zu erreichen (Öffnungszeiten: Felsenkloster Blaca: Mai–Okt. Di–So 10–17.30 Uhr, Eintritt nur mit Führung; Ausflugsboote zum Beginn des Aufstiegs ab Bol, Infos an der Hafenmole).

TU Bol: Porat bolskih pomoraca bb., 21420 Bol, Tel. 021 63 56 38, Fax 021 63 59 72, www.bol.hr.

Borak: Tel. 021 30 62 02, Fax 021 30 62 15, www.bluesunhotels.com. Moderner Hotelkomplex der Kette Blue Sun Hotels in der Nähe des Strandes Zlatni rat, verschiedene Sportangebote (u. a. Tennis, Boccia, Mountainbike, Windsurfen, Tauchen etc.). DZ 120–200 €.

Elaphusa: Tel. 021 30 62 00, Fax 021 63 54 77, www.bluesunhotels.com. Schönes modernes Hotel nahe Zlatni rat mit Apartments im Kiefernwald, Hallenbad, Tennis, Tauch- und Surfschule. All inclusive: DZ 90–195 €.

Ivan: David cesta 11a, Tel. 021 64 08 88, Fax 021 64 08 46, www.hotel-ivan.com. Privates Hotel in Natursteinbauweise in der Nähe

Abendstimmung im Hafen von Bol

des Zlatni rat, großes Wellness- und Fitness-angebot, Pool, kühl getönte, klimatisierte Zimmer, gutes Frühstücksbuffet. DZ/HP 90–120 €.
Dominikanski samostan (Dominikanerkloster): Rabadana 4, Tel. 021 77 80 02, Fax 021 63 55 33. Das Kloster am Ortsrand vermietet gegen Voranmeldung einige Mehrbettzimmer und stellt auch einen Campingplatz zur Verfügung. DZ/VP 50 € p. P.
Camping Kito: Bračke ceste bb., Tel./Fax 021 63 50 33, www.bolnabracu.com.

Loža: Tel. 021 63 58 77. Café an der Hafenmole, abends immer knallvoll.
Ribarska kučica: A. Starčevića bb., Tel. 021 63 53 48. Gutes Fisch- und Grillrestaurant beim Dominikanerkloster, nicht gerade fantasievolles Angebot. Vorspeise und Fischgericht mit Beilage um die 20 €.

Wassersport: vor allem Surfen und Segeln, Croatia Nautic Club, Tel. 021 63 55 40. Tauchen z. B. Tauchschule Big Blue, Tel. 021 63 56 14, www.big-blue-sport.hr.
Tenniszentrum am Goldenen Horn in der Nähe der Hotels.
Ausflüge: Touren in das Innere der Insel, auf die Vidova gora mit beliebter Konoba Dom Vladimir Nazor und zum Felsenkloster Blaca werden z. B. von Boltours, Tel. 021 63 56 95, angeboten. Das Boot M/B Frana fährt im Sommer täglich nach Palmižana (Hvar).

Busse: nach und von Milna, Bol und Sumartin zu jeder Fähre ab Supetar.
Inselflughafen: Infotel. 021 55 97 11, www.airport-brac.hr; Flüge von/nach Zagreb, Augsburg, Graz und Wien.

Die 68 km lange, aber nur bis 12 km breite Insel mit den Hauptorten Stari Grad und Hvar ist seit den Anfängen des Tourismus für ihr Mittelmeerklima berühmt, das milder als das von Nizza sein soll. Auf Hvar blühen im Sommer duftende, blaulilafarbene Lavendelfelder, Oleander, Orangen und Zitronen. Die Insel galt als ›Madeira der österreichischen Adria‹.

Der Haupthafen Stari Grad wendet sich Split zu und schmiegt sich dekorativ an eine schmale Bucht. Hier haben schon Griechen gesiedelt! Die Flur um den Ort wurde für griechische Siedler aufgeteilt, die Grenzen der Felder, Weingärten und (heute) Lavendelanlagen wurden über die Jahrtausende beibehalten. Mit diesem Alter kann die zweite große Siedlung, das namensgebende Hvar, nicht konkurrieren. Wohl aber mit dem Ortsbild: Hvars mittelalterliche und Renaissancebauten stammen vor allem aus venezianischer Zeit und bilden ein städtebauliches Ensemble, um das den Ort viele Küstenstädte des Mittelmeeres beneiden. Damit kann sich Jelsa so wenig messen wie Vrboska oder eines der Dörfchen im sich lang und schmal hinziehenden Inselosten.

Griechen mögen den ersten städtischen Ort gegründet haben, Venedigs Beitrag zur Inselgeschichte ist deutlicher sichtbar, besonders in Hvar mit Loggia, Arsenal, Adelshäusern, Villen. Den Österreichern verdankt die Insel die touristische Erschließung. Winterfrische in Lesina/Hvar war vor 1914 beliebt, als die Schiffe des Österreichischen Lloyd Triest nach Korfu auch in Hvar anlegten.

Stari Grad

Reiseatlas: S. 13/14, C/D 3
Unwirtlich und abweisend wirken die Inseln Šolta und Brač, wenn man sie von der Fähre aus betrachtet, die zwischen Split und Stari

Grad auf Hvar die 700 m schmale Meeresstraße Splitska hrvata passiert. Wie anders begrüßt Hvar seine Besucher: Wenn man in die Bucht von **Stari Grad** einfährt, bauen sich zu beiden Seiten grüne Hänge terrassenartig auf, deren Nähe in der immer schmaler werdenden Bucht Geborgenheit und Sicherheit suggeriert. So mag die Bucht schon den Griechen aus dem kykladischen Pharos erschienen sein, als sie sich um 395 v. Chr. am äußersten Buchtende niederließen und die befestigte Siedlung Pharos gründeten.

Riva und Pfarrkirche

Ein schöner Fußweg am Ufer führt vom Fährhafen in ca. 25 Min. in die Stadt hinein. Es gibt aber auch eine Busverbindung. Steingepflasterte Straßen durchziehen das eng bebaute Städtchen. Auf der **Riva** am Alten Hafen, der heute nur noch von Fischerbooten genutzt wird, laden einige Cafés zum Nichtstun ein. Die zweite uferparallele Gasse, die Srinjo kola, führt vom Platz Velo Podloža am Meeresufer in die Nähe des Stefansplatzes mit der **Pfarrkirche Sveti Stjepana** von 1605, deren Campanile das Stadtbild beherrscht.

Kaštel Tvrdalj

Das interessanteste Monument der Stadt ist der Sommersitz des Humanisten und Dichters Petar Hektorović (1487–1572) an einem geräumigen Platz etwas abseits der Hafenpromenade. Das **Kaštel Tvrdalj,** wie das Anwesen genannt wird, wurde wohl von ihm selbst entworfen und nach 1520 errichtet. Im

Inneren der Anlage befinden sich der schattige Garten und ein von Arkaden umgebener Fischteich mit Zugang zum Meer, durch den ein Meeräschenschwarm seine Kreise zieht (Kaštel Tvrdalj: tgl. 10–13 und 17–20 Uhr, nachmittags nur im Sommerhalbjahr).

Palais Biankini (Stadtmuseum)

Interessant zu besuchen ist auch das Stadtmuseum im **Palais Biankini,** da es die wichtigsten Funde aus dem griechischen Pharos zeigt (soweit Zagreb nicht zugegriffen hat). Im zweiten Stock Maritimes und Werke von Künstlern des 20. Jh. sowie von Zeitgenossen (Palais Biankini: tgl. 10–12 und 19–20 Uhr, nur Sommerhalbjahr).

TZG Stari Grad: Trg S. Radića 1b (Kiosk im innersten Teil des Hafens beim gedeckten Markt), Tel. 021 76 57 53, Fax 021 76 62 31, www.stari-grad-faros.hr.

Hotel Settlement Helios: Priko bb., Tel. 021 76 58 65, Fax 021 76 51 28, www.heliosfaros.hr. Ausgedehnter Komplex mit drei Hotels: **Lavanda,** ein All-inclusive, **Arkada** und **Roko.** Apartments und Bungalows im großen Kiefernwald am östlichen Ufer der Bucht von Stari Grad. DZ 90–160 € all inclusive, DZ/FR 70–110 €, Apartments (2 Pers.) 25–60 €.
Privatzimmer über **Mistral,** beim gedeckten Markt, Tel./Fax 021 76 52 81.
Camping Jurjevac: Tel. 021 76 58 43, Fax 021 76 51 28, Ende Mai–Sept. Durchschnittlich ausgestattet, im Kiefernwald westlich der Stadt, auch Bungalows zu mieten.

San Marino: Pizzeria am Platz vor dem Hektorović-Palast. Pizzen 4–5 €, aber auch Fisch und Fleischgerichte, auf Vorbestellung Gerichte unter der *peka* (für 2 Pers. ganzer Tintenfisch ca. 50 €).

Sommer: Gelegentliche Konzerte; der **Chor Stari Grad** aus dem südlich gelegenen Dorf Vrbanj gilt als einer der besten Kroatiens und ist auch schon mit großem Erfolg im Ausland aufgetreten.

Mit dem Autor unterwegs

Sehenswert
Die Stadt Stari Grad auf Hvar: Die griechische Gründung ist ein hübscher Ort mit sehenswerter Renaissancevilla (s. S. 348).
Die Stadt Hvar: Venedigs wichtigster Hafen auf den Inseln hat sich das alte Ortsbild bewahrt (s. S. 352ff.).

Das besondere Erlebnis
Eine Aufführung im Theater von Hvar erleben: Das Theater wird nicht regelmäßig bespielt. Umso eindrucksvoller ist es, wenn man eine Aufführung erlebt, etwa von einer Volksmusikgruppe (s. S. 352).

Wassersport: Großes Angebot im Touristenkomplex um das Hotel Arkada. Die besten **Strände** (Kies und Fels) findet man nördlich vom Hotel Arkada, vor allem in der schmalen Zavala Bucht (FKK-Strand, per Taxiboot erreichbar). Der südwestliche Hafenteil zwischen Altstadt und Fähranleger ist mit der Alge *caulerpa taxifolia* bestanden, hier sollte man nicht ins Wasser gehen!

Busse: Nach Jelsa und Hvar, Abfahrt 5 Min. nach Ankunft der Fähren; Stari Grad ist 1,5 km vom Fährhafen entfernt, dorthin auch Fußweg am Strand. Nach Sućuraj muss in Jelsa umgestiegen werden.
Fähren: nach Split. Die Inselstraße über Jelsa führt nach Sućuraj an der Südostspitze, von dort **Fähre** nach Drvenik an der Jadranska magistrala. Nicht alle Fähren werden mit Bussen erreicht!
Hafenamt: Tel. 021 76 50 60.

Starigrader Ebene und Halbinsel Maslinovik

Reiseatlas: S. 14, D 3
Die heutige Inselhauptstraße führt von Stari Grad quer durch die bereits in griechischer Zeit durch Bauern erschlossene **Starigrader**

Damals wie heute fahren die Fischer in den Hafen von Vrboska ein

Ebene nach Jelsa. Das griechische Landver-teilungsmuster mit seinen (mindestens) 68 Parzellen für Einzelbauern ist immer noch gut erkennbar. Zahlreiche Baureste haben sich aus der Antike erhalten, so eine *villa rustica* bei Kupinovik (auf halbem Weg). Leider sind sie nie systematisch erforscht worden, ob-wohl antike Parzellierungen sich nur hier, in Metaponte (Süditalien), Megara Hyblaea (Si-zilien) und auf der Krim erhalten haben. Sie sind also als bedeutendes Kulturdenkmal schützenswert, werden aber heute für neue Bauvorhaben ohne Weiteres zerstört. Um die im Frühsommer violett blühenden und herr-lich duftenden Lavendelfelder sehen zu kön-nen, muss man Nebenstraßen einschlagen.

Vom kleinen Inselflughafen in der Mitte der Ebene von Stari Grad führt ein Fahrweg zur felsumgürteten **Halbinsel Maslinovik,** der er-haltene Wachtturm nahe der höchsten Stelle und dem gleichnamigen Dorf stammt noch aus der griechischen Kolonisationsphase.

Vrboska

Reiseatlas: S. 14, D 3

Den kleinen Fischerhafen **Vrboska** in einer schmalen Bucht im Osten dieser Halbinsel suchten in seiner Geschichte immer wieder Piraten heim. Deshalb baute man die nahe beim Hafen stehende Kirche im Jahr 1580 als Wehrkirche aus. Beim Anblick der Hafenseite von Sveta Marija denkt man angesichts der 15 m hohen, fensterlosen Wehrtürme mit auf-gesetzten Zinnen eher an eine Burgmauer als an ein Gotteshaus. Nur das kleine Glocken-türmchen verrät, dass man es mit einer Kir-che zu tun hat.

Die **Pfarrkirche Sveti Lovrijnac** (hl. Lau-rentius) beherbergt einen Flügelaltar mit Sze-nen aus dem Leben des hl. Laurentius. Die gute Malerei muss von einem Meister der ve-nezianischen Hochrenaissance stammen. Vor Ort werden die Namen Tizian und Veronese ins Spiel gebracht.

ort geworden. Die Ferienanlagen liegen an den östlich anschließenden Buchten mit ihren guten Bademöglichkeiten. Noch im 14. Jh. war Jelsa nur der Hafen des im Inneren gelegenen Dorfes **Pitve,** heute hat sich die Bedeutung der beiden Ortschaften völlig umgekehrt, Pitve ist ein kleines Dorf im Hinterland des Hafenortes Jelsa. Die älteste Kirche von Jelsa, die **Pfarrkirche Sveti Fabijan i Sebastjan** (14. Jh.), wurde 1535 zur Wehrkirche umgestaltet – auch Jelsa war für Piraten ein gefundenes Fressen. Über Stadt und Bucht liegt der griechische Wachturm Tor mit Blick aufs Meer, die Insel Brač und die Ebene von Stari Grad. Das perfekt zugehauene Steinbauwerk ist ausgezeichnet erhalten.

TZG Jelsa: 21465 Jelsa, Tel./Fax 021 76 10 17, www.tzjelsa.hr.

Jelsa (früher Mina): Grebišće bb., Tel. 021 76 11 22, Fax 021 76 18 11 und Ferienanlage **Fontana:** Tel. 021 76 10 28, Fax 021 76 18 10, beide www.hoteli-jelsa.hr. Renovierte Großhotels in strandnahem Kiefernwald, das Mina mit Tennisplätzen, das Fontana über der Bucht mit schönem Blick, die Zimmer ohne TV. DZ Jelsa 70–85, Fontana 50–80 €, Apartment (2 Pers.) ab 30 €.

Strände: Feinkies an der Bucht von Jelsa (Grebišča-Strand); Taxi-Boote verbinden Jelsa mit der **FKK-Insel Zećevo.**

Busse: zu den meisten Fähren in Stari Grad und einigen in Sućuraj.

TZG Vrboska: 21453 Vrboska, Tel. 021 77 41 37, Fax 021 71 72 55, www.vrboska.info.

Camping Nudist: 21463 Vrboska, Tel. 091 261 11 26, Fax 021 77 41 87. FKK-Platz nahe Vrboska, Taxiboote zur Nudisteninsel Zećevo.

Wassersport: ACI Marina Vrboska, 21463 Vrboska, Tel. 021 77 40 18, Fax 021 77 41 44, m.vrboska@aci-club.hr.

Busse: zu den meisten Fähren in Stari Grad und einigen wenigen in Sućuraj.

Jelsa

Reiseatlas: S. 14, D 3
Das Fischerdorf **Jelsa** an der östlichsten Bucht der Halbinsel ist ein beliebter Ferien-

Die Grapčeva spilja

Reiseatlas: S. 14, D 3/4
Von **Humac** aus gelangt man zu einer der zahlreichen Karsthöhlen Kroatiens, der **Grapčeva spilja.** Die Höhle ist verschlossen, die Besichtigung aber im Rahmen einer organisierten Tour möglich. Die Höhle ist nicht nur für ihre Lage berühmt – man hat einen herrlichen Blick über das Meer hinweg zur Insel Korčula – und für ihre Tropfsteingebilde, die

Die Insel Hvar

schon im Eingangsbereich zu sehen sind, sondern auch für die archäologischen Funde, die man hier gemacht hat. Sie beweisen, dass Menschen diese Höhle schon vor 7000 Jahren bewohnten.

 Hvar-Stadt/Lesina

Cityplan: s. rechts

Die Stadt Hvar hat im Windschatten der Geschichte die 200 Jahre seit dem Fall Venedigs überdauert und ihre damalige Gestalt bis heute behalten. Loggia, Theater, Kathedrale, Stadtpaläste wie der spätgotische Hectorović-Palast, Klöster, selbst die Form des inneren, heute für Fischerboote genutzten Hafens sind venezianisch.

Von Stari Grad nach Hvar führt eine moderne Straße, die den schmalen, hohen Rücken der Insel mittels eines Scheiteltunnels überwindet, hoch oberhalb der Südküste weiter. Zumindest beim ersten Besuch der Insel sollte die Straße tabu sein, denn nur vom Meer aus erschließt sich das Panorama dieses Ortes. Hvar liegt am Ende einer kurzen Bucht, bei der Einfahrt öffnen sich kulissenhaft in die Bucht vorstoßende, von Strandkiefern bestandene Halbinseln und geben weitere Teile des Panoramas frei, bis endlich der Stadthafen vor uns liegt. Über dem Stadt thront die Festung Španjol und noch höher die Festung Napoleon. Am Ende des Hafens sind die Arkaden der Stadtloggia zu erkennen, und wer mit dem eigenen Boot bis in den schmalen Fischerhafen fahren kann, sieht zum krönenden Abschluss die sonst den Blicken verborgene große Piazza vor sich mit dem Dom im Hintergrund.

Bis auf die beiden Festungen entstanden die Gebäude der Altstadt während der Hauptphase venezianischer Herrschaft in Dalmatien (1466–1612). Beim abendlichen Bummel zwischen Kathedrale und Fischerhafen, beim Plaudern auf den Stufen unterhalb der Loggia oder im Café, mag man sich angesichts dieses Stadtbildes wie mit der Zeitmaschine in die Vergangenheit entrückt vorkommen. Lesina (Hvar) war einer der wichtigsten vene-

zianischen Flottenstützpunkte an der Adria. An der Schlacht von Lepanto (1571), die zur Vernichtung der türkischen Flotte führte, beteiligte sich die Stadt Lesina an der Seite Venedigs mit einer Galeere.

Arsenal und Theater

Der Hafen legt sich wie ein Vorhof vor einen kleineren, inneren Bereich, der in seinem geborgenen Rund die Fischerboote aufnimmt. Er wird auf der Ostseite durch die breite Riva begrenzt, an der die Fähren und Kreuzfahrtschiffe anlanden. Das Nordende der Riva markiert das Gebäude des venezianischen **Arsenals** ❶. Im Arsenal war die städtische Galeere untergebracht, befanden sich Werkstätten und Vorratsräume. Das massige Gebäude mit seiner 10 m breiten Halle entstand 1579–1611, also nach der Schlacht von Lepanto. Der Architekt war höchstwahrscheinlich Sanmicheli. Lepanto war für Lesina (Hvar) in doppelter Hinsicht schicksalhaft: Nicht nur brachte der Sieg die Befreiung vom türkischen Druck auf die östliche Adria, Lesina hatte sich damit auch für den Angriff gerächt, den eine türkische Flotte am 17. August 1571, also direkt vor der historischen Schlacht, auf die Stadt verübt hatte. Damals waren das Arsenal und andere Bauten beschädigt worden. Man entschloss sich nun, es von Grund auf neu zu errichten.

Im Obergeschoss des Arsenals eröffnete die Stadt 1612 ihr **Theater** (den Schlüssel hat die Information im Erdgeschoss!). Damals hatte Hvar wohl doppelt so viele Einwohner wie heute, die Adelsschicht war reich. Warum sollte man sich nicht ein Theater gönnen? Das Merkwürdige und Besondere daran ist, dass dieses erste Stadttheater Europas heute noch existiert. Die Hvarer hielten auch in Kriegszeiten und unter widrigsten Bedingungen an ihrem Theater fest. Man kann das im Inneren mehrfach umgebaute, heute dem Stand des 19. Jh. entsprechende Theater besichtigen, viel eindrucksvoller ist eine Aufführung, vor allem, wenn eine lokale Volksmusikgruppe spielt – die Stadt besitzt zwei Klapa-Ensembles und eine Tanzfolkloregruppe.

Hvar-Stadt: Cityplan

Sehenswürdigkeiten

1 Arsenal und Theater
2 Stadtloggia
3 Uhrturm
4 Kathedrale Sveti Stjepana
5 Erzbischöflicher Palast
6 Stadtpalast der Hektorović
7 Sommerhaus von Hanibal Lucić
8 Kloster der Benediktinerinnen
9 Sveti Marko
10 Festung Španjola
11 Festung Napoleon
12 Franziskanerkloster

Übernachten

1 Riva
2 Pod Stine
3 Palace
4 Amfora

Essen und Trinken

5 Macondo
6 Kavana Pjaca

Stadtloggia und Uhrturm

Oberhalb des kleinen Fischerhafens Lučica Mandrač steht die venezianische **Stadtloggia** 2, ebenfalls ein Sanmicheli-Bau. Am Anfang des 20. Jh. wurde sie in das damals neu entstandene Kurhotel Kaiserin Elisabeth integriert, das heutige Hotel Palace. Vom Salon des Hotels schweift der Blick über die Hafenpromenade. Die Stunde dazu schlägt der **Uhrturm** 3 von 1466. Stadtloggia und Uhrturm sind die einzigen Reste der früher ausgedehnten Residenz des Stadtkommandanten.

353

Die Insel Hvar

Kathedrale und Erzbischöflicher Palast

Der lang gestreckte Stefansplatz ist mit 4500 m² der größte Stadtplatz in Dalmatien und Mittelpunkt von Hvar-Stadt. Seine etwas unregelmäßige Pflasterung stammt zum Teil noch aus der ersten Bauphase im Spätmittelalter. Der Stadtbrunnen von 1529 erinnert an die Zeiten, als es auf der trockenen Insel nur Zisternen gab, um den Wasserbedarf zu decken. Die am Ende der Längsachse stehende **Kathedrale Sveti Stjepana** 4 schließt mit ihrer Renaissancefassade und dem fünfstöckigen Glockenturm das Bild des Platzes ab. Sehr schön sind die zwischen 1986 und 1990 entstandenen Bronzetüren des aus der Stadt Hvar stammenden Bildhauers Kuzma Kovačić. Der Chor der Kathedrale entspricht dem Mittelschiff der gotischen Vorgängerkirche, aus der sich zwei steinerne Kanzeln und Reliefs erhalten haben. Die Spätrenaissance- und Barockaltäre der Ausstattung stammen von weniger bedeutenden venezianischen und lokalen Meistern.

Im benachbarten **Erzbischöflichen Palast** 5 befindet sich eine sehenswerte Sammlung sakraler Kunstwerke (Öffnungszeiten: Schatzkammer im Erzbischöflichen Palast: Trg Sv. Stjepana, Tel./Fax 021 74 11 52, meist 9–12 Uhr).

Palast Hektorović

Eines der schönsten Gebäude des alten Hvar ist der so genannte **Stadtpalast der Hektorović** 6 mit seinen wunderbaren spätgotischen Fenstern nach venezianischem Vorbild – leider nur noch eine imposante Fassade. Ob die Zuschreibung an die Familie des Renaissancedichters zutrifft, ist umstritten.

Sommerhaus Lucić

Schon während der Renaissance bauten sich manche Bürger außerhalb der engen Stadt ein Haus wie das bescheidene **Sommerhaus des Dichters Hanibal Lucić** 7. Es liegt an der nach ihm benannten Straße, die am Dolac beginnt. Im 19. Jh. kam die Altstadt dann ganz außer Mode, man suchte und fand komfortablere Standorte zum Wohnen.

Kloster der Benediktinerinnen

Im **Kloster der Benediktinerinnen** 8 fertigen die Schwestern wie ehedem Spitzen aus den Fasern der Agave an, eine Spezialität und alte Tradition der Insel. Einige ältere Stickereien und eine Gemälde- und Ikonensammlung sind zu sehen (im Sommer meist 9/10–11/12 und 16/17–19 Uhr).

Kirche Sveti Marko und Lapidarium Grga Novak

Dagegen ist das Kloster der Dominikaner verfallen, nur die **Kirche Sveti Marko** 9 hat sich erhalten. Sie beherbergt die **Archäologische Sammlung und Lapidarium Grga Novak.** Besonders die griechischen und römischen Funde sind hier sehenswert – ein Schiffsanker, ein großer griechischer Vorratskrug, ein Schiffsaltar aus Korinth, eine Schiffsladung römischer Keramik von einem Wrack des 2. Jh. (Sammlung Grga Novak: Di–So 8/9–12 und 20–23 Uhr, nur im Sommer).

Die Festungen über der Stadt

Die hübsche Meerespromenade nach Westen, angelegt als Kurpromenade noch vor dem Ersten Weltkrieg, führt auch zu den Hotels westlich der Stadt, die man mit dem Pkw über eine oberhalb die Stadt durchziehende Straße erreicht. Von dieser ist die **Festung Španjola** (Fortica Hvar) 10 nur noch einen kurzen Spaziergang entfernt. Der Besuch lohnt sich vor allem wegen der Aussicht auf Stadt und Bucht. Die zweite, höhere **Festung Napoleon** 11 setzten die Franzosen während ihrer kurzen Anwesenheit auf der Insel den Bewohnern vor die Nase. (Öffnungszeiten Španjola: tgl. 9–18 Uhr.)

Franziskanerkloster

Von der Riva führt auch nach Osten eine Verbindung entlang dem Meer. Sie ist aber im Gegensatz zur westlichen Seite zur Fahrstraße ausgebaut. Das **Franziskanerkloster** 12 auf einem kleinen Landvorsprung entstand ab 1461. Ein Relief des Niccolò Fiorentino ziert die Lünette über dem Eingang zur Kirche. Auf dem Gang durch das Kloster besucht man den Kreuzgang von 1489 und das Refektorium, in dem sich das große ›Letzte Abendmahl‹ des Malers Matija Ponzoni (Pončun) befindet (es gibt auch andere Zuschreibungen). Lebendigkeit und Farbigkeit des Gemäldes gemahnen an die große Zeit venezianischer Malerei im 16. Jh. Vor dem Hochaltar befindet sich das Grab des Dichters Hanibal Lucić (tgl. 9–12 und 17–19 Uhr.)

Milna und Grablje

Auf der Küstenstraße ostwärts erreicht man als Nächstes **Milna**, ein hübsches Küstendorf mit gutem Feinkiesstrand. Von der über dem Ort verlaufenden Durchgangsstraße führt ein Fahrweg ins Tal von Grablje, der bald zum Fußweg (oder Mountainbiketrack) wird. Das idyllische **Mali Grablje** ist ganz aufgegeben worden, während **Veliki Grablje** noch teilweise bewohnt wird (ab dort wieder Straße). In Grablje hat ein Spiel Tradition, das als eine Art archaischer Variante des Tennis gilt: Na Balun, bei dem ein mit Ziegenhaar gefüllter Lederball mit den Händen geschlagen wird.

Pakleni otoci

Die Inselgruppe vor dem Hafen von Hvar, von der Bevölkerung meist als **Hvarski skoji** bezeichnet (Hvarer Inselchen), brüstet sich mit Palmižana, einem der besten Jachthäfen der kroatischen Adriaküste und zwei Dutzend großen und kleinen Eilanden mit ungezählten ruhigen Buchten. Die früher zumindest auf der **Hauptinsel Sveti Klement** dichter besiedelten und bebauten oder beweideten Inseln verbuschen allmählich. Vodnjak im Westen der Inselgruppe markiert den Kern eines beliebten Tauchreviers.

TZG Hvar: Trg sv. Stjepana 16, 21450 Hvar, Tel. 021 74 10 59, Fax 021 74 29 77, www.hvar.hr.

Riva 1 : Riva bb., Tel. 021 750100, Fax 021 750101, www.suncanihvar.com. Schickes Designerhotel im alten Steinbau an der Riva, Luxus mit Hollywoodidolen der 50er und 60er als Pin Ups in der Bar BB Club und in den Zimmern. DZ/FR ab 160 €, in der Hochsaison bis 450 €.

Pod Stine 2 : Pod Stine bb., Tel. 021 74 04 00, Fax 021 74 04 99, www.podstine.com. Kleines Hotel mit freundlichen Zimmern, Sat-TV, Minibar. DZ bzw. Suite/FR 85–300 €.

Palace 3 : Tel. 021 74 19 66, Fax 021 74 24 20, www.suncanihvar.hr. Hotel am Hafen neben dem Uhrturm, lange Tradition. Der Salon ist in die Sanmicheli-Loggia hinein- und das Café-Restaurant darüber gebaut, bester Blick auf Hafen und Promenade! Hallenbad mit geheiztem Meereswasser. DZ/FR 65–165 €.

Amfora 4 : Majerovića bb., Tel. 021 75 03 00, Fax 021 74 17 11, www.suncanihvar.hr. Unpersönliches Hotel der guten Mittelklasse mit 458 Betten, etwas außerhalb oberhalb der Strandpromenade, Hallenbad, viele Sportmöglichkeiten. DZ/FR 50–140 €.

Macondo 5 : J. Avelinja bb., Tel. 021 74 18 51, nur 18.30–1 Uhr. Fischrestaurant mit sehr feinen Zubereitungen, enge Altstadtgasse. Essen komplett 15–25 €.

Kavana Pjaca 6 : Trg sv. Stjepana bb. Modisch aufgemöbeltes Konditorei-Café neben der Loggia, hier werden schon zum Frühstück Tortenstücke verspeist oder der wirklich gute Haus-Apfelstrudel.

Wassersport: vor allem **Tauchen** und **Segeln** um die vorgelagerten Inseln Pakleni otoci, mehrere Tauchschulen, z. B. Dive centar Hvar, Tel. 021 74 17 92; ACI Marina Palmižana (Pakleni otoci), Tel. 021 74 49 95, Fax 021 74 49 85, m.palmizana@aci-club.hr, April–Okt.
Tennis: im städtischen Tenniszentrum oberhalb Hotel Sirena nordwestlich der Stadt.
Strände: meist Kies oder Felsenküste, einsamere Strände auf den Pakleni otoci, dorthin Boote vom Stadthafen; auf Jerolim FKK.

Hvar ist mit Starigrad durch eine neue Straße mit Scheiteltunnel verbunden.
Busse: nach Ankunft der Fähren.
Fähren und Katamarane: nach Vis, Vela Luka (Korčula), Lastovo, Split, Zadar und Rijeka; Jadrolinija, Tel. 021 74 11 32, Fax 021 74 20 36.
Hafenamt: Tel. 021 74 10 07.

Weit draußen in der Adria liegt die Insel Vis, deren hohes zentrales Plateau von vielen Stellen auf Hvar gut zu sehen ist. Hinter ihr versteckt sich der kleinere Satellit Biševo und noch weiter südwärts – näher zu Italien als zu Kroatien – das winzige Palagruža.

Vis

Reiseatlas: S. 13, B 4

Vis ist ein wasserarmer und dennoch fruchtbarer Kalkklotz. In den Poljen hat sich Terra rossa angesammelt, die vorzüglichen Wein und gutes Gemüse hervorbringt. Auf dem steinigen Untergrund hat man früher Johannisbrotbäume gepflanzt, die heute verwildern, weil ihre Früchte nicht mehr verwendet werden.Obwohl die Insel nur 20 x 8 km groß ist, hat sie zwei Zentren: die Stadt Vis in einer geschützten Bucht der Nordküste und den Fischerort Komiža an einer lang gestreckten Bucht der Westküste. Die strategisch günstige Lage der weit in die Adria hineingeschobenen Insel war wichtig für die griechischen Siedler aus Syrakus, die um 395 v. Chr. auf der Suche nach einem für den Adriahandel günstig gelegenen und gut zu verteidigenden

Hafen hier ankamen. Issa, wie die Griechen ihre neue Kolonie nannten, wurde groß und mächtig. Nach drei oder vier Generationen lebten so viele Menschen in der Stadt, dass man sich entschloss, Tochterkolonien zu gründen: Lumbarda auf Korčula, Tragurion (Trogir) und Epetion (Stobreč).

In römischer Zeit gab es einen Flottenstützpunkt in der Bucht von Issa, und ebenso nutzten auch die Venezianer die mittlerweile kroatisch besiedelte Insel. Die englische Marine okkupierte das nun Lissa genannte Eiland 1806–15 und organisierte von hier aus die Kontinentalsperre gegen Napoleon. Unter österreichischer Herrschaft avancierte Lissa wieder zum Marinestützpunkt, und vor der Reede der Stadt spielte sich am 20. Juli 1866 die Schlacht von Lissa ab, in der die österreichische die italienische Flotte schlug.

Auch Jugoslawien trug der strategischen Lage von Vis Rechnung und stationierte hier Flottenteile, was schon während des Zweiten Weltkrieges begann. Von 1976 bis 1989 waren Vis und die umgebenden Inseln als militärisches Sperrgebiet für Ausländer tabu (die Häfen Vis und Komiža durften aber angelaufen werden).

Den Anschluss an die Entwicklung des Tourismus im übrigen Kroatien hat Vis bisher nicht gefunden – ein Paradies für Einzelreisende! Vor dem Betreten gekennzeichneten militärischen Geländes – die jugoslawischen Truppen verließen die Inseln 1991 – wird gewarnt, Wanderungen sollten wegen verbleibender Minengefahr immer mit Ortskundigen abgesprochen werden!

Mit dem Autor unterwegs

Sehenswert

Der griechische Friedhof in Vis: Griechische Grabsteine im antiken Friedhof, frei zugänglich, wo gibt's das noch? (s. S. 357)

Ungewöhnliches Domizil

Im Leuchtturm von Palagruža wohnen: Einsamer und romantischer geht's nicht mehr, als im Leuchtturm von Palagruža eine Ferienwoche zu verbringen. Nichts für Party-Freaks! (s. S. 359)

Vis-Stadt

Die **Stadt Vis** schmückt sich mit einigen barocken Stadthäusern wie dem **Palazzo Delupic** aus venezianischer Zeit. In der österreichischen Gefechtsbatterie **Baterija della Madonna** (um 1830) mitten im Ort werden archäologische Funde gezeigt, vor allem griechische und römische Altertümer, wie der Kopf einer Aphrodite. (Öffnungszeiten: Baterija della Madonna: im Sommer tgl. 9–13 und 17–19 Uhr.)

Ein Bummel führt zur nordwestlich der heutigen Stadt gelegenen Halbinsel Prirovo. Man quert dabei den Fuß des Gradinahügels mit den griechischen Stadtmauern und Resten der **griechischen Nekropole** (der einzigen erhaltenen Kroatiens). Die erhaltenen, zum Teil wieder aufgestellten Grabstelen mit ihren griechischen Inschriften stehen auf einem heute grünen Hangareal. Auf der Halbinsel, die weit in den Hafeneingang vorspringt, erhebt sich auf den Resten des römischen Theaters das im 16. Jh. gegründete **Franziskanerkloster.** Wie überall in Kroatien liegen die Ruinen der antiken Hafenanlagen durch die Hebung des Meeresspiegels (oder Landsenkung) unter Wasser, so auch hier. Man kann sie an einigen Stellen recht gut erkennen.

Komiža

Durch das bäuerliche Landesinnere führen zwei Straßen nach Westen zum Fischerort **Komiža,** dem zweiten größeren Inselort. Vom venezianischen Kastell (1585) am Hafen schaut man auf den Ort hinunter und überlegt sich, welche der folgenden einsamen Buchten man sich zum Baden aussuchen soll. Im kleinen **Fischereimuseum** in der Festung werden Fischerboote gezeigt, darunter eine Original-Falkuša, wie sie früher für den Sardinenfang benutzt wurde – Komiža besaß die wichtigste Sardinenfangflotte der Region. Das befestigte ehemalige **Benediktinerkloster** oberhalb des Ortes wurde im 12. Jh. gegründet, als die Benediktiner ihr Kloster auf Biševo wegen der Piratenangriffe verlassen mussten. (Öffnungszeiten Fischereimuseum im Kastell: im Sommer tgl. 9–11 und 18–20 Uhr.)

Richtig Reisen-Tipp: Besuch der Modra spilja

Dieses der berühmteren Blauen Grotte auf Capri in nichts nachstehende Naturwunder ist eine Brandungshöhle, die zwei Eingänge hat. Durch den Eingang über Wasser, 3,5 m breit und 1,5 m hoch, gelangen die Boote nur, wenn das Meer ruhig ist. Das Licht fällt durch einen untermeerischen Eingang hinein und wird vom Meerwasser in einer ganzen Palette von Blautönen gefiltert. Der Effekt dieser zur Mittagszeit am intensivsten auftretenden Naturerscheinung ist überwältigend. Die Ausflugsboote und Führer für die Fahrt von Komiža und Vis zur Modra spilja findet man in den Häfen (s. S. 359). Die Blaue Grotte ist ein geschütztes Naturdenkmal, der Besuch auf eigene Faust ist nicht erlaubt.

i **TZO Komiža:** Riva sv. Mikule 2, 21485 Komiža, Tel./Fax 021 71 34 55, tzg-komiza@st.htnet.hr.
TZG Visa: Šetalište stare Isse 2, 21480 Vis, Tel. 021 71 70 17, Fax 021 71 70 18, tzg-visa@st.htnet.hr.

In Komiža:
Biševo: Ribarska 96 (am Ortsrand), Tel. 021 71 30 95, Fax 021 71 30 98, modra.spilja@st.t-com.hr. Achtung: Aufgrund seiner reizvollen Lage am Meer ist das noch recht neue Hotel mit noch neuerem Wellnesscenter im Sommer rasch ausgebucht. DZ/FR 50–110 €.

In Vis-Stadt:
Issa: A. Zanelle 5, Tel. 021 71 11 24, Fax 021 71 37 40, hotel-issa@vis-hoteli.hr. Hotel in einem Kiefernwald am Strand etwas abseits des Ortes, Zimmer mit Sat-TV, Balkon. DZ/FR 55–95 €.

Bootsausflüge: Nautikzentrum Hafen Komiža, Tel. 021 71 38 49, nauticki.centar.komiza@st.htnet.hr.
Tauchen: Manta, Tel. 098 26 59 23, www.manta-diving.com.

Der Weg der Galeeren — Thema

Die griechische Kolonisation hat die Adria nur gestreift. Süditalien war das Ziel der um 700 v. Chr. beginnenden griechischen Kolonisation. Dass die Griechen dennoch in der Adria präsent waren, ist durch ihre Handelsinteressen zu erklären: Die Etrusker waren ein Hauptabnehmer athenischer Produkte. Nirgendwo am Mittelmeer hat man mehr attische Vasen gefunden als in Spina, dem Haupthafen der Etrusker an der nördlichen Adria (beim heutigen Ravenna).

Zwischen dem griechisch beherrschten Ionischen Meer und den Handelshäfen Spina und Altino an der oberen Adria muss sich also ein beträchtlicher Warenverkehr abgespielt haben. Da griechische Schiffe das offene Meer aus Gründen der Vorsicht vermieden, bewegten sie sich, wo es ging, entlang der geschützten Ostküste, also im heutigen Dalmatien, Kvarner und Istrien. Dort gab es ja sogar griechische Kolonien, die man als Stützpunkte benützen konnte. Diese Handelsroute ist durch Funde gut dokumentiert.

Um in die Obere Adria zu gelangen, musste die schmale Passage zwischen dem Monte Gargano und den Inseln vor Dubrovnik (mit dem griechisch gegründeten Epidauron/Cavtat) bewältigt werden. Die übliche antike Route verlief wegen der vorherrschenden Winde entlang der apulischen Küste bis zum Monte Gargano, dann von Vieste nach Vis oder einer anderen süddalmatinischen Insel und dann zwischen den Inseln weiter bis zur Südspitze Istriens, von wo man direkt nach Spina querte. Oder man musste sich zum Kap bei Muggia dem ungeschützten Küstenbereich anvertrauen, um dann quer über die oberste Adria auf die Lagune von Venedig zuzusteuern.

Genau in der Mitte zwischen Vieste und den größeren dalmatinischen Inseln liegt die winzige Inselgruppe von Palagruža, nur 50 km vom Monte Gargano und genausoweit von der nächsten größeren Insel im Osten entfernt, von Lastovo. In den umliegenden Gewässern wurden an mehreren Stellen Amphoren besonders des 4. Jh. v. Chr. gefunden, ein Hinweis darauf, dass die Klippen von Palagruža bei stürmischem Wetter alles andere als ein sicherer Hafen sind. Von Palagruža aus erreicht man Vis bei gutem Wind in 5 oder 6 Std. Fahrt. Hier gründeten die Griechen im 4. Jh. die Kolonie Issa, günstiger konnten sie die neue Siedlung kaum platzieren.

Von Issa aus ist die nächste geschützte Bucht die von Stari Grad im nördlichen Hvar, hier gründeten die Griechen ihre älteste Kolonie, Pharos. Am Festland ist die nächste größere Bucht jene von Split, hier entstand die kleine griechische Kolonie Epetion (Stobreč). Die Weiterfahrt erfolgte im Schutz der größeren westlichen Inseln Kornat, Dugi Otok, Molat, Lošinj, Cres. Ein Problem stellte Kap Kamenjak an der Südspitze Istriens dar, die vielen untermeerischen Funde dieser Region sprechen eine deutliche Sprache.

Der griechische Friedhof von Vis, ein Relief aus Trogir, ein paar Vasen und eine Menge Tonscherben in Museen, zwei oder drei Ortsnamen wie Hvar und Vis (Pharos und Issa) – viel hat sich nicht erhalten aus griechischer Zeit. Wahrscheinlich liegt mehr auf dem Meeresgrund als an der Oberfläche sichtbar ist …

Busse: zwischen den beiden Hauptorten vor allem zu den Fährankunfts- und Abfahrtszeiten.
Fähre: Verbindung von Hvar und Split nach Vis. Jadrolinija Vis, Tel./Fax 021 71 10 32.
Hafenamt Vis: Tel. 021 71 11 11.

Wohnen im Leuchtturm
Der Leuchtturm von Palagruža kann gemietet werden! Transport und Verpflegung sind im Preis inbegriffen. Mehr dazu (und zu anderen mietbaren Leuchttürmen) auf www.lighthouses-croatia.com.

Biševo

Reiseatlas: S. 13, B 4
Biševo wird von Komiža wie von Vis aus auf Tagesausflügen besucht, das Ziel der Boots-touren ist die Blaue Grotte, die **Modra spilja.** Die Insel ist heute bis auf ein paar im Touris-mus Tätige unbewohnt. Wer auf ihr zu wandern Gelegenheit hat, entdeckt aber die Reste von einzelnen Häusern und Dörfern.

Palagruža

Außerhalb Reiseatlas, südwestl. Biševo
Palagruža ist ein kleiner Archipel (7 ha) aus vier Inseln, die größte und höchste trägt einen Leuchtturm. Die steilen Flanken der Insel sind zum Teil mit mediterranem Busch-wald überwachsen.

Bis auf ein Dutzend Menschen auf Biševo sind die Außeninseln unbewohnt und unge-nutzt, aber sie sind keineswegs ohne Be-deutung für Kroatien: Zum einen erstreckt sich um die Insel Palagruža eines der wich-tigsten Sardinenfanggebiete der Adria, und zum anderen hat die weiträumige Verteilung dieser Inselchen Kroatien eine riesige Zone exklusiver Nutzung des Meeres und des Meeresbodens beschert, der 50-Meilen-Zone sei Dank.

Nichts für Partyfans: Ein Urlaub auf Vis verläuft eher ruhig und beschaulich

Korčula, ein zauberhaftes Städtchen
vor einer Traumkulisse

Süddalmatien

Korčula

Dubrovnik

Auf einen Blick: Süddalmatien

Meer, Küste, Inseln, Berge – und die Republik Ragusa

Süddalmatien, dieser schmale Keil aus Küste und Inseln, den Kroatien weit nach Süden schiebt, ist nicht nur dank seines weltbekannten Zentrums Dubrovnik ein beliebtes Ferienziel. Die Mischung aus winzigen Hafenorten und historischen Städten wie Korčula und Cavtat, aus Tourismuszentren und einsamer Bauernlandschaft, aus Meer, Küste und Bergen ist unschlagbar.

Dubrovnik war mehr als 800 Jahre lang die Hauptstadt der Republik Ragusa und das Zentrum eines vor allem das Ostmittelmeer umfassenden Handelsimperiums. Das historische Zentrum steht heute unter Unesco-Schutz. Keine andere kroatische Stadt dieser Größe hat ihre historische Form so bewahrt wie Dubrovnik, hat so viel zu bieten, hat sich so tief ins kollektive Bewusstsein gegraben wie diese – zu allen Zeiten war sie ein Verkehrsknotenpunkt. Dadurch überschattet sie den Rest der Region, das ebenfalls perfekt erhaltene, aber venezianische Korčula, die kleineren Orte der ›Riviera von Dubrovnik‹, einst Villenvororte des Ragusaner Adels, das nahe Cavtat.

Andererseits ist vieles in dieser Region nur durch den Rückgriff auf die Geschichte der Republik Ragusa zu verstehen: die überdimensionierten Mauern von Ston, die Villen auf den Inseln der Elaphiten, in denen niemand mehr wohnt, selbst die Grenzziehung bei Neum, wo die kroatische Küste durch ein Stück Bosnien unterbrochen wird, geht sie doch auf einen Vertrag der untergegangenen Republik zurück.

Landschaftlich bietet Süddalmatien auf engem Raum schier endlose Küsten mit Kies-, Fels- und sogar Sandstränden, denn die Region ist in Inseln wie Mljet, Korčula, Lastovo und die ellenlange Halbinsel Pelješac aufgefächert. Neben üppiger Macchie und dichtem mediterranem Wald wechseln karge Berge mit fruchtbaren Poljen ab. Aus den Weinpflanzungen der Region stammen so bekannte Weine wie der Dingač aus Tresteno oder der Pošip aus Smokvica. Es gibt kaum Industrie, wenige größere Orte und das Meer ist nicht nur blau, sondern auch sauber, ideal für Badeferien, Wassersport, Tauchen – wie etwa an den Küsten des Nationalparks Mljet oder weit draußen in der Adria rund um Lastovo.

Highlights

14 ▼ **Dubrovnik:** Die Hauptstadt des bis 1806 selbstständigen Stadtstaates Ragusa ist fast unverändert geblieben. Die wegen des schweren Erdbebens von 1667 hauptsächlich barocke Altstadt liegt malerisch auf einer gut befestigten Halbinsel (s. S. 364ff.).

15 ▼ **Korčula-Stadt:** Der Heimatort des mittelalterlichen Weltreisenden Marko Polo ist ein liebenswürdig verschlafenes Städtchen aus dem Geschichtsbilderbuch (s. S. 392ff.).

Empfehlenswerte Route

Kleine Süddalmatien-Rundfahrt: Auf einer drei- bis viertägigen Rundfahrt kann man die Riviera von Dubrovnik, das Neretvatal mit den Ausgrabungen in Narona, die Halbinsel Pelješac und die Stadt Korčula kennen lernen (s. s. 382ff.).

Reise- und Zeitplanung

Süddalmatien lässt sich rund ums Jahr erkunden, die Sommer sind dank kühlender Seebrisen nie zu heiß, im Winter fällt nur sehr selten Schnee, der zumindest an der Küste nicht liegen bleibt. Die klimatisch besten Zeiten für Süddalmatienreisen sind April und Mai sowie Mitte September bis Mitte November, jedoch hat im April ein Teil der Hotellerie noch nicht geöffnet, im November bereits wieder geschlossen. Wer baden will, kann das von etwa Mitte Mai bis weit in den Oktober hinein tun.

Für Dubrovniks Sehenswürdigkeiten und die seiner unmittelbaren Umgebung allein benötigt man gut und gerne eine Woche, den eventuellen Ausflug nach Montenegro an die Bucht von Kotor (die Grenzen sind offen) gar nicht mitgerechnet. Die Küsten in Richtung Neretva und Halbinsel Pelješac kann man auf einer **kleinen Rundfahrt** Dubrovnik – Ston – Neum – Metković – Ploče – Fähre nach Trpanj – Orebić – Fähre nach Korčula – Fähre nach Dubrovnik (175 km, bei Rückfahrt auf der Straße 300 km) in drei oder vier Tagen erkunden. Für die Inseln Korčula und Mljet sind je

Richtig Reisen-Tipps

Durch das Neretvadelta: Im riesigen Flussdelta befindet sich ein Vogelparadies, das man am besten per Boot erkundet (s. S. 386).

Plavac mali und Dingač – Weinprobe im Trstenik: Eine Weinverkostung in einem der Weingüter auf der Halbinsel Pelješac macht mit den besten kroatischen Rotweinen bekannt (s. S. 391).

Korčulas alte Säbeltänze Moreška, Kumpanija, Moštra: Seit der Türkenzeit gibt es auf der Insel die Säbeltänze, die man unbedingt erleben sollte (s. S. 394).

Strand in Saplunara: Der am wenigsten überlaufene Sandstrand der kroatischen Adriaküste liegt im Südosten der Insel Mljet (s. S. 401).

mindestens zwei Tage einzuplanen, die Zeit für An- und Abreise gar nicht eingerechnet (Korčula lässt sich gar an die Fahrt nach Ploče anschließen, nach der Rundfahrt über die Insel kehrt man mit der Fähre nach Dubrovnik zurück). Ein Problem stellt Lastovo dar, denn man erreicht es nicht direkt ab Dubrovnik. Am besten nimmt man ab Vela Luka oder schon ab Split das Tragflügelboot nach Ubli und kehrt auch dorthin wieder zurück, um die Fahrt durch Süddalmatien fortzusetzen.

Eine **große Rundfahrt** würde mindestens acht bis zehn Tage dauern (420 km, Fährstrecken nicht eingerechnet): Dubrovnik – Konavle – Dubrovnik – Ausflug Elaphiten – Dubrovnik – Ausflug Mljet – Dubrovnik – Ston – Neretvatal – Metković – Ploče – Fähre nach Trpanj – Trstenik – Orebić – Fähre nach Korčula – Vela Luka – Katamaran nach Ubli – Radrundtour Lastovo – Katamaran nach Vela Luka – Korčula – Fähre nach Dubrovnik.

Dubrovnik ist auf dem besten Weg, eines der exklusivsten Ziele im Mittelmeerraum zu werden. Die Wiedereröffnung des k. u. k. Hotels Imperial zeigt das ganz deutlich. Die Zimmerpreise in der Stadt sind jedenfalls schon auf exklusivem Niveau angekommen. Dubrovnik hat eben kaum Konkurrenz – Venedig mal ausgenommen.

Cityplan: S. 366/367; **Reiseatlas:** S. 16, E 3
Das Ziegelrot der Dachlandschaft von Dubrovnik sieht man am besten vom nördlichen, höheren Teil des mächtigen Mauerkranzes aus, der die Stadt umgibt. In der sinkenden Sonne leuchten die Dächer in glühenden Tönen, die meisten sind sorgfältig neu gedeckt. Man erkennt deutlich, dass alte und neue Ziegel verwendet wurden und die neuen bei weitem überwiegen. Im Schifffahrtsmuseum in der Festung Sveti Ivan, deren steinerner Schiffsbug die Einfahrt zum Stadthafen schützt, sind Bilder vom Nikolaustag 1991 zu sehen: Granatenangriffe auf Stadt und Hafen, Verwüstungen, zerstörte Häuser, eingestürzte Fassaden, verbrannte Dachstühle, brennende Schiffe. Heute erinnert außer den Bildern, dem Büro der Kommission für den Wiederaufbau der Stadt und einigen wenigen Ruinen kaum noch etwas an diese schwarze Stunde von Dubrovnik, als jugoslawisch-serbische Verbände die Stadt in ihre Gewalt zu bekommen versuchten und sie bis Sommer 1995 immer wieder beschossen.

Ragusa-Dubrovnik hat sich in seiner langen Geschichte auf drei Dinge verlassen: die Seefahrt, den Stadtpatron Sveti Vlaho und die Kunst der Diplomatie. Eine winzige Stadtrepublik kann sich nicht mit Waffen durchsetzen, sie braucht Überzeugungskraft, Verhandlungsgeschick, den Willen, Unvereinbares zu vereinen und sich mit Feinden, Neidern, überlegenen Partnern und selbstgerechten Machtträgern gleichermaßen zu arrangieren. Auf behäbig wirkenden Frachtschiffen vom Karaka-Typ klapperten Ragusaner Kapitäne die Häfen des östlichen Mittelmeerraumes ab und brachten wertvolle Handelsgüter nach Hause. Der Profit erlaubte es ihnen, in Stadt und Umland prächtige steinerne Häuser und Villen zu errichten. Sveti Vlaho, der hl. Blasius, ist überall präsent in Ragusa, sein Standbild steht über Toren und auf Bastionen, und am Tag des hl. Blasius, dem 3. Februar, wenn Stadt und Umgebung ihr größtes Fest feiern, wehen Hunderte von Fahnen mit dem Stadtwappen, auf dem natürlich ebenfalls der hl. Blasius zu sehen ist. Geschickte Diplomatie hielt Ragusa aus den Kriegen heraus. Als sich die Seeschlacht von Lepanto zwischen den christlichen Staaten unter spanisch-habsburgischer Leitung und dem Osmanischen Reich ankündigte, ließ sich Ragusa vom Papst von der direkten Teilnahme absolvieren und bekam vom Sultan zugestanden, nur seine Schiffe aus spanischen Gewässern abziehen, aber nicht direkt am Kampf teilnehmen zu müssen. So und nur so konnte Dubrovnik-Ragusa überleben.

Es lebt sich, scheint es, leicht in Dubrovnik. Die Altstadt ist tagsüber wie abends ein einziger Corso, auch im Winter. Sie ist selten ohne Touristen, Hintergrund für Cafébesuche, endlose Plaudereien und Boutiquenbummel. Doch wer hat mit eindrucksvoller Energie die Hotels nach 1995 wieder aufgebaut, wer macht die Arbeit in den zahlreichen Restaurants und Bars, wieso bekommt man um sechs Uhr früh und um sieben Uhr abends kaum einen Platz im Bus? Dubrovniks Bevölkerung gibt sich

Mit dem Autor unterwegs

Sehenswert

Die Stadtbefestigung: Türme und Mauern der Befestigung aus Mittelalter und Renaissance haben sich komplett erhalten (s. S. 365).
Erlöserkirche: Sveti Spas ist ein Renaissancejuwel (s. S. 368f.).
Franziskanerkloster: Klosterapotheke, idyllischer Kreuzgang und Museum lohnen den Besuch (s. S. 369).
Vom Pile-Tor über die Placa zum Luža-Platz mit Palais Sponza: Der Bummel über die städtische Hauptachse führt zum Staatsarchiv der Republik Ragusa im dekorativen Palais Sponza (s. S. 369f.).
Blasiuskirche: Sveti Vlaho ist dem Stadtheiligen Blasius gewidmet und ein beeindruckendes Beispiel des venezianischen Barock (s. S. 370).
Rektorenpalast: Hier wurde Ragusas Geschichte gemacht, das Stadtmuseum erzählt davon (s. S. 372).
Kathedrale: Barocke Üppigkeit vor allem im Domschatz (s. S. 373).
Dominikanerkloster: Das Museum im Kloster prunkt mit großartigen Stücken von der Gotik bis zur Gegenwart (s. S. 369f.).

Ein besonderes Erlebnis

Auf den Stadtmauern die Altstadt von Dubrovnik umrunden: Ohne diesen Spaziergang ist das Erlebnis Dubrovnik nicht vollständig (s. S. 365).
Im Mrtvo more auf Lokrum baden: Der natürliche Meerwasserpool erlaubt auch Nichtschwimmern den Dip ins Meer (s. S. 374).
Die Volkstumsveranstaltung in Čilipi besuchen: Pflichtprogramm am Sonntagvormittag (s. S. 377 u. 380).
Sommerfestspiele in Dubrovnik: Die Festspiele haben internationales Niveau; wer die Stadt im Sommer besucht, sollte keinesfalls ein Konzert versäumen (s. S. 375).

Gratis

Der schöne **Innenhof des Sponzapalastes** kann besichtigt werden, ohne Eintritt zu zahlen. Wo gibt es so etwas noch (s. S. 370)?.

Tipp

Robin Harris »Dubrovnik. A History.« (London 2003/2006) ist das **Buch zur Geschichte Dubrovniks.** Leider nur auf englisch, z. B. bei Algoritam in Dubrovnik.

den Anschein des mediterranen *laissez-faire*, aber arbeitet hart. Nur wenige können sich den Luxus des Nichtstuns leisten. Der Kampf ums Überleben geht weiter.

Die Stadtbefestigung

Bevor man die Altstadt erkundet, sollte man auf den Stadtmauern um sie herumwandern, um sich mit ihr ein wenig vertraut zu machen. Viele wunderschöne Blicke auf Stadt, Hafen, Meer und die Insel Lokrum ergeben sich bei diesem Spaziergang. In Muße und ohne Besichtigung des Schifffahrtsmuseums und des Aquariums im Fort Sveti Ivan dauert er eine gute Stunde. (Stadtbefestigung: Apr.–Okt. tgl. 9–18.30, Nov.–März tgl. 9/10–15 Uhr.)

Pile-Tor und Festung Lovrenac

Man beginnt am **Pile-Tor 1**. Der betriebsame Platz vor dem Haupttor zur Stadt, auf dem heute die meisten städtischen Busse in die Außenbezirke starten, wird durch zwei Festungen dominiert. Auf einem eindrucksvoll steilen Felsen steht 37 m über dem Meer die spätmittelalterliche **Festung Lovrjenac.** Ihre bis zu 12 m dicken Mauern sollten jeden Angriff abwehren. Von hier aus konnte man fast die gesamte Stadtanlage einsehen. Auf der anderen Seite des Grabens, der den Platz von den eigentlichen Stadtmauern trennt, dominiert die Festung Bokar mit ihrem massiven Rundturm die Wehrmauern.

Das Pile-Tor ist ein Doppeltor mit breitem Waffenhof, bewacht werden das jüngere Außentor (1537) wie das ältere Innentor (1460)

Dubrovnik: Cityplan

vom hl. Blasius. Die Statue im Innentor stammt von Ivan Meštrović. Steigen Sie trotz der Lockung, nun auf der hier beginnenden, meist schattigen Hauptstraße Stradun in die Stadt zu bummeln, nach links auf die Stadtmauern hinauf! Gleich sieht man von hoch über den Dächern der Stadt auf den schnurgeraden Verlauf der Stradun herunter und auf den runden Onofrio-Brunnen. Zwischen dem Pile-Tor und der Festung Bokar liegt die niedrigste Stelle des gesamten Landzugangs. Hier befand sich nämlich früher der Meeresarm, der dann im Frühmittelalter zugeschüttet wurde. Die Stelle wird heute von einem wuchtigen rechteckigen Wehrturm bewacht.

Festung Bokar

Die **Festung Bokar** 2 über der Landspitze, ab der die Mauern oberhalb des Meeresufers

verlaufen, wurde um 1464 nach Plänen des Architekten Michelozzo Michelozzi von Juraj Dalmatinac ausgeführt. Ein relativ schmaler Laufgang führt in oft luftiger Höhe über dem Meer weiter, man blickt in die Fenster der angrenzenden Häuser, die nach dem Fall des Gesetzes entstanden, dass kein Haus sich an die Stadtmauer anlehnen darf. Sogar ein kleines Café gibt es auf dem Rundgang – auf dem Rundturm Sveta Margarita. Hier kommt die Insel Lokrum in das Blickfeld, von dichtem Kiefernwald überzogen (im Hafen gibt es regelmäßig Boote, die dorthin fahren!).

Festung Sveti Ivan

Die gewaltige abgerundete Front der **Festung Sveti Ivan** 3 wacht über die Hafeneinfahrt. In dieser Form stammt sie aus dem 16. Jh., als die gesamte Stadtbefestigung

Sehenswürdigkeiten

1. Pile-Tor
2. Festung Bokar
3. Festung Sveti Ivan
4. Ploče-Tor
5. Festung Revelin
6. Festung Minčeta
7. Onofrio-Brunnen
8. Erlöserkirche
9. Klarissinnenkloster
10. Franziskanerkloster und Museum
11. Synagoge
12. Dominikanerkloster mit Museum
13. Sponzapalast
14. Osttor und Glockenloggia
15. Stadtloggia
16. Sveti Vlaho
17. Grünmarkt
18. Ikonenmuseum
19. Getreidespeicher Rupe
20. Jesuitenkirche
21. Rektorenpalast mit Stadtmuseum
22. Kathedrale Velika Gospa
23. Altstadthafen
24. Srđ
25. Insel Lokrum

Übernachten

1. Pucić Palace
2. Excelsior
3. Hilton Imperial
4. Stari Grad
5. Zagreb
6. Kompas
7. Petka
8. Ivka
9. Lero
10. Jugendherberge
11. Camping Solitudo

Essen und Trinken

12. Atlas Club Nautika
13. Proto
14. Domino
15. Dundo Maroje
16. Toni
17. Penatur
18. Peskarija
19. Festival
20. Gradska kavana

gründlich überholt und auf den neuesten Stand der Verteidigungstechnik gebracht wurde. Im Gebäude befinden sich heute das **städtische Aquarium** und – auf demselben Niveau wie der Mauerrundgang – das höchst sehenswerte **Meeresmuseum** (Pomorski muzej). Die Besichtigung der beiden Attraktionen fügt sich gut in den Rundgang ein, ein Abgang zur Stadt erlaubt es, hier den Rundgang abzubrechen. Das Pomorski muzej illustriert mit Gemälden, Stichen, Fotos, Schiffsmodellen und anderen Objekten die mehr als tausendjährige Tradition der Stadt als bedeutender Hafen und Standort von Schiffswerften. Dabei wird ihre Geschichte und ihre Verflechtung mit den Geschicken des ganzen Ostmittelmeerraums besonders lebendig (Aquarium/Akvarij: Tvrđava Sv. Ivana, tgl. 10–20 , Winter Di–So 9/10–13/14 Uhr; Meeresmuseum: Tvrđava Sv. Ivana, tgl. 9–19, Winter Di–So 9–13/14 Uhr).

Ploče-Tor und Festung Revelin

Wenn man auf den Hafen hinunterblickt, sieht man die künstliche Insel Kaša und die gewaltigen Verteidigungsanlagen auf der anderen Seite. An der Lage der Kirchtürme kann man ablesen, dass sich die meisten wichtigen Bauten der Republik direkt hinter der Hafenmauer erheben. Auf der landnahen Hafenseite erreicht man den Abgang zum 1450 errichteten **Ploče-Tor** 4, vor dem bis ins 20. Jh. der Markt abgehalten wurde, zu dem die Bauern aus der ganzen Umgebung kamen. Eine Brücke führt zur vorgelagerten (über die Mauer nicht erreichbaren) **Festung Revelin** 5, die nach Plan des Architekten Antonio Ferramolino errichtet wurde. Sie hatte die Funktion, den Landzugang seitlich zu decken. Das Innere wurde als Getreidespeicher verwendet. Beim großen Asimov-Rundturm beginnt die Landmauer, die im unteren Mauerbereich von großen, runden, im oberen von schmaleren, rechteckigen Türmen ausgebuchtet wird.

Festung Minčeta

Die imposanteste Stelle der Anlage ist gleichzeitig die höchste: die **Festung Minčeta 6** . Dieser massive Rundturm, auf den nochmals ein Rundturm aufgesetzt ist, von dessen Plattform man eine prächtige Aussicht auf die Stadt und ihre Umgebung genießt, wurde wie die Festung Bokar von Michelozzo Michelozzi und Juraj Dalmatinac in nur drei Jahren geschaffen und 1464 vollendet.

Rundgang durch die Altstadt

Großer Onofrio-Brunnen

Wegen der schweren Schäden des Erdbebens von 1667 ist Dubrovnik eine überwiegend barocke Stadt, aber schon von den Wehrmauern, die ja selbst älter sind als das 17. Jh., erkannte man bereits einige ältere Gebäude. Gleich der erste Platz, den man nach dem Pile-Tor innerhalb der Stadt betritt, die *Poljana Paška Miličevića,* bringt diesbezüglich zwei herausragende Beispiele. Der runde **Onofrio-Brunnen 7** , den man schon von der Stadtmauer aus von oben bewundert hat, ist ein Werk des Onofrio della Cava von 1444. 1667 zwar stark beschädigt, baute man ihn fast wieder im Originalzustand auf. Der Brunnen bezeichnet die große Zisterne, in der das Wasser der damals fertig gestellten 12 km langen Wasserleitung gespeichert wurde.

Erlöserkirche (Sveti Spas)

Die kleine **Erlöserkirche 8** auf der Nordseite entstand 1520 als Votivkirche der Stadt, die vom Erdbeben desselben Jahres verschont geblieben war. 1667 wurde sie wie durch ein Wunder nicht beschädigt, die Schäden 1991 waren nicht bedeutend. Die elegante Fassade, die auf jedes überzählige Ornament verzichtet und nur die architektonischen Formen betont, ist wie der ganze Bau ein Werk der Brüder Andrijić aus Korčula. Das **Klarissinnenkloster** (Samostan Sveta Klara) **9** auf der anderen Seite des Platzes wurde im 13. Jh. errichtet und bei den Erdbeben von 1520 und 1667 beschädigt, um 1800 aufgehoben, dann als Munitionsdepot verwendet. Die heutige Nutzung ist noch ungeklärt.

Franziskanerkloster (Franjevački samostan)

Rechts der Erlöserkirche steht das **Franziskanerkloster 10**. 1317 wurde mit dem Bau begonnen. Nach dem Erdbeben 1667 musste vor allem die Kirche völlig neu errichtet werden. Vom älteren Bau hat sich das Südportal (1499) der Brüder Petrović im dekorativen, spätgotischen Flamboyantstil erhalten. Auch die Innenausstattung ersetzte man bis auf eine Marmorkanzel (15. Jh.) nach dem Erdbeben durch einen feierlichen Barockstil. Die Klosterapotheke wurde mit dem Kloster zusammen gegründet und ist heute in das **Museum** des Franziskanerklosters (Muzej franjevačkog samostana) integriert. Zwischen den Porzellan- und Steinguttöpfen, Mörsern, Phiolen, Waagen, Destillierapparaturen und alten Büchern standen bis 1901 die Mönche und bereiteten Arzneien zu. Wunderschön ist der **Kreuzgang,** der sich aus der Erbauungszeit (um 1360) fast unverändert erhalten hat (Muzej franjevačkog samostana: Placa 2, tgl. 9–17 Uhr, im Winter kürzer).

Placa (Stradun)

Die *Placa* oder *Stradun* genannte Hauptachse von Dubrovnik führt in gerader Linie vom Haupteingangstor zu den wichtigsten Bauten der Stadt, die sich um den Luža-Platz scharen: Stadtloggia, Uhrturm, Kirche des hl. Blasius, Palast des Rektors der Republik. Die Stradun ist das Wohnzimmer der Stadt, eine Straße für Aufmärsche, Prozessionen, Veranstaltungen und für den abendlichen Korso. Die Gebäude zu beiden Seiten planten die Architekten mit gleichartigen Fassaden und mit einheitlicher Flucht nach

1667. Der Boden aus leicht spiegelnden, glatten Steinplatten wurde 1468 gelegt.

Synagoge

Die **Synagoge** `11`, ein Bau von 1652, in der Judengasse (Žudioska No. 5) wird heute noch genutzt. Vor der Vertreibung der Mauren und Juden aus Granada (ab 1492) ist nicht bekannt, dass Juden in der Republik Ragusa wohnten, aber mit den Ragusaner Schiffen, die flüchtende Sepharden ins Osmanische Reich brachten, das diese kulturelle und wirtschaftliche Elite mit offenen Armen aufnahm, fuhren auch einige jüdische Familien, die sich dann in Ragusa selbst niederließen. Die Gemeinde von Dubrovnik besteht heute nur noch aus einem Dutzend Personen (Synagoge: Mo–Fr 9–13 Uhr, im Winter geschlossen).

Dominikanerkloster (Dominikanski samostan)

Im Winkel zwischen dem Ploče- oder Landtor und dem Sponzapalast liegt das große **Dominikanerkloster** `12`. Auch dieses 1315 gegründete Kloster wurde nach 1667 grundlegend restauriert und zusätzlich im 19. Jh. in Teilen regotisiert. Der Aufgang zu dem Komplex des Klosters mündet in den großartigen spätgotischen **Kreuzgang,** um dessen zentralen Brunnen sich Palmen, Japanische Mispeln und alte Orangenbäume scharen. Der Glockenturm (1390–1531) hat das Erdbeben von 1667 überlebt.

Vom Kreuzgang gelangt man in das **Museum (Muzej dominikanskog samostana)** mit der kunsthistorisch wichtigsten Sammlung in Dubrovnik. Die Altarbilder des Ragusaner Malers Nikola Božidarović aus dem frühen 16. Jh. sind besonders hervorzuheben, vor allem die Verkündigung von 1513 und das Triptychon mit dem hl. Blasius, der ein Modell der Stadt in Händen hält. Im Pfingstbild ›Ausgießung des Heiligen Geistes‹ von Santi di Tito (1536–1603) ist auch der Stifter dargestellt (kniend rechts), der adelige Händler, Bankier und Reeder Vice Skočibuha, dem wir auf der Insel Šipan wieder begegnen werden (s. S. 388). Ein relativ kleines Weihrauchgefäß

aus Silber in Form einer Karaka (typisches Ragusaner Schiff) sollte man sich ebenso wenig entgehen lassen wie einen Tizian, der den hl. Blasius, die hl. Magdalena, Tobias mit dem Engel und den Stifter darstellt.

Die schlichte **Kirche,** die man vom Museum aus betritt, ist von wenigen Objekten geschmückt. Alle Blicke zieht die Kreuzigungsszene über dem Hauptaltar auf sich, ein Meisterwerk von Paolo Veneziano. Rechts in der Kapelle steht eine Madonna von Ivan Meštrović (Muzej dominikanskog samostana: Sv. Dominika 4, tgl. 9–17 Uhr).

Luža-Platz

Der **Luža-Platz,** der Platz der Stadtloggia, ist Dubrovniks Hauptplatz. Er bildet heute den Hintergrund für viele Spektakel, von Veranstaltungen der Sommerfestspiele (s. S. 375) bis zum Dubrovačke Karnevo, dem Karneval. An jedem Abend ist er Kulisse für den Korso und die Menschen, die an den vielen Tischen der umgebenden Cafés Platz genommen haben und sich das Schauspiel, dessen Teil sie sind, nicht entgehen lassen wollen. 1418 wurde die **Statue des Roland** (in Nachahmung deutscher Rolandsstatuen wie etwa in Bremen) in der Mitte aufgestellt.

Der **Sponzapalast**  auf der Nordseite diente zeitweise als Münze. In den Räumen dahinter ist das Archiv der Stadt untergebracht. Der Palast grenzt an den überwölbten Durchgang zum **Osttor** und zum Stadthafen, darüber befindet sich die alte **Glockenloggia**. Rechts stößt sie unmittelbar an den **Uhrturm** an, der 1929 nach älteren Vorbildern rekonstruiert wurde. Die anschließende **Stadtloggia** ist ein gotischer Bau, der im 18. Jh. von Marino Groppelli stark verändert wurde. In einer Nische der Loggia steht der hübsche **Kleine Onofrio-Brunnen** von 1438. Auch er wurde angelegt, nachdem die Arbeiten an der großen städtischen Wasserleitung beendet waren. Im daran anschließenden Gebäude der Stadtverwaltung aus dem 19. Jh. findet man das **Stadtcafé** (Gradska kavana, s. S. 376) und das **Städtische Theater** (Sponzapalast: Mo–Sa 8–13/14 Uhr, freier Eintritt).

Blasiuskirche (Sveti Vlaho)
Die Südseite des Platzes wird durch die spätbarocke Fassade der Kirche des Stadtpatrons eingenommen: **Sveti Vlaho** (hl. Blasius, San Biagio). Der Architekt Marino Groppelli schuf sie 1706–15, nachdem der Ersatzbau für eine 1667 zerstörte Kirche bei einem Feuer völlig ausgebrannt war. Ein paar Treppenstufen führen zur Fassade im schlichten venezianischen Barock hinauf. Eine ältere vergoldete Statue des Heiligen (15. Jh.) steht auf dem Hochaltar unter der schönen barocken Orgel. Der hl. Blasius ist seit 972 Stadtpatron, er hält ein Modell der Stadt in der Hand, in dem das Bild Dubrovniks vor dem Erdbeben im 15. Jh. wiedergegeben ist.

Grünmarkt (Gundulićeva poljana)
Eine Gasse rechts (westlich) von Sveti Vlaho führt zum alten **Grünmarkt**, auf dem der tägliche Markt abgehalten wird, er nennt sich

heute nach dem in Dubrovnik geborenen Dichter Ivan Gundulić ›Gundulićeva poljana‹. Die Statue des Dichters auf dem Platz ist ein Werk von Ivan Rendić.

Ikonenmuseum
Die Gasse od Puča führt weiter zur **Orthodoxen Kirche** und dem **Ikonenmuseum** der Orthodoxen Gemeinde von Dubrovnik mit seiner Sammlung ostmediterraner Ikonen vor allem des 15. bis 18. Jh. und einer umfangreichen Bibliothek. In den Quergassen dieser langen zur Stradun parallelen Gasse finden sich Cafés, Pizzerien und Restaurants (Ikonenmuseum: Od Puča 8, Mo–Fr 9–13/14 Uhr).

Getreidespeicher Rupe
Ebenfalls im höheren Teil von Ragusa steht der alte **Getreidespeicher Rupe** aus der

Die Statue des Roland bewacht den Luža-Platz nicht nur zur Festspielzeit

zweiten Hälfte des 16. Jh., der ein Fassungs-
vermögen von 1500 t Getreide hatte. In ihm
befindet sich heute ein **Museum zur bäuerlichen Kultur** der Region um Dubrovnik mit
vielen Trachten und Alltagsgegenständen
(Ethnografski muzej Rupe/Ethnographisches
Museum: Od Rupa 3, Mo–Fr 9–14 Uhr).

Jesuitenkirche (Sveti Ignacije)

Eine Treppengasse, die sich im oberen Teil in
eine prächtige Freitreppe verwandelt, führt
vom Grünmarkt hinauf zur **Jesuitenkirche** 20
des römischen Architekten Andrea Pozzo, die
im Jahr 1725 vollendet wurde. Der Chorraum
ist besonders eindrucksvoll: Halbsäulen aus
rosa Breccie und Wandpfeiler aus weißem
Stuck gliedern die von Bildern zur Heiligen-
geschichte des Ignatius von Loyola bedeckte
Wand.

Rektorenpalast (Knežev dvor)

Zurück zum Zentrum der Stadt und zum **Rektorenpalast** (Knežev dvor) 21. Der Sitz des
Großen und des Kleinen Rates wurde von
Onofrio della Cava 1435 bis 1451 errichtet,
nach 1463 durch Juraj Dalmatinac und Michelozzo Michelozzi verändert, beim Erdbeben 1667 beschädigt und im ursprünglichen
Stil restauriert. Arkaden mit reich skulptierten
Kapitellen sind dem Untergeschoss vorge-
baut. Ganz rechts sieht man eine faszinierende Darstellung des griechischen Arztgot-
tes Äskulap als spätmittelalterlicher Alchimist
in seinem Labor. Sie erinnert daran, dass Ragusa behauptete, in Epidaurum, dem Ort, aus
dem es hervorgegangen war, sei Äskulap geboren worden. Die vier Gebäudeflügel des Palastes gruppieren sich um einen Innenhof. Im
Nobelstock sind die Barock- und Rokoko-

prunksäle erhalten sowie die kaum weniger bescheidenen Wohnräume des Rektors.

Im Rahmen eines Rundgangs durch das **Stadtmuseum** (Dubrovački muzej) kann man sie besichtigen. Die eigentlichen Museumssammlungen befinden sich im Stockwerk darunter. Hier werden Objekte zur Geschichte, den Münzen, den Gewerben und der Verteidigung der Stadt gezeigt (Pred Dvorom 3, Mo–Sa 9–18, im Winter 9–14 Uhr).

Kathedrale Velika Gospa (Mariä Himmelfahrt)

An die Südseite des Rektorenpalastes grenzt der Platz Poljana Marina Držića, auf dem sich die **Kathedrale Velika Gospa** (Mariä Himmelfahrt) **22** erhebt, ein Barockbau der Zeit zwischen 1671 und 1713 mit überkuppelter Vierung und monumentaler Schaufront.

Einige Barockaltäre mit guten Altarbildern schmücken die Kapellen der Seitenschiffe. Die Himmelfahrt Mariens am Hauptaltar stammt aus der Werkstadt Tizians. In der ersten (östlichsten) rechten Seitenkapelle sind Ausgrabungen zu erkennen, die auch anderswo in der Kirche gemacht, aber wieder zugedeckt wurden. Man sieht die Fundamente der romanischen (12. Jh.) und der spätantiken (6. Jh.) Kirche unter dem heutigen Fußboden.

Bemerkenswert ist die **Schatzkammer** der Kathedrale, die man vom Chor aus erreicht. Hier wird ein Gold- und Silberschatz von Reliquienkästchen, Glieder- und Kopfreliquien, Statuen und vergoldeten Bilderrahmen aufbewahrt, der seinesgleichen sucht (Schatzkammer der Kathedrale: Kneza Damjana Jude 1, tgl. 9–12 und 15–17.30/19 Uhr).

Dubrovnik: Altstadthafen

Pustijernaviertel

Die winkligen Gassen zwischen der Kathedrale und der Festung gehören zu einem der ältesten Teile Dubrovniks. Im Gegensatz zum Rest der Stadt wurde **Pustijerna** nach dem verheerenden Erdbeben von 1667 nicht neu gebaut, wahrscheinlich, weil die Schäden relativ gering waren. Nur im mittleren Teil des Viertels waren ein Stadtpalast und mehrere Häuser eingestürzt. Während anderswo der Schutt der zerstörten Gebäude aus der Stadt hinaustransportiert wurde, hat man ihn in Pustijerna einfach in die zerstörte Zone gekippt und keine neuen Gebäude mehr darauf errichtet. Ein Traum für Archäologen, die hier ausnahmsweise mitten in der Stadt graben konnten und die Fundamente aus der Zeit vor 1667 freilegten (Infotafel bei den Ausgrabungen).

Altstadthafen

Vom Luža-Platz gelangt man durch das Tor neben dem Uhrturm zum **Altstadthafen** 23. Ein Spaziergang auf die große Mole hinaus eröffnet dem Besucher einen guten Blick auf die Festung Sveti Ivan, die künstliche Insel Kaša und die Festung Revelin. Rechts an diese anschließend ist ein lang gestrecktes niedriges Gebäude zu sehen, das Lazaretto, früher eine Quarantänestation für die Besatzung und die Waren von Schiffen aus seuchenverdächtigen Gebieten. Einer der Stadtstrände von Dubrovnik schließt sich rechts davon an, das Strandbad Ploče.

Auf den Srđ

Lange konnte man den aussichtsreichen **Srđ** 24, an dessen Fuß Dubrovnik liegt, nicht besuchen, denn 1991 bis 1995 gelegte Minenfelder machten den Berg zur *No-go-Area.* Die Seilbahn, die von der Stadt hinaufführte, wurde im Krieg zerstört, der Zwischenmast steht noch als Mahnmal, die Bergstation ist eine zerschossene Ruine. Die Minenfelder sind abgesperrt, ganz klar gekennzeichnet, und werden bereits geräumt.

Vom Srđ hat man einen überwältigenden Blick auf die Altstadt von Dubrovnik und Lokrum, man sieht die Bucht von Cavtat und die montenegrinischen Berge, auf der anderen Seite sind jenseits der Lapad-Halbinsel die Elaphiten und Mljet zu erkennen.

Die Straße auf den Srđ zweigt von jener nach Lapad ab (Schild ›Bosanka‹). In Bosanka fährt man geradeaus weiter auf einem sehr schmalen Sträßchen. Ein großes Kreuz kennzeichnet den Aussichtspunkt (der eigentliche Gipfel trägt eine vernachlässigte Festung, kaum Ausblick).

Die Insel Lokrum

Die **Insel Lokrum** 25 vor dem Altstadthafen empfängt den Besucher als riesiger Garten, dessen kühles Grün nach der sommerlichen Hitze der Stadt wie ein Hafen der Frische wirkt. Viele Touristen werden davon angezogen. Als ab 1859 Erzherzog Ferdinand Max,

Dubrovnik

der nachmalige Kaiser von Mexiko, die ihm persönlich gehörende Insel für seine Aufenthalte umgestalten ließ, stand dort ein verfallenes **Benediktinerkloster** und auf der höchsten Erhebung eine Festung aus der Franzosenzeit, das **Fort royal.** Die Festung rührte er nicht an, Kloster mit Kirche ließ er zu einem für habsburgische Erzherzöge eher bescheidenen Sommersitz umbauen (ein »turmartiges Schloß« nennt ihn ein älterer Inselprospekt). Nach dem Tod des Kaisers wurde die Insel schließlich von den Dominikanern übernommen. Ein Botanischer Garten kam 1959 dazu, seit 1963 ist die gesamte Insel Schutzgebiet. Im Süden hat eine eingestürzte Brandungshöhle ein Meerwasserbecken geschaffen, das völlig vom Meer abgeschnitten, aber mit diesem durch einen nicht sichtbaren Wasserstrom verbunden ist. Das **Mrtvo more** oder Tote Meer ist ein sehr beliebter Badeplatz, Kinder und Nichtschwimmer kommen im seichten Meerwasser zum Zug, ohne Angst vor Wellen haben zu müssen. Lokrum ist mit dem Boot ab dem Altstadthafen leicht zu erreichen, da kann es schon sein, dass man sich an Sonntagnachmittagen auf der Insel etwas beengt fühlt.

TZG Dubrovnik: Cvijete Zuzorić 1/2, 20000 Dubrovnik, Tel. 020 32 38 87, Fax 020 32 37 25, www.tzdubrovnik.hr.
Infobüros: in **Pile,** Dubrovačkih Dranitelja 7, Tel. 020 42 75 91, ured.pile@tzdubrovnik.hr; im **Hafen Gruž,** Obala papa Ivana Parla II 44, Tel. 020 41 75 81, ured-gruz@tzdubrovnik.hr. **Internet:** Dubrovnik Internet centar, Dr. Ante Starčevića, gegenüber Hotel Imperial, Tel. 020 56 47 15.

Dubrovniks Preisniveau auf dem Hotelsektor ist internationale Spitze. Es gibt elf 5-Sterne-Hotels und jedes Jahr kommen neue dazu (zuletzt Rixos Libertas Dubrovnik, www.rixos.com). In der Altstadt werden selbst für Privatzimmer ohne fließend Wasser 40 € verlangt (Zimmervermittlung z. B. Atlas, Svetog ur a 1, unterhalb Bushaltestelle Pile, www.atlas-croatia.com). Lapad, der Badevorort mit den meisten Hotels, hat

nur wenige ›Schnäppchen‹ zu bieten wie das sehr empfehlenswerte Hotel Ivka (s. S. 376).
Pucić Palace [1]: Od Puča 1, Tel. 020 32 62 00, Fax 020 32 62 23, www.thepucicpalace. com. Das private Hotel liegt innerhalb der Altstadtmauern in einem barocken Palais direkt am Gundulićeva-Platz. Mix aus modernem Komfort und Antiquitäten, 19 Zimmer. DZ/FR 320–670 €.
Excelsior [2]: Franja Supila 12, Tel. 020 35 33 53, Fax 020 35 35 53, www.hotel-excelsior.hr. Hervorragendes Hotel südlich der Stadt, 10 Gehmin. vom Zentrum. Die Balkonzimmer mit für Dubrovnik unübertroffenem Meeres- und Altstadtblick sind keineswegs billig, aber ihr Geld wert. DZ/FR 240–430 €.
Hilton Imperial [3]: Marijana Blašica 2, Tel. 020 32 03 20, Fax 020 32 02 20, www.hilton. de/dubrovnik. Das erste Hotel der Hilton-Kette in Kroatien ist das prestigeträchtige ›Imperial‹, komplett restauriert und erweitert, 2005 wieder eröffnet. Das ursprüngliche Imperial öffnete seine Pforten als erstes Luxushotel von Ragusa 1896. Luxus, wie ihn die Hilton-Kette garantiert. DZ/FR ab 150 €.
Stari Grad [4]: Od Sigurate 4, Tel. 020 32 22 44, Fax 020 32 12 56, www.hotelstarigrad. com. Privates Hotel in einem alten Altstadthaus, intim, komfortabel, stimmungsvoll, aber eng. DZ/FR 115–190 €.
Zagreb [5]: Šetalište kralja Zvonimira 27, Tel. 020 43 89 30, Fax 020 43 60 06, www.hotelssumartin.com. Gründerzeitlicher Bau in kleinem Park in Lapad, nur ein paar Gehminuten von der Bucht entfernt; kleine, aber helle und ruhige Zimmer. DZ/FR 95–150 €.
Kompas [6]: Šetalište kralja Zvonimira 56, Tel. 020 35 20 00, Fax 020 43 58 77, www.hotel-kompas.com. Mehrstöckiges Hotel in der Lapadbucht, die Zufahrt erfolgt über die Ul. Kardinale Stepenca vom Hang oberhalb, deshalb sind die Meerblickzimmer besonders ruhig. Die Lage rechtfertigt den Preis. DZ/FR 85–200 €.
Petka [7]: Obala Stjepana Radića 38, Tel. 020 41 05 00, Fax 020 41 01 27, www.croatia-vacation.com. Typischer Bau der Tito-Zeit, aber voll renoviert – der Servicetrakt mit Rezeption, Restaurants und Bar ist nicht wieder zu

Die Sommerfestspiele in Dubrovnik

Thema

Wie in Salzburg macht auch in Dubrovnik das Ambiente den halben Erfolg aus. Wenn hier jährlich vom 10. Juli bis zum 25. August die Sommerfestspiele stattfinden, verwandelt sich die theaterreife Stadtkulisse in eine einzige Bühne. An mehr als 40 Orten finden Theateraufführungen, klassische Konzerte, Tanzaufführungen und Volkstänze statt. Straßentheater und Ausstellungen, Literaturlesungen und kostenlose Mitternachtsserenaden vervollständigen das Angebot.

Leider hat die Festspielverwaltung ihre liebe Not mit einigen der Großveranstaltungen: Man kann schließlich eine teure Opernaufführung oder das Konzert eines Spitzenorchesters nicht vor kleinem Publikum bringen, aber wer soll diese Eintrittspreise zahlen? Einen der großen Schauplätze, die 1200 Menschen fassende Halle im Fort Revelin, hatte der letzte Krieg zerstört. Die Restaurierungsarbeiten haben einen akustisch ausgezeichneten Konzertsaal geschaffen, der heute ganzjährig vom Dubrovniker Symphonieorchester verwendet wird. Ein reizvoller Aufführungsort ist auch das neobarocke Logentheater Marin Držić (Pred Dvorom 3), das aber nur eine sehr begrenzte Zuschauerzahl fasst.

Zu Zeiten des Sozialismus war die Finanzierung mit einer Festspieltaxe und staatlichen Beihilfen leichter. Heute müssen andere Finanzierungswege gefunden werden. Sponsoren tragen mittlerweile um die 30 % des Budgets, nur etwa 12–15 % werden durch Eintrittskarten eingenommen. Wenn man (wie im Jahr 2002 für die 53. Festspiele) Orchester und Ensembles aus (u. a.) USA, Australien, Israel, Frankreich, Schweden und Österreich einlädt, muss man sich an das europäische Gagenniveau halten. Die für dieses illustre Künstlerensemble resultierenden Eintrittspreise würde allerdings kein Kroate zahlen können.

Bei den 56. Festspielen (2005) begrüßte man noch teure Stars wie die Zagreber Philharmoniker, die Quartette Janaček, Borodin, Artis und Purcell, Midori und Barbara Hendricks, Ramon Vargas und Solisten der Wiener Philharmoniker, das Wanderer Trio und das Nationalballett aus Zagreb. 2008 gibt man sich etwas bescheidener, zwar kommen Künstler wie die Kremerata Baltica mit Gidon Kremer, die Warschauer Symphoniker, das Bartók-Quartett, aber keine teuren Stars. Der Kosten sparende Grund ist ein Jubiläum: Dubrovniks größter Dichter Marin Držić (1508–1567) wurde vor einem halben Jahrtausend geboren, und deswegen führen lokale und Zagreber Theater seine dramatischen Werke auf – »Grižula« (eine Pastorale, 1556), »Skup« (›Der Geizige‹, 1554) und natürlich sein bekanntestes Werk »Dundo Marije« (›Onkel Maroje‹, 1551), das schon 1955, 1970 und 1995 auf dem Programm der Festspiele stand.

Wer ein sommerliches Konzert oder eine Theateraufführung unter freiem Himmel erlebt hat, zwischen barocken Palastfassaden oder vor der Prachttreppe von Sveti Vlaho, in der milden Luft einer südlichen Nacht, wird im Rückblick Atmosphäre und Ereignis kaum noch trennen können.

Infos: Dubrovnik Sommerfestival, Od Sigurate 1, 20000 Dubrovnik, Tel. 020 32 61 00, Fax 020 32 61 16, www.dubrovnik-festival.hr.

Dubrovnik

In der **Prijeko-Straße** und ihren Quergassen bzw. -stiegen findet man mehrere speziell auf Touristen ausgerichtete Lokale, deren Kellner allerdings so aktiv auf Kundenfang ausgehen, dass der Gang durch die Gasse zum Spießrutenlauf werden kann. Lassen Sie sich nicht beirren!

erkennen – und gerade für Fährreisende günstig gelegen: genau gegenüber der Anlegestelle in Gruž. DZ/FR ca. 80–145 €.

Ivka 8 : Sv. Mihajla 21, Tel. 020 36 26 00, Fax 020 36 26 60, www.hotel-ivka.com. Mittelklassehotel in Lapad ohne viel Aussicht, aber dem besten Preis-Leistungs-Verhältnis in dieser Kategorie. Geräumige Zimmer mit großen Balkonen, Aircondition, aber keine Minibar. DZ/FR 65–135 €.

Lero 9 : Iva Vojnovića 14, Tel. 020 33 20 22, Fax 020 33 21 23, www.hotel-lero.hr. In Fußentfernung (20 Min.) von der Altstadt gelegenes, renoviertes Hotel, nicht schick, aber praktisch, Zimmer mit Sat-TV und Minibar. DZ/FR 60–130 €.

Jugendherberge Dubrovnik 10 : B. J. Jelačića 15/17, Tel. 020 42 32 41, Fax 020 41 25 92, dubrovnik@hfns.hr, ganzjährig geöffnet. 11–17 € p. P. inkl. Frühstück.

Camping Solitudo 11 : Vratoslava Lisinskog 17, Tel. 020 44 86 86, Fax 020 44 86 88, www.camping-adriatic.com, April–Mitte Okt. Der einzige Campingplatz der Stadt, auf der Halbinsel Babin Kuk, im Pinienhain, Kieselstrand.

Atlas Club Nautika 12 : Brsalje 3, Tel. 022 44 25 26. Renommiertes Restaurant in traumhafter Lage zwischen Fort Bokar und Fort Lovrjenac, da dürfen die vorzüglichen Gerichte aus frischesten Meeresfrüchten schon etwas mehr kosten. Freitags oder samstags gibt es Klapa-Abende. Menü 40–60 €, Mittagstisch günstiger.

Proto 13 : Široka 1, Tel. 020 32 32 34, www.esculap-teo.hr. Restaurant der Oberklasse, seit 1886 in bescheidenem Innenstadthaus nahe der Stradun. Große Terrasse, feine Küche mit interessanten Kombinationen (Risotto mit Kabeljau und Seealgen ca. 18 €), perfekter Service, drei Gänge kaum unter 35 €.

Domino 14 : Od Domina 6, Tel. 020 43 28 32. Die Bezeichnung ›Steakhouse‹ sagt nicht alles, hier essen Sie auch ausgezeichnete Fischgerichte, besonders stilvoll auf der kleinen Piazza vor dem Lokal. Zwei Gänge mit Steak ca. 15–20 €.

Dundo Maroje 15 : Kovačka bb., Tel. 020 32 14 45. Kleines Restaurant in einer der schmalen Quergassen der Prijeko-Straße, vorzüglicher frischer Fisch und Scampi Buzzara (mit Wein, Olivenöl und Gewürzen geschmort). Drei Gänge ca. 18–25 €.

Toni 16 : Nikole Božidarevića 14. Spaghetteria mit Nudeln in allen Variationen, Fliesen, Holzmobiliar, heller Raum, vor der Tür in der engen Gasse wenige Tische. Toni spricht bestes Englisch und berät gerne. Pasta 5–8 €, der Wein könnte besser und billiger sein.

Penatur 17 : Lučarica 6, Tel. 020 42 19 97. Die winzige Konoba stellt einige Tische draußen auf dem Platz neben der Kirche Sveti Vlaho auf; das gute Angebot an Gerichten mit Fisch und Meeresfrüchten wird durch ein preiswertes Tagesmenü ergänzt. Tellergericht ab ca. 5 €.

Peskarija 18 : Ribarnica 2. Dass eine Konoba an diesem Ort direkt am Hafen mit tausenden Touristen, die hier täglich vorbeikommen, noch einigermaßen ursprünglich ist, das ist ein Wunder. Zumal die Preise für Nudeln, Rižoto, Fisch und Muscheln eher unter den üblichen in Dubrovnik liegen – bei der Lage! Hauptgang ab 5 €.

Kaffeehäuser und Konditoreien:

Aus den vielen Cafés ist das **Festival** 19 auf dem Stradun (Nr. 5) gleich neben dem Franziskanerkloster hervorzuheben. Nicht nur, weil es dort Bier vom Fass gibt, sondern vor allem wegen des studentisch-intellektuellen Publikums.

Die **Gradska Kavana** 20 am Luža-Platz ist das Traditionslokal der Stadt.

 Täglicher **Grünmarkt** auf der Gundulićeva Poljana, großer **Markt** am Hafen Gruž.

Weine, auch seltene dalmatinische Kreszenzen (zu sehr gehobenen Preisen) in der Vinoteka, Pred Dvoram 1.

Bücher und Zeitschriften: Placa 8 (am Luža-Platz). In Englisch und Deutsch bei Algoritam.

Dubrovniks noch vor wenigen Jahren dröges Nachtleben hat etwas aufgeholt. Neue Clubs, Strandbars und Lounges machen die Nacht zwar immer noch nicht zum Tage, aber lassen bei Nachtvögeln immerhin keine Langeweile aufkommen. Gute Adressen sind: **East West,** Franja Supila bb.; eine **Strandbar** in Ploče; **Labirint,** Sv. Dominika, Tel. 020 32 22 22; **Exodus,** in Lapad (Babin kuk), Tel. 020 44 83 55; **Disco Fuego** (oder Latin Club), direkt an der Bushaltestelle Pile. Die langen Öffnungszeiten der **Bar-Cafés** auf dem Stradun und der Prijeko-Straße bilden das Angebot der Kleinstadt.

Das **Stadttheater** (Kazalište marina Držića) wird relativ häufig bespielt, z. T. Laienaufführungen (hinter der Gradska Kavana, Pred Dvorom 3).

Einmal wöchentlich: Konzerte des Dubrovniker Symphonieorchesters in der Festung Revelin.

3. Feb.: Für das Fest des Stadttheiligen Sv. Vlaho (hl. Blasius) finden mit Beginn dieses Monats Veranstaltungen statt, die oft nur lose mit dem Anlass in Zusammenhang stehen und die von Folkloreabenden bis zu Ausstellungen reichen. Große Prozession am Patronatstag mit Volksfestatmosphäre und festlicher Beleuchtung am Abend.

10. Juli–25. Aug.: Dubrovniker Sommerfestspiele (s. S. 375).

Mitte Mai–Mitte Okt. Di/Fr 21.30 Uhr: Das bekannte Folkloreensemble Linđo tritt im Lazareti auf; Infos: Tel./Fax 020 32 35 25, lindjo.dubrovnik@du.htnet.hr.

Wassersportarten: Für Segeln, Tauchen u. a. werden Kurse und Materialien von den Hotels in Lapad und Ploče vermittelt; ACI Marina Dubrovnik, 20236 Mokošica-Dubrovnik, Tel. 020 45 50 20, Fax 020 45 50 22, m.dubrovnik@aci-club.hr.

Bootsausflug: Zur Insel Lokrum mit Naturpark, erzherzoglicher Villa, Restaurant und Bademöglichkeiten. Die Boote legen am Kai des alten Stadthafens ab, im Sommer mehrmals täglich.

Stadtstrände: Direkt am alten Hafen neben den Lazareti. Schönere Plätze findet man beim Hotel Excelsior, in der Lapad-Bucht beim Hotel Kompas und rund um die Halbinseln Lapad und Babin Kuk an den von Strandkiefern beschatteten Stränden, darunter auch zwei FKK-Strände.

Stadtbusse der ›Libertas‹-Gesellschaft fahren vom Pile-Tor bzw. vom Hafen Gruž aus in alle Ortsteile, Fahrkarten am Kiosk. **Busbahnhof:** Obala papa Ivana Pavla II. 44 a, Tel. 060 30 50 70 (Nähe Gruž); direkte Verbindungen in alle Landesteile und nach Österreich und Deutschland.

Taxistände: an der Bushaltestelle Pile, beim Ploče-Tor und am Hafen Gruž, Tel. 020 970.

Flughafen: 22 km südöstlich in Čilipi, Tel. 020 77 32 24, Fax 020 77 33 77; Flüge zu kroatischen Zielen, nach Wien, Frankfurt, Bratislava und vielen anderen europäischen Zielen; **Flughafenbus** zum Busbahnhof. Das Büro von Croatia Airlines ist in Pile an der Busendhaltestelle: Brasije 9, Tel. 020 41 37 76.

Fähren: nach Korčula, Split und Rijeka sowie Bari, zu den Elaphiten und nach Mljet; Tragflügelboote nach Mljet; Fähren der Jadrolinija, Obala S. Radića 40, Tel. 020 41 80 00; Jadroagent (Fähre nach Ancona), Tel. 020 41 90 00, jadroagent-dubrov nik@du.tel.hr.

Hafenamt: Gruž, Tel. 020 41 89 88.

Župa Dubrovačka, Cavtat und das Konavle

Reiseatlas: S. 16, E/F3/4

Ein Tagesausflug ab Dubrovnik macht mit dem Hinterland der Stadt, der Župa Dubrovačka, und mit Cavtat, der Vorgängerin Dubrovniks, bekannt (70 km). Nimmt man die bäuerliche Landschaft des Konavle hinzu, das sich bis an die Südspitze Kroatiens erstreckt, werden es ca. 120 km. Der Sonntag

Richtig Reisen-Tipp:
Wanderung von Cavtat nach Čilipi

Von Cavtat führt ein schöner, auf längeren Strecken schattiger Wanderweg nach Čilipi. Er benützt die alten Maultierpfade, die sich zwischen Natursteinmauern durch die Weinberge und Felder ziehen. Einige Wegstücke führen durch Macchie, andere durch offenes Grasland, das Meer ist nie weit, obwohl man es selten sieht. Der Autor ging den Weg in 2 Std., für eine eher gemütliche Wanderung sollte man sich 3 Std. Zeit nehmen. Auf halbem Weg weist ein Schild nach links zu einer Konoba, sonst gibt es an der Wegstrecke keine Verpflegung oder Wasser! Zurück geht es mit dem Bus.

Man beginnt in Cavtat, wo die Straße nach Dubrovnik die Hochfläche des Konavle erreicht hat und bei der Kapelle Sveti Đurđa mit Zypressenhain und Friedhof eine Straße nach rechts abbiegt (Infoschild der ›Pješčka staza‹, wie der Wanderweg heißt). Der Weg ist ab hier gut rot-weiß markiert. Er führt zunächst noch als Straße durch ein Neubaugebiet, an dessen Ende er als Fahrweg, dann (20 Min., bei Gabelung geradeaus) als breiter alter Karrenweg weiter verläuft. Schöne Macchie mit verwilderten Ölbäumen, Steineichen, Lorbeer, Mastix und Erdbeerbaum. Nach einer halben Stunde steigt der Fahrweg links herauf, wir aber folgen dem Weg geradeaus, das Schild hier nennt brav Čilipi als Ziel des Weges. Wie hier, kann man sich auch anderswo am Weg auf die Schilder verlassen. Unmittelbar danach scharf rechts und nach einem Mauerdurchbruch links auf einem alten Maultierpfad zwischen Bruchsteinmauern weiter.

Nach 45 Min. in hoher Macchie Gabelung, links nach Močići, rechts nach Čilipi, also rechts. 10 Min. später wird ein breiterer Weg erreicht, dem man nach links folgt. Ein kurzes Stück Asphalt folgt, bei der anschließenden Gabelung (1 Std.) wieder rechts auf einen Erdweg. Kurz darauf bleibt ein Steinkreuz links, 10 Min. später ein weiteres rechts. Nach einem langen, geraden Wegstück folgt man (1 Std. 20 Min.) einem querenden, schlechten Fahrweg nach rechts (der geradeaus weiterführende Weg endet bald) und es folgt ein wunderschönes Wegstück mit Blicken auf die Berge und das Meer. Der Weg läuft durch eine Senke, geht dann in einen alten Maultierpfad über, wiederum mit wunderbaren Blicken aufs Meer. Dann wendet er sich vom Meer ab und steigt nach links in Richtung der Kirchturmspitze von Čilipi an. Ein Fahrweg wird erreicht (1 Std. 50 Min.), kurz (3 Min.) darauf verlässt man ihn aber wieder und biegt nach links in einen Maultierpfad ein. Durch wieder instand gesetzte Ölbaumhaine geht es nun auf Čilipi zu, das man durchquert. Die Bushaltestelle ist an der Durchgangsstraße auf der anderen Seite des Dorfes (2 Std.).

Einen Übersichtsplan findet man am Beginn des Weges. Bei der Touristeninformation ist auch eine Wanderkarte erhältlich.

ist der beste Ausflugstag, denn man kann die Volkstänze im Dorf Čilipi erleben.

Župa Dubrovačka

Südöstlich von Dubrovnik liegt die dicht besiedelte **Župa Dubrovačka,** ein Geflecht von Bauerndörfern, kleinen Hafenorten, Weinbergen, Obstgärten, Gemüsefeldern, Kiefernwald und Macchie mit Erdbeerbäumen, geschart um die blaue Župa-Bucht (Župski zaljev). An der engsten Stelle zwischen Meer und den bis zu 628 m hohen Grenzbergen beim Dörfchen Plat ist sie gerade mal 1 km breit. Seit dem Hochmittelalter (15. Jh.) gehört diese Landschaft zu Dubrovnik und dorthin gehen seit jeher auch alle Produkte, vom Wein über das Öl bis zu den Früchten. Am Osttor, dem Ploče-Tor, bot man seine Ware an, und dann ging es wieder zurück in die kleinen Dörfer, die heute durch Wochenendhäuser und städtischen Wildwuchs von Dubrovnik stark gewachsen, aber nicht schöner geworden sind.

Cavtat

In den südöstlichen Abschluss des Župski zaljev ragen zwei schmale Halbinseln hinein. Auf der einen oder eigentlich auf dem Isthmus, der sie mit dem Festland verbindet, liegt die alte Stadt **Cavtat,** Nachfolgerin des antiken Epidaurum. Auf der anderen liegt, umgeben von Grün und von ferne praktisch nicht zu erspähen, eines der besten Hotels Kroatiens, das Croatia. Aus den Kriegszerstörungen ist es schöner als zuvor wieder auferstanden. Cavtat wurde erst im 15. Jh. gegründet, als Ragusa das Konavle kaufte, damals lagen die Ruinen von Epidaurum zwischen Feldern und Weiden, wie sie acht Jahrhunderte vorher verlassen worden waren. Die Ragusaner errichteten ein Schmuckstück von Stadt mit Bauten aus dem grau-weißen Stein der Umgebung und ziegelroten Dächern. Kirchen, Kloster entstanden und ein Palast für den Stellvertreter des Rektors der Republik. Als Cavtat im 19. Jh. zum Badeort wurde, gesellten sich zu den Steineichen und Strandkiefern Zypressen, Oleander, Orangenbäume, später Bougainvillea, Pittosporum und die Palmen an der Hafenpromenade.

Der Stadtbummel beginnt an der **Tiha-Bucht,** wo an den langen Badestränden die meisten Hotels stehen. Ein Stückchen Stadtmauer hat sich erhalten. Es schützte die Stadt an der engsten Stelle des Isthmus. Die Meerenge führt hinüber zur **Luka-Bucht,** die zwischen den beiden Halbinseln einen guten Naturhafen bildet. Nebeneinander stehen die beiden wichtigsten Gebäude der Stadt, Pfarrkirche und Rektorenpalast. In der barocken **Pfarrkirche Sveti Nikola** bekrönen naive Putten den Marienaltar. Die vier Bilder auf dem Hauptaltar stammen von Vlaho Bukovac (1855–1922). Der wichtigste kroatische Maler am Beginn der Moderne ist in Cavtat geboren. Der **Rektorenpalast** (Knežev dvor) ist um einige Nummern weniger aufwendig als sein Gegenstück in Dubrovnik. Das 1555–59 errichtete Gebäude wird zum Museum ausgebaut und ist heute bereits Sitz der **Sammlung Baltazar Bogišić.** Der aus Cavtat gebürtige Jurist und Völkerkundler (1834–1908) hinterließ der Stadt u. a. seine große Bibliothek, Manuskripte, einige Arbeiten seines Freundes Vlaho Bukovac, darunter ein Gemälde, das den Karneval in Cavtat darstellt, und Mobiliar des 17. bis 19. Jh.

In der Kirche des **Franziskanerklosters** am Ende der Hafenpromenade sollte man sich den Michaelsaltar des Vičko Dobričević anschauen. Er ist ein Meisterwerk der dalmatinischen Spätgotik im Übergang zur Renaissance. Die Figuren vor dem mittelalterlichen Goldgrund heben sich in plastischer Körperhaftigkeit ab, besonders der in eine goldene Rüstung gehüllte Erzengel.

In den Restaurants am Hafen bekommt man frischen Fisch. Vom Hafenende aus, aber auch durch die Treppengässchen, die von der Promenade abgehen, kann man zur Spitze der begrünten Halbinsel hinaufsteigen und zum **Mausoleum Račić.** Ivan Meštrović (s. S. 97) schuf die Anlage zwischen 1920 und 1923 für die reiche Reederfamilie aus Cavtat. Die Kosten beliefen sich auf die damals astronomische Summe von 200 000 US-$. Das reine Weiß des Kalksteins von der Insel Brač bestimmt den Anblick des Mausoleums, nur das Portal, der Engel auf der Kuppel und eine Glocke mit Motiven der Heilsgeschichte sind aus Bronze gegossen. Zwei Karyatiden flankieren das Portal, ernste, strenge Frauen, wie so oft im Werk Meštrovics. Im Inneren sind die Kalksteinreliefs mit Motiven zur Heilsgeschichte der einzige Schmuck des 13,5 m hohen Zentralraumes (Zbirka Baltazara Bogišića u Cavtatu: Obala Dr. Ante Stačevića bb., Mo–Fr 9–13 Uhr. Den Schlüssel zum Mausoleum Račić gibt es normalerweise bei der örtlichen Touristeninformation, das Mausoleum wird derzeit renoviert).

Das Konavle

Die äußerste Spitze Kroatiens bildet ein immer schmaler werdender, nach Südosten vorstoßender Küstenstreifen: die Halbinsel Konavle. Das fruchtbare Tal wird zur einen Seite von der steilen Felsküste des Meeres,

Dubrovnik

zur anderen von einem Gebirge begrenzt. Jenseits den bis zu 1234 m aufsteigenden kahlen Karstgipfeln befinden sich im Norden Bosnien-Herzegowina, im Osten und Süden die Republik Crna Gora (Montenegro). An den Rändern der ausgedehnten, von Quellen und kleinen Bachläufen fruchtbar gemachten Polje ziehen sich schöne Weinberge und fruchtbare Ackerterrassen hoch hinauf. Aus den Karstquellen und den Bächen fischen die Angler Forellen, unter dem Metalldeckel, der *saža,* wird auf der Glut das Fleisch der Lämmer gegart, die das scheinbar kahle Gebirge beweiden. An hohen Feiertagen tragen die Frauen und Mädchen immer noch die prächtige, Rot, Weiß, Goldgelb und Schwarz kombinierende Tracht. Bei jungen Mädchen wird das Haar mit einem hübschen runden Käppchen (›Pillendöschen‹), bei verheirateten Frauen mit einem gefalteten weißen Tuch bedeckt, das so ausladend ist, dass es an eine Nonnenhaube erinnert. Männer tragen Tracht eigentlich nur noch zu den Folklore-Tanzveranstaltungen im Dorf **Čilipi,** aber anderswo in Kroatien sind Trachten so *out,* dass das Konavle in dieser Hinsicht vorbildlich ist.

Wer eine Rundfahrt durch die kleinen Dörfer um die Polje plant, sollte die **Ljuta-Quelle,** eine Vaucluse-Quelle oberhalb des Konavoski dvori bei Gruda besuchen. Der enorm Wasser führende Karstfluss schafft an dieser Stelle seine eigene Begleitvegetation. In dem beliebten Ausflugslokal an der Quelle bekommt man alle Spezialitäten des Konavle, Forellen aus dem Bach und Gerichte unter der *saža* eingeschlossen.

TZO Župa Dubrovačka: Srebreno, 20207 Mlini, Tel. 020 48 62 54, Fax 020 48 70 03, tz-zupa-dubrovacka@du.htnet.hr. **TZG Cavtat-Konavle:** Tiha 3 zwischen Bushaltestelle und Hafen, 20210 Cavtat, Tel./Fax 020 47 90 25, www.tzcavtat-konavle.hr.

Croatia: Frankopanska 10, Tel. 020 47 55 55, Fax 020 47 82 13, www.hoteli-croatia.hr. Das in den Wald hineingebaute Hotel ist von Cavtat aus kaum auszumachen. Es bietet prachtvolle Ausblicke, besonders zur Meerseite hin. Neobarock eingerichtete Zimmer, internationalem Standard entsprechend. Meerwasserpool innen und außen, 2 x tgl. Hotelboot nach Dubrovnik, umfassende Sport- und Beautyeinrichtungen. Trotz des hohen Preisniveaus ein ausgewogenes Preis-Leistungs-Verhältnis: DZ/FR 144–255, Suite 245–1030 €.

Epidaurus: im Nordosten der Tiha-Bucht (erstes Hotel bei Einfahrt von der Straße aus Dubrovnik), Tel. 020 47 14 44, Fax 020 74 13 36, www.iberostar.com. Ausgedehnter Hotel- und Apartmentkomplex mit eigenem Strand ohne trennende Küstenstraße. DZ/All inclusive ab 75 €.

Konavoski Dvori: Ljuta im Konavle (27 km südöstlich Cavtat), Tel. 020 79 10 39. Fein gedeckte Tische drinnen und draußen am frischen Karstfluss. Die Spezialität ist *mleda jagnjetina i teletina ispod sadža,* junges Lamm und Kalb mit Kartoffeln unter der ›Glocke‹, einem gewölbten Deckel aus Eisen, in der Glut gebacken. Menü ab 25 €. Die meisten Tagesausflüge ab Dubrovnik schließen einen Besuch des Restaurants ein. **Konavoka:** Preradoviševa 5, Cavtat. Kleine Konoba mit Gastgarten im Hof in Nebenstraße beim Fischerhafen, Vorspeisen ca. 6–8 €, Hauptgang mit Beilage 7–12 €. Die **Bäckerei Mišković,** Trumbišev put 2 (am Weg von der Bushaltestelle zur Stadt), bietet ausgezeichnete salzige und süße Burek, Brot und Gebäck mit Sitzmöglichkeiten.

Sonntagvormittag: Im Dorf Čilipi im Konavle kann man einer öffentlichen Aufführung traditioneller Tänze auf dem Platz zwischen Kirche und Rathaus beiwohnen.

Busse: Anbindung nach Dubrovnik mit Linie 10 des dortigen Stadtbusses. **Flughafen:** beim Dorf Čilipi. **Boote:** von und nach Dubrovnik, meist ab Dubrovnik (Altstadthafen) 10 und 12 Uhr, ab Cavtat 11 und 15 Uhr, Tel./Fax 020 32 11 06.

Perfekte Urlaubskulisse: die Riviera von Dubrovnik

Die Küste zwischen Dubrovnik und Ploče gestaltet sich abwechslungs-reich: Alte Villenorte der Ragusaner Adeligen reihen sich an der Riviera von Dubrovnik auf. Das Malo more zwischen Festland und der Halbinsel Pelješac ist bekannt für seine Austernzucht. Ein Stückchen Bosnien-Herzegowina und dann öffnet sich das Neretvadelta mit dem römischen Narona, am Ziel der Fährhafen Ploče.

Die Riviera von Dubrovnik

Reiseatlas: S. 15, D/E 3
Die Riviera von Dubrovnik ist um einige Grade bescheidener als die französische Namens-kusine: keine noblen Hotels, keine Dollarmil-lionäre, keine russischen Großfürsten, keine Filmstars. Aber immerhin Palmen, ein bota-nischer Garten mit wunderschönen subtropi-schen Pflanzen aus aller Welt, einige schicke Jachten, hübsche Hafenorte in tiefen Buch-ten und jede Menge malerischer Küstenland-schaft.

Villa Sorkočević (Lapad) und die Rijeka Dubrovačka

Allerdings besitzt die Riviera von Dubrovnik ein kulturelles Juwel, das die französische nicht kennt: Dutzende Landhäuser von Adelsfamilien aus Ragusa, die in der Renais-sance und im Barock errichtet wurden. Man-che von ihnen große Villen wie die **Villa Sorkočević** noch im Hafenbereich von Gruž, andere bescheidene Landhäuser, die sich kaum von den Wohnhäusern benachbarter Bauern unterscheiden. Diese Kulturland-schaft war im letzten Krieg Zielscheibe ser-bisch-montenegrinischer Angriffe, die Zeu-gen dieser Zerstörungen stehen noch an vie-len Orten.

Die alte Küstenstraße von Dubrovnik nach Split quält sich, nachdem sie den tiefen Ha-fen Gruž passiert hat, um die fjordähnlich

4 km lang ins Gebirge eingeschnittene Bucht der **Rijeka Dubrovačka** herum. Seit dem Jahr 2002 tragen die beiden Riesenpylone eine moderne Brücke, mit der man etwa 9,5 km Straße einspart. Rijeka (Fluss) oder Ombla nennt sich die Meeresbucht nach dem ganz im Talschluss unter Felsen in einer ein-drucksvollen Vaucluse austretenden Karst-fluss, der so stark ist, dass er zumindest den inneren Teil der Bucht überwiegend mit Süß-wasser füllt. Vor dem Ausbau der Küsten-straße in den 60ern des 20. Jh. war die Om-blaquelle ein beliebtes Ziel von Ausflügen. Unzählige Aale belebten das Wasser, sie kommen heute immer noch in die Ombla, um zu laichen, aber es sind weniger geworden. Leider hat die Marina im innersten Teil der Bucht gerade den Abschnitt verschandelt, an dem die Ombla die letzten 100 m als breiter Fluss strömt, bevor sie sich in die Meeres-bucht ergießt. Etwa zwei Dutzend alte Land-sitze reicher Adelsfamilien aus Ragusa um-geben die Bucht, einige von ihnen noch aus der Renaissance. Die Villa direkt neben der Marina in einem parkähnlichen Garten und mit eigenem Kanal, der mit dem offenen Meer verbindet, gehörte wie die Villa in Gruž und eine auf Šipan der Familie Sorkočević.

Zaton

Orangen und Zitronen stehen hinter hohen Steinmauern in der tiefen Bucht von **Zaton**. Viele der Häuser der beiden Orte Mali Zaton und Zaton sind noch von den letzten Kriegshandlungen gezeichnet, Neubauten stehen zwischen Ruinen. Der früher bedeutende Tourismus ist erst langsam wieder im Kommen. Gute Blicke hat man auf dem nächsten Straßenabschnitt über Orašac in Richtung Trsteno, man sieht direkt vor sich die Inseln Koločep, Lopud und Šipan.

Trsteno

Trsteno ist ein besonders liebenswürdiges Örtchen. Viele Fruchtbäume gedeihen zwischen den alten Häusern, auch Wein, und die alten Feld- und Ölbaumterrassen wirken gepflegt. Auf dem Hauptplatz stehen zwei mächtige vielhundertjährige Platanen, bewundertes Ziel von Besuchern seit der Mitte des 19. Jh. Der Name des Dorfes kommt von *trstika,* was Zuckerrohr bedeutet – wahrscheinlich ein Hinweis auf die Rohrzuckerproduktion der Republik Ragusa im Mittelalter. Das Dorf gefiel bereits den stadtmüden Adeligen der Renaissance, von denen sich einer aus der Ragusaner Familie Gozze/Gučtic hier ab 1502 eine Villa errichten ließ. Der heutige in französischem Stil des 18. Jh. (und später) angelegte Garten wurde bereits 1525 begonnen und enthielt bis 1991 eine eindrucksvolle Sammlung subtropischer Pflanzen aus aller Welt, das **Arboretum Trsteno.** Ein serbischer Angriff und das folgende Feuer vernichteten einen Teil der Anlage, die inzwischen wieder hergestellt ist, des Ortes sowie der umliegenden Kiefern- und Flaumeichenwälder, aber nicht die beiden Platanen! (Arboretum: tgl. Mai–Okt. 7–19, im Winter 8–15 Uhr).

Kanal Mali Ston und Malo more

Die Küstenstraße überwindet den schmalen Isthmus zwischen dem Festland und der Halbinsel Pelješac und erreicht an der Straßengabelung mit der N414 nach Orebić (Gelegenheit zum Abstecher nach Ston fürs Austernessen) wieder das Meer am **Kanal Mali Ston,** der sich bis zum **Malo more** erstreckt. Der sehr schmale, sich nach Nordwesten sogar noch weiter verkleinernde Meeresarm wird intensiv durch schwimmende Austern-

Mit dem Autor unterwegs

Die empfehlenswerte Route

Kleine Süddalmatien-Rundfahrt: Auf einer drei- bis viertägigen Rundfahrt kann man die Riviera von Dubrovnik, das Neretvatal mit den Ausgrabungen in Narona, die Halbinsel Pelješac und die Stadt Korčula kennen lernen.

Ein besonderes Erlebnis:

Mit der *trupica* durch das Neretvadelta: Man schaukelt auf schmalen Booten durch das Vogelparadies im Schilfdickicht, nachher gibt's Aal vom Grill.(s. S. 386).

zuchtanlagen genutzt. 12 km weiter folgt die Grenze mit Bosnien-Herzegowina.

i Zaton und Orašac haben kleine Infobüros, die aber nur im Hochsommer geöffnet sind. Man wendet sich besser an die Touristeninformation für Dubrovnik und Umgebung: **TZG Dubrovnik:** Cvijete Zuzorić 1/2, 20000 Dubrovnik, Tel. 020 32 38 87, Fax 020 32 37 25, www.tzdubrovnik.hr.

In Slano (zwischen Trsteno und Ston): **Osmine:** Put od Osmina bb., 20232 Slano, Tel. 020 87 21 00, Fax 020 87 11 86, www.hotel-osmine.hr. Das frühere FKK-Hotel an der schönen Bucht wurde restauriert und aufgemöbelt. Es fungiert jetzt als All-inclusive-Hotel. DZ/all inclusive 90–165 €.
In Zaton Mali:
Autocamp Polje: 20235 Zaton Mali, Tel. 020 89 12 99, Mai–Sept. Großer Campingplatz, vom 15 km entfernten Dubrovnik aus der nächste offizielle; kleinere Plätze, die nur Juli/Aug. geöffnet sind, in Richtung Cavtat.

Busse: Die Orte der Riviera von Dubrovnik liegen alle an der Linie zwischen Dubrovnik und Split. Alle Busse setzen ab, jedoch nehmen nicht alle auf – am Spätnachmittag längere Wartezeiten möglich! Die im Bau befindliche **Autobahn** wird die Situation auf der Küstenstraße sicher verbessern.

Von Dubrovnik zur Neretva

Die bosnische Enklave Neum und das Neretvadelta

Reiseatlas: S. 15/16, C/D 2

Wer von Dubrovnik nach Split fährt, muss durch ein fremdes Territorium, denn der Küstenort Neum gehört zu Bosnien-Herzegowina. Da die Region Neum unter bosnisch-kroatischer Herrschaft steht, gibt es keine Probleme. Im unteren Neretvatal, einer breiten Flusslandschaft mit den Ausgrabungen des römischen Narona, ist man dann wieder in Kroatien.

Im Wahljahr 2007 wurde ein schon vor Jahren diskutiertes Vorhaben wieder aufgegriffen: eine Brücke über den Kanal Mali Ston zwischen Klek und der Halbinsel Pelješac. Das ehrgeizige Projekt – mindestens 3 km Brücke mit nur einem Pfeiler auf festem Land, Meerestiefe bis 28 m – würde die Region Dubrovnik mit dem Rest des Landes auf kroatischem Territorium verbinden. Keine Grenzformalitäten mehr, auch wenn sie nur kursorisch sind. Man wird sehen, ob die nötigen finanziellen Mittel für den Bau vorhanden sind.

Die bosnische Enklave Neum

Nach 12 km Küstenstraße entlang dem Kanal Mali Ston verlässt man Kroatien und durchquert auf 9 km Straße den schmalen Meereszugang von **Bosnien-Herzegowina** mit dem einzigen Ort **Neum.** Das Dayton-Abkommen von 1995 hat den Status quo festgeschrieben. Der schmale Streifen wird von kroatischen Bosniern gehalten. Es gibt im Prinzip Passkontrollen durch die bosnische Polizei, also unbedingt Personalausweis oder Reisepass mitnehmen! Die überbordende Siedlung in und um Neum, viele neue Geschäfte, die meisten als ›Diskont‹ bezeichnet, Bars, Restaurants, Wochenendhäuser und Apartmentblocks zeigen ganz deutlich, dass die Situation von Neum auch ihre Vorteile hat. Hotels, Villen und Apartmentblöcke entstanden bereits ab den 60er-Jahren des 20. Jh., als die bosnische Politprominenz anfing, sich hier Sommersitze errichten zu lassen.

Klek

Beim Ort **Klek,** am Ausgang eines steilen felsigen Karsttales gelegen, mit einem großen Sandstrand und ziemlich hässlichen Neubauten, erreicht man wieder Kroatien. Als Grenzfestung der Venezianer gegen die Türken (die mit ihren bosnischen Vasallen Neum in der Hand hatten) hatte der Ort früher große Bedeutung.

Das Tal und Delta der Neretva

Die Neretva ist ein wasserreicher Fluss aus dem bosnischen Landesinneren, die nach dem langen Lauf aus den über 2000 m hohen Bergen der Zelena Gora über Mostar und Metković das Küstengebirge durchbricht und ein breites Delta bildet. Die eigenwillige Landschaft, die der Fluss in seinem Unterlauf geformt hat, gehört zu den interessantesten der Adriaküste. Geologen interpretieren die lang gezogenen parallelen Täler als Karstpoljen, die nach der letzten Eiszeit vom Meer überflutet und teilweise aufgeschottert wurden. Daraufhin staute sich der Fluss in seinem Unterlauf zurück. Es entstanden rasch versumpfende Seen, der Fluss mäandrierte und teilte sich in seinen eigenen Schottermassen in einzelne Arme auf, das Delta entstand.

Das früher sumpfige Tal ist in der Art niederländischer Landschaften gepoldert. Felder und Fruchtpflanzungen von Pfirsich, Ölbaum, Mandarine und Orange stehen auf langen schmalen, von Wasser umgebenen Parzellen. Die Menschen fahren in Nachen zur Arbeit, an der Straße stehen Obststände, in denen sie ihre Produkte verkaufen.

Trotz der Malariagefahr war die Neretvamündung als Beginn des Handelsweges ins Binnenland so wichtig, dass sich hier eigentlich immer ein Handelsort befand. Heute ist es die Industrie- und Militärstadt Ploče, die diese Funktion übernimmt. Die Stadt Narona spielte diese Rolle in römischer Zeit. In der Zwischenzeit machten vor allem die Narentaner oder Neretva-Piraten von sich reden: ein Stamm der Kroaten, der seit seiner Ankunft an der Küste im 7. Jh. bis zu seiner Befriedung im 11. Jh. nicht nur von Ackerbau, Viehzucht und Fischerei, sondern vornehm-

Eigenwillige Landschaft: das Neretvadelta

lich von der Piraterie lebte. An der Mündung des kleinen Norino-Flüsschens in die Neretva beim heutigen Örtchen Kula Norinska bauten sie jenseits des Flusses einen Wehrturm, der sich bis heute recht gut erhalten hat.

Narona (Vid)

Narona liegt zum Teil noch unter dem heutigen Dörfchen **Vid,** das man von der Grenzstadt Metković per Taxi (am Busbahnhof) oder mit dem privaten Pkw erreicht. Der Norino, den man am Ortseingang quert, war in der Antike der Hauptarm der Neretva. Heute

kann man auf dem ruhigen Wasser mit einer *trupica* ins Schilfdickicht schaukeln (Anlegestellen unterhalb der Brücke).

Ganz neu (2007) ist das **Archäologische Museum** des Ortes, das über der bedeutendsten Fundstelle Naronas errichtet wurde, dem Forumtempel. Wie durch ein Wunder waren die 16 Statuen der kaiserlichen Familie von Augustus bis Vespasian, die dort lagen und 1997 ausgegraben wurden, fast unbeschädigt. Nach einer Tour durch das Archäologische Museum Split sowie Museen in Barcelona, Oxford (Ashmolean), Rom (Vati-

Richtig Reisen-Tipp: Durch das Neretvadelta

Im Delta der Neretva ist das Boot, die eher behäbige, flachbodige *trupa* oder *trupica*, das übliche Verkehrsmittel. Mit einer *trupica* kann man den nicht kultivierten Teil des Neretvadeltas und der Feuchtzonen bei Vid, Metković und Opuzen mit einigen Süßwasserseen erkunden. Das Feuchtgebiet ist besonders im Frühjahr und Herbst, wenn Zehntausende von Zugvögeln einfallen, ein Vogelparadies, übrigens zwischen Opuzen und der Küste durch das RAMSAR-Protokoll geschützt.

Die Restaurants entlang des Flusses und seiner Nebenarme organisieren Touren. Die dabei verwendeten Boote haben einen Sonnenschutz und sind speziell für diese Touren gebaut – die Original-*trupica* fasst nur eine einzige Person und ist eher riskant zu manövrieren.

kanische Museen) und Zagreb kam dieses international bedeutsame Ensemble römischer Porträtkunst zurück nach Vid, wo es in der vermutlich ursprünglichen Position im Tempel aufgestellt wurde. Zusammen mit weiteren rund 800 Fundstücken ist das Museum das wohl bedeutendste Kroatiens zur Antike.

Im oberen Ortsteil ist ein Gutteil der römischen Stadtmauer samt Bastionen und einem Tor erhalten. Ein Bürger des Ortes sammelte Gelegenheitsfunde aus den Feldern, Inschriftensteine, Skulpturen, Grabsteine, und baute daraus ein Haus. Dieses Evešova Kula genannte Haus ist ein Unikum und gleichzeitig eine archäologische Rarität. Der ausgegrabene Bereich von Narona ist nicht umfriedet und jederzeit frei zugänglich. (Öffnungszeiten: Archäologisches Museum Narona, 20352 Vid, Tel. 020 69 15 96, www.a-m-narona.hr, Di–Fr, Sa 9–20, So 9–13 Uhr.)

Ploče

Der Fährort Ploče ist keine besonders sehenswerte Stadt, aber er hat große wirtschaftliche Bedeutung: Hier endet die aus Bosnien-Herzegowina kommende Bahnlinie, die für Frachten, vor allem Rohstoffe wie Erze, verwendet wird. Die Nutzung des kroatischen Stückes ist durch einen Staatsvertrag zwischen den beiden Staaten geregelt. Fährhafen und Frachthafen sind das eigentliche Herz der Stadt.

TZ Dubrovačko-neretvanska: Cvijete Zuzorić 1/1, 20000 Dubrovnik, Tel. 020 32 49 99, Fax 020 32 42 24, www.visitdubrovnik.hr.
TZ Grada Metkovića: Petra Krešimira IV 58, Tel. 020 68 18 99, www.metkovic.hr. Zuständig für Metković und Vid/Narona.

Zwischen Metković und Opuzen:
Villa Neretva: P. P. 84, in Krvavac, Tel. 020 67 22 00, Fax 020 67 11 99, www.restaurant-villa-neretva.hr. In einer Gegend mit schwacher touristischer Infrastruktur ist ein gutes Hotel mit Restaurant am Fluss wie das Villa Neretva ein Segen. Bootsfahrten durch das Delta ab dem Restaurant, auch Exkursionen in die Clementinenpflanzungen mit der Möglichkeit, selbst zu pflücken, werden organisiert! Die Zimmer sind klein, aber geschickt genutzt, das **Restaurant Neretvanska kuča** verbindet Traditionelles mit regionaler Küche (Süßwasserfisch). Zimmer mit Sat-TV und Klimaanlage- DZ/FR 30–50 €, ein ›Luxuszimmer‹ 60 €.

In Vid:
Konoba Vid: in Vid hinter der Brücke links, in einem der hinteren Häuser. Hier kommt selbstgebackenes Brot, lokaler Rohschinken und Weißkäse auf den Tisch; gelegentlich gibt es auch Lamm am Spieß, Wein aus eigenem Anbau. Deftige Brotzeit mit Wein ab 5 €.

Busse: Die Linien Ploče–Metković–Mostar sowie die Linie Ploče–Neum-Dubrovnik werden häufig befahren.
Taxi: von Metković nach Vid (Narona) nur Taxi; Taxistand am Busbahnhof.
Fähre: von Ploče bis zu 7 x tgl. nach Trpanj auf der Halbinsel Pelješac.

Die Inselgruppe der Elaphiten und die Halbinsel Pelješac liegen vor der kroatischen Festlandsküste wie gewaltige Wellenbrecher. Die drei bewohnten Inseln der Elaphiten kann man gut vom nahen Dubrovnik aus erkunden, die Halbinsel Pelješac mit ihren berühmten Weinanbaugebieten dagegen besser auf einer Rundfahrt durch Süddalmatien.

Die Elaphiten/Elafiti

Reiseatlas: S. 16, D/E 3

Die kleinen Hirschinseln (griechisch *elaphos* = Hirsch) vor der Tür von Dubrovnik wirken vom Schiff aus kaum besiedelt. Macchie und Kiefernwald überziehen sie und besonders ihre westlichen Küsten bestehen aus steilen Kalkkliffs. An den Brüchen, Hebungen und Senkungen in den flach gelagerten Kalken an der Westküste von Šipan kann man die starken tektonischen Bewegungen des Untergrundes ablesen. Im nächsten Augenblick tuckert das Schiff um eine einsame Landzunge. Ein kleiner Ort in einer geschützten Bucht rückt ins Blickfeld. Das Schiff biegt flott in den Hafen ein und Minuten später steht man am Kai eines Dorfes mit Kirche, Klosterruine, Kapellen, Ruinen einer Renaissancevilla, Palmenpromenade, Restaurants …

Die drei Hauptinseln (ab Dubrovnik) Koločep, Lopud und Šipan, die kleineren Inseln Jakljan und Olipa und die vielen weiteren Eilande und Riffe, z. B. das weit draußen gelegene, nur 5 ha große Sveti Andrija mit seinem verlassenen Benediktinerkloster, gehören zu Dubrovnik, seit es das Staatswesen der Ragusaner gibt, sprich seit dem Frühmittelalter. Sie sind so sehr Teil des historischen Ragusa/Dubrovnik wie der Rektorenpalast oder der Roland auf dem Luža-Platz.

Gute Zeiten, schlechte Zeiten, Türkengefahr oder Handelsüberschüsse – die Elaphiten waren davon betroffen. Im frühen 16. Jh. machten die Inseln den letzten großen Wirt-

schaftsboom von Ragusa mit und bekamen etwa ein Dutzend Landhäuser, 1571 wurden dieselben Inseln geplündert, die Bewohner zum Großteil in Gefangenschaft geführt. In guten Tourismuszeiten wurde auf den Inseln mit dem Bau von Hotels begonnen, aber in der Phase der Belagerung von Dubrovnik waren sie vor allem Nachschubbasis für die nächtliche Versorgung der Stadt unter dem Beschuss der serbischen Angreifer.

Koločep

Die Insel **Koločep** hat zwar nur knappe 2,35 km^2 Oberfläche, aber dafür zwei Dörfer: eines im Süden, das andere im Norden. Das Schiff landet in Donje Čelo im Norden an, die wenigen Häuser an der felsigen Nordseite der Bucht ducken sich neben dem Hotelkomplex am sandigen Südufer. Wie auf den Inseln in der Bucht von Šibenik spezialisierten sich die Männer von Koločep seit dem 14. Jh. auf die Korallenernte. Das war jahrhundertelang rund um die Insel Sveti Andrija der Fall, später mussten die Leute aus Koločep ins Ausland ausweichen, z. B. nach Malta.

Lopud

Lopud hat nur einen einzigen Ort, der denselben Namen wie die ganze Insel trägt. Wenn man von Dubrovnik aus den Hafen ansteuert, wird man zuerst von der über die Küstenfelsen gebauten Kapelle der hl. Dreifaltigkeit begrüßt. Im Hafen legt das Schiff unter den Mauern des alten Franziskanerklosters an. Das Kloster von 1483 ist längst aufgelassen, der Kreuzgang eine Halbruine, aber die Kirche ist als Maria von Špilice zu Pfarr-kirchenehren aufgestiegen und wegen ihrer Gemälde sehenswert: eine Muttergottes mit Heiligen von Pietro di Giovanni von 1523, vor allem aber eine Maria mit Kind, Johannes dem Täufer und dem hl. Georg von Nikola Božidarević von 1513. Der ehemalige Land-sitz der Familie Đorđić liegt mittlerweile in Ruinen. Der heute öffentliche Park enthält ei-nige Palmenarten und diverse exotische Bü-sche und Bäume. Auch der Rektorenpalast am Ortsrand, in dem über Jahrhunderte der Verwalter der Insel residierte, ist Ruine, aber der erste Stock mit seinen schönen spätgo-tischen Fenstern hat sich gut erhalten. Der Sandstrand Šunj im Süden der Insel unter-halb der einsam gelegenen Kirche Sv. Gospa od Šunja, der ehemaligen Pfarrkirche, gilt als einer der schönsten in ganz Dalmatien.

Die alten Maultierpfade der Insel wurden in den letzten Jahren mit einem vorbildlichen, dichten Markierungsnetz für **Wanderwege** mit vielen Hinweisschildern überzogen. Die Arbeiten gehen noch weiter (zuletzt wurden im Bereich des Turmes, der sich oberhalb des Ortes Lopud befindet, Wege gerodet, die von dort eine Verbindung zum Weg in Richtung Südküste ermöglichen).

Šipan

Auf **Šipan** gibt es zwei Orte: Suđurađ und Ši-panska Luka. Ein wenig befahrenes Sträß-chen und alte Wege verbinden sie. Suđurađ liegt am Ende einer schmalen Bucht, die sich als Tälchen etwas ins Inselinnere hinein fort-setzt. Schon vom Hafen aus erkennt man zwei spätmittelalterlich wirkende, tatsächlich aus der frühen Neuzeit stammende Türme (1569 und 1577), die nachträglich an die Villenanla-gen von Vater und Sohn der Familie Skočibuha (von 1522 und 1563) angebaut wurden. Die beiden Villen sind heute noch mehrstöckige, unregelmäßige Anlagen mit an-schließendem Garten, aber anscheinend hat sich schon lange niemand mehr um sie ge-kümmert. Ganz nahe dem Hafen steht die Loggia nach venezianischem Vorbild. Sie lehnt sich an ein frühromanisches Kirchlein an.

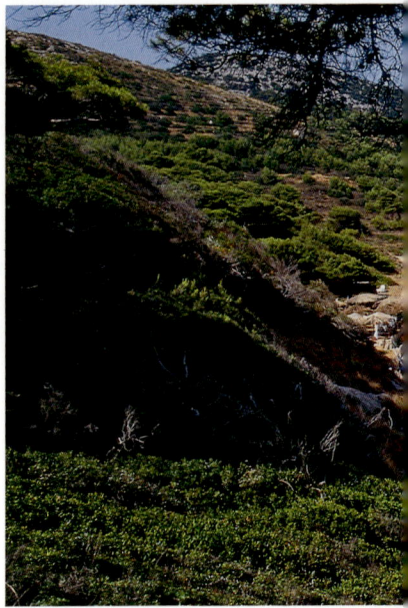

In der langen Polje zwischen den beiden Orten stehen nur wenige Bauten, darunter der Landsitz Biskupovo des Erzbischofs von Ragusa, eine durchaus bescheidene Angele-genheit, die sich von anderen Häusern äu-ßerlich fast nur dadurch unterscheidet, dass eine kleine Allee zum Eingang hinführt. Die Weiler nordöstlich der Straße sind fast alle verfallen. Nur ein paar Häuser stehen noch, ein paar Zisternen sind noch funktionsfähig, ein paar Ölbaumgärten werden noch ge-pflegt, vorausgesetzt es führt eine Traktoren-piste hin. Sonst ist Macchie gewachsen, wo sich 2000 Jahre lang Kulturland befand. Die Ausnahme ist die aus Kirche, früherem Pfarr-haus, frühromanischer Kapelle und Wach-turm von 1569 bestehende Siedlung Pakljena, ein ehemaliges Kloster.

Šipanska Luka im Norden der Insel ist die zweite Anlegestelle der vom Hafen Gruž aus die Elaphiten versorgenden Schiffe – zumin-dest außerhalb der Touristensaison werden wesentlich mehr Waren auf die Inseln trans-

Die kleinen Hirschinseln vor Dubrovnik sind beliebte Ausflugsziele

portiert als Menschen. Auch hier waren schon während der Renaissance Sommerfrischler anwesend, wie die Familie Sorkočević, deren Landsitz ›Giardini‹ nur einer von mehreren ist, die die Familie besaß (u. a. auch in Gruž und an der Rijeka Dubrovačka). Vom spätgotischen Rektorenpalast sieht man auf den Ort hinunter und auf die Bucht, im Hintergrund erheben sich mächtig die Berge der Halbinsel Pelješac.

i Alle Informationen in der **TZG Dubrovnik:** Cvijete Zuzorić 1/2, 20000 Dubrovnik, Tel. 020 32 38 87, Fax 020 32 37 25, www.tzdubrovnik.hr. Im Sommer Infokiosk im Steinhäuschen am Hafen in Lopud.

Auf Lopud:
Lafodia: Obala I. Kuljevana 51, 20222 Lopud, Tel. 020 75 90 22, Fax 020 75 90 26, www.lafodia.hr. Große Anlage direkt am Strand mit eigenem Hafen, Mai–Okt. DZ/FR 85–150 €.

Fähre: nach Dubrovnik; Mo–Sa nach/von Koločep 3 x, Lopoud 4 x, Suđurađ 4 x und Luka Šipanska 2 x, So nur je 2 x.

Die Halbinsel Pelješac

Reiseatlas: S. 15/16, B–D 2/3
Die 85 Straßenkilometer lange und maximal 7,5 km breite Halbinsel Pelješac ist landschaftlich sehr abwechslungsreich. Trockene Hänge tragen Wein, wilde Felsküste markiert das südliche Zagorje, im Norden erreicht der Gipfel Sv. Ilija eine Höhe von 960 m. Mit der Alt-Ragusaner Festung Ston und dem Kapitänsvillenort Orebić am anderen Ende der Halbinsel ist auch das kulturelle Spektrum sehr breit gefächert.

Ston

Die Halbinsel Pelješac hängt nur an einem schmalen Isthmus mit dem Festland zusammen. Wer diesen Isthmus zwischen **Mali**

Die Elaphiten und die Halbinsel Pelješac

Ston und **(Veliki) Ston** beherrschte, beherrschte auch die althergebrachten Küstenschifffahrtslinien, wenn nicht sogar die ganze Küste. Den Ragusanern war klar, dass sie diese Nahtstelle für den Zugang zu ihrem Territorium an sich reißen mussten. Nachdem sie das Gebiet gekauft hatten, konnten sie es sich leisten, die ganze Halbinsel Pelješac zuerst zu besetzen (1326) und sie sich dann ›schenken‹ zu lassen, also für das okkupierte Territorium gegen Bezahlung einen Rechtstitel in Form einer Schenkungsurkunde zu erhalten (1335 von bosnischen Fürsten).

In den folgenden Jahren entstand eines der architektonischen Wunder der Adria und insgesamt der mittelalterlichen Festungsarchitektur: eine Doppelfestung um den Ort Veliki Ston an der Südseite und eine zweite um Mali Ston an der Nordseite des Isthmus, verbunden mit einer 5,5 km langen Mauer mit 41 Wehrtürmen und sieben integrierten Bastionen. Dieses Bauwerk, an dem sämtliche damals wichtigen Architekten an der Adria von Juraj Dalmatinac bis Michelozzo Michelozzi beschäftigt waren, wurde gegen Ende des 15. Jh. fertig gestellt und ist heute trotz seines Alters und der Erdbeben, die diese Region immer wieder erschüttern, noch in erstaunlich guter Verfassung.

Das schlimmste dieser Erdbeben zerstörte im September 1996 vor allem Gebäude in den beiden Städten, die von Ragusa in den Verteidigungskordon integriert wurden. Im kleineren Mali Ston und in Veliki Ston wird wieder aufgebaut, aber es wird noch lange dauern, bis der alte Zustand vor dem Erdbeben wieder hergestellt ist.

Während Mali Ston sein Geld mit den Austern- und Schalentierkulturen macht, die im Malo more in schwimmenden Zuchtstationen gehalten werden, machte Veliki Ston schon seit Jahrhunderten Geld mit der Salzgewinnung. Heute noch ist die flache Bucht vor dem Ort von Salztrockenpfannen ausgefüllt. Man braucht nur die Straße zu überqueren und steht vor ihnen. Vom Rundturm an der höchsten Stelle der Stadtbefestigung von Veliki Ston hat man einen guten Blick auf diese Salzgewinnung. Und man erkennt, dass Salz in diesem Zustand nicht etwa weiß, sondern in Rottönen gefärbt ist.

Weinland: Trstenik und Potomje

Auf Pelješac wird in harter Arbeit an steilen Hängen einer der besten Weine des Landes aus der Plavac-Traube erzeugt: der Dingač. Besonders intensiv ist der Weinbau und besonders klein sind die Terrassen über der Bucht von **Trstenik.** Dort ist der Boden ganz fein, fast sandig und wird völlig vegetationslos gehalten, während weiter im Süden der Halbinsel erdige Böden genutzt werden, Gras zugelassen wird, aber eben die Qualitäten auch nicht so hoch sind. Lockere Macchie, wenige Kiefern und Steineichen überziehen die verkarstete Berglandschaft zu beiden Seiten der Polje von **Potomje,** die sich im Vorfrühling in einen rotlila Teppich aus Sternanemonen verwandelt.

Trpanj

Es lohnt sich, dem Fährort **Trpanj** an der Nordostseite einen Besuch abzustatten, auch wenn man nicht nach Ploče hinüberfahren will, denn der Weg hinunter führt durch ein enges Tal, das sich an einer Stelle zu einer noch engeren Schlucht zusammenzieht.

Orebić

An der Westseite der Insel, Korčula vor Augen, liegen die Badeorte Orebić, Kućiste und Viganj. Eine dichte Vegetation bildet die Kulisse für die Feinkiesstrände. Auffällig sind die gut erhaltenen Steinhäuser des späten 18. und frühen 19. Jh., die besonders in **Orebić** die erste Hausreihe am Strand zieren. Es sind die Häuser von Kapitänen der hier bis in die Mitte des 19. Jh. ansässigen Reedereien, die, bevor ihnen in Gruž stationierte Reeder das Heft aus der Hand rissen, einen starken Anteil am Schifffahrtswesen der Republik Ragusa hatten. Das kleine Museum direkt am Hafen erzählt die Geschichte des Ortes und lässt uns von vergangenen Seglerzeiten träumen.

TZ Orebić: Trg Mimbelli 13 (am Fähranleger), 20250 Orebić, Tel. 020 71 37 18, Fax 020 71 31 93, http://tz-orebic.com.

Richtig Reisen-Tipp:
Plavac mali und Dingač – Weinprobe in Trstenik

Mit Kroatiens autochthoner roter Rebsorte Plavac mali produzieren Dalmatiens Weinbauern hervorragende Rotweine, deren höchste Qualitäten in einem ganz bestimmten Gebiet der Halbinsel Pelješac erzielt werden, der **Dingač-Region**. Der ausgesprochen alkoholreiche Wein hat im Schnitt 13–14, in manchen Jahren sogar 15,5 Vol.-%, was ihn aber, ähnlich dem Châteauneuf-du-Pape und anderen hervorragenden Côtes-du-Rhône-Weinen keineswegs schwer erscheinen lässt.

Die Farbe ist tief dunkelrot, im schrägen Licht rubinfarben, das charakteristische, kaum zu beschreibende Bouquet des Plavac mali tritt besonders deutlich hervor. Der erste Wein geschützter Herkunftsbezeichnung in Kroatien (seit 1961) wächst in seinen besten Lagen in den kleinen Parzellen der sonnendurchglühten zentralen Polje um Potomje

und auf den schmalen Weinterrassen der Bucht von Trstenik und Žuljana, wo er auf feinsandigem Untergrund in Südausrichtung sehr viel Sonnenwärme empfängt.

Zu den besten Dingač-Produzenten gehören Skaramuča, Miličić und Matuško, die Preise beginnen bei etwa 10 €. Beste Rotweine aus der Sorte Plavac mali produziert außerhalb der Dingač-Region die nördliche Halbinsel Pelješac zwischen Orebić und Donja banda. Aus dem Produktionszentrum um das Dorf Postup kommt z. B. der gleichnamige Postup-Wein. Aber auch anderswo produziert man guten Wein aus dieser Rebsorte, z. B. im Weingut Zlatan Plenković auf Hvar. Auch die schwersten und körperreichsten Kreszenzen werden eher kühl serviert, um die 18 °C. Plavac mali mit geringerem Alkoholgehalt kann auch gut gekühlt getrunken werden, z. B. zu frittiertem Fisch.

 In Ston:
Ostrea: Ante Starčevića 9, Mali Ston, Tel. 020 75 45 55, Fax 020 75 45 75, www.ostrea.hr. Im konturlosen Natursteinbau am Wasser verbirgt sich ein Familienhotel mit wenigen, individuell ausgestatteten Zimmern. DZ/FR 116–136 € je nach Kategorie.

In Orebić:
Orsan: Josipa Bana Jelačića 107, Tel. 020 71 30 26, Fax 020 71 32 67, www.orebic-htp.hr. All-inclusive-Hotel am Strand nördlich des Ortes, Mitte Mai–Mitte Okt. Beliebt bei Windsurfern wegen eigener Windsurfschule.

Autocamp Dalmata: südlich, Tel. 091 58 36 62, Fax 020 71 10 65, www.korcula.net., Juni–Sept. Saubere Anlage am Ortsrand mit Schattenplätzen und modernen Gemeinschaftsanlagen, strandnah.

Autocamp Trstenica: in der Trstenica-Bucht, 5 km südöstlich von Orebić, Tel. 020 71 33 48.

 In Ston:
Kapetanova Kuča: Mali Ston, Tel. 020

75 45 55. Restaurant des Hotels Ostrea hinter dem runden Hafenturm, auf Austern und Meeresfrüchte spezialisiert, der Schwarze Risotto mit Tintenfisch, kleinen Calamari sowie Miesmuscheln ist besonders empfehlenswert.

 Wassersport: vor allem **Windsurfen** im windsicheren Pelješki kanal. Die **Kiesstrände** zwischen Orebić und Smokvica sind wegen des küstennahen Verlaufs der Inselhauptstraße besonders leicht zu erreichen.

Busse: über die Hauptstraße der Halbinsel nach Dubrovnik und Zagreb.

Fähren: von Orebić nach Korčula und von Trpanj im Nordosten der Halbinsel nach Ploče im Neretvadelta an der Adria-Küstenstraße. Eine neue Fähre verbindet mehrmals täglich Prapratno auf der Halbinsel Pelješac mit Sobra auf der Insel Mljet (Busse zwischen Dubrovnik und Orebić halten etwas oberhalb an der Durchgangsstraße).

Die Insel Korčula

Die Insel Korčula, lang gestreckt mit Wespentaille, ist dünn besiedelt. Macchie überzieht das stark gewellte Relief. Nur am West- und Ostende liegen größere Orte, Vela Luka und das ganz venezianisch ausstaffierte Korčula. Einzig ein paar Hotels in diesen beiden Hauptorten ›stören‹ den touristischen Dornröschenschlaf der Insel.

Reiseatlas: S. 15, A/B 2

Die Insel Korčula war früher noch stärker bewaldet, worauf ihr griechischer Name *Korkyra* und der lateinische *Corcyra nigra* anspielen. Aber auch heute überziehen immer noch große Kiefern- und Steineichenwälder die Insel, in die typische, mediterrane Bäume eingestreut sind wie Lorbeer, wilder Ölbaum und Steinlinde. Zahlreiche Buchten sind noch unerschlossen, sowohl an der relativ sanften als auch an der streckenweise steil ins Meer stürzenden, abweisenden Südküste. Eine 48 km lange Straße durchzieht die Insel in ihrer ganzen Länge zwischen Korčula-Stadt und Vela Luka über die Orte Smokvica und Blato im Inneren. In der Vergangenheit brachten die Steinbrüche Arbeitsplätze, dieser Erwerb ist heute fast völlig aufgegeben worden. Geblieben sind Landwirtschaft und Fischerei, der Weinbau, dem der trockene weiße Grk, der rote, in manchen Lagen üppig-feurige Plavac, der Pošip und Postup zu verdanken sind, und ein mittlerweile etablierter Tourismus. Besonders im Westen um Vela Luka und in Korčula sowie Lumbarda im Osten werden die Quartiere sommers knapp.

In Lumbarda gründeten Griechen vor 2350 Jahren eine Siedlung, die dorischen Siedler stellten später eine Stele mit den Stadtrechten auf, die sich heute im Archäologischen Museum in Zagreb befindet. Lumbarda ist nur ein Dorf, bekannt wegen seiner schönen Sandstrände, von der griechischen Siedlung findet sich nichts mehr. Das nahe Korčula entstand wenig später und übernahm allmählich die Bedeutung von Lumbarda. Als venezianische Stadt lebte der Ort vom Mittelalter an bis zum Ende der Republik Venedig. Vela Luka, auf der anderen Seite der Insel, wurde erst in österreichischer Zeit gegründet, als Industrieort und Ausfuhrhafen. Besichtigenswerte Bauten hat eigentlich nur die venezianische Zeit hinterlassen, sie stehen praktisch alle in der Stadt Korčula. Wer einen Urlaub auf der Insel verbringt, wird nicht abgelenkt vom Urlaubsdreigestirn Sonne, Sand und Meer. Es geschieht wenig auf Korčula, in den Dörfern trifft man vor allem alte Menschen. Selbst die wunderschönsten Buchten sind an der Nord- und Südküste in den meisten Fällen nicht erschlossen, die dorthin führenden ›Fahrwege‹ – wenn es sie gibt – sind nur Allradfahrzeugen zuzumuten.

15 Korčula-Stadt

Cityplan: s. rechts

Am schönsten ist der erste Anblick der Stadt Korčula, wenn man von Dubrovnik auf der Fähre nach Rijeka anlandet. Dann schmiegt sich die vom Hellgrau und Weiß der Hauswände geprägte Stadt auf den Schildkrötenrücken ihrer Halbinsel und das dichte Grün bildet den Hintergrund.

Die Fähre aus Dubrovnik kommt meist zur Mittagszeit an, dann ist die Stadt wie ausgestorben. Nicht einmal Katzen sind zu sehen.

Korčula: Cityplan

1	Landtor
2	Kapelle Maria Schnee
3	Rathaus
4	Sveti Mihovil
5	Kathedrale Sveti Marko
6	Bischofspalast
7	Arneripalast
8	Palais Gabriellis
9	Haus des Marko Polo
10	Svi Svetih
11	Ikonenmuseum

Übernachten

1	Korčula
2	Bon Repos
3	Liburnia
4	Hajduk
5	Camping Kalac

Essen und Trinken

6	Adio Mare
7	Maslina
8	Hajduk

Erst am Spätnachmittag öffnen sich die Fensterläden, die Türen der Metzger und Bäcker, die Kirchenportale. Und erst der Abend bringt das wirkliche Leben, die Gespräche von Fenster zu Fenster über die Straße hinweg, den ›Korzo‹ der Jugendlichen die Riva rauf und runter, die laute Popmusik aus den Lokalen. Die meisten Bars, Konobe und Läden findet man heute in der Vorstadt, wo sie angrenzend an den Stadtgraben einen regel-

rechten Vergnügungsgürtel bilden. Auch der Grünmarkt wird dort abgehalten, am Schnittpunkt aller Verbindungslinien zwischen Alt- und Vorstadt, direkt am Landtor. Die Stadt Korčula konnte von den Venezianern erst 1420 erobert werden. Vorher waren der Serenissima immer wieder die kroatisch-ungarischen Könige, Piraten und die Republik Ragusa in die Quere gekommen. Die Befestigung des Bischofssitzes war eine der ersten

In mehreren Ortschaften der Insel Korčula gibt es die Tradition der Säbeltänze. Ihr Prinzip ist ähnlich: Zwei Gruppen von Tänzern kämpfen in seiner Serie von Tanzfiguren mit Säbeln gegeneinander, die eine ist die gute Seite, also wir, die Inselbevölkerung, die andere ist die böse Seite, die Sarazenen, Mauren, Türken, oder wen immer man als böse sehen will. Das Böse verliert, das Gute gewinnt. Die Tradition ist wesentlich älter als die Kostümierung, die an barocke Jesuitenspiele erinnert, und auch älter als die etwa in der Moreška der Stadt Korčula heraufbeschworene Zeit der ersten Türkenbedrohung im 15. Jahrhundert.

Zum Fest des Stadtpatrons, des hl. Theodor, wird in **Korčula-Stadt** die **Moreška** aufgeführt (Moresca, Mohren- oder Maurentanz). Dabei stehen sich eine rot gekleidete, die so genannten Weißen, und eine schwarz gekleidete Gruppe, die so genannten Schwarzen, gegenüber. Die Weißen des Königs Bili sind die Christen und gut, die Schwarzen des Königs (oder Prinzen) Moro sind böse. Moro hat Bili dessen Verlobte Bula weggenommen, in sieben überlieferten Tanzfiguren

wird die Säbelschlacht ausgefochten, die, unterbrochen vom Appell der Bula, Frieden zu schließen, mit dem Sieg der Guten und der Rückgabe der Bula endet. Trommeln untermalen die einzelnen Akte dieses Dramas.

In **Blato** besteht die dortige **Kumpanija** (Compania) aus 18 Figuren. Sie wird am Tag des Stadtpatrons Vincent, dem 28. April, aufgeführt. In diesem Fall werden reichlich Fahnen geschwenkt und so hübsche wie traditionell gekleidete Mädchen winken als Siegerpreis der Guten.

Die Orte **Žrnovo** und **Postrana** veranstalten zum Tag des hl. Rochus, dem 16. August, ihre **Moštra,** wobei in der Musikbegleitung besonders der Dudelsack auffällt. Der frühere Abschluss des Säbeltanzes, das rituelle Abhauen eines Stierkopfes, wird heute nicht mehr praktiziert.

Die Säbeltänze, insbesondere die Moreška, werden heute für Touristen auch zu anderen Zeiten und an anderen Orten aufgeführt. Dadurch sind sie etwas zum Spektakel geraten und haben ihren Ernst verloren. Die Fremdenverkehrsämter wissen, wo und wann es die nächste Aufführung gibt.

Arbeiten, die Venedig auf der Insel in Auftrag gab. Es dauerte aber bis zum Ende des Jahrhunderts, dass dieses Projekt beendet werden konnte. Der massige Fürstenturm am Hafen, der die südwestliche Altstadt bewacht, wurde 1483 fertig gestellt. Korčula wurde in venezianischer Zeit praktisch neu gebaut.

Landtor und Kapelle Maria Schnee

Der Stadtrundgang beginnt am eindrucksvollsten am **Landtor** **1**, das man von der im 17. Jh. nach dem Ende der Türkengefahr entstandenen Vorstadt erreicht. Der massige Befestigungsturm **Veliki Revelin** erhebt sich über dem Tor. Eine steinerne Treppe führt über den zugeschütteten Stadtgraben hinauf.

Der Markuslöwe verdeutlicht die Präsenz der Serenissima. Vom Stadtinneren hat das Tor eine gänzlich andere Funktion: Ein Triumphbogen für den Feldherrn Leonardo Foscolo von 1650 ist der älteren Turmmauer vorgeblendet. Die **Kapelle Maria Schnee** (Gospa snježe) **2** links auf dem kleinen Platz hinter dem Tor wurde als Dank für die Errettung aus Türkengefahr 1571 errichtet.

Rathaus

Das **Rathaus** **3** von 1569 im Renaissancestil war ehemals Sitz des venezianischen Statthalters. Der Markuslöwe signalisiert auch hier ganz klar die venezianische Vergangenheit. Auf der anderen Seite des Platzes steht die barocke Kirche **Sveti Mihovil** **4**.

Majestätischer Aufgang: Das Landtor in Korčula

Kathedrale Sveti Marko

Schon von hier aus sieht man die Kathedrale am Ende der schmalen Gasse, die auf dem Rückgrat der Halbinsel weiterführt. Die **Kathedrale Sveti Marko** `5`, wie wir sie heute vorfinden, entstand im 15. Jh., dabei wurden Teile des romanischen Vorgängers in den Bau integriert. 1412, also bereits vor der offiziellen Machtübernahme durch die Venezianer, schuf Bonino di Milano das Hauptportal. Es ist noch ganz spätgotisch, mit spitzem Zuschnitt und gedrehten eingestellten Säulchen, aber von einem dekorativen Bogen umfangen, der deutlich die Renaissance ankündet. Zwei Löwen ruhen auf Konsolen in Höhe des Bogenfeldes zu beiden Seiten des Portals. Das Innere der dreischiffigen Kathedrale ist reich ausgestattet. So hängt in einer rechten Seitenkapelle ein hervorragendes Gemälde der Dreifaltigkeit von Leandro Bassano, das Gemälde mit den drei Heiligen über dem Hochaltar ist ein Jugendwerk von Tintoretto, und der schöne Baldachin stammt wie der durchbrochene Turmaufsatz des Campanile von Marko Andrijić.

Bischofspalast und Abteischatz

Der **Bischofspalast** (Opatski dvor) `6` neben der Kathedrale hat seine barocke Fassade behalten, wurde im Inneren aber im 19. Jh.

Die Insel Korčula

umgebaut. Er enthält den Schatz der ehemaligen Abtei des hl. Markus, *Opatska Riznica* genannt. In der Sammlung werden nicht nur kostbare sakrale Gegenstände, sondern auch zahlreiche Gemälde gezeigt (Öffnungszeiten: Abteischatz/Opatska riznic: Trg Sv. Marka, Juli/Aug. tgl. 9–19 Uhr).

Arneripalast und Stadtmuseum
An der Westseite des Kathedralplatzes stehen nebeneinander der gotische **Arneripalast 7** mit schönem Innenhof und das **Palais Gabriellis 8**, in dem sich heute das **Stadtmuseum** (Gradski muzej) befindet. Ein Lapidarium, archäologische Funde, Möbel, Gemälde und Dokumente zur Geschichte der Stadt, eine nachgebaute bäuerliche Küche aus dem 19. Jh. gehören zu den Ausstellungsstücken (Stadtmuseum: Mai–Okt. Di–So 10–13, Juli/Aug. auch 18–20 Uhr).

Haus des Marko Polo
Ob das so genannte **Geburtshaus des Marko Polo 9**, wie Korčula fest behauptet, tatsächlich das Geburtshaus des mittelalterlichen Weltreisenden war (dessen Vorname in Kroatien mit einem k geschrieben wird), ist anderswo umstritten. Unbestritten hingegen: Vom Turm dieses Hauses hat man eine einmalig schöne Aussicht! (Geburtshaus des Marko Polo: Juli/Aug. Di–So 9–13 und 17–19 Uhr).

Kirche Allerheiligen (Svi Svetih)
Die Kirche **Svi Svetih** (Allerheiligen) **10** am Südostrand der Altstadt wurde von der gleichnamigen Laienbruderschaft errichtet. Der 1301 entstandene und später barockisierte Bau besitzt eine monumentale Pietà des österreichischen Bildhauers Georg Raphael Donner (1693–1741), der z. B. für den großformatigen Donnerbrunnen mit seinen eleganten Formen in Wien bekannt ist.

Im Stadthaus der Laienbruderschaft neben der Kirche wird im **Ikonenmuseum 11** der Schatz gezeigt. Das Museum ist nach seiner bedeutenden Sammlung byzantinischer Ikonen des 13. bis 15. Jh. benannt. (Allerheiligenkirche und Museum: Trg Svi Svetih, Mai–

Okt. 10–13, Juli/Aug. auch 18–20 Uhr, sonst nach Rückfrage).

i **TZG Korčula:** Obala Dr. Franje Tuđmana 1 (neben Hotel Korčula), 20260 Korčula, Tel. 020 70 57 01, Fax 020 71 58 66, www.korcula.net.

Die Hotels und der Campingplatz in Korčula werden von der gleichen Agentur verwaltet, alle sind unter marketing@htp.korcula bzw. www.korcula.net zu erreichen.

Korčula 1: Obala Vinka Paletina, am Fähranleger Tel. 020 72 61 31, Fax 020 72 63 00. Einziges Stadthotel, renoviert, neben der Loggia am Hafen, ideal für die Ortserkundung, freundlich und komfortabel, im zweiten Stock geräumige Zimmer auf zwei Ebenen. DZ/FR 60–140 €.

Bon Repos 2: 3 km südlich des Ortes an der Straße nach Lumbarda bzw. zum Orebić-Fährhafen Domniće, Tel. 020 72 68 80, Fax 020 72 66 99. Ausgedehnter Hotel- und Apartmentkomplex im Grünen mit eigenem Strand und Fußweg in die Stadt. Die freundlichen Apartmenthäuschen sind leider nur im Sommer (Juni–Sept.) geöffnet. DZ/FR ca. 50–95 €.

Liburna 3: Obala Hrvatskih Mornara, Tel. 020 72 60 66, Fax 020 72 62 72. Das Hotel liegt 10 Fußmin. vom Stadtzentrum entfernt in der nächsten Bucht; eigener Feinkiesstrand, Blicke über die Bucht auf die Altstadt. DZ/HP 60–145 €.

Hajduk 4: Lumbarajska cesta bb. (an der Gabelung der Straßen nach Lumbarda und zum Hafen Domniče), Tel./Fax 020 71 12 67, olga.zec@du.htnet.hr. Pension mit Taverne. Großzügige Anlage im Nutz- und Obstgarten mit Pool, drei Gebäuden, Fitnessraum, Zimmer einfach (Du/WC), Frühstück in der Taverne. Besonders freundliche und hilfsbereite, deutschsprachige Besitzerfamilie. DZ/FR ab 40 €.

Privatzimmer kosten etwa 25–35 € (DZ) und werden vermittelt von u. a. Korčula Tours, Trg pomirenja bb., Tel. 020 71 10 67, Fax 020 71 17 10, www.korcula-tours.com (größtes Angebot) sowie Marko Polo Tours, Biline 5, Tel. 020 71 54 00, Fax 020 71 58 00, www.marko polotours.com.

Camping Kalac 5 : beim Hotel Bon Repos, Tel. 020 72 66 93, kalac@htp-korcula.hr, Juni–Sept.

 Adio Mare 6 : Ul. Sveti Roka, Tel. 020 71 12 53, nur abends. Konoba im alten Ort mit rustikaler Ausstattung und ebensolcher Regionalküche. 2 Gänge 15–20 €.

Maslina 7 : Lumbarajska cesta bb, Tel. 020 71 17 20. Die ›Ölbaum‹ (= Maslina)-Konoba an der Straße nach Lumbarda hat Menü und Service eines guten Restaurants. Ausgezeichnet sind die lokalen Spezialitäten wie *makkeroni Žrnova* oder *pašticada.* 2 Gänge mit Tischwein 20–25 €.

Hajduk 8 : Lumbarajska cesta bb (an der Gabelung der Straßen nach Lumbarda und Domniče). Taverne im Garten der gleichnamigen Pension (s. Unterkunft), Spezialität ist Fleisch und Fisch ›unter der Peka‹ (Glocke).

Disco im Hotel Bon Repos, **Cocktail-Bar** im Zakrjanturm.

29. Juli: Tag des hl. Theodor (Sv. Todor), traditioneller Aufführungstag der Moreška, des Säbeltanzes von Korčula nach der großen Prozession. Die Moreška wird während des Sommers auch an anderen Tagen (für die Touristen) aufgeführt und die Standorte per Anschlag bekannt gegeben (meist Do, Juli/Aug auch Mo, bei Schönwetter beim Festlandstor, sonst im Kino). Auch in Blato im Inseninneren (Busverbindung) wird ein Schwerttanz aufgeführt, die Kumpanija.
Sommer (seit 1996): Marko Polo Festival, Infos: www.marcopolofest.hr, vor allem ein Weinfest mit Nebenprogramm.

Wassersport: im Kanal zwischen der Insel und Orebić vor allem Windsurfen; ACI Marina Korčula, Tel. 020 71 16 61, Fax 020 71 17 48, m.korcula@aci-clubhr.
Ausflüge: ins Inseninnere nach Blato und nach Vela Luka.
Strände: Bucht des Hotels Bon Repos. Die besten Strände des Südostens der Insel liegen bei Lumbarda, 7 km von Korčula, dort gibt es in den Buchten Prižna und Bili Žal sogar Sandstrände. Taxiboote verbinden mit den vorgelagerten Inseln Badija, Vrnik, Majsan sowie Stupe velike und Stupe male (dort auch FKK).

Fähre: Vom Stadthafen in Korčula-Stadt nach Hvar, Lastovo, Dubrovnik und Split sowie Rijeka; Jadrolinija, Tel. 020 71 54 10, Fax 020 71 11 01. Von Domniće, 3 km südlich auf der Straße nach Lumbarda, geht die Fähre nach Orebić, über die man die Straße nach Dubrovnik bzw. Split und Zagreb erreicht. **Katamaran** über Hvar nach Split und am selben Tag zurück an vier Tagen die Woche.
Hafenamt: Tel. 020 71 11 78.
Busse: Korčula Bus, Tel. 020 71 17 16; regelmäßiger Busverkehr ab Busbahnhof am südwestlichen Ende der Altstadt über die Straße von Korčula nach Vela Luka; auch nach Dubrovnik und Zagreb.
Taxi: Tel. 091 202 55 12.

Insel Badija

Reiseatlas: S. 15, B 2
Auf der **Insel Badija** steht ein ehemaliges Franziskanerkloster mit wunderschönem Kreuzgang (1477). Es locken auch ein paar hübsche, wenn auch kleine Kiesbuchten zum Baden auf die Insel.

Lumbarda

Reiseatlas: S. 15, B 2
Um einen wirklich außergewöhnlich schönen Strand zu erreichen, muss man bis nach **Lumbarda** fahren. An den hübschen kleinen Ferienort mit Hafen, in dem vor 2350 Jahren griechische Schiffe anlandeten, um eine Kolonie zu gründen, schließen zu beiden Seiten einer Landenge die herrlichen Sandstrände **Prižna** und **Bili Žal** an, sie sind allerdings alles andere als Geheimtipps.

Die Insel Korčula
Smokvica, Blato und Vela Luka

Reiseatlas: S. 15, A 2

Eine gut ausgebaute Straße verbindet Korčula mit dem nordwestlichen Zipfel der Insel und Vela Luka. Kleine Bauerndörfer liegen an der Straße oder in ihrer Nähe. Es wird viel Wein angebaut, an frühere Zeiten erinnern Maulbeerbaum und Karube. Die meisten alten Felder sind überwuchert, nur in den Poljenböden wird noch angebaut. Viele alte Steinkreuze – mehr als 400 wurden auf der Insel gezählt – erinnern daran, dass das Land früher wesentlich dichter besiedelt war als heute. Die meisten findet man abseits der modernen Straße an alten Maultierpfaden. Die Kreuze entstanden meist als Votivgaben an eine/n Heilige/n, der/die sich, bitteschön, durch Erhörung eines Wunsches für die Gabe erkenntlich zeigen sollte.

Smokvica

Das Dorf **Smokvica** mitten auf der Insel schmiegt sich an einen halbkreisförmigen Hang, umgeben von Weinterrassen, auf denen der in ganz Kroatien bekannte Pošip wächst. Ölbaumhaine und ein wenig Obst werden heute noch gepflegt, die alten Getreidefelder am Hang mit ihren über Generationen mühsam aufgerichteten Stützmäuerchen verfallen oder wurden in den letzten Jahrzehnten mit jungen Kiefern aufgeforstet.

Blato

Trotz seiner Industrie ist **Blato** im Inneren ein hübscher Ort geblieben. Auf dem Hauptplatz der Stadt mit seiner venezianischen Loggia von 1700 wird der lokale Schwerttanz ›Kumpanija‹ nicht nur am 28. April aufgeführt, dem Tag des Stadtpatrons hl. Vincent. Ein großartiger Anblick und zur richtigen Zeit ein Dufterlebnis ist die Lindenallee Zlinja, die auf 2 km Länge den gesamten Ort durchzieht.

Vela Luka

Vela Luka dehnt sich an einer weit geschwungenen, gut geschützten Bucht aus. Fischverarbeitung, Bootsproduktion und die Verarbeitung der Inselprodukte, vor allem die überall gern gegessenen Jadranka-Sardinen, Olivenöl und Wein sind die herkömmlichen Industrien dieser österreichischen Stadtgründung des 19. Jh. An der Küste mit ihren Hotels und Restaurants sieht man mit Ausnahme des Hafens nichts von der Industrie.

Ein hübscher Spaziergang führt am Meer entlang auf gutem Weg zum Hotel Posejdon und weiter zum Hotel Adria, von dort auf einem Trampelpfad zum Fast-Inselchen Sveti Ivan. Ein Kirchlein des hl. Johannes (Ivan) steht auf dem künstlich abgeflachten Plateau im Kiefernwald des Inselchens. Am Tag des Heiligen am 24. Juni gibt es ein großes Fest und 15–20 Ruderteams messen sich in einer Regatta zwischen Sv. Ivan und dem Hafen von Vela Luka.

Über Vela Luka liegt eine riesige Höhle, die Vela špilja. Sie ist über ein kleines Sträßchen zu erreichen. Im Inneren wurde vor einigen Jahren die Altsteinzeit angegraben, was eine

Selig der, der sich auf Korčula einen guten Tropfen genehmigen kann

für adriatische Inseln außergewöhnlich frühe Besiedelung zeigt, mit einer altsteinzeitlichen Besiedelung der dalmatinischen Inseln hatte man überhaupt nicht gerechnet. Die Funde werden im kleinen lokalen Museum im Kulturhaus aufbereitet, alle besseren Stücke wandern nach Zagreb oder Split.

TZO Vela Luka: Ul. 41, br. 11, 20270 Vela Luka, an der Hafenpromenade, Tel./Fax 020 81 36 19, tzo-vela-luka@du.ht net.hr.

in Vela Luka:
Das Hotel Adria sowie die Hotels Posejdon, Jadran und Dalmacija sind zu erreichen unter: Hum ht. dd, Zgrada Dalmatinska, 20270 Vela Luka, Tel. 020 81 20 64, Fax 020 81 38 62, www.humhotels.hr.
Adria: Plitvine bb., Tel. 020 81 27 20, Fax 020 81 27 40, Juni–Sept. Einsame Lage in einer Bucht am Ausgang der Luka, Zimmer einfach, ohne TV. DZ/All inclusive 80–120 €.

Camping Mindel: Stani 193, Tel. 020 81 36 00, Fax 020 81 24 94, www.mindel.com, ganzjährig geöffnet. Der Campingplatz liegt völlig isoliert im äußersten Westen der Insel.

24. Juni: Fest des hl. Johannes auf Sv. Ivan mit Ruderregatta von Sv. Ivan nach Vela Luka.

Wassertaxi: zu den Inseln Proizd und Ošjak mit schönen Stränden.
Kurkomplex Kalos: in der Kale-Bucht, Tel. 020 81 24 22, Fax 020 81 20 02, www.hotel.hr/kalos. Hier werden vor allem Behandlungen für Rheumakranke angeboten (Spezialität: Heilschlammpackungen).

Busse: von Vela Luka mehrmals tgl. nach Blato und Korčula-Stadt.
Fähre: von Vela Luka nach Split und Lastovo;
Tragflügelboot: von Vela Luka nach Split, Hvar-Stadt und Lastovo.

Mljet, die schmale grüne Insel, die man auf der Fahrt von Dubrovnik nach Split zur Linken sieht, wird trotz eines Nationalparks kaum vom Tourismus berührt. Auf Lastovo, noch weiter draußen in der Adria, trifft man mit Ausnahme der Hochsaison und des Ortes Pomena kaum auf einen Fremden. Beide Inseln sind erholsame, landschaftlich großartige Urlaubsziele für Individualreisende.

Die Insel Mljet

Reiseatlas: S. 15/16, C/D 3
Die Insel Mljet ist dank der langen Zugehörigkeit zur Republik Ragusa waldreich geblieben, im Nordwesten, wo sich der 1960 gegründete Nationalpark befindet, überzieht ein dichtes Waldkleid aus Kiefern und Eichen das Karsthügelland. Ganz im Süden winkt noch eine Attraktion: der Sandstrand von Saplunara.

Nationalpark Mljet (Nacionalni park)

Der 1960 gegründete **Nationalpark Mljet** ist mit nur 5375 ha ein Klacks auf der kroatischen Landkarte, umfasst aber den ganzen Norden der Insel. Das hügelige Waldland des Parks wächst auf verkarstetem Kalkgestein, das an vielen Stellen Dolinen und tiefere, größere Poljen aufweist. Zwei der größeren Poljen in dieser Region sind durch Meeresanstieg oder Absenkung des Landes unter den Meeresspiegel gekommen: Der Große See (Veliko jezero) und der Kleine See (Malo jezero) werden durch den schmalen Soline-Kanal mit der Adria verbunden, durch den bei jeder Flut wieder neues Meereswasser einströmt. Dass die Seen als Poljen entstanden, die von der nacheiszeitlich ansteigenden See überflutet wurden, war bisher die gültige Erkärung für dieses Naturphänomen. Die kürzliche Entdeckung einer eigenen Art von Quallen im Kleinen See, deren Entstehungszeit

wahrscheinlich mindestens 26 Mio. Jahre zurück liegt, lässt dies nun sehr bezweifeln und eher eine ständige Verbindung der beiden Seen mit dem offenen Meer vermuten.

Insel und Kloster Sveta Marija

An den Engstellen lässt sich wegen des schmalen Kanals gut beobachten, wie das Wasser sechs Stunden hinein- und sechs Stunden wieder hinausströmt. Die Strömung ist so stark, dass die Mönche des Benediktinerklosters auf der Insel **Sveta Marija** im Veliko jezero am Seeausfluss eine Wassermühle anbringen konnten – Gezeitenkraftwerke sind in Küsten-Kroatien ein alter Hut, wie man sieht. Dieses Benediktinerkloster war lange Zeit die eigentliche Autorität im formell seit 1333 zur Republik Ragusa gehörenden Mljet. 1151 kamen Mönche aus Apulien hier herüber. Mit der Schenkung durch den Fürsten Dresa verband sich auch die rechtliche Autorität über die Insel. Die damals entstandene romanische Kirche im apulischen Stil steht heute noch, die Mönche sind vor zwei Jahrhunderten vertrieben worden.

Polače

Das Dorf **Polače** liegt auf der Nordseite der Insel. Im Dorf und seiner Umgebung findet man Ruinen aus römischer Zeit, so den ›Palast‹ direkt am Meer, durch dessen Tor zwischen hohen Mauern die heutige Küstenstraße führt. Etwas oberhalb (Schilder von der Küstenstraße) liegen die Ruinen spätantikfrühchristlicher Kirchen. Im Ort gibt es Zimmer und privat vermietete Apartments.

Verwaltung des Nationalparks Mljet: Pristanište 2, 20226 Goveđari, Tel. 020 74 40 41, Fax 020 74 40 43, www.np-mljet.hr. **TZO Mljet:** 20226 Mljet, Babino Polje, Tel. 020 74 52 12, www.mljet.hr.

Odisej: 20226 Pomena, Tel. 020 74 40 22, Fax 020 74 40 42, www.hotelodisej. hr, April–Okt. Gepflegtes Hotel an der Bucht von Pomena, im Sommer bald ausgebucht. Zimmer versch. Qualität, mit Sat-TV und Balkon zum Meer verlangen. DZ 60–150 €.
Mungos: 20226 Sobra, Tel. 020 74 52 24, www.mungos-mljet.com. Pension mit Apartments an der Küste, Restaurant mit Terrasse am Meer, die Besitzer haben lange in Deutschland gelebt. Zimmer mit/ohne Balkon/Meerblick. DZ/HP 32–80, Apt. (2 Pers.) 45–55 €.

Odisej: 20226 Pomena, Tel. 020 74 40 22. Großes und großzügiges Restaurant im Hotel mit sehr günstigem Menü, ca. 10 €. Das Restaurant auf der Marieninsel ist überlaufen und teuer.

Bootstouren, Mountainbiketouren, Wandern: im Nationalpark (Eintritt) und um die Insel Mljet; Leihräder vor dem Hotel Odisej in Pomena. Detaillierte Nationalparkkarte mit allen Wanderwegen im Nationalparkkiosk am Beginn des Wanderweges zu den Seen. Zur FKK-Insel Pomeštak fährt vom Hotel Odisej ein Bootshuttle.

Tragflügelboot: von Dubrovnik über Sobra nach Pomena, im Sommer ist außer Fr und So ein Tagesausflug möglich, im Winter am Mi, Fr und So.
Fähren: mit dem Pkw Fähre ab Dubrovnik zum Mljeter Fährhafen Sobra. Die Fährschiffe der Linie Dubrovnik–Rijeka legen im Sommer 1x wöchentlich in Sobra an. Eine neue Fähre verbindet mehrmals täglich Prapratno auf der Halbinsel Pelješac mit Sobra.
Busse: von/zum Tragflügelboot/FähreFähre von allen Orten jedoch nicht von/nach Sa-

Richtig Reisen-Tipp: Strand in Saplunara

Ganz im Südosten und am Ende der Straße liegt Saplunara, das aus wenigen neuen Häusern besteht. Hier und in der noch weiter in Richtung Inselspitze gelegenen Bucht Uvala Blaci, die man auf einem Trampelpfad erreicht, erstrecken sich zwei der raren Sandstrände von Kroatien. Besonders der sichelförmige Sandstrand des **Uvala Blaci** ist eine Idylle, es gibt keine Häuser und meist keine Boote und der raue Zugang (kein Weg!) sorgt für Auslese. Was für ein Unterschied zum Zlatni Rat bei Bol auf Brač. Tja, Mljet hat eben ›nicht einmal‹ einen Flughafen …

plunara. Fähre und Tragflügelboot nach Ubli auf Lastovo von Vela Luka, Hvar und Split. Auf der Insel Mljet bewegt man sich mit **Fahrrad** oder **Scooter,** Verleih nahe Hotel Odisej.

Die Insel Lastovo

Reiseatlas: S. 15, A/B 3
Das kleine **Lastovo** ist gerade mal 53 km² groß, aber mit seiner Höhe von 417 m fängt es die Regenwolken ab, die es von Westen über den Apennin hierher schaffen. In den Poljen können auf dem roten Boden Wein, Ölbäume, Obst und Gemüse reifen. Durch Wald aus Aleppokiefer und Steineiche fährt man von Ubli, das von den Italienern als Fischerhafen angelegt wurde – Kirche und ein paar Gebäude stehen noch – hinauf nach Lastovo. Der Inselhauptort ist für seinen Karneval berühmt, das Meer rundum für seine Sauberkeit. Von dort führt eine Straße zur Skrivena Luka, der ›Verborgenen Bucht‹. Nur im Sommer, wenn die Italiener über Lastovo herfallen, ist hier was los, dann sind die Tavernen geöffnet und die Lautsprecher plärren. Den Rest des Jahres herrscht Ruhe.

 TZG Lastovo: 29290 Lastovo, Tel./Fax 020 80 10 18, www.lastovo-tz.net.

Register

Der Haupteintrag ist **fett** hervorgehoben

Register

Der Haupteintrag ist **fett** hervorgehoben

Register

Der Haupteintrag ist **fett** hervorgehoben

Legende

══ A3 ═ 16 ══	Autobahn mit Anschlussstelle
═══○═══	Schnellstraße mit Anschlussstelle
══ 26 ══	Fernstraße mit Nummer
═══	Hauptstraße
───	Nebenstraße
══ ══ ──	Straße in Bau; Straße in Planung
× × × ×	Straße für Kfz gesperrt
━►━━━◄━	Tunnel
─┼─┼─┼─	Eisenbahn
─ ─ ─ ─	Fähre, Schiffsverbindung
▪▬▪▬▪▬▪	Staatsgrenze
/////////	Nationalpark; Naturpark
/////////	Sperrgebiet
E70	Europastraßennummer
⚓	Hafen, Ankerplatz
✈	Internationaler Flughafen
✈	Nationaler Flughafen
⛔	Grenzübergang
★	Sehenswürdigkeit
⁘	Archäologische Stätte
⚏ ⚏	Kloster; Kirche
⚑ ⚐	Burg; Burgruine
⚑	Denkmal
⛫ ⚲	Sendeturm; Leuchtturm
☓	Windmühle
⌐	Badestrand
⋒ ∩	Wasserfall; Höhle
▲)(	Berggipfel; Pass
⊂	Campingplatz
⚜	Heilbad
⁂	Aussichtspunkt

Reiseatlas
Kroatien

A Golfo di Trieste
Tržaški zaliv
(Golf von Triest)

B **TRIESTE**
ITALIEN

C

Báia di Muggia

S. Giusto

452 m

Padriciano

Basovizza

E 61 14

58

Bagnoli Krvav
Potok

S. Rocco **Muggia**

S. Dorligo
d. Valle

451 m

Petrin

Aquilinia

Socerb

1

Lazzaretto

Sp.
Škofije

15

Kaštelec

Plavje

**Jama
grad**

409

202

SLOWENIEN

Hrvatini

Zg Škofje Osp

Trinjan

Ankaran
Ancarano

Koper
Capodistria

Dekani

Dekani

Crni Kal

Orni k

Kubed Li

Sv.
Anton

Izola
Isola d'Istria

Bertoki

Bertoki

Rižana

Škocjan Pobegi

Piran
Pirano

Strunjan

111

Kopar
Olmo

Sv. Trojika
Hrastovlje

Gražišče

Portorož
Portorose

Licija
Lucia

Jagodje
Jagodje Gažon

Kampel

Vanganel

Babiči

Lopar

Marezige

Popetre

Smokvica

208

Blatnija

Parecaq

Seča

Korte Padna Smarje

Pomjan

Koštabona

Boršt

Trsek

Sočerga

Brezovica
pri Gradinu

Pregara

Sv. Ivan

Savudrija
Bašanija

50 m

Zambratija

Murine

Valica

Piranski
zaliv

Sečovlje

Aerodrom Portorož

Sv. Marija
na Krasu

Val Drnica

405 m

Nova Vas
nad Dragonjo Puče

Raven

Dragonja

Krkavče

Dragonja

Labor

Gradin

Hrvoji

Abitanti

Bazule

Umag
Umago

Potok

Vilanija

Luka Umag

Kaldanija
Galdania 200

Dragonja

Kaštel

Meriišče

Momjan

1

21

Marušiči

Ponor
Butari

Čepić V. Repatač

492 m

Sk

Žont

Petrovija

300

Sv.
Pelegrin
Finida

Šeget

Gamboci

Juricani

Babiči

Kršete

Buje

Buje
Buie

Triban

Martinčiči

Gomila
Makovci

Šterna

Sv. Ivan

Oprtalj

Žnjidariči

Zreni

Istarsk
Toplice

2

301

Lovrečica

Radini

Brtonigla

Brtonigla

Krasica

Grožnjan

Završje
Kostanjica

Sv. Lucija

Vižitini vrh 421 m

Antonci
Livade

Sovinjska
Brda

Bartuliči

3

Luka Dajla

Fiorini

Nova Vas

Lozari

Antonci
Livade

Sv. Bartol

Dajla

Srbanj

Sv. Juraj

Sv. Anton

Žudetiči

44

Môtovun
Montona

Zamask

Mareda
Kastanjija

Bužinija

Mirna

Cerjani

Vranje
Selo

Vižinada

Ferenci

Kaldir

Novaki
Motovunski

301

Rogoviči

S

Rakotule

4

Novigrad
Cittanova

Tarski zaliv

Stari Tar

Vabriga

Tar

Kaštelir
Kovači

Perci

Labinci

Baškoti

375 m

Brig

Karojba

Prhati

Škropeti

Luka
Crvar

Crven

Pečina

Gediči

Dvori

Jama
Baredine

Štuti

Visnjan

Visnjan

4

Žužiči

Trviž

Sv.
Škr

Sv. Anna

Kolumbera

Veli Maj

Špadiči

Nova Vas

Bačva

Radovani

Rapavci

Fabci

Brajkoviči
Vela Traba

Muntrilj

48

Pazinsk

Poreč
Parenzo

Bazilika

Vrvari

Košinoziči

Vržnaveri

Košutiči

Aenodraga

Majkusi

Rajki

Ježenj

Tinjan

Plava Laguna

Plava Laguna

Mušalež

302

Žbandaj

Jehniči

Baderna

Baderna

48

Grubiši

Zelena Laguna

Mugeba Stariči

Bonači

Šušnjiči

Rušnjak

297 m

Jakoviči

Sv. Petar
u Šumi

A8

1

Dračevac

3

Zgrabliiči

Mofardin

21

Luka Funtana

Jadransko More
Mare Adriatico
(Adriatisches Meer)
Rovinj
Rovigno
PULA
Vodnjan
Dignano
Svetvinčenat
Vrsar
Orsera
rom. Kastell
Limski zaljev
Sv. Andrija/Sv. Katarina
Nacionalni Park
Nacionalni Park Brijuni
Mali Brijun
Veli Brijun
Safari Park
Bizantski kastrum
Fažanski kanal
Fažana
Galižana
Gallesano
Bale
Valle
Kanfanar
Amfiteatar
Augustov hram
Veruda
Zlatne Stijene
Banjole
Crikvica od Volam
Uvala Sv. Pavao
Luka Veštar
Dvije Sestrice
Rt Gustinja
Porer
Funtana
Luka Funtana
Zelena Laguna
Plava Laguna
Koversada
Valata
Sv. Feliks
Borik
Montiorenca 106 m
Tumina
Sv. Brita
Sv. Nikola
Sv. Damjan
Sv. Jakob
Negre
Torani
Barbariga
Mandriol
Betica
Golubovo
Sv. Foška
Sv. Martin
Peroj
Sv. Elizej
Sv. Pelegrin
Štinjan
Šurida
Valbandon
Stoja
Dvigrad
Sv. Agata
Sv. Petar
Sv. Kvirin
Gajana
Golaš
Krmed
Forke 206 m
V. vrh 246 m
Rušnjak 297 m
Martacol 112 m
Sv. Mihovil
Kloštar
Flengi
Gradina
Marasi
Begi
Dračevac
Mugeba
Starići
Fuškulin
Mušalež
Bonaci
Šušnjići
Baderna
Jakovići
Mofardini
Kringa
Radetići
Barat
Prkičani
Dubravci
Mrgani
Červari
Selina
Zgrabljići
Sv. Lovreč Pazenatički
Krunčići
Bubani
Brajkovići
Rovinjsko Selo
Kuril
Smoljanci
Krančiči
Čabrunići
Boškari
Juršići
Štokovci
Mednjan
Negrin
Sv. Cecilija
Veli vrh
Lobori
Šikići
Valdebek
Vinkuran
Rt Kumpar
Rt Pinida
Sv. Jerolim
Brijun
Vrsar
Vanga
Grunj
Galija
Gaz
Rt Glavina
Rt Sokol
Uvala Marić
Uvala Paltana
Rt od Volam
Premantura
Fenoliga
Porer
Sv. Ivan
Sv. Andrija
25 m
80 m
65 m
A9
E 751
A8
21
302
303
3
48

0   5 km   10 km

Pad   Brtoši
Jakomići   Tupljak
D   Mandaleničići   Pičan   Zajci   Sv. Bartolomej   Bugarija-Cepić   E
Bazgalji   Čubanići   Polje-Čepić   2   Golovik
Sv.   Montovani   Kukurini   Podpićan   Martina
Magdalena   Milotski Breg   Kožljak   Brseč
brežani   Sisol   21
Batlug   Oric   Katarina   Šumber   Kršan   835 m
Domijanići   Gorica   64   Kršan
minj   Žagrići   Cvitići   Kraj   Boksita   Boljevići   Vozlići
Klimni   Draga   Eržišče   Sv. Juraj
Gradišče   Rudani   Baliči   Županići   Sv.   Plomin
Cere   Benčići   Nedilja   Plomin-Luka
nići   Koromani   Sv. Martin   Veli   Strmac   Veselići
Foli   Marići   Golji   Vinež   Ripenda-Vrbanci
tarina   Rajki   Snašići   21   Kature   Standar
Petehi   Vadres   Topit   Krapan   Labin   474 m
ovići   Orihi   Barbići   Raša   Dom   Gornji
Melnica   Kunj Letajac   Rabac   Rabac
Grandići   Barban   Dragozetići
sokordići   E 751   Mpst Raša   Luka Rabac   528 m
Režanci   Željeski   Brgod   Duga Luga   Sv. Jurij
Šajini   Puntera   Štalije   Sv.   Veli
Bičići   Bornići   Hrboki   Polje   Marina   Piklog
Butkovići   Glavani   Rebići   Goli   Crni
Manjadvorci   Hreljići   Trget   538 m   Drenje
Filipana   Bratulići   Peršići   Stanišovi
Divšići   Vlakovo   Sv. Martin   Skvaranska
Šarići   21   Buršići   Diminići   Brdo
Pinezići   Krnica   Rakalj   Viškovići   475 m   Skitača
elija   Mutvoran   Brovinje   Turanj
Marčana   Krnička Luka   Koromačno   Creski
Peruški   Rt Ubac   Uvala Voščice   zaljev
E 751   Šegotići   Rt Socja   Rt Crna punta
Muntić   Pavićini   Cres
Radeki   Nesactium   Luka Vinjole   Grabrovica
Valtura   Kavran   Rt Sekal   Rt Zaglav   Pernat
Aerodróm   Ušićevi   Luka Rudava   Rt Miračin   372 m
Pula   Dvori   Rt Cuf   Zbičina
Jadreški   Rt Sv. Stipan   Lubenice
Svetica   Rt Brkijač   Helm
Šišan   Uvala Kale   50 m   482 m
Sv. Petar   Grabrovići   Uvala Vrutek
Ližnjan   Gospa od Kuja   Sv. Nikola
Medulin   Rt Uljeva   Ale Slatina
Rt Debeli   Rt Koludar
Medulinski   Rt Kijac
zaljev   Bodulaš   Rt Marlera   Martinšćica
Ceja   Levan   Tanki rt   Miholašč
Kamenjak   Pregaznik   Mišar
Fenera   65 m   Viso
Rt Kamenjak   Zeča   Uvala Straka
Plič. Albanež   Debeli rt
Hrid Galiola

F
Rt Jablanac   Koned
Ivanje   1
Tramuntana
Porozina
Filoziót   Be
Vrlir
604   5 Sv
Dragozetići   Sis
Veli Črni   850 m
528 m
Veli   2
V. Gra   56
Sv. Blaz
Rt Žakenj   Sv. S
Uvala
7
3
Vid   5
5
4   Viso
4
Rt U

Opatija

Veprinac

Volosko

Savroni
Poljane

Kukuljanovo

RIJEKA

Trsat

Bakar

Skrljevo

Vranja

Tunel Učka

Brad Ika

Dobreć

Icici

Boljun

Vela Učka

Lovran

Liganj

Tulisevica

Sv. Marija
od Karmela

Vojak
1401 m
Lovranska
Draga
Mala
Učka

Medveja

Medveja

Riječki
zaljev

Sv. N

Kontuši

Šušnjevica

Kraj

Omišaljski zalje

Grobnik

Kostrčane

Brgud
907 m

Mošćenička Draga

Om

pljak

Purgarija-Čepić

Mošćenice

rtolomej

Polje-Čepić

Jelena

pičan

Golovik
Martina

Rt Jablanac

Tramuntana

Haludovo
Luka Malinska

Kožljak
Sisol
835 m

Brseć

Konec

Ivanje

Porat

Malinsk

Kršan

Kršan

Ivanje

Njivice
Kijac

Boksita

Boljevići

Eržišće

Vozlići

Brestova

Porozina

Filozić

Beli

Klobučac
106 m

Turčić

Sv. Ivan

Sv. Juraj

Plomin

Glavotok

Glavotok

Poljica

Strmac

Veselići

Vrline
604 m

Sv. Petar

Milohnići

Nenadići

Bajčići

Vinež

Kature

Ripenda-Vrbanci

Dragozetići

Sis

Linardići

104

Standar
474 m

Veli Črni
528 m

650 m

Zgaljići

Skrbčići

Labin

Gornji
Rabac

Pinezići

Vrh

Dom

Raša

Rabac

Luka Rabac

Predošćica

Veli bok

Luka Torkul

Sv. Mikula

K

Duga Luga

Sv. Jurij

Uvala
Dupaina

Valbiska

Uvala
Lagdimor

Polje

Sv.
Marina

Goli
538 m
Crni

V. Gračište
562 m

100

Rt
Veli Pin

Veli bok

stanišovi

Drenje

Sv. Blaz

Meraq

Sv. Martin

Brdo
475 m

Skvaranska

Rt Žakenj

Sv. Salvator

Uvala Papina

Sv. Bartolomej

Sv. Vid

niniići

Brovinje

Skitača

Gavza

Gerbujev

101

Koromačno

Turanj

a Voščice

Rt Crna punta

Cres

Rt Pernat

Rt Kovačine

Rt Križice

Cres
347 m

Rt Tarej

Rt M

Grabrovica

Lovreski

Uvala Kruščica

Betkaf
341 m

Creski
zaljev

Valun

Loznati

Pernat

Uvala Dovica

Valun

100

Rt Pržuni

Rt Zaglav
Rt Miračin

372 m

Uvala
Miračine

Zbičina

Uvala Homutici

Lubenice

M. Podol

Orlec

Sv. Miće

322 m

Uvala Kraj

Rt Brkijač

Helm
482 m

Zbišina

Uvala Vrutek

Sv. Nikola

Vransko
jezero

Sv. Ivan

Sv. Šimun

Vidovići

393 m

Vrana

Uvala Lukovac

Grmov

Uvala Kraj

482 m
Zbišina
Uvala Vrutec
Vranško jezero
393 m
Sv. Nikola
Sv. Ivan
Vidovići
Vrana
Sv. Šimun
Uvala Lukovac
Ale Slatina
Grmov
Hrasta
Jelovica
Rt Koludar
Martinšćica
200 m
Martinšćica
Rt Kijac
Miholašćica
Tanki rt
Rt Sv. Duh
Rt Lučica
Stivan
Uvala Koromačna
Cres
Pregaznik
Mišar
Visoki
Bojnak
Belej
Zeča
65 m
222 m
Srem
Plat
Uvala Čašarov
Debeli rt
Uvala Strakačine
Rt Ustrine
Rt Meli
Rt Osor
Rt Župana
Sv.
Mihovil
Verin
Uvala Glaboka
Hrid Galiola
Ustrine
Cutin Veli
Osorski
zaljev
178 m
Majka Božja od Loze
Rt Osor
Uvala
Zakolo
Osor
Katedrala
Loze
Uvala Lupeška
Rt Lokunji
Uvala
Golinja
Veliki
Tržić
Grmožaj
Samunćel
Malondarski
Televrina
Vela Straža
Sv. Ivan
Unije
95 m
589 m
154 m
Ten
Rt Pejni
Humac
Murtovnik
Križ
Rt Mišnjak
Sv. Mikula
Nerezine
Drakovac
Punta
109 m
Uvala
Rt
Križa
Unije
Vognišća
Tomožina
Rt Maračol
Sv. Jakov
Uvala Maračol
Uvala
Rt Kalk
Tomožina
Veli Križ
Rt Plantur
Uvala
132 m
215 m
Rt Lučica
Martinšćica
Rt Vnetak
Luka Vrulje
Veli bok
Pogana
Uvala
Rt Arbit
Uvala
Jadriš
Rt Straža
Studenčic
Rt Seka
60 m
Vele
Liski
Čunski
Lošinj
Vele Srakane
Srakane
108 m
144 m
Male
Kozarice
Uvala Poljana
Srakane
100
Uvala Žalić
Susak
Rt Kurila
Mali Lošinj
Male
Uvala
Luka Sv. Mart.
Rt Segarina
Srakane
Beli art
Artatur
Uvala Privlaka
Murtar
Uvala Poljana
Garba
Arat
Koludarc
Poljana
Čikat
96 m
Susak
Čikat-Bucht
Veli Lošin
Rt Margarina
Sunčana
uvala
Grgošćak
50 m
242 m

Ilovička vra

Široki r

Jadransko More
(Adriatisches Meer)

Rt

ITALIEN

Grado

A B C

Golfo di Trieste
Tržaški zaliv
(Golf von Triest)

S. Croce
Prosecco
Monrupino
Villa Opicina
Sežana
Sesana
Divača
Divaccia
Razcep
Gabrk
Divača
Senožeče
Senosecchia
Selce
Pivka

Dol Košana
Ribnica
Zagorje
Knežak
Mašum
Dedna gora
1293 m

S. Rocco
TRIESTE
Muggia
Kastelec
Crni Kal
Kozina
Barka
Rodik
Artviže
Pregarje
Hrušica
Harije
Ilirska
Bistrica
Sembije
Sviščaki

Koper
Capodistria
Ankaran
Ancarano
Koper-Center
Materija
Prešnica
Podgorje
Golac
Podgrad

Piran
Pirano
Jagodje
Izola
Isola d'Istria
Marezige
Crni Kal
Zazid
Vele
Mure
Žejane
Rupa
Lipa
Rupa
Klana
Skalnica

Savu-
drija
Portorož
Portorose
Lucija
Lucia
Padna
Padena
Trsek
Sočerga
Vodice
Šapjane
Pregarje
E 65
Marčelji
Viškovo
Kastav

Umag
Umago
Kaldanija
Caldania
300
Momjan
Marušići
Hrvoji
V. Reparač
Slum
Brest
Račja vas
Lanišče
Šija
1241 m
Permani
Jušići
Jurdani

Sv.
Pelegrin
Buje
Buie
Grožnjan
Grisignano
Šterna
492 m
Žnjidarići
Buzet
Pinguente
Roč
Selca
44
Matulji
Matulji
Veprinac
Opatija
RIJEKA

Dajla
Brtonigla
Krasica
Nova Vas
Srbani
Livade
Istarske
Toplice
44
Vrh
Hum
Lupoglav
Dolenja
Vas
Vojak
1411 m
Ika
Lovran
Medveja
Donja Kraj
Mošćenička
Draga

Novigrad
Cittanova
Stari Tar
Tar
Vižinada
Motovun
Karojba
Grižani
Draguć
Previž
Paz
Borut
Šušnjevica
500
Mošćenice
Čepić
Rječki
zaljev

Poreč
Parenzo
Plava Laguna
Zelena Laguna
Labinci
Nova Vas
Košinožići
Žbandaj
Baderna
Višnjan
Muntrilj
Beram
Grdo Selo
Tinjan
64
Gračišće
Goloročki dol

Funtana
Mugeba
Dračevac
Mofardini
Cubanići
Kršan
Kožljak
Brseč
Rt Jablanac

Vrsar
Flengi
Kloštar
Lovreč
Dvigrad
Milotski Brijeg
Žminj
Balići
Sv. Martin
Sv. Jurja
Plomin
Brestova
Tramuntana
Porozina
Beli
Glavotok

Valalta
Koversada
Limski zaljev
Kanfanar
Marići
Raša
Labin
Dragozetići
Gorice
650 m

Rovinj
Rovigno
Tumina
106 m
Golaš
Kurili
Krmed
Svetvinčenat
Peteni
Bokordići
Grandići
Barban
Rabac
Srednja vrata
Veli bok

Bale
Valle
Režanci
Bičići
Orbanići
Divšići
Rebići
Trget
Rakalj
538 m
Crni
Ravni
Sv. Blaž

Barbariga
Golubovo
Peroj
Vodnjan
Dignano
Krnica
Rt Pernat
Cres
Merag
101

Nacionalni
Park Brijuni
Fažana
Fasana
Brijuni
Galižana
Gallesano
Marčana
Pavićini
Kavran
Valun
Lubenice
482 m
Orlec
Vrana
100

Veli Brijuni
Štinjan
PULA
Aerodrom
Pula
Šišan
Grabrovići
Ližnjan
Nesactium
Rt Zaglav
Rt Brkljač
Vransko
jezero

Medulin
Premantura
Rt Kamenjak
Martinšćica
Cres
Jelovica
Belej
Štivan
Ustrine

Jadransko More
(Adriatisches Meer)
Zeča
Rt Ustrine
Rt Lokunji
Televrina
Osor

9

Kvarner

Rječki zaljev

Kvarnerić

D   E   F

Stari trg • 1039 m   Črni vrh • 955 m   Toplice   Uršna sela   Sošice   Žumb
213 Pudob   Prigorica   Stari log   Vathal 615 m   Žum
Travnik   214   Jugorje   Radovica   Tupčina
106   Mala Gora   216   105   Businja vas   Vivodina
Grad žnik   Podpreska   Grčarice   Stara Cerkev • 1056 m   Kočevje   Črmošnjice   Semič   Štrekljevec   Metlika   Božakovo
Babno Polje   Prezid   Stari grad   1148 m   218
eskova dol   Draga   Gotenica   Livold   1074 m   Koprivnik   Planina   Gradac   Jurovski Brod   Ozalj
96 m   Milanov Vrh 32   Trava • 1289 m   Kočeska Reka   Mozelj   Črnomelj   V. Erjavec
Jarmovac   Parg   Čabar   Plešce   Štalcerji   Nemška Loka   Tanča Gora   Griblje   Donja Stative
Smrekova Draga   Mali Lug   Osilnica   217   Dragatuš   6
mance   1470 m   Gerovo   Turka   Banjaloka   Nova Sela   218   Nefretić   Zac
Lividraga   Izvor Kupe   Fara   Stari trg   Dolnji Suhor   Marindol   E 65
Fratar G   Risnjak • 1528 m   Kuželj   Brod Moravice   Sirnji Vrh   Vinica   Preloka   Donja Prilisce   Nov
1350 m   Platak   Nacionalni Park Risnjak   Črni Lug   Brod na Kupi   32   Moravice   Severin   Vukova Gorica   Bosanci   Novigrad   Polje
ražice • Autodrom   Delnice   6   Skrad   902 m   Močile   Zdihovo   1 6   Bosiljevo
Mrzla vodica   Lokvarska   Kupjak   A6   Vrbovsko   750 m   Ponikve   Erdelj   Zvečaj
Krivica   Lokvarsko jezero   3   Ravna Gora   E 65   2   Vrbovsko   Veliki vrh   Generalski Stol
7   A6   Gornja Jelenje   Ravna Gora   Gomirje   Trošmarija   Vucelići   Petljasica
8   Ostrovica   6   Špilja Vrelo   5   Vrata   Sunger   902 m   42   Potok
Škrljevo   Krasica   Fužine   Mrkopalj   Begovo   Petar Ogulinski   1182 m   Zdenac
Bakar   501   Hreljin   Viševica • 1428 m   Bjelolasica • 1533 m   Klek   Ogulin   Tounj   Ostarije
Kostrena   Bakarac   Križišće   Ravno   32   Jasenak   Žnidovac   Ogulin   Skradnik
Kraljevica   103   Voz   Jadranovo   Grižane   Samarske stijene   Krakar   Gornje Zagorje   A1   Josipdol   Tržić Tounjski
enki rt   Omišalj   Crikvenica   Bijele stijene   1146 m   Drežnica   Modruš   Cerovnik   Hum   Latin • 863 m   Tobol
Biserujka   Manešteri   E 65   Klenovica   Podbitoraj   Debeli vrh   23   42   Kunić   Plaški
Nivice   Rudine   Selce   8   Žrnovica   1157 m   Lokve   Vrh Kapele • 887 m   Stajnice   spilja Balinka   Jezero i di
103   Dobrinj   Čižići   Silo   Alan   32   Vodoteč   Brinje   Lič Jasenica
ska   Kras   Vrbnik   Rt Petrina   Novi Vinodolski   Krmpote   Krivi Put   Brinje   9   Lipice   Letinac   Sabor
ići   102   Kornić   Košljun   Sibinj   Županjol   23   Križpolje   Prokike   Dabar
Krk   Krk   Punat   102   Draga Baščanska   Nehaj   Vratnik • 698 m   Prokike   9   Žuta Lokva   Javornik
Plavnik   Obzova • 568 m   Jurandvor   Senj   Senjska Draga   Brlog   50   Kompolje   Škare
Rt Negrit   Stara Baška   Baška   Melnice   Brinje   Otočac   Vrhovine   Seliš
Sveti Grgur   Senjska vrata   Straža • 356 m   Sveti Juraj   Svica   Prozor   Sinac   Gorr
Prvić   Žrnovica   Hrvatsko polje   10 Otočac   A1   Ličko
Duh   Sveti Grgur   Rt Malta   Oltan   Hrvatsko polje   Kuterovo   Krasno Polje   Čović   Ramljani
Rab   Rt Sorinj   Lopar   Goli Otok   Lukovo   Botanički rezervat Višibaba   1494 m   Vučjak • 1213 m   Lipovo Polje   Donja Kosinj   Krš
Rt Kalifront   Kampor   San Marino   Supetarska Draga   Klada   Zavižan • 1676 m   M. Rajinac   Rudinka   Gornja Kosinj
Sv. Fumija   Rab   Banjol   Starigrad   Alan • 1612 m   NP 1667 m Sjeverni Velebit
Rt Lun   Mišnjak   Sinica   105   11   10

A · B · C

7 · **8**

Rt Lokunji
Unije
Unije
Vnetak
Vele Srakane
Televrina 589 m
Osor
Nerezine
Punta Križa
Rt Suha
Pogana
Čunski
100
Mali Lošinj
Lošinj
Veli Lošinj
V. Orjule
Oruda
Palacol
Sv. Petar
Ilovik
Ilovik
Susak
Susak
Rt Zmoračna
Male Srakane
Lošinjski kanal
Unijski kanal
Trstenik

Rt Lun
Paški kanal
Lun
Dolin
Gornji
Jablanac
Štirovača
Bakovac
Bakova
Dušikrava
Satorina
E 65
8
Prizna
Jakišnica
Sv. Ivan
Stara Novalja
Žigljen
108
Gradina
106
205 m
Novalja
Cesarica
Oštarijsk
927 m
Pag
Rt Sadina
Kolan
Karlobag
Metajna
Sušanj
Šikić-Draž
Škrda
Rt Šip
105
Pag
Lukovo
Šugarje
Morovnik
Rt Garmina
Maun
Starigrad
Košljun
Gorica
Silba
Silba
Olib
Olib
Planik
108
Dinjišk
Premuda
Premuda
Rt Ploče
Košljunski zaljev
Povljana

Rt Vrulja
Lozice
7 / 8
Virsko more
Vir
Vir
Ninski zaljev
Škarda
Škarda
Ist
Ist
Privlaka
Zapuntel
Molat
Aenona
Tramerka
Brgulje
Molat
Zaton
Petrčane
Sestrunj
306
Zverinac
Zverinac
Rivanj
Diklo
Rt Shajanje
Božava
Sestrunj
Rivanj
Ugljan
Veli Rat
Soline
110
Lukoran
Dragove
109
Ugljan
Preko
Brbinj
Veli Iž
Kali
Savar
Iž
Kuk
Rava
Mali Iž
Korzja peč
Luka
Strašna peč
Zman
Zaglav
L
Sali
Dugi Otok
Park Prirode Telašćica
Slano jezero
Levrnaka
Zadarski kanal
Srednji kanal
Velebit

*Jadransko More
(Adriatisches Meer)*

Nacionalni Park

11

1 · 2 · 3 · 4

1 cm = 6,5 km   1 : 650.000

0   10 km   20 km

D **10** **E** **11** **F**

Gornja Kosinj · Studenci · Kvarte · Lulići · Golo Trin 1269 m · Krbavica · Ponor · Malinovac · Dubovsko · Riso

Kaluđerovac · Perušić · Bunić · Bjelopolje · Gorica 723 m · Pliješevički K. 1616 m · Užljebić · Lipa · Krnjeuš

Klanac · Kruščica jezero · Perušić · Ljubovo · Frkašić · Nebljusi · Doljani 1168 m · Orašac · Vrtoč

Smiljan · Lički Osik · Gospić · Podlapača 1235 m · Krbava · Pečane · Kruge · Prkosi · Kulen Vakuf · Bjela

1

Ošatrje · Gospić · Ostrovica · Jošan · Ozeblin 1657 m · Dnopolje · Donji Lapac

Trnovac · Vrebac · Udbina · Srednja Gora · Visuć · Gornja Lapac · Boričevac · Martin Brod

Brušane · Novoselo Bilajsko · Bilaj · Lički Ribnik · Mogorić · Mutilić · Kuk 1142 m · Dobroselo · Doljane

Lički Čitluk · Médak · Ondić · Kremen 1591 m · Klapavica · Mazin

Visočica 1619 m · Gornja Ploča · Gornja Ploča · Rudopolje · 1412 m · Donja Suvaja

Drenovac Radučki · Svert Rok · Vaganski vrh 1757 m · Raduč · Lovinac · Bruvno · Kupirovo · Osredci

Barić-Draga · Sveto br. · Svert Rok · Ličko Cerje · Deringaj · 1401 m · Srpski klanac 793 m

2

Tribanj Kruščica · Sv. Trojca · Nacionalni Park Paklenica · 1753 m · Ričice · Štikada · Gračac · Glogovo · Velika Popina · Vučipolje · Sućevici · Kučina k. 1437 m

Ljubački zaljev · Starigrad-Paklenica · Manita peć · M. Alan 1045 m · Cerovačke spilje · Tremzina 1175 m · Otrić · Zrmanja Vrelo

Vrsi · Ljubač · Seline · Crnopac 1404 m · Prljevo · Plavno

Poljica · Radovin · Vinjerac · Maslenica · Jasenice · Maričevići · Muškovci · Krupa · Golubi

Visočane · Posedarje · Slivnica · Maslenica · Obrovac · Golubić · Krupa · Padene · Žagrović

Murvica · Zadar 1 · Islam Latinski · Islam Grčki · Novigrad · Kruševo · Bilišane · Bogatnik · Kaštel Žegarski · Vomazeci · Ervenik · Radučić

3

Zadar · Donja Zemunik · Zadar 2 · Smilčić · Karin · Donji Karin · Franj. samostan · 674 m · Zelengrad · Biovičino Selo · Rudele u Polje · Knin · Vrbnik

Babindub · Gornja Zemunik · Donja Biljane · Kula Atlagić · Jurišinka · Gornja Bruška · Rodaljice · Biskupija

Bibinje · Sukošan · Gorica · Benkovac · Lisičić · Asseria · Brgud · Dobropoljci · Dévrske · Kistanje · Manojlovac slap · Čituk · Lukar

Ždrelac · Sv. Petar · Polača · Benkovac · Miranje · Bulić · Ostrovica · Krka · Oklaj · Puljane · Burnum · Roški slap · Promina 1148 m · Drniš

Neviđane · Sv. Filip i Jakov · Vrana · Pristeg · Vukšić · Brbir · Smrdelje · Laškovica · Vačani · Visovac · Širovci · Trboun · Si.

Pašman · Biograd na moru · Radoševac · Stankovci · Putičanje · Bratiškovci · Rupe · Gračac · Skradin · Dubravice

4

Vodopije · Košara · Tkon · Pakoštane · Drage · Vransko jezero 305 m · Banjevci · Pirovac · Nacionalni Park Krka · Oklianska jezero · Skradinski buk · Lozovac · Mirlović Zagóra · Planj

Sit · V. Žižanj · V. Arta · Vrgada · Betina · Murter · Pirovac · Raslina · Zaton · Šibenik · Ljubostinje

Lučište 236 m · Vrulj · Vrgrada · Murter · Jezera · Tisno · Tribunj · Vodice · Bilice · Zablaće · Munjača

Kornat · Kornati · Jadra · Laysa · Smokvica · Kurba · Kakan · Kaprije · Tijat · Prvić · Zlarin · Šepurine · **13** · **12**

Radošević
Stankovci
A
Biljni
Roški slap
B
Plomina
1148 m
Ridane
Civljane
Đore
C
305 m
Banjevci
Putičanje
Vačani
Bratiškovci
12
Rupe
Visovac
Siritovci
Trbounje
Biočić
Štikovo
807 m
Vuković
Maovice
Vrlika
E 71
Koljane
Peručko jezero
E 59
Betina
Pirovac
Gračac
Skradin
Dubravice
Drniš
Siverić
Otavice
Baljci
Gradac
Umljanović
Maljkov
59
Tisno
Raslina
Skradinski buk
33
Mirlović Zagora
Planjane
Kljake
Pribude
Mileśina
1569 m
Potravlje
8
Zaton
Bilice
27
Lozovac
Gornje Vinovo
Gornje Ogorje
Zelovo
Jezera
Tribunj
Vodice
Šibenik
Ljubostinje
Munjača
Movran
843 m
Gornji Muć
891
Kaprije
Tijat
Sepurine
Prvić
Zablaće
58
Vrpolje
Donja Sitno
Kladnice
Brštanovo
Postinje
Neorić
Gizdavac
Kra
Kakan
Kaprije
Zmajan
Zlarin
Zlarin
Vrpolje
Perković
Gornja Sitno
A1
Prgomet
511
Žirje
Žiñe
Rt Kabal
Mažirina
Krapanj
Jadrtovac
Boraja
Ljubitovica
Prgomet
24
Radošić
Dugobabe
Kozjak
760 m
Konisko
Dugop
Primošten
Bratski Dolac
Blizna
58
Kaštela
Kaštel Kaštel-Lukšić Gomilica
Klis
Solin
1
Rogoznica
Podorljak
Guštirna
Vršine
Kaštel-Novi
Salona
8
SPLIT
Stobreč
Po
8
E 65
Trogir
Slatine
Grljevac
Marina
Vinišće
Donja Okrug
Gornja Okrug
Rt Čiova
Rt Mutogras
Drvenik
Drvenik Veli
Čiovo
Splitski kanal
Drvenik Mali
Šoltanski kanal
Donje Maslinica Selo
Rogač
Sutivan
Supe
Stipanska
Grohote
Stomorska
111
Ložišća
113
Šolta
Gornje Selo
114
Milna
Blaca
Murvica
Hvarsk
Uvala Lozna
Rt Pelegrin
Vira
Brusje
Milna
Rt Stračine
Sv. Klement
Hvar
Selca
Sv. Nedjelja
Vis
Oključina
Vis
Rt Stončica
Komiža
Titova spilja
117
Rukavac
Budikovac
Podspilje
Ravnik
Zelena spilja
Modra spilja
Biševo
Vela
Proizd

BOSNIEN-HERZEGOWINA

Žadralovac · Lusnić · Dolac · Gornja Malovan · Kukavice · Podgrađe · Voljice · Pidriš

Caprazlije · Priluka · Cincer 2006 m · 1828 m · Donja Vukovsko · Bučevača · Makliš 1123 m

Odžak · Donja Malovan · Malovan sedlo 1148 m · Gornja Ravno · 1956 m · Rumboci

Livno · V. Guber · Žabljak · Potočani · Šuica · Galačić · Zvirnjača · Proslap · Ramsko jezero

Vaganj 1173 m · Prolog · Žabljak · 1223 m · 15 · Mokronoge · Letka · 1797 m · 1707 m

Donja Bitelić · Trnova Poljana · Orguz · Srđevići · Podhum · Potkraj · Tomislavgrad · Oplečani · 1516 m · Risov

Hrvače · Bajagić · 219 · Korji 1849 m · Tušnica 1700 m · Golinjevo · Prisoje · Kolo · Mandino Selo · V. Vran 2074 m

Aequum · Donja Korita · 16 · Grabovica · Kovači · Kongora · Pločna 2228 m

Sinj · Otok · Ruda · Buško jezero · Korita · Donja Brišnik · Crvenice · Blidinje jezero · Čv

Brnaze · Turjaci · Grab · Voštane · 1265 m · Bukova Gora · 6-1 · Bukovica · Potklečani

Košute · Trilj · Jabuka · Donja Tijarica · 220 · Rašeljka · Raško Polje · 15 · Tribistovo · 1551 m · Bijele stijene

Dugopolje · Tilurium · Gardun · Budimir · Gornji Tijarica · Aržano · Vinica · Zavelim · Meslhovina · Vir · Rujan 1117 m · Britvica

Kotlenice · 60 · Svib · Studenci · 1348 m · Crne Lokve

Veliki Kabal 1339 m · 62 · Ugljane · Cista Velika · 39 · Lovreč · Ričice · Čitluk · Posušje · Kočerin

Srinjine · Gornja Dolac · Cista Provo · 60 · Prološko blato · Donji Proložac · Vranić sedlo 715 m · Grude · 6-1

Gata · Blato na Cetini · Lukvičić · Imotski · 60 · Sovići · Gradac · Ružići · Donji Mamiči

Omiš · Velika Gubavica · Sestanovac · Grabovac · Krivodol · 221 · Runović · Drinovci · Rasno

Dugi Rat · Ravnice · Mimice · Zadvarje · Gornja Brela · 62 · Podbablje · Krstatice · Tihaljina · 6 · Klobuk

Splitska · Pisak · Kuzmanići · Park · Zagvozd · Sv. Jure 1762 m · Podosoje · Slivno · Arilči · Šibenik · Vitina · Ljub

Škrip · Pučišća · Donja Brela · 8 · Bast · Turija 715 m · A1 · Dragljane · Grab Radišići

Brežišća · Pražnice · Baška Voda · E 65 · Krvavica · prirode · Rašćane · 1314 m · Stilja · Sv. Rok 1063 m · V. Prolog

Vidova gora 778 m · Povlja · Makarska · Biokovo · Kozica · 62 · Vrgorac · Trebiž

Gornji Humac · 113 · Selca · Gornja Tučepi · Gornja Igrane · Ravča · 512 · Kokorić · Stasevica

Bol · 115 · Sumartin · Donja Tučepi · Susvid 1155 m · Drvenik · ab 1.7.2008 · 513 · M. P.

Zlatni rat · Podgora · Drašnice · Igrane · Podaca · Nova Sela

Brač · Hvar · Živogošće · Zaostrog · Gradac · 8 · Bačina · Peračko Blato · Nar

Rudina · Stari Grad · Vrboska · Rt Makarac · Jelsa · Poljica · Rt Bad · Sućuraj · Ploče · Rogotin

Vrbanj · Pitve · 116 · Selce · 116 · Bogomolje · Nebretka-Delta · Nori

Zavala · Grapčeva spilja · Zastražišće · Gdinj · Neretvanski kanal · Peljesac · Blače · Kremena

Šćedrovski kanal · Šćedro · Nástane · Rt Lovišće · Lovište · Duba · Rt Osik · Crkvice · Sreser

Korčulanski kanal · Nakovanja · Sv. Ilija 960 m · Trpanj · Kuna · Osobljava

Sv. Ivan · Vela spilja · Vigánj · Orebić · 415 · Potomje · Trstenik · Drača

Korčula · Račišće · Kučište · Badija · 414 · Podobuče · Janjina · Žuljana

Zaliv Luka · Vela Luka · Prigradica · 118 · Čara · Klupca 568 m · Žrnovo · Korčula · Pupnat · Lumbarda · Dingač · 15

Potirna · Blato · Smokvica · Zavalatica · Rt Raš · 14

Rt Kljuć · Prižba · Brna

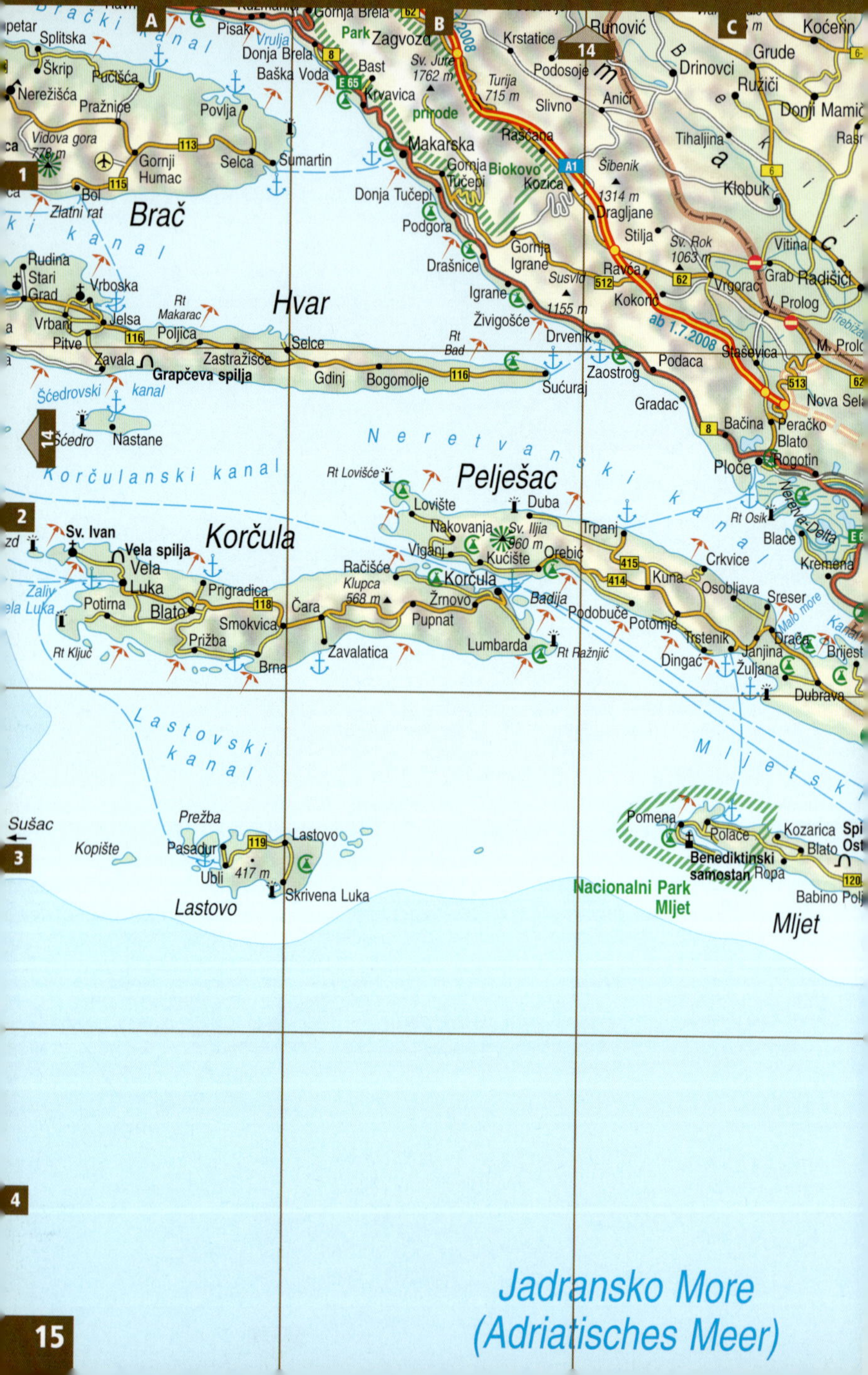

A
B
C
1
2
3
4
14
Brač
Hvar
Korčula
Pelješac
Mljet
Lastovo
Splitska
Škrip
Pučišća
Nerežišća
Pražnice
Povlja
Vidova gora
Gornji Humac
Selca
Sumartin
Bol
Zlatni rat
Pisak
Vrulja
Donja Brela
Baška Voda
Bast
Zagvozd
Krvavica
Makarska
Gornja Tučepi
Donja Tučepi
Podgora
Drašnice
Igrane
Gornja Igrane
Živigošće
Drvenik
Zaostrog
Podaca
Gradac
Biokovo
Park prirode
Sv. Jure 1762 m
Turija 715 m
Krstatice
Podosoje
Slivno
Rašćane
Kozica
Runović
Anići
Šibenik 1314 m
Dragljane
Stilja
Sv. Rok 1063 m
Ravča
Kokorić
Susvid 1155 m
Vrgorac
Drinovci
Grude
Ružići
Kočerin
Donji Mamići
Tihaljina
Klobuk
Vitina
Grab
Radišići
V. Prolog
Staševica
M. Prolog
Nova Sela
Bačina
Peračko Blato
Ploče
Rogotin
ab 1.7.2008
Rudina
Stari Grad
Vrboska
Jelsa
Vrbanj
Pitve
Rt Makarac
Poljica
Zavala
Grapčeva spilja
Zastražišće
Selce
Gdinj
Bogomolje
Sućuraj
Rt Bad
Šćedrovski kanal
Šćedro
Nastane
Korčulanski kanal
Neretvanski kanal
Rt Lovišće
Lovište
Duba
Nakovanja
Sv. Ilija 960 m
Trpanj
Viganj
Kučište
Orebić
Rt Osik
Blace
Neretva-Delta
Kremena
Crkvice
Kuna
Osobljava
Sreser
Malo more
Drače
Brijeste
Janjina
Žuljana
Dubrava
Trstenik
Dingač
Potomje
Podobuče
Badija
Rt Ražnjić
Lumbarda
Korčula
Žrnovo
Pupnat
Račišće
Klupca 568 m
Čara
Zavalatica
Smokvica
Brna
Pržba
Blato
Prigradica
Vela Luka
Vela spilja
Potirna
Sv. Ivan
Zaliv Vela Luka
Rt Ključ
Lastovski kanal
Sušac
Kopište
Prežba
Pasadur
Ubli
417 m
Lastovo
Skrivena Luka
Mljetski kanal
Pomena
Polače
Benediktinski samostan
Ropa
Nacionalni Park Mljet
Kozarica
Blato
Babino Polje
Jadransko More
(Adriatisches Meer)
8
62
E 65
A1
113
115
116
118
119
120
414
415
512
513
6

0   10 km   20 km

D **E** **F**

Gornja Grada
Široki Brijeg Raška Gora Potoci Orlovac
Knešpolje Raštani Vrapčići 1007 m Lakat 1971 m
Mostar V Brasina 1921 m Rastovac Zelengo
Trtla Jare Rodoč 1897 m Donja Planinice
689 m Podvelež 1969 m Bijenja 1576 m Slivlja 1802 m Ja
Čerin Selište Gnojnice Plužine Rilja Ribari 1
Hamzići Izvor Bund Bojišta Kifino Selo Fojnica Živan
buški Gradnići Kokorina Grebak 6-1 Nevesinje 1695 m
Čitluk Buna 1093 m Udrežnje Bijelas Nadinići Uli
Studenci Medugorje Hodbina Gornji Odžak BOSNIEN- Podkula Gacko
Žitomislići Kamena Snježnica 1867 m Kula
Kravica Čapljina Hodovo Dabrica 1282 m Donji Lukavac Baba Cernica
slap Počitelj Rečice Parić Hrgud 1737 m Torine
Mogorjelo Opločići Borojovići 1110 m Rioca 1033 m
Vid Tasovčići Radimlje Stolac Bijeljani Korita
rona Klepci Kruševo Predolja Divin Donja
Gabela Višići Dragovilje Vlahovići Fatnica Meka Gruda
Kula Metković Bjelojevići Žegulja Simijova 20 Laðevići
iška Deransko HERZEGOWINA Kobilja gl. Plana Krivača 2
puzen Svitava Crnoglav 1419 m Granica Bijela
Mislina Bijeli Vir Hrasno Bančići Ljubinje Rudina Bileća
lek Hutovo Cerovica Oršje Grablje Tisac Podosoje 113
Neum Topolo Kotezi 1328 m
Duži Ošlje Donja Ravno Kruševica Domaševo
Zabrde Duba Trnovica Trebimlja 1296 m Dračevo Ždrijelovići Petrovici
414 Smokovljani Čepikuće Zavala Motka Bilećko Vrač
Ponikve Ston Mali Ston 1396 m jezero
Praprača Broce 8 Vjetrenica Tulje Dobromani St. Slano Mosko
Doli Banići Poljice Lug Leotar Dubočani
sevica Olipa Slano Gornja Jasenica 1229 m Jasen 6
Prožura Jakljan Majkovi 803 m Grebci Hum Lastva 3
Sobra Korita 8 Šipan Trsteno Osoinik Duži Trebinje
Maranovlći Šip. Sudurað Oračac Zaplanik 20 1088 m Konjsko
Rt Gruj Luka Zaton Vlastica Bihovo Grab
Lopud Koločep Lapad 909 m
Koločep 223 Dubac Stravca
Dubrovnik Lokrum Mlini Snježnica Jablan Do
Uskolpje 1234 m Vrb
Cavtat 8 Pridvorje Dubravka
Čilipi Ljuta Vodovada
516 Popovići Gruda Kamer MONTE-
Radovčići Pločice E 65 NEGRO
E 80 Igalo 4
Molunat Herce
No
Prevlaka

19

Lendava
Bázakerettye
Bize
D
Szemenye-Czörnye
Borsfa
Korpavár
Galambok
Zalakomár
Szöcsénypuszta
E
F
So
A5
Vratišinec
Podturen
Bercsehely
Sormas
Zalasárszeg
Somogy-simony
68
Mura/Mur
M70
Letenye
Miháld
Pat
Nemesdéd
Vése
Böhönye
1
Novo
Selo Rok
Domašinec
M7
Nagykanizsa
Sand
Inke
Kotoriba
Goričan
Pogány-szentpéter
61
Kaszó
Kutas
Čakovec
Sv. Juraj
Goričan
Murakeresztúr
Iharos
Iharosberény
Segesd
Oreho-vica
Cakovec
20
Sveta Marija
na Muri
Surd
UNGARN
Somogyazob
68
Prelog
Struga
Donja
Dubrava
Zákány
Csurgó
Szenta
Nagyk
Nagyatád
Ludbreg
Sveti Đurđ
Kapela
Podravska
Kutnjak
Delekovec
20
Berzence
Rinya
Lábod
Ludbreg
Globočec
41
Drnje
Somogy-udvarhely
Tarany
Kivadár
Cvetkovec
Duga
Rijeka
Koprivnički
Ivanec
Peteranec
Drava (Drau)
41
Zdala
Háromfa
68
Apatovac
Kalnik
Prkos
Velika
Mučna
Koprivnica
Hlebine
Repaš
Karaš
Vizvar
Csokonyavisonta
E66
Podravska
Koprivnički
Bregi
Molve
Medvedička
Hom
Ivanec
Vujakuvac
Hudolvljani
2
Novigrad-Podravski
Virje
Ferdinandovac
Barc
Carevdar
Poljančani
Miholjanec
Đurđevac
Babócsa
Som
Križevci
Večeslavec
Kloštar
Vijenac
242 m
Remetovac
238 m
Rakitnica
Malo
Trojstvo
Mičetinac
Kloštar
Podravski
Podravske-
Sesvete
Veliki
aven
Cubinec
Trema
Domanjkuš
Kapela
43
Prugovac
Dinjevac
Pitomača
Terezino
Polje
3
Žabno
Kraljevac
Rovišće
28
Kupinovac
Veliko
Trojstvo
Jasenik
Kozarevac
2
Okrugljača
Bušetina
Cugovac
Raić
BJELOVAR
Šandrovac
Sedlarica
Lozan
Spišić-
Bukovica
Viroviti
Srp.
Kapela
Farkaševac
Gudovac
28
Presna
Lasovac
Galovac
Bedenik
Babinac
Zrinska
21a
Dubrava
26
Narta
Bulinac
Velika Pisanica
Suho
Poljana
43
Ribnjak
Šišćani
Siščani
Štefanje
Ribnjak
Narta
Meduraća
Ivanska
Sasovac
Veliki
Grdevac
Grdevica Šuma
Mali
Grdevac
Topolovica
Lončarica
Pepel
edavec
štar Ivanić
Čazma
Vagovina
Martinak
26
Babinak
Berek
Šimljanica
Stara
Ploščica
Pavlovac
Velika
Barna
28
Grubišno
Polje
E661
5
Dakovac
Sovari
Graberje Ivanićko
Pobjenik
Samarica
Ostri
Zid
Velika
Trnovitica
Hercegovac
45
Veliki
Zdenci
Rastovac
Veliki Bastaji
4
Križ
Novoselec
Šimljanik
Ruškovica
Popovac
Palešnik
Končanica
5
Donji
Daruvar
34
Mi
Mala-
Hrastilnica
Moslavačka gora
Podgarić
Garešnica
26
Klokočevac
Ilovski
E661
Dujanova kosa
830 m
Djedc
Gornja
Jelenska
Kutinica
Kajgana
Toplica
Ivanevo Polje
Dežanovac
Daruvar
Sirač
Bijela
51
Popovača
8
Mikleuška
Brinjani
20
Trojeglava
Miljanovci
18

Virovitica · Brezovica · Sellye · Páprád · Harkány · Siklós

UNGARN

Stara Gradina · Breznica · Drávaszentmárton · Vajszló · Kémes · Drávaszabolcs · Bere

Suhopolje · Novaki · Sopje · Zaláta · Moslavina Podravska · Viljevo · Donji Miholjac

Borova oljska · Pepelana · Cabuna · Noskovici · Medinici · Čadavica · Crnac · Crnkovci · Beliš

Levinovac · Kusonje · Slatina · Suha Mlaka · Miljevci · Klokočevac · Marjanci · Valpo

Miokovićevo · Voćin · Macute · Čeralije · Gora Bukovica · G. Predrijevci · Beničanci · Lacići · Harkanovci

nova kosa · Djedovica 514 m · Sekulinci · Đuričić · Mikleuš · Čačinci · Zokov Gaj · Klókučevci · Đurđenovac · Koška · Ledenik

Gornji Borki · N. Zvečevo · Papuk 953 m · 725 m · Pušina · Slatinski Drenovac · Humljani · Orahovica · Zdenci · Velimirovac

Metla · Kamengrad · Papuk · Duzluk 617 m · Feričanci · Gazije · Samostan Orahovica · Seona · Našice · Budimci · Podgorac

Bučje · Kamensko · Stražeman · Lučinci · Velika · Kaptol · Kutjevo · Bektež · Gradac 355 m · Krndija · Drenje · Kovači

Pasikovci · Trenkovo · Vetovo · Ferovac · Zdenkovac · Mandićevac · 515

Skenderovci · Jakšić · Čaglin · Breznica Đak. · Selci Đak. · Đakovo

Požeško · Oblakovac · Požega · Ruševo · Paka · Majar · Kondrić · A5

Bačin Dol · Požeška gora · Pleternica · Kalenić · Meda 356 m · Breznica · Trnava · Perkovci · E 73

Nova Gradiška · Staro Petrovo Selo · Dragovci · Zadrage · Zdenci Brodski · Dilj gora · Grižići · Podcrkavlje · Grabarje · D. Andrijevc

E 70 · A3 · Batrina · Oriovac · Bartolovci · Sl. Brod Istok · Garčin · Sredanci · V. Kopanica

Vrbje · Siče · Lužani · Sl. Brod Zapad · A3 · E 70 · SLAVONSKI BROD · Oprisavci · Sredanci · Sava

Davor · Slavonski Kobaš · Srpski Brod · Svilaj · Novi Grad

Povelić · Motajica · Bos. Kobaš · Šumeće · V. Brusnica · Vrbovac · 14-1

D. Lepnica · Bos. Dubočac · Ukrina · Grk · Odžak · Bosna

Nožičko · St. Martinac · Cukali · Zasjeka 315 m · Agići · Lužani Polje · Jakeš · Modriča

Šeškovci · G. Smrtići · D. Smrtići · Živinice · Derventa · Dugo Polje · Vranjak · D. Skugrić

Grabik ilova · Šibovska · Modran · Podnovlje · E 73 · Koprivna · Gradač

savci · Potočani · Prnjavor · Cerani · Komarica · Osinja · Trebav · 17

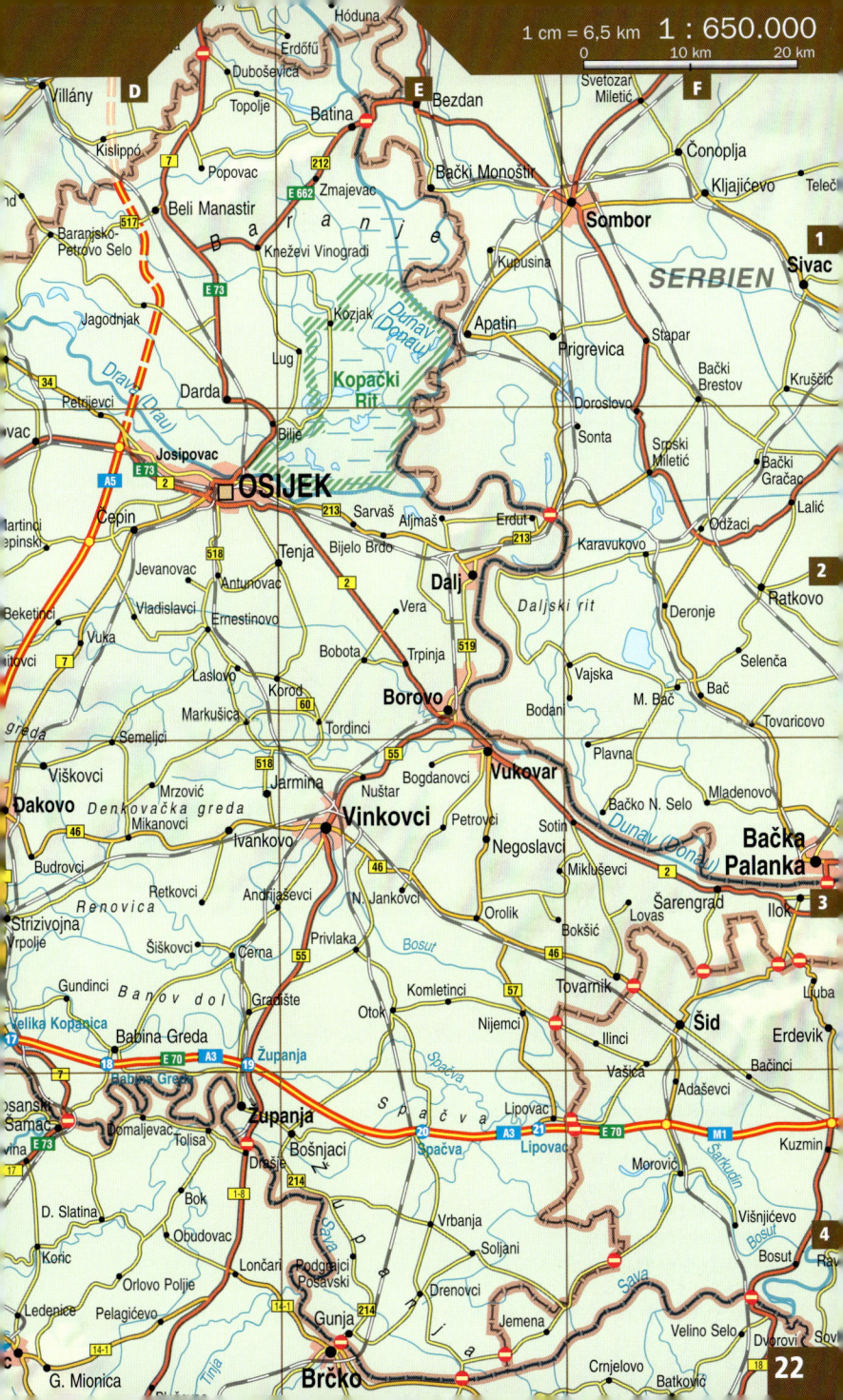

Abbildungsnachweis:

Manfred Braunger, Freiburg: S. 359

Ralf Freyer, Freiburg: Umschlagklappe hinten, S. 39, 169, 172/173, 178, 188/189, 196, 198/199, 206, 209, 226, 255, 281, 283, 306/307, 320, 326/327, 331, 346/347, 338/339, 350/351, 360/361, 372/373, 395, 398/399

Rainer Hackenberg, Köln: S. 13, 82/83, 93, 95, 98, 101, 104/105, 107, 113, 122, 124/125, 130, 136, 139, 143, 144/145, 149, 193, 248/249, 261, 267, 302

HB Verlag, Ostfildern: S. 23, 27, 50, 54/55, 80/81, 220, 258, 345, 385 (Kammerhof)

Dietrich Höllhuber, Erlangen: S. 76, 212/213

Huber, Garmisch-Partenkirchen: S. 292/293 (Simeone)

Kroatisches Museum der Naiven Kunst/ Zagreb: S. 47

laif, Köln: Titel (Celentano); S. 152/153 (Zanettini)

Look, München: S. 270/271 (Maeritz)

Josip Madračević, Stuttgart: S. 234/235

transit, Leipzig: S. 43, 161, 166/167 (Allner); 10/11, 241, 286, 316, 370/371, 381 (Hirth); 299, 388/389 (Nowak); 17 (Rötting)

Kartografie:

DuMont Reisekartografie, Fürstenfeldbruck
© DuMont Reiseverlag, Ostfildern

Umschlagfotos:

Titelbild: Im Hafen von Cavtat
Umschlaginnenklappe: Blick auf die Küstenstraße in Dalmatien (hinten)

Über den Autor: Der Österreicher Dr. Dietrich Höllhuber ist Experte für Geografie und Geschichte und seit Jahren freier Sachbuchautor. Sein Arbeitsgebiet sind die Mittelmeerländer und die Alpen, aber auch Süddeutschland sowie Neuseeland. Für den DuMont Reiseverlag entstanden mehrere Reise- und Wanderführer, darunter die Reise-Taschenbücher »Kroatische Adriaküste« und »Montenegro«, der Kunst-Reiseführer »Spanischer Jakobsweg« sowie der Wanderführer zum Spanischen Jakobsweg.

Hinweis: Autor und Verlag haben alle Informationen mit größtmöglicher Sorgfalt geprüft. Gleichwohl sind Fehler nicht vollständig auszuschließen. Alle Angaben erfolgen ohne Gewähr. Bitte schreiben Sie uns! Über Ihre Rückmeldung zum Buch und über Verbesserungsvorschläge freuen sich Autoren und Verlag:
DuMont Reiseverlag, Postfach 3151, 73751 Ostfildern, E-Mail: info@dumontreise.de

2., aktualisierte Auflage 2008
© DuMont Reiseverlag, Ostfildern
Alle Rechte vorbehalten
Grafisches Konzept: Groschwitz, Hamburg
Druck: Rasch, Bramsche
Buchbinderische Verarbeitung: Bramscher Buchbinder Betriebe